城市轨道交通工程
质量监督实务

U0674271

江苏省建设工程质量监督总站
南京市轨道交通建设工程质量安全监督站

编

东南大学出版社
SOUTHEAST UNIVERSITY PRESS
南京·2017

内 容 提 要

　　本书以城市轨道交通工程质量监督实务为主,同时对城市轨道交通工程的定义、组成、建设特点以及质量监督的现状和发展趋势等作了概述。全书共八章,包括城市轨道交通工程质量监督概论、城市轨道交通工程质量监督的基本规定、城市轨道交通工程质量行为监督、地铁工程实体质量监督(车站工程、区间工程、轨道工程、系统安装工程)、工程质量问题及违法违规行为处理等内容。

　　本书可作为各级城市轨道交通工程质量监督人员培训用书,也可作为各级建设行政主管部门和建设单位、施工单位、监理单位等有关人员的参考用书。

图书在版编目(CIP)数据

城市轨道交通工程质量监督实务/江苏省建设工程质量监督总站,南京市轨道交通建设工程质量安全监督站编 . —南京:东南大学出版社,2017.11

　　ISBN 978-7-5641-7473-6

　　Ⅰ.①城… Ⅱ.①江… ②南… Ⅲ.①城市铁路—铁路工程—工程质量监督—技术培训—教材 Ⅳ.①U239.5

　　中国版本图书馆 CIP 数据核字(2017)第 270639 号

书　　名:城市轨道交通工程质量监督实务
编　　者:江苏省建设工程质量监督总站　南京市轨道交通建设工程质量安全监督站
责任编辑:宋华莉
编辑邮箱:52145104@qq.com
出版发行:东南大学出版社
出 版 人:江建中
社　　址:南京市四牌楼 2 号(210096)
网　　址:http://www.seupress.com
印　　刷:南京玉河印刷厂
开　　本:889 mm×1 194 mm　1/16　　印张:23.25　　字数:736 千字
版 印 次:2017 年 11 月第 1 版　　2017 年 11 月第 1 次印刷
书　　号:ISBN 978-7-5641-7473-6
定　　价:88.00 元

经　　销:全国各地新华书店
发行热线:025-83790519　83791830

《城市轨道交通工程质量监督实务》
编写单位

主编单位：江苏省建设工程质量监督总站
　　　　　南京市轨道交通建设工程质量安全监督站
参编单位：苏州市建设工程质量安全监督站
　　　　　无锡市建设工程质量监督站
　　　　　无锡市市政工程质量监督站
　　　　　江苏省城市轨道交通工程质量安全技术中心

《城市轨道交通工程质量监督实务》
编写委员会

主　　任：顾小平

副主任：金少军　石平府　谢　冬

委　员：顾　颖　彭　尧　蔡志军　丁小晴　谢　波　谭　鹏　余　进
　　　　许云虎　唐　浩　俞菱庆　朱若愚　孙　君　李　栋　吴志明
　　　　杨晓虹　钱奕技　顾永松　许国东　季　泳

《城市轨道交通工程质量监督实务》
审定委员会

主　　任：顾小平

副主任：金少军　石平府　谢　冬

委　员：金孝权　张　俭　虞凌红　李继刚　辛达帆　徐克洋
　　　　梅晓海　陈惠宇　陶建岳　金国鑫　孙小军

前　言

随着我国经济社会的发展和人民生活水平的不断提高,政府和公众对于建设工程质量也愈加重视,建设工程质量已成为社会关注的焦点问题之一。近年来,我省轨道交通工程建设迅速发展,南京、苏州、无锡多条地铁工程建成通车,苏州、南京、淮安有轨电车已经运营,徐州、常州地铁也在建设之中。随着城市轨道交通建设的大发展,城市轨道交通工程质量监督管理力量紧缺的问题日益突出,对质量监督人员培训工作提出了新的要求。为了全面提升我省工程质量监督人员在城市轨道交通工程方面的质量监督能力和执法水平,规范工程质量监督工作,保证工程质量监督人员的培训质量,江苏省建设工程质量监督总站依据国家、省的有关工程建设的法律、法规、标准、规范以及相关规定,结合已发行的《建设工程质量监督实务》,组织编写了《城市轨道交通工程质量监督实务》。

本书主要适用于各级城市轨道交通工程质量监督人员的培训,也可作为各级建设行政主管部门和建设单位、施工单位、监理单位等有关人员的参考用书。通过本书的学习,工程质量监督人员可以系统地掌握城市轨道交通工程质量监督的基本理论、基本知识和实务,有效提高业务能力和执法水平。本书共分八章,第一章、第二章主要介绍城市轨道交通工程质量监督概论和基本规定,第三章主要介绍城市轨道交通工程质量行为监督,第四章、第五章、第六章、第七章主要介绍地铁工程实体质量监督,分别为车站工程、区间工程、轨道工程、系统安装工程,第八章主要介绍工程质量问题及违法违规行为处理。

本书在编写过程中广泛征求了有关监督机构和高等院校的意见,多次召开了编写、审定人员联席会议,经过多次讨论与反复修改,最后由审定委员会审查定稿。

由于本书内容涉及面较宽,参考资料有限,错漏之处在所难免,敬请读者谅解和指正。为不断完善本书内容,请读者随时将有关意见和建议反馈至江苏省建设工程质量监督总站(江苏省南京市草场门大街88号江苏建设大厦27层,邮编:210036,邮箱:szjzzjdk@163.com),以供今后修订参考。

目　　录

第一章　城市轨道交通工程质量监督概论

第一节　城市轨道交通工程概述

一、城市轨道交通定义

城市轨道交通是城市公共客运交通系统中具有中等以上运量的轨道交通系统,主要为城市内公共客运服务,是一种在城市公共客运交通中起骨干作用的现代化立体交通系统,它具有强大的运输能力、较高的服务水平和显著的资源环境效益,是一种为社会提供资源集约利用、环保舒适、安全快捷的大容量运输服务方式。

广义的城市轨道交通是指以轨道运输方式为主要技术特征,具有固定线路、铺设固定轨道、配备运输车辆及服务设施等的公共交通设施。轨道交通是因为城市经济的发展和道路的拥挤而产生的,并作为城市公共交通系统的一个重要组成部分而发展的,因此,人们把它称为城市轨道交通。在轨道交通发展的历史进程中,人们把城市以外的客运及货运铁路交通运输称为铁路运输业,与城市轨道交通区别开来。在中国,随着区域经济和城市群的发展,人们又把连接这些地区的城际铁路也惯称为城市轨道交通。根据《国民经济行业分类》(GB/T 4754—2011)规定,城市轨道交通属于从事城市旅客运输活动的城市公共交通运输业类,行业代码为G5412。

城市轨道交通在世界范围内发展较快、种类繁多,不同的地区、国家和城市,技术指标差异较大,世界各国尚无十分统一的分类标准。不同的分类方法,可以分出不同的结果:若按容量(运送能力),可分为高容量、大容量、中容量和小容量;若按导向方式,可分为轮轨导向和导向轨导向;若按线路敷设方式,可分为地下、高架和地面;若按线路隔离程度,可分为全隔离、半隔离和不隔离;若按轨道材料,可分为钢轮钢轨系统和橡胶轮混凝土轨道梁系统;若按牵引方式,可分为旋转式直流、交流电机牵引和直线电机牵引;若按运营组织方式,可分为传统城市轨道交通、区域快速轨道交通和城市(市郊)铁路。

在中国国家标准《城市公共交通常用名词术语》(GB 5655—1999)中,将城市轨道交通定义为"通常以电能为动力,采取轮轨运转方式的快速大运量公共交通之总称"。随着城市轨道交通建设的发展,城市轨道交通工程的定义有了进一步明确和细化,《城市轨道交通技术规范》(GB 50490—2009)和《城市轨道交通工程基本术语标准》(GB/T 50833—2012)对城市轨道交通及其组成给出了明确的定义:城市轨道交通是指采用专用轨道导向运行的城市公共客运交通系统,包括地铁、轻轨交通、单轨交通、有轨电车、磁浮交通、自动导向轨道系统、市域快速轨道系统。其中:

地铁是指在全封闭线路上运行的大运量或高运量城市轨道交通方式,线路通常设于地下结构内,也可延至地面或高架桥上。

轻轨交通是指在全封闭或部分封闭线路上运行的中运量城市轨道交通方式,线路通常设于地面或高架桥上,也可延伸至地下结构内。

单轨交通是指采用电力牵引列车在一条轨道梁上运行的中低运量城市轨道交通系统,根据车辆与轨道梁之间的位置关系,单轨交通分为跨座式单轨交通和悬挂式单轨交通两种类型。

有轨电车是指与道路上其他交通方式共享路权的低运量城市轨道交通方式,线路通常设在地面。

磁浮交通是指通过磁力实现列车与轨道的非接触支承、导向和驱动的轨道交通。中低速磁浮交通是指采用直线异步电机驱动,定子设在车辆上的磁浮交通。高速磁浮交通是指采用直线同步电机驱动,定子设在轨道上的磁浮交通。

自动导向轨道系统是指在混凝土轨道上,采用橡胶轮胎,并通过导向装置,自动导引车辆运行方向的轨道交通系统。

市域快速轨道系统是指服务范围覆盖城市市域范围内的城市轨道交通系统。

二、城市轨道交通工程发展现状

1863 年,世界上第一条地下铁道于 1 月 10 日在伦敦建成;1881 年,第一辆有轨电车在德国柏林工业博览会上展示;1888 年,美国弗吉尼亚州里士满市建成了世界上第一个投入商业运行的有轨电车系统。回顾 20 世纪城市交通的发展历程,就是一个螺旋式的上升过程:有轨电车从大发展到大拆除,然后汽车登上历史舞台,由早期的以蒸汽为动力发展为以电能为动力,到现在以地铁和轻轨为代表的城市轨道交通又恢复了它的主导地位。

1904 年 10 月,中国第一条轻轨线路在抚顺建成通车;1906 年 6 月,天津有轨电车建成通车;1969 年 10 月,中国第一条地铁——北京地铁一期工程建成。回顾中国城市轨道交通的发展,也经历了螺旋式上升的建设发展历程,到 2005 年年底,中国大陆现有建成通车的城市轨道交通线路共有 504.503 km。近年来,中国城市轨道交通发展迅猛,已有 30 多座城市建成、在建或拟定了建设规划。截至 2017 年 11 月,中国内地已有 31 个城市开通运营城市轨道交通,运营总里程共 3 965 km;已有 11 个城市开通运营现代有轨电车,运营里程共 233 km;上海和长沙开通磁浮交通,运营里程共 49 km。城市轨道交通有多种类型,每一种类型都有其应用范围,中国城市轨道交通发展呈现建设城市多、势头猛、类型多元化的特点,正在形成以地铁为骨干、多种类型并存的城市轨道交通体系。

(一)地铁

地铁(metro 或 underground railway 或 subway)是地下铁道的简称,是城市快速轨道交通的先驱。世界上第一条地下铁道于 1863 年在伦敦诞生,中国第一条地铁——北京地铁一期工程于 1969 年 10 月建成,20 世纪 70 年代和 80 年代是世界各国地下铁道建设的高峰。纽约、旧金山以及中国香港地区也称其为"大容量轨道交通系统"(Mass Rail Transit)或"快速交通系统"(Rapid Transit System)。地铁泛指建在地下的干线铁路,从发展上看,地铁已是一个历史名词,其内涵与外延均已扩展为泛指地下、地面、高架三种运行线路结合的一种大容量轨道交通系统。这种轨道交通系统的建设规律是在市中心为地下隧道线,市区以外为地面线或高架线。如首尔在 1978—1984 年建造的地铁 2 号、3 号、4 号线总长 105.8 km,其中地下线路 83.5 km,高架部分 22.3 km(占全长的 21%)。2010 年 5 月 28 日正式运营的南京地铁 2 号线,线路全长 37.8 km,地下线 22 km,地面线和高架线 15.8 km;共设置 26 座车站,其中地下车站 17 座。

地铁的运能,单向在 3 万人次/h,最高可达 6 万~8 万人次/h,最高速度可达 120 km/h,运行速度可达 60 km/h 以上,可为 3~8 节编组,车辆运行最小间隔可低于 1.5 分钟。驱动方式有直流电机、交流电机、直线电机等。地铁具有运量大、速度快、安全、准时、节能、不污染环境、节省城市用地等优点。随着地铁技术的不断发展,地铁车辆主要向"动车组"方向发展。地铁车辆具有较好的加速、减速性能,启动快,停车制动距离短,平均运行速度高;具有较大的载客容量,车门数多,便于乘客上下车,可以缩短停站时间;车型小,适合在隧道内运行;车辆采用不易燃材料制成,不容易发生火灾;自动化程度较高等。但地铁建设成本高(每千米投资 5 亿~7 亿元人民币),建设周期长,因此比较适合在不便于发展地面和高架轨道交通的大城市的中心区客流密集度极高的路段建设。《国务院办公厅关于加强城市快速轨道交通建设管理的通知》(国办发〔2003〕81 号)规定:地方财政一般预算收入在 100 亿元以上,国内生产总值达到 1 000 亿元以上,城区人口在 300 万人以上,规划线路的客流规模达到单向高峰 3 万人次/h 以上,可申报修建地铁。

地下铁道由于大部分线路在地下或高架桥上通行,因此技术水平要求较高,可靠性和安全性要求也高。地铁系统与国家干线铁路一样,主要由线网、轨道、车站、车辆、通信、信号等设备构成,要求各部门能够有机结合,协同动作,最大限度地完成输送任务。地铁路网的基本形式有单线式、单环线式、多线式、蛛网式。每一条地铁线路都是由区间隧道(地面上为地面线路或高架线路)、车站及附属建筑物组成。地铁已发展成由电力牵引、轮轨导向、具有一定规模运量、车辆编组、按运行图运行在全封闭的地下隧道内,或根据城市的具体条件,运行在地面或高架线路上的大容量快速轨道交通系统。

(二) 轻轨交通

轻轨交通(Light Rail Transit)是作用在轨道上的荷载相对于铁路和地铁的荷载较轻的一种交通系统。轻轨是一个比较广泛的概念,公共交通国际联会(UITP)关于轻轨运营系统的解释文件中提到:轻轨是一种使用电力牵引、介于标准有轨电车和快运交通系统(包括地铁和城市铁路),用于城市旅客运输的轨道交通系统。轻轨是在市郊铁路和有轨电车的基础上改造发展起来的城市轨道交通系统。原来采用轻型轨道,现在轻轨已采用与地铁相同质量的钢轨。

我国在《城市轨道交通工程基本术语标准》(GB/T 50833—2012)中,把单向客运能力为 1 万～3 万人次/h 的轨道交通方式定义为中运量轨道交通,即轻轨。轻轨一般采用地面和高架相结合的方法建设,路线可以从市区通往近郊。列车编组采用 2～6 辆或单节,铰接式车体。轻轨采用了线路隔离、自动化信号、调度指挥系统和高新技术车辆等措施,最高速度可达每小时 60 km,克服了有轨电车运能低、噪声大等问题。

由于轻轨具有投资少(每千米造价在 0.6 亿～1.8 亿元人民币)、施工便捷、建设周期短、运能高、灵活等优点,足以解决客流密度不高的城市交通问题,因此发展很快。无论是发达国家,还是发展中国家,轻轨方兴未艾。各国纷纷根据各自的国情,制定相应的轻轨发展战略和模式。纵观各国情况,大致有以下三类发展模式:一是改造旧式有轨电车为现代化的轻轨。这种模式以德国、苏联及东欧各国为典型代表。二是利用废弃铁路线路改建成轻轨路线。这种方式以美国圣迭戈轻轨为代表,欧洲也有类似的情况,如瑞典的哥德堡、德国的卡尔·马克思城(现开姆尼茨)也都采用这一方式。中国上海 5 号线、武汉轨道交通 1 号线一期工程也属于这种方式。三是建设轻轨新线路的方式。对于有些城市而言,修建轻轨比修建地铁更经济实惠,因此,诸如马尼拉、鹿特丹、中国香港等城市都相继新修了轻轨线路。由于轻轨交通建设标准低于地铁,因而其国产化进程容易推进,适合在我国大、中城市(特别是中等城市)的中等客流密集度的路段建设。

经过 100 多年的发展,轻轨已形成三种主要类型:钢轮钢轨系统、线性电机牵引系统和橡胶轮系统。钢轮钢轨系统即新型有轨电车,是应用地铁先进技术对老式有轨电车进行改造的成果。轻轨的走行形式既可以是钢轮钢轨的双轨,也可以是胶轮单轨。

(三) 单轨交通

单轨交通(Monorail Transit)是指通过单一轨道梁支撑车厢并提供导引作用而运行的轨道交通系统,其最大特点是车体比承载轨道要宽。单轨交通系统是一种把单轨铺设在高架桥上的新型铁路。因支撑方式的不同,单轨一般包括跨座式单轨和悬挂式单轨两种类型。跨座式是车辆跨坐在轨道梁上行驶,悬挂式是车辆悬挂在轨道梁下方行驶。单轨车的走行轮采用特制的橡胶车轮,以减少振动的噪音。单轨车的两侧还装有导向轮和稳定轮,以控制列车转弯,保证列车运行稳定可靠。

国外单轨列车一般由 4～6 辆组成,列车运输能力为 0.5 万～2 万人次/h。德国的乌伯塔在 1901 年建成了世界上第一条悬挂式单轨线路,1963 年单轨式列车在日本开始运营,1975 年跨座式单轨交通系统在日本开始建设。国内首条跨座式单轨线路,也是西部地区第一条城市轨道交通线路,即重庆轨道交通 2 号线于 2004 年 11 月 6 日开始载客运营,重庆轨道交通 2 号线也是国内第一次引进国外先进技术,通过消化吸收再创新而建设并成功运营的国内第一条单轨交通线路。

单轨系统有占地少、造价低、振动小、噪声低、爬坡能力强、转弯半径小等优点。高架单轨因轨道梁宽通常仅为 85 cm,不需要很大空间,可以适应复杂地形的要求,适宜在狭窄街道的上空穿行,可减少拆迁、降低造价。高架单轨结构简单,易于建造,建设工期短,它的工程建设费用只有地下铁道建设费用的三分之一,因此十分适合在地形复杂的丘陵、山区城市与郊区之间的区域建设。

（四）有轨电车

有轨电车(tram)是指使用电力牵引、轮轨导向、1 辆或 2 辆编组运行在城市路面线路上的低运量轨道交通系统。

有轨电车起源于公共马车，为了多载客，人们把马车放在铁轨上，这样做是为了减少旅客人均牵引力。随着电动机的发展和牵引电力网的出现，电动机取代了马匹。在 20 世纪 20 年代，美国的有轨电车线总长达 25 000 km。至 20 世纪 30 年代，欧洲国家、日本、印度和我国的有轨电车有了很大发展。

1906 年 6 月天津有轨电车建成通车，1908 年上海有轨电车交通线建成通车，在随后的年代里，我国的大连、南京、北京、沈阳、哈尔滨、长春、鞍山、武汉等城市都相继修建了有轨电车。虽然旧式有轨电车行驶在城市道路中间，与其他车辆混合运行，又受到路口红绿灯的控制，运行速度很慢，正点率低而且噪声大，加减速度性能较差，但仍不失为居民出行的便捷交通工具，在当时我国城市的公共交通中发挥了骨干作用。随着汽车工业的迅速发展，大量的汽车涌上街头，城市道路明显地出现拥挤，且有轨电车每小时单向运输能力一般在 1 万人次以下，这很难满足急剧增长的城市客流运输需要，于是世界上各大城市都纷纷拆除有轨电车线路，改修运量大的地铁或轻轨交通。我国在 20 世纪 50 年代末，有关的有轨电车拆除得所剩无几，仅剩下长春、大连和鞍山三座城市的有轨电车没有拆除，并一直保留至今，继续分担着正常的公共客运任务。由于上述有轨电车的种种问题，有轨电车一度停止了发展，有的城市为了适应运输量的需要，在它原来的基础上将其改为类似轻轨的大公交车辆。

近年来，有轨电车因在减少空气污染方面优于汽车交通、在投资方面少于地铁及轻轨交通等优势，其建设开始复苏，作为介于常规公交和轻轨之间的低运量的轨道交通系统，在城市交通建设中得到了运用与发展。江苏苏州、南京、淮安的有轨电车线路已建成并投入运营，长春、大连进行了有轨电车改造，鞍山也准备对现有的有轨电车进行改造，北京、上海等城市正在酝酿新建有轨电车线路。

（五）磁浮交通

磁浮交通(Maglev Transit)是一种运用"同性相斥、异性相吸"的电磁原理，依靠电磁力使车厢悬浮并行走的轨道运输方式。磁浮交通有常导和超导两种类型。常导式磁浮线路能使车辆浮起 10～15 mm 的高度，运行速度较低，用感应线性电机来驱动。超导式磁浮线路能使车辆浮起 100 mm 以上，速度较高，用同步线性电机来驱动，技术难度较大。日本使用超导体产生的磁力使列车悬浮，列车速度可达 500 km/h。德国使用常导相吸原理达到磁浮，列车速度也提高到 400 km/h。磁浮列车(maglev train)是根据电磁学原理，利用电磁铁产生的电磁力将列车浮起，并推动列车前进的高速交通工具。由于它运行时悬浮于轨道之上，因而没有轮轨的摩擦，突破了轮轨黏着极限速度的限制，成为人们理想的现代化高速交通工具。

我国与德国合作的上海浦东龙阳路至浦东国际机场磁浮高速线(线路总长为 30 km)于 2002 年在上海投入运营，上海浦东建成的磁浮交通，最高速度可达 430 km/h。我国国内第一条自主设计、自主制造、自主施工、自主管理的中低速磁悬浮长沙中低速磁浮工程，连接高铁长沙南站和长沙黄花国际机场 T2 航站楼，线路全长 18.54 km，初期设车站 3 座，预留车站 2 座，设计速度为 100 km/h，于 2014 年 5 月 16 日开工建设，2016 年 5 月 6 日载客试运营。

磁浮交通适合于在对旅行速度要求较高的区域之间建设。

（六）自动导向轨道系统

自动导向轨道系统(Automated Guideway Transit System，简称 AGT)也称新交通系统，是一个模糊的概念，不同国家和城市对此都有不同的理解，国际上还没有统一和严格的定义。广义上认为，AGT 是那些所有现代化新型公共交通方式的总称。狭义上新交通系统则被定义为，由电气牵引，具有特殊导向、操作和转向方式的胶轮车辆，单车或数辆编组运行在专用轨道梁上的中小运量轨道运输系统。我国标准则定义为在混凝土轨道上，采用橡胶轮胎，并通过导向装置，自动导引车辆运行方向的轨道交通系统。

自动导向轨道系统中的电动车辆在专用的轨道线路上运行，而且车轮均为橡胶轮胎，沿着特制的混凝土轨道运转，车站无人管理，完全由中央控制室的计算机集中控制，自动化水平高。自动导向轨道系统与单轨交通有许多相同之处，最大的区别在于该系统除了有走行轨外，还设有导向轨，故称之为自动导向轨道交通。自动导向轨道系统属于胶轮—导轨系统，一般用在高架线上为多。走行轮为胶轮，走行在桥梁面上,起支承作用;导向轮也是胶轮,依靠导向板或导向槽对车辆起导向和稳定作用。按照专用导向轨的位置,自动导向轨道系统可以分为三种形式:轨道中央引导方式、侧向引导方式以及中央引导和侧向引导方式的混合。自动导向轨道系统的导向系统可分为中央导向方式和侧面导向方式,每种方式又可分为单用型和两用型。所谓单用型是指车辆只能在导轨上运行,两用型则指车辆既可在导轨上运行,又可以在一般道路上行驶。

自动导向轨道系统最早出现在美国,当初多为一种穿梭式往返运输乘客的短距离交通工具,曾被称为"水平电梯"或"空中巴士""快速交通"。在逐渐发展成一种城市客运交通工具后,其一般被称为"客运系统"(People Mover System)。后来日本和法国又做了进一步的技术改造和发展,并使其成为城市中的一种中运量客运交通系统。日本称之为新交通系统(意指含有高度自动化新技术的交通系统),以区别于其他各种交通运输工具。法国称之为 VAL 系统,名称来源于轻型自动化车辆(Véhicule Automatique Léger)的法文字母字头的拼音,也有一种说法,即 VAL 一词是因线路起始地名字头缩写而得名。

自动导向轨道系统自 1963 年美国西尼电气公司研发面世后,在世界许多地方被逐渐推广采用,尤其日本和法国无论是技术还是规模都处于领先的地位。世界各地已有几十条规模不等,用途不同,具体构造也有所不同的新交通系统线路。日本有 10 条线路,并将高架单轨和自动导向轨道系统看作现代化的象征,故从 1976 年起做出规定,自动导向轨道系统可使用国家的财政资助,因而促进了新交通系统的发展。

中国内地的自动导向轨道系统处在起步阶段,天津市于 2006 年为纪念天津有轨电车百年在滨海新区开通了全长 7.6 km 的亚洲首条胶轮导轨线路,北京市于 2008 年奥运会前开通了服务于首都国际机场 T3 航站楼的新交通系统,上海市也于 2009 年开通了胶轮导轨电车。中国台湾地区的台北市于 1994 年建成,1996 年 3 月投入运营的木栅线(中山中学至木栅动物园),线路全长 10.8 km,其中高架线 10 km、地下线 0.8 km,采用 VAL 制式,属中运量新交通系统。中国香港地区于 20 世纪 90 年代后期建设的新机场从登机厅到机场主楼,为接运旅客也建成了一条长约 1 km 采用 VAL 制式的新交通系统。

自动导向轨道系统有以下优点:客运能力为 0.5 万～1.5 万人次/h,高于公共汽车,而且建设成本与地铁、轻轨相比要低得多;与单轨系统相似,运行在专用的高架轨道上,与其他车辆不构成干扰,运输效率较高;车辆除采用橡胶轮胎外,其他部分与有轨车辆差不多,在技术上容易实现;既可以采用列车无人驾驶、车站无人管理方式,也可以省去自动控制改由人工操纵,机动灵活、使用方便;节约能源,基本上没有噪声污染,有利于环保。

(七) 市域快速轨道系统

市域快速轨道系统(Urban Rail Rapid Transit System)是一种大运量的轨道运输系统,客运量可达 20 万～45 万人次/d,适用于城市区域内重大经济区之间中长距离的客运交通。市域快速轨道系统的列车,主要在地面和高架桥上运行,必要时也可采用隧道,其线路技术、设施与干线铁路基本相同,是以提高市民出行速度为目的的公交型轨道交通。

市域快速轨道系统通常运行在城市内部和城市群之间,为公务出行、假日休闲旅游、探亲访友等客流提供大运力、高密度、公交化的快速交通。

市域快速轨道系统可采用地铁车辆或专用车辆,线路半径不小于 500 m,线路坡度不大于 3‰,最高运行速度为 120～160 km/h。当采用钢轮钢轨体系时,标准规矩仍采用 1 435 mm。由于线路较长,站间距相应较大,必要时可不设中间车站,因而可选用最高运行速度在 120 km/h 以上的快速专用车辆,也可选用中低速磁悬浮列车进行技术经济比较。

第二节　城市轨道交通工程组成与工程划分

随着科技进步,城市轨道交通各类工程的组成及技术运用也在不断更新和发展,各地在城市轨道交通工程建设过程中,根据城市发展需求、城市结构特征、城市人口和经济发展条件、客流特征,结合城市轨道交通特点,经技术经济分析和比较,进行合理决策和建设定位。根据《城市轨道交通工程项目建设标准》(建标 104—2008),城市轨道交通工程项目构成可分为工程基本设施和运营装备系统两大部分,其中工程基本设施包括线路运营总图和土建工程设施。线路运营总图,属工程设施的基础项目,包括线路、客流预测、运营组织、限界。工程建设阶段主要为土建工程设施及运营装备系统:城市轨道交通工程土建工程设施,包括轨道、路基、桥梁、隧道、车站以及主变电所、集中冷站、控制中心及车辆基地的土建工程部分;运营装备系统,包括车辆、供电、通风空调(含采暖)、通信、信号、给排水与消防、防灾与报警、机电设备监控、自动售检票、自动扶梯和电梯、站台屏蔽门、旅客信息等系统设备及其控制管理设施,车辆基地的维修设备等。城市轨道交通各类工程的组成和施工方法既多元又相融,本节以地铁为例,从工程功能及施工组织角度介绍建设阶段工程的组成与划分。

一、地铁工程的组成

地铁工程主要由车站、区间、轨道结构、系统工程、主变电所、集中冷站、车辆段及车辆基地和运营控制中心等组成。其中车站和区间均包括土建、装饰装修及机电设备安装三部分;系统工程包括供电系统(含电力监控)、通信系统(含乘客信息)、信号系统、火灾自动报警系统(FAS)、自动售检票系统(AFC)、环境与设备监控系统(BAS)、屏蔽门系统、综合监控(含门禁)系统(ISCS)等;主变电所、集中冷站、车辆段及车辆基地和运营控制中心包括土石方、房屋建筑和设备系统等工程。

(一)车站

车站是供旅客乘降、换乘和候车的场所,设有良好的通风、照明、卫生、防火设备等,在保证旅客使用方便、安全、迅速地进出车站的前提下,给旅客提供舒适、清洁的环境。车站还设有主要的技术设备和运营管理系统,以保证城市轨道交通的安全运行。

地铁车站按照敷设方式可分为地下站、高架站和地面站,其工程组成主要包括车站土建、车站装饰装修及车站机电设备安装三部分,地下车站还设有人防系统。其中机电设备安装工程包括给水排水、电气工程、通风与空调、站内客运设备(电梯、自动扶梯、自动人行道和轮椅升降机)等。

因车站内客运设备及人防系统的工程质量监督职能不属建设行政主管部门,故本书略去此内容。

1. 车站土建

车站土建包括车站主体及车站附属两大土建工程。车站主体包括站台、站厅、设备与办公用房;车站附属包括出入口与通道、通风道和地面风亭等土建结构工程。

2. 车站装饰装修

车站装饰装修包括车站土建工程的装饰装修、乘客引导、卷帘门、防淹门、防火门等,车站公共区域的通道、栏杆扶手、厕所及盥洗室等设有无障碍设施,根据需要还可设置防核辐射门等。

3. 车站机电设备安装

(1)给水排水是给乘客、工作人员及设备提供生活、卫生、生产、消防等需要的供水,和用于排除车站的冲洗废水、结构渗漏水、事故消防水等废水以及工作人员、乘客的生活污水的系统。其由给水系统和排水系统两部分组成,给水系统又包括生活生产与消防两大功能系统。生活生产给水系统由水泵、管道、阀门、水龙头等组成;消防给水系统,由消防水池(箱)、水泵、气压罐、管道、水流指示器、阀门、消火栓、喷淋头、水泵接合器等组成。排水系统的废水系统和污水系统独立设置,分别与地面的市政废水管网、污水管网相连,都由汇集管道、泵房、排出管道、窨井等构成。

(2)电气工程包括照明、低压配电、防雷、综合接地等。照明系统是为站台、站厅和车站设备区提供照明,包括正常照明、应急照明(备用照明和疏散照明)、值班照明和过渡照明,由照明设备、设施及布线系统组成;低压配电系统为车站内的通风与空调、给水排水、消防、屏蔽门、电(扶)梯、自动售检票、通信、信号等系统的设备供电,由控制箱(柜)、布线系统组成;防雷系统是防止高架车站各部位遭受雷击损坏而设置的接闪器及防雷引下线装置;综合接地系统是集防雷电流、工作接地等多种功能为一体,满足强电、弱电专业及其他非电器金属管道的全部接地要求所设置的综合接地系统,由接地网、接地引出线、接地端子排等组成。

(3)通风与空调是指对车站站厅、站台、设备及管理用房等处所的环境进行空气处理,调节区域内的空气温度、湿度,并控制二氧化碳、粉尘等有害物质的浓度的系统,包括送排风系统、防排烟系统、空调风系统、制冷(热)设备系统,由风机、空调机组、冷水机组、水泵、冷却塔、水(风)阀和水(风)管路等组成。

(二) 区间

区间通常指正线上连接两个车站、供列车通行的通道,此外还包括渡线、折返线、停车线等功能性通道。区间按照线路敷设方式可分为地下、高架和地面三种类型。地下区间施工的主要方法有明挖法、暗挖法、盾构法。同一区间内既有单一线路、单一工法形式,也有多种线路、多种工法组合的形式。地下区间有单线隧道和双线(多线)隧道之分,高架区间有单线结构和双线(多线)结构之分。区间工程组成主要包括土建、装饰装修、机电设备安装。

1. 区间土建

(1) 地下区间隧道设于地下,隧道内通常设置疏散平台、联络通道、集水泵房以及其他附属建筑物。泵房一般设于区间最低点处,且常与联络通道合建。对于超长区间隧道,需要在中部建造通风井。

(2) 高架区间在地面上,由轨道梁、支撑轨道梁的横梁、支撑梁的柱以及柱下基础等结构组成。轨道梁通常有 U 梁和箱梁两种类型,箱梁两边还设有侧板。

(3) 地面区间土建工程即为路基,是指按照线路位置和一定技术要求修筑的带状构筑物,一般位于通往路面车辆段或停车场的线路上,包括路堤、路堑和附属结构。

2. 区间装饰装修

区间装饰装修主要包括高架区间的涂装、地面及高架区间的声屏障等。涂装的主要功能是美化高架区间结构。声屏障是在结构两侧插入一个设施,主要功能是使声波传播有一个显著的附加衰减,从而减弱接受者所在的一定区域内的噪声影响。目前声屏障主要有金属、聚碳酸酯(PC)和新型复合材料等种类。

3. 区间机电设备安装

区间机电设备安装包括给水排水、电气工程、通风与空调。区间消防、通信及信号系统等的供配电设备设在车站设备区,施工时通常将区间的机电设备工程一分为二,分别纳入其相邻车站机电设备工程进行施工管理及质量验收。

地下区间中间风井的机电设备安装内容基本同地下车站设备区。

(1) 给水排水是提供消防所需用水和排除区间的冲洗废水、结构渗漏水、事故消防水等废水的系统,由区间给水系统和区间排水系统两部分组成。区间给水系统主要为消防功能系统,由消火栓、消防水泵(中间风井)、管道、水流指示器、阀门等组成。区间排水系统为废水系统,地下区间由集水坑、潜污泵、排水管道等构成,高架区间由排水口、排水管等构成。

(2) 电气工程区间电气可分为照明和低压配电两个子系统。照明系统为区间提供照明,包括照明设备、设施及布线系统;低压配电系统为区间的通风风机、泵房排水等设备供配电,主要包括控制箱、布线系统。

(3) 通风与空调是指对隧道、设备用房(中间风井内)等处所的环境进行空气处理,调节区域内的空气温度、湿度,并控制二氧化碳、粉尘等有害物质的浓度的系统,包括送排风系统、防排烟系统等,区间主要设有风机,中间风井还设有风阀和风管等。

(三) 轨道结构

轨道结构的作用是引导机车车辆的运行,直接承受来自车辆的荷载,并将荷载传至路基或桥隧结构物,有足够的强度、稳定性、耐久性,并具有固定的几何形位,保证列车安全、平稳、不间断地运行的能力。轨道结构是指路基面或结构面以上的线路部分,由钢轨、扣件、轨枕、道床、连接零件、道岔和其他附属设备等组成的构筑物。根据环境保护对地铁沿线不同地段的减震、降噪要求,轨道应采用相应的减震轨道结构,并具有良好的绝缘性。

(四) 系统工程

系统工程为运营提供各种功能装备。因车辆及车辆基地维修设备的质量监督职能不属于建设行政主管部门,故本书略去此内容。

1. 供电系统

供电系统是为轨道交通工程用电设备提供电能的系统,包括外部电源、主变电所(或电源开闭所)、牵引供电系统、动力照明供电系统、电力监控系统以及电缆、杂散电流防护与接地等。

(1)变电所分为主变电所(或电源开闭所)、牵引变电所、降压变电所,牵引变电所与降压变电所合建则为牵引降压混合变电所。主变电所将 110 kV 电网电压降为 35 kV,给牵引变电站和降压变电站供电。牵引变电所通常设在车站内,当不具备条件时可设在车站附近或区间。不同电压等级的交流、直流电源通过相应变电所内的降压变压或整流变压器装置,转换成满足列车运行、线路设备动力和照明等各类功能所需要的电压等级及交直流形式的电源,变电所电气工程主要由变压器(整流、降压)、开关柜、电缆组成。

(2)牵引供电系统包括牵引变电所与牵引网。牵引网则由接触网和回流网构成,其中接触网由馈电线、接触网(轨)组成,回流网由钢轨、回流线路组成。

(3)动力照明供电系统包括降压变电所和动力照明配电系统。动力照明配电系统见车站和区间的电气工程。

(4)杂散电流防护与接地为抑制杂散电流的产生和减少杂散电流向地铁外部扩散的系统,由杂散电流监测及回收设施组成。供电系统中电气装置与设施的外露可导电部分除有特殊规定外均应接地。

(5)电力监控系统(SCADA)即电力数据采集与监视控制系统,包括遥控、遥测、遥信和遥调功能,其系统构成、监控对象、功能要求应根据供电系统的特点、运营要求、通道条件确定。电力监控系统组成包括设在控制中心大楼内的电力调度系统(主站)、设在各变电所综合自动化系统(子站)及联系主站和子站的专用数据传输光缆,系统采用计算机设备和计算机网络对主变电所、牵引降压混合变电所、车站降压变电所等实行集中监视、控制和测量,并实现变电所无人值守的运行要求。

2. 通信系统

通信系统主要分为专用通信系统、民用通信引入系统和公安通信系统,由传输系统、无线通信系统、公务电话系统、专用电话系统、视频监视系统、广播系统、时钟系统、办公自动化系统、电源系统及接地、集中告警系统等子系统组成。专用通信系统应满足正常运营方式和灾害运营方式的通信需求,在正常运营时为运营管理提供信息,在灾害运行时为防灾、救援和事故处理的指挥提供保证。民用通信引入系统应为地铁公众通信服务,可将电信运营商移动通信系统覆盖至地铁地下空间,也可引入公用电话。公安通信系统应满足公安部门在地铁范围内的通信需求,并应在突发事件发生时,为公安部门在地铁内的应急调度指挥提供保证。

乘客信息系统(PIS)是专用通信系统的重要组成部分,是为站内和车内的乘客提供有关安全、运营及服务等综合信息显示的系统设备总称。依托多媒体网络技术,以计算机系统为核心,以车站和车载显示终端为媒介向乘客提供信息服务的系统。乘客信息系统由控制中心子系统、车站子系统、车载子系统、网络子系统和广告管理子系统等组成。乘客信息系统在常态下为旅客提供乘车须知、服务时间、列车到发时间、列车时刻表、管理者公告、政府公告、出行参考、股票信息、媒体新闻、赛事直播、广告等实时动态多媒体信息;在火灾、阻塞及恐怖袭击等非常态下为旅客提供动态紧急疏散服务信息。

3. 信号系统

信号系统是集行车指挥和列车运行控制为一体的机电系统。地铁信号系统的核心是列车自动控制系统(ATC),它由计算机联锁子系统(CBI)、列车自动监控子系统(ATS)、列车自动防护子系统(ATP)和列车自动运行子系统(ATO)组成,各子系统之间相互渗透,实现地面控制与车上控制相结合,现地控制与中央控制相结合,构成一个以安全设备为基础,集行车指挥、运行调整以及列车驾驶自动化等功能为一体的自动控制系统。其由行车指挥和列车运行控制设备组成,并设有故障监测和报警设备。

4. 火灾自动报警系统

火灾自动报警系统(FAS)是用于及早发现和通报火灾,以便及时采取措施来控制和扑灭火灾而设置在建筑物中或其他场所的一种自动消防报警设施。目前地铁工程防灾以防火灾为主,地铁车站、区间隧道、区间变电所及系统设备用房、主变电所、集中冷站、控制中心、车辆基地均设置火灾自动报警系统,系统由设置在控制中心的中央级监控管理系统、车站和车辆基地的车站级监控管理系统、现场级监控设备及相关通信网络组成。在所有区域内设置消防设施的联动控制设备,包括气体灭火控制设备、水消防设备、防排烟设备、防火卷帘门、风阀、电梯、非消防电源的断电控制、疏散标志灯等,火灾报警系统直接或间接管控这些设备。火灾自动报警系统具备自动报警、手动报警、通信和网络信息报警,并实现火灾救灾设备的控制及与相关系统的联动控制。

5. 自动售检票系统

自动售检票系统(AFC)是基于计算机、通信网络、自动控制、自动识别、精密机械和传动等技术,实现轨道交通售票、检票、计费、收费、统计、清分、管理等全过程的机电一体化、自动化和信息化系统。自动售检票系统通常由清分系统、线路中央计算机系统、车站计算机系统、车站终端设备、传输通道和车票构成。

6. 环境与设备监控系统

环境与设备监控系统(BAS),其功能是对地铁建筑物(车站、区间,也可包括控制中心及车辆基地)内的环境与空气调节、通风、给排水、照明、乘客导向、自动扶梯及电梯、站台门、防淹门、车站应急照明电源、车站环境参数等建筑设备和系统进行集中监视、控制和管理的自动化管理系统。环境与设备监控系统采用分层、分布式计算机控制系统,由中央级监控管理系统、车站级监控管理系统、现场级监控设备及相关通信网络组成。当设置综合监控系统时,环境与设备监控系统在车站级由综合监控系统集成,环境与设备监控系统车站及中央级监控功能由综合监控系统实现。

7. 屏蔽门系统

站台屏蔽门是安装在车站站台边缘,将行车的轨道区与站台候车区隔开,设有与列车门相对应、可多级控制开启与关闭滑动门的连续屏障,有全高、半高、密闭和非密闭之分,简称屏蔽门。屏蔽门系统由门体、门机、电源及控制四部分组成,屏蔽门包括固定门、滑动门、应急门及端门,其控制系统主要由中央控制盘、就地控制盘、门控器、局域网和接口模块组成。对早期未设屏蔽门的车站进行改造时,有时会采用在站台边缘安装电动栏杆的方式。

8. 综合监控系统

综合监控系统(ISCS)是基于大型的监控软件平台,通过专用的接口设备与若干子系统接口,采集各子系统的数据,实现在同一监控工作站上监控多个专业,调度、协调和联动多系统的集成系统。综合监控系统的构建应以运营管理需求为基础,采用集成和互联的方式构成,将电力监控、环境与设备监控和屏蔽门控制等系统集成到综合监控系统,通常也将广播、视频监控、乘客信息、时钟、门禁等系统与综合监控系统互联,也可将防淹门、通信系统集中告警等监控信息互联,综合监控系统可集成或互联列车自动监控系统(ATS)和火灾自动报警等系统,当集成 ATS 时,可建成以行车指挥系统为核心的综合监控系统。

门禁系统(ACS)是集计算机、网络、自动识别、控制等技术和现代安全管理措施为一体的自动化安全管理控制系统,又称人员出入口安全管理控制系统。地铁涉及安全的重要设施的通道门、系统和设备用房门及管理用房门均设有门禁。门禁系统由线网中央级系统、线路中央级系统、车站系统、现场级系统和终端设备、传输网络和电源及门禁卡等组成,系统与火灾自动报警系统联动控制。

(五) 车辆段、车辆基地和运营控制中心

车辆段是指具有停放车辆,以及承担车辆的运用管理、整备保养、检查工作、承担定修和架修车辆检修任务的基本生产单位。

车辆基地是为了保证轨道交通正常运营而设立的车辆停修和后勤保障基地,通常包括车辆段、综合维修中心、物资总库、培训中心和相关的生活设施。车辆段及车辆基地的土建工程包括路基工程、道路及广场工程、房屋工程等。

运营控制中心(OCC)是对地铁全线所有运行车辆、区间和车站及乘客进行总的监视、控制、协调、指挥、调度和管理的中心,是调度人员通过使用通信、信号、综合监控(电力监控、环境与设备监控、火灾自动报警)、自动售检票等中央级系统操作终端设备,对地铁全线(多线或全线网)列车、车站、区间、车辆基地及其他设备的运行情况进行集中监视、控制、协调、指挥、调度和管理的工作场所,简称控制中心。运营控制中心可监控管理单条或多条地铁线路,通常划分为运营监控区、运营管理区、设备区、维修区及辅助设备区,运营监控区设中央控制室和紧急事件指挥室等。

二、城市轨道交通工程划分

为规范城市轨道交通建设工程验收工作,依据《建设工程质量管理条例》(中华人民共和国国务院令第 279 号)、《房屋建筑和市政基础设施工程竣工验收备案管理办法》(中华人民共和国住房和城乡建设部令第 2 号)、《房屋建筑和市政基础设施工程竣工验收规定》(建质〔2013〕171 号)和《城市轨道交通工程安全质量管理暂行办法》(建质〔2010〕5 号)等有关规定,结合城市轨道交通工程建设的实际,住房城乡建设部于 2014 年制定了《城市轨道交通建设工程验收管理暂行办法》(建质〔2014〕42 号),将城市轨道交通工程验收分为单位工程验收、项目工程验收、竣工验收三阶段,并明确了三阶段验收的相关要求,该办法适用于新建、扩建、改建城市轨道交通建设工程的验收活动及其监督管理。江苏省住房城乡建设厅将《江苏省城市轨道交通工程质量验收统一标准》列入 2015 年建设标准和标准设计编制、修订计划,该标准针对江苏省城市轨道交通工程建设的现状,依据规范标准和有关规定,对与城市轨道交通建设工程验收相关的基本概念、单位(子单位)工程划分、验收标准等做出了规定。

(一)基本概念

1. 城市轨道交通项目工程:城市轨道交通是指采用专用轨道导向运行的城市公共客运交通系统,包括地铁、轻轨、单轨、磁浮、自动导向轨道等系统,一条具备独立运营条件的城市轨道交通线路即为一个项目工程。

2. 单位工程:在城市轨道交通工程中,具备独立施工条件并具备专业功能的建(构)筑物及专业设备系统。

3. 子单位工程:单位工程中具备相对独立施工(安装)条件或者施工(安装)阶段的建(构)筑物及专业设备子系统。

4. 分部工程:按照系统设备专业性质或设备组别等、建(构)筑物的一个完整部位或主要结构及施工(安装)阶段划分的工程实体及专业设备安装工程。

5. 分项工程:按照工种、工序、材料、施工工艺、设备类别等划分的工程实体及专业设备安装工程。

6. 检验批:按相同的生产条件或按规定的方式汇总起来供抽样检验用的,由一定数量样本组成的检验体。

(二)城市轨道交通工程质量验收的划分

1. 城市轨道交通建设工程质量验收划分为项目工程、单位(子单位)工程、分部(子分部)工程、分项工程和检验批。

2. 单位工程的划分按照"具备独立施工条件或具备专业功能等因素划分为若干单位工程。单位工程可根据工程的复杂性、施工的阶段性以及合同标段划分等因素划分为若干子单位工程。机电设备安装工程也可按安装工种种类、设备组别划分为若干子单位工程"。

(1) 每个车站为一个单位工程,划分为车站土建、车站装饰装修、车站设备安装(含临近半区间的建筑设备安装工程)三个子单位工程。工程规模较大或施工周期差距大的工程,可将车站出入口土建单独划分为一个子单位工程。

(2) 每个区间为一个单位工程。当一个区间由不同的工法施工时,每种工法划分为一个子单位工程。

(3) 车辆段、停车场及基地综合工程为一个单位工程,划分为轨道路基与道路、桥梁、涵洞、室外建筑环境、室外安装、房屋建筑等若干子单位工程。

(4) 全线轨道工程为一个单位工程,划分为正线轨道、站场及出入段线轨道两个子单位工程。

(5) 每个 110 kV 主变电所为一个单位工程,其中房屋建筑、送电及电气设备安装工程各为一个子单位工程。区间变电所为独立结构的,可作为一个单位工程。

(6) 全线设备系统工程可按专业划分为若干单位工程,并可按照子系统或者单机工程划分为子单位工程或分部工程。轨道交通设备系统工程包括以下单位工程:通信系统、信号系统、供电工程、综合监控系统、火灾报警与灭火系统、自动售检票系统、站台屏蔽门工程、电(扶)梯工程等。

3. 一个分部工程可由几个子分部工程组成,分部工程的划分应按下列原则确定:

(1) 分部工程的划分应按专业性质或施工部位确定;

（2）当分部工程较大或较复杂时，可按材料种类、施工特点、施工程序、专业系统及类别等划分为若干子分部工程。

4. 分项工程应按主要工种、材料种类、施工工艺、设备类别等进行划分。分项工程可由一个或若干检验批组成。

5. 检验批可根据施工及质量控制和专业验收要求按施工段或部位等进行划分。

6. 城市轨道交通项目中的房屋建筑工程质量验收的划分参照《建筑工程施工质量验收统一标准》（GB 50300—2013）进行。

7. 因合同标段等因素，可将一个单位（子单位）工程的某个分部工程移入另一个单位（子单位）工程中作为分部工程，或提升为单位（子单位）工程。设备系统工程，还可将一个单位（子单位）工程调整至另外一个单位（子单位）工程中作为分部工程。

8. 施工前，应由施工单位制定分部、分项工程和检验批的划分方案，并由监理单位审核。对于现行标准中未涵盖的分项工程和检验批，可由建设单位组织监理、施工等单位协商确定。

9. 城市轨道交通建设工程单位（子单位）工程划分详见表 1.2.1。

表 1.2.1　城市轨道交通建设工程单位（子单位）工程划分表

序号	单位工程	子单位工程
1	车站工程	车站主体土建工程
		车站设备安装工程（含临近半区间）
		车站装饰装修工程
2	区间工程	明挖区间工程
		暗挖区间工程
		盾构区间工程
		路基工程
		高架区间工程
3	车辆段、停车场及基地工程	轨道路基及道路工程
		桥梁工程
		涵洞工程
		室外建筑环境工程
		室外安装工程
		房屋建筑工程
4	轨道工程	正线轨道工程
		站场及出入段线轨道工程
5	主变电站工程	送电工程（进线部分）
		房屋建筑工程
		电气设备安装工程
6	供电工程	牵引供电及供配电系统工程
		接触网工程
		接触轨工程
7	信号系统	正线信号系统工程
		车辆基地信号系统工程

续表 1.2.1

序号	单位工程	子单位工程
8	通信系统	专用通信系统工程
		公安通信系统工程
		商用通信系统工程
9	综合监控系统(ISCS)	综合监控集成子系统工程
		电力监控系统工程
10	火灾报警与灭火系统	火灾自动报警系统工程
		气体灭火系统工程
		调试与验收工程
11	自动售检票系统(AFC)	—
12	站台屏蔽门工程	—
13	电(扶)梯工程	自动扶梯及自动人行道安装工程
		电梯安装工程
		轮椅升降台安装工程

备注：1. 本表中未包含的项目，可参照相关标准执行；
　　　2. 人防工程按各地人民防空部门要求进行验收，本标准不做规定；
　　　3. 综合监控集成子系统，可根据合同标段划分一个或多个子单位工程。

第三节　城市轨道交通工程的建设特点

一、城市轨道交通工程建设阶段划分

在《城市轨道交通建设项目管理规范》(GB 50722—2011)中，城市轨道交通建设项目依据国家基本建设程序，可依序划分为线网规划、近期建设规划、项目可行性研究、工程勘察设计、工程施工、系统联调与试运行、试运营、竣工验收、项目后评价阶段。在《城市轨道交通建设工程验收管理暂行办法》(建质〔2014〕42号)中，将城市轨道交通建设工程验收分为单位工程验收、项目工程验收、竣工验收三个阶段，并将竣工验收设在试运营之前。城市轨道交通工程从规划到运营总体仍基本可划分为前期规划、工程勘察设计、工程施工与验收、试运营四大阶段。城市轨道交通工程建设程序的主要政策法规见表1.3.1。

表 1.3.1　城市轨道交通工程建设程序的主要政策法规

发文单位	文件名称
国务院	《国务院办公厅关于加强城市快速轨道交通建设管理的通知》(国办发〔2003〕81号)
	《关于加强地方政府性债务管理的意见》(国发〔2014〕43号)
国家发改委	《关于开展政府和社会资本合作的指导意见》(发改投资〔2014〕2724号)
	《国家发展改革委关于加强城市轨道交通规划建设管理的通知》(发改基础〔2015〕49号)
	《国家发展改革委　住房城乡建设部关于优化完善城市轨道交通建设规划审批程序的通知》(发改基础〔2015〕2506号)
住建部	《住房城乡建设部关于加强城市轨道交通线网规划编制的通知》(建城〔2014〕169号)
	《城市轨道交通工程项目建设标准》(建标 104—2008)
	《住房城乡建设部办公厅关于加强城市轨道交通工程施工图设计文件审查管理工作的通知》(建办质〔2012〕25号)

续表 1.3.1

发文单位	文件名称
住建部	《城市轨道交通建设工程验收管理暂行办法》(建质〔2014〕42号)
	《城市轨道交通试运营基本条件》(GB/T 30013—2013)
环保部	《中华人民共和国环境保护法》(中华人民共和国主席令第9号)
	《关于做好城市轨道交通项目环境影响评价工作的通知》(环办〔2014〕117号)
财政部	《关于推广运用政府和社会资本合作模式有关问题的通知》(财金〔2014〕76号)
	《关于印发〈地方政府存量债务纳入预算管理清理甄别办法〉的通知》(财预〔2014〕351号)

(一) 前期规划

1. 线网规划阶段

线网规划是一个城市在有意向建设轨道交通时,首先要做的工作。

《城市轨道交通建设项目管理规范》(GB 50722—2011)中规定:①城市轨道交通规划和建设应遵从城市总体规划。拟建设城市轨道交通项目的城市(以下简称拟建城市)应编制城市轨道交通线网规划,作为城市总体规划的重要组成部分。②城市轨道交通线网规划的规划期限应分为两期,近期年限应与城市总体规划年限保持一致,远期宜基于城市总体规划意图下城市的合理发展远景确定。③城市轨道交通线网规划必须与城市综合交通体系规划、城市公共交通专项规划相协调,与城市的经济发展、环境保护、文物保护和防灾减灾等相协调。城市轨道交通线网规划应与城市地下空间综合开发利用规划相衔接。

城市轨道交通线网规划作为城市轨道交通近期建设规划的编制和审批依据,应提前开展编制工作,根据《住房城乡建设部关于加强城市轨道交通线网规划编制的通知》(建城〔2014〕169号):①在城市总体规划编制时,应统筹研究发展城市轨道交通的必要性,确需发展的,应同步编制线网规划,做好相互协调与衔接。已有线网规划的城市,在修改或修编城市总体规划时,要开展线网规划实施评估,对线网规划实施情况进行总结,研究是否需要修改或修编线网规划,如有需要,应以线网规划实施评估为基础,与城市总体规划同步修改或修编线网规划。②线网规划编制(或者修改、修编)完成后,应当组织技术审查。直辖市的线网规划由住房城乡建设部组织进行技术审查;其他城市的线网规划,由省、自治区住房城乡建设厅组织进行技术审查。发展城市轨道交通的城市,线网规划技术审查意见,是住房城乡建设部对其城市总体规划进行审查的基础条件之一。③经技术审查后,线网规划明确的城市轨道交通发展目标、功能定位、线网布局、车辆基地等设施用地控制要求等应纳入城市总体规划,并与城市总体规划一并审批。线网规划经批准后,具有法定效力,任何单位和个人不得随意修改;确需修改的,应当按照城市总体规划的修编程序进行。④城市人民政府负责组织编制线网规划。具体工作由城市人民政府城乡规划主管部门承担。承担线网规划编制的单位,应当具有丰富的城市规划、城市轨道交通规划经验以及技术和人才储备,并应具有城乡规划编制资质证书。

2. 建设规划阶段

建设规划编制的主要目的是为了在一轮的建设过程中,明确远期目标和近期建设任务,以及相应的资金筹措方案,控制好轨道交通建设的节奏,依据城市的发展和财力情况量力而行,有序发展。

《城市轨道交通建设项目管理规范》(GB 50722—2011)中规定:①城市轨道交通建设项目规划应依据城市轨道交通线网规划编制,规划内容应包括:城市轨道交通建设的远期目标和近期建设规划、线路走向、站点与车辆基地选址、沿线土地利用及用地规划控制、换乘站和枢纽站建设以及其他交通方式的衔接方案、投资估算及资金筹措方案等。②城市轨道交通站点用地规划应根据城市轨道交通线网规划、城市轨道交通建设规划以及预测客流量、换乘需要和用地需求条件,落实城市轨道交通车辆基地、变电站、控制中心等生产设施用地,做好与换乘枢纽、站前广场等公共交通和公共设施用地的衔接。③城市轨道交通近期建设规划一经审批不得随意变更。当城市轨道交通近期建设规划依据条件发生重大变化确需修改时,应按原程序修编并重新审批。④拟建城市应设立城市轨道交通建设项目规划控制区和特别保护区。在规划控制区内实施工程建设,应依法办理行政许可手续。在特别保护区内,除已经规划批准的或对现有建筑进行改建、扩建并依法办理手续的建设工程外,严禁建设一切设施。

城市轨道交通建设规划及规划调整由咨询公司或者设计院来编制。城市轨道交通作为大型基础设施投资项目,其近期建设规划,具有审批级别最高(国务院)、审批层次最多(市、省、部委、国务院)和审批部门最多(发改、住建、环保等)的特点。

根据国家发改委、住房城乡建设部联合发文《关于优化完善城市轨道交通建设规划审批程序的通知》(发改基础〔2015〕2506号)精神:①建设规划在上报国家发改委之前,应由省发改委会同省住建厅进行初审。②在规划环境影响审查意见、社会稳定风险评估完成后,省级发改委会签省级住房城乡建设(规划)部门向国家发改委报送城市轨道交通建设规划,同时抄报住房城乡建设部。建设规划需取得省发改委和省住建厅的一致初审意见,环保部才受理环评报告。③环评得到国家环保部批复后,国家发改委才受理建设规划申报。④初次申报的城市首轮建设规划仍由国家发改委会同住房城乡建设部审核后报国务院审批。对已实施首轮建设规划的城市,其后续建设规划由国家发改委会同住房和城乡建设部审批,报国务院备案。

轨道交通作为城市重大工程,在城市轨道交通近期建设规划准备报批过程中除了需要指定或者成立专门的部门负责外,还需要全市各部门、区的大力协同参与,各阶段主要参与部门见表1.3.2,市级各部门职责见表1.3.3。

表1.3.2 城市轨道交通近期规划报批过程各阶段主要参与部门

序号	工作阶段	参与部门
1	建设规划启动会,协调收集资料	市级发改、规划、国土、交通、财政、环保、维稳、文保等职能部门
2	建设方案确定	市政府听取方案汇报
3	组织维稳评估的群众调查、座谈	各区相关管理部门、街道;市级发改、规划、国土、交通、财政、环保、维稳、文保等职能部门
4	组织环评调查、公示	各区相关管理部门、街道;市级规划、国土、环保、文保等职能部门;公众媒体
5	政府出资承诺、资本金比例	市政府、市财政局
6	银行贷款承诺	相关意向银行
7	相关职能部门出具建设规划意见	市级发改、规划、国土、交通、财政、环保、维稳、文保等职能部门
8	组织建设规划部门通气会	市级发改、规划、国土、交通、财政、环保、维稳、文保等职能部门以及相关区县

表1.3.3 城市轨道交通近期规划报批过程市级各部门职责

职能部门	主要职责
市政府	协调市级各部门大力支持建设规划报审工作; 市主管领导出席国家部委组织的审查会
发改委	出具对建设规划的意见; 向省发改委上报建设规划意见
规划局	提供城市总体规划、城市综合交通规划、城市轨道交通线网规划等上报支撑性文件; 将轨道交通线网方案纳入最新的城市总体规划; 组织审批轨道交通用地控制规划,将成果纳入城市规划管理体系; 在审查会上,组织汇报城市总体规划、综合交通规划,并解释规划问题
财政局	落实资金筹措方案,解释有关财政数据; 出具资本金承诺函
国土局	负责对建设规划项目的用地进行合规性审核并出具相关文件
环保局	向省环保厅上报环评影响报告; 负责对建设规划在环保方面的合规性进行审核,并出具相关文件
文物局	负责对建设规划在文物方面的合规性进行审核,并出具相关文件
园林局	负责对建设规划在园林绿地方面的合规性进行审核,并出具相关文件

3. 工程可行性研究阶段

在建设规划由国务院审批下来后,每条线路就可以开展工程可行性研究了。工程可行性研究阶段承上启下,是线路前期工作的最后一环,也是设计阶段开始的依据。工程可行性研究报告编制的目的是有利于国家来把控工程整体,维护经济安全、合理开发利用资源、保护生态环境、优化重大布局、保障公共利益等。轨道交通是百年大计,对城市和城市经济都有着深远影响,一次性投资大,运行费用高,社会效益好而自身经济效益差。可行性研究是固定资产投资的一项必不可少的基础性工作,可行性研究的结论是国家进行投资决策的重要依据。

在做建设规划的同时或之后,业主单位为了把握线路整体的情况,一般会委托设计院来做线路的预可行性研究报告,主要是研究线路的路由方案、车站的布置、车辆段的选址(与规划院配合)等工作,以及线路的一些重点、难点工程的初步研究以及工程投资,给出推荐的整体方案供业主单位参考。在一些地方,预可行性研究报告也可作为项目建议书上报政府。

工程可行性研究阶段,建设单位委托设计单位及具有专业资质的单位、专家依据项目具体情况和国家相关法规规定,对项目建设的必要性、工程可行性、经济评价、投资方案、风险评估、工程筹划与建设时机,线路复杂环境条件下的工程方案、设计文件的编制是否符合国家、行业的相关规范,主要危险因素分析的完整性、针对性以及与工程方案的一致性、风险分析评估结果是否可信、防范和降低风险对策是否有效等,提出风险应对建议。

城市轨道交通项目可行性研究阶段除编制工程可行性研究报告外,还应根据项目具体情况和国家相关规定同时完成选址、土地预审、客流预测、岩土勘察、环境影响评价、社会稳定性风险分析和评估、节能评估、安全预评价等必备专题研究报告,以及场地地震安全评价、地质灾害危险性评估、文物保护评价、水土保持评价等非必备专题研究报告,作为可行性研究报告的支持性文件。工程可行性研究(报告和方案)应广泛征求有关部门、专家、公众的意见,并根据国家有关法律法规取得相关政府部门的行政审批和许可。

城市轨道交通一般为政府投资项目,包括公私合作(PPP)模式在内,政府也间接参与了投资。国务院2005年下发的《国务院关于投资体制改革的决定》(国发〔2004〕20号)中明确提出:对于政府投资项目,采用直接投资和资本金注入方式的,从投资决策角度只审批项目建议书和可行性研究报告,除特殊情况外不再审批开工报告。

城市轨道交通项目可行性研究报告的审批权限,2013年起由国家发改委下放至省发改委(直辖市为市发改委)。项目审批权限下放后,省级政府由城市轨道交通项目的申报主体转变为审批主体,进一步强化责任意识,极大调动了积极性。

(二)工程勘察设计阶段

1. 勘察

勘察是指根据建设工程的要求,查明、分析、评价建设场地的地质、地理环境特征和岩土工程条件并提出合理基础建议,编制建设工程勘察文件的活动。在工程施工前,对地形、地质构造等情况进行实地调查。岩土工程勘察工作是根据不同的目的,由浅及深分阶段进行的。城市轨道交通岩土工程勘察分为:①可行性研究勘察,应符合选择场址方案的要求;②初步勘察,应符合初步设计的要求;③详细勘察,应符合施工图设计的要求;④施工勘察,场地条件复杂或有特殊要求的工程应进行施工勘察;⑤专项勘察,线路或场地附近存在对工程设计方案和施工有重大影响的岩土问题时应进行专项勘察。

城市轨道交通工程因线路长,各阶段的勘查工作通常根据需要由业主单位或项目承建单位委托发包给一个或多个单位承担。

2. 设计

城市轨道交通工程设计主要包括总体设计、初步设计、施工图设计等主要环节,设计单位有总体设计单位和分项设计单位。设计管理通常采取设计总体管理模式。

总体设计在可行性研究报告的基础上,对城市轨道交通项目全线控制性方案进行全面研究设计,其具体目标是:落实外部条件,稳定线路站位;明确功能定位,确定运营规模;理顺纵向系统,明确横向接口;

统一技术标准,分割工程单元;筹划合理工期,控制投资总额,并最终形成总体设计文件,作为指导城市轨道交通工程开展初步设计的依据。总体设计由设计总体单位完成,建设管理单位通过招标选定的具备实际总体管理职责相应资质、业绩、能力、资源等条件的设计单位,在授权下履行设计总体管理职责。设计总体单位受建设管理单位委托,对城市轨道交通项目的总体设计负责并对参与本项目各分项设计单位的设计成果实施技术上的管理与协调。

初步设计由总体设计与分项工程设计(也称工点设计)单位共同完成,在初步设计阶段,应进行(土建)工程风险评估。对于复杂的工程项目,可在总体设计指导下进行试验段工程。初步设计通常用来作为施工、监理招标依据。

施工图设计为工程设计的一个阶段,在总体设计、初步设计两个阶段之后。这一阶段主要通过图纸,把设计者的意图和全部设计结果表达出来,作为施工的依据,它是设计和施工工作的桥梁。工程施工图设计按工程划分应形成所有专业的设计图纸,含图纸目录、说明和必要的设备、材料表,并按照要求编制工程预算书。施工图设计文件,应满足设备材料采购、非标准设备制作和施工的需要。

施工图设计由分项设计单位完成。承担城市轨道交通项目分项设计任务的设计单位,按照合同内容分别进行土建工程(车站、区间、轨道结构、车辆基地等)、系统工程(供电、通信、信号等)、专项设计(标志标识、装修等)、综合性工程(线路、限界、行车组织等)等。

3. 施工图审查

施工图审查是建设主管部门认定的施工图审查机构(以下简称审查机构)按照有关法律法规,对施工图涉及公共利益、公众安全和工程建设强制性标准的内容进行的审查。城市轨道交通工程施工图经审查合格后方可用于工程施工。《住房城乡建设部办公厅关于加强城市轨道交通工程施工图设计文件审查管理工作的通知》(建办质〔2012〕25号)中强调:

(1) 施工图审查是工程勘察设计质量安全监管的重要手段,各地建设主管部门要加强施工图审查管理,督促建设单位严格执行有关规定,不得将施工图审查业务委托与设计咨询招标工作捆绑进行,确保施工图审查工作的独立性和公正性。

(2) 各地建设主管部门要针对城市轨道交通工程特点,完善施工图审查内容,确保审查质量。除继续加强城市轨道交通工程土建工程的审查外,要将城市轨道交通工程设备系统纳入审查内容。

(3) 要加强对施工图审查机构审查结果备案和不良记录报送的管理,实时掌握城市轨道交通工程勘察设计质量状况。

(4) 各地建设主管部门要按照我部关于实施房屋建筑和市政基础设施工程施工图设计文件审查管理的有关规定,结合本地区实际,制定完善省外城市轨道交通工程审查机构进入本省承接审查业务的备案管理办法,明确相关程序,规范备案管理。

(三)工程施工与验收阶段

1. 工程施工(土建、轨道、装饰装修、机电设备及系统)阶段

(1) 施工准备:包括设计交底和图纸会审、施工组织设计审查、危险性较大分部分项工程专项方案审查、施工生产要素审查、施工开工报告审查等内容。

(2) 施工过程:包括作业技术交底、施工过程控制、分部及以下工程质量验收、设计变更或工程变更审查等内容。

2. 验收阶段

轨道交通工程验收分为(子)单位工程验收、项目工程验收、竣工验收三个阶段。

(1) (子)单位工程验收是指在(子)单位工程完工后,检查工程设计文件和合同约定内容的执行情况,评价单位工程是否符合有关法律法规和工程技术标准、符合设计文件及合同要求,对各参建单位的质量管理进行评价的验收。单位工程划分应符合国家、行业等现行有关规定和标准。

(2) 项目工程验收是指各项单位工程验收后、试运行之前,确认建设项目工程是否达到设计文件及标准要求,是否满足城市轨道交通试运行要求的验收。

试运行是城市轨道交通工程系统联调结束,冷、热滑试验成功,具备开通基本条件,由建设管理单位

组织对设备、设施进行安全测试和调试的不载客的列车运行活动。项目工程验收合格后,建设单位应组织不少于三个月的不载客试运行。

(3)竣工验收是指项目工程验收合格后、试运营之前,结合不少于三个月的不载客试运行效果,确认建设项目是否达到设计目标及标准要求的验收。应在通过全部专项验收后,方可组织竣工验收。

专项验收是指为保证城市轨道交通建设工程质量和运行安全,依据相关法规由政府有关部门对城市轨道交通工程进行的专项验收,包括城市轨道交通工程建设项目的消防、规划、人防、安全、防雷、卫生、档案等内容。

(四)试运营

试运营是指城市轨道交通工程所有设施设备验收合格,整体系统可用性、安全性和可靠性经过试运行检验合格后,在正式运营前所从事的载客运营活动。城市轨道交通试运营时,其基础条件、限界、土建工程、车辆和车辆基地、运营设备系统、人员、运营组织、应急与演练和系统测试检验等方面的基本要求应符合《城市轨道交通工程试运营基本条件》(GB 30012—2013)的规定。

二、城市轨道交通工程建设管理模式

(一)按建设规模分类

轨道交通工程属于特大型工程项目,是一项十分复杂的综合系统工程。一条线路的多个标段(项目)构成一个项目群,多条线路构成多个项目群。它需要多工种、多专业、多单位、多部门的密切合作,协同作战,需要建设单位组织实施科学、高效、及时的项目群管理。根据建设规模的不同分别采用一般项目管理模式和项目群的集成式管理模式。

1. 一般项目管理模式

轨道交通工程建设管理一般以施工现场为中心,以建设单位为主体,以咨询、监理为中介,建设单位向所在城市政府负责,勘察、设计、施工、监测、检测、材料物资供应等承建单位通过投标方式承担工程建设任务。建设单位与审图、咨询、监理、勘察、设计、施工、监测、检测、供应商之间的关系都是合同关系,建设单位依据合同对上述单位进行履约管理。一般轨道交通工程建设管理模式如图1.3.1所示。

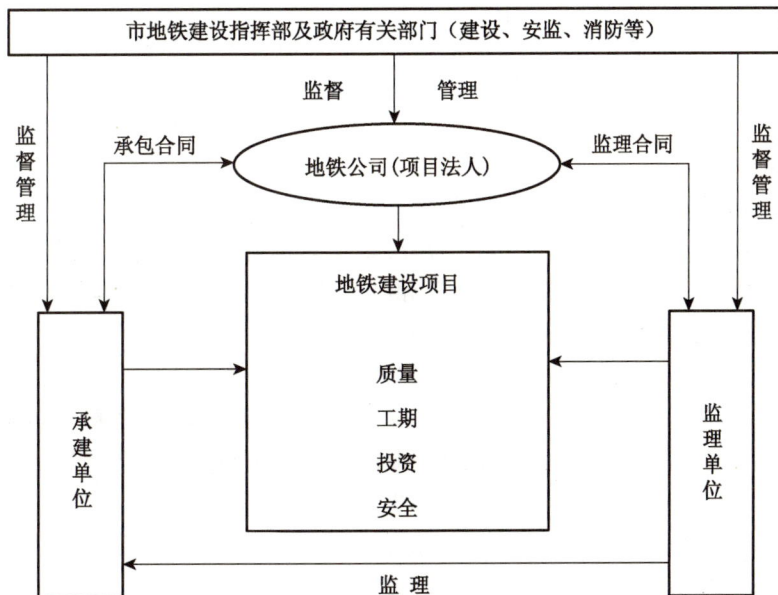

图1.3.1　一般轨道交通工程建设管理模式

在工程建设过程中的基本做法:①工程设计一般采用设计单位总体总包、勘察设计与工点施工图设计相结合的模式,由业主委托总体设计单位进行前期的各项工作,并在相应阶段进行踏勘、初勘、详勘、总体设计、初步设计、施工图设计,以及委托勘察设计图审查单位进行勘察及施工图审查。总体设计单位建筑师、咨询工程师与承包商没有合同关系,但承担业主委托的管理和协调工作。②在设计阶段即可进行施工招标文件准备,随后进行招标,选择监理单位及承包商,工程监理一般将土建工程监理和车辆及机电设备系统监理分开,采用总分包模式或平行承包模式。在施工、设备材料采购方面,较多的地铁工程采取平行承包合同模式。③受建设单位委托的第三方监测、检测和测量中心机构,根据国家规定和合同约定承担相应检测、监测及相关专业的管理工作。④业主单位一般指派业主代表与咨询方、承包商联系,负责相关的项目管理工作,委托政府进行质量安全监督工作。

2. 项目群的集成式管理

随着越来越多的城市轨道交通工程建设单位同期进行多条线路的建设、运营,业内人士在不断探索符合我国国情的基于多项目群理论的工程项目管理模式,构建有利于工程参与各方之间的信息沟通和交流平台,即集成式多项目群管理团队(IPMT)。典型的轨道交通工程建设集成式多项目管理(IPM)模式的总体组织架构如图 1.3.2 所示。各层次的集成式多项目群管理团队(IPMT)是以业主为核心,以专业咨询机构(如社会专业的项目管理团队)为支撑,以项目为导向的网络式组织,作为"加强型业主"对工程进行全过程、全方位管理。这种模式能使集成式多项目群管理团队(IPMT)在轨道交通工程多项目群建设管理中高效地发挥作用,实现项目群及项目之间的并行与协调,使得并行的工作模式能够顺利有效地进行。

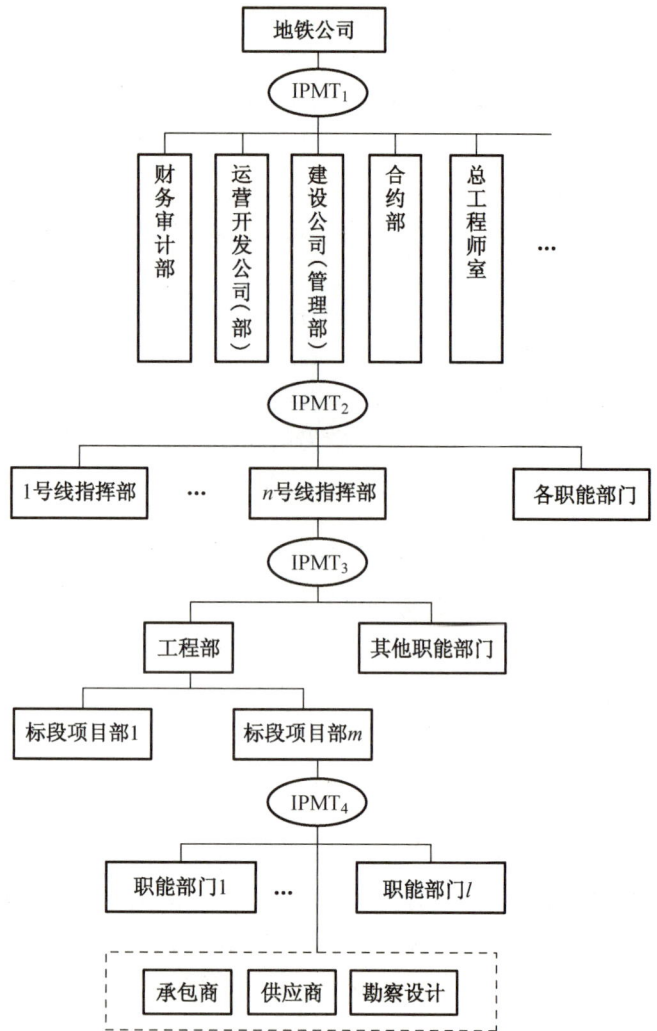

图 1.3.2 IPM 模式总体组织架构示意图

(二)按建设运行模式分类

城市轨道交通是准公共产品,有很强的公益性,决定了其不可能作为商业产品,通过市场竞争获得资金来源和健康发展,政府通常要参与地铁的投融资和经营活动。根据政府参与程度、参与方式的不同,轨道交通工程管理可分为以下几种模式:国有国营、国有民营、公私合营、民有民营。

自 20 世纪 80 年代开始,我国工程建设领域逐步加大对外开放力度,30 多年来各种投融资模式及管理模式层出不穷,国家也在不断地完善和总结工程项目建设的运行模式,使基本建设趋于多元化、规范化、市场化。目前主要有传统模式、代建模式、BT(Build-Transfer,即"建设—移交")模式、BOT(Build-Operate-Transfer,即"建设—经营—转让")模式、PPP(Public-Private-Partnerships,即"公共部门—私人企业—合作")模式。而一个项目也会根据需要分段、分专业按不同管理模式进行管理。

1. 传统模式

传统模式属于一种典型的业主管理性质,也是一种最为基本的承发包模式,其管理内容见前页"1. 一般项目管理模式"。

2. 代建制

代建制(Design-Build,即"设计—建造",简称 DB 模式):是指由业主选定一家专业机构作为承包机构,根据合同约定由其负责工程项目或部分(子)单位工程的施工图设计、施工、安装全过程的总承包。因城市轨道交通工程建设的系统性,工程建设的代建一般从工程立项及总体设计完成后或施工图完成后开始。这一模式的基本做法是:①工程设计一般采用设计单位总体总包勘察设计与工程施工图设计相结合的模式,由业主委托总体设计单位进行前期的各项工作,待项目评估立项后再进行踏勘、初勘、详勘、总体设计、初步设计、委托施工图审查。总体设计单位建筑师、咨询工程师与承包商没有合同关系,但承担业主委托的管理和协调工作。②专业承包机构根据合同约定进行代建工作,负责施工用地的拆迁、协调,委托施工图设计。③专业承包机构后续过程对施工、监理、检测等单位的管理及质量安全监督的委托工作同一般项目管理的相关要求。④按合同要求完成相关内容后,移交给业主单位。代建机构不承担资金投融资工作,倚重的是发挥其比较优势的专业特长。

3. BT 模式、BOT 模式、PPP 模式

(1) BT、BOT、PPP 这三种模式是包含相关机构按合同约定投融资并参与项目建设、经营等内容的建设管理模式,其中 BT 模式项目由 BT 民营资本项目机构按合同约定建设完成后即移交给业主单位,目前国家已限制此类项目。BOT 模式项目由 BOT 民营资本项目机构按合同约定建设完成后进行一段时间的经营再移交给业主单位。PPP 模式项目由政府投资和民营资本加入组成项目机构并按合同约定建设完成后进行一段时间的经营再移交(或直接移交)给业主单位。这三种模式的资金将通过政府回购、用地补偿、运营等方式进行偿还。

(2) 业主单位和项目承包机构在建设过程中按合同约定分工完成总体设计、初步设计、施工图设计、施工图审查、监理、施工、检测、监测、测量等单位的招标及过程管理工作,项目承包机构完成委托的工程质量安全监督工作。

三、城市轨道交通工程特点

1. 工程建设规模大

一条地铁线路里程一般在 20 km 以上,20 多个车站、区间和百余个附属工程,且多处于地下,有大量的前期工程(征地拆迁、绿化迁移、管线迁改、交通疏解等)和主体土建工程,安装装修工程,有众多的系统设备采购、安装、测试调试等工作。地铁工程每千米造价一般在 5 亿~7 亿元,有的高达 8 亿~9 亿元,一条线路投资动辄都在 100 亿元以上。

2. 工程环境复杂

(1) 工程地质环境复杂。我国沿海或南方城市的工程地质水文条件复杂多变,地铁线路经过海积、海冲积、冲积平原和岗地等多种地貌单元,常位于"软硬交错"地层(上部为人工填土、黏性土、淤泥质土、砂类土及残积土,下部为花岗岩、微风化岩等坚硬岩石层,或者孤石),还经常遇到各种不同和不良地质条件(断裂破碎带、溶洞、地下溶洞、承压水等),穿越或邻近江河湖海,地下水丰富,水位高。

(2) 工程周边环境复杂。由于地铁线路距离长,沿线上部和周围有大量的建筑物、构筑物、轨道交通设施、桥梁、隧道、道路、管线、地表水体等,工程周边环境的类型多,结构复杂、敏感性强、资料不易掌握,不可预见因素较多,同时在建设过程中,工程受周边环境制约大,对周边环境影响也大。

(3) 工程社会环境复杂、有效工期短。地铁穿越城市商业、文化、娱乐、金融、工业、居民区,工程施工对社会生活影响大。征地拆迁、商铺经营受损、房屋开裂和施工扰民(包括振动、噪声、扬尘等)容易引发社会矛盾,存在很大社会风险,因此,社会各方对地铁工程高度关注,往往造成有效工期不足。

3. 工程系统性复杂、集成要求高

地铁工程是土建、车站设备及系统工程组成的复杂系统,是技术、物质、组织、行为、信息系统的综合体,涉及 20 多个专业,包括车站、隧道、高架、轨道、装修、车辆、车站设备和多个系统工程等,系统复杂且高度集成。因此,地铁工程建设更需要集成化管理,加强工程设计统筹管理,有序推进工程建设。

4. 土建工程技术复杂、工法多样

地铁工程本身不断向"深、大、险"发展。例如,车站基坑深度一般在 20 m 左右,深的有 30 m,长度一般在 200 m 左右,有的长达 600 m 以上;区间深埋地下。施工工法多样,主要施工工法有明挖法、盖挖法、矿山法和盾构法等,主要辅助工法有地下水控制、注浆加固等,多种工法组合特点明显。矿山法作业环境

隐蔽性强,盾构发展快且集成化高,各种工法如何与工程特殊地质条件、工程周边环境保护相适应是一个重大难题,也是工程风险所在。

5. 工程协调量大

地铁工程参建单位包括建设、勘察、设计、施工、监理和材料设备制造、供应单位,数量多、专业多、项目多、环节多、接口多,作业时空交叉,组织协调量大。同时与周边社区居民、工程周边环境的产权或管理单位的利益攸关、关系密切,沟通协调难度大。

6. 施工安全风险大

上述工程特点决定了地铁工程施工过程中本身的安全风险和对工程周边环境的安全风险大、关联性强。例如,工程地质及水文地质条件不明,工程周边环境不清,措施准备不足,很容易出现险情和安全质量事故;如果有效工期不足,将给安全管理造成更大的压力,更易引发事故。

7. 工程质量要求高

地铁工程是作为市民出行的主要交通工具,与人民群众的工作生活息息相关。地铁工程设计的使用寿命是 100 年,主体结构工程耐久性、设备工程功能稳定性与其能否安全正常运营密不可分,工程结构成型缺陷、渗漏水、隧道结构变形、信号工程功能不稳定等质量问题,将直接影响到地铁工程的正常使用,突发性的严重质量问题甚至会导致运营安全事故。

第四节　城市轨道交通工程的质量监督现状及发展趋势

轨道交通工程政府监管,是根据政府相关部门职能对轨道交通工程的建设进行监督管理,通常有住建、安监、消防、人防等部门。各城市工程质量监督机构受当地人民政府建设行政主管部门委托对本行政区域内轨道交通工程建设质量活动进行监督。

一、城市轨道交通工程质量管理工作成效明显

(一) 工程质量管理法律法规体系基本形成

在轨道交通工程建设的质量管理中,构成了以《中华人民共和国建筑法》为法律、以《建设工程质量管理条例》为基本法规,以及一系列地方法规、规范标准、规章和规范性文件组成的轨道交通工程质量管理法律法规体系。2009 年 12 月 14 日,经国务院批准,国家发改委、住房和城乡建设部、国家安监总局等七部委联合下发了《关于加强重大工程安全质量保障措施的通知》,从科学确立合理的工程项目建设周期、充分做好工程开工前的准备工作、切实加强工程建设全过程的质量管理、严格落实质量责任等方面,提出了保障重大工程质量的政策措施。2010 年 1 月 8 日,住房和城乡建设部出台了《城市轨道交通工程安全质量管理暂行办法》(建质〔2010〕5 号),确立了城市轨道交通工程周边环境调查与保护、初步设计审查、安全质量风险评估、工程监测和关键节点施工条件验收等制度。2014 年 3 月 27 日,住房和城乡建设部出台了《城市轨道交通建设工程验收管理暂行办法》(建质〔2014〕42 号),规范了城市轨道交通工程验收工作。2014 年 8 月 25 日,住房和城乡建设部颁发了《建筑工程五方责任主体项目负责人质量终身责任追究暂行办法》(建质〔2014〕124 号),对违反规定造成工程质量事故或严重质量问题的项目负责人,将追究终身责任。

不少轨道交通工程建设城市和建设单位依据国家有关规定,结合工程和当地实际,制定了比较完善的轨道交通工程的地方性法规章、规范性文件及企业制度标准。

(二) 工程质量管理机制基本建立

住房和城乡建设部承担指导城市轨道交通规划和建设的职能,负责全国城市轨道交通工程安全质量监督管理工作,起草、制定全国城市轨道交通工程安全质量监督管理法律、法规和规章、规范性文件,定期组织全国城市轨道交通安全质量督查,组织召开全国城市轨道交通工程安全质量经验交流会。各城市人民政府建设行政主管部门负责本行政区域内城市轨道交通工程质量的监督管理,依法委托现有建设工程质量监督机构或设立并委托轨道交通工程质量专业监督机构具体实施。"政府统一领导、部门依法监管、

参建单位全面负责、社会广泛支持"的轨道交通工程质量管理体系已经建立,建设、勘察、设计、施工、监理、检测、监测和施工机具设备供应、租赁单位等责任主体,以及政府综合监管部门等监督主体各负其责的轨道交通工程安全质量监督管理的基本责任体系已经形成,以建设单位为主导、施工单位为中心,其他参建各方密切配合的轨道交通工程安全质量联防联控机制已初步建立,一些城市建立了"建设单位组织、施工单位自检、监理单位验收、技术专家评估、政府程序监督、纪检效能监察"的轨道交通工程质量管理与监督模式。

(三) 工程质量管理经验不断积累

轨道交通工程建设的大发展带来了施工技术的大发展,地下工程有明(盖)挖法、暗挖法、盾构法,高架工程有整体现浇、预制装配、挂篮悬浇等施工方法,而冷冻、降水、注浆、高压旋喷、常压换刀等辅助工法也得到了广泛应用,为我国轨道交通工程施工积累了大量的成功经验,安全风险管控技术日趋成熟,为工程质量提高提供了有力的技术保证。

住房和城乡建设部每两年组织一次全国城市轨道交通工程质量安全督查,每年召开一次全国城市轨道交通工程质量安全联络员会议,起到了发现问题、弥补不足、改进工作、推广经验、借鉴教训、指导工作、专题研究、集思广益、科学决策等作用。2011 年,住房和城乡建设部质量安全监督管理司组织全国相关单位的专家编制了《城市轨道交通工程质量安全督查表》,进一步规范了城市轨道交通工程质量安全督查内容和工程质量安全评价依据,2015 年根据工程管理现状及使用情况,组织修改。

为科学评价城市轨道交通工程质量工作,指导城市轨道交通工程建设、勘察、设计、施工、监理、第三方监测、质量检测、施工图审查等各方责任主体开展质量自查工作,指导城市轨道交通工程所在地的建设行政主管部门开展质量检查工作,指导城市轨道交通建设单位对各参建单位实施履约管理及评价等工作,提高各方质量管理水平、监督水平,推进质量主体责任落实,住房和城乡建设部质量安全监督管理司组织编写并由住房和城乡建设部批准发布了《城市轨道交通工程质量安全检查指南(试行)》。该指南包括建设、勘察、设计、施工、监理、第三方监测、质量检测、施工图审查八个责任主体的检查评分表。检查评分表紧密结合城市轨道交通特点,注重于结合工程实践,可操作性强,便于使用。检查内容涵盖了有关主体的质量安全行为和工程实体质量安全等,比较全面地体现了相关法律法规、标准规范和规范性文件的要求;评分标准重点突出,体现了检查项目和内容对工程质量安全的影响程度,使评定等级结果比较客观地反映了工程质量安全状况。

二、城市轨道交通工程质量管理工作发展趋势

长期以来,城市轨道交通工程建设工期紧、社会影响因素多,导致边勘察、边设计、边施工、未严格遵守建设工程基本程序等,成为部分工程产生质量问题的深层次原因。2013 年,省级政府获得轨道交通审批权,地铁建设以无可阻挡的态势在全国各地大量展开,为轨道交通工程质量管理带来了更大的压力,也得到了各级管理部门的重视。

(一) 市场环境趋于规范

1. 工程质量得到前所未有的重视

国家明确提出抓工程质量是住建系统永恒的主题。2013 年 12 月,习近平总书记、李克强总理在中央城镇化工作会议上对工程质量提出了新的要求,指出:建筑质量事关人民生命财产安全,事关城市未来和传承,要加强建筑质量管理制度建设,对导致建筑质量事故的不法行为,必须坚决依法打击和追究。党中央、国务院高度重视工程质量,强调:工程质量代表了一个国家的形象,反映了一个民族的素质;百年大计,质量第一;离开工程质量,经济发展、社会进步、城镇化推进和人民生活水平的不断提高,都会受到影响。

2. 质量管理体系趋于完善

近年来,随着我国市场经济的不断发展,轨道交通工程建设投资和建设管理体制也在不断改革和发展中,法规建设进一步加强。轨道交通工程建设投资已从单纯由政府投资发展为政府投资、企业等其他社会投资共同参与建设的新格局;轨道交通工程质量管理也由以施工单位自控为主发展为政府监督、社

会监理和企业控制相结合的较为完善的质量管理体系。

3．依法行政意识深入人心

2015年1月16日，国家发改委发布了《关于加强城市轨道交通规划建设管理的通知》（发改基础〔2015〕49号），提出：坚持"量力而行、有序发展"的方针，有序发展地铁，鼓励发展轻轨、有轨电车等高架或地面敷设的轨道交通制式；严禁擅自开工建设规划外项目、随意压缩工期和试运行时间等行为。从源头抓起，规范项目建设基本程序，依法行政意识深入人心，为轨道交通工程质量管理提供了有利条件。

（二）责任主体管理得到全面加强

1．工程质量治理工作全面系统推进

2014年9月，住房和城乡建设部在经过近四个月的筹备，经部常务会议讨论决定、报请国务院领导同志同意，部署工程质量治理两年行动，《工程质量治理两年行动方案》提出"通过两年治理行动，规范建筑市场秩序，落实工程建设五方主体项目负责人质量终身责任，遏制建筑施工违法发包、转包、违法分包及挂靠等违法行为多发势头，进一步发挥工程监理作用，促进建筑产业现代化快速发展，提高建筑从业人员素质，建立健全建筑市场诚信体系，使全国工程质量总体水平得到明显提升"的工作目标。

2．五方主体项目负责人质量终身责任全面落实

各地建设行政主管部门将按照《建筑工程五方责任主体项目负责人质量终身责任追究暂行办法》和《建筑施工项目经理质量安全责任十项规定》规定，明确项目负责人质量终身责任，推行质量终身责任承诺和竣工后永久性标牌制度，严格落实施工项目经理责任，建立项目负责人质量终身责任信息档案，加大质量责任追究力度，各级建设行政主管部门要按照规定的终身责任和追究方式追究其责任，对检查发现项目负责人履责不到位的，给予罚款、停止执业、吊销执业资格证书等行政处罚和相应的行政处分，及时在建筑市场监管与诚信信息平台公布不良行为和处罚信息。

3．严厉打击建筑施工转包、违法分包行为

各级建设行政主管部门将按照《建筑工程施工转包违法分包等违法行为认定查处管理办法》（建市〔2014〕118号）规定，准确认定工程施工违法发包、转包、违法分包及挂靠等违法行为；对在建轨道交通工程项目的承发包情况进行全面检查，检查建设单位有无违法发包行为，检查施工企业有无转包、违法分包以及转让、出借资质行为，检查施工企业或个人有无挂靠行为；严惩重罚各类违法行为，对认定有违法发包、转包、违法分包及挂靠等违法行为的单位和个人，除依法给予罚款、停业整顿、降低资质等级、吊销资质证书、停止执业、吊销执业证书等相应的行政处罚外，还要按照《建筑工程施工转包违法分包等违法行为认定查处管理办法》规定，采取限期不准参加招投标、重新核定企业资质、不得担任施工企业项目负责人等相应的行政管理措施；各级建设行政主管部门将建立社会监督机制，加大政府信息公开力度，设立投诉举报电话和信箱并向社会公布，让公众了解和监督工程建设参建各方主体的市场行为，鼓励公众举报发现的违法行为。对查处的单位和个人的违法行为及处罚结果一律在建筑市场监管与诚信信息平台公布，发挥新闻媒体和网络媒介的作用，震慑违法行为，提高企业和从业人员的守法意识。

4．进一步发挥监理作用

鼓励有实力的监理单位开展跨地域、跨行业经营，开展全过程工程项目管理服务，形成一批全国范围内有技术实力、有品牌影响的骨干企业。监理单位健全质量管理体系，加强现场项目部人员的配置和管理，选派具备相应资格的总监理工程师和监理工程师进驻施工现场。对非政府投资项目的监理收费，建设单位、监理单位可依据服务成本、服务质量和市场供求状况等协商确定。吸引国际工程咨询企业进入我国工程监理市场，与我国监理单位开展合资合作，带动我国监理队伍整体水平提升。

5．推进质量诚信体系建设

2014年8月，《工程质量治理两年行动方案》要求各地建设行政主管部门按照《全国建筑市场监管与诚信信息系统基础数据库管理办法》和《全国建筑市场监管与诚信信息系统基础数据库数据标准》（建市〔2014〕108号）总体要求，实施诚信体系建设。在2014年年底前，具备一定条件的8个省、直辖市已完成本地区工程建设企业、注册人员、工程项目、诚信信息等基础数据库建设，2015年6月底前完成10个省、直辖市，2015年年底前各省、自治区、直辖市完成省级建筑市场和工程质量安全监管一体化工作平台建

设。实现全国建筑市场"数据一个库、监管一张网、管理一条线"的信息化监管目标。

（三）健全工程质量监督机制

1. 创新监督检查制度

各级建设行政主管部门创新工程质量安全监督检查方式，改变事先发通知、打招呼的检查方式，采取随机、飞行检查的方式，对工程质量安全实施有效监督。进一步完善工程质量检测制度，加强对检测过程和检测行为的监管，坚决依法严厉打击虚假检测报告行为。

2. 加强监管队伍建设

各级建设行政主管部门将统筹市场准入、施工许可、招标投标、合同备案、质量安全、行政执法等各个环节的监管力量，建立综合执法机制，在人员、经费、设备等方面提供充足保障，保持监管队伍的稳定，强化监管人员的业务技能培训，全面提高建筑市场和工程质量安全监督执法水平。

3. 突出工程实体质量常见问题治理

各级建设行政主管部门将采取切实有效措施，从工程勘察设计质量和工程质量常见问题治理入手，狠抓工程实体质量突出问题治理，严格执行标准规范，积极推进质量行为标准化和实体质量管控标准化活动，落实建筑施工安全生产标准化考评制度，全面提升工程质量安全水平。

4. 政府购买服务补充监督力量

政府购买公共服务是指将原来由政府直接提供的、为社会公共服务的事项交给有资质的社会组织或市场机构来完成，并根据社会组织或市场机构提供服务的数量和质量，按照一定的标准进行评估后支付服务费用，即"政府承担、定项委托、合同管理、评估兑现"，是一种新型的政府提供公共服务的方式。随着服务型政府的加快建设和公共财政体系的不断健全，政府购买公共服务将成为政府提供公共服务的重要方式。

2013年7月31日，国务院总理李克强主持召开国务院常务会议，要求推进政府向社会力量购买公共服务。会议要求：制定政府购买公共服务指导性目录，明确政府购买服务的种类、性质和内容。同时，要按照公开、公平、公正原则，严格程序，强化竞争，通过优胜劣汰来确定承接主体，并严禁转包。具体做法是：在既有预算中安排支出，以事定费，规范透明，强化审计。同时，建立严格的监督评价机制，全面公开购买服务的信息，建立由购买主体、服务对象及第三方组成的评审机制，评价结果向社会公布。此次会议释放出非常重要的信号，那就是政府改革和转变职能的决心，其目标和方向就是实现"小政府大社会"。

城市轨道交通工程是改善民生的重点工程，建设条件的复杂程度又远远大于一般的建设工程，现有监督技术力量相对于迅速发展的工程建设规模明显不足。《国务院办公厅关于政府向社会力量购买服务的指导意见》（国办发〔2013〕96号），财政部、民政部、国家工商行政管理总局印发的《政府购买服务管理办法（暂行）》（财综〔2014〕96号），为推广和规范政府购买服务提供了政策依据。在充分发挥政府监督主导作用的原则下，各监督部门积极探索多种有效办法，通过购买服务的方式，充分发挥行业组织和专业咨询评估机构、专家等专业优势，补充监督力量。

（四）大力推动建筑产业现代化

1. 加强政策引导

住房和城乡建设部拟制定建筑产业现代化发展纲要，明确发展目标：到2015年年底，除西部少数省区外，全国各省（区、市）应具备相应规模的构件部品生产能力；新建政府投资工程将率先采用建筑产业现代化方式建造。各地建设行政主管部门要明确本地区建筑产业现代化发展的近远期目标，协调出台减免相应税费、给予财政补贴、拓展市场空间等激励政策，并尽快将推动引导措施落到实处。

2. 实施技术推动

各级建设行政主管部门将及时总结先进成熟、安全可靠的技术体系并加以推广。住房和城乡建设部组织编制建筑产业现代化国家建筑标准设计图集和相关标准规范；培育组建全国和区域性研发中心、技术标准人员训练中心、产业联盟中心，建立通用种类和标准规格的建筑部品构件体系，实现工程设计、构件生产和施工安装标准化。各地建设行政主管部门将培育建筑产业现代化龙头企业，鼓励成立包括开发、科研、设计、构件生产、施工、运营维护等在内的产业联盟。

3. 强化监管保障

各级建设行政主管部门将在实践经验的基础上,探索建立有效的监管模式并严格监督执行,保障建筑产业现代化健康发展。

"工程建设,质量第一",是轨道交通质量管理永恒的主题。国家相关管理部门特别是建设行政管理部门将围绕工程质量管理,通过整体把握、全面推进、直面矛盾、重点突破、不断创新、常抓不懈、上下一心,形成合力,实现轨道交通工程质量常态化规范管理。

第二章　城市轨道交通工程质量监督的基本规定

根据《中华人民共和国建筑法》《建设工程质量管理条例》《房屋建筑和市政基础设施工程质量监督管理规定》及《城市轨道交通工程安全质量管理暂行办法》等相关法律法规的规定，县级以上地方人民政府承担城市轨道交通工程安全质量监督管理职责的主管部门（以下简称建设行政主管部门）负责本行政区域内城市轨道交通工程质量的监督管理。城市轨道交通工程所在地县级以上地方人民政府建设行政主管部门可以委托建设工程质量监督机构（以下简称监督机构）具体实施对城市轨道交通工程安全质量的监督工作。

我国城市轨道交通工程正处于高速建设期，城市轨道交通工程作为大型公益性基础设施项目，其建设质量管理受到各级人民政府的高度重视，同时对工程质量监管提出了前所未有的挑战。早期国内城市轨道交通工程的质量监督基本上沿用传统的房屋或市政工程的模式，存在着管理文件缺乏针对性、工程质量验收缺乏统一的轨道交通工程质量验收标准，不能满足城市轨道交通工程建设的需要。为了加强城市轨道交通建设工程管理水平，保证工程施工质量，近年来住房和城乡建设部、江苏省住房和城乡建设厅也相继出台了较多的规范性文件，如《城市轨道交通工程安全质量管理暂行办法》《城市轨道交通建设工程验收管理暂行办法》等。

第一节　城市轨道交通工程质量监督相关法律法规

城市轨道交通工程建设活动对社会、环境、公众利益都会产生影响，为维护正常的社会生产、生活秩序，保护公众利益，政府在工程建设领域制定了相关的法律法规，工程建设必须按规则、程序、制度进行。工程建设标准，特别是强制性标准，对确保建设工程结构安全、环境保护和公共利益具有直接作用，在建设过程中必须严格遵守和执行。设计文件是工程施工和验收的重要依据，建设、施工、监理单位必须严格执行。《建设工程质量管理条例》规定：建设行政主管部门及其委托的工程质量监督机构对违反法律法规、强制性标准（强制性标条文）和设计文件的行为进行处罚。下面简要介绍一下与城市轨道交通质量监督相关的一些法律法规、部门规章：

一、《中华人民共和国建筑法》

《中华人民共和国建筑法》（以下简称《建筑法》）于 1997 年 11 月 1 日颁布，自 1998 年 3 月 1 日施行，这是我国建设领域的第一部大法。《建筑法》作为国家的法律，为建筑活动构建了一个基本的制度框架和法律基础，其后配套法规的制定、《建筑法》的修订等都可以在此框架的基础上发展。这个框架基础对全国建设立法的促进作用和对立法速度的推动效应是显而易见的。

《建筑法》共八章八十五条。第一章总则共六条，是对《建筑法》的法律原则和有关法律概念的规定，其主要内容是建筑法的立法宗旨、建筑法的调整范围、国家对建筑活动和建筑业管理的基本政策等；作为《建筑法》主体的法律规范，为第二章至第七章共七十四条，对建筑许可、建筑活动主体、建筑市场、建筑工程监理、建筑安全生产管理、建筑工程质量及违反本法的法律责任做了具体规定；《建筑法》的第八章附则共五条，主要对建筑法的适用范围及生效日期等法律技术性问题做了规定。

随着我国市场经济的不断发展，原《建筑法》的少数内容已不能适应新形势的要求，2011 年 4 月 22 日中华人民共和国第十一届全国人民代表大会常务委员会第二十次会议通过了《全国人民代表大会常务委员会关于修改〈中华人民共和国建筑法〉的决定》，并自 2011 年 7 月 1 日起施行。

二、《建设工程质量管理条例》

2000 年 1 月 10 日国务院以第 279 号令发布了《建设工程质量管理条例》(以下简称《条例》),这是新中国成立 50 年来,国务院颁布的第一个专门规范建设工程质量的法规,是《建筑法》颁布实施一年来第一个配套的法规。它从我国建设市场的实际出发,总结了我国工程质量管理的经验,借鉴了国际先进管理经验,运用了政府和市场两种手段保证建设工程质量。《条例》的颁布实施,对于我国进一步依法规范建设市场,提高建设工程质量,确保人民生命财产安全,提高投资效益,具有重大的意义。

《条例》中有关工程质量监督的条款:

第四条 县级以上人民政府建设行政主管部门和其他有关部门应当加强对建设工程质量的监督管理。

第十三条 建设单位在领取施工许可证或者开工报告前,应当按照国家有关规定办理工程质量监督手续。

第四十三条 国家实行建设工程质量监督管理制度。

国务院建设行政主管部门对全国的建设工程质量实施统一监督管理。国务院铁路、交通、水利等有关部门按照国务院规定的职责分工,负责对全国的有关专业建设工程质量的监督管理。

县级以上地方人民政府建设行政主管部门对本行政区域内的建设工程质量实施监督管理。县级以上地方人民政府交通、水利等有关部门在各自的职责范围内,负责对本行政区域内的专业建设工程质量的监督管理。

第四十四条 国务院建设行政主管部门和国务院铁路、交通、水利等有关部门应当加强对有关建设工程质量的法律、法规和强制性标准执行情况的监督抽查。

第四十五条 国务院发展计划部门按照国务院规定的职责,组织稽查特派员,对国家出资的重大建设项目实施监督抽查。

国务院经济贸易主管部门按照国务院规定的职责,对国家重大技术改造项目实施监督抽查。

第四十六条 建设工程质量监督管理,可以由建设行政主管部门或者其他有关部门委托的建设工程质量监督机构具体实施。

从事房屋建筑工程和市政基础设施工程质量监督的机构,必须按照国家有关规定经国务院建设行政主管部门或者省、自治区、直辖市人民政府建设行政主管部门考核;从事专业建设工程质量监督的机构,必须按照国家有关规定经国务院有关部门或者省、自治区、直辖市人民政府有关部门考核。经考核合格后,方可实施质量监督。

第四十七条 县级以上地方人民政府建设行政主管部门和其他有关部门应当加强对有关建设工程质量的法律、法规和强制性标准执行情况的监督抽查。

第四十八条 县级以上人民政府建设行政主管部门和其他有关部门履行监督抽查职责时,有权采取下列措施:

(一)要求被检查的单位提供有关工程质量的文件和资料;

(二)进入被检查单位的施工现场进行检查;

(三)发现有影响工程质量的问题时,责令改正。

第四十九条 建设单位应当自建设工程竣工验收合格之日起 15 日内,将建设工程竣工验收报告和规划、公安消防、环保等部门出具的认可文件或者准许使用文件报建设行政主管部门或者其他有关部门备案。

建设行政主管部门或者其他有关部门发现建设单位在竣工验收过程中有违反国家有关建设工程质量管理规定行为的,责令停止使用,重新组织竣工验收。

第五十条 有关单位和个人对县级以上人民政府建设行政主管部门和其他有关部门进行的监督抽查应当支持与配合,不得拒绝或者阻碍建设工程质量监督抽查人员依法执行职务。

第五十一条 供水、供电、供气、公安消防等部门或者单位不得明示或者暗示建设单位、施工单位购买其指定的生产供应单位的建筑材料、建筑构配件和设备。

第五十二条　建设工程发生质量事故,有关单位应当在 24 小时内向当地建设行政主管部门和其他有关部门报告。对重大质量事故,事故发生地的建设行政主管部门和其他有关部门应当按照事故类别和等级向当地人民政府和上级建设行政主管部门和其他有关部门报告。

特别重大质量事故的调查程序按照国务院有关规定办理。

第五十三条　任何单位和个人对建设工程的质量事故、质量缺陷都有权检举、控告、投诉。

三、《房屋建筑和市政基础设施工程质量监督管理规定》

为了适应当前工程质量监督工作面临的新形势和新任务,迫切需要进一步强化工程质量监督的法律地位和执法属性,改进监督方式方法,加强监督队伍建设,提高监督工作效能。同时,自 2008 年年底取消建设工程质量监督费以来,不少地方反映在落实工作经费和机构改革过程中,面临法律依据不足、结构性质不清等问题,使得完善工程质量监督制度的任务更为紧迫。为此 2010 年住房和城乡建设部出台了《房屋建筑和市政基础设施工程质量监督管理规定》,对加强质量监督工作意义重大。

《房屋建筑和市政基础设施工程质量监督管理规定》(中华人民共和国住房和城乡建设部令第 5 号)是根据《建设工程质量管理条例》制定的,既充分考虑了政策的连续性,也兼顾各地现有做法,从监督机构定位、监督工作内容、监督工作程序到监督机构和人员的考核管理等方面,对工程质量监督做了比较系统、科学的规定,提出了要求,主要体现在以下六个方面:

(一)关于工程质量监督机构定位。5 号部令第一条将住房和城乡建设主管部门和工程质量监督机构统称为主管部门,体现了对监督机构行政执法地位的认可。第三条规定"工程质量监督管理的具体工作可以由县级以上地方人民政府建设主管部门委托所属的工程质量监督机构实施"。这遵循了《建设工程质量管理条例》"可以委托"的规定,同时把工程质量监督机构限定为建设主管部门所属,明确了工程质量监督机构是各级建设主管部门下属的单位,是政府机构的一部分,而非社会上的一般中介机构。

(二)关于工程质量监督方式。为进一步提高监督效率,适应行政执法的特点和要求,5 号部令规定了以抽查、抽检为主的工程质量监督方式,这在第五条和第六条中均有体现。抽查可以从两个层面来理解,一是在所监督工程中抽查某一个或几个工程,二是对一个具体工程抽查某一项或几项内容。对工程的抽查类似于交警执法,是指在一定时间由主管部门统一组织,通过巡视随机确定受检工程的工程质量抽查活动。对内容的抽查是指主管部门在抽查一项工程时,根据有关工程技术标准及规定,对工程参与单位履行质量责任的行为及有关工程质量的文件、资料和工程实体质量等随机进行的抽样抽查活动。

(三)关于工程质量监督内容和程序。5 号部令规定了八项监督内容:一是监督各方执行法律法规和工程建设强制性标准的情况;二是抽查涉及工程主体结构安全和主要使用功能的工程实体质量;三是抽查工程质量责任主体和质量检测等单位的工程质量行为;四是抽查主要建筑材料、建筑构配件的质量,比如钢筋、混凝土等;五是对工程竣工验收进行监督;六是组织或者参与工程质量事故的调查处理;七是定期对本地区工程质量状况进行统计分析;八是依法对违法违规行为实施处罚。5 号部令还规定了对具体工程项目实施质量监督的六项程序:一是受理建设单位办理质量监督手续;二是制定工作计划并组织实施;三是对工程实体质量、工程质量责任主体和质量检测等单位的工程质量行为进行抽查、抽测;四是监督工程竣工验收;五是形成工程质量监督报告;六是建立工程质量监督档案。

(四)关于工程质量监督责任。5 号部令第一条第二款专门规定了监督机构对工程质量监督承担监督责任。一方面,要把监督责任与企业的主体责任区分开来,工程参建单位的有关人员按各自责任对工程质量负终身责任,而政府的质量监督则是对监督行为负责任。不能认为只要出了质量问题,监督人员就必须承担责任。另一方面,监督责任作为一种政府监督责任,如果存在失职渎职行为,就必然要被追责。对此,5 号部令第十七条规定主管部门工作人员玩忽职守、滥用职权、徇私舞弊,构成犯罪的,依法追究刑事责任;尚不构成犯罪的,依法给予行政处分。为建立完善工程质量监督责任制,首先要科学合理地界定工程质量监督工作的职责,同时要严格按照规定开展工作,既不能缺位,也不要越位,做到尽职尽责。

(五)关于不良行为记录管理。为进一步提高监督工作成效,5 号部令加强了关于不良行为记录管理方面的规定,第七条、第九条、第十条分别规定了设置永久性标牌、建立工程质量信用档案以及向社会公布在检查中发现的有关质量问题及整改情况,都涉及不良行为记录管理及信用评价的要求。对此应该从三个方面来认识:一是实施检查和差别化监管的需要;二是加强诚信体系建设的需要;三是落实工程质量终身责任制的需要。

(六)关于工程质量监督机构和人员考核管理。做质量监督工作,首先要搞好自身队伍建设。5号部令规定省级建设主管部门对监督机构每三年进行一次考核。监督机构的条件有三个,包括人员、场所以及制度和信息化方面的要求,其中规定监督人员应当占总人数的75%以上。这就要求监督机构要以专业人员为主,其他非专业人员必须控制在25%以内。5号部令第十三条规定了监督人员具备的四个条件,第十四条则是一项创新的规定,即监督机构可以聘请中级职称以上的工程类专业技术人员协助实施工程质量监督。这主要是考虑到当前工程量大、技术难度高,比如地铁工程专业性很强,监督机构很难在短期内具备足够的监督能力,这条规定就为监督机构聘请专业人员、采用政府购买服务方式提供了依据、创造了条件,有利于更好地开展监督工作。

在2007年制定的《建设工程质量监督机构和人员考核管理办法》的基础上,5号部令对监督机构和人员的考核管理做出明确规定,提升了法律层次,为开展好这项工作提供了更加有力的支撑。

四、《城市轨道交通工程安全质量管理暂行办法》

为加强城市轨道交通工程安全质量管理,保障人民群众生命财产安全,2010年1月18日住房和城乡建设部出台了《城市轨道交通工程安全质量管理暂行办法》。从事城市轨道交通工程建设活动必须坚持先勘察、后设计、再施工的原则,严格执行基本建设程序,保证各阶段合理的工期和造价,加强全过程安全质量风险管理。

《城市轨道交通工程安全质量管理暂行办法》中与工程质量监督有关的条款:

第七十一条 城市轨道交通工程所在地县级以上地方人民政府建设主管部门应当对城市轨道交通工程安全质量相关法律、法规以及强制性标准的执行情况实施监督检查。

第七十二条 城市轨道交通工程所在地县级以上地方人民政府建设主管部门可以委托建设工程安全质量监督机构(以下简称监督机构)具体实施对城市轨道交通工程安全质量的监督检查。

监督机构应当根据城市轨道交通工程规模,配备城市轨道交通工程相关专业监督人员。

第七十三条 城市轨道交通工程所在地县级以上地方人民政府建设主管部门或其委托的监督机构履行监督检查职责时,有权采取下列措施:

(一)要求被检查单位提供工程安全质量的文件和资料;

(二)进入被检查单位的施工现场或工作场所进行检查;

(三)对检查中发现的安全质量隐患,责令立即整改;对于重大安全质量隐患,责令暂时停止施工。

第七十四条 城市轨道交通工程所在地县级以上人民政府建设主管部门应当建立、公布并及时更新城市轨道交通工程专家库,并制定相应管理制度。

第七十五条 城市轨道交通工程安全质量情况实行逐级报送制度。城市轨道交通工程所在地县级以上地方人民政府建设主管部门应当每季度向上级建设主管部门上报上季度本行政区域内城市轨道交通工程安全质量情况。发生安全质量事故的,应当及时报送事故调查处理情况。

城市轨道交通工程所在地县级以上地方人民政府建设主管部门应当定期公布建设、勘察、设计、施工、监理、监测、质量检测等单位安全质量信息。

第七十六条 建设、勘察、设计、施工、监理、监测、质量检测等单位有违反建设法律法规章行为的,由县级以上人民政府建设主管部门按照管理权限依法予以罚款、停业整顿、降低资质等级、吊销资质证书等行政处罚;构成犯罪的,依法追究刑事责任。

五、《城市轨道交通建设工程验收管理暂行办法》

为规范城市轨道交通建设工程验收工作,依据《建设工程质量管理条例》《房屋建筑和市政基础设施工程竣工验收备案管理办法》《房屋建筑和市政基础设施工程竣工验收规定》和《城市轨道交通工程安全质量管理暂行办法》等有关规定,结合城市轨道交通工程建设的实际情况,2014年4月3日住房和城乡建设部出台了《城市轨道交通建设工程验收管理暂行办法》(建质〔2014〕42号)。

该办法适用于新建、扩建、改建城市轨道交通建设工程的验收活动及其监督管理,明确了国务院住房城乡建设主管部门对全国城市轨道交通建设工程验收实施统一监督管理。县级以上地方人民政府住房城乡建设主管部门负责本行政区域内城市轨道交通建设工程验收的监督管理,具体工作可委托所属工程质量监督机构实施。县级以上地方人民政府有关部门按照法律法规规定负责相关的专项验收,城市轨道交通建设工程验收除应执行本管理办法外,还应符合国家、行业等有关规定和标准。

《城市轨道交通建设工程验收管理暂行办法》中与工程质量监督有关的条款:

第九条 住房城乡建设主管部门或其委托的工程质量监督机构应当对各验收阶段的组织形式、验收程序、执行验收标准等情况进行现场监督,发现有违反建设工程质量安全管理规定行为的,责令改正,并出具验收监督意见。

六、《建筑工程五方责任主体项目负责人质量终身责任追究暂行办法》

为贯彻《建设工程质量管理条例》,强化工程质量终身责任落实,2014年8月25日住房和城乡建设部出台了《建筑工程五方责任主体项目负责人质量终身责任追究暂行办法》(建质〔2014〕124号)。

本办法共二十条,主要是为加强房屋建筑和市政基础设施工程(以下简称建筑工程)质量管理,提高质量责任意识,强化质量责任追究,保证工程建设质量。

建筑工程五方责任主体项目负责人质量终身责任,是指参与新建、扩建、改建的建筑工程项目负责人按照国家法律法规和有关规定,在工程设计使用年限内对工程质量承担相应责任。

建筑工程五方责任主体项目负责人是指承担建筑工程项目建设的建设单位项目负责人、勘察单位项目负责人、设计单位项目负责人、施工单位项目经理、监理单位总监理工程师。

建筑工程开工建设前,建设、勘察、设计、施工、监理单位法定代表人应当签署授权书,明确本单位项目负责人。项目负责人应当在办理工程质量监督手续前签署工程质量终身责任承诺书,连同法定代表人授权书,报工程质量监督机构备案。项目负责人如有更换的,应当按规定办理变更程序,重新签署工程质量终身责任承诺书,连同法定代表人授权书,报工程质量监督机构备案。

建设单位项目负责人对工程质量承担全面责任,不得违法发包、肢解发包,不得以任何理由要求勘察、设计、施工、监理单位违反法律法规和工程建设标准,降低工程质量,其违法违规或不当行为造成工程质量事故或质量问题应当承担责任。勘察、设计单位项目负责人应当保证勘察设计文件符合法律法规和工程建设强制性标准的要求,对因勘察、设计导致的工程质量事故或质量问题承担责任。施工单位项目经理应当按照经审查合格的施工图设计文件和施工技术标准进行施工,对因施工导致的工程质量事故或质量问题承担责任。监理单位总监理工程师应当按照法律法规、有关技术标准、设计文件和工程承包合同进行监理,对施工质量承担监理责任。

符合下列情形之一的,县级以上地方人民政府住房城乡建设主管部门应当依法追究项目负责人的质量终身责任:

(一)发生工程质量事故;

(二)发生投诉、举报、群体性事件、媒体报道并造成恶劣社会影响的严重工程质量问题;

(三)由于勘察、设计或施工原因造成尚在设计使用年限内的建筑工程不能正常使用;

(四)存在其他需追究责任的违法违规行为。

《建筑工程五方责任主体项目负责人质量终身责任追究暂行办法》对建设单位项目负责人、勘察单位项目负责人、设计单位项目负责人、施工单位项目经理、监理单位总监理工程师在发生本办法第六条所列情形之一的,明确了按不同的方式进行责任追究。

工程质量终身责任实行书面承诺和竣工后永久性标牌等制度,建筑工程竣工验收合格后,建设单位应当在建筑物明显部位设置永久性标牌,载明建设、勘察、设计、施工、监理单位名称和项目负责人姓名。

项目负责人因调动工作等原因离开原单位后,被发现在原单位工作期间违反国家法律法规、工程建设标准及有关规定,造成所负责项目发生工程质量事故或严重质量问题的,仍应按本办法依法追究相应责任。项目负责人已退休的,被发现在工作期间违反国家法律法规、工程建设标准及有关规定,造成所负责项目发生工程质量事故或严重质量问题的,仍应按本办法依法追究相应责任,且不得返聘从事相关技术工作。相关责任单位已被撤销、注销、吊销营业执照或者宣告破产的,违反法律法规规定,造成工程质量事故或严重质量问题的,仍应按本办法依法追究项目负责人的责任。

建设单位应当建立建筑工程各方主体项目负责人质量终身责任信息档案,工程竣工验收合格后移交城建档案管理部门。

2014 年 10 月江苏省住房和城乡建设厅转发了《建筑工程五方责任主体项目负责人质量终身责任追究暂行办法》(苏建质安〔2014〕533 号)并提出了具体意见。

七、《实施工程建设强制性标准监督规定》

为加强工程建设强制性标准实施的监督工作,保证建设工程质量,保障人民的生命、财产安全,维护社会公共利益,根据《中华人民共和国标准化法》《中华人民共和国标准化法实施条例》和《建设工程质量管理条例》,制定了《实施工程建设强制性标准监督规定》,于 2000 年 8 月 21 日经第 27 次部常务会议通过,自发布之日起施行(建设部令第 81 号)。

《实施工程建设强制性标准监督规定》共二十四条。明确了在中华人民共和国境内从事新建、扩建、改建等工程建设活动,必须执行工程建设强制性标准;县级以上地方人民政府建设行政主管部门负责本行政区域内实施工程建设强制性标准的监督管理工作;工程建设中拟采用的新技术、新工艺、新材料,不符合现行强制性标准规定的,应当由拟采用单位提请建设单位组织专题技术论证,报批准标准的建设行政主管部门或者国务院有关主管部门审定;建设项目规划审查机构应当对工程建设规划阶段执行强制性标准的情况实施监督;施工图设计文件审查单位应当对工程建设勘察、设计阶段执行强制性标准的情况实施监督;建筑安全监督管理机构应当对工程建设施工阶段执行施工安全强制性标准的情况实施监督;工程质量监督机构应当对工程建设施工、监理、验收等阶段执行强制性标准的情况实施监督;强制性标准监督检查的内容包括:(一)有关工程技术人员是否熟悉、掌握强制性标准;(二)工程项目的规划、勘察、设计、施工、验收等是否符合强制性标准的规定;(三)工程项目采用的材料、设备是否符合强制性标准的规定;(四)工程项目的安全、质量是否符合强制性标准的规定;(五)工程中采用的导则、指南、手册、计算机软件的内容是否符合强制性标准的规定。

《实施工程建设强制性标准监督规定》还明确了违反本规定相应的处理办法。

八、《江苏省房屋建筑和市政基础设施工程质量监督管理办法》

住房和城乡建设部 5 号部令出台后,江苏省住房和城乡建设厅依据 5 号部令的精神要求,制定了《江苏省房屋建筑和市政基础建设工程质量监督工作实施细则》,自 2012 年 1 月 1 日起实施。但 5 号部令和江苏省实施细则均属于部门规章,为更有效地在地方政府层面贯彻其法律效力,《江苏省房屋建筑和市政基础设施工程质量监督管理办法》(以下简称《管理办法》)作为 2012 年江苏省政府规章立法项目,于 2013 年 3 月 27 日经江苏省人民政府第 4 次常务会议讨论通过,经江苏省省长批准后发布,自 2013 年 7 月 1 日起施行。《管理办法》以 5 号部令为主要依据,结合江苏省实际情况,进行了深入细化。江苏省建设工程质量监督总站做了大量调研起草工作,加强与相关部门沟通协调,争取省政府法制办的支持。应该说《管理办法》的颁布实施,对于贯彻落实好住房和城乡建设部 5 号部令,进一步加强江苏省建设工程质量监督工作将起到积极的推动促进作用。

《江苏省房屋建筑和市政基础设施工程质量监督管理办法》的主要内容:

《管理办法》中的部分内容是 5 号部令的延续,同时新增工程质量责任主体和质量检测等单位的工作质量义务和相关的法律责任等内容,主要包括以下方面:

(一)工程质量监督机构受理建设单位办理工程质量监督手续时,应当重点检验下列资料:工程质量监督申报表;施工图设计文件审查合格证;施工、监理中标通知书和合同;其他需要的文件。

（二）明确了建设单位是工程质量的第一责任人,其中房地产开发企业应当对所售商品房承担质量保修责任,在质量保修期内发生的属于保修范围的质量问题应当履行保修义务,并依法承担相应的赔偿责任;在工程竣工验收前,应当将预留的工程质量保证金交由工程所在地住房和城乡建设行政主管部门管理。此外,还明确了勘查、设计、施工、监理、质量检测单位的工程质量义务。

（三）针对建筑材料、设备、构配件以及预拌混凝土、砂浆供应单位提出质量责任要求,应当履行下列工程质量义务:在资质或者营业执照范围内供应合格的建筑材料、设备、构配件以及预拌混凝土、砂浆;对影响建筑主体架构质量安全和使用功能的主要建筑材料,供应单位应当按照规定到所在地住房和城乡建设行政主管部门办理登记手续;供应的预拌混凝土、砂浆应当符合技术标准要求;及时提供真实的建筑材料、设备、构配件以及预拌混凝土、砂浆的质量合格证明文件和检测报告;建筑构配件以及预拌混凝土、砂浆生产单位的实验室应当符合质量管理的相关要求。

（四）工程质量责任主体和质量检测单位以及建筑材料、设备、构配件以及预拌混凝土、砂浆供应单位存在违规行为的,由住房和城乡建设行政主管部门依据《管理办法》责令改正,并可处相应罚款。建设、施工、勘查、设计等单位的违法行为,由工程质量监督机构作为不良行为记入其信用档案。

九、其他规范性文件

为加强城市轨道交通工程建设质量管理,国家和地方行政主管部门根据建设中的实际情况,针对性地制定了一系列规范性文件,在此将与城市轨道交通工程质量管理主要文件汇总（部分）如表 2.1.1 所示。

表 2.1.1　城市轨道交通工程质量管理相关主要文件汇总表（部分）

序号	文件名称
1	《关于印发〈建筑施工项目经理质量安全责任十项规定（试行）〉的通知》（建质〔2014〕123 号）
2	《城市轨道交通建设工程质量安全事故应急预案管理办法》（建质〔2014〕56 号）
3	《关于印发城市轨道交通工程设计文件编制深度规定的通知》（建质〔2013〕160 号）
4	《关于加强城市轨道交通工程施工图设计文件审查管理工作的通知》（建办质〔2012〕25 号）
5	《关于城市轨道交通工程周边环境调查指南的通知》（建质〔2012〕56 号）
6	《关于进一步加强城市轨道交通工程安全质量管理的通知》（建办质〔2011〕46 号）
7	《关于进一步加强我省城市轨道交通工程安全质量管理的意见》（苏建质安〔2012〕71 号）
8	《江苏省房屋建筑和市政基础设施工程质量监督工作实施细则》（苏建规字〔2012〕2 号）
9	《江苏省住房和城乡建设系统失信行为管理和惩戒办法（试行）的通知》（苏建规字〔2016〕2 号）

第二节　城市轨道交通工程建设标准和强制性条文

一、城市轨道交通工程建设标准

（一）工程建设标准的概念

工程建设标准是为在工程建设领域内获得最佳秩序,对建设工程的勘察、规划、设计、施工、安装、验收、运营维护及管理等活动和结果需要协调统一的事项所指定的共同的、重复使用的技术依据和准则。工程建设标准应以科学、技术和经验的综合成果为基础,经过协商一致制订并经一个公认机构批准,对于促进技术进步,保证工程的安全、质量、环境和公众利益,实现最佳社会效益、经济效益、环境效益和最佳效率等,具有直接作用和重要意义。

(二) 工程建设技术标准

技术标准是指标准化领域中需要统一协调的技术事项制定的标准。一般来说,技术标准是指对标准化领域中需要协调统一的技术特征加以规定的标准,它是从事工程建设及商品流通的一种共同遵守的技术依据。工程建设技术标准即工程建设领域里的标准,如施工质量验收标准、建筑设计防火标准等。我们质量监督中最常用的标准是工程建设技术标准。

(三) 工程建设标准的分类方法和分级

1. 主要分类方法

(1) 层级分类法:是按标准审批权限和作用范围对标准进行分类的方法。

(2) 性质分类法:分为强制性标准和推荐性标准。

(3) 属性分类法:分为技术标准、管理标准和工作标准三大类。

(4) 内容分类法:分为设计标准、施工及验收标准和建设定额。

2. 标准的分级

标准可以根据其协调统一的范围的不同而分为不同的级别。多数西方国家的标准分为国家标准、协会标准、公司标准三级。我国根据《中华人民共和国标准化法》的规定分为四级:国家标准、行业标准、地方标准、企业标准。

(1) 国家标准、行业标准:国家标准属全国性标准,是需要在全国范围内统一的技术要求,由国务院标准化行政部门制订发布。行业标准是某行业内需要统一的而又没有国家标准的技术要求,由国务院有关行政主管部门制订发布,并进行备案。

(2) 地方标准:根据各地自然条件、资源条件和习俗情况,由当地省、自治区、直辖市制订的标准,地方标准主要是补充国家标准、行业标准的不足,有利于地方经济的发展。在公布国家标准或者行业标准之后,该项地方标准即行废止。

(3) 企业标准:一方面,企业生产的产品没有国家标准、行业标准和地方标准时,企业可根据产品特性制订企业标准,作为企业组织生产的依据;另一方面,企业还可以制订严于国家标准、行业标准和地方标准的企业标准,增加市场竞争能力。企业标准由企业法人代表或其授权领导人批准发布。企业标准不得违反国家法律法规的国家、行业的强制性标准。

(四) 标准代号和编号

GB:强制性国家标准。强制性国家标准是必须执行的标准。如《地下铁道施工及验收规范》(GB 50299—1999)(2003 年版),其中编号超过 50 000 的为工程建设标准。

GB/T:推荐性国家标准。推荐性国家标准这类标准,不具有强制性,任何单位均有权决定是否采用,违犯这类标准,不构成经济或法律方面的责任。应当指出的是:推荐性标准一经接受并采用,或各方商定同意纳入经济合同中,就成为各方必须共同遵守的技术依据,具有法律上的约束性。如《工程建设施工企业质量管理规范》(GB/T 50430—2007)。

JGJ:建设部行业标准。如《钢筋机械连接技术规程》(JGJ 107—2016)。

DB(DGJ):地方标准。如《建筑地基基础检测规程》(DGJ 32/TJ 142—2012)。

TB:铁路标准。如《铁路轨道工程施工质量验收标准》(TB 10413—2003)。

CECS:工程建设推荐性标准。如《门式刚架轻型房屋钢结构技术规程》(CECS 102:2002)。

二、城市轨道交通工程建设强制性条文

工程建设强制性标准是直接涉及工程质量、安全、卫生及环境保护等方面的工程建设标准强制性条文。

强制性条文是工程建设标准中直接涉及人民生命财产安全、人身健康、环境保护和其他公众利益的、必须严格执行强制性的条文。

《工程建设标准强制性条文》是贯彻《建设工程质量管理条例》的一项重大举措,是推进工程建设标准

体系改革所迈出的关键性的一步,强制性条文对保证工程质量、安全、规范建设市场具有重要作用。严格执行强制性标准是应对加入世界贸易组织的重要措施。

住房和城乡建设部在 2000 年组织有关专家对现行标准规范进行摘录,按照工程建设标准中直接涉及人民生命财产安全、人身健康、环境保护和其他公众利益的,必须严格执行强制性的规定,并考虑了保护资源、节约投资、提高经济效益和社会效益等政策要求,编制了《工程建设标准强制性条文》。该强制性条文包括城乡规划、城市建设、房屋建筑、工业建筑、水利工程、电力工程、信息工程、水运工程、公路工程、铁道工程、石油和化工建设工程、矿山工程、人防工程、广播电影电视工程和民航机场工程 15 个部分,覆盖了建设工程的主要领域。2002 年,对 15 个部分中的房屋建筑部分进行了修订。根据《建设工程质量管理条例》和《实施工程建设强制性标准监督规定》,原建设部组织《工程建设标准强制性条文》(房屋建筑部分)咨询委员会等有关单位,对 2002 年版强制性条文的房屋建筑部分进行了修订。2009 年版《工程建设标准强制性条文》,补充了 2002 年版《工程建设标准强制性条文》实施以后新发布的国家标准和行业标准(含修订项目,截止时间为 2008 年 12 月 31 日)的强制性条文,并经适当调整,修订而成。共计涉及 226 项强制性标准,2 020 条条文,由 10 篇构成:建筑设计、建设设备、建筑防火、建筑节能、勘察和地基基础、结构设计、抗震设计、鉴定、加固和维护、施工质量和施工安全。2013 年 6 月住房和城乡建设部对现行工程建设国家标准、行业标准中的强制性条文(城镇建设部分)进行了清理。在 2000 年版《工程建设标准强制性条文》的基础上,纳入了 2013 年 5 月 31 日前新发布的城镇建设国家标准和行业标准中涉及人民生命财产安全、人身健康、节能、节地、节水、节材、环境保护和公共利益方面的强制性条文。

针对城市轨道交通工程建设,《工程建设标准强制性条文》从地铁设计、跨座式单轨交通设计、地铁施工、跨座式单轨交通施工、验收、管理、《城市轨道交通技术规范》(GB 50490—2009)七个方面进行了汇编。由于涉及《工程建设标准强制性条文》的内容较多,本书在后面的各个章节中均有详细介绍,这里就不一一举例说明,但是随着新规范规程的出现和对现有规范的调整,《工程建设标准强制性条文》还将进行补充更新。

各级质量监督机构应加强执法监督检查,依法查处违反《工程建设标准强制性条文》的单位和个人,要严格用强制性标准规范施工现场的安全生产、环境保护、文明施工等活动,在勘察、设计、施工各个阶段的各个环节,更加重视强制性标准的执行与监控。通过有法必依、执法必严、违法必究,增强工程建设有关各方落实强制性条文的自觉性。

第三节　城市轨道交通工程质量行为监督相关法律法规知识

一、城市轨道交通工程发包与承包

(一) 概述

工程发包是指建设单位遵循公开、公正、公平的原则,通过采用公告或邀请书等方式提出项目内容及其条件和要求,约请有兴趣参与竞争的单位按规定条件提出实施计划、方案和价格等,再采用一定的评价方法择优选定承包单位,最后以合同形式委托其完成指定工作的活动。建筑工程发包分为招标发包和直接发包两类。

工程承包是具有施工资质的承包者通过与工程项目的项目法人(业主)签订承包合同,负责承建工程项目的过程。

建设工程发包与承包的方式有两种:招标发包和直接发包。建设工程招投标较直接发包更有利于公平竞争,更符合市场经济规律的要求,所以我国相关法规都提倡采用招投标方式,对直接发包则加以限制。

根据《中华人民共和国招标投标法》,下列工程建设项目包括项目的勘察、设计、施工、监理以及与工程建设有关的重要设备、材料等的采购,必须进行招标:①大型基础设施、公用事业等关系社会公共利益、公众安全的项目;②全部或者部分使用国有资金投资或者国家融资的项目;③使用国际组织或者外国政府贷款、援助资金的项目。国家发展计划委员会制定的《工程建设项目招标范围和规模标准规定》进一步规定了上述各类工程建设项目,包括项目的勘察、设计、施工、监理以及工程建设有关的重要设备、材料等的采购,达到下列标准之一的,必须进行招标:①施工单项合同估算价在200万元人民币以上的;②重要设备、材料等货物的采购,单项合同估算价在100万元人民币以上的;③勘察、设计、监理等服务的采购,单项合同估算价在50万元人民币以上的;④单项合同估算价低于第①②③项规定的标准,但项目总投资额在3 000万元人民币以上的。

根据《建设工程勘察设计管理条例》,下列建设工程的勘察、设计,经有关主管部门批准,可以直接发包:①采用特定的专利或者专有技术的;②建筑艺术造型有特殊要求的;③国务院规定的其他建设工程的勘察、设计。

工程实行公开招标的,发包单位应当依照法定程序和方式,发布招标公告;投标人应当按照招标文件的要求编制投标文件参加投标;开标应当在招标文件规定的时间、地点公开进行;开标后应当按照招标文件规定的评标标准和程序对标书进行评价、比较,在具备相应资质条件的投标者中,择优选定中标者;中标人确定后,招标人应当向中标人发出中标通知书。中标通知书对招标人和中标人具有法律效力。招标人和中标人应当自中标通知书发出之日起30日内,按照招标文件和中标人的投标文件订立书面合同。依法必须进行招标的项目,招标人应当自确定中标人之日起15日内,向有关行政监督部门提交招投标情况的书面报告。

(二)关于发包与承包的重要规定

1. 提倡对工程实行总承包,禁止将工程肢解发包

工程的发包单位可以将工程的勘察、设计、施工、设备采购一并发包给一个工程总承包单位,也可以将工程勘察、设计、施工、设备采购的一项或者多项发包给一个工程总承包单位,但不得肢解发包。

2. 承包单位在其资质等级许可的业务范围内承揽工程

承包工程的单位应当持有依法取得的资质证书,并在其资质等级许可的业务范围内承揽工程。禁止施工企业超越本企业资质等级许可证的业务范围或者以任何形式用其他施工企业的名义承揽工程。禁止施工企业以任何形式允许其他单位或者个人使用本企业的资质证书、营业执照,以本企业的名义承揽工程。

大型工程或者结构复杂的工程,可以由两个以上的承包单位联合共同承包。共同承包的各方对承包合同的履行承担连带责任。两个以上不同资质等级的单位实行联合共同承包的,应当按照资质等级低的单位的业务许可范围承揽工程。

(三)分包

工程总承包单位可以将承包工程中的部分工程发包给具有相应资质条件的分包单位,禁止总承包单位将工程分包给不具备相应资质条件的单位。禁止分包单位将其承包的工程再分包。

除总承包合同中约定的分包外,必须经建设单位认可。施工总承包的,工程主体结构的施工必须由总承包单位自行完成。除建设工程主体部分的勘察、设计外,经发包方书面同意,承包方可以将建设工程其他部分的勘察、设计再分包给其他具有相应资质等级的建设工程勘察、设计单位。

工程总承包单位按照总承包合同的约定对建设单位负责;分包单位按照分包合同的约定对总承包单位负责。总承包单位和分包单位就分包工程对建设单位承担连带责任。

总承包单位和分包工程承包人应当依法签订分包合同,分包工程发包人应当在订立分包合同后7个工作日内,将合同送工程所在地县级以上地方人民政府建设行政主管部门备案。分包合同发生重大变更的,分包工程发包人应当自变更后7个工作日内,将变更协议送原备案机关备案。

(四)常见违法行为

为了规范建筑工程施工承包与发包活动,保证工程质量和施工安全,有效遏制违法发包、转包、违法分包及挂靠等违法行为,维护建筑市场秩序和建设工程主要参与方的合法权益,住房和城乡建设部制定了《建筑工程施工转包违法分包等违法行为认定查处管理办法(试行)》(建市〔2014〕118号)。

1. 违法发包

违法发包是指建设单位将工程发包给不具有相应资质条件的单位和个人,或者肢解发包等违反法律法规规定的行为。

2. 非法转包

非法转包是指施工单位承包工程后,不履行合同约定的责任和义务,将其承包的全部工程或者将其承包的全部工程肢解后以分包的名义分别转给其他单位或个人施工的行为。

3. 违法分包

违法分包是指施工单位承包工程后违反法律法规规定或者施工合同关于工程分包的约定,把单位工程或分项工程分包给其他单位或个人施工的行为。

4. 挂靠

挂靠是指单位或个人以其他有资质的施工单位的名义承揽工程的行为。

二、参建各方责任主体的单位资质

《中华人民共和国建筑法》规定从事建筑活动的建筑施工企业、勘察单位、设计单位和工程监理单位,按照其拥有的注册资本、专业技术人员、技术装备和已完成的建筑工程业绩等资质条件,划分为不同资质等级,经资质审查合格,取得相应等级的资质证书后,方可在其资质等级许可的范围内从事建筑活动。

《建设工程质量管理条例》进一步对单位资质管理制度进行要求,建设单位应当将工程发包给具有相应资质等级的单位,从事建设工程勘察和设计的单位、施工单位、工程监理单位应当依法取得相应等级的资质证书,并在其资质等级许可的范围内承揽工程,禁止上述单位超越本单位资质等级许可的业务范围或者以其他单位的名义承揽工程、业务。

(一) 建筑业企业

建筑业企业资质管理相关法规和配套文件有:《建筑业企业资质管理规定》(住建部令第22号)、《建筑业企业资质标准》(建市〔2014〕159号)、《施工总承包企业特级资质标准》(建市〔2007〕72号)和《建筑业企业资质管理规定和资质标准实施意见》(建市〔2015〕20号)。

1. 建筑业企业资质类别及资质等级

建筑业企业资质分为施工总承包、专业承包和劳务分包三个序列。施工总承包资质、专业承包资质、劳务分包资质序列按照工程性质和技术特点分别划分为若干资质类别。各资质类别按照规定的条件划分为若干资质等级。按资质等级建筑工程和市政公用工程等施工总承包企业资质分为特级、一级、二级、三级,专业承包企业又分为一级、二级、三级。

2. 不同资质企业承接业务范围

取得施工总承包资质的企业(以下简称施工总承包企业),可以承接施工总承包工程。施工总承包企业可以对所承接的施工总承包工程内各专业工程全部自行施工,也可以将专业工程或劳务作业依法分包给具有相应资质的专业承包企业或施工劳务企业。

取得专业承包资质的企业(以下简称专业承包企业),可以承接施工总承包企业分包的专业工程和建设单位依法发包的专业工程。专业承包企业可以对所承接的专业工程全部自行施工,也可以将劳务作业依法分包给有施工劳务资质的企业。

取得施工劳务资质的企业(以下简称劳务企业),可以承接施工总承包企业或专业承包企业分包的劳务作业。

施工总承包企业投保或承包施工总承包项目,对承担总承包项目范围内各专业工程的施工,不必申请相应的专业承包类别资质。但施工总承包企业投标或承包其他企业依法分包或者建设单位依法单独发包的专业工程,须具备相应的专业承包类别资质。

3. 城市轨道交通工程专业承包企业资质等级标准:①企业近5年累计修建地铁、轻轨等城市轨道交通工程5 km以上,工程质量合格。②企业经理具有10年以上从事工程管理工作经历;总工程师具有15年以上从事施工技术管理工作经历并具有相关专业高级职称;总会计师具有中级以上会计职称。企业具有的一级资质项目经理不少于15人。③企业注册资本金1亿元以上,企业净资产1.2亿元以上。④企业近3年最高年工程结算收入5亿元以上。⑤企业具有与承包工程范围相适应的施工机械和质量检测设备。

承包工程范围：可承担城市地铁、轻轨等轨道交通工程的施工。

（二）监理企业

监理企业资质管理相关法规和配套文件有：《工程监理企业资质管理规定》（建设部令第 158 号）、《工程监理企业资质标准》（建市〔2007〕131 号）。

1. 监理企业资质类别及资质等级

工程监理企业资质分为综合资质、专业资质和事务所资质。其中，专业资质按照工程性质和技术特点划分为房屋建筑工程、市政公用工程、公路工程、机电安装工程、水利水电工程、冶炼工程、矿山工程、化工石油工程、电力工程、通信工程、农林工程、铁路工程、港口与航道工程、航天航空工程 14 个专业工程类别。

综合资质、事务所资质不分级别。专业资质分为甲级、乙级。其中，房屋建筑、市政公用工程以及水利水电、公路专业资质可设立丙级。

2. 不同资质企业承接业务范围

（1）综合资质，可以承接所有专业工程类别建设工程项目的工程监理业务。

（2）专业甲级资质，可承接相应专业工程类别建设工程项目的工程监理业务；专业乙级资质，可承接相应专业工程类别二级以下（含二级）建设工程项目的工程监理业务；专业丙级资质，可承接相应专业工程类别三级建设工程项目的工程监理业务。

（3）事务所资质，可承接三级建设工程项目的工程监理业务，但是，国家规定必须实行强制监理的工程除外。

工程监理企业可以开展相应类别建设工程的项目管理、技术咨询等业务。

（三）工程勘察单位

工程勘察资质管理相关法规和配套文件有：《建设工程勘察设计资质管理规定》（建设部令第 160 号）、《工程勘察资质分级标准》（建市〔2001〕22 号）。

1. 工程勘察资质类别与级别

工程勘察资质分为工程勘察综合资质、工程勘察专业资质、工程勘察劳务资质。

综合类包括工程勘察所有专业，即建设工程项目的岩土工程、水文地质勘察和工程测量等专业。专业类是指岩土工程、水文地质勘察、工程测量等专业中的某一项，其中岩土工程专业类可以是岩土工程勘察、设计、测试监测检测、咨询监理中的一项或全部。劳务类是指岩土工程治理、工程钻探、凿井等。

工程勘察综合资质只设甲级；工程勘察专业资质设甲级、乙级，根据工程性质和技术特点，部分专业可以设丙级；工程勘察劳务资质不分等级。

2. 不同资质企业承接业务范围

（1）取得工程勘察综合资质的企业，勘察业务范围和地区不受限制，可以承接各专业（海洋工程勘察除外）、各等级工程勘察业务。

（2）取得工程勘察专业资质的企业，可以承接相应等级相应专业的工程勘察业务。

专业类甲级工程勘察单位承接本专业工程勘察业务范围和地区不受限制。专业类乙级工程勘察单位可承接本专业工程勘察中小型工程项目，承接工程勘察业务的地区不受限制。专业类丙级工程勘察单位可承接本专业工程勘察小型工程项目，承接工程勘察业务限定在省、自治区、直辖市所辖行政区范围内。

（3）取得工程勘察劳务资质的企业，只能承接岩土工程治理、工程钻探、凿井等工程勘察劳务工作，承接工程勘察劳务工程的地区不受限制。

工程勘察各级工程项目划分表详见《工程勘察资质分级标准》。

（四）工程设计单位

工程设计资质管理相关法规和配套文件有：《建设工程勘察设计资质管理规定》（建设部令第 160 号）、《工程设计资质标准》（建市〔2007〕86 号）。

1. 工程设计资质类别

工程设计资质分为工程设计综合资质、工程设计行业资质、工程设计专业资质和工程设计专项资质。

（1）工程设计综合资质：是指涵盖21个行业的设计资质。

（2）工程设计行业资质：是指涵盖某个行业资质标准中的全部设计类型的设计资质。目前设立的21个行业设计资质分别为：建筑行业资质、市政行业资质以及公路、水利、煤炭、化工石化医药、石油天然气（海洋石油）、电力、冶金、军工、机械、商物粮、核工业、电子通信广电、轻纺、建材、铁道、水运、民航、农林、海洋行业资质。

（3）工程设计专业资质：是指某个行业资质标准中的某一个专业的设计资质。

（4）工程设计专项资质：是指适应和满足行业发展的需求，对已形成产业的专项技术独立进行设计以及设计、施工一体化而设立的资质。目前已设立建筑装饰、消防设施、建筑智能化、轻型钢结构、建筑幕墙、环境工程、风景园林和照明工程八个专项设计资质。

2. 工程设计资质级别

（1）工程设计综合资质只设甲级。

（2）工程设计行业资质设甲级、乙级。根据行业需要，建筑、市政公用、水利、电力（限送变电）、农林和公路行业设立工程设计丙级资质，建筑工程设计专业资质设丁级。建筑行业根据需要设立建筑工程设计事务所资质。

（3）工程设计专业资质设甲级、乙级。

（4）工程设计专项资质可根据行业需要设置等级。

3. 不同资质企业承接业务范围

（1）取得工程设计综合资质（只设甲级）的企业，可以承接各行业、各等级的建设工程设计业务。

（2）取得工程设计行业资质的企业，可以承接相应行业相应等级的工程设计业务及本行业范围内同级别的相应专业、专项（设计施工一体化资质除外）工程设计业务。建筑行业包括建筑、人防两个专业方向。

甲级，承接本行业建设工程项目主体工程及其配套工程的设计业务，其规模不受限制。乙级，承接本行业中小型建设工程项目的主体工程及其配套工程的设计业务。丙级，承接本行业小型建设项目的工程设计业务。

（3）取得工程设计专业资质的企业，可以承接本专业相应等级的专业工程设计业务及同级别的相应专项工程设计业务（设计施工一体化资质除外）。

甲级，承接本专业建设工程项目主体工程及其配套工程的设计业务，其规模不受限制。乙级，承接本专业中小型建设工程项目的主体工程及其配套工程的设计业务。丙级，承接本专业小型建设项目的设计业务。仅建筑工程专业设立丁级资质，业务范围限于一定范围的小型项目。

（4）取得工程设计专项资质的企业，可以承接本专业专项相应等级的专项工程设计业务。具备甲级工程设计专项资质的企业承接本专业的专项工程设计业务规模不受限制。

4. 可从事其他业务

具有工程设计资质的企业，可从事资质证书许可范围内的相应工程总承包、工程项目管理和相关的技术、咨询与管理服务。

取得工程设计综合资质的企业可以承接各行业的工程项目设计、工程项目管理和相关的技术、咨询与管理服务业务；其同时具有一级施工总承包（施工专业承包）资质的，可以自行承接相应类别工程项目的工程总承包（包括设计和施工）业务及相应的工程施工总承包（施工专业承包）业务；其不具有一级施工总承包（施工专业承包）资质的企业，可以承接该项目的工程总承包业务，但应将施工业务分包给具有相应施工资质的企业。

取得工程设计行业、专业、专项资质的企业可以承接资质证书许可范围内的工程项目设计、工程总承包、工程项目管理和相关的技术、咨询和管理业务。承接工程总承包业务时，应将工程施工业务分包给具有工程施工资质的企业。

三、参建各方专业技术人员执业资格

《中华人民共和国建筑法》规定从事建设活动的专业技术人员，应当依法取得相应的职业资格证书，并在执业资格证书许可的范围内从事建筑活动。

《建设工程质量管理条例》进一步对执业资格制度进行要求，第十九条规定注册建筑师、注册结构工程师等注册执业人员应当在设计文件上签字，对设计文件负责。第三十七条规定工程监理单位应当选派具备相应资格的总监理工程师和监理工程师进驻施工现场。《建设工程勘察设计管理条例》第九条规定国家对从事建设工程勘察、设计活动的专业技术人员，实行执业资格注册管理制度。未经注册的建设工程勘察、设计人员，不得以注册执业人员的名义从事建设工程勘察、设计活动。

专业技术人员执业资格管理具有以下特点：

(1) 实行注册执业管理制度。取得资格证书的人员即持有有效的注册××师执业资格考试合格证书者，仅仅具有申请注册的资格，但未注册即未取得注册证书和执业印章的，不得以注册××师的名义从事相关活动，不得称之为注册××师，不得执行注册××师业务。

(2) 可以并且只能注册于一个具有建设工程勘察、设计、施工、监理、招标代理、造价咨询等一项或多项资质的单位，经注册后方可从事相应的执业活动。一个工程技术人员取得注册建造师、注册监理工程师、注册建筑师、勘察设计注册工程师中的一个或多个资格证书，但只能注册于一个单位，不得同时在两个或者两个以上单位受聘或者执业。

(3) 不允许个人单独执业。注册执业资格人员执行业务，应当加入具备一定资质等级的单位，其执业范围不得超越其所在单位的业务范围。个人的执业范围与其所在单位的业务范围不符时，个人执业范围服从单位的业务范围。

注册建造师担任施工单位项目负责人的，应当受聘并注册于一个具有施工资质的企业；注册监理工程师从事工程监理执业活动的，应当受聘并注册于一个具有工程监理资质的单位；注册建筑师从事建筑工程设计执业活动的，应当受聘并注册于中华人民共和国境内一个具有工程设计资质的单位；注册结构工程师、注册土木工程师、注册公用设备工程师、注册电气工程师等注册工程师从事建设工程勘察、设计执业活动的，应受聘并注册于一个具有建设工程勘察、设计资质的单位。

(4) 注册证书和执业印章是注册人员的执业凭证，应由注册人员本人保管、使用。有关法律法规规定的文件由相应专业注册人员按照规定签字盖章后方可生效。

(5) 注册分为初始注册、延续注册和变更注册。各类执业资格注册均有一定的有效期。有效期届满需要继续注册的，应当办理延续注册手续。变更执业单位，应当与原聘用单位解除劳动关系，办理变更注册手续；注册人员变更执业单位，原注册证书和执业印章失效。

(一) 注册建造师

1. 注册建造师

注册建造师是指通过考核认定或考试合格取得建造师资格证书，并按照规定注册，取得注册建造师注册证书和执业印章，担任施工单位项目负责人及从事相关活动的专业技术人员。注册建造师主要相关法规和配套文件有：《注册建造师管理规定》（建设部令第153号）、《注册建造师执业工程规模标准（试行）》（建市〔2007〕171号）。

建造师执业划分为房屋建筑工程、装饰装修工程、市政公用与城市轨道工程等14个专业，注册建造师分为一级注册建造师和二级注册建造师。

注册建造师可以从事建设工程项目总承包管理或施工管理、建设工程项目管理服务、建设工程技术经济咨询，以及法律、行政法规和国务院建设主管部门规定的其他业务。

注册建造师不得有下列行为：①不履行注册建造师义务；②在执业过程中，索贿、受贿或者谋取合同约定费用外的其他利益；③在执业过程中实施商业贿赂；④签署有虚假记载等不合格文件；⑤允许他人以自己的名义从事执业活动；⑥同时在两个或两个以上单位受聘或者执业；⑦涂改、倒卖、出租、出借或以其他形式非法转让资格证书、注册证书和执业印章；⑧超出执业范围和聘用单位业务范围从事执业活动；

⑨法律、法规、规章禁止的其他行为。

2. 注册建造师与项目经理(项目负责人)的关系

建筑施工企业项目经理是指受企业法定代表人委托对工程项目施工过程全面负责的项目管理者,是建筑施工企业法定代表人在工程项目上的代表人。工程项目施工应建立以项目经理为首的生产经营管理系统,实行项目经理负责制。项目经理在工程项目施工中处于中心地位,对工程项目施工负有全面管理的责任。

项目经理是岗位职务,项目经理岗位是保证工程项目建设质量、安全、工期的重要岗位。我国原来实行项目经理资质管理制度,国务院文件(国发〔2003〕5 号)规定:"取消建筑施工企业项目经理资质核准,由注册建造师代替。"在全面实施建造师执业资格制度后仍然要坚持落实项目经理岗位责任制。

大中型工程项目施工的项目经理必须由取得建造师注册证书的人员担任。担任施工单位项目负责人的,应当受聘并注册于一个具有施工资质的企业,未取得注册证书和执业印章的,不得担任大中型建设工程项目的施工单位项目负责人,不得以注册建造师的名义从事相关活动。取得建造师注册证书的人员可以担任建设工程项目施工的项目经理,也可以从事其他施工活动的管理工作。注册建造师是否担任工程项目施工的项目经理,由企业自主决定。注册建造师不得同时在两个或者两个以上的建设工程项目上担任施工单位项目负责人。

3. 注册建造师担任项目经理的具体要求

(1) 工程规模要求。注册建造师担任施工单位项目负责人的,应受聘并注册于一个具有施工资质的企业,注册建造师不得同时在两个或者两个以上的建设工程项目上担任施工单位项目负责人。大型、中型、小型工程的具体划分及注册建造师的具体执业范围按照《注册建造师执业工程规模标准》执行。

专业承包资质的企业承担分包工程,分包工程项目经理也应满足《注册建造师执业工程规模标准》规定。

(2) 签章要求。《注册建造师管理规定》要求,建设工程施工活动中形成的有关工程施工管理文件,应当由注册建造师签字并加盖执业印章。在施工单位签署质量合格的文件上,必须由注册建造师签字盖章。建设部发布了担任施工单位项目负责人的《注册建造师施工管理签章文件目录(试行)》。

(二)注册监理工程师

注册监理工程师是指经考试取得监理工程师资格证书,并按照规定注册,取得注册监理工程师注册执业证书和执业印章,从事工程监理及相关业务活动的专业技术人员。注册监理工程师主要相关法规为《注册监理工程师管理规定》。

注册监理工程师依据其所学专业、工作经历、工程业绩,按照《工程监理企业资质管理规定》划分的工程类别,按专业注册。每人最多可以申请两个专业注册。

注册监理工程师可以从事工程监理、工程经济与技术咨询、工程招标与采购咨询、工程项目管理服务以及国务院有关部门规定的其他业务。工程监理活动中形成的监理文件由注册监理工程师按照规定签字盖章后方可生效。修改经注册监理工程师签字盖章的工程监理文件,应当由该注册监理工程师进行;因特殊情况,该注册监理工程师不能进行修改的,应当由其他注册监理工程师修改,并签字、加盖执业印章,对修改部分承担责任。

(三)注册建筑师

注册建筑师是指经考试、特许、考核认定取得注册建筑师执业资格证书,或者经资格互认方式取得建筑师互认资格证书,并按照规定注册,取得注册建筑师注册证书和注册建筑师执业印章,从事建筑设计及相关业务活动的专业技术人员。注册建筑师主要相关法规有:《中华人民共和国注册建筑师条例》《中华人民共和国注册建筑师条例实施细则》。

注册建筑师分为一级注册建筑师和二级注册建筑师。一级注册建筑师的执业范围不受工程项目规模和工程复杂程度的限制。二级注册建筑师的执业范围只限于承担工程设计资质标准中建设项目设计规模划分表规定的小型规模的项目。

凡属工程设计资质标准中建筑工程建设项目设计规模划分表规定的工程项目,在建筑工程设计的主要文件(图纸)中,须由主持该项设计的注册建筑师签字并加盖其执业印章,方为有效。否则设计审查部门不予审查,建设单位不得报建,施工单位不准施工。修改经注册建筑师签字盖章的设计文件,应当由原注册建筑师进行;因特殊情况,原注册建筑师不能进行修改的,可以由设计单位的法人代表书面委托其他符合条件的注册建筑师修改,并签字、加盖执业印章,对修改部分承担责任。

(四)勘察设计注册工程师

勘察设计注册工程师是指经考试取得注册工程师资格证书,并按照规定注册,取得注册工程师注册执业证书和执业印章,从事建设工程勘察、设计及有关业务活动的专业技术人员。勘察设计注册工程师主要相关法规和配套文件有:《勘察设计注册工程师管理规定》《注册结构工程师执业资格制度暂行规定》《注册土木工程师(岩土)执业资格制度暂行规定》《注册电气工程师执业资格制度暂行规定》《注册公用设备工程师执业资格制度暂行规定》。

勘察设计注册工程师,按专业类别设置,采用专业分类命名执业注册名称,即"注册××工程师",如"注册结构工程师""注册土木工程师"。某些专业如需明确执业范围的可在注册证书上加注执业范围。除注册结构工程师分为一级和二级外,其他专业注册工程师不分级别。

建设工程勘察、设计活动中形成的勘察、设计文件由相应专业注册工程师按照规定签字盖章后方可生效。修改经注册工程师签字盖章的勘察、设计文件,应当由原注册工程师进行;因特殊情况,原注册工程师不能进行修改的,应由同专业其他注册工程师修改,并签字、回盖执业印章,对修改部分承担责任。

注册结构工程师执业范围:①结构工程设计;②结构工程设计技术咨询;③建筑物、构筑物、工程设施等的调查和鉴定;④对本人主持设计的项目进行施工指导和监督;⑤建设部和国务院有关部门规定的其他业务。国家规定的一定跨度、高度等以上的结构工程设计,应当由注册结构工程师主持设计。一级注册结构工程师的执业范围不受工程规模及工程复杂程度的限制。

注册土木工程师(岩土)执业范围:①岩土工程勘察;②岩土工程设计;③岩土工程咨询与监理;④岩土工程治理、检测与监测;⑤环境岩土工程与岩土工程有关水文地质工程业务;⑥国务院有关部门规定的其他业务。在岩土工程勘察、设计、咨询及相关专业工作中形成的主要技术文件,应当由注册土木工程师(岩土)签字盖章后生效。

注册公用设备工程师执业范围:①公用设备专业工程设计(含本专业环保工程);②公用设备专业工程技术咨询(含本专业环保工程);③公用设备专业工程设备招标、采购咨询;④公用设备工程的项目管理业务;⑤对本专业设计项目的施工进行指导和监督;⑥国务院有关部门规定的其他业务。

注册电气工程师执业范围:①电气专业工程设计;②电气专业工程技术咨询;③电气专业工程设备招标、采购咨询;④电气工程的项目管理;⑤对本专业设计项目的施工进行指导和监督;⑥国务院有关部门规定的其他业务。

四、城市轨道交通工程领域生产操作人员职业资格证书制度

国家职业资格证书制度是劳务就业制度的一项重要内容,也是一种特殊形式的国家考试制度。它是指按照国家制定的职业标准,通过政府认定的考核鉴定机构,对从业者的技能水平或职业资格进行客观、公正、科学规范的评价和鉴定,并对合格者授予相应的国家职业资格证书。国家职业资格证书由劳动保障部统一印制,劳动保障部门或国务院有关部门按规定办理和核发。

《中华人民共和国劳动法》第五十五条规定:从事特种作业的劳动者必须经过专门培训并取得特种作业资格。第六十九条规定:国家确定职业分类,对规定的职业制定职业技能标准,实行职业资格证书制度,由经过政府批准的考核鉴定机构负责对劳动者实施职业技能考核鉴定。国家实行职业资格证书制度,实行先培训后上岗的就业制度,同时规定了用人单位招用90个技术复杂以及涉及国家财产、人民生命安全和消费者利益的工种(职业)的劳动者,必须从取得相应职业资格证书的人员中录用。

各类工程建设标准对操作工人也提出了要求,如《钢结构工程施工质量验收规范》(GB 50205—2001)第5.2.2条(强制性条文)规定:焊工必须经考试合格并取得合格证书。持焊工证必须在其考试合格项目及其认可范围内施焊。《砌体结构工程施工质量验收规范》(GB 50203—2011)将砌体施工质量控制等级

相应分为三级:A级要求砌筑工人均在中级工以上,其中高级工不少于20%;B级要求砌筑工人中高级工不少于70%;C级要求砌筑工人均在初级工以上。

我国技术性职业(工种)的职业资格证书,分为"初级技能""中级技能""高级技能"以及"技师""高级技师"五种,由劳动保障部门统一印制,劳动保障部门或国务院有关部门按规定办理和核发。

根据住房和城乡建设部《关于加强建筑工人职业培训工作的指导意见》(建人〔2015〕43号)(以下简称《指导意见》)及住房和城乡建设部办公厅《关于建筑工人职业培训合格证有关事项的通知》(建办人〔2015〕34号)的要求,涉及建设工程的职业工人如焊工、土石方机械操作工、砌筑工、混凝土工、钢筋工、架子工、防水工、装饰装修工、电气设备安装工等等应取得相应的培训合格证。职业培训合格证(以下简称证书)是住房和城乡建设行业一线从业人员参加职业技能培训、达到相应技能水平的学习证明,按照住房和城乡建设部制定的统一式样、统一编码规则,由省级住房和城乡建设主管部门负责本地区的管理。省级住房城乡建设主管部门要根据《指导意见》精神,结合本地实际,出台具体实施办法。要按照切实提升建筑工人技能水平的要求,指导培训考核机构(培训机构、企业培训中心统称为培训考核机构)依据职业技能标准制订培训方案,对建筑工人分级分类开展培训,并按有关要求核发职业培训合格证。健全监督管理机制,对培训考核机构实行动态管理。

五、城市轨道交通工程施工许可

相关法规有:《中华人民共和国建筑法》《建设工程质量管理条例》和《建筑工程施工许可管理办法》(建设部令第18号)。

(一)建筑工程施工许可的基本规定

在城市轨道交通工程开工前,建设单位应当按照国家有关规定向工程所在地县级以上人民政府建设行政主管部门申请领取施工许可证;但是,国务院建设行政主管部门确定的限额以下的小型工程除外。按照国务院规定的权限和程序批准开工报告的建筑工程,不再领取施工许可证。

《建筑工程施工许可管理办法》规定:工程投资额在30万元以下或者建筑面积在300 m^2 以下的建筑工程,可以不申请办理施工许可证。省、自治区、直辖市人民政府建设行政主管部门可以根据当地的实际情况,对限额进行调整,并报国务院建设行政主管部门备案。

规定必须申请领取施工许可证的建筑工程未取得施工许可证的,一律不得开工。任何单位和个人不得将应该申请领取施工许可证的工程项目分解为若干限额以下的工程项目,规避申请领取施工许可证。

(二)申请领取施工许可证条件

申请领取施工许可证,应当具备下列条件,并提交相应的证明文件:

(1)依法应办理用地批准手续的,已经办理该建筑工程用地批准手续。

(2)在城市、镇规划区的建筑工程,已经取得建设工程规划许可证。

(3)施工场地已经基本具备施工条件,需要征收房屋的,其进度符合施工要求。

(4)已经确定建筑施工企业;按照规定应当招标的工程没有招标,应该公开招标的工程没有公开招标,或者肢解发包工程,以及将工程发包给不具备相应资质条件的企业的,所确定的施工企业无效。

(5)有满足施工需要的技术资料;施工图设计文件已按规定审查合格。

(6)有保证工程质量和安全的具体措施:施工企业编制的施工组织设计中有根据建筑工程特点制订的相应质量、安全技术措施,建立工程质量安全责任制并落实到人。专业性较强的工程项目编制了专项质量、安全施工组织设计,并按照规定办理了工程质量、安全监督手续。

(7)建设资金已经落实:建设工期不足一年的,到位资金原则上不得少于工程合同价的50%;建设工期超过一年的,到位资金原则上不得少于工程合同价的30%。建设单位应当提供本单位截止申请之日无拖欠工程款情形的承诺书或者能够表明其无拖欠工程款情形的其他材料,以及银行出具的到位资金证明,有条件的可以实行银行付款保函或者其他第三方担保。

(8)法律、行政法规规定的其他条件。

建设行政主管部门应当自收到申请之日起15日内,对符合条件的申请颁发施工许可证。

（三）不能按期开工、中止施工的施工许可证办理

建设单位应当自领取施工许可证之日起三个月内开工，因故不能按期开工的，应当在期满前向发证机关申请延期；延期以两次为限，每次不超过三个月。既不开工又不申请延期或者超过延期时限次数的，施工许可证自行废止。

在建的建筑工程因故中止施工的，建设单位应当自中止施工之日起一个月内向发证机关报告，报告内容包括中止施工的时间、原因、在施部位、维修管理措施等，并按照规定做好建筑工程的维护管理工作。建筑工程恢复施工时，应当向发证机关报告；中止施工满一年的工程恢复施工前，建设单位应当报发证机关核验施工许可证。

（四）关于施工许可证的其他规定

施工许可证应当放置在施工现场备查。施工许可证分为正本和副本，正本和副本具有同等法律效力，施工许可证不得伪造和涂改，复印的施工许可证无效。

建设单位申请领取施工许可证的工程名称、地点、规模，应当与依法签订的施工承包合同一致。建筑工程在施工过程中，建设单位或者施工单位发生变更的，应当重新申请领取施工许可证。

六、城市轨道交通工程的监理

根据《建设工程质量管理条例》《建设工程监理范围和规模标准规定》（建设部令第 86 号）、《建筑工程施工质量验收统一标准》（GB 50300—2013）的规定，国家推行建筑工程监理制度。《建设工程质量管理条例》第十二条规定了强制监理的建筑工程的范围。下列建设工程必须实行监理：①国家重点建设工程；②大中型公用事业工程；③成片开发建设的住宅小区工程；④利用外国政府或者国际组织贷款、援助资金的工程；⑤国家规定必须实行监理的其他工程。城市轨道交通工程作为重大民生工程必须实行监理。对于规定包含范围以外的工程，也可由建设单位完成相应的施工质量控制及验收工作。

七、施工图设计文件审查及设计文件的修改

相关法规有：《建设工程质量管理条例》《建设工程勘察设计管理条例》《房屋建筑和市政基础设施工程施工图设计文件审查管理办法》（住建部令第 13 号）、《中华人民共和国注册建筑师条例实施细则》（建设部令第 167 号）、《勘察设计注册工程师管理规定》（建设部令第 137 号）。

（一）施工图设计文件审查

国家实施施工图设计文件（含勘察文件，以下简称施工图）审查制度。施工图审查是指施工图审查机构按照有关法律、法规，对施工图涉及公共利益、公众安全和工程建设强制性标准的内容进行的审查。施工图审查应当坚持先勘察、后设计的原则。

施工图未经审查合格的，不得使用。从事房屋建筑工程、市政基础设施工程施工、监理等活动，以及实施对房屋建筑和市政基础设施工程质量安全监督管理，应当以审查合格的施工图为依据。按规定应当进行审查的施工图，未经审查合格的，住房和城乡建设主管部门不得颁发施工许可证。

省、自治区、直辖市人民政府住房和城乡建设主管部门应当按照审查机构条件、结合本行政区域内的建设规模，确定相应数量的审查机构，报国务院住房和城乡建设主管部门备案，并向社会公布。

《房屋建筑和市政基础设施工程施工图设计文件审查管理办法》第十一条规定：审查机构应当对施工图审查下列内容：①是否符合工程建设强制性标准；②地基基础和主体结构的安全性；③是否符合民用建筑节能强制性标准，对执行绿色建筑标准的项目，还应当审查是否符合绿色建筑标准；④勘察设计企业和注册执业人员以及相关人员是否按规定在施工图上加盖相应的图章和签字；⑤法律、法规、规章规定必须审查的其他内容。

审查机构对施工图进行审查后，应当根据下列情况分别做出处理：①审查合格的，审查机构应当向建设单位出具审查合格书，并在全套施工图上加盖审查专用章。审查合格书应当有各专业的审查人员签字，经法定代表人签发，并加盖审查机构公章。审查机构应当在出具审查合格书后 5 个工作日内，将审查情况报工程所在地县级以上地方人民政府住房和城乡建设主管部门备案。②审查不合格的，审查机构应

当将施工图退建设单位并出具审查意见告知书,说明不合格原因。同时,应当将审查意见告知书及审查中发现的建设单位、勘察设计企业和注册执业人员违反法律、法规和工程建设强制性标准的问题,报工程所在地县级以上地方人民政府住房和城乡建设主管部门。

施工图退建设单位后,建设单位应当要求原勘察设计企业进行修改,并将修改后的施工图送原审查机构复审。

任何单位或者个人不得擅自修改审查合格的施工图。

施工图在施工过程中确需修改的,根据《建设工程勘察设计管理规定》第二十八条、《建设工程质量管理条例》第十一条,在监督抽查时查验施工图审查批准书和重大设计变更有关手续,抽查建设单位是否办理施工图审查批准手续,施工过程中有无重大变更,是否经审查批准。

《江苏省房屋建筑和市政基础设施工程施工图设计文件审查管理实施意见》规定:建设工程涉及以下内容变更的,应将修改后的施工图报原审查机构进行设计文件重新审查,经审查合格后方能实施:

(1)建筑专业:建筑功能重大变更的;建筑层高、层数发生变化的;节能措施和内容变更的;增减无障碍设施的。

(2)结构专业:基础形式、持力层有较大变动的;结构受力体系改变的;所用材料性能有较大变更的;主要受力构件的几何尺寸、位置变化的。

(3)设备专业:因建筑功能改变、加层改造或其他原因,室内消防系统、通风系统及强电系统等变更的。

(二)勘察、设计文件的修改

未经原勘察、设计单位同意,任何单位和个人不得擅自修改勘察、设计文件。确需修改建设工程勘察、设计文件的,应当由原建设工程勘察、设计单位修改。经原建设工程勘察、设计单位书面同意,建设单位也可以委托其他具有相应资质的建设工程勘察、设计单位修改。修改单位对修改的勘察、设计文件承担相应责任。

施工单位、监理单位发现建设工程勘察、设计文件不符合工程建设强制性标准、合同约定的质量要求的,应当报告建设单位,建设单位有权要求建设工程勘察、设计单位对建设工程勘察、设计文件进行补充、修改。

经注册建筑师签字并加盖执业专用章的设计文件(图纸),如需要修改设计,必须征得原签字盖章的注册建筑师同意,并由该注册建筑师执业的建筑设计单位出具经注册建筑师签字盖章的设计变更手续,方可修改设计。如遇特殊情况,修改设计时无法征得原签字盖章的注册建筑师同意,可由该注册建筑师执业的建筑设计单位委派本单位具有相应资格的注册建筑师代行签字盖章。

修改经注册工程师签字盖章的勘察、设计文件,应当由该注册工程师进行;因特殊情况,该注册工程师不能进行修改的,应由同专业其他注册工程师修改,并签字、加盖执业印章,对修改部分承担责任。

建设工程勘察、设计文件内容需要做重大修改的,建设单位应当报经原审批机关批准后,方可修改。

八、城市轨道交通工程质量检测

建设工程质量检测是指工程质量检测机构接受委托,依据国家法律、法规和工程建设强制性标准,对涉及结构安全项目的抽样检测和对进入施工现场的建筑材料、构配件的见证取样检测。相关法规和文件有:《建设工程质量检测管理办法》(建设部令第141号)、《房屋建筑工程和市政基础设施施工工程实行见证取样和送检的规定》(建建字〔2000〕211号)。

(一)质量检测业务的业务委托

质量检测业务,由工程项目建设单位委托具有相应资质的检测机构进行检测。委托方与被委托方应当签订书面合同。

检测机构不得与行政机关,法律、法规授权的具有管理公共事务职能的组织以及所检测工程项目相关的设计单位、施工单位、监理单位有隶属关系或者其他利害关系。检测机构不得转包检测业务。检测机构跨省、自治区、直辖市承担检测业务的,应当向工程所在地的省、自治区、直辖市人民政府建设主管部门备案。

江苏省建设厅《关于改变我省建设工程质量见证取样检测委托方有关事项的通知》(苏建质〔2004〕372号)规定:建设单位委托工程质量检测机构进行工程质量见证取样检测,一个单位工程检测项目只能委托一个检测机构在其核准的资质范围内进行检测。

(二)质量检测试样的取样与见证取样

质量检测试样的取样应当严格执行有关工程建设标准和国家有关规定,在建设单位或者工程监理单位监督下现场取样。提供质量检测试样的单位和个人,应当对试样的真实性负责。

见证人员应由建设单位或该工程的监理单位具备建筑施工试验知识的专业技术人员担任,并应由建设单位或该工程的监理单位书面通知施工单位、检测单位和负责该项工程的质量监督机构。在施工过程中,见证人员应按照见证取样和送检计划,对施工现场的取样和送检进行见证,取样人员应在试样或其包装上做出标识、封志。标识和封志应标明工程名称、取样部位、取样日期、样品名称和样品数量,并由见证人员和取样人员签字。见证人员应制作见证记录,并将见证记录归入施工技术档案。见证人员和取样人员应对试样的代表性和真实性负责。

见证取样的试块、试件和材料送检时,应由送检单位填写委托单,委托单位应由见证人员和送检人员签字。检测单位应检查委托单及试样上的标识和封志,确认无误后方可进行检测。

(三)建设工程质量检测报告

检测机构完成检测业务后,应当及时出具检测报告。检测报告经检测人员签字、检测机构法定代表人或者其授权的签字人签署,并加盖检测机构公章或者检测专用章后方可生效。见证取样检测的检测报告中应当注明见证人单位及姓名。见证取样和送检的检测报告必须加盖见证取样检测的专用章。

任何单位和个人不得明示或者暗示检测机构出具虚假检测报告,不得篡改或者伪造检测报告。检测机构应当对其检测数据和检测报告的真实性和准确性负责。检测结果利害关系人对检测结果发生争议的,由双方共同认可的检测机构复检,复检结果由提出复检方报当地建设主管部门备案。

检测机构应当将检测过程中发现的建设单位、监理单位、施工单位违反有关法律、法规和工程建设强制性标准的情况,以及涉及结构安全检测结构的不合格情况,及时报告工程所在地建设主管部门。《江苏省房屋建筑和市政基础设施工程质量监督管理办法》规定"不合格检测报告,应当在24小时内报送当地工程质量监督机构"。

检测机构应当建立档案管理制度。检测合同、委托单、原始记录、检测报告应当按年度统一编号,编号应当连续,不得随意抽撤、涂改。检测机构应当单独建立检测结果不合格项目台账。

(四)对检测机构的监督抽查

县级以上地方人民政府建设主管部门应当加强对检测机构的监督抽查,主要抽查下列内容:①是否符合本办法规定的资质标准;②是否超出资质范围从事质量检测活动;③是否有涂改、倒卖、出租、出借或者以其他形式非法转让资质证书的行为;④是否按规定在检测报告上签字盖章,检测报告是否真实;⑤检测机构是否按有关技术标准和规定进行检测;⑥仪器设备及环境条件是否符合计量认证要求;⑦法律、法规规定的其他事项。

建设主管部门实施监督抽查时,有权采取下列措施:①要求检测机构或者委托方提供相关的文件和资料;②进入检测机构的工作场地(包括施工现场)进行抽查;③组织进行比对试验以验证检测机构的检测能力;④发现有不符合国家有关法律、法规和工程建设标准要求的检测行为时,责令改正。

九、城市轨道交通工程监测

根据《城市轨道交通工程安全质量管理暂行办法》(建质〔2010〕5号)规定从事城市轨道交通工程第三方监测业务的工程监测单位(以下简称监测单位),应当具有相应工程勘察资质,并向工程所在地建设主管部门办理备案手续。监测单位不得转包监测业务,不得与所监测工程的施工单位有隶属关系或其他利害关系。监测单位对工程项目的安全质量承担监测责任。监测单位主要负责人应当对本单位监测工作全面负责,项目监测负责人对所承担工程项目的安全质量监测工作负责,项目监测负责人应当具有相应执业资格和城市轨道交通工程监测工作经验。监测单位必须建立健全安全质量责任制和管理制度,加强对施工现场项目监测机构的管理。项目监测人员专业、数量应当满足监测工作的需要。监测单位应当根据勘察设计文件、安全质量风险评估报告、监测合同及有关资料编制第三方监测方案,经专家论证并经监测单位主要负责人签字后实施。监测单位应当按照第三方监测方案开展监测和巡视工作,及时向建设、监理、设计单位提供监测报告。发现异常时,立即向建设单位反馈。监测、质量检测单位出具的监测报告应当经监测、检测人员签字,监测单位法定代表人或其授权签字人签署,并加盖公章后方可生效。质量检测单位出具的见证取样检测报告中应当注明见证人单位及姓名。监测、质量检测单位应当对监测、检测报告的真实性和准确性负责。监测、质量检测单位应当按规定对监测、检测人员进行安全质量培训,培训考核合格后方可上岗。

第四节　城市轨道交通工程质量监督程序

一、城市轨道交通工程质量监督手续

凡新建、改建、扩建的城市轨道交通工程,建设单位在领取施工许可证或者开工报告前,按规定向有关工程质量监督机构申请办理工程质量监督手续,该程序是法定的程序,否则应按相应的法律、法规进行处罚。

各工程质量监督机构在办理工程质量监督手续时,应按本地域和专业权限范围受理。

工程质量监督手续是指建设单位在开工前按工程建设有关规定向当地工程质量监督机构申请工程质量监督,质量监督机构对所提交的资料进行审核,签发"建设工程质量监督通知书",并建立工程质量监督信息档案的活动。

(一)办理城市轨道交通工程质量监督手续的依据

1.《建设工程质量管理条例》(国务院令第 279 号)

2.《城市轨道交通工程安全质量管理暂行办法》(建质〔2010〕5 号)

3.《江苏省房屋建筑和市政基础设施工程质量监督管理办法》(江苏省人民政府令第 89 号)

4.《江苏省建设工程质量监督工作实施细则》(苏建质〔2004〕328 号)

(二)办理城市轨道交通工程质量监督手续的程序

在城市轨道交通工程项目施工招标投标工作完成后、申请领取施工许可证之前,到工程所在地建设工程质量监督机构办理工程质量监督手续。工程质量监督手续办理的程序如下:

1. 建设单位到质量监督机构领取"建设工程质量监督申报表",每个单位工程一式三份。建设单位也可以到相关网站下载申报表。

2. 建设单位依据表中要求逐项填写,并在封面加盖公章。参建单位"人员、名称"等必须与合同、中标通知书一致。

3. 建设单位将申报表及有关资料、文件递交质量监督机构查验。

4. 质量监督机构审核符合要求后,确定实施工程质量监督的科室(人员),签发"建设工程质量监督通知书"(一式两份),并加盖"报监登记专用章"。

5. 办理工程质量监督手续的流程见图 2.4.1。

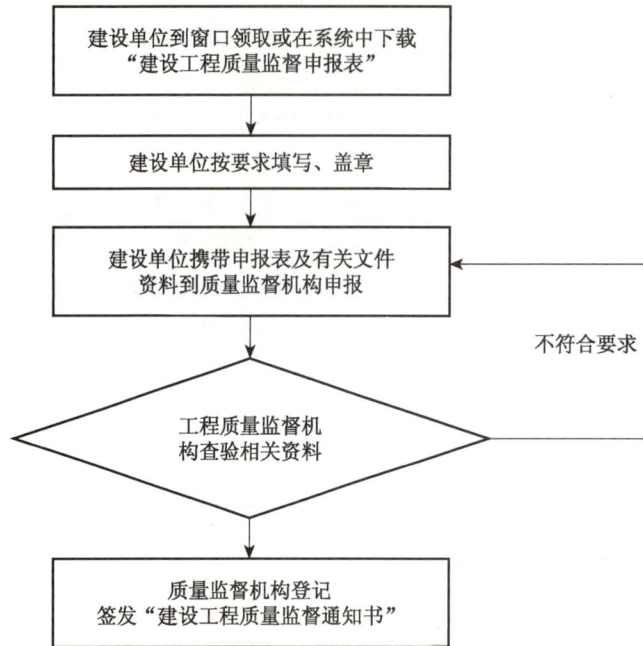

图 2.4.1　办理工程质量监督手续的流程图

(三) 办理城市轨道交通工程质量监督手续时需提交的资料及要求

建设单位办理工程质量监督手续时,应向质量监督机构提交以下有关资料:

1. "建设工程质量监督申报表"。

2. 岩土工程勘察报告和施工图设计文件审查批准书(按规定不需要审查的,应提供勘察和设计单位资质等级证书)。

3. 施工中标通知书或施工合同。

4. 监理中标通知书或监理合同。

5. 其他需要的文件。

申报表填写内容应真实、字迹端正、墨迹一致、不得涂改,需盖章处必须加盖法人章。

(四) "建设工程质量监督申报表"的审核

为了便于工程的分类查询和统计,在"建设工程质量监督申报表"中设立了相关工程信息,建设单位在办理工程质量监督手续前应认真填写,工程质量监督机构在办理监督手续时应仔细审查核对。审核的主要内容如下:

1. 工程类型:建筑工程,车站工程,区间工程,轨道工程,车辆段、停车场及基地工程,供电系统、通信系统、信号系统、火灾自动报警系统(FAS)、自动售检票系统(AFC)、环境与设备监控系统(BAS)、屏蔽门系统、综合监控(含门禁)系统工程等。

2. 建筑面积:要审核工程的总面积,包括地上建筑面积和地下建筑面积(含人防工程的面积)。

3. 结构类型:分为地下车站结构、地下区间结构、高架车站结构、高架区间结构、路基结构等。

4. 层次:建筑工程的层次分为±0.00以上层数和±0.00以下层数。

5. 施工方法:地下车站为明挖顺作、盖挖逆作、盖挖顺作和矿山法等,地下区间为明挖、盾构和矿山法区间,高架区间为现浇梁、预制混凝土箱梁和预制混凝土U梁区间、钢箱梁、斜拉桥、混凝土预制旋转梁等。

6. 围护类型:地下连续墙、钻孔灌注桩、咬合桩、新型水泥土搅拌桩墙(SWM)工法桩、锚杆及土钉墙、高压喷射注浆等。

7. 地基类型:天然地基、复合地基(深层搅拌桩、挤密桩、碎石桩、石灰桩)等。

8. 基础类型:桩基础、条基、整板基础、独立基础、箱形基础、混合基础、连续墙基础等,地下车站应注明是否有抗拔桩。

9. 办理监督手续时,应注明工程形象进度:未开工、桩基、基础、主体、装饰装修、已竣工等。办理监督手续时如果工程已经开工,应如实将工程的形象进度在"申报需说明的情况"一栏中写清楚。

10. 机构组成:建设单位、勘察单位、设计单位、施工单位和监理单位在工程项目上的管理机构的设置,包括项目负责人和各专业人员的组成。

(五)发放"建设工程质量监督通知书"并建立受监工程信息库

"建设工程质量监督申报表"及建设单位提供的资料经审查符合要求后,监督机构应在3个工作日内签发"建设工程质量监督通知书",并按有关规定建立受监工程信息库。

"建设工程质量监督通知书"中的监督注册号应与每个(子)单位工程对应,监督注册号的编码应按我省的统一规定来配置。"建设工程质量监督通知书"中包含建设单位和工程名称、监督事项、监督联系人和电话等内容。

二、城市轨道交通工程质量监督工作计划编制

为提高监督工作质量,增加监督工作透明度,使监督工作科学化、制度化、规范化、程序化,根据国家有关建设工程质量法律、法规、强制性标准和工程设计图纸等,结合工程实际情况,在工程项目实施监督前,编制《工程质量监督工作计划》,明确工程质量监督的内容、重点、方式、监督频率和质量控制点及有关要求。《工程质量监督工作计划》经审批后应告知工程参建责任主体,在工程质量监督过程中,工程质量监督人员方要严格执行《工程质量监督工作计划》,减少工作的随意性,保证工程质量监督资源能合理有效地得到运用,使工程质量始终处于受控状态。

(一)城市轨道交通工程质量监督工作计划编制的依据

1.《房屋建筑和市政基础设施工程质量监督管理规定》(住建部令第5号)

2.《建设工程质量监督机构监督工作指南》(建建质〔2000〕38号)

3.《关于建设工程质量监督机构深化改革的指导意见》(建建〔2000〕151号)

4.《江苏省房屋建筑和市政基础设施工程质量监督管理办法》(江苏省人民政府令第89号)

5.《江苏省建设工程质量监督工作实施细则》(苏建质〔2004〕328号)

6. 经施工图审查机构审查合格的设计文件

(二)城市轨道交通工程质量监督工作计划的主要内容

工程质量监督人员在接到"建设工程质量监督申报表"后,应在5个工作日内与建设(监理)单位取得联系,了解工程概况,并根据工程特点、施工难易程度来拟订《工程质量监督工作计划》。

《工程质量监督工作计划》应明确工程项目质量监督小组和监督负责人。工程项目质量监督小组不少于两人,监督负责人应由主任监督员担任。

《工程质量监督工作计划》还应明确监督内容、监督重点、监督方式。

1. 监督内容

(1) 抽查工程质量法律、法规、规章和工程建设强制性标准的执行情况。

(2) 对涉及工程主体结构安全和主要使用功能的工程实体质量进行抽查、抽测。

(3) 抽查工程质量责任主体和质量检测等单位的工程质量行为。

(4) 抽查进入施工现场的主要建筑材料、设备、构配件以及预拌混凝土、砂浆质量。

(5) 抽查施工技术资料、监理资料以及检测报告等有关工程质量的文件和资料。

(6) 组织或参与工程质量问题(事故)的调查处理。

(7) 监督工程竣工验收。

(8) 按委托权限,依法对违反工程质量管理法律、法规、规章和工程建设强制性标准的行为实施处罚,或提出行政处罚建议,由有管辖权的主管部门实施行政处罚。

2. 监督重点

工程各责任主体的质量行为监督的重点:对施工过程和竣工验收中责任主体的质量行为进行监督抽查。

工程实体质量监督的重点：地基基础、主体结构和其他涉及结构安全、主要使用功能、环境质量的重要部位和关键工序。

工程竣工验收监督的重点：工程竣工验收的组织形式、验收程序以及在验收过程中提供的有关资料和形成的质量评定文件是否符合有关规定，实体质量是否存在严重缺陷，工程质量的检验评定是否符合国家验收标准。

3. 监督方式

工程质量监督过程中采取监督抽查及监督巡查相结合的方式，并辅以必要的检测手段，对工程各责任主体的质量行为、工程质量控制资料和实物质量及工程检测单位进行监督抽查。

《工程质量监督工作计划》编写可根据工程实际进度分阶段进行。

（三）城市轨道交通工程质量监督工作计划的编制和审批

《工程质量监督工作计划》的编制和审批：

1.《工程质量监督工作计划》由工程项目质量监督人员负责编制，由质量监督机构有关负责人审批。

2.《工程质量监督工作计划》的编制和审批流程见图2.4.2。

3. 对指定分包商承包的重要分部（子分部）工程（例如桩基工程、防水工程、幕墙工程等）、区间盾构工程施工，可视情况编制针对性的《工程质量监督工作计划》。

《工程质量监督工作计划》应加盖工程质量监督机构公章（业务章），一式四份。

质量监督人员在工程质量监督过程中，应认真执行《工程质量监督工作计划》。如实际情况或条件发生重大变化而需要调整《工程质量监督工作计划》时，应由监督负责人组织修改，按原审批程序批准，并通知建设、施工、监理单位。

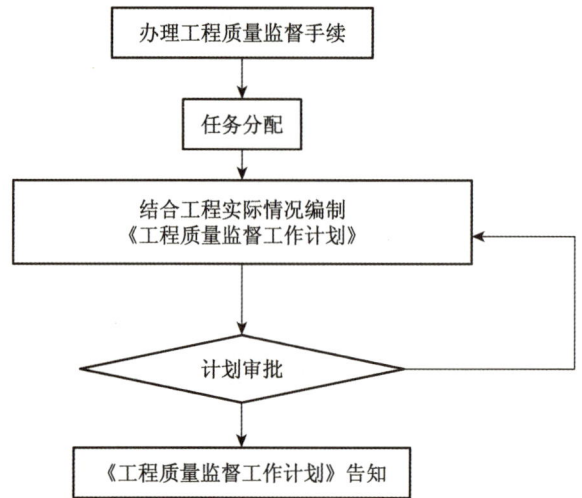

图2.4.2 《工程质量监督工作计划》的编制和审批流程图

质量监督机构负责人应定期对《工程质量监督工作计划》实施情况进行监督抽查，确保《工程质量监督工作计划》的有效实施。

三、城市轨道交通工程质量监督抽查

在工程施工过程中，工程质量监督机构应对照《工程质量监督工作计划》对工程质量控制资料抽查、对工程实物质量和施工作业面的施工质量进行监督抽查，保证涉及工程结构安全、使用功能和环境质量的重要部位、关键工序符合图纸和相关标准要求。工程实体质量监督是加强工程质量动态控制和过程控制的有效手段，是工程质量监督工作的重要组成部分。

在工程建设过程中，不但要监督抽查工程的实体质量，还要核查参与工程建设的各责任主体和有关机构及人员的资质或资格。抽查建设、勘察、设计、施工、监理等单位的质量保证体系和质量责任制落实情况，抽查有关质量文件、技术资料是否符合相关要求，对各责任主体和有关机构及人员履行国家有关法律、法规规定的质量责任和义务进行监督抽查。

为了使工程质量监督的手段更准确、更科学、更规范，加大工程质量监督力度，在施工现场应采用先进的便携式检测仪器设备对工程实体质量、原材料、构配件等进行监督检测，用科学的数据来说明工程质量状况，不是仅凭观感和经验来判定工程质量，从而使工程质量能够得到有效的控制。在日常监督和工程质量巡查中，将监督抽测与之相结合，使监督抽测成为工程质量监督工作的主要组成部分和重要手段，在工程质量监督管理上形成强大的威慑力，使工程质量处于受控状态。

（一）城市轨道交通工程质量行为监督

工程质量行为监督是指质量监督机构对参与工程项目建设过程中，各责任主体和有关机构及人员履行国家有关法律、法规规定的质量责任和义务进行监督抽查的活动。

工程质量行为抽查的重点,由监督机构根据工程项目和质量责任主体的实际情况确定。

工程参建各方的质量行为可分为首次监督时质量行为和日常监督时质量行为:首次监督时质量行为监督抽查主要包括工程建设基本程序和质量保证体系的质量行为;日常监督时质量行为监督抽查主要包括施工过程和竣工验收的质量行为。

1. 首次监督时质量行为监督抽查

在工程办理质量监督手续后,建设(监理)单位根据"建设工程质量监督通知书"中的"工程建设基本程序和质量保证体系的质量行为资料"内容,收集整理相关资料(相关资料原件或复印件加盖单位法人章后,收集整理、装订成册,存放在施工现场,由建设或监理单位专人保管)并对照抽查,质量监督机构在《工程质量监督工作计划》告知的同时,对工程建设基本程序和质量保证体系的资料进行监督抽查,并填写"建设工程责任主体质量行为资料监督记录"。

2. 日常监督时质量行为监督抽查

在工程质量日常监督过程中,质量监督机构应对施工过程和竣工验收中工程参建各责任主体的质量行为进行监督抽查。

工程监督机构对责任主体和有关机构质量行为进行监督应遵守以下一般规定:

(1)工程质量行为抽查应突出重点,采取随机抽查方式。抽查责任主体和有关机构执行有关法律、法规及工程技术标准的情况,并填写"建设工程责任主体质量行为资料监督记录"。

(2)抽查责任主体和有关机构质量管理体系的建立和实施情况。

(3)发现存在违法违规行为的,应签发"工程质量整改通知书"或"工程局部停工(暂停)通知书",责令改正;对违反法律、法规、规章依法应当实施行政处罚的,监督机构应提出行政处罚建议,由有管辖权的主管部门实施行政处罚。

(二)城市轨道交通工程实体质量监督

工程实体质量监督是指工程质量监督机构依据施工图设计文件、工程建设强制性标准对施工过程中的工程质量控制资料和实物质量进行监督抽查的活动。

1. 工程实体质量监督的一般规定

(1)对工程实体质量的监督采取抽查施工作业面的施工质量与对关键部位重点监督相结合的方式。

(2)突出对地基基础、主体结构和其他如建筑节能、幕墙工程等涉及结构安全、使用功能和环境质量的重要部位的监督抽查;突出基坑围护开挖、旁通道开挖、盾构机进出洞等关键工序的监督抽查。

(3)实体质量抽查要辅以必要的监督检测,由监督人员根据结构部位的重要程度及施工现场质量情况进行随机抽检。

(4)抽查关键工序和部位的施工作业面质量;抽查现场拌制混凝土、砂浆配合比和预制构件的质量控制情况;抽查结构混凝土及承重砌体施工过程的质量控制情况。

(5)抽查涉及结构安全和使用功能的主要材料、构配件和设备的出厂合格证、试验报告、见证取样送检资料及结构实体检测报告。

(6)工程实体质量监督的重点是监督工程按图施工执行情况和工程建设强制性标准的实施情况。

(7)质监人员根据监督抽查的结果,填写"建设工程质量监督抽查记录"相关内容,提出明确的监督抽查意见,对违反相关法律法规和影响结构安全及使用功能的质量问题应签发整改通知单或局部停工(暂停)通知书或行政处罚建议书。

2. 工程实体质量监督的内容

工程实体质量监督抽查的重点内容,由监督机构根据工程特点、施工进度、质量状态确定。

(1)抽查资料。重点抽查施工、监理等单位有关保证结构安全和重要使用功能的工程技术资料,抽查其同步性、完整性和真实性。

(2)抽查实体质量。采用目测、检测仪器等对工程实物质量和施工作业面的施工质量进行随机抽查,抽查其是否符合施工图设计文件、工程建设强制性标准要求。

(三)城市轨道交通工程质量监督抽测

工程质量监督抽测是指工程质量监督机构的监督人员,运用先进的便携式检测仪器设备对工程实体质量、主要材料、构配件等进行监督抽查的一种手段。

1.工程质量监督抽测应遵守的规定

(1)质量抽测的重点是对涉及工程结构安全的关键部位、重要使用功能和涉及结构安全的主要原材料、构配件。

(2)质量抽测的项目和部位,应根据工程的性质、特点、规模、结构形式、施工质量和质量状况等因素随机确定。

(3)经抽测对质量确有怀疑的,工程质量监督机构应责令建设单位委托有资质的检测单位按有关规定进行检测,并出具正式检测报告。

(4)经法定检测机构检测确定不符合规范标准和设计要求的,应按有关规定进行处理。

(5)每次监督抽测后,监督人员应认真填写"建设工程质量监督抽测记录"。抽测记录归入质监档案,仅作为监督的依据,而不作为工程质量验收的依据。

2.工程质量监督抽测应配备的仪器设备

配备原则:配备的仪器设备应符合工程质量监督机构规定的基本条件并能够满足工程质量监督工作的基本需要。

配备标准:根据建设部工程质量监督抽测现场演示的仪器设备,结合我省实际,现划分以下三类标准:

第一类,应配备数显回弹仪、超声波检测仪、钢筋扫描仪、低应变桩基检测仪、测距仪和铅直仪、数显游标卡尺、绝缘电阻测试仪、接地电阻测试仪、温度和湿度检测仪、风速仪、声级仪;

第二类,应配备数显回弹仪、超声波检测仪、低应变桩基检测仪、测距仪和铅直仪、数显游标卡尺、绝缘电阻测试仪、接地电阻测试仪;

第三类,应配备数显回弹仪、低应变桩基检测仪、测距仪和铅直仪。

各省辖市质量监督机构须按第一类标准配备;其他县(市)质量监督机构原则上按第二类标准配备,确有困难的暂可按第三类标准配备。

3.工程质量监督抽测的主要项目

(1)承重结构混凝土强度。

(2)主要受力钢筋的数量、位置以及钢筋保护层厚度和混凝土保护层厚度。

(3)混凝土结构板的厚度。

(4)隧道工程主体结构的断面尺寸。

(5)安装工程中涉及安全及功能的重要项目。如导线绝缘层厚度和线芯直径、电气线路绝缘电阻、接地电阻(防雷和工作接地)、空调区域的温度和相对湿度;保温材料、照度、功率密度值、通风量、换气次数和空气品质。

(6)基坑围护体长度、垂直度等检测。

(7)需要抽测的其他项目。

4.工程质量监督抽测的频率和数量

监督抽测的位置和抽测数量,由工程质量监督机构根据工程结构类型、工程规模和工程监督抽查的情况来确定,一般采取随机抽测和对监督抽查中发现的质量隐患、缺陷重点抽测相结合的原则。对监督抽查中发现质量隐患、缺陷的,应根据实际情况增加抽测数量。抽测时,建设(监理)、施工单位应做好相应的准备和协助工作,包括强度测试时的表面处理和打磨,并采取必要的安全保护措施。

5.工程质量监督抽测结果的判定

监督抽测应按有关的技术规范进行,混凝土、砂浆强度的检测一般应在达到龄期后进行。抽测数据应及时填写在工程质量监督抽样检测记录中,并经建设(监理)、施工单位代表确认签字。抽样检测数据不作为工程质量合格的评定依据,但应作为工程质量监督报告和建设工程质量监督档案中的一项重要内容。

监督抽测结果达不到有关技术标准、规范规定或设计要求的,质量监督部门应责令施工单位委托法定检测单位按检测批量进行监督抽检,经检测仍不符合要求的,设计单位出具技术核定意见或处理方案进行处理,构成质量事故的,按质量事故的程序进行处理。

质监机构应对工程质量监督抽测的数据定期汇总、分析和归档。

6.城市轨道交通工程质量监督抽查、抽测的程序和记录

(1)工程质量监督抽查的程序(图2.4.3)

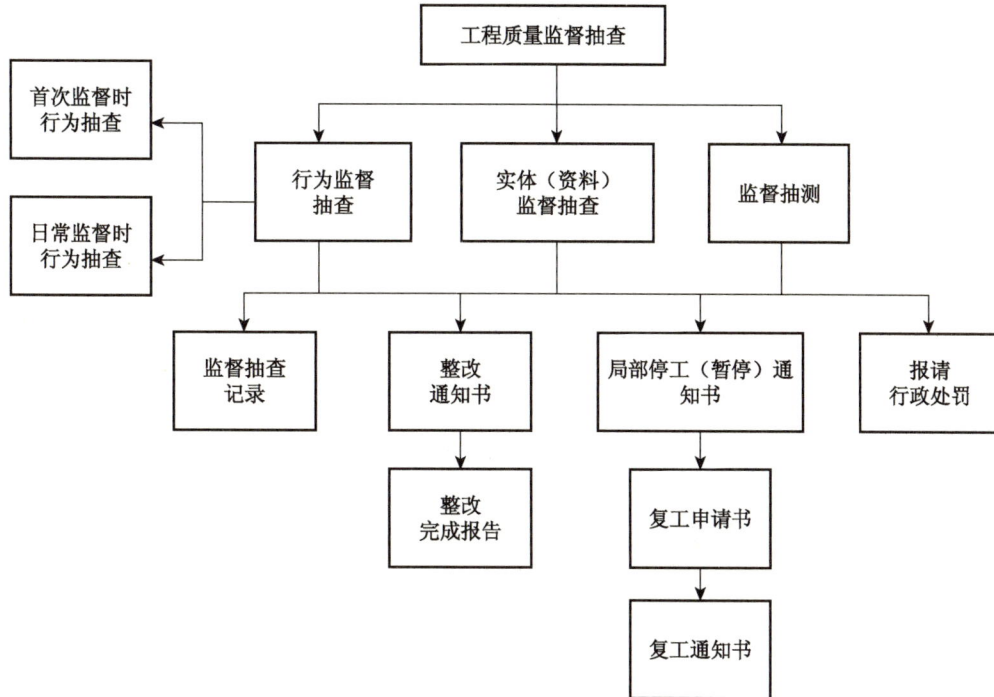

图2.4.3　工程质量监督抽查的程序

(2)进入施工现场应进行抽查的主要内容

工程质量监督人员代表政府执行公务,拥有进入施工现场并进行抽查的权力。抽查的主要内容如下:

① 现场各种原材料、构配件、设备的采购、进场验收和管理使用情况是否符合国家的标准和合同约定,抽查产品供应单位的资格和产品质量。

② 搅拌站和计量设备的设置及计量措施能否保证工程质量。

③ 抽查工程施工质量是否符合国家标准、规范规定的质量标准和要求,是否按设计图纸施工。

④ 抽查操作人员是否按工艺操作规程施工及有无违章和偷工减料行为。

⑤ 抽查参与建筑活动的各方主体行为是否符合国家有关规定。

(3)工程质量监督抽查记录

工程质量监督人员在抽查中发现一般质量通病及不影响结构安全和使用功能的质量问题,直接签发"建设工程质量监督抽查记录",该记录不需要施工、监理等单位整改的书面回复。抽查时发现工程存在较严重质量问题时,有权签发"工程质量整改通知书",责令限期改正。发现存在涉及结构安全和使用功能的严重质量缺陷,工程质量管理失控时,有权责令暂停施工或局部暂停施工,以便立即改正。对发现结构质量存在隐患的工程有权责令进行检测,根据检测结果,要求责任单位整改。

(4)工程质量监督抽查中违法违规行为处理

工程质量监督人员在监督抽查中对违反法律、法规、规章依法应当实施行政处罚的,监督机构应提出行政处罚建议,由有管辖权的主管部门实施行政处罚。

四、城市轨道交通工程竣工验收监督

住房和城乡建设主管部门委托工程质量监督机构对各验收阶段的组织形式、验收程序、执行验收标准等情况进行现场监督,发现有违反建设工程质量安全管理规定行为的,责令改正,并出具验收监督意见。

(一)工程质量验收监督的法规依据

1.《中华人民共和国建筑法》(主席令第 91 号)

2.《建设工程质量管理条例》(国务院令第 279 号)

3.《房屋建筑和市政基础设施工程质量监督管理规定》(住建部令第 5 号)

4.《城市轨道交通工程安全质量管理暂行办法》(建质〔2010〕5 号)

5.《城市轨道交通建设工程验收管理暂行办法》(建质〔2014〕42 号)

6.《江苏省房屋建筑和市政基础设施工程质量监督管理规定》(江苏省人民政府令第 89 号)

7.《江苏省房屋建筑和市政基础设施工程质量监督工作实施细则》(苏建规字〔2011〕2 号)

(二)城市轨道交通工程各阶段验收的条件

城市轨道交通建设工程验收分为单位工程验收、项目工程验收、竣工验收三个阶段。单位工程验收是指在单位工程完工后,抽查工程设计文件和合同约定内容的执行情况,评价单位工程是否符合有关法律、法规和工程技术标准,是否符合设计文件及合同要求,对各参建单位的质量管理进行评价的验收。单位工程划分应符合国家、行业等现行有关规定和标准。项目工程验收是指各项单位工程验收后、试运行之前,确认建设项目工程是否达到设计文件及标准要求,是否满足城市轨道交通试运行要求的验收。竣工验收是指项目工程验收合格后、试运营之前,结合试运行效果,确认建设项目是否达到设计目标及标准要求的验收。

城市轨道交通建设工程所包含的单位工程验收合格且通过相关专项验收后,方可组织项目工程验收;项目工程验收合格后,建设单位应组织不载客试运行,试运行三个月,并通过全部专项验收后,方可组织竣工验收;竣工验收合格后,城市轨道交通建设工程可履行相关试运营手续。

1. 单位工程验收应具备的条件

(1)完成工程设计和合同约定的各项内容,对不影响运营安全及使用功能的缓建项目已经相关部门同意。

(2)质量控制资料应完整。

(3)单位工程所含分部工程的质量均应验收合格。

(4)有关安全和功能的检测、测试和必要的认证资料应完整;主要功能项目的检验检测结果应符合相关专业质量验收规范的规定;设备、系统安装工程需通过各专业要求的检测、测试或认证。

(5)有勘察、设计、施工、工程监理等单位签署的质量合格文件或质量评价意见。

(6)观感质量应符合验收要求。

(7)住房和城乡建设主管部门及其委托的工程质量监督机构等有关部门责令整改的问题已经整改完毕。

2. 项目工程验收应具备的条件

(1)项目所含单位工程均已完成设计及合同约定的内容,并通过了单位工程验收;对不影响运营安全及使用功能的缓建、缓验项目已经相关部门同意。

(2)单位工程质量验收提出的遗留问题、住房和城乡建设行政主管部门或其委托的工程质量监督机构责令整改的问题已全部整改完毕。

(3)设备系统经联合调试符合运营整体功能要求,并已由相关单位出具认可文件。

(4)已通过对试运行有影响的相关专项验收。

3. 竣工验收应具备的条件

(1)项目工程验收的遗留问题全部整改完毕。

(2)有完整的技术档案和施工管理资料。

(3)试运行过程中发现的问题已整改完毕,有试运行总结报告。

(4)已通过规划部门对建设工程是否符合规划条件的核实和全部专项验收,并取得相关验收或认可

文件；暂时甩项的，应经相关部门同意。

（三）城市轨道交通工程各阶段验收组织形式、验收程序及验收内容

1. 单位工程验收组织形式、验收程序、验收依据及验收内容

单位工程验收由建设单位组织，勘察、设计、施工、监理等各参建单位的项目负责人参加，组成验收小组。

（1）建设单位应对验收小组主要成员资格进行核查。

（2）建设单位应制定验收方案，验收方案的内容应包括验收小组人员组成、验收方法等。验收方案应明确对工程质量进行抽样检查的内容、部位等详细内容，抽样检查应具有随机性和可操作性。

（3）建设单位应当在单位工程验收7个工作日前，将验收的时间、地点及验收方案书面报送工程质量监督机构。

（4）建设、勘察、设计、施工、监理等单位分别汇报工程合同履约情况和在工程建设各个环节执行法律、法规和工程建设强制性标准的情况。

（5）验收小组实地查验工程质量，审阅建设、勘察、设计、监理、施工单位的工程档案资料，并形成验收意见。查验及审阅至少应包括以下内容：

① 抽查合同和设计相关内容的执行情况。

② 抽查单位工程实体质量（涉及运营安全及使用功能的部位应进行抽样检测），抽查工程档案资料。

③ 抽查施工单位自检报告及施工技术资料（包括主要产品的质量保证资料及合格报告）。

④ 抽查监理单位独立抽检资料、监理工作总结报告及质量评价资料。

单位工程验收时，对重要分部工程应核查质量验收记录，进行质量抽样抽查，经验收记录核查和质量抽样抽查合格后，方可判定所含的分部工程质量合格。单位工程质量验收时，可委托第三方质量检测机构进行工程质量抽测。

（6）工程质量监督机构出具验收监督意见。

当一个单位工程由多个子单位工程组成时，子单位工程质量验收的组织和程序应参照单位工程质量验收组织和程序进行。

2. 项目工程验收组织形式、验收程序及验收内容

城市轨道交通建设项目工程验收工作由建设单位组织，各参建单位项目负责人以及运营单位、负责专项验收的城市政府有关部门代表参加，组成验收组。

（1）建设单位应对验收组主要成员资格进行核查。

（2）建设单位应制定验收方案，验收方案的内容应包括验收组人员组成、验收方法等。

（3）建设单位应当在项目工程验收7个工作日前，将验收的时间、地点及验收方案书面报送工程质量监督机构。

（4）建设单位代表向验收组汇报工程合同履约情况和在工程建设各个环节执行法律、法规和工程建设强制性标准的情况。

（5）各验收小组实地查验工程质量，复查单位工程验收遗留问题的整改情况；审阅建设、勘察、设计、监理、施工单位的工程档案和各项功能性检测、监测资料。

（6）验收组对工程勘察、设计、施工、监理、设备安装质量等方面进行评价，审查对试运行有影响的相关专项验收情况；审查系统设备联合调试情况，签署项目工程验收意见。

（7）工程质量监督机构出具验收监督意见。

3. 竣工验收组织形式、验收程序及验收内容

城市轨道交通建设工程竣工验收由建设单位组织，各参建单位项目负责人以及运营单位、负责规划条件核实和专项验收的城市政府有关部门代表参加，组成验收委员会，验收委员会可按专业分为若干个专业验收组。省、自治区住房和城乡建设主管部门应当加强对本行政区域内城市轨道交通建设工程竣工验收的监督。

（1）建设单位应制定验收方案，验收方案的内容应包括验收委员会人员组成、验收依据、验收内容及方法等。

（2）建设单位应当在竣工验收7个工作日前,将验收的时间、地点及验收方案书面报送工程质量监督机构。

（3）建设单位应对验收组主要成员资格进行核查。

（4）建设、勘察、设计、监理、施工等单位代表简要汇报工程概况、合同履约情况和在工程建设各个环节执行法律、法规和工程建设强制性标准的情况。

（5）运营管理单位汇报试运行情况。

（6）相关部门代表进行专项验收工作总结。

（7）验收委员会审阅工程档案资料、运行总结报告及抽查项目工程验收遗留问题和试运行中发现问题的整改情况。

（8）验收委员会质询相关单位,讨论并形成验收意见。

（9）验收委员会签署工程竣工验收报告,并对遗留问题做出处理决定。

（10）工程质量监督机构出具验收监督意见。

（四）城市轨道交通工程竣工验收监督内容

建设单位在组织工程竣工验收时,监督机构应对其验收活动实施监督。监督的重点如下:

1. 监督验收组成员组成和验收人员资格及竣工验收方案执行情况。

2. 监督工程竣工验收的组织形式、程序等。

3. 对工程实体质量、相关资料和建筑物明显部位设置永久性标牌进行抽查。

4. 当参加验收的各方对工程竣工验收意见一致时,监督机构应提出明确的验收监督意见,并做好验收监督记录;当参加验收的各方对工程质量验收意见不一致时,应当协商提出解决的办法,待意见一致后,重新组织验收。

5. 监督机构如发现有违反工程质量管理规定行为、强制性标准的,应责令改正或要求整改后重新验收。

（五）城市轨道交通工程竣工验收监督记录

工程竣工验收监督记录应包括下列内容:

1. 对工程建设强制性标准执行情况的评价。

2. 对工程实体质量、相关资料和建筑物明显部位设置永久性标牌的评价。

3. 对工程观感质量的评价。

4. 对工程竣工验收的组织及程序的评价。

5. 对工程竣工验收报告的评价。

五、城市轨道交通工程质量监督报告

根据《城市轨道交通建设工程验收管理暂行办法》（建质〔2014〕42号）的规定,建设单位在单位工程、项目工程、竣工验收各阶段验收过程中,工程质量监督机构应出具验收监督意见。

城市轨道交通工程质量监督报告是指在城市轨道交通项目工程验收合格后,监督机构按规定要求向备案机关报送的综合性文件。

（一）城市轨道交通工程质量监督报告编写的依据

1.《中华人民共和国建筑法》（主席令第91号）

2.《建设工程质量管理条例》（国务院令第279号）

3.《房屋建筑和市政基础设施工程质量监督管理规定》（住建部令第5号）

4.《城市轨道交通工程安全质量管理暂行办法》（建质〔2010〕5号）

5.《城市轨道交通建设工程验收管理暂行办法》（建质〔2014〕42号）

6.《江苏省房屋建筑和市政基础设施工程质量监督管理办法》（江苏省人民政府令第89号）

7.《江苏省房屋建筑和市政基础设施工程质量监督工作实施细则》（苏建规字〔2011〕2号）

（二）城市轨道交通工程质量监督报告编写的要求

1. 时效性

编写及签发日期应符合国家法律、法规的要求,即依据住房和城乡建设部2号令《住房和城乡建设部关于修改〈房屋建筑工程和市政基础设施工程竣工验收备案管理办法〉〉第七条,工程质量监督机构应在工程竣工验收之日起 5 日内,编写和提交工程质量监督报告。

2. 真实性

工程概况和参建各方的基本情况要真实、准确,应如实反映工程质量监督的起止时间、监督工作计划编制及交底情况、监督机构人员组成、工程质量关键控制点的监督过程及具体监督内容、最终的质量监督结论等。

3. 完整性

工程基本概况,包括总包单位、分包单位;质量监督内容,包括建筑工程,车站工程,区间工程,轨道工程,车辆段、停车场及基地工程,供电系统、通信系统、信号系统、火灾自动报警系统(FAS)、自动售检票系统(AFC)、环境与设备监控系统(BAS)、屏蔽门系统、综合监控(含门禁)系统工程,反映工程质控资料和实体质量的监督和参建各方质量行为的监督;对工程的总体质量状况做出结论性评价,签章齐全,各专业质量监督员均应签字。

4. 针对性

应依据工程的规模、结构类型,以监督抽测的项目及次数、发出整改通知单的份数、违反强制性标准的项数及内容等真实数据和具体内容反映出本工程质量监督工作的重点、难点、特点。

(三) 城市轨道交通工程质量监督报告编写内容及要点

1. 工程及有关单位概况

(1) 工程的基本情况及参建五方的情况,填写内容必须真实、准确。

(2) 填写"施工单位"一栏时,还应包含分包单位的单位名称、法人代表和项目负责人。

(3) "实施质量监督起止日期"一栏很重要,它与开工、完工、竣工日期的对比,可反映出该工程履行基本建设程序的情况;开工日期早于实施质量监督起始日期,说明该工程未按规定及时办理相关施工手续;而完工与竣工验收及监督终止日期相隔时间过长,说明该工程有未经验收擅自使用的可能。

2. 工程质量监督工作概况

简述质量监督部门的工作内容,反映工程的质量监督过程及结果,包括以下五个方面:

(1) 工程质量监督起止时间。

(2) 监督方案编制及监督交底概况。

(3) 该工程质量监督人员的组成。

(4) 工程质量监督关键控制点的设置及监督次数。

(5) 质量监督机构对该工程的具体监督内容,包含质量行为核查、质量控制资料和安全及功能检测资料核查、监督抽测、发出整改通知书及复查等情况。

3. 工程质量监督意见

(1) 责任主体质量行为监督抽查意见及强制性标准执行情况

① 监督抽查责任主体质量行为的次数和对应的关键控制节点。

② 监督抽查责任主体质量行为的内容,即本工程抽查了哪些质量行为。

③ 形成责任主体质量行为核查记录的份数。

④ 列举并统计参建单位违反法律法规和相关规定的质量行为,如报监滞后、擅自使用等。

⑤ 列举和统计本工程违反强制性标准的问题。

⑥ 发出整改通知书的份数及整改回复情况。

⑦ 对责任主体质量行为及执行强制性标准的总体评价。

(2) 质量控制资料和功能性检测资料监督抽查情况及意见

对本工程质量控制资料和功能性检测资料进行总体评价。

(3) 工程实体质量监督抽查(包括监督抽测)情况及意见

本工程监督抽查的次数、总体情况、抽测的次数和结果。

（4）工程质量事故（问题）整改处理监督情况

综述本工程施工过程中质量事故的处理结果。

（5）责任主体行政处罚情况

（6）质量监督部门对该工程总体质量的评价和对工程遗留质量问题的监督意见

（四）城市轨道交通工程质量监督报告编写审批程序

1. 监督报告应由该项目的主任监督员组织编写；

2. 有关专业质量监督人员签认；

3. 质量监督机构有关负责人审查；

4. 质量监督站站长签发；

5. 一式两份，加盖公章后，一份提交备案机关，另一份存档。

六、城市轨道交通工程质量监督档案

轨道交通建设工程监督档案是指在工程建设期间，对工程进行质量监督所形成的能反映工程监督过程及质量结果的资料，包括文本档案与电子档案。

（一）城市轨道交通工程质量监督档案形成的依据

1.《建设工程质量管理条例》（国务院令第 279 号）

2.《房屋建筑和市政基础设施工程质量监督管理规定》（住建部令第 5 号）

3.《江苏省房屋建筑和市政基础设施工程质量监督管理办法》（江苏省人民政府令第 89 号）

4.《江苏省房屋建筑和市政基础设施工程质量监督工作实施细则》（苏建规字〔2011〕2 号）

5.《江苏省建设工程质量监督机构深化改革的实施意见》（苏建质〔2000〕362 号）

6.《档案管理办法》（GD-ZD-04—2016）

（二）城市轨道交通工程质量监督档案的保存期限

建设工程质量监督文本档案和电子档案保存的期限均为长期。

（三）城市轨道交通工程质量监督档案的主要内容

1.（子）单位工程质量监督档案的主要内容

（1）监督申报表；

（2）监督通知书；

（3）监督工作计划；

（4）监督告知记录；

（5）责任主体质量安全行为资料监督抽查记录；

（6）质量监督抽查（巡查）记录；

（7）质量专项监督检查记录；

（8）质量监督抽查整改通知书（附整改完成报告）；

（9）质量局部停工（暂停）通知书（附复工申请报告、复工通知书）；

（10）质量（实体）监督抽测记录；

（11）质量监督抽检通知书（附检测报告）；

（12）行政处罚决定书（质量类）；

（13）约谈记录（质量类）；

（14）质量安全事故快报表（质量类）；

（15）质量事故处理监督记录；

（16）（子）单位工程质量验收监督记录；

（17）（子）单位工程质量验收监督总结；

（18）（子）单位工程质量验收报告（附验收通知书、方案、甩项申请审批表）；

（19）工程名称变更文件；

(20) 五方责任主体法人授权书、质量责任承诺书及变更资料；

(21) 甩项项目验收监督记录；

(22) 工程监督人员情况一览表；

(23) 需要保存的其他文件、资料、图片汇总表(有相关法规规定的认可文件或准许使用文件)。

2. 项目工程质量监督档案的主要内容

(1) 项目工程竣工验收通知书；

(2) 项目工程竣工验收质量监督记录；

(3) 项目工程质量验收报告(验收方案、甩项申请审批表)；

(4) 项目工程质量监督总结。

3. 竣工工程质量监督档案的主要内容

(1) 工程竣工验收通知书；

(2) 工程竣工验收质量监督记录；

(3) 工程竣工质量验收报告(验收方案、甩项申请审批表)；

(4) 工程质量监督报告；

(5) 需要保存的其他文件、资料、图片汇总表(有相关法规规定的认可文件或准许使用文件)

(四) 城市轨道交通工程质量监督档案的填写要求

1. 填写工程质量监督档案要及时，工程质量监督抽查(测)等工作结束后应立即填写监督记录。

2. 填写工程质量监督档案要真实，要能反映工程真实的质量情况。

3. 填写工程质量监督档案签字要齐全，质量监督人员、建设工程参建各方要对工程实际情况及时客观地反映。

(五) 城市轨道交通工程质量监督档案的装订及保管要求

1. 建设工程质量监督档案应随工程进度及时整理、归档。

(1) 归档文件应为原件，必须真实、准确。

(2) 归档文件排序整齐统一，档案中无空白文档。

(3) 归档文件应采用耐久性强的书写材料，不得使用易褪色的书写材料。

(4) 归档文件字迹清楚、签字盖章手续完备。

(5) 归档文件中文字材料幅面尺寸规格宜为 A4 幅面(297 mm×210 mm)，图纸宜采用国家标准图幅。卷内文件页号应符合下列规定：

① 卷内文件按有书写内容的页面编号，每卷单独编号，页号从"1"开始。

② 页号编写的位置：单面书写的文件在右下角，双面书写的文件，正面在右下角，背面在左下角，折叠的图纸一律在右下角。

③ 案卷封面、卷内目录、卷内备考表不编写页号。

2. 案卷文字材料必须装订，既有文字材料又有图纸的案卷应装订，装订应采用线绳三孔左侧装订法，要整齐牢固，便于保管和利用。

3. 案卷装具一般采用卷盒、卷夹两种形式：

(1) 卷盒的外表尺寸为 310 mm×220 mm，厚度分别为 20 mm、30 mm、40 mm、50 mm。

(2) 卷夹的外表尺寸为 310 mm×220 mm。

4. 每年定期将工程质量监督信息数据备份，并刻录到光盘或其他存储介质上，形成工程质量监督电子档案。

(六) 城市轨道交通工程质量监督档案的验收与移交

1. 工程质量监督档案由监督人员负责整理，监督机构有关负责人负责审核、抽查，符合要求后向档案管理人员移交。

2. 监督机构应建立建设工程质量监督归档台账和档案室，档案室应符合档案存放、保管的要求，确保档案保存的质量。

第三章　城市轨道交通工程质量行为监督

第一节　概　　念

工程质量行为监督是指工程质量监督机构对参与工程项目建设的各责任主体和有关机构及人员履行国家有关法律、法规规定的质量责任和义务进行监督抽查的活动。

工程质量行为监督的对象为工程质量责任主体和有关机构，主要有：建设单位、勘察单位、设计单位、工程监理单位、施工单位、检测机构等。工程质量责任主体应有法人资格，并在其资质允许范围内从事相应的建设活动；代表各工程质量责任主体承担工程项目建设工作的相关人员应有相应的资格。

一、工程质量责任主体单位

（一）建设单位

建设单位是指具有进行某项工程项目建设的需求条件（资金、规划用地、建设手续等），建立起与承包（生产供应）商及社会中介机构委托合同关系，并最终得到建筑产品所有权的政府部门、企事业单位或个人。

（二）勘察单位

勘察单位是指经过建设行政主管部门的资质审查，从事工程测量、水文地质和岩土工程等工作的单位。勘察单位根据建设项目的目标，查明并分析、评价建设场地和有关范围内的地质地理环境特征和岩土工程条件，编制建设项目所需的勘察文件，提供相关服务和咨询。

（三）设计单位

设计单位是指已经过建设行政主管部门的资质审查，从事建设工程可行性研究、建设工程设计、工程咨询等工作的单位。设计是根据建设项目的目标，对其技术、经济、资源、环境等条件进行综合分析，制订方案，论证比选，编制建设项目所需的设计文件，提供相关服务和咨询。

（四）监理单位

工程监理单位是指已经过建设行政主管部门的资质审查，受建设单位委托，依照国家法律规定要求和建设单位要求，在建设单位委托的范围内对建设工程进行监督管理的单位。

（五）施工单位

施工单位是指已经过建设行政主管部门的资质审查，从事土木工程、建筑工程、线路管道设备安装、装修工程、市政工程等施工承包的单位。

二、工程质量责任相关单位

（一）检测机构

检测机构是指具有独立法人资格的中介机构，其必须具有相应检验机构资质。检验机构接受委托，根据国家有关法律、法规和工程建设强制性标准，对涉及工程结构安全及功能项目的抽样检测和对进入施工现场的建筑材料、构配件的见证取样检测。

（二）建筑材料、设备、构配件以及预拌混凝土、砂浆供应单位

建筑材料、设备、构配件以及预拌混凝土、砂浆供应单位是指具有相应资质和营业执照，按照合同约定，给施工现场供应合格的建筑材料、设备、构配件以及预拌混凝土、砂浆的单位。

（三）监测单位

从事城市轨道交通工程第三方监测业务的工程监测单位（以下简称监测单位），应当具有相应工程勘察资质，并向工程所在地建设主管部门办理备案手续。监测单位不得转包监测业务，不得与所监测工程的施工单位有隶属关系或者其他利害关系。

第二节 城市轨道交通工程质量行为监督的依据

在城市轨道交通工程质量监督过程中，质量监督机构应对施工过程中和竣工验收过程中工程参建各责任主体和有关机构的质量行为进行监督检查。质量行为监督检查的主要依据如下：

1. 《中华人民共和国建筑法》（主席令第 91 号）
2. 《中华人民共和国招标投标法》（主席令第 21 号）
3. 《中华人民共和国注册建筑师条例》（国务院令第 184 号）
4. 《建设工程质量管理条例》（国务院令第 279 号）
5. 《城市轨道交通工程安全质量管理暂行办法》（建质〔2010〕5 号）
6. 《建设工程勘察设计管理条例》（国务院令第 293 号）
7. 《实施工程建设强制性标准监督规定》（建设部令第 81 号）
8. 《建设工程施工现场管理规定》（建设部令第 15 号）
9. 《房屋建筑工程和市政基础设施工程竣工验收备案管理办法》（建设部令第 2 号）
10. 《房屋建筑工程质量保修办法》（建设部令第 80 号）
11. 《建设工程监理范围和规模标准规定》（建设部令第 86 号）
12. 《房屋建筑和市政基础设施工程施工招标投标管理办法》（建设部令第 89 号）
13. 《关于建设行政主管部门对工程监理企业履行质量责任加强监督的若干意见》（建质〔2003〕167 号）
14. 《工程监理企业资质管理规定》（建设部令第 158 号）
15. 《建筑施工项目经理质量安全责任十项规定（试行）的通知》（建质〔2014〕123 号）
16. 《建筑工程五方责任主体项目负责人质量终身责任追究暂行办法》（建质〔2014〕124 号）
17. 《城市轨道交通建设工程验收管理暂行办法》（建质〔2014〕42 号）
18. 《江苏省建筑市场管理条例》（2004 年 8 月 20 日江苏省第十届人民代表大会常务委员会第 11 次会议通过）
19. 《江苏省工程建设管理条例》（2004 年 8 月 20 日江苏省第十届人民代表大会常务委员会公告第 77 号）
20. 《江苏省房屋建筑和市政基础设施工程质量监督管理办法》（江苏省人民政府令第 89 号）
21. 《江苏省建设工程施工项目经理部和项目监理机构主要管理人员配备办法》（苏建管〔2014〕701 号）
22. 《江苏省住房和城乡建设系统失信行为管理和惩戒办法（试行）的通知》（苏建规字〔2016〕2 号）
23. 《江苏省房屋建筑和市政基础设施工程施工图设计文件审查管理实施意见》（苏建科〔2005〕226 号）
24. 关于印发《房屋建筑工程施工旁站监理管理办法（试行）》的通知（建市〔2002〕189 号）
25. 《江苏省建设工程质量监督工作实施细则》（苏建质〔2004〕328 号）
26. 关于印发《江苏省建筑施工企业项目经理动态管理办法》的通知（苏建管企〔99〕38 号）
27. 《关于进一步加强全省监理人员从业管理的通知》（苏建建管〔2014〕100 号）
28. 《建设工程监理规范》（GB/T 50319—2013）
29. 《江苏省建设工程质量检测管理实施细则》（苏建法〔2006〕97 号）

30. 《建筑工程施工质量验收统一标准》(GB 50300—2013)
31. 经施工图审查机构审查合格的设计文件
32. 现行国家、省及地方规范、标准等

第三节　城市轨道交通工程质量行为监督抽查

工程质量行为监督是质量监督人员从工程受监开始至工程竣工验收都须进行的工作,主要有首次监督时质量行为抽查和日常监督时质量行为抽查。

一、首次监督时质量行为抽查

工程办理质量监督手续后,建设(监理)单位根据《建设工程质量监督通知书》中的"工程建设基本程序和质量保证体系的质量行为资料"内容,收集整理相关资料并对照抽查,质量监督机构在首次现场监督抽查时,对工程建设基本程序和质量保证体系的资料进行监督抽查,并填写《建设工程责任主体质量行为资料监督记录》。

(一)抽查条件

工程质量监督申报手续后,开工前。

(二)抽查组织

建设单位将下列单位提供的有关质量行为资料收集汇总、存放在现场(复印件应加盖原件存放单位章),供质量监督人员首次进场进行抽查。

1. 建设单位:①建设工程规划许可证;②岩土工程勘察及施工图设计文件审查意见书、批准书;③勘察、设计、监理和施工等单位的中标通知书(合同);④建设工程质量监督申报表、通知书;⑤建设工程施工许可证;⑥单位法人对工程项目负责人出具的授权委托书;⑦现场机构设置及人员基本情况一览表。

2. 勘察单位:①资质证书;②项目负责人执业资格证书。

3. 设计单位:①资质证书;②项目负责人以及建筑、结构设计人员执业资格证书;③设计图纸会审、交底记录。

4. 施工单位:①资质证书;②项目经理任命、变更通知及项目经理、质量抽查员、特殊工程等执业资格或上岗证;③现场质保体系、现场机构设置及人员基本情况一览表;④质量管理制度;⑤施工组织设计(方案)、《建筑结构工程专项施工方案》企业审批意见和监理审查报审表;⑥工程施工专业分包情况汇总、审查表。

5. 工程监理单位:①资质证书;②监理单位对总监出具的授权委托书及总监、监理工程师、监理人员执业资格证书或上岗证;③见证取样人员上岗证;④监理单位项目质量管理人员及机构设置一览表;⑤监理项目人员设置审核表;⑥监理规划、细则、旁站监理方案审批表;⑦平行检验方案。

6. 检测单位:①建设单位委托的检测合同;②资质证书。

7. 建筑材料、设备、构配件以及预拌混凝土、砂浆供应单位:①资质或营业执照;②质量证明文件和检测报告;③试验室质量管理相关文件。

8. 监测单位:①资质证书;②项目负责人执业资格证书。

二、日常监督时质量行为监督

日常监督时质量行为监督抽查是指日常监督时,质量监督机构对各责任主体及其项目主要管理人员在工程建设过程中是否存在单位名称及人员变化及其相关手续是否符合相关规定,以及各责任主体的项目负责人履行相关职责情况的质量抽查活动。在日常监督时质量行为抽查过程中同时也应该抽查首次监督时质量行为。主要有以下几个方面:

（一）单位名称变化的监督抽查

工程建设过程中,相关责任主体单位因发展需要进行改制、分并等,引发单位名称变化,相关单位应将工商局签发的单位名称变更文件(复印件盖原件存放单位章),报建设单位供质量监督机构抽查备案。

（二）主要管理人员变化的监督抽查

工程建设过程中,相关责任主体单位的主要管理人员需要进行变更,相关单位应将由单位签发的人员变更文件及变更后人员的资格证书(复印件盖原件存放单位章),报建设单位供质量监督机构抽查备案。

（三）施工过程中质量行为的监督抽查

1. 质量监督人员在施工过程中监督抽查时应对参建各方是否按通过图审的施工图和相关标准进行施工、人员资格是否符合等同或高于原中标文件(合同)中的规定,并将监督抽查情况记录在《建设工程质量监督抽查记录》中。抽查中发现存在未按照设计文件施工、违反工程建设强制性条文的质量问题时应签发《工程质量整改通知书》或《工程局部停工(暂停)通知书》,责令改正。发现存在违法违规行为的,按建设行政主管部门委托的权限对违法违规事实进行调查取证,对责任单位、责任人提出处罚建议或按委托权限实施行政处罚。

2. 质量监督人员在项目工程、单位(子单位)工程验收过程中对验收的条件、组织形式、验收程序、执行标准等情况进行现场监督,并将监督验收的情况记录在验收监督记录中。如发现验收中质量行为违法、违规,工程存在安全隐患和违反工程建设强制性条文的,质量监督人员将责令改正重新组织验收。

（四）质量事故处理过程中相关单位质量行为的监督

详见本书第八章。

三、工程质量行为监督抽查主要内容

（一）建设单位

1. 开工前执行基本建设程序的质量行为

序号	质量行为	抽查依据	抽查方法
1	施工图设计文件审查	《建设工程勘察设计管理条例》第二十八条、《建设工程质量管理条例》第十一条	现场查验施工图设计文件审查手续,现场应提供加盖审图章的全套图纸
2	工程质量监督手续	《建设工程质量管理条例》第十三条	现场查验工程质量监督手续,抽查《工程质量监督申报表》中填写的基本情况与现场情况的相符性
3	施工许可证	《建筑工程施工许可管理办法》(住房和城乡建设部令第18号)第三条	现场查验建设行政主管部门核发的施工许可证,有无擅自开工的违法行为
4	工程委托监理	《建设工程质量管理条例》第十二条	现场查验委托监理手续,核查委托的监理单位资质是否符合规定要求
5	建立健全质保体系、确定项目负责人	《建筑工程五方责任主体项目负责人质量终身责任追究暂行办法》(建质〔2014〕124号)	现场查验工程质量终身责任承诺书或法定代表人授权书,检查各项质量管理制度

2. 施工过程中的质量行为

序号	质量行为	抽查依据	抽查方法
1	建设各方项目负责人、主要管理人员变更	《建筑工程五方责任主体项目负责人质量终身责任追究暂行办法》(建质〔2014〕124号)	现场查验更换人员办理变更的程序,项目负责人重新签署工程质量终身责任承诺书及法定代表人的授权书
2	涉及重大设计变更	《建设工程勘察设计管理条例》第二十八条、《建设工程质量管理条例》第十一条	现场查验有关重大设计变更的手续以及报原施工图审查机构程序重新审查的手续

续表

序号	质量行为	抽查依据	抽查方法
3	建筑材料、构配件及设备采购符合设计文件和合同要求,明示或者暗示施工单位使用不合格的建筑材料、建筑构配件和设备	《建设工程质量管理条例》第十四条	对照设计文件及合同,现场核对建筑材料、建筑构配件和设备质量合格证明文件及检测资料,必要时对有怀疑的材料进行监督抽检
4	装修过程中变动工程主体和承重结构	《中华人民共和国建筑法》第四十九条、《建设工程质量管理条例》第十五条	现场抽查工程实体,巡视施工现场并询问相关人员,调阅工程原设计文件和施工变动方案,核查装修设计单位与原设计单位是否一致或资质等级相匹配

3. 工程质量验收过程中的质量行为

序号	质量行为	抽查依据	抽查方法
1	验收人员资格	《建设工程质量管理条例》第十六条、《建设工程施工质量验收统一标准》(GB 50300—2013)第6.0.6款	在单位(子单位)工程、项目工程及竣工验收时,核查项目负责人组织、参加相关验收并签署相关质量验收文件
2	按规定组织(子)单位工程验收、项目工程验收及竣工验收	《建设工程勘察设计管理条例》第二十八条、《建设工程质量管理条例》第十一条	在单位(子单位)工程、项目工程及竣工验收时,勘察、设计、施工、监理单位是否参加,人员资格是否符合规定要求,条件是否具备,验收程序是否符合竣工验收管理规定。查阅各方签署的质量文件,抽查工程验收时勘察、设计、施工、监理单位是否分别签署质量合格文件。查验工程实体及验收资料,抽查参建各方是否将不合格的工程按合格验收
3	在建筑物明显部位设置永久性标牌	《房屋建筑和市政基础设施工程质量监督管理办法》第七条、《江苏省房屋建筑和市政基础设施工程质量监督管理办法》第十七条	在竣工验收过程中查验在建筑物明显部位设置永久性标牌,标牌上应当载明建设、勘察、设计、施工、监理单位名称和项目负责人姓名

(二)勘察单位

序号	质量行为	抽查依据	抽查方法
1	勘察数据真实、准确	《建设工程质量管理条例》第二十条	现场查验勘察报告及相关勘察数据。根据《最高人民检察院关于地质工程勘测院和其他履行勘测职责的单位及其工作人员能否成为刑法第二百二十九条规定的有关犯罪主体的批复》:地质工程勘测院和其他履行勘测职责的单位及其工作人员在履行勘察、测绘职责过程中,故意提供虚假工程地质勘察报告等证明文件,情节严重的,依照刑法第二百二十九条第一款和第二百三十一条的规定,以提供虚假证明文件罪追究刑事责任;地质工程勘测院和其他履行勘测职责的单位及其工作人员在履行勘察、测绘职责过程中,严重不负责任,出具的工程地质勘察报告等证明文件有重大失实,造成严重后果的,依照刑法第二百二十九条第三款和第二百三十一条的规定,以出具证明文件重大失实罪追究刑事责任

续表

序号	质量行为	抽查依据	抽查方法
2	勘察报告签字手续、出具报告的人员的资格	《建设工程勘察设计管理条例》第九、十、十一条	现场查验勘察报告中勘察单位项目负责人签字、勘察单位盖章手续是否规范齐全、出具报告的人员的资格是否符合要求,查验签字人员有效资格证书
3	参加施工验槽和地基与基础分部工程(桩基子分部)	《建设工程施工质量验收统一标准》(GB 50300—2013)第6.0.3款	现场查阅施工验槽记录和分部(子分部)工程验收记录,勘察单位参加施工验槽和分部工程验收的情况,查验签字人员资格是否符合相关要求
4	参与工程质量问题和质量事故的处理	《建设工程勘察设计管理条例》第三十条、《建设工程质量管理条例》第二十四条	在监督质量事故处理过程中查阅事故分析有关资料,抽查勘察单位是否参与工程质量事故分析。施工过程中应抽查勘察单位对工程质量问题的处理情况
5	参加工程竣工验收、出具工程质量评估检查意见	《建设工程施工质量验收统一标准》(GB 50300—2013)第6.0.6款	在竣工验收监督抽查时查阅验收评估意见,抽查竣工验收时勘察单位是否出具工程质量评估意见、验收人员资格是否符合规定要求

(三) 设计单位

序号	质量行为	抽查依据	抽查方法
1	设计人员执业资格	《中华人民共和国建筑法》第十四条、《建设工程质量管理条例》第十九条、《建设工程勘察设计管理条例》第九条	现场对照施工图设计文件中图签处相关设计人员签字、核验其相应的注册建筑师或注册结构工程师等执业资格证书及执业资格印章,检查设计项目负责人是否有注册执业资格。设计项目负责人有变更的,应查验变更后的人员是否有注册执业资格。在监督抽查时查验设计文件和设计变更文件签字,抽查设计文件是否有责任人签字、手续是否齐全
2	审查合格的设计图作出详细说明和交底	《建设工程质量管理条例》第二十三条、《建设工程勘察设计管理条例》第三十条	现场对照设计文件图签签字人员,核对有无设计交底记录、图纸会审记录等相关技术资料,是否有设计单位的相关人员参加签字,检查设计单位有无对审查合格的设计图作出详细说明和交底
3	参与工程质量问题和质量事故的处理	《建设工程勘察设计管理条例》第三十条、《建设工程质量管理条例》第二十四条	在监督质量事故处理过程中查阅事故分析有关资料,抽查设计单位是否参与工程质量事故分析。施工过程中应抽查设计单位对工程质量问题的处理情况
4	参加地基与基础工程、主体结构、节能等分部工程的质量验收	《建设工程施工质量验收统一标准》(GB 50300—2013)第6.0.3款	现场查阅分部工程验收记录,设计单位参加各分部工程验收的情况,查验签字人员资格是否符合相关要求
5	指定生产厂、供应商行为(除特殊建筑材料、专用设备、工艺生产线外)	《建设工程勘察设计管理条例》第二十七条、二十九条;《建设工程质量管理条例》第二十二条	现场查验设计图说明和向有关人员询问,抽查有无指定生产厂、供应商行为(除特殊建筑材料、专用设备、工艺生产线外)

(四) 监理单位

1. 开工前建立质保体系的质量行为

序号	质量行为	抽查依据	抽查方法
1	单位资质管理	《中华人民共和国建筑法》第三十四条	对照监理资质标准查验监理合同所监理的规模,核对相关人员的聘用合同及两险缴纳单位等相关记录,询问相关人员

续表

序号	质量行为	抽查依据	抽查方法
2	现场项目监理机构人员配备的专业、数量满足监理工作需要的，按规定选派总监、监理工程师进驻现场	《建设工程质量管理条例》第三十七条、《江苏省房屋建筑和市政基础设施工程质量监督管理办法》第十九条、《江苏省建设工程施工项目经理部和项目监理机构主要管理人员配备办法》	现场抽查监理合同、人员资格证书、社保合同等相关记录与现场实际监理人员比对，并询问相关人员
3	质量责任制度的建立	《建设工程监理规范》(GB/T 50319—2013)	现场查阅相关质量管理资料，抽查相关制度建立情况，如：旁站监理制度、见证取样制度、施工质量验收制度、关键节点和工序验收制度、施工方案审核批准制度、专项方案审查制度等
4	项目监理机构工作需要的常规检测设备和工器具配备不足	《建设工程监理规范》(GB/T 50319—2013)第3.3.2条	对照监理合同中及相关规定对现场配备仪器设备的要求，核对现场仪器设备台账与现场实际设备
5	制定监理规划及监理实施细则	《建设工程质量管理条例》第三十五条、《建设工程监理规范》(GB/T 50319—2013)第4.2.3条、第4.2.4条、第4.3.4条、第4.3.5条	对照监理规范对监理规划及监理实施细则的规定，核对监理规划及监理实施细则，检查其是否完整、有无针对，是否根据实际情况进行必要的补充、修改

2. 施工过程中的质量行为

序号	质量行为	抽查依据	抽查方法
1	按照经施工图审查批准的设计文件以及经施工图审查批准的设计变更文件对施工质量实施监理，并按规定签字	《建设工程质量管理条例》第三十六条	设计文件与现场施工作业面比对检查，核对监理相关文件
2	工程施工应符合工程设计要求、施工技术标准和合同约定的，有权要求施工企业改正	《中华人民共和国建筑法》第三十二条	设计文件与现场施工作业面比对检查，核对监理签发要求质量整改的相关文件
3	工程设计不符合建筑工程质量标准或者合同约定的质量要求的，应当报告建设单位要求设计单位改正	《中华人民共和国建筑法》第三十二条	设计文件与现场施工作业面比对检查，核对监理签发要求质量整改的相关文件
4	监理工程师开展旁站、巡视和平行检验工作	《建设工程质量管理条例》第三十八条	查验监理日志、旁站监理记录及平行检验资料等监理文件资料，将检查结论与现场抽查的实际情况对比
5	工程监理单位与建设单位或者施工单位串通，弄虚作假、降低工程质量	《中华人民共和国建筑法》第三十五条、《建设工程质量管理条例》第三十六条	将设计文件、相关验收记录与现场工程核对检查
6	建筑材料、构配件、设备进场报验监理工程师应签字	《建设工程质量管理条例》第三十七条	查验进场建筑材料、构配件、设备和工序交接的签字情况

续表

序号	质量行为	抽查依据	抽查方法
7	涉及结构安全的试块、试件、建筑材料、构配件实施见证取样送检	《江苏省建设工程检测见证取样送检暂行规定》	检查见证取样送检制度是否建立及执行情况,抽查有要求和涉及结构安全的试块、试件、材料取样数量及检测结论
8	总监理工程师及现场监理人员未按规定进行签字或有代签字现象	《建设工程监理规范》(GB/T 50319—2013)	用相关人员的签字笔迹比对监理技术文件上相关人员签字笔迹
9	监理资料符合规定要求	《关于建设行政主管部门对工程监理企业履行质量责任加强监督的若干意见》	对照现场施工进度、部位,抽查、核查相对应的监理资料及资料的整理与施工现场的一致性
10	违反民用建筑节能强制性标准,降低节能工程施工质量	《民用建筑节能条例》第十六条	查阅设计文件、相关验收记录并与现场工程核对检查

3. 工程质量验收过程中的质量行为

序号	质量行为	抽查依据	抽查方法
1	验收人员资格	《建设工程质量管理条例》第十六条、《建设工程施工质量验收统一标准》(GB 50300—2013)第6.0.6款	在验收监督时,抽查验收人员的资格是否符合规定。核查项目负责人是否参加相关质量验收并签署相关质量验收文件
2	总监理工程师组织竣工预验收	《建设工程施工质量验收统一标准》(GB 50300—2013)第6.0.5款	查阅相关验收记录
3	监理单位在竣工验收时出具工程质量评估报告	《建设工程监理规范》(GB/T 50319—2013)第5.2.19条	查验竣工验收报告、竣工验收记录及工程质量评估报告

(五)施工单位

1. 开工前建立质保体系的质量行为

序号	质量行为	抽查依据	抽查方法
1	施工单位资质管理	《中华人民共和国建筑法》第十三条、《建设工程质量管理条例》第二十五条、二十六、二十七条	对照施工合同承揽施工的承包单位,核对施工技术资料上的施工单位与合同是否一致,并核对其有无资质证书,所承包工程规模是否在资质营业范围,资质证书营业范围与所承担项目的规模是否吻合
2	配备现场管理人员	《建设工程质量管理条例》第二十六条、《江苏省房屋建筑和市政基础设施工程质量监督管理办法》第十九条、《江苏省建设工程施工项目经理部和项目监理机构主要管理人员配备办法》第六条	对照项目概况及施工合同,查验项目经理部主要管理人员配备情况,项目管理人员有效上岗证书及上岗情况,主要工种、特殊工种作业人员培训记录和持证上岗情况
3	质量责任制度的建立	《建设工程质量管理条例》第二十六条	现场查阅相关质量管理资料,抽查相关制度建立情况,如:原材料进场验收制度、取样检验制度、施工质量检验制度、隐蔽工程验收制度、工序验收交接制度、质量事故报告制度、上岗培训制度、技术交底制度、施工组织方案审批制度、分部及单位工程验收制度、回访保修制度、危险性较大方案论证制度等

2. 施工过程中的质量行为

序号	质量行为	抽查依据	抽查方法
1	施工企业负责人带班检查	《建筑施工企业负责人及项目负责人施工现场带班暂行办法》〔2011〕111号	查阅留存于现场的《建筑施工企业负责人现场带班》制度建立情况,是否定期组织带班检查。重点抽查工程项目进行超过一定规模的危险性较大的分部分项工程施工,或者工程项目出现险情、发现重大隐患时,施工企业负责人是否带班到施工现场进行检查、是否认真做好带班检查记录
2	项目经理变更或离岗	《江苏省房屋建筑和市政基础设施工程质量监督管理办法》、《建筑工程五方责任主体项目负责人质量终身责任追究暂行办法》〔2014〕124号第八条、《建筑施工企业负责人及项目负责人施工现场带班暂行办法》〔2011〕111号第十一条	对照合同及现场项目部组成,对照项目负责人的签字笔迹与相关技术资料的项目经理签字笔迹比对,询问相关人员,检查项目经理是否在现场正常开展工作;检查考勤表及项目负责人离开现场的请假书面记录检查是否离岗
3	建筑材料、构配件和设备的使用	《中华人民共和国建筑法》第五十九条、《建设工程质量管理条例》第二十九条、《江苏省房屋建筑和市政基础设施工程质量监督管理办法》第十九条	在施工过程中,抽查施工单位检验制度建立及制度执行情况。现场对照现场建筑材料、构配件和设备的进场台账及使用记录,对材料、构配件和设备的检测报告与省检测数据平台的检测报告进行比对检查,是否使用了不合格的建筑材料、构配件和设备
4	涉及结构安全的工程材料按规定检验或检测	《建设工程质量管理条例》第三十一条、《江苏省房屋建筑和市政基础设施工程质量监督管理办法》第十九条	对照相关规范对材料检测批量的规定,采用材料进场登记台账、材料质量证明文件与检测报告比对检查,预拌混凝土、预制构配件和砂浆、保温材料、水电等材料的检测批量是否符合要求,应执行见证取样送检的是否进行见证取样检测
5	工程按批准的设计文件进行施工	《中华人民共和国建筑法》第五十八条、《建设工程质量管理条例》第二十八条	设计文件与现场施工作业面比对检查,抽查施工图审查资料、图纸会审资料及有关设计变更资料;查验施工图纸与工程实体是否一致;是否有偷工减料的情况
6	按强制性标准进行施工	《中华人民共和国建筑法》第五十八条、《建设工程质量管理条例》第二十八条、《民用建筑节能条例》第十五条	相关强制性标准与现场施工面比对检查
7	装修工程擅自改变主体或承重结构	《中华人民共和国建筑法》第五十八条、《建设工程质量管理条例》第二十八条	检查现场装修工程改动主体结构或承重结构的情况,查验施工图纸与工程实体是否一致,核对有无原设计认可文件或设计文件,核对是否有审图批准
8	对涉及结构安全的试块、试件及有关材料进行现场取样送检	《建设工程质量管理条例》第三十一条	检查见证取样送检制度是否建立及执行情况,抽查有要求和涉及结构安全的试块、试件、材料取样数量及检测结论
9	隐蔽工程验收	《建设工程质量管理条例》第三十条	抽查与施工进度同步的质量控制资料报验签字情况,询问现场建设单位、监理单位的相关人员,是否参加隐蔽验收
10	关键部位和工序隐蔽后及时填写隐蔽验收记录	《江苏省房屋建筑和市政基础设施工程质量监督管理办法》第十九条	对照现场抽查与施工进度同步的质量控制资料及隐蔽验收记录
11	施工质量控制资料或数据与实际情况相符性	《江苏省房屋建筑和市政基础设施工程质量监督管理办法》第十九条	对照现场施工进度,抽查质量控制资料的整理及与施工现场的一致性
12	质量事故上报制度	《关于做好房屋建筑和市政基础设施工程质量事故报告和调查处理工作的通知》(建质〔2010〕111号)	现场查阅相关质量事故上报资料,抽查事故处理资料

3. 工程质量验收过程中的质量行为

序号	质量行为	抽查依据	抽查方法
1	验收人员资格	《建设工程质量管理条例》第十六条、《建设工程施工质量验收统一标准》(GB 50300—2013)第6.0.6款	在验收监督时,抽查验收人员的资格是否符合规定。核查项目负责人是否参加相关质量验收并签署相关质量验收文件
2	工程自评资料	《建设工程施工质量验收统一标准》(GB 50300—2013)	在验收监督抽查时,检查施工单位工程质量验收自评资料是否符合相关要求
3	工程观感质量验收符合要求	《建设工程施工质量验收统一标准》(GB 50300—2013)	在验收监督抽查时,检查验收人员是否检查现场检查记录、确认记录和工程观感质量评定表并现场观察比对
4	向建设单位提交竣工报告	《建设工程施工质量验收统一标准》(GB 50300—2013)第6.0.5条	在验收监督抽查时,查阅竣工报告
5	竣工验收时有渗漏、开裂等质量缺陷未修复,将不合格工程进行验收	《中华人民共和国建筑法》第六十条、第六十一条	现场检查存在渗漏、开裂等质量缺陷时,核对竣工验收记录
6	工程竣工备案前向建设单位出具质量保修书	《中华人民共和国建筑法》第六十一条、《房屋建筑工程质量保修办法》第六条	验收备案时查看工程质量保修书

(六) 检测机构

序号	质量行为	抽查依据	抽查方法
1	取得相应的资质,承担规定的检测业务	《建设工程质量检测管理办法》第四条	从省主管部门检测管理平台核查检测机构是否有资质证书。在检测机构进行检测的整个过程中,对照资质证书核准的范围,查验检测委托单、任务单、原始记录、检测报告
2	在资质范围从事检测活动	《建设工程质量检测管理办法》第四条、《江苏省房屋建筑和市政基础设施工程质量监督管理办法》第二十一条	从省主管部门检测管理平台核对其资质及营业范围,检测机构资质证书营业范围与实际检测项目进行比对检查
3	按规定在检测报告上签字盖章、检测数据按规定实时上传	《建设工程质量检测管理办法》第四条、《江苏省房屋建筑和市政基础设施工程质量监督管理办法》第二十一条	现场查验检测报告,根据现场检测报告在省主管部门检测管理平台上核对检测报告上传情况
4	按规定上报发现的违法违规行为和检测不合格事项;不合格检测报告应在24小时内报送当地工程质量监督机构	《建设工程质量检测管理办法》第四条、《江苏省房屋建筑和市政基础设施工程质量监督管理办法》第二十一条	从省主管部门检测管理平台核对现场检测报告结论,核对不合格报告上报记录与质量监督机构不合格报告接收记录是否一致
5	按照国家有关工程强制性标准进行检测	《建设工程质量检测管理办法》第二条、《江苏省房屋建筑和市政基础设施工程质量监督管理办法》第二十一条	相关强制性标准与检测报告比对检查,检查检测报告的相关技术参数及检测依据是否符合相关强制性标准规定
6	出具虚假检测报告、检测报告数据和结论与实测数据是否严重不符	《建设工程质量检测管理办法》第十八条、《江苏省房屋建筑和市政基础设施工程质量监督管理办法》第二十一条	在检测机构进行检测的整个过程中,对照国家有关试验标准,查验原始记录、检测报告;从省主管部门检测管理平台的检测报告与现场检测报告进行核对,查验存档的检测报告原始记录

（七）建筑材料、设备、构配件以及预拌混凝土、砂浆供应单位

序号	质量行为	抽查依据	抽查方法
1	主要建筑材料办理登记备案手续	《江苏省房屋建筑和市政基础设施工程质量监督管理办法》第二十二条	现场根据实际使用的建筑材料，核对有无材料登记证明文件，材料登记的数据库中核对登记备案情况
2	预拌混凝土、砂浆不符合技术标准要求	《江苏省房屋建筑和市政基础设施工程质量监督管理办法》第二十二条	核对预拌混凝土、砂浆的出厂材料质保书、出厂检测报告；查验施工现场混凝土或砂浆试块试验报告
3	及时提供真实的建筑材料的质保书和检测报告	《江苏省房屋建筑和市政基础设施工程质量监督管理办法》第二十二条	现场对材料进场入库台账与材料质保书、检测报告进行比对检查

（八）监测单位

序号	质量行为	抽查依据	抽查方法
1	具备相应的勘察资质勘察报告签字手续、出具报告的人员的资格	《城市轨道交通安全质量管理暂行办法》第五十八条、五十九条	现场查验监测单位的资质证书以及向工程所在地建设主管部门办理备案手续的情况
2	项目监测负责人应当具有相应执业资格和城市轨道交通工程监测工作经验。项目监测人员专业、数量应当满足监测工作	《城市轨道交通安全质量管理暂行办法》第六十条、六十一条	现场查阅监测单位监测资料，查验盖章手续是否规范齐全、出具报告的人员的资格是否符合要求，查验签字人员有效资格证书
3	按照第三方监测方案开展监测和巡视工作	《城市轨道交通安全质量管理暂行办法》第六十二条	现场查验监测单位是否按照第三方监测方案开展监测和巡视工作，及时向建设、监理、设计单位提供监测报告。发现异常时，立即向建设单位反馈

第四章 车 站 工 程

城市轨道交通车站工程按照子单位工程划分标准,主要包含土建工程、附属土建工程、车站装饰装修工程和车站建筑设备安装工程(含临近半区间),共四个子单位工程。本章主要按地基基础及支护结构、地下车站结构、高架车站结构、装饰装修、给水排水、电气工程及通风空调七个方面进行阐述。

第一节 地基基础及支护结构

地铁多为地下车站,工程施工前期主要涉及基坑开挖,其开挖方法措施不当会导致基坑失稳、周边建(构)筑物倾斜等质量安全事故,因此在地下车站施工中,必须控制好地基基础及支护结构施工质量。本节主要针对地基基础及支护结构中常用的地下连续墙、钻孔灌注桩、咬合桩、SMW工法桩及搅拌桩、锚杆及土钉墙、高压喷射注浆、降水井进行阐述。

一、主要规范依据

1.《建筑工程施工质量验收统一标准》(GB 50300—2013);
2.《工程测量规范》(GB 50026—2007);
3.《地下铁道工程施工及验收规范(2003年版)》(GB 50299—1999);
4.《建筑基坑支护技术规程》(JGJ 120—2012);
5.《建筑地基处理技术规范》(JGJ 79—2012);
6.《岩土锚杆与喷射混凝土支护工程技术规范》(GB 50086—2015);
7.《预应力混凝土用钢绞线》(GB/T 5224—2014);
8.《预应力筋用锚具、夹具和连接器》(GB/T 14370—2015);
9.《型钢水泥土搅拌墙技术规程》(JGJ/T 199—2010);
10.《建筑与市政工程地下水控制技术规范》(JGJ 111—2016);
11.《建筑桩基技术规范》(JGJ 94—2008);
12.《钻孔灌注桩孔、地下连续墙成槽质量检测技术规程》(DGJ32/TJ 117—2011);
13.《建筑地基基础工程施工规范》(GB 51004—2015);
14.《建筑地基基础工程施工质量验收规范》(GB 50202—2002);
15.《钢筋焊接及验收规程》(JGJ 18—2012);
16.《钢筋机械连接技术规程》(JGJ 107—2016);
17.《混凝土结构工程施工规范》(GB 50666—2011);
18.《地下防水工程质量验收规范》(GB 50208—2011);
19.《混凝土结构工程施工质量验收规范》(GB 50204—2015);
20.《管井技术规范》(GB 50296—2014)。

二、地下连续墙

(一)概述

地下连续墙是在地面上利用一些特种挖槽机械,借助于泥浆的护壁作用,在地下挖出窄而深的基槽,并在其内浇注适当的材料而形成的一道具有防渗、挡土和承重功能的连续的地下连续墙体。其墙体由于刚度大、整体性好、对环境影响较小,得到了广泛的采用。墙体的结合方式根据用途、受力及防水等要求,可选用叠合墙或复合墙构造。

叠合墙在地铁设计规范中提到"地下连续墙支护宜作为主体结构侧墙的一部分,与内衬墙共同受力",是将地下连续墙与车站内衬墙通过剪力槽、预埋钢筋等结构措施,使其叠合面传递剪力,从而形成一个整体;复合墙是将地下连续墙与车站内衬墙分离设置,两者之间通过防水层隔开,叠合面不传递弯矩剪力,只传递压力。目前两种方法在国内地铁建设中均有应用,就全国而言,车站地下连续墙采用复合墙居多,本节以复合墙为例进行叙述。

(二)主要施工环节及工序

地下连续墙是在地面上利用挖槽机械,沿支护轴线,在泥浆护壁条件下开挖出一条狭长深槽,清基后在槽内吊放钢筋笼,然后用导管法浇筑水下混凝土,筑成一个单元槽段,如此逐段进行。地下连续墙施工作业大体上可由测量、导墙制作、泥浆配制、成槽作业、刷壁及清基、槽段检验、钢筋笼制作、钢筋笼吊装及混凝土浇筑9个环节组成。

1. 测量

根据建设单位提供的控制桩、水准点,采用全站仪和水准仪引测出导墙的角点、中心轴线及导墙标高,并做好永久及临时标志。

2. 导墙制作

导墙是一种施工措施,是保证地下连续墙位置准确和成槽质量的关键。地下连续墙成槽前先要构筑导墙,导墙完成后才能进行地下连续墙的正式施工。在地下连续墙施工期间,导墙经常承受钢筋笼、浇注混凝土用的导管、钻机等静、动荷载的作用。导墙分为预制导墙和现浇混凝土结构导墙。

3. 泥浆配制

泥浆在地下连续墙成槽过程中具有携渣和冷却、润滑机具作用。配制的泥浆要求具有一定黏度,是符合施工要求性能的水、膨润土以及其他外加剂的混合液。其对槽壁的静压力和在槽壁上形成的泥皮可以有效地防止槽、孔壁坍塌。

4. 成槽作业

按照设计平面构造要求和施工可能性,划分单元槽段,明确首开槽及闭合槽位置。单元槽段最小长度不得小于一个挖掘段,一般采用2~4个挖掘单元组成一个槽段。

5. 刷壁及清基

(1)为提高接头处的抗渗及抗剪性能,对先行幅墙体接缝进行刷壁清洗;反复刷动5~10次后,重复刷洗几次后,用清水把刷壁器冲洗干净再重新刷壁,根据刷壁器上的存泥量判断刷洗效果,直至刷壁器提出泥浆时无泥土为止。

(2)在成槽过程中,为把沉积在槽底的沉渣清除,需对槽底进行清基,以提高地下连续墙的承载力和抗渗能力,提高成墙质量。沉渣过多时,会使钢筋笼插不到设计位置,降低地下连续墙的承载力,增大墙体的沉降。

6. 槽段检验

槽段开挖后要对槽段的平面位置、深度、槽段壁面平均垂直度进行检验,若超过规范允许的偏差值,应用成槽机抓斗进行修整,直至满足规范要求。

7. 钢筋笼制作

地下连续墙钢筋笼应保证在清基完成前制作及验收完毕。若钢筋笼较长或受起重设备起重能力限制,可分段制作,在吊放时再逐段连接,接头位置宜选择在受力较小处,可采用帮条焊连接;异形槽段考虑到防水要求,可根据现场实际情况制作榫槽(俗称钢筋子母笼)。

8. 钢筋笼吊装

为了防止钢筋笼在吊装过程中产生不可复原的变形,保证钢筋笼吊装安全。吊点位置的确定与吊环、吊具需经过设计与验算,吊筋与吊环必须同纵向桁架主筋焊接在一起,吊点位置宜设置横向桁架加固,吊装施工前需编制专项吊装方案并经专家评审。吊装过程中应避免单个钢筋笼多次移位造成钢筋笼焊点受力损坏。

9. 混凝土浇筑

在钢筋笼沉放后,应再次检查槽段内泥浆性能指标和槽底沉渣厚度,如超过规定,应进行二次清基,清基合格后可进行混凝土浇筑。

(三)施工质量控制要点

1. 测量控制

(1)根据建(构)筑物轴线,考虑成槽设备性能,为确保地下连续墙垂直度引起的结构不侵限,考虑围护结构施工误差及变形要求,应合理设置导墙中心线外放尺寸。放样定位后请监理和测监中心进行复核验收,确认无误后方可进行导墙施工。

(2)地下连续墙导墙与分幅墙测量应闭合,全部槽段划分准确,用漆线标记在导墙上。标记应明确无误,并在现场派专人复核。

(3)全站仪、水准仪等测量仪器必须经检验校核,确保设备精度符合要求。

(4)用钢尺测距时,事先对钢尺进行检定,并消除定线误差、钢尺倾斜误差、拉力不均匀误差、钢尺对准误差、读数误差等。

测角:采用三测回,测角中误差小于±10″;

测距:采用往返测法,取平均值。

(5)每步测量定位工作均应填表,并由放样人、复核人签字。

(6)使用全站仪应进行加常数、乘常数、温差修改值的修正。

(7)在仪器操作上,测站与后视方向应用控制网点,避免转站而造成积累误差。对易产生位移的控制点,使用前后进行校核。

2. 导墙制作控制

(1)导墙一般采用钢筋混凝土结构,主要采用"┐┌"形式,部分地质条件较差部位,导墙采用"][复合型,并相应加深导墙,墙底应进入密实土体 20 cm。

(2)槽段开挖前,应沿地下连续墙墙面两侧构筑导墙,其净间距应大于地下连续墙设计尺寸 40～60 mm。

(3)导墙结构应建于坚实的地基上,并能承受水土压力和施工机械设备等附加荷载。

(4)导墙高度一般为 1.5～2.0 m,顶部高出地面不应小于 100 mm,外侧墙土应夯实。导墙不得移位或变形。

(5)导墙沟槽开挖后,应立即将导墙中心线引至沟槽中,对两侧土模净空宽度垂直度进行人工修整,再绑扎导墙钢筋。

(6)导墙混凝土浇筑时,应对称进行,以免模板向一侧偏移。

(7)预制导墙连接结构必须牢固,现浇混凝土结构导墙养护期间,重型机械设备不得在附近作业或留置。

(8)现浇钢筋混凝土导墙拆模后应立即架设支撑,以防导墙开裂或位移,经验收合格后回填素土。

(9)导墙施工允许偏差应符合《地下铁道工程施工及验收规范》(GB 50299—1999)(2003 版)第 4.2.5 条规定,见表 4.1.1。

表 4.1.1　导墙质量控制标准

序号	检查项目	允许偏差或允许值(mm)	检查方法
1	内墙面与地下连续墙纵轴线平行度	±10	钢尺量测
2	内外导墙间距	±10	钢尺量测
3	导墙内墙面垂直度	5‰	检测尺量测
4	导墙内墙面平整度	3	钢尺量测
5	导墙顶面平整度	5	钢尺量测

3. 泥浆配制控制

（1）泥浆优先选用膨润土配制，泥浆应根据地质及地面沉降控制要求经试配确定，并符合《地下铁道工程施工及验收规范》(GB 50299—1999)(2003 版)第 4.3.2 条规定，见表 4.1.2。

表 4.1.2　泥浆质量控制指标

泥浆性能	新配制		循环泥浆		废弃泥浆		检验方法
	黏性土	砂性土	黏性土	砂性土	黏性土	砂性土	
比重(g/cm³)	1.04~1.05	1.06~1.08	<1.10	<1.15	>1.25	>1.35	比重计
黏度(s)	20~24	25~30	<25	<35	>50	>60	漏斗计
含砂率(%)	<3	<4	<4	<7	>8	>11	洗砂瓶
pH 值	8~9	8~9	>8	>8	>14	>14	pH 试纸

（2）新拌制泥浆储放 24 h 以上或加分散剂使膨润土(或黏土)充分水化后方可使用。

（3）泥浆储备池分搅拌池、储浆池、沉淀池及废浆池等，其总容积应满足开挖需求，一般为单元槽段体积的 3~3.5 倍左右。根据泥浆损失率的不同，相应增加泥浆池容量。

（4）循环泥浆因已受污染，性能较差，经振动筛除去其中较大的土渣，再经过旋流器分离较小的土渣。若泥浆指标仍不达标，则添加掺和物进行化学处理。满足要求的循环泥浆可同新配制泥浆混合使用，未达要求的泥浆则按废浆处理。

（5）废浆或多余的泥浆利用专车运出场外，废弃泥浆及渣土按当地环保要求处理。

4. 成槽控制

（1）槽段分段接缝位置应尽量避开转角部位及内隔墙连接位置，保证地下连续墙有良好的整体性和足够的强度。

（2）正式成槽前宜进行试成槽，对成槽工艺进行验证。

（3）成槽采用液压抓斗按照"跳一挖一"的顺序进行施工，在抓土过程中，通过液压抓斗导向杆调整抓斗的位置，对准导墙中心抓挖，单槽段成槽应按先两端后中间的顺序开挖，标准段先挖两端后挖中间，使抓斗两侧受力均匀，确保成槽垂直度。转角型槽段先短边后长边抓法，以缩小槽段暴露时间，防止塌方。

（4）抓斗出入导墙口时要轻放慢提，防止泥浆掀起波浪，影响导墙下方、后方的土层稳定，挖土过程中，上、下升降速度均缓慢进行。抓斗须闭斗下放，开挖时再张开，以免造成涡流冲刷槽壁，引起坍孔。

（5）在挖槽中通过成槽机上的垂直度检测仪表显示的成槽垂直度情况，及时调整抓斗的垂直度，做到随挖随纠。

（6）成槽时，派专人负责泥浆的放送，视槽内泥浆液面高度情况，随时补充槽内泥浆，确保泥浆液面高出地下水位 0.5 m 以上，同时也不能低于导墙顶面 0.3 m，杜绝泥浆供应不足的情况发生。泥浆爆管或泥浆泵坏时暂停开挖作业，待恢复泥浆供应时再开挖。

（7）采用跳槽法施工时，相邻槽段施工间隔宜大于 24 h。

（8）成槽过程中如遇塌孔，不严重时可不处理，若已严重影响作业或周边环境时，则需及时回填黏土或水泥土，待其固结稳定后再重新开挖。

（9）成槽结束后，应对成槽的宽度、深度、沉渣厚度及垂直度进行检验，重要结构每段槽段均应检测，一般结构可抽测总槽段的 20%，每槽段应抽测一个段面。永久性结构的地下连续墙，在钢筋笼沉放后，应做二次清孔，再次检查沉渣厚度。允许偏差值参考表 4.1.3。

表 4.1.3　地下连续墙成槽质量控制标准

序号	检查项目		允许偏差或允许值(mm)
1	槽宽		±100
2	垂直度	永久结构	1/300
		临时结构	1/150

续表 4.1.3

序号	检查项目		允许偏差或允许值(mm)
3	槽深		+100
4	沉渣厚度	永久结构	≤100
		临时结构	≤200

5. 刷壁及清基控制

(1) 刷壁必须在清孔之前进行。黏性土刷壁合格的标准是:钢丝刷上无明显淤泥(除首开幅地下连续墙外)。刷壁时刷壁器放在槽段中心线上,紧贴接头面,钢丝绳要偏向需要刷的混凝土壁面。

(2) 对于先(后)期施工的老(新)地下连续墙接缝,刷壁需采取有针对性的措施,确保接缝处积泥刷洗干净。

(3) 用抓斗反复抓摸槽底的沉淤,直至抓斗基本抓不到沉渣为止;使用空气升液法反循环排渣,即利用压缩空气在洗孔端的气室处形成一个负压,将沉渣吸入井管内,从管口喷出。在清基过程中,应不断向槽内泵送优质泥浆,并保持液面高度,防止塌孔。

(4) 槽底清理和置换泥浆结束 1 h 后,在槽底的沉渣厚度不大于 100 mm、泥浆比重小于 1.15,含砂率小于 5%、黏度不大于 28 s。

(5) 槽段清基合格后,立刻吊放锁口管,一般由履带起重机分节吊放拼装垂直插入槽内。锁口管的中心应与设计中心线相吻合,底部插入槽底 50～80 cm,以保证密贴,防止混凝土倒灌。上端口与导墙连接固定,并保证锁口管的垂直度,锁口管后侧需用好土回填密实,防止倾斜及混凝土绕管,造成拔管困难。

6. 槽段检验

(1) 实测槽段两端的位置,两端实测位置线与该槽段分幅线之间的偏差即为槽段平面位置偏差。

(2) 用测锤实测槽段左、中、右三个位置的槽底深度,三个位置的平均深度即为该槽段的深度。

(3) 采用超声波测壁仪器在槽段内左、中、右三个位置上分别扫描槽壁壁面,扫描记录中壁面最大凸出量或凹进量(以导墙面为扫描基准面)与槽段深度之比即为壁面垂直度。三个位置的平均值即为槽段壁面平均垂直度。

(4) 如槽段垂直度超过规范允许的偏差值时,应用成槽机抓斗进行修整,直至满足规范要求。

7. 钢筋笼制作

(1) 对每批进场的钢筋,做好钢筋进场检验和钢筋原材复试工作,复试合格后方可使用。钢筋笼制作时,应对钢筋焊接、机械连接等做好抽样试验,具体参照相关规范执行。

(2) 钢筋笼制作之前应核对单元槽段实际宽度与成型钢筋尺寸无差异方可上平台制作,加工平台需保证平台面水平,四个角成直角,并在四个角点做好标志,以保证钢筋笼加工时钢筋能准确定位和钢筋横平竖直,加工平台尺寸应大于最大钢筋笼尺寸。

(3) 钢筋笼施工前先制作钢筋笼桁架,桁架在专用模具上加工,以保证每片桁架平直及高度一致,确保钢筋笼的厚度。

(4) 制作钢筋笼时应确保钢筋的位置、间距及数量正确。纵向钢筋接长可采用闪光对焊或机械连接等,钢筋连接除首尾 1 m 范围及四周两道钢筋的交点需全部电焊外,其余可采用 50% 交叉点焊,点焊应控制电流强度大小,以防主筋焊接烧伤现象。

(5) 在钢筋笼中预留出导管的位置(即导管仓),以便于浇筑水下混凝土时导管的插入,保证导管安放区域上下贯通,周围应增设加强筋和拉结筋加固,尤其在单元槽段接头附近等钢筋较密集区域,为防止横向钢筋有时会阻碍导管插入,钢筋笼制作时把主筋放在内侧横向、钢筋放在外侧。槽段大于 4 m 的,地下连续墙预留两个混凝土浇注的导管通道口,槽段大于 6 m 的,需考虑设置三个导管。

(6) 钢筋笼的底端应在 50 cm 范围内的厚度方向上做收口处理,以防吊放钢筋笼时擦伤槽壁,但向内侧弯折的程度不应影响浇灌混凝土的导管插入。

(7) 钢筋笼的吊环必须采用未经冷拉的 HPB300 热轧光圆钢筋制作,不得以其他钢筋替代;吊点在钢筋笼的纵、横向桁架主筋的焊接质量需满足吊装方案要求。

（8）受力钢筋弯制、连接形式必须满足设计要求和规范规定，钢筋接头位置、同一截面的接头数量、搭接长度应符合设计要求和规范要求。

钢筋笼制作精度应符合《地下铁道工程施工及验收规范》（GB 50299—1999）（2003版）第4.5.2条的规定，见表4.1.4。

表4.1.4　地下连续墙钢筋笼质量控制标准

序号	检查项目	允许偏差或允许值（mm）	检查方法
1	钢筋笼宽度	±20	钢尺量测
2	钢筋笼长度	±50	钢尺量测
3	钢筋笼厚度	0，−10	钢尺量测
4	主筋间距	±10	钢尺量测
5	分布筋间距	±20	钢尺量测
6	预埋件中心位置	±10	钢尺量测

（9）钢筋笼制成品必须先通过"三检"，再填写"隐蔽工程验收记录"，请监理单位验收认可，否则不可进行吊装作业。

8. 钢筋笼吊装控制

（1）钢筋笼吊装前应对钢筋笼内残留物进行清理，钢筋笼吊装一般采用双机抬吊，主、副吊吨位及吊点位置必须严格按照专家评审方案执行。

（2）在钢筋笼验收合格及槽段清孔换浆符合要求后应立即吊放钢筋笼，起吊时不能使钢筋笼下端在地面上拖引，以防造成下端钢筋弯曲变形。为防止钢筋笼吊起后在空中摆动，要在钢筋笼下端系上拽引绳，以人力操纵。钢筋笼吊装必须设置专业指挥人员，持证上岗。

（3）插入钢筋笼时，吊点中心必须对准槽段中心，徐徐下降，垂直而又准确地将钢筋笼吊放入槽内，以防钢筋笼刮碰槽壁。

（4）钢筋笼入槽后，应检查其顶端高度是否符合要求，再将其搁置在导墙上固定。若钢筋笼分段制作，吊放时需接长，下段钢筋笼应垂直悬挂在导墙上，后将上段钢筋笼垂直吊起，上下两段钢筋笼成直线连接，钢筋笼必须保持垂直状态，对接钢筋时两边应对称施焊。当预埋件、接驳器锚固钢筋妨碍导管插入时，应征求设计意见。

9. 混凝土灌注质量控制

（1）按照混凝土的设计抗压强度等级、施工工艺的要求，在混凝土灌注前应进行混凝土配合比试验，确定施工混凝土配合比。混凝土进入现场灌注前，对混凝土的坍落度进行检测，如不满足设计要求应退场处理。

（2）地下连续墙混凝土采用导管法浇筑，导管在首次使用前应进行泌水性试验，保证密闭性能。

（3）导管使用前应进行隔水橡皮球通过试验。

（4）一个槽段内同时使用两根导管灌注，其间距应不大于3 m，导管距槽段接头端不应大于1.5 m。两根导管同时开始灌注混凝土，并保证两导管处的混凝土表面高差不应大于0.5 m。

（5）导管下端到槽底一般为300～500 mm，第一批混凝土量应满足导管开灌时所要求的埋管深度不小于500 mm的要求。设置两根以上导管的，必须同时灌注。

（6）混凝土灌注上升速度不应小于2 m/h，随着混凝土面的上升，须适时提升和拆卸导管，严禁将导管底端拉出混凝土面；导管在混凝土中埋深应在拆卸前用测绳测得，根据测量结果确定拆除导管数量。

（7）混凝土浇筑过程中，随混凝土液面的上升须提升或拆除导管，导管底端埋入混凝土面以下一般保持在1.5～3 m。

（8）混凝土浇灌应连续进行，中途停顿时间不能超过30 min。停顿过程中，经常抽动导管，使导管内混凝土保持较好的流动性。

（9）混凝土浇筑至地下连续墙顶部附近，导管内混凝土不宜流出，应降低浇筑速度，混凝土应超灌不小于 500 mm。混凝土浇筑过程中不得做横向运动，以防泥浆混入混凝土内。

（10）在水下混凝土灌注过程中，安排专人测量导管埋深，填写好水下混凝土灌注记录表。

（11）锁口管提拔与混凝土浇筑相结合，混凝土初凝时间作为提拔锁口管时间的控制依据，根据水下混凝土凝固速度的规律及施工实践。混凝土浇筑开始后 2～3 h 左右开始拔动，以后每隔 30 min 提升一次，其幅度不宜大于 100 mm，直至终凝后全部拔出并及时清洁和疏通工作。

10. 地下连续墙质量检测及质量控制标准

（1）应进行槽壁垂直度检测，检测数量不得小于同条件下总槽段数的 20%，且不应少于 10 幅；当地下连续墙作为主体结构构件时，应对每个槽段进行槽壁垂直度检测。

（2）应进行槽底沉渣厚度检测；当地下连续墙作为主体地下结构构件时，应对每个槽段进行槽底沉渣厚度检测。

（3）采用声波透射法对墙体混凝土质量进行检测，检测墙段数量不宜少于同条件下总墙段数的 20%，且不得少于 3 幅，每个检测墙段的预埋超声波管数不应少于 4 个，且宜布置在墙身截面的四边中点处。

（4）每幅地下连续墙混凝土浇筑应留设抗压强度试件不得少于 1 组，每 5 幅地下连续墙混凝土浇筑应留设抗渗压力试件一组。

（5）当根据声波透射法判定的墙身质量不合格时，应采用钻芯法进行验证。

（6）地下连续墙质量控制应符合《建筑地基基础工程施工质量验收规范》（GB 50202—2002）第 7.6.12 条的规定，如见 4.1.5。

表 4.1.5 地下连续墙质量控制标准

项	序	检查项目		允许偏差或允许值	
				单位	数值
主控项目	1	墙体强度		设计要求	
	2	垂直度	永久结构		1/300
			临时结构		1/150
一般项目	1	导墙尺寸	宽度	mm	W＋50
			内墙面平整度	mm	3
			内墙面垂直度	5‰	
			顶面平整度	mm	5
			内外导墙间距	mm	±10
			平面位置	mm	±10
	2	沉渣厚度	永久结构	mm	≤100
			临时结构	mm	≤200
	3	槽深		mm	＋100
	4	混凝土坍落度		mm	180～220
	5	钢筋笼尺寸		见表 4.1.4	
	6	表面平整度允许偏差		mm	≤30
	7	预留孔洞、预埋件允许偏差		mm	30
	8	预埋连接钢筋允许偏差		mm	30
	9	变形缝允许偏差		mm	20
	10	连续墙平面位置允许偏差		mm	＋30，0

（四）质量监督要点

（1）专项施工方案编制、专家评审意见、审批及施工技术交底。

（2）图纸会审记录、变更设计或洽商记录。

（3）测量、试验、检测设备标定报告。

（4）混凝土试配报告、配合比单、钢筋原材料出厂合格证、质保书、型式检验报告、工艺报告及抽样复验报告，钢筋连接接头检测报告。

（5）导墙浇筑完成后的几何尺寸，导墙之间是否可靠支撑、施工相关记录。

（6）泥浆制备记录、槽段内泥浆性能指标是否达标。

（7）钢筋笼长度、宽度、厚度，钢筋位置、数量、间距、保护层厚度、搭接长度、焊缝质量、预埋件设置，隐蔽工程验收记录，吊装令。

（8）成槽记录及槽壁垂直度检查报告，泥浆性能指标、槽宽、槽深、沉渣厚度等。

（9）吊点位置是否符合设计要求，吊筋原材、吊筋与主筋的焊接质量。

（10）混凝土等级、坍落度、充盈系数及浇筑记录。

（11）混凝土试块报告、抗渗报告及地下连续墙声测报告。

（12）开挖时检查地下连续墙接缝是否存在渗水未及时堵上情况，地下连续墙质量控制应满足表4.1.5的有关要求。

（13）地下连续墙的实体质量检测的有关数据及报告。

（五）常见质量问题及预防

1. 地下连续墙侵限

存在问题及现象描述：

地下连续墙错台、向基坑内侧偏斜、侵限。

原因分析：

(1) 成槽垂直度偏差超过规范允许值。

(2) 导墙外放尺寸不足，一般情况应大于开挖深度的3/1 000。

(3) 混凝土浇筑前槽壁塌孔，钢筋笼偏向基坑内侧。

预防及控制措施：

(1) 严格控制导墙面垂直度。

(2) 在成槽完成后使用超声波检测槽壁垂直度，成槽垂直度严格控制在深度的3/1 000以内。

(3) 优选纠偏能力强的成槽施工设备，施工过程中及时修正偏差。

(4) 导墙中心线按3/1 000开挖深度进行外放，确保地下连续墙不侵限。

(5) 在钢筋笼下放过程中，准确定位钢筋笼位置，待钢筋笼稳定在设计位置后，再缓缓下放钢筋笼。

2. 地下连续墙渗水

存在问题及现象描述：

地下连续墙墙体或接缝处渗水、漏水、漏砂。

原因分析：

(1) 混凝土浇筑过程中，槽壁坍塌或杂土落入，导致墙体夹土。

(2) 浇筑过程中出现中断，浇筑不连续，导致墙体出现冷缝。

(3) 刷壁不彻底，接缝处存在泥土，使得两幅地下连续墙接缝存在夹泥。

(4) 成槽垂直度偏差较大，导致先后两幅地下连续墙接缝分叉。

(5) 导管拉出太快，导致墙体出现窝泥现象。

预防及控制措施：

(1) 在挖土到完成的整个过程应严格把控泥浆质量和泥浆液面高度，保证切实可靠地做到泥浆护壁效果。

(2) 浇筑过程中应保证混凝土连续浇筑，每根导管有一辆罐车处于排队状态。

(3) 施工前对刷壁器进行检查,是否符合要求,施工过程应检查钢丝绳角度和刷壁次数,并关注刷完后刷壁器是否有刷下来的泥土。

(4) 采用超声波检测,保证每幅地下连续墙的垂直度,确保不会开叉。

(5) 导管根据测量结果确定拆除导管数量,确保导管底端埋入混凝土面以下一般保持在 1.5～3 m。

三、钻孔灌注桩

(一) 概述

钻孔灌注桩是指利用钻孔机械在工程现场通过机械钻出桩孔,并在其内放置钢筋笼、灌注混凝土而做成的桩。目前城市轨道交通施工中钻孔灌注桩同其他桩(搅拌桩、高压旋喷桩等)配合既可作为围护结构,钻孔灌注桩亦可作为车站、区间主体结构中的工程桩。

经过多年的发展,钻孔灌注桩作为一种极其成熟的工艺不断地衍生出多种工法,在我国轨道交通工程中得到极其广泛的运用。钻孔灌注桩的施工,根据成桩过程中是否采用泥浆护壁,分为泥浆护壁施工法和干作业法两种。

1. 泥浆护壁施工法

在成孔过程中向孔内注入已调制好的泥浆,泥浆对孔壁的静压力和泥浆在孔壁上形成的泥皮能够有效地防止施工过程中孔壁塌孔,确保成孔顺利。

根据泥浆护壁施工法及成孔出土方式的不同目前主要有正循环回转钻孔、反循环回转钻孔及旋挖钻成孔、冲(抓)成孔四种成桩方式。

(1) 正循环回转钻孔灌注桩。正循环回转钻进是以钻机的回转装置带动钻具旋转切削岩土,同时利用泥浆泵向钻杆输送泥浆(或清水)冲洗孔底,携带岩屑的冲洗液沿钻杆与孔壁之间的环状空间上升,从孔口流向沉淀池,净化后再使用,反复运行,由此形成正循环排渣系统。随着钻渣的不断排出,钻孔不断地向下延伸,直至达到预定的孔深。

(2) 反循环回转钻孔灌注桩。反循环回转钻机成孔是由钻机回转装置带动钻杆和钻头回转切削破碎岩土,利用泵吸、气举、喷射等措施抽吸循环护壁泥浆,挟带钻渣从钻杆内腔吸出孔外的成孔方法。根据抽吸原理不同可分为泵吸反循环、气举反循环和喷射(射流)反循环三种施工工艺。泵吸反循环是直接利用砂石泵的抽吸作用,使钻杆内的水流上升而形成反循环;喷射反循环是利用射流泵射出的高速水流产生负压,使钻杆内的水流上升而形成反循环;气举反循环是利用送入压缩空气使水循环。钻杆内水流上升速度与钻杆内外液体重度差有关,随孔深增大,效率增加。当孔深小于 50 m 时,宜选用泵吸或射流反循环;当孔深大于 50 m 时,宜采用气举反循环。

(3) 旋挖钻成孔灌注桩。利用钻杆和钻头的旋转及重力使土屑进入钻斗,土屑装满钻斗后,提升钻斗出土,这样通过钻斗的旋转、削土、提升、出土,多次反复而成孔。钻头在旋转成孔过程中能自然造浆,泥浆循环过程中在孔壁表面形成泥皮,它和泥浆的自重对孔壁起到保护作用,防止孔壁坍塌。应根据实际情况对泥浆比重进行调节,泥浆比重一般控制在 1.3 以上,有利于钻进和孔壁的稳定。

(4) 冲(抓)成孔灌注桩。采用冲击式钻机或卷扬机悬吊一定重量的冲击钻头(又称冲锤)上下往复冲击,将硬质土或岩层破碎成孔,部分碎渣和泥浆挤入孔壁中,大部分成为泥渣,用掏渣筒掏出成孔,然后再吊放钢筋笼灌注混凝土成桩。冲(抓)成孔灌注桩可根据土质情况决定是否做泥浆护壁。

2. 干作业施工法

(1) 长螺旋钻孔灌注桩。用长螺旋钻机的螺旋钻头,在桩位处就地切削土层,被切削土块钻屑随钻头旋转,沿着带有长螺旋叶片的钻杆提升,输送到出土器后自动排出孔外,然后装卸到渣土车中运走,吊放钢筋笼灌注混凝凝土成桩。

(2) 长螺旋钻孔压灌桩。利用长螺旋钻机钻孔至设计深度,在提钻的同时利用混凝土泵通过钻杆中心通道,以一定压力将混凝土压至桩孔中,混凝土灌注到设计标高后,再借助钢筋笼自重或专用振动设备将钢筋笼插入混凝土中至设计标高,形成钢筋混凝土灌注桩。

另外,旋挖机、全回转钻机等也可以施工干成孔灌注桩,利用钢套管旋进护壁,抓斗配合取土,直至设计标高。

（二）主要施工环节及工序

江苏省城市轨道交通施工项目目前绝大多数采用泥浆护壁施工法,回转钻以成本低、噪音小、受场地限制小等优点得到最广泛运用。本章节主要介绍正循环回转钻孔灌注桩,钻孔灌注桩施工作业大体上可分为测量、埋设护筒、钻机就位、泥浆配制、钻进、成孔及清孔、钢筋笼制作及安装、水下混凝土灌注 8 个环节。

1. 测量

依据测量控制桩点及设计图纸定出桩孔平面位置,采用导线测量或三角测量相结合,建立控制网精确定位,桩位中心用"十字交叉法"引至四周并用短钢筋做好标记,测量孔深的基准点可用水准仪将高程引至护筒口上或四周的钢筋上并做红漆标记;经核验无误后方可进行施工。

2. 埋设护筒

在钻孔灌注桩中,为了保护孔口以防止地面石块掉入孔内、保持泥浆水位(压力)防止坍孔、控制桩顶标高、防止钻孔过程中的沉渣回流,常埋设钢护筒来定位桩位。

3. 钻机就位

钻机自行就位后,在钻机转盘钻杆孔架设吊线锤,进行精确对位。钻机安装后的底座和顶端平稳,用水准尺检查转盘是否水平,在钻进中不产生位移和沉陷,否则应及时处理。用钢卷尺检查钻头直径,合格后方可开钻,并定时检查桩机垂直度,防止偏孔。

4. 泥浆配制

泥浆是充满水和膨润土以及其他外加剂的混合液,泥浆在钻孔灌注桩施工中,具有携渣和冷却、润滑机具作用,具有一定黏度,对孔壁的静压力和泥浆在孔壁上形成的泥皮可以有效地防止孔壁坍塌。

5. 钻进

钻进是钻孔灌注桩施工中采用泥浆护壁,通过机械钻孔等手段在地基土中形成桩孔的过程,是钻孔灌注桩施工的一道关键工序。在施工中必须严格按照操作要求进行,才能保证成孔质量。

6. 成孔及清孔

（1）从轴线控制点施测桩位,检查桩位对中,选择多角度检查磨盘的平整度,同时检查机架枕木基础是否稳定,在钻孔过程中随时复查垂直度及磨盘平整度,及时调整偏差,并校核成孔深度。

（2）在钻孔达到设计要求深度后,应对孔深、孔位、孔形、孔径等进行检查。在终孔检查完全符合设计要求时,应立即进行孔底清理,避免隔时过长以致泥浆沉淀,引起钻孔坍塌。通常可采用正循环旋转钻机清孔。

7. 钢筋笼制作及安装

按照设计配筋图整体制作钢筋笼,若钢筋笼较长或受起重设备起重能力限制,可分节制作,在吊放时再逐节连接,接头位置宜选择在受力较小处,可采用帮条焊或接驳器连接。

8. 水下混凝土灌注

在钢筋笼沉放后,应再次检查槽段内泥浆性能指标和槽底沉渣厚度,如超过规定,应进行二次清孔,清孔合格后进行混凝土浇筑。

（三）施工质量控制要点

1. 测量控制

（1）全站仪与水准仪等测量仪器其工作状态应满足圆气泡和长气泡居中。

（2）用钢尺测距时,事先对钢尺进行检定,并消除定线误差、钢尺倾斜误差、拉力不均匀误差、钢尺对准误差、读数误差等。

测角:采用三测回,测角中误差小于±10″。

测距:采用往返测法,取平均值。

（3）测量作业须相互检查校对并做出测量和检查核对记录,每步测量定位工作均应填表,并由放样人、复核人签字。

（4）使用全站仪应进行加常数、乘常数、温差修改值的修正。

（5）在仪器操作上，测站与后视方向应用控制网点，避免转站而造成积累误差。对易产生位移的控制点，使用前后进行校核。

2. 护筒埋设控制

（1）根据桩位中心点挖坑埋设护筒，挖埋护筒时，挖坑直径比护筒直径大 200～400 mm，坑壁与护筒之间采用黏土分层回填夯实。

（2）护筒可用 4～8 mm 厚钢板制作，其内径应大于钻头直径 100 mm，上部宜开设 1～2 个溢浆孔。

（3）护筒与桩位中心线偏差不宜大于 50 mm，倾斜度不得大于 1%，高度宜高出地面 300 mm 或水面 1 000～2 000 mm。

（4）护筒埋设深度：在黏性土中不宜小于 1.0 m，砂土中不宜小于 1.5 m。护筒下端外侧应采用黏土填实，同时应保持孔内泥浆面高出地下水位 1 000 mm 以上。

（5）受水位涨落影响或水下施工的钻孔灌注桩，护筒应加高加深，必要时应打入不透水层。

3. 钻机就位

钻机自行就位后，在钻机转盘钻杆孔架设吊线锤，吊线锤必须与转盘中轴线一致，进行精确对位。钻机安装后的底座和顶端平稳，用水准尺检查转盘是否水平，在钻进中不产生位移和沉陷，否则应及时处理。用钢卷尺检查钻头直径，验收合格后方可开钻，并定时检查桩机垂直度，防止偏孔。

4. 泥浆配制

（1）泥浆可用土层自行造浆，在土层造浆不能适应护壁要求时，应根据施工机械工艺及穿越土层进行试配及室内性能试验，泥浆配比应按试验确定，一般选用膨润土配制泥浆。

（2）一般情况下，泥浆比重：在砂土和较厚的夹砂层中为 1.1～1.3，在穿越砂夹卵石或容易坍孔的土层中为 1.3～1.5，排渣时泥浆比重控制在 1.1～1.2。

（3）新拌制泥浆储放 24 h 待充分水化后方可使用。

（4）泥浆储备池分搅拌池、储浆池、沉淀池及废浆池等，根据泥浆损失率的不同相应增加泥浆池容量。

（5）循环泥浆因已受污染，性能较差，经振动筛除除去其中较大的土渣，再经过旋流器分离较小的土渣。若泥浆指标仍不达标，则添加掺和物进行化学处理。满足要求的循环泥浆可同新配制泥浆混合使用，未达要求的泥浆则按废浆处理。

5. 钻进

（1）钻头回转中心对准护筒中心，再开动泥浆泵使冲洗液循环 2～3 min，然后再开动钻机，慢慢将钻头放置孔底。在护筒刃脚处应低压慢钻，使刃脚处的地层能稳固地支撑护筒，待钻至刃脚以下 1 m 后，可根据土质情况调整钻进速度。

（2）当钻孔倾斜时，可及时纠正，如纠正无效，应在孔内回填黏土至偏孔处上部 0.5 m，再重新钻进。

6. 成孔清孔

（1）从轴线控制点施测桩位，在钻孔过程中随时检测钻孔垂直度，及时调整偏差。

（2）钻进过程连续不中断。每 2 h 量测一次孔深，并如实做好钻孔记录。实时复查钻杆轴线与桩位中心的关系，实时复查钻盘运转状态，及时纠正。

（3）钻进过程中护筒内泥浆面应高出地下水位 1.0 m 以上。

（4）钻进终孔时，丈量机上余尺，校对钻具总长，核算终孔深度，并用测绳复测，实行双向控制。

（5）终孔验收合格后，开始一次清孔。清孔方法：采用泥浆正循环清孔。一次清孔后的泥浆性能指标：含砂率＜8%，比重 1.15～1.25，黏度 24～28 s。将钻头提离孔底，慢速转动磨渣。一次清孔是抽换孔内泥浆，清除钻渣沉淀层，尽量减少孔底沉淀厚度，防止桩底存留过厚沉淀层而降低桩的承载力。

（6）一次清孔后用测绳再次测量孔深，达到要求后方可同意进行下一步钢筋笼连接与导管安装。

7. 钢筋笼制作安装

（1）对每批进场的钢筋，做好钢筋进厂检验和钢筋原材复试工作，复试合格后方可使用。钢筋笼制作时，应对钢筋焊接、机械连接等做好抽样试验，具体参照相关规范执行。

（2）钢筋笼制作之前应该根据孔深与吊装高度等情况确定整笼加工或分段加工。

（3）钢筋笼分段制作，连接时 50％的钢筋接头应予错开焊接。钢筋笼下放过程接笼时，上下节钢筋笼各主筋对准校正，按图纸加补完整箍筋。

（4）钢筋笼施工前先制作加强箍，加强箍在专用模具上加工，以保证每片加强箍直径一致，加强箍筋设置在主筋内侧且与主筋垂直，加强箍筋封闭焊接应满足单面焊 10d，双面焊 5d。

（5）外部螺旋箍筋布置应圆顺，间距应均匀一致；箍筋加密段应准确，加密范围应满足设计要求；外箍筋与主筋应可靠焊接，不允许出现脱焊现象，焊接应控制电流大小，以防主筋烧伤。

（6）钢筋笼的吊环必须采用未经冷拉的 HPB 300 热轧光圆钢筋制作，不得以其他钢筋替代。

（7）受力钢筋弯制、连接形式必须满足设计要求和规范规定，钢筋接头方式、位置、同一截面的接头数量、搭接长度应符合设计要求及规范要求，其制作偏差应符合《地下铁道工程施工及验收规范》（GB 50299—1999）（2003 版）第 3.6.9 条的规定，见表 4.1.6。

表 4.1.6　钻孔灌注桩钢筋笼质量控制标准

序号	检查项目	允许偏差或允许值(mm)	检查方法
1	主筋间距	±10	钢尺量测
2	箍筋间距	±20	钢尺量测
3	钢筋笼直径	±10	钢尺量测
4	钢筋笼长度	±50	钢尺量测

（8）应按设计要求设置钢筋保护层垫块（或定位钢筋）、注浆管、声测管，并与主筋固定。

（9）钢筋笼分节加工时，在钢筋笼加劲箍内应焊接十字内撑，保证钢筋笼起吊过程中的刚度要求。

（10）起吊前检查钢筋笼编号、尺寸，对号入座。就位后使钢筋笼轴线与桩轴线吻合，并保证桩顶标高符合设计要求，达到设计标高后固定吊杆，防止下沉或灌注混凝土时上浮。

（11）下笼时由人工辅助对准孔位，缓慢入孔，避免钢筋笼碰撞孔壁刮落护壁泥浆，第一节钢筋笼下放到还剩 1.5 m 位置时用穿杠将钢筋笼临时固定，再起吊第二节钢筋笼，并与第一节钢筋笼对接完成后，再一起安放。上下节钢筋笼各主筋对准校正后连接（一般采用搭接焊），按图纸加补完整箍筋，重复上步操作至钢筋笼下放完成，钢筋笼必须保持垂直状态。

8. 混凝土灌注质量

（1）按照混凝土的设计抗压强度等级、施工工艺的要求进行混凝土配合比试验，确定混凝土配合比，经验证合格后方可使用。

（2）混凝土浇筑前，应再次检查孔内泥浆性能指标和孔底沉渣厚度，如超过规定，应进行二次清孔。

（3）导管使用前进行泌水性试验，确保导管连接严密不漏气，不合格的导管严禁使用；同时应进行隔水栓通过试验。

（4）进场混凝土需进行坍落度检验，坍落度应符合设计及规范要求。

（5）导管底端到孔底一般为 300～500 mm，第一批混凝土量应满足导管开管时所要求的埋管深度不小于 800 mm。

（6）混凝土浇灌应连续进行，中途停顿时间不宜超过 30 min。停顿过程中，经常抽动导管，使导管内混凝土保持很好的流动性，严禁把导管底口提出混凝土面。

（7）混凝土浇筑过程中，随混凝土液面的上升须提升或拆除导管，导管底端埋入混凝土面以下一般 2～6 m。

（8）混凝土浇筑至灌注桩顶部附近，导管内混凝土不易流出，应降低浇筑速度，混凝土水下超灌不应小于 800 mm，凿除泛浆后必须保证暴露的桩顶混凝土强度达到设计等级。

（9）冬季施工时应采取保暖措施，桩顶混凝土强度未达到设计强度的 40％时不得受冻。

（10）声测管及注浆管管内应逐节注满清水，严禁有漏水现象，注浆管在成桩 24 h 内采用清水开塞，声测管及钻芯管管顶标高应符合设计要求。

(11) 在水下混凝土灌注过程中,安排专人测量导管埋深,填写好水下混凝土灌注记录表。

9. 钻孔灌注桩质量检验

(1) 灌注桩桩顶标高至少要比设计标高高出 0.5 m,桩底清孔质量按不同的成桩工艺有不同要求,应按规范要求执行。每浇注 50 m³ 必须有 1 组试件,小于 50 m³ 的桩,每根必须有 1 组试件。

(2) 灌注桩平面位置和垂直度的允许偏差必须符合《建筑地基基础施工质量验收规范》(GB 50202—2002)第5.1.4条的规定,见表 4.1.7。

表 4.1.7　灌注桩的平面位置和垂直度的允许偏差

序号	成孔方法		桩径允许偏差(mm)	垂直度允许偏差(%)	桩径允许偏差(mm)	
					1~3根、单排桩基垂直于中心线方向和群桩基础的边桩	条形桩基沿中心线方向和群桩基础的中间桩
1	泥浆护壁钻孔桩	D≤1 000 mm	±50	<1	D/6,且不大于100	D/4,且不大于150
		D>1 000 mm	±50		100+0.01H	150+0.01H
2	套管成孔灌注桩	D≤500 mm	−20	<1	70	150
		D>500 mm			100	150
3	干成孔灌注桩		−20	<1	70	150
4	人工挖孔桩	混凝土护壁	+50	<0.5	50	150
		钢套管护壁	+50	<1	100	200

注:1. 桩径允许偏差的负值是指个别断面。
　　2. 采用复打、反插法施工的桩,其桩径允许偏差不受上表限制。
　　3. H 为施工现场地面标高与标顶设计标高的距离,D 为设计桩径。

(3) 工程桩应进行承载力检验。对于地基基础设计等级为甲级或地质条件复杂、成桩质量可靠性低的灌注桩,应采用静载荷试验的方法进行检验,检验桩数量不应少于总数的1%,且不得少于3根。

(4) 桩身完整性应进行检验。作为工程桩,对设计等级为甲级或地质条件复杂,成桩质量可靠性低的灌注桩,抽检数量不少于总数的30%,且不应少于20根,其他桩基工程的抽检数量不应少于总数的20%,且不应少于10根;对于地下水位以上且终孔后经过核验的灌注桩,检验数量不应少于总桩数的10%,且不得少于10根。每个柱子承台下不得少于1根。作为支护桩,检测桩数不宜少于总桩数的20%,且不得少于5根;当根据低应变动测法判定的桩身完整性为Ⅲ类或Ⅳ类时,应采用钻芯法进行验证,并应扩大低应变动测法检测的数量。

(四) 质量监督要点

(1) 专项施工方案编制、审批及施工技术交底。

(2) 图纸会审记录、变更设计或洽商记录。

(3) 工程测量定位记录。

(4) 混凝土、钢筋原材料出厂合格证、质保书、型式检验报告、工艺报告及抽样复验报告,钢筋连接接头检测报告。

(5) 泥浆制备记录、槽段内泥浆性能指标是否达标。

(6) 现场钢筋笼长度、直径,钢筋位置、数量、间距、保护层厚度、搭接长度、焊缝质量。

(7) 成孔记录、泥浆性能指标、孔径、孔深、沉渣厚度等。

(8) 吊点位置是否符合设计要求,吊筋原材、吊筋与主筋的焊接质量。

(9) 混凝土等级、坍落度、充盈系数及每根桩的实际灌注记录。

(10) 桩身(桩顶)混凝土外观质量、桩锚筋数量、长度及连接应满足设计要求。

(11) 桩基偏差应满足设计要求。

（12）混凝土试块报告、桩身完整性检验报告、单桩竖向承载力检验报告、水平承载力检验、抗拔桩抗拔承载力检验报告。

（五）常见质量问题及原因

1. 孔壁塌孔

存在问题及现象描述：

成孔过程中孔壁发生坍塌。

原因分析：

（1）护筒周围未用黏土填封紧密而漏水，或护筒埋置太浅。

（2）未及时向孔内加泥浆，孔内泥浆面低于孔外水位，或孔内出现承压水降低了静水压力，或泥浆密度不够。

（3）进尺太快或停在一处空转时间太长，转速太快。

（4）泥浆质量不符合要求，导致护壁质量较差。

预防及控制措施：

（1）采用统一标准的护筒，护筒填埋使用合格黏土进行填埋。

（2）障碍物处理完成后，使用黏土回填，按分层 30 cm 进行回填并压实。

（3）泥浆密度应根据不同地质进行调整，每半小时测量一次泥浆指标，确保泥浆指标一直满足要求，钻进中保持孔内泥浆液面至少应高于地下水位 1.0 m。

（4）要求采用熟练的操作工人，施工前对施工人员进行培训，以及在钻孔过程中严格操作规程，严格控制钻进速度，保证孔壁稳定。

（5）过程中勤测泥浆比重，一次清孔后泥浆比重控制在 1.15～1.25。

（6）加强各工序间的协调，保证钢筋笼和钢格构柱下放完成后 2 h 内完成混凝土浇筑。

2. 断桩

存在问题及现象描述：

混凝土灌注完毕后通过检测发现为断桩。

原因分析：

（1）因首批混凝土多次浇灌时不成功，再灌时其上层出现一层泥夹层而造成断桩。

（2）孔壁塌方将导管卡住，强力拔管时，使泥水混入混凝土内或导管接头不良，泥水进入管内。

（3）因导管卡住在钢筋笼上或孔壁塌方，强力拔管时由于导管接头不良，使接头脱落，造成泥水进入管内造成夹层断桩。

（4）混凝土灌注时，测定已灌混凝土表面标高错误，导致导管埋深过小，出现拔脱现象形成的夹层断桩。

（5）因混凝土浇灌时由于塌孔或出现流砂、软塑状质等造成泥块进入混凝土而造成夹泥。

（6）由于导管下口距孔底过远，初灌混凝土被泥浆稀释，使水灰比增大，造成混凝土凝固后不密实坚硬，产生疏松、空洞现象。

预防及控制措施：

（1）初灌使用挡板，准确计算初灌量。

（2）保证泥浆液面高度，可避免绝大部分塌方情况发生。

（3）施工过程中检查导管接口处的密封性，防止泥浆渗入或导管脱落。

（4）在灌注混凝土过程中，应加强控制混凝土面标高，以确保导管底埋入混凝土面 2 000～6 000 mm。

（5）遇暴雨时应采取有效措施，防止雨水掺入料斗内混凝土。

四、咬合桩

（一）概述

咬合桩是相邻混凝土排桩间部分圆周相嵌，并于后序次相间施工的桩内置入钢筋笼，使之形成具有良好防渗作用的整体连续防水、挡土围护结构。钻孔咬合桩采用液压全套管桩机磨孔取土,成孔深、噪音低、无需泥浆护壁,成桩质量稳定,桩间紧密咬合,形成良好的整体连续结构。其桩心相互咬合,解决了传统的桩心相切桩防水效果差的毛病,且具有对环境影响小、成桩质量好、防渗水效果佳、施工安全、速度快、造价低等优点,同时咬合桩用于清除地下障碍物时具有独特的优势,正在逐步推广应用。

咬合桩按施工方法可分为软法咬合、硬法咬合两种。软法咬合桩采用超缓凝混凝土,要求相邻桩在混凝土初凝前完成;而硬法咬合桩则采用普通混凝土,使用大扭矩钻机施工。本章节以常用的软法咬合桩为例进行阐述。

(二)主要施工环节及工序

咬合桩的排列方式为一根不配筋并采用超缓凝素混凝土桩(A桩)和一根钢筋混凝土桩(B桩)间隔布置。施工时,先施工A桩,后施工B桩,在A桩混凝土初凝之前完成B桩的施工。A桩、B桩一般均采用全套管钻机施工,切割掉相邻A桩相交部分的混凝土,从而实现咬合。咬合桩排桩施工流程详见图4.1.1。

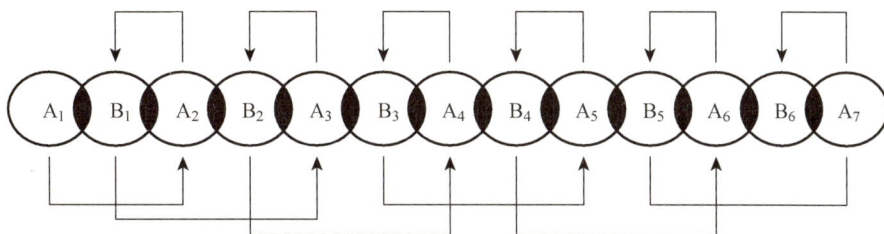

图4.1.1 咬合桩排桩施工流程图

咬合桩施工作业大体上可分为导墙施工、测量、钻机就位、取土成孔、钢筋笼制作及安装、混凝土灌注6个环节组成。

1. 导墙施工

为了提高咬合桩孔口的定位精度并提高就位效率,在桩顶上部施做混凝土或钢筋混凝土导墙,导墙设置应根据地面实际情况确定,导墙施工工序如下:

平整场地→测放桩位→沟槽开挖→钢筋绑扎→模板安装→混凝土浇筑施工。

2. 测量

依据测量控制桩点及设计图纸定出桩孔平面位置,采用导线测量或三角测量相结合,建立控制网精确定位,桩位中心用"十字交叉法"引至四周并用短钢筋做好标记,测量孔深的基准点可用水准仪将高程引至混凝土导墙上或四周的钢筋上并做红漆标记;经核验无误后方可进行施工。

3. 钻机就位

导墙有足够的强度后,拆除模板,重新定位放样排桩中心位置,将点位放到导墙顶面上,作为钻机定位控制点。移动套管钻机至正确位置,使套管钻机抱管器中心对应定位在导墙孔位中心。

4. 取土成孔

在桩机就位后,吊装第一节套管在桩机钳口中,找正套管垂直度后,磨桩下压桩套管,压入深度约为1.5～2.5 m,然后用抓斗从套管内取土,一边抓土一边继续下压套管,始终保持套管底口超前于开挖面的深度。第一节套管全部压入土中后,检测垂直度,如不合格则进行纠偏调整,如合格则安装第二节套管继续下压取土,如此继续,直至达到设计孔底标高。

5. 钢筋笼制作及安装

按照设计配筋图整体制作钢筋笼。若钢筋笼较长或受起重设备起重能力限制,可分节制作,在吊放时再逐节连接,接头位置宜选择在受力较小处,可采用绑条焊或接驳器连接。

6. 混凝土灌注

混凝土灌注,在B桩施工中由于必须切割A桩,在A桩混凝土未达到某种强度的状态下,套管钻机的磨动和下切对A桩混凝土会产生损害。为此,采用延缓A桩混凝土的初凝时间,在A桩混凝土处于未初凝的状态下施作B桩的施工方案。

（三）施工质量控制要点

1．导墙施工

（1）导墙施工前按照所提供的控制点，做好导线及水准点的控制网和加密网复测工作，形成书面材料报验，合格后用于现场放样。放样过程中做到测站闭合，书面资料应完整。

（2）导墙的设置应根据实际土层情况确定，导墙的宽度、厚度要根据承受吊机及设备的重量确定。对于松散地面上的导墙，需按设计要求对松散地面进行加固处理。

（3）根据建筑物轴线，放设导墙轴线，导墙内径大于设计桩径 40 mm，孔口定位误差控制在 ±10 mm，垂直度偏差控制在 2‰以内。一般导墙中心轴线考虑外放，以防止围护结构侵限。

（4）导墙必须牢固，导墙拆模后应及时加内撑或用土回填。现浇混凝土结构导墙养护期间，重型机械设备不得在附近作业或留置，混凝土强度达到设计强度 80%后方可上设备施工。

（5）导墙的平整度、标高、位置必须满足设计要求。

2．钻机就位

（1）为保证钻孔咬合桩底部有足够厚度的咬合量，除应对其孔口定位误差严格控制外，还应对其垂直度进行严格的控制，其垂直度允许偏差应为 3‰。

（2）钻孔咬合桩施工前在平整地面上进行套管顺直度的检查和校正，首先检查和校正单节套管的顺直度，然后将按照桩长配置的套管全部连接起来，整管偏差 10 mm，垂直度允许偏差应为 0.3%。检测方法：①于地面上测放出两条相互平行的直线，将套管置于两条直线之间，然后用线锤和直尺进行检测；②采用 2 m 靠尺逐段进行检查。

3．取土成孔

取土成孔完成后，应清除孔底浮土，对桩孔深、桩垂直度进行监测、检查及纠偏，合格后进行下道工序施工。

（1）地面监测：在地面选择两个相互垂直的方向，采用经纬仪监测地面以上部分的套管的垂直度，发现偏差随时纠正。这项监测在每根桩的成孔过程中应自始至终，不能中断。

（2）孔内检查：每节套管压完安装下一节套管之前，都要停下来用测斜仪或"垂球直尺"进行孔内垂直度检查，不合格时需进行纠偏，直至合格才能进行下一节套管施工。

（3）纠偏：利用钻机油缸纠偏，如果偏差不大或套管入土不深，可直接利用钻机的顶升油缸、推拉油缸调节套管的垂直度。

A 桩的纠偏方法为：如果 A 桩入土 5 m 以下发生较大偏差，可先用钻机油缸纠偏，如达不到要求，可向套管内填砂或黏土。边填边拔套管，直至将套管提升到上一次检查合格的地方，然后调直套管，检查其垂直度合格后重新下压。

B 桩的纠偏方法为：B 桩的纠偏方法与 A 桩基本相同，不同之处在于不能向套管内填砂或黏土，而应填入与 A 桩相同的混凝土。

4．钢筋笼制作及安装

（1）钢筋进场检验

钢筋进场时，应按现行国家标准《钢筋混凝土用钢》（GB 1499.2—2007）等的规定抽取试件做力学性能检验，其质量必须符合有关标准的规定。

（2）钢筋连接

钢筋连接有机械连接、焊接连接，具体要求应满足《钢筋机械连接技术规程》（JGJ 107—2016）、《钢筋焊接及验收规程》（JGJ 18—2012）等规范要求。

（3）钢筋笼制作

① 钢筋笼制作要符合相关规范要求。钢筋制作在加工场进行，加工要符合图纸尺寸要求，笼体完整牢固。钢筋笼应有足够的刚度，以保证在运输和吊放过程中不产生变形。

② 钢筋笼应在平台上制作成型并应符合下列规定：

钢筋笼制作时，其品质、级别、规格、数量必须符合设计要求，钢筋进场抽取试件做力学性能检验，其质量必须符合标准的规定；钢筋的连接方式应符合设计要求，其接头试件力学性能检验质量应符合有关规范的规定。

钢筋笼制作精度应符合《地下铁道工程及验收规范》（GB 50299—1999）（2003 版）第 3.6.9 条规定，见表 4.1.8。

表 4.1.8　钢筋加工的允许偏差

项目	允许偏差(mm)
主筋间距	±10
箍筋间距	±10
钢筋笼直径	±20
长度	±50

（4）钢筋笼安装

① 钢筋笼安放标高，由套管顶端处的标高来计算，安放时必须保证桩顶的设计标高，允许误差为 ±100 mm。

② 钢筋笼下放时，应对准孔位中心，采用正、反旋转慢慢地逐步下放，放至设计标高后立即固定。

③ 钢筋笼安装入孔时和上下节笼进行对接施焊时，钢筋笼保持垂直状态，对接钢筋笼时两边对称施焊。

④ 孔口对接钢筋笼完毕后，进行中间验收，合格后方可继续下笼进行下一节笼安装。

5. 混凝土灌注

（1）混凝土

混凝土原材料及混凝土配合比设计的验收条款应执行现行《混凝土结构工程施工质量验收规范》（GB 50204—2015）中的有关规定。

① 混凝土缓凝时间确定

由于咬合桩为 A 桩（素混凝土桩）、B 桩（钢筋混凝土桩）互相咬合而形成的一道地下桩体围护结构，A 桩的超缓凝混凝土各项性能指标能否满足设计施工要求是钻孔咬合桩施工成功的前提和关键，钻孔咬合桩所采用的超缓凝混凝土的初凝时间应计算确定。

素桩混凝土缓凝时间根据单桩成桩时间来确定，单桩成桩时间与地质条件、桩长、桩径和钻机能力等有直接联系，因此素桩混凝土缓凝时间可以根据以下方法来确定：

首先测定单桩成桩所需时间 t，然后根据下式计算得出：

$$T = 3t + K$$

式中：T——素桩混凝土的缓凝时间；

K——储备时间，一般取 $1.0t$；

t——单桩成桩所需的时间。

因此对混凝土生产质量控制要求较高，慎重选用高效缓凝减水剂，施工前应进行工艺试验。钻孔咬合桩全面施工前应进行试成孔（数量不少于 2 个），以核对地质资料、检验设备、工艺、材料以及成桩时间是否适当。

② 混凝土进入现场灌注前，对混凝土的坍落度进行检测，不满足设计要求应做退场处理，合格后方可进行灌注。

（2）须对导管进行泌水性试验，确保导管的气密性。

（3）在钢筋笼吊装合格后，安装导管。导管宜采用直径 200～250 mm 的多节钢管，接头应装卸方便，连接牢固，并带有密封圈，保证不漏水不透水。导管的支承应保证在需要减慢或停止混凝土流动时使导管能迅速升降。

（4）安放混凝土漏斗与隔水栓，并将导管提离孔底 0.3～0.5 m。混凝土初灌量必须保证能埋住导管。

（5）采取有效的措施,防止混凝土浇筑时钢筋笼上浮。

（6）钢筋笼安放并固定牢固后,进行混凝土灌注,一边灌注混凝土一边起拔套管。提升套管和导管时,采用测绳测量导管埋深和提升速度,严禁将套管和导管拔出混凝土面,防止断桩和缺陷桩的发生。套管的拔起高度与套管的总长度、套管成孔时的超前量及料斗放料的斗数相配合。随时测量孔内混凝土面高度,以便及时提升或拆除套管和导管,导管的拆卸采用履带吊配合作业。灌注至设计标高以上超灌量后,将导管和套筒缓慢拔除。

（7）初始灌注混凝土时埋管深度不小于 800 mm,连续浇筑时保证导管埋深 2～6 m 范围,并随提升随拆除,同时套管应随混凝土浇筑逐段、垂直提拔,阻力过大时应转动套管同时缓慢提拔。混凝土浇灌中应防止钢筋笼上浮,在混凝土面接近钢筋笼底端时灌注速度应适当放慢,当混凝土进入钢筋笼底端后,可适当提升导管,导管提升要平稳,避免出料冲击过大或钩带钢筋笼。

（8）在整个过程中始终保持套管底低于混凝土面 2.5 m 以上,素混凝土桩和钢筋混凝土桩的超缓凝时间应确保满足施工及成孔检测要求。

（9）混凝土灌注时应按设计及规范要求留置试块,每根桩不得少于一组。

（10）咬合桩完整性检测,可参照《建筑基坑支护技术规程》(JGJ 120—2012)第 4.4.10 条,咬合桩应采用低应变动测法检测桩身完整性,检测桩数不宜少于总桩数的 20%,且不得少于 5 根;当根据低应变动测法判定的桩身完整性为Ⅲ类或Ⅳ类时,应采用钻芯法进行验证,并应扩大低应变动测法检测的数量。

（四）监督监督要点

（1）钢筋笼:钢筋笼尺寸偏差、接头连接质量、钢筋的品种、级别、规格、数量。

（2）成孔质量:成孔垂直度、成孔深度。

（3）混凝土灌注:混凝土坍落度、导管气密性、导管埋深、拔导管情况等。

（4）钢筋原材的质量保证书、产品合格证、检测报告。

（5）钢筋连接件试件的检测报告。

（6）混凝土配合比。

（7）混凝土用水泥、砂、石、粉煤灰、外加剂等。

（8）隐蔽工程验收记录。

（9）混凝土浇筑记录,混凝土试块报告。

（10）咬合桩施工方案、技术交底。

（11）桩位、垂直度、桩径的偏差记录。

（12）其他有关资料。

（五）常见质量问题及预防

1. B 桩成孔时发生串孔现象

存在问题描述:

在 B 桩成孔过程中,由于 A 桩混凝土未凝固,还处于流动状态,因此,A 桩混凝土有可能从 A、B 桩相交处涌入 B 桩孔内,称之为"串孔"。

预防及控制措施:

（1）A 桩混凝土的坍落度应尽量小一些,以便降低混凝土的流动性。

（2）套管底口应始终保持超前于开挖面一定距离,至少不应少于 2.5 m,以便造成一段"瓶颈"阻止混凝土的流动。

（3）如有必要(如遇地下障碍物套管底无法超前时),可向套管内灌注入一定量的水,使其保持一定的反压来平衡 A 桩混凝土的压力,阻止"串孔"的发生。

（4）B 桩成孔过程中应注意观察相邻两侧 A 桩混凝土顶面,如发现 A 桩下陷应立即停止 B 桩开挖,并一边将套管尽量下压,一边向 B 桩内填土或注水,直到完全制止住"串孔"为止。

（5）B 桩成孔期间加强过程控制,保证桩的垂直精度,在成孔过程中冲击抓斗轻抓慢进,套管钻机尽量减小摇管幅度,以此降低对两侧 A 桩混凝土的扰动,可以预防混凝土"串孔"问题。

2. 咬合桩渗水

存在问题及现象描述：

咬合桩桩间渗水、漏水、漏砂。

原因分析：

（1）混凝土浇筑过程中杂土落入，导致桩体夹土。

（2）施工冷缝处未进行有效的止水措施。

（3）由于测量原因或者垂直度超标造成相邻两桩发生分叉。

（4）由于工程场地环境影响，咬合桩不能连续交圈施工，接缝处理不到位。

预防及控制措施：

（1）套管高度高出地面，可避免杂物落入。

（2）施工中遇冷缝，应做外加固，竖向补旋喷桩。

（3）施工过程应对每道程序指标严格把关。

（4）当咬合桩施工流水作业中断或分段施工时，应迅速移机对末端桩进行切割，单侧咬合面成孔，然后在孔内灌注河砂拔管形成砂桩，待后续咬合施工至该桩时重新成孔完成连续咬合桩的施工。

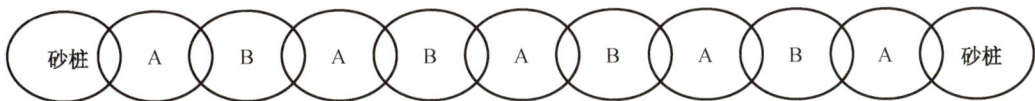

图 4.1.2　分段施工接头预设砂桩示意图

（5）如未及时处理，可采用平移桩位侧咬合或背桩补强方法加固止水。

① 平移桩位侧咬合

如图 4.1.3 所示，B 桩成孔施工时，其一侧 A_1 桩的混凝土已经凝固，使套管桩机不能按正常要求切割咬合 A_1、A_2 桩。在这种情况下，宜向 A_2 桩方向平移 B 桩桩位，使套管桩机单侧切割 A_2 桩施工 B 桩，并在 A_1 桩和 B 桩外侧另增加一根旋喷桩作为防水处理。

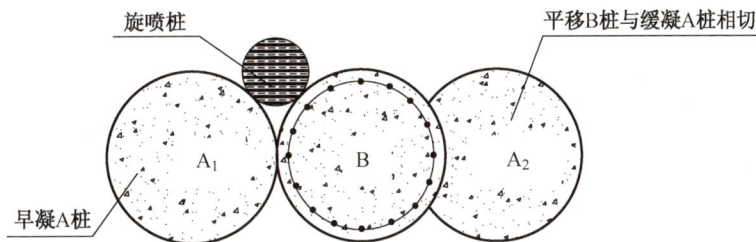

图 4.1.3　平移桩位单侧咬合旋喷桩加固处理示意图

② 背桩补强

如图 4.1.4 所示，B_1 桩成孔施工时，其两侧 A_1、A_2 桩的混凝土均已凝固，在这种情况下，则放弃 B_1 桩施工，调整桩序继续后面咬合桩的施工，以后在 B_1 桩外侧增加一根咬合桩及两根旋喷桩作为补强、防水处理。在基坑开挖过程中将 A_1 和 A_2 桩之间的夹土清除喷上混凝土即可。

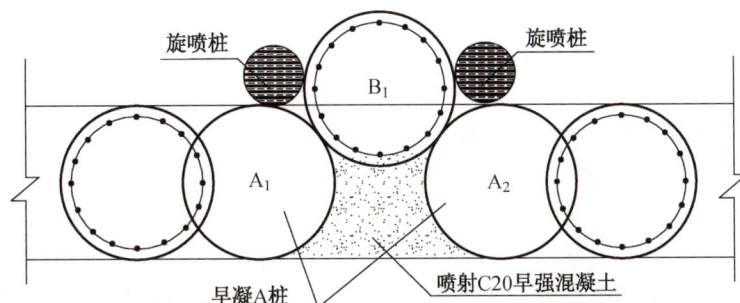

图 4.1.4　背桩补强加固处理示意图

五、SMW 工法桩及搅拌桩

（一）概述

1. 水泥搅拌桩

水泥搅拌桩是利用水泥作为固化剂的主剂，是软基处理的一种有效形式，利用搅拌桩机将水泥喷入土体并充分搅拌，让水泥与土发生一系列物理化学反应，使软土硬结而提高地基强度。当地下车站、区间（如端头井、基坑底）工程土层性能需要改良时，设计常采用水泥搅拌桩进行加固，水泥搅拌桩加固工法一般采用传统的双轴（或单轴）搅拌钻机。水泥搅拌桩按主要使用的施工做法分为单轴、双轴和三轴搅拌桩。

2. SMW 工法桩

SMW 工法桩采用三轴搅拌钻机，在充填水泥浆时加入高压空气，同时钻机对水泥土进行充分搅拌，并换出大量原状土，在水泥土混合体未硬结前再将型钢或其他型材插入搅拌桩体内，形成具有一定强度和刚度、连续完整、无接缝的地下连续墙体。

3. 两者之间关系

（1）水泥搅拌桩主要用于地基处理、止水帷幕和以重力式挡墙作为较浅基坑工程的支护方式。

（2）SMW 工法桩主要用于基坑支护工程，具有挡水性强、不必另设挡水帷幕、对周围地基影响小、多用途（能适应各种地层）、工期短、造价低等特点，凡是适合应用水泥土搅拌桩的场合都可使用，特别适合于以黏土和粉细砂为主的松软地层，可以配合多道支撑应用于较深的基坑。此工法在一定条件下可代替地下连续墙作为地下围护。

（3）SMW 工法桩和水泥搅拌桩施工工艺基本一致，主要区别是 SMW 工法桩是在搅拌桩的基础上需要插入型钢或其他型材。

（二）主要施工环节及工序

目前三轴水泥搅拌桩应用相当广泛，考虑到三轴水泥搅拌桩与 SMW 工法桩施工工法基本一致，下面以 SMW 工法桩为例阐述。

SMW 工法桩施工作业大体上可分为钻机就位及钻进、桩机钻杆下沉与提升及注浆、型钢制作及安装、型钢拔除及回收四个环节。

1. 钻机就位及钻进

（1）桩位放样

根据坐标基准点及设计图纸进行放样定位及高程引测工作，并做好永久及临时标志。为了保证结构内部净空及衬墙厚度，考虑围护结构施工误差及变形要求，沿桩位中心线两边按设计要求外放。放样定位后请监理进行复核验收，确认无误后方可进行搅拌施工。

（2）桩机就位

① 桩机就位前，应进行场地处理，基层进行分层压实，预防陷机情况。

② 移动搅拌桩机到达作业位置，并调整桩架垂直度，移动前必须仔细观察现场情况，发现障碍物应及时清除，桩机移动结束后认真检查定位情况并及时纠正。

③ 桩机应平稳、平整，每次移机后可用水平尺或水准仪检测桩机平台的平整，并用线锤对立柱进行垂直定位观测以确保桩机的垂直度。

④ 桩机定位后再进行定位复核。

（3）桩长控制标志

施工前应在钻杆上做好标记，控制搅拌桩桩长不小于设计桩长。当桩长变化时，标记相应调整。

2. 桩机钻杆下沉与提升及注浆

（1）SMW 工法桩的施工工艺采用三轴搅拌设备，通常采取两搅两喷（"下钻—提升—喷浆"循环两次）。

（2）按照搅拌桩施工工艺要求，钻杆在下沉和提升时均需注入水泥浆液。待纯水泥浆到达搅拌头后，按计算要求的速度提升搅拌头,边注浆、边搅拌、边提升,使水泥浆和原地基土充分拌和,直至提升到桩顶设计标高后再关闭灰浆泵,使搅拌桩桩体搅拌均匀,表面密实、平整。

（3）SMW 工法桩的咬合施工

SMW 工法桩施工按连接方式分间隔式双孔全套复搅式连接和单侧挤压式连接方式两种（如图 4.1.5、图 4.1.6）,其中阴影部分为重复套钻,以保证墙体的连续性和接头的施工质量。水泥搅拌桩的搭接以及施工设备的垂直度补正依靠重复套钻来保证,以达到止水的作用。

一般情况下采用分间隔式双孔全套复搅式连接方式进行施工;对于围护墙体转角处、坑内加固区域或有施工间断情况下不便采用分间隔式双孔全套复搅式连接时,则可采用单侧挤压式连接方式。

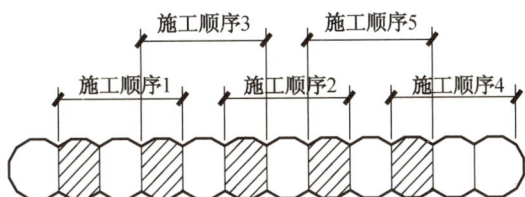

图 4.1.5　SMW 工法桩间隔式双孔全套复搅式施工顺序示意图

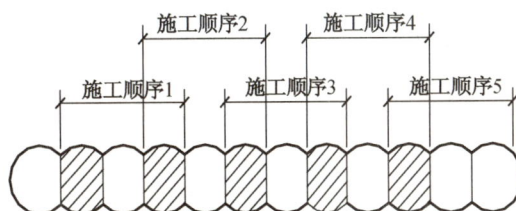

图 4.1.6　SMW 工法桩单侧挤压式施工顺序示意图

3. 型钢制作及安装

搅拌桩施工完毕后立即插入型钢。用吊机起吊型钢,靠型钢自重插入,插入时保证型钢的垂直度。型钢上涂减摩擦材料,以减少阻力,保证其完整回收。型钢要平直、光滑、无弯曲、无扭曲,并在孔口设定向装置。当型钢插至设计标高时,将型钢固定。溢出的水泥土必须进行清理,控制至设计顶标高,进行下道工序的施工。

（1）型钢制作

按设计要求对型钢进行加工。

（2）型钢减摩剂施工

型钢的减摩是型钢插入和顶拔顺利进行的关键工序,施工应严格控制。

（3）型钢插入

① 型钢就位后,通过桩机定位装置控制,靠型钢自重或借助一定的外力(送桩锤)将型钢插入搅拌桩内。

② 型钢插入过程中应随时调整型钢的水平误差和垂直误差。

③ 型钢插放达不到设计标高时,采取缓慢提升 H 型钢到适当高度,然后重复下插。下插过程中始终使用经纬仪或线锤控制 H 型钢垂直度。

4. 型钢拔除及回收

当主体工程完工后,用组合拔桩机将型钢拔出,在型钢回收施工前进行型钢抗拔验算与拉拔试验,以确保型钢的顺利回收。

施工顺序为:起拔机就位、施加油压反力→吊机就位→起吊 H 型钢→空隙灌浆。

（三）施工质量控制要点

SMW 工法桩及三轴搅拌桩施工工法基本一致,质量控制要点如下:

1. 水泥原材

（1）水泥进场检验时应对其品质、级别、包装或散装仓号、出厂日期等进行检查,并应对其强度、安定性及其他必要的性能指标进行复验,其质量必须符合现行国家标准《通用硅酸盐水泥》(GB 175—2007)等的规定。

（2）当在使用对水泥质量有怀疑或水泥出厂超过 3 个月(快硬硅酸水泥超过 1 个月)时,应进行复检,并按复检验收结果使用。

（3）水泥宜采用强度等级不低于 P•O 42.5 级的普通硅酸盐水泥，材料用量和水灰比应结合土质条件和机械性能指标通过现场试验确定，并宜符合《型钢水泥土搅拌墙技术规程》（JGJ/T 199—2010）第 6.2.6 条规定，见表 4.1.9。计算水泥用量时，被搅拌土体的体积可按搅拌桩单桩圆形截面面积与深度的乘积计算。在型钢依靠自重和必要的辅助设备可插入到位的前提下，水灰比宜取小值。

表 4.1.9　三轴水泥土搅拌桩材料用量和水灰比

土质条件	单位被搅拌图中的材料用量		水灰比
	水泥（kg/m³）	膨润土（kg/m³）	
黏性土	≥360	0～5	1.5～2.0
砂性土	≥325	5～10	1.5～2.0
砂砾土	≥290	5～15	1.2～2.0

2. 水泥造浆控制

（1）正式施工前，严格按照设计要求和国家、地方的有关规范、规程的要求进行试成桩，以确定实际水泥浆液的掺量和水灰比、成桩工艺和施工步骤，确保水泥土的强度满足设计要求。

（2）浆液不能发生离析，水泥浆液应严格按预定配合比制作，为防止灰浆离析，放浆前必须搅拌 30 s 再倒入存浆桶。水泥浆搅拌设备，水泥浆泵必须性能完好，且确保水泥浆不产生离析，必要时浆液内掺入膨润土。

3. 型钢选型

（1）内插型钢宜采用 Q235B 级钢和 Q345B 级钢，规格、型号及有关要求宜按国家现行标准《热轧 H 型钢和部分 T 型钢》（GB/T 11263—2010）和《焊接 H 型钢》（YB/T 3301—2005）选用。

（2）型钢水泥土搅拌墙中内插劲性芯材宜采用 H 型钢，H 型钢截面型号宜按下列规定选用：
当搅拌桩直径为 650 mm 时，内插 H 型钢截面宜采用 H500×300、H500×200；
当搅拌桩直径为 850 mm 时，内插 H 型钢截面宜采用 H700×300；
当搅拌桩直径为 1 000 mm 时，内插 H 型钢截面宜采用 H800×300、H850×300。

（3）型钢宜采用整体；当需要采用分锻焊接时，应采用坡口焊等强焊接。对接焊缝的坡口形式和要求应符合现行行业标准《钢结构焊接规范》（GB 50661—2011）的有关规定，焊缝质量等级不应低于二级。单根型钢中焊接接头不宜超过 2 个，焊接接头的位置应避免支撑位置或开挖面附近等型钢受力较大处；相邻型钢的接头竖向位置宜相互错开，错开距离不宜小于 1 m，且型钢接头距离基坑底面不宜小于 2 m。

4. SMW 工法桩施工

（1）水泥土搅拌桩施工时桩机就位应对中，平面允许偏差应为 ±20 mm，立柱导向架的垂直度不应大于 1/250，严禁发生定位桩及定位线移位。一旦发现挖机在清除导槽沟时碰撞定位桩及定位线使其跑位，立即重新放线，严格按照设计图纸进行施工。

（2）搅拌下沉速度宜控制在 0.5～1 m/min，提升速度宜控制在 1～2 m/min，并保持匀速下沉或提升。提升时不应在孔内产生负压造成周边土体的过大扰动，搅拌次数和搅拌时间应能保证水泥土搅拌桩的成桩质量。

（3）对于硬质土层，当成桩有困难时，可采用预先松动土层的先行钻孔套打方式施工。

（4）浆液泵送量应与搅拌下沉或提升速度相匹配，保证搅拌桩中水泥掺量的均匀性。

（5）搅拌机头在正常情况下应上下各一次对土体进行喷浆搅拌，对含砂量大的土层，宜在搅拌底部 2～3 m 范围内上下重复喷浆搅拌一次。

（6）三轴水泥搅拌土搅拌桩施工过程中，应严格控制水泥用量，宜采用流量计进行计量。因搁置时间过长产生初凝的浆液，应作为废浆处理，严禁使用。

（7）施工时如因故停浆，应在恢复喷浆前，将搅拌机头提升或下沉 0.5 m 后再喷浆搅拌施工。水泥土搅拌桩搭接施工时间不宜大于 24 h，当超过 24 h 时，搭接施工应放慢搅拌速度。若无法搭接或搭接不良，应作为冷缝处理,并经设计单位认可后,采取补救措施。

(8) 若长时间停止施工,应对压浆管道及设备进行清洗。

(9) 搅拌机头的直径不应小于搅拌桩的设计直径。水泥土搅拌桩施工过程中,搅拌机头磨损量不应大于 10 mm。

5. 型钢制作及安装

(1) 型钢宜采用整材,当需采用分段焊接时,应采用坡口焊等强焊接。对接焊缝的坡口形式和要求应符合《钢结构焊接规范》(GB 50661—2011)有关规定,焊缝质量等级不应低于二级。单根型钢中焊接接头不宜超过 2 个,焊接接头的位置应避免设在支撑位置或开挖面附近等型钢受力较大处。

(2) 型钢要确保垂直度和平整度,不允许出现扭曲现象,插入时应保证垂直度。插入型钢若有接头,接头位于开挖面以下,且相邻两根型钢接头应错开 1 m 以上,且型钢接头距离基坑底面不宜小于 2 m。

(3) 焊接型钢焊缝质量应符合设计要求和现行行业标准《焊接 H 型钢》(YB/T 3301—2005)和《钢结构焊接规范》(GB 50661—2011)的有关规定。型钢的允许偏差应符合《型钢水泥土搅拌墙技术规程》(JGJ/T 199—2010)第 6.2.3 条规定,见表 4.1.10。

表 4.1.10　H 型钢允许偏差

序号	检查项目	允许偏差(mm)	检查数量	检查方法
1	截面高度	±5.0	每根	用钢尺量
2	截面宽度	±3.0	每根	用钢尺量
3	腹板厚度	-1.0	每根	用游标卡尺量
4	翼缘板厚度	-1.0	每根	用游标卡尺量
5	型钢长度	±50	每根	用钢尺量
6	型钢挠度	$L/500$	每根	用钢尺量

(4) 型钢安装前表面应采取减摩措施,减摩制作主要通过涂刷减摩剂实现,其控制要点为:

① 清除型钢表面的污垢和铁锈。

② 使用电热棒将减摩剂加热至完全熔化,用搅棒搅动时感觉厚薄均匀,然后涂敷于型钢表面(否则减摩剂涂层不均匀容易产生剥落)。

③ 下雨天型钢表面潮湿,则事先用抹布擦去型钢表面积水,再使用喷灯加热,待型钢干燥后再涂刷减摩剂。

④ 型钢表面涂刷完减摩剂后若出现剥落现象应及时重新涂刷。

(5) 型钢宜在搅拌桩施工结束后 30 min 内插入,插入前应检查其平整度和接头焊接质量。型钢的插入必须采用牢固的定位导向架,在插入过程中应采取措施保证型钢垂直度。型钢插入到位后应用悬挂构件控制型钢顶标高,并与已插好的型钢牢固连接。

(6) 型钢宜依靠自重插入,当型钢插入有困难时可采用辅助措施下沉。严禁采用多次重复起吊型钢并松钩下落的插入方法。型钢插入允许偏差应符合《型钢水泥土搅拌墙技术规程》(JGJ/T 199—2010)第 6.2.7 条规定,见表 4.1.11。

表 4.1.11　型钢插入允许偏差

序号	检查项目	允许偏差或允许值	检查数量	检查方法
1	型钢顶标高	±50 mm	每根	水准仪测量
2	型钢平面位置	50 mm(平行于基坑边线)	每根	用钢尺量
3		50 mm(垂直于基坑边线)	每根	用钢尺量
4	形心转角	3°	每根	量角器测量

6. 型钢拔除及回收

（1）型钢拔出前水泥土搅拌墙与主体结构地下室墙外之间的空隙必须回填密实。在拆除支撑和腰梁时应将残留在型钢表面的腰梁限位或支撑抗剪构件、电焊疤等清除干净。型钢起拔宜采用专用液压起拔机。

（2）地下结构主体顶板混凝土浇筑完成达到强度后，方可拔除型钢。拔出后应在水泥土搅拌桩空隙中注浆填充。

（3）在工法桩型钢拔出时，需加强管理，尽可能减小对结构及防水层的影响，避免主体结构及防水层破坏引起渗漏。

7. 水泥土搅拌桩地基质量检验

（1）水泥土搅拌桩检验标准应符合《建筑地基基础工程施工验收规范》（GB 50202—2002）第4.11.5条规定，见表4.1.12。

表4.1.12　水泥土搅拌桩地基质量检验标准

项	序	检查项目	允许偏差或允许值		检查方法
			单位	数值	
主控项目	1	水泥及外掺剂质量	设计要求		查产品合格证书或抽样送检
	2	水泥用量	参数指标		查看流量计
	3	桩体强度	设计要求		按规定办法
	4	地基承载力	设计要求		按规定办法
一般项目	1	机头提升速度	m/min	≤0.5	量机头上升距离及时间
	2	桩底标高	mm	±200	测机头深度
	3	桩顶标高	mm	+100 −50	水准仪（最上部500 mm不计入）
	4	桩位偏差	mm	<50	用钢尺量
	5	桩径	—	<0.04D	用钢尺量，D为桩径
	6	垂直度	%	≤1.5	经纬仪
	7	搭接	mm	>200	用钢尺量

（2）SMW工法桩检验标准应符合《型钢水泥土搅拌墙技术规程》（JGJ/T 199—2010）第6.2.6条规定，见表4.1.13。

表4.1.13　SMW工法桩检验标准

序号	检查项目	允许偏差或允许值	检查数量	检查方法
1	桩底标高	+50 mm	每根	测钻杆长度
2	桩位偏差	50 mm	每根	用钢尺量
3	桩径	±10 mm	每根	用钢尺量钻头
4	施工间歇	<24 h	每根	查施工记录

（3）型钢水泥搅拌墙验收的抽检数量不宜少于总桩数的5%。

（4）基坑开挖前应检验水泥土搅拌桩的桩身强度，强度指标应符合设计要求。水泥土搅拌桩的桩身强度宜采用浆液试块强度试验确定，也可以采用钻取桩芯强度试验确定。桩身强度检测方法应符合下列规定：

① 浆液试块强度试验应取刚搅拌完成而尚未凝固的水泥土搅拌桩浆液制作试块，每台班应抽检1根桩，每根桩不应少于2个取样点，每个取样点应制作3件试块。取样点应设置在基坑坑底以上1 m范围内和坑底以上最软弱土层处的搅拌桩内。试块应及时密封水下养护28 d后进行无侧限抗压强度试验。

② 钻取桩芯强度试验应采用地质钻机并选择可靠的取芯钻具,钻取搅拌桩施工后 28 d 龄期的水泥土芯样,钻取的芯样应立即密封并及时进行无侧限抗压强度试验。抽检数量不应少于总桩数的 2%,且不得少于 3 根。每根桩的取芯数量不宜少于 5 组,每组不宜少于 3 件试块。芯样应在全桩长范围内连续钻取的桩芯上选取,取样点应取沿桩长不同深度和不同土层处的 5 点,且在基坑坑底附近应设取样点。钻取桩芯得到的试块强度,宜根据钻取桩芯过程中芯样的情况,乘以 1.2～1.3 的系数。已钻孔取芯完成后的空隙应注浆填充。

③ 当能够建立静力触探、标准贯入或动力触探等原位测试结果与浆液试块报告或钻取桩芯强度试验结果的对应关系时,也可采用原位试验检验桩身强度。

(四) 质量监督要点

(1) 水泥及外掺剂的质量保证书、检测报告。

(2) SMW 工法桩施工方案、审批及施工技术交底。

(3) SMW 工法桩施工记录表。

(4) 钻进中桩位偏差、桩的搭接长度、提升速度、水泥掺量、浆液水灰比、成孔深度。

(5) H 型钢:型钢质量、焊接接头质量。

(6) 水泥试块强度、钻取桩芯强度试验、水泥土搅拌桩强度原位测试检验报告,桩身强度检验抽检数量应满足规范要求。

(7) 其他有关资料。

(五) 常见质量问题与原因

1. SMW 工法桩渗漏水

存在问题及现象描述:

SMW 工法桩围护结构渗漏水。

原因分析:

(1) 搅拌桩施工过程中,搅拌不均匀,水泥掺量不足。

(2) 搅拌桩垂直度偏差超过 1/200,在开挖面范围内分叉,出现未加固的原状泥土。

(3) H 型钢垂直度偏差超过 1/200,造成局部水泥搅拌土强度不足,引起围护结构渗漏水。

(4) 搅拌桩施工过程中,意外停机,导致搅拌桩出现冷缝,在冷缝位置易发生渗漏水。

(5) SMW 工法桩与地下连续墙或其他围护结构连接位置,容易发生加固缺陷或者搭接冷缝,发生渗漏水。

(6) 搅拌桩水平偏差较大,存在漏加固区域,发生渗漏水。

预防及控制措施:

(1) 施工前制定施工参数,包括垂直度、转速、下沉及提升速度、水泥浆配合比、单桩成桩时间等。

(2) 严格控制施工参数指标,必要时重复搅拌。

(3) 冷缝外侧可采用三轴搅拌桩补桩或旋喷桩、压密注浆加固措施。

(4) 不同围护结构接缝应采取加固措施。

(5) 施工时应放好线,打印或绘制施工图,做一个标注一个。

2. SMW 工法桩侵限

存在问题及现象描述:

SMW 工法桩围护结构侵限。

原因分析:

(1) 定位放线误差过大,偏向基坑内侧大于桩长的 5/1 000。

(2) 搅拌桩垂直度偏差超过 5/1 000,偏向基坑内侧。

(3) H 型钢垂直度偏差超过 5/1 000,偏向基坑内侧。

预防及控制措施:

可适量外放围护结构,预留足够空间。

六、锚杆及土钉墙

(一) 概述

1. 土钉

土钉是植入土中并注浆形成的承受拉力与剪力的杆件。土钉墙是由随基坑开挖分层设置的、纵横向密布的土钉群、喷射混凝土面层及原位土体所组成的支护体系。

2. 锚杆

锚杆是由杆体(钢绞线、预应力螺纹钢筋、普通钢筋或钢管)、注浆固结体、锚具、套管所组成的一端与支护结构构件连接,另一端锚固在稳定岩土体内的受力杆件。杆件采用钢绞线时,也可称锚索。通常锚索应用在大吨位锚固工程,由于受力较大,一般还要施加预应力。

3. 区别

土钉与锚杆从表面上看有类似之处,但二者在受力机理和受力范围上有明显不同。

(1) 受力机理

① 土钉墙体系中,土钉是重要的受力构件。土钉的作用为:将作用于面层上的水土压力,通过土钉与土体的摩阻力传递到稳定地层中去,通过密而短的土钉将墙后土体的变形约束起来,形成由土体、注浆体及土钉组成的复合土体,复合土体类似于重力式坝受力。

② 锚杆是主动受力,即通过对锚杆施加预应力,在基坑未开挖前就限制土体发生过大变形。

(2) 受力范围

① 土钉是全长受力,潜在滑裂面把土钉受力方向分为两部分,前半部分受力方向指向潜在滑裂面方向,后半部分受力方向背向潜在滑裂面方向。土钉所受的拉力沿其整个长度都是变化的,一般是中间大、两头小,土钉支护中的喷混凝土面层不属于主要挡土部件,在土体自重作用下,它的主要作用只是稳定开挖面上的局部土体,防止其崩落和受到侵蚀。

② 锚杆则是前半部分为自由段,后半部分为锚固段,锚杆的前半部分可以不充填砂浆。在挡土结构中,锚杆作为桩、墙等挡土构件的支点,将作用于桩、墙上的侧向土压力通过自由段、锚固段传递到深部土体上。除锚固段外,锚杆在自由段长度上受到同样大小的拉力。

(二) 主要施工环节及工序

土钉墙与锚杆施工作业大体上可分为工作面开挖、坡面初喷、钻孔、植钉(或锚杆安装)、注浆、土钉(或锚杆)与坡面钢筋网(或腰梁)连接、设置泄水孔、面层喷射、锚杆预应力张拉 9 个环节组成。其中土钉和锚杆施工环节方面的区别是制作材料和张拉不同,其他工艺基本相同。

1. 工作面开挖

根据设计要求对工作面开挖,并对工作面边坡进行修整。土钉(或锚杆)支护应根据设计规定的分层开挖深度按作业顺序施工,在完成上层作业面的土钉(或锚杆)与喷射混凝土后再进行下一层深度的开挖。

2. 坡面初喷

为了有利于边坡稳定以及钻孔作业,对坡面进行初喷防护,在实施喷射前,修整受喷面,埋设好控制喷层厚度的标记。喷射混凝土中宜加入适量的速凝剂。喷射作业分段分片依次进行,喷射顺序应自下而上。喷头与喷面垂直,保持 0.6～1.0 m 的距离。

3. 钻孔

在边坡上做好孔位标志,用施工专用的钻机钻孔。钻孔时应控制钻机的角度及钻孔深度。成孔过程中应做好成孔记录,按土钉(或锚杆)编号逐一记载取出的土体特征、成孔质量、事故处理等,应将取出的土体与初步设计时所认定的土体加以对比,有偏差时应及时修改土钉(或锚杆)的设计参数。

4. 植钉(或锚杆安装)

将杆体(钢绞线、预应力螺纹钢筋、普通钢筋或钢管)放入钻好的孔中,按设计间距进行排列安放。

5. 注浆

注浆时应将注浆管插至孔底,采用孔底注浆的方式,且注浆管端部至孔底的距离不宜大于 200 mm,

孔口部位设置止浆塞,注浆开始或中途停止超过 30 min 时,用水或稀水泥浆润滑注浆泵及其管路,以防堵管。

6. 土钉(或锚杆)与坡面钢筋网(或腰梁)连接

(1) 按设计要求制作钢筋网片,在喷射混凝土之前将钢筋网片牢牢固定在边壁上并按规定要求留出保护层厚度。钢筋网片可用插入土中的钢筋固定。

(2) 土钉钢筋连接应满足承受土钉拉力要求,通过"井"字形短钢筋相互焊接到面层钢筋网上。

(3) 锚杆与喷射混凝土面层之间可设置腰梁连接,腰梁可采用型钢组合梁或混凝土梁。

7. 设置泄水孔

泄水孔是喷射混凝土前在墙身上间隔一定距离留置的小孔,它的作用是自然泄出土钉墙后面土里面渗透出来的水,保障土方的稳定性,避免土方被水长时间浸泡坍塌,保证土边坡的安全。

8. 面层喷射

钢筋网固定牢固后,对坡面进行混凝土喷射。喷射终凝后 2 h,连续喷水养护 5～7 d,或喷涂养护剂。

9. 锚杆预应力张拉

采用预应力锚杆支护时,在锚杆固结体达到一定强度后,应按设计要求进行锚杆的预应力张拉。

(三) 施工质量控制要点

1. 工作面开挖

开挖后的坡面必须平整,禁止超挖后用虚土进行填补,坡面坡度必须满足设计要求。

2. 坡面初喷

坡面喷射分为坡面初喷和面层喷射,初喷前先对机械设备、风、水管路和电线进行全面检查及试运行,清理虚土,埋设好喷射混凝土厚度的标志。其质量控制如下:

(1) 细骨料宜选用中粗砂,含泥量应小于 3%;粗骨料宜选用粒径不大于 20 mm 的级配砾石。

(2) 水泥与砂石的重量比宜取(1∶4)～(1∶4.5),砂率宜取 45%～55%,水灰比宜取 0.4～0.45。

(3) 使用速凝剂等外加剂时,应通过试验确定外加剂掺量。

(4) 喷射作业应分段依次进行,同一分段内应自下而上均匀喷射,喷头与受喷面应保持垂直,距离宜为 0.6～1.0 m,一次喷射厚度宜为 30～80 mm。

3. 钻孔

(1) 钻孔要保证位置正确,要随时注意调整好锚孔位置(上下左右及角度),防止高低参差不齐和相互交错。

(2) 钻进后要反复提插孔内钻杆,并用水冲洗孔底沉渣直至出清水,再接下节钻杆。

(3) 土钉成孔施工要符合《建筑基坑支护技术规程》(JGJ 120—2012)第 5.4.8 条规定:

① 土钉位置的允许偏差应为 100 mm;

② 土钉倾角的允许偏差应为 3°;

③ 土钉杆体长度不小于设计长度;

④ 钢筋网间距的允许偏差应为 ±30 mm。

(4) 锚杆的施工偏差应符合《建筑基坑支护技术规程》(JGJ 120—2012)第 4.8.5 条规定:

① 钻孔孔位的允许偏差应为 50 mm;

② 钻孔倾角的允许偏差应为 3°;

③ 杆体长度不应小于设计长度;

④ 自由段的套管长度允许偏差应为 ±50 mm。

4. 植钉(或锚杆安装)

(1) 植钉

① 钢筋使用前应复试,钢筋需要连接时,宜采用搭接焊、帮条焊连接;焊接采用双面焊,双面焊的搭接长度不应小于主筋的 5 倍,焊缝高度不应小于主筋直径的 0.3 倍。

② 土钉拉杆应由专人制作,要求顺直。钻孔完毕应尽快地安设拉杆,以防塌孔。

③ 对中支架的截面尺寸应符合对土钉杆体保护层厚度的要求,对中支架可选用直径 6～8 mm 的钢筋焊制。

(2) 锚杆安装

① 锚杆杆体用钢绞线应符合现行国家标准《预应力混凝土用钢绞线》(GB/T 5224—2014)。

② 锚具应符合现行国家标准《预应力筋用锚具、夹具和连接器》(GB/T 14370—2015)的规定。

③ 钢筋锚杆的杆体宜选用预应力螺纹钢筋和 HRB400、HRB500 螺纹钢筋。

④ 锚杆的非锚固段及锚头部分应及时做防腐处理。

⑤ 预应力锚杆体在运输及安装过程中应防止明显的弯曲、扭转,并不得破坏隔离架、防腐套管、注浆管和排气导管及其他附件。

⑥ 钢绞线使用前要检查各项性能,检查有无油污、锈蚀、断丝等情况;如有不合格的,应进行更换或处理。锚杆锚固段长度不应小于 6 m;自由段不小于 5 m,且穿过潜在滑动面并进入稳定土层不小于 1.5 m;钢绞线、钢筋杆体在自由段应设置隔离套管。预应力筋表面不应有污物、铁锈或其他有害物质,并严格按照设计尺寸下料。

⑦ 应沿锚杆体全长设置定位架;定位支架应能使相邻定位支架中心处锚杆杆体的注浆固结体保护层厚度不小于 10 mm,定位支架的间距宜根据锚杆杆体的组装刚度确定,对自由段宜取 1.5～2.0 m;对锚固段宜取 1.0～1.5 m;定位支架应能使各根钢绞线相互分离。

⑧ 锚杆放入孔前应清除孔内土屑,检查注浆管、排气管是否畅通,止浆器是否完好。锚杆的锚头承压板应安装平整、牢固,承压面应与锚孔轴线垂直。

⑨ 采用套管护壁工艺成孔时,应在拔出套管前将杆体插入孔内;采用非套管护壁成孔时,杆体应匀速推送至孔内。

5. 注浆

(1) 应严格按设计要求选用注浆材料;注浆应采用水泥浆或水泥砂浆;成孔后应及时插入杆体及注浆。注浆液采用水泥浆时,水灰比宜取 0.5～0.55;采用水泥砂浆时,水灰比宜取 0.4～0.45,灰砂比宜取 0.5～1.0,拌合用砂宜选用中粗砂。

(2) 注浆前用水引路、润湿,检查输浆管道;注浆后及时用水清洗搅拌、压浆设备及灌浆管等。

(3) 土钉(或锚杆)注浆时将注浆管插至孔底,采用由孔底注浆的方式,且注浆管端部至孔底的距离不宜大于 200 mm;注浆拔管时,注浆管出浆口应始终埋入注浆液面内,应在新鲜浆液从孔口溢出后停止注浆。注浆后,当浆液液面下降时,应进行补浆。

(4) 锚杆采用二次压力注浆工艺时,注浆管应在锚杆末端 $l_a/4～l_a/3$(l_a 为锚固段长度)范围内设置注浆孔,孔间距宜取 500～800 mm,每个注浆截面的注浆孔宜取 2 个;二次压力注浆液宜取水灰比 0.5～0.55 的水泥浆;二次注浆管应固定在杆体上,注浆管的出浆口应有逆止构造;二次注浆在水泥浆初凝后、终凝前进行,终止注浆的压力应不小于 1.5 MPa。

(5) 基坑采用截水帷幕时,地下水位以下的锚杆注浆应采用孔口封堵措施。

6. 土钉(或锚杆)与坡面钢筋网(或腰梁)连接

按设计要求制作钢筋网片,钢筋网片的节点处应用扎丝扎牢;铺设网片时,网片与坡面间隙必须满足设计要求,钢筋搭接长度必须满足规范要求,并用扎丝扎牢。钢筋网应与土钉连接牢固。钢筋网片可用焊接或绑扎而成,网格允许偏差为 ±10 mm,钢筋网铺设时每边的搭接长度应不小于一个网格边长或 200 mm。若为搭焊,则焊长不小于网筋直径的 10 倍。

锚杆通过腰梁进行锚固固定,腰梁与喷射混凝土面层应紧靠,腰梁应有可靠固定措施,腰梁采用型钢时,腰梁之间应焊接连接牢固,腰梁规格应满足设计要求。

7. 泄水孔

泄水孔设置一般做成向外倾斜 3‰～5‰,以利于排水;导流管的长度及间距必须符合设计要求;孔端一般采用滤网包扎,外侧填砾料,防止土体中泥沙流失;喷射混凝土前,管口做好遮挡保护,防止孔内堵塞。

8. 面层喷射

面层喷射除应满足初喷质量控制要点外,还需满足以下要求:

(1) 喷射混凝土终凝 2 h 后应及时洒水养护。

(2) 钢筋与坡面的间隙应大于 20 mm。

(3) 采用双层钢筋网时,第二层钢筋网应在第一层钢筋网被喷射混凝土覆盖后铺设。

9. 锚杆张拉

(1) 张拉用设备、仪表应按检定周期送计量测试部门检定,且应配套检定、配套使用。

(2) 预应力锚杆张拉前要校核千斤顶,检验锚具硬度;清擦孔内油污、泥砂。张拉力要根据实际所需的有效张拉力和张拉力的可能松弛程度而定。

(3) 当锚杆固体强度达到 15 MPa 或设计强度的 75% 后,方可进行锚杆张拉锁定。

(4) 拉力型钢绞线锚杆宜采用钢绞线整体张拉锁定的方法,锚杆张拉时,分别在拉杆上、下部位安设两道型钢横梁,与护坡墙(桩)紧贴。张拉用穿心式千斤顶,当张拉到设计荷载时,拧紧螺母,完成锚定工作。张拉时宜先用小吨位千斤顶拉,使横梁与托架贴紧,然后再换大吨位千斤顶进行整排锚杆的正式张拉。宜采用跳拉法或往复式拉法,以保证钢筋或钢绞线与横梁受力均匀。

(5) 锁定时的锚杆拉力应考虑锁定过程的预应力损失量;预应力损失量宜通过锁定前、后锚杆张拉力的测试确定;缺少测试数据时,锁定时的锚杆拉力可取锁定值的 1.1~1.15 倍。

(6) 锚杆锁定后,若发现有明显的预应力损失时,应进行补偿张拉。

(7) 张拉过程应使用测力器观测,做好张拉记录。

10. 锚杆及土钉墙施工质量检测

(1) 土钉墙的质量检测应符合《建筑基坑支护技术规程》(JGJ 120—2012)第 5.4.10 条规定:

① 应对土钉的抗拔承载力进行检测,土钉的检测数量不宜少于土钉总数的 1%,且同一土层的土钉检测数量不应少于 3 根;对安全等级为二级、三级的土钉墙,抗拔承载力检测值分别不应小于土钉轴向拉力标准值的 1.3 倍、1.2 倍;检测土钉墙应采用随机抽样的方法选取;检测试验应在注浆固结体强度达到 10 MPa 或达到设计强度的 70% 后进行;当检测的土钉不合格时,应扩大检测数量。

② 应进行土钉墙面层喷射混凝土的现场试块强度试验,每 500 平方米喷射混凝土面积的试验数量不应少于一组,每组试块不应少于 3 个。

③ 应对土钉墙的喷射混凝土面层厚度进行检测,每 500 平方米喷射混凝土面积的试验数量不应少于一组,每组的检测点不应少于 3 个;全部检测点的面层厚度平均值不应小于厚度设计值,最小厚度不应小于厚度设计值的 80%。

(2) 锚杆应进行抗拉和验收试验,应符合《建筑基坑支护技术规程》(JGJ 120—2012)第 4.8.8 条规定:

① 检测数量不应少于总数量的 5%,且同一土层中的锚杆检测数量不应少于 3 根。

② 检验试验应在锚固段注浆固体强度达到 15 MPa 或达到设计强度的 75% 后进行。

③ 抗拔承载力值按照表 4.1.14 确定。

表 4.1.14 锚杆的抗拔承载力检测值

支护结构安全等级	抗拔承载力检测值与轴向拉力标准值的比值
一级	≥1.4
二级	≥1.3
三级	≥1.2

(3) 锚杆及土钉墙支护工程质量检验标准应符合《建筑地基基础工程施工质量验收规范》(GB 50202—2002)第 7.4.5 条规定,见表 4.1.15。

表 4.1.15　锚杆及土钉墙支护工程质量检验标准

项目类别	序号	检查项目	允许偏差	检查方法
主控项目	1	锚杆(土钉)长度	±30 mm	钢尺量检查
	2	锚杆锁定力	设计要求	现场实测
一般项目	1	锚杆或土钉位置	±100 mm	钢尺量检查
	2	钻孔倾斜度	±1°	测钻机倾角
	3	浆体强度	设计要求	试验送检
	4	浆液量	大于理论计算浆量	检查计量数据
	5	土钉墙面厚度	±10 mm	钢尺量检查
	6	墙体强度	设计要求	试验送检

（四）质量监督要点

（1）水泥及外掺剂应有相关合格证及检验报告。

（2）砂石应有合格证及检验报告。

（3）钢筋原材合格证及检验报告。

（4）锚杆或钢绞线、锚具是否合格。

（5）施工层段的划分、边坡清理状况、钢筋网的规格、尺寸及与土钉连接质量等。

（6）土钉及锚杆的孔位、孔深、孔径、角度、注浆配比、注浆压力及注浆量。

（7）土钉、锚杆及钢绞线的埋入长度、数量等。

（8）混凝土试块的留置和养护是否满足要求。

（9）喷射混凝土与坡面、钢筋网是否紧密结合，其表面是否平顺、无露筋、无裂隙。

（10）预应力锚索的预应力施加记录。

（11）土钉及锚杆的抗拔承载力试验报告。

（12）其他相关资料。

（五）常见质量问题及预防

1. 土钉墙坡顶位移

存在问题及现象描述：

土钉墙坡顶发现位移现象，墙面出现开裂，甚至有混凝土脱落。

原因分析：

（1）土钉植入深度不够，注浆效果不好，抗拔力未满足设计要求。

（2）喷锚厚度不够，不均匀。

（3）泄水孔被堵，土体内水不能排出。

预防及控制措施：

（1）减少周边荷载。

（2）植入土钉长度必须满足设计要求，注浆量、水灰比、水泥掺量必须满足设计要求。

（3）喷射混凝土时应均匀喷射，喷射厚度必须满足设计要求。

（4）施工时，喷射混凝土过程中应采取有效措施，保证泄水孔不被堵塞。

2. 墙体开裂、渗水

存在问题及现象描述：

土钉墙墙体出现裂纹，有混凝土脱落现象，墙体出现渗水现象。

原因分析：

（1）侧向土压力超过土钉墙的抗侧压力能力，引起墙体开裂。

(2) 喷锚厚度不够,不均匀。

(3) 喷射混凝土后,养护不及时或养护不到位,引起开裂。

(4) 泄水孔被堵,土体内水不能排出。

预防及控制措施:

(1) 按设计要求严格进行施工,确保土钉墙的施工质量。

(2) 喷射混凝土时,应均匀喷射,喷射厚度必须满足设计要求。

(3) 喷锚结束后,及时按照要求进行养护。

(4) 施工时,喷射混凝土过程中应采取有效措施保证泄水孔不被堵塞。

七、高压喷射注浆

(一) 概述

高压喷射注浆,即高压旋喷注浆桩,简称旋喷桩。它是利用钻机把带有特殊喷嘴的注浆管钻进至土层的预定位置后,用高压脉冲泵,将水泥浆液通过钻杆下端的喷射装置,向四周以高速水平喷入土体,借助流体的冲击力切削土层,使喷流射程内土体遭受破坏,与此同时钻杆一边以一定的速度旋转,一边低速徐徐提升,使土体与水泥浆充分搅拌混合,胶结硬化后即在地基中形成直径比较均匀,具有一定强度的圆柱桩体。

城市轨道交通工程中高压旋喷桩一般与钻孔灌注桩、地下连续墙、钢板桩等围护结构共同形成围护体系,也有单独使用情况,如土体加固以及止水帷幕的堵漏处理。

高压旋喷桩根据使用机具设备的不同,又分以下三种:

1. 单管法

用一根单管喷射高压水泥浆液作为喷射流,由于高压浆液射流在土中衰减大,破碎土的射程较短,成桩直径较小。

2. 二重管法

用同轴双通道二重注浆管复合喷射高压水泥浆和压缩空气两种介质,以浆液作为喷射流,但在其外围裹着一圈空气流成为复合喷射流。

3. 三重管法

同轴三重注浆管复合喷射高压水流和压缩空气,并注入水泥浆液。由于高压水射流的作用,使地基中一部分土粒随着水、气排出地面,高压浆流随之填充空隙。

目前城市轨道交通工程大多采用二重管法,且三种施工工法原理基本相同,本章节以二重管为例进行阐述。

(二) 主要施工环节及工序

高压旋喷桩施工作业大体上可分为试桩试验、测量、桩机就位、浆液配制、钻孔及插管、喷射注浆、补浆 7 个环节组成。

1. 试桩试验

根据室内试验确定的施工喷浆量、水灰比制备水泥浆液,在试桩点打设数根试桩,并根据试桩结果调整喷浆量、钻杆提升速度、回转速度、喷入压力等施工参数。

2. 测量

(1) 对测量仪器、设备、工具等进行检查,确认符合要求。

(2) 根据建设单位提供的控制桩、水准点采用全站仪与水准仪引测出施工区域的控制桩及桩顶标高,依次成桩时应以一排桩为单位,在控制线上做标记来控制桩位。

(3) 测量作业须相互检查校对并做出测量和检查核对记录。

3. 桩机就位

(1) 缓慢移动至指定桩位,由专人指挥,用水平尺和定位测锤校准桩机,使桩机水平、导向架和钻杆与地面垂直。对不符合垂直度要求的钻杆进行调整,直到钻杆的垂直度达到要求。

（2）将钻头对准孔位中心,同时整平钻机,放置平稳、水平。为了保证桩位准确,必须使用定位卡。就位后,首先进行低压射水试验,用以检查喷嘴是否畅通,压力是否正常。

4. 浆液配制

（1）桩机移位时,即开始按设计确定的配合比拌制水泥浆。高压旋喷桩的浆液配制严格按设计要求控制。

（2）搅拌灰浆时,先将水加入桶中,再将水泥倒入,浆液在灰浆拌和机中要不断搅拌。

（3）过滤泥浆首先拧开搅拌桶底部阀门,放入第一道筛网,过滤后流入浆液池,然后通过泥浆泵抽进第二道过滤网,第二次过滤后流入浆液桶中。水泥浆通过胶管送到旋转振动钻机的喷管内,最后射出。

5. 钻孔及插管

（1）二重管旋喷法施工。该方法插管与钻孔两道工序合二为一,即钻孔完成时插管作业同时完成。

（2）第一阶段贯入土中时,可借助旋喷注浆管本身的喷射或振动贯入。其过程为:启动钻机,同时开启高压泥浆泵低压输送水泥浆液,使钻杆沿导向架振动、射流成孔下沉,直至设计标高。

（3）钻孔过程中作业人员详细记录好钻杆节数。

6. 喷射注浆

（1）旋喷作业系统的各项工艺参数都必须按照预先设定的要求加以控制,并随时做好关于旋喷时间、用浆量、冒浆情况、压力变化等的记录。

（2）喷浆管下沉到达设计深度后,停止钻进,旋转不停,喷射时,高压注浆泵压力增到施工设计值,坐底喷浆 30 s 后,边喷浆边旋转,水泥浆与桩端土充分搅拌后,再边喷浆边反向匀速旋转提升注浆管,提升速度为 80～120 mm/min 为宜,直至距桩顶 1 m 时,放慢搅拌速度和提升速度。

（3）中间发生故障时,应停止提升和旋喷,以防桩体中断,同时立即检查排除故障,重新开始喷射注浆。

（4）当旋喷管提升接近桩顶时,应从桩顶以下 1.0 m 开始,慢速提升旋喷,旋喷数秒,再向上慢速提升 0.5 m,直至桩顶停浆面。

7. 补浆

（1）喷射注浆作业完成后,由于浆液的析水作用,一般均有不同程度的收缩,使固结体顶部出现凹穴,要及时用水泥浆补灌。

（2）因停电、机械事故而停喷时,应进行搭接复喷。

（三）施工质量控制要点

1. 试桩试验

（1）正式开工前应认真做好工艺性试桩工作,注浆所用的水泥和外加剂品种、规格及质量应符合设计要求。

（2）浆液应严格按试验明确的配合比拌制,制备好的浆液应均匀,不得离析。每根桩施工过程中观察并用浆液比重计检测浆液密度。

（3）操作人员应记录钻进开始时间、钻进停止时间、送浆时间、停浆时间、浆液比重、注浆泵压力、钻杆提升速度、旋转速度等有关参数的变化。根据记录数据确定合理的施工技术参数和浆液配比。

2. 测量控制

（1）全站仪等测量仪器其工作状态应满足圆气泡和长气泡居中。

（2）用钢尺测距时,事先对钢尺进行检定,并消除定线误差、钢尺倾斜误差、拉力不均匀误差、钢尺对准误差、读数误差等。

测角:采用三测回,测角中误差小于 $\pm 10''$;

测距:采用往返测法,取平均值。

（3）测量作业须检查校对并做出测量定位放线记录。

3. 桩机就位

(1) 施工前先进行场地开挖平整,做好坑边排水措施,预防陷机情况。

(2) 将钻架安放平稳牢固,用水平尺和定位测锤校准桩机,进行桩机水平校正,并使导向架和钻杆与地面垂直,钻杆头对准桩位。

(3) 钻杆的垂直度偏差不大于 1.5%,桩位对中误差不大于 50 mm。

(4) 就位后,检查旋喷管的高压水与空气喷射情况,压力是否正常,各部位密封圈是否封闭。

4. 浆液配制

(1) 制作浆液时,水灰比要按设计严格控制,不得随意改变,不得使用受潮或过期的水泥。

(2) 制浆材料称量可采用质量或体积计量法,其误差应不大于 5%。

(3) 浆液在灰浆拌和机中要不断搅拌,防止泥浆沉淀离析,浓度降低。

(4) 水泥浆的搅拌时间,使用高速搅拌机不少于 60 s,使用普通搅拌机不少于 180 s。

(5) 浆液搅拌完毕后送至吸浆桶时,应有筛网进行过滤,过滤筛孔以小于喷嘴直径 1/2 为宜。

(6) 纯水泥浆液存放时间超过初凝时间时,应予以废弃。

5. 钻孔及插管

(1) 钻杆旋转和提升必须连续不中断,拆卸接长钻杆或继续旋喷时要保持钻杆有 $10\sim20$ cm 的搭接长度,以免出现断桩。

(2) 在校直纠偏检查中,利用测锤(高度不得低于 2 m)从垂直两个方向进行检查,若发现偏斜,则在机座下加垫薄木块进行调整。

(3) 在插管过程中,为防止泥砂堵塞喷嘴,可用较小压力,边下管边射水泥浆,至设计标高后停止钻进。

(4) 钻孔过程中详细记录好钻杆节数,保证钻孔深度。

6. 喷射注浆

(1) 喷射时,先应达到预定的喷射压力、喷浆量,再逐渐提升注浆管,由下而上旋喷注浆。

(2) 喷浆时高压泵的压力及流量应满足施工要求。其额定压力应不小于设计规定压力的 1.2 倍。压力表应定期进行检定。

(3) 中间发生故障时,应停止提升和旋喷,以防桩体中断,同时立即进行检查排除故障。

(4) 每次旋喷时,均应先喷浆后旋转和提升,以防止浆管扭断。

(5) 旋喷过程中,冒浆量小于注浆量的 20% 为正常现象。若超过 20% 或完全不冒浆时,应查明原因,调整旋喷参数或改变喷嘴直径。

(6) 相邻两桩施工时间间隔不小于 48 h。

(7) 旋喷过程中做好施工记录。

(8) 喷射施工完毕后,应把注浆管机具设备冲洗干净,管内、机内不得残存水泥浆。

7. 补浆

(1) 喷射注浆作业完成后,由于浆液的析水作用,一般均有不同程度的收缩,使固结体顶部出现凹穴,要及时用与原水灰比相同的水泥浆补灌。

(2) 孔口不返浆时,查明原因(如附近地面隆起等)停止提升喷射管,通过停喷、静喷或加大浆液稠度,多次反复直至返浆。

(3) 喷射过程中因故中断后,恢复喷射时,应复喷,搭接长度不小于 500 mm;喷射中断超过浆液初凝时间,应进行扫孔,恢复喷射时,复喷搭接长度不小于 1 m。

8. 高压旋喷桩质量检验

(1) 高压旋喷桩检验标准,应符合《建筑地基基础工程施工质量验收规范》(GB 50202—2002)第4.10.4条要求,见表4.1.16。

表 4.1.16 高压喷射注浆质量检验标准

项	序	检查项目	允许偏差或允许值		检查方法
			单位	数值	
主控项目	1	水泥及外掺剂质量	符合出厂要求		查产品合格证书或抽样送检
	2	水泥用量	设计要求		查看流量表及水泥浆水灰比
	3	桩体抗压强度及完整性检验	设计要求		按规定方法
一般项目	1	钻孔位置	≤50 mm		钢尺量测
	2	钻孔垂直度	≤1.5%		实测
	3	孔深	±200 mm		钢尺量测
	4	注浆压力	按设定参数指标		查看压力表
	5	桩体搭接	>200 mm		钢尺量测
	6	桩体直径	≤50 mm		钢尺量测
	7	桩身中心允许偏差	≤0.2D		钢尺量测,D 为设计桩径

(2) 成桩质量检验

① 旋喷桩围护:可根据工程要求和当地经验采用开挖检查、钻孔取芯、标准贯入试验、动力触探等方法进行检验,检验点布置应选择具有代表性的桩位;成桩质量检验点数量不少于施工孔数的 2%,并应少于 6 点。

② 旋喷桩复合地基:除上述要求外,还应在成桩 28 d 后进行静载荷试验检验,竣工验收时,旋喷桩复合地基承载力检验应采用复合地基静载荷试验和单桩静载荷试验。检验数量不得少于总桩数的 1%,且每个单体工程复合地基静载荷试验的数量不得少于 3 台。

(四) 质量监督要点

(1) 专项施工方案编制、审批及施工技术交底。

(2) 图纸会审记录、变更设计或洽商记录。

(3) 原材料(水泥、掺和料等外加剂)的质量合格证及复试报告。

(4) 水泥浆比重、水泥用量、钻孔深度、钻进速度、提升速度、注浆压力、旋转速度及注浆量等技术参数。

(5) 桩位偏差、钻杆垂直度检查,压力表及流量表的标定。

(6) 喷嘴下沉标高及注浆管分段提升时的搭接长度。

(7) 测量定位放线记录、隐蔽工程资料、检测报告。

(五) 常见质量问题及预防

1. 不冒浆或冒浆量少

存在问题及现象描述:

提升过程中未见孔内翻浆或翻浆较少。

原因分析:

(1) 注浆压力过小。

(2) 孔内孔隙过大或施工桩位处遇孔洞。

预防及控制措施:

(1) 施工前检查设备运转状态,对运转不良设备及时进行维修。

(2) 如遇溶洞、流砂等因素,属不确定因素,流砂层应增加速凝剂,小体积溶洞可注浆填实。

2. 断桩

存在问题及现象描述:

成桩完成后通过检测出现断桩现象。

原因分析：

（1）提升速度过快。

（2）提升过程中,旋喷管分段提升没有搭接或搭接长度不够。

预防及控制措施：

（1）严格控制提升速度,使其和喷浆量成正比。

（2）应按操作规程搭接,并可适量增加搭接长度,以保证有效搭接,防止断桩。

3. 缩径

存在问题及现象描述：

成桩后桩径不一致,存在缩径现象。

原因分析：

（1）土层密度过大,喷射压力较小。

（2）提升速度过快。

预防及控制措施：

（1）对于土层密度较大区域,可增大喷浆压力。

（2）严格控制提升速度,使其和喷浆量成正比。

4. 冒浆量过大

存在问题及现象：

提升过程中孔口大量冒浆,超出 20% 翻浆。

原因分析：

（1）喷浆管密封损坏或接头处出现损伤。

（2）土层密度较大,浆液切割土体范围较小。

（3）喷嘴尺寸过大。

预防及控制措施：

（1）加强设备的维护保养,及时检修设备。

（2）土层密度较大,可增加喷浆压力。

（3）更换喷嘴,保证高压切土能力。

八、降水井

（一）概述

基坑施工中,为避免产生流砂、管涌、坑底突涌,防止坑壁土体的坍塌,保证施工安全和减少基坑开挖对周围环境的影响,当基坑开挖深度内存在饱和软土层和含水层及坑底以下存在承压含水层时,需要选择合适的方法进行基坑降水与排水。降排水的主要作用为：

（1）防止基坑底面与坡面渗水,保证坑底干燥,便于施工。

（2）增加边坡和坑底的稳定性,防止边坡或坑底的土层颗粒流失,防止流砂产生。

（3）减少被开挖土体的含水量,便于机械挖土、土方外运、坑内施工作业。

（4）有效提高土体的抗剪强度与基坑稳定性。对于放坡开挖而言,可提高边坡稳定性。对于支护开挖,可增加被动区土抗力,减少主动区土体侧压力,从而提高支护体系的稳定性和强度保证,减少支护体系的变形。

（5）减少承压水头对基坑底板的顶托力,防止坑底突涌。

常见的降排水方法有集水明排、轻型井点、喷射井点、砂砾渗井、电渗井点和管井,地铁施工中由于基坑较深,一般均采用管井。管井根据其功能,又分为疏干井和降压井。

在深基坑工程施工中,必须十分重视承压水对基坑稳定性的重要影响。基坑突涌的发生是承压水的高水头压力引起的,通过降低承压水位（通常亦称之为"承压水头"）,可以达到降低承压水压力的目的。在基坑工程施工前,应认真分析工程场地的承压水特性,制定有效的承压水降水设计方案。在基坑工施工中,应采取有效的承压水降水措施,将承压水位严格控制在安全埋深以下。

(二) 主要施工环节及工序

降水管井施工的整个工艺流程包括成孔工艺和成井工艺,具体又可以划分为以下过程:

测放井位→安装钻机→埋设护口管→钻进成孔→清孔换浆→下井管→填砾→止水封孔→洗井→下泵试抽→降水运行→封井。

1. 测放井位

(1) 依据测量控制桩点及设计图纸定出管井平面位置,采用导线与三角测量相结合,建立控制网精确定位。井位中心用十字交叉法引至四周并用短钢筋做好标记,测量井深的基准点可用水准仪将高程引至四周的钢筋上并做红漆标记。

(2) 当布设的井点受地面障碍物或施工条件的影响时,现场可作适当调整,并报设计单位确认。

2. 安装钻机

钻机安装稳固水平,并移至井位,与放样点对准。

3. 埋设护口管

护口管底口应插入原状土层中,管外应用黏性土或草辫子封严,防止施工时管外返浆。

4. 钻进成孔

成孔方式通常采用正循环回转成孔,成孔前在井位一侧设排泥沟、泥浆循环系统,通过孔内自然造浆形成泥浆护壁。当提升钻具或停工时,孔内必须压满泥浆,防止孔壁坍塌。

5. 清孔换浆

(1) 当钻进到设计深度后,应立即采用水泵冲洗清孔,将孔内土块及泥浆冲洗出孔口。

(2) 成孔结束后,采用探井器检查井深和井径,如发现井身质量不符合要求,应立即进行修整。

(3) 井管安装前,应进行换浆。换浆是以稀泥浆置换井内的稠泥浆的施工工序,不应加入清水。

6. 下井管

(1) 安装井管前需先进行配管,即根据井管结构设计,进行配管,并检查井管的质量。井管沉设方法应根据管材强度、沉设深度和起重设备能力等因素选定。

(2) 通常采用钻机上的卷扬机吊起井管,人工配合下井管。

(3) 下管时在滤水管上下两端各设一套直径小于孔径 20 cm 的扶正器进行找平。

7. 填砾

(1) 井管安装完毕后,孔壁与井管外壁间的空隙采用砾料回填,采用铁锹均匀地抛填在井管四周,保证填砾均匀、密实,严禁整车倾倒;填砾时宜采用边向孔内送水边投砾料的方法,以防填入的砾料被泥砂堵塞。

(2) 填砾前应进行管内泥浆稀释,然后向井管四周填砾,开始时速度不宜过快,待井管内出水后再适当加快填砾速度。

8. 止水封孔

为防止泥浆及地表污水从管外流入井内,在地表以下 2～3 m 回填厚黏性土止水。

9. 洗井

为防止泥皮硬化,下管填砾之后,应立即进行洗井。管井洗井方法较多,一般分为水泵洗井、活塞洗井、空压机洗井、化学洗井和二氧化碳洗井以及两种或两种以上洗井方法组合的联合洗井。洗井方法应根据含水层特性、管井结构及管井强度等因素选用。

10. 下泵试抽

(1) 洗井结束应立即抽水,同时接通水源,补充清水,直至洗清。洗清后应安装水泵进行单井试抽,试抽水类型为稳定流抽水试验,下降次数为 1 次,且抽水量不小于管井设计出水量,抽水计量可采用安装水表进行。

(2) 试抽水过程中应定时测定抽水量、工作水压力、真空度等,并做好记录。

11. 降水运行

(1) 抽水井个数和抽水量大小应根据基坑深度和承压水头埋深要求进行控制。

(2) 抽水需要 24 h 派人值班,并做好抽水记录,以掌握抽水动态,指导降水运行达到最优。

(3) 整个降水过程中采用双电源配置,以确保降水连续进行。

(4) 降水井在工作中应注意保护井口,防止井口被破坏、填塞。

12. 封井

当满足封井要求时,可停止降水,按照设计方案进行封井。

(三) 施工质量控制要点

1. 测放井位

(1) 全站仪等测量仪器其工作状态应满足圆气泡和长气泡居中。

(2) 用钢尺测距时,应事先对钢尺进行检定,并消除定线误差、钢尺倾斜误差、拉力不均匀误差、钢尺对准误差、读数误差等。

2. 安装钻机

(1) 施工前先进行场地开挖平整,做好坑边排水措施,预防陷机情况。

(2) 安装钻机时,为了保证孔的垂直度,机台应安装稳固、水平,大钩对准孔中心,大钩、转盘与孔的中心三点成一线,严把开孔关,弯曲的钻杆不得下入孔内。

3. 埋设护口管

埋设护口管要求垂直,并打入原状土中 10～20 cm,护口管上部应高出地面 10～30 cm。

4. 钻进成孔

(1) 钻进开孔时应吊紧大钩钢丝绳,轻压慢转,以保证开孔钻进的垂直度,钻孔孔斜不超过 1‰,要求整个钻孔孔壁圆整光滑,成孔施工采用孔内自然造浆,钻进过程中泥浆密度控制在 1.10～1.15 g/cm³,当提升钻具或停工时,孔内必须压满泥浆,以防止孔壁坍塌。如果在钻孔过程中遇到地下障碍物钻不下去,对该井位做适当调整后,重新钻孔。

(2) 保持井内液柱压力与地层侧压力(包括土压力和水压力)的平衡,是维系井壁稳定的基本方法。对于易坍塌地层,应注意经常维持和调整压力平衡关系。

(3) 遇水不稳定地层,选用的冲洗介质类型和性能应能够避免水对地层的影响。

(4) 冲洗介质是钻进时用于携带岩屑、清洗井底、冷却和润滑钻具及保护井壁的物质。常用的冲洗介质有清水、泥浆、空气、泡沫等。

(5) 当其他护壁措施无效时,可采用套管护壁。

5. 清孔换浆

(1) 用标准测绳测定钻孔深度,钻孔深度应符合设计要求,沉渣厚度≤100 mm。

(2) 探井是检查井深和井径的工序,目的是检查井深是否圆直,以保证井管顺利安装和滤料厚度均匀。探井工作采用探井器进行,探井器直径应大于井管直径,小于孔径 25 mm;其长度宜为 20～30 倍孔径。在合格的井孔内任意深度处,探井器应均能灵活转动。如发现井身质量不符合要求,应立即进行修整。

(3) 成孔结束、经探井和修整井壁后,井内泥浆黏度很大并含有大量岩屑,过滤管进水缝隙可能被堵塞,井管也可能沉不到预计深度,造成过滤管与含水层错位。因此,井管安装前,应进行换浆。换浆是以稀泥浆置换井内的稠泥浆的施工工序,不应加入清水。换浆的浓度应根据井壁的稳定情况和计划填入的滤料粒径大小确定,稀泥浆一般黏度为 16～18 s,密度为 1.05～1.10 g/cm³。

6. 下井管

(1) 井管进场后,应检查过滤器的缝隙是否符合设计要求;现场存放位置应合理、堆放整齐,管井底下垫木方。

(2) 一般管井应采用钢质井管,疏干管井外径不应小于 245 mm,减压管井外径不应小于 273 mm,井管壁厚宜为 3.5～4 mm 的焊接钢管,沉淀管接在滤水管底部,长度为 1.00 m,底口用铁板封死。

（3）下管前必须测量孔深,孔深符合设计要求后,开始下井管。滤管外包30~40目的尼龙滤网,并用镀锌铁丝绑扎牢固。

（4）井管应平稳入孔,每节井管的两端口要找平,下管时在滤水管上下两端各设一套直径小于孔径20 cm的扶正器(找中器),以保证滤水管能居中,下到设计深度后,井口固定居中。

（5）下井管过程应连续进行,不得中途停止,如因机械故障等原因造成孔内坍塌或沉淀过厚,应将井管重新拔出,扫孔、清孔后重新下入,严禁将井管强行插入坍塌孔底。

7. 填砾

（1）填砾前的准备工作包括:①井内泥浆稀释至密度小于1.10 g/cm³(高压含水层除外);②检查滤料的规格和数量,降水井滤料填至地面以下2~3 m,且滤料的回填顶标高须高于井管滤孔上标高2 m以上;③备齐测量填砾深度的测锤和测绳等工具;④清理井口现场,加井口盖,挖好排水沟。

（2）滤料的质量包括以下5个方面:①滤料应按设计规格进行筛分,不符合规格的滤料不得超过15%;②滤料的磨圆度应较好,棱角状砾石含量不能过多,严禁以碎石作为滤料;③不含泥土和杂物;④宜用硅质砾石;⑤围填量不应小于料柱计算容积的95%。

8. 止水封孔

填砾至地面以下2~3 m,改用黏土填至地面,封填柱高度≥1.5 m,封填过程应分段捣实并压实封闭孔口,或采取水泥浆封口,以防地面水渗水。

9. 洗井

（1）洗井应在下完井管、填好滤料后立即进行,一气呵成,以免时间过长,护壁泥皮逐渐老化,难以破坏,影响渗水效果。

（2）绝不允许搁置时间过长或完成钻探后集中洗井。

（3）先用活塞洗井,后用空压机洗井,降压井活塞全程提拉不应少于40次(疏干井20次),降压井持续时间不应少于4 h(疏干井2 h),并至井内泛水变清。空压机洗井应全部清除沉淀管中的沉渣。

10. 下泵试抽

（1）管井施工阶段试抽水主要目的不在于获取水文地质参数,而是检验管井出水量的大小,确定管井设计出水量和设计动水位。

（2）试抽水类型为稳定流抽水试验,下降次数为1次,且抽水量不小于管井设计出水量;稳定抽水时间为6~8 h;试抽水稳定标准为:在抽水稳定的延续时间内井的出水量、动水位仅在一定范围内波动,没有持续上升或下降的趋势,即可认为抽水已经稳定。

（3）抽水过程中需考虑自然水位变化和其他干扰因素影响。试抽水前需测定井水含砂量。

11. 降水运行控制

（1）全面降水前必须完成沉砂池在内的所有外排水系统,并与城市下水管连接,完成水表安装和监测点初始值采集。

（2）管井全部完成验收合格后根据设计要求开始降水,观测并记录地下水位变化情况。按照监测方案对周围建筑物、设施进行沉降、位移观测。当监测数据异常时应及时采取有效措施,避免因降水而影响周围建筑设施的安全。当降水作业满足设计要求时,可间断性抽水。若要启动减压井时,必须将监测数据反馈设计单位后决定。

（3）电源配置采用双电源,确保抽水能持续不断进行。从两个变压器分别接出电源至降水总配电箱,一路为主电源,另一路为备用电源。如主电源发生故障或其他原因造成供电中断,则立即用备用电源连接降水总配电箱,确保10 min内抽水能继续进行,避免因停电造成井底涌水。

12. 封井要求

（1）回填混凝土强度符合要求,回填高度至底板顶面以下10 cm。

（2）井管割除需办理好动火手续,配备好灭火器,待井管内混凝土的初凝能符合要求,并能确定封堵的实际效果满足要求后方可采用气割井管或采用机械割除。

（3）封顶钢板厚度需满足强度要求,封顶钢板面低于底板顶面以下10 cm左右,焊接的焊缝要求饱满、密实。

13. 管井降水质量检验

(1) 管井质量控制应符合《管井技术规范》(GB 50296—2014)第 8.0.1 条的有关要求,见表 4.1.17。

表 4.1.17 管井质量控制要求

序号	检查项目	技术要求
1	管井结构	符合设计要求
2	管井实际深度	井位实测,符合设计要求
3	单井出水量和降深	符合设计要求
4	井水含砂量	$\leqslant 1/100\,000$
5	井斜	顶角偏斜不大于 1‰,顶角和方向角不得有突变
6	井底沉淀物	高度小于井深的 0.5‰
7	滤料	应筛分,不合格数量小于 15%,不应含土和杂物

(2) 管井竣工验收质量标准

降水管井竣工验收是指管井施工完毕,在施工现场对管井的质量进行逐井检查和验收。

管井验收结束后,均须填写"管井验收单",这是必不可少的验收文件,有关责任人应签字。根据降水管井的特点和我国各地降水管井施工的实际情况,参照我国《管井技术规范》(GB 50296—2014)关于供水管井竣工验收的质量标准规定,降水管井竣工验收质量标准主要应有下述四个方面:

① 管井出水量:实测管井在设计降深时的出水量应不小于管井设计出水量,当管井设计出水量超过抽水设备的能力时,按单位储水量检查。当具有位于同一水文地质单元并且管井结构基本相同的已建管井资料时,新建管井的单位出水量应与已建管井的单位出水量接近。

② 井水含砂量:管井抽水稳定后,井水含砂量应不超过 1/100 000(体积比)。

③ 井斜:实测井管斜度应不大于 1°。

④ 井管内沉淀物:井管内沉淀物的高度应小于井深的 5‰。

(四) 质量监督要点

(1) 降水分包单位是否具备相应资质。

(2) 降水方案是否进行评审。

(3) 降水井所使用材料是否符合要求。

(4) 降水井布井间距和井深是否符合要求。

(5) 降水效果是否达到设计要求。

(6) 降水记录数据是否真实准确,是否存在异常。

(五) 常见问题及预防

存在问题及现象描述:

降水井抽水浑浊、出水量少,降水效果差。

原因分析:

(1) 滤料不符合要求,滤网破损,滤管淤积。

(2) 抽水时间较短。

(3) 止水帷幕或围护结构存在缺陷。

(4) 地层含水量异常。

预防及控制措施:

(1) 使用合格滤料,均匀填入,认真进行洗井作业。

(2) 严格按照设计要求和经评审的方案进行提前抽水,抽水时间不足或未降至设计标高不得进行开挖。

(3) 认真施作止水帷幕和围护结构,对于可预判的缺陷提前注浆处理。

（4）切实进行抽水试验工作,掌握实际地质情况,调整降水井覆盖面积。

（5）必要时增加管井数量和深度,达到降水要求。

第二节 地下车站结构

一、主要规范依据

1.《建筑工程施工质量验收统一标准》(GB 50300—2013);

2.《城市轨道交通工程测量规范》(GB 50308—2008);

3.《建设工程质量检测规程》(DGJ 32/J21—2009);

4.《地下铁道工程施工及验收规范(2003 年版)》(GB 50299—1999);

5.《钢筋焊接及验收规程》JGJ 18—2012);

6.《钢筋机械连接技术规程》(JGJ 107—2016);

7.《地下防水工程质量验收规范》(GB 50208—2011);

8.《地下工程防水技术规范》(GB 50108—2008);

9.《混凝土结构工程施工质量验收规范》(GB 50204—2015);

10.《混凝土质量控制标准》(GB 50164—2011);

11.《混凝土结构工程施工规范》(GB 50666—2011);

12.《大体积混凝土施工规范》(GB 50496—2009);

13.《混凝土结构耐久性设计规范》(GB/T 50476—2008);

14.《混凝土强度评定标准》(GB/T 50107—2010);

15.《砌体结构工程施工质量验收规范》(GB 50203—2011);

16.《砌体结构工程施工规范》(GB 50924—2014);

17.《混凝土小型空心砌块建筑技术规程》(JGJ/T 14—2004);

18.《蒸压加气混凝土砌块砌体结构技术规范》(CECS 289—2011);

19.《预拌砂浆应用技术规程》(JGJ/T 223—2010);

20.《铁路混凝土工程施工质量验收标准》(TB 10424—2010);

21.《混凝土结构后锚固技术规程》(JGJ 145—2013);

22.《地铁设计规范》(GB 50157—2013);

23.《城市轨道交通直流牵引供电系统》(GB/T 10411—2005);

24.《地铁杂散电流腐蚀防护技术规程》(CJJ 49—92);

25.《预拌砂浆技术规程》(DGJ 32/TJ 196—2015)。

二、概述

地下车站施工主要由基坑开挖、结构施工两个环节组成。

（一）基坑开挖

基坑开挖主要有明挖法、盖挖法和矿山法三种。

1. 明挖法

明挖法施工先从地表面向下开挖基坑至设计标高,然后在基坑内设计标高由下而上的施工主体结构及其防水措施,最后回填土并恢复路面。明挖法基坑施工分为敞口放坡基坑和有围护结构基坑两类。当场地条件允许并经验算能保证边坡稳定时可采用敞口放坡开挖;当场地限制、施工操作面紧张且基坑深度较深时,可采用有围护结构基坑的开挖。明挖法作为地铁车站常用施工方法,具有施工作业面广、速度快、工期短、工程质量易保证、工程造价低等优点。

2. 盖挖法

盖挖法是一种由明挖法派生出来的施工方法,与常见的明挖法施工的主要区别在于施工方法和施工顺序有所不同:盖挖法是先盖后挖,即先以临时路面或结构顶板维持地面畅通,再向下施工。盖挖法用于城市街区施工时,可尽快恢复路面,对道路交通影响较小,而且围护结构变形小,能够有效控制周围土体的变形和地表沉降,有利于保护邻近建筑物和构筑物。但盖挖法施工时,如混凝土水平施工缝处理不好则容易渗漏水,其施工难度大、费用高。

盖挖法根据基坑开挖与结构浇筑顺序的不同,又分为三种基本施工方法:盖挖顺作法、盖挖逆作法和盖挖半逆作法。

(1) 盖挖顺作法

盖挖顺作法施工先在现有道路上,按所需宽度,在地面完成挡土结构后,按设计要求施工覆盖板(包括纵横梁和路面板),置于挡土结构上维持交通。在覆盖板的保护下由上而下挖土、支撑至基地设计高程后,由下而上地完成主体结构再恢复路面交通。

(2) 盖挖逆作法

如遇开挖面较大、顶板覆土较浅、沿线建筑物过近,为防止施工过程中地表沉陷对邻近建筑物产生影响,可采用盖挖逆作法施工。盖挖逆作法施工先在地表面向下做基坑的围护结构和中间桩,随后开挖表层土至主体结构顶板底面高程处,利用未开挖的土体作为土模浇筑顶板,待回填土后将道路复原、恢复路面交通;然后在顶板的覆盖下,自上而下逐层开挖并施作主体结构和防水措施直至底板。

(3) 盖挖半逆作法

类似于盖挖逆作法,其区别在于顶板完成及路面恢复后,向下挖土至设计高程,先施工建筑底板,再依次向上逐层建筑侧墙、楼板。在盖挖半逆作法施工中,需要设置横撑并施加预应力。

3. 矿山法

矿山法是一种修筑隧道时常用的暗挖施工方法。传统的矿山法是指用钻眼爆破的施工方法,又称钻爆法;现代矿山法则是指新奥法、浅埋暗挖法等施工方法。详见本书第五章第一节内容。

(二) 结构施工

结构施工主要分地下车站及附属结构工程、防水工程、砌体结构工程三个部分。本节主要针对地下车站结构的主要施工环节及工序、质量控制要点、质量监督要点及常见问题原因及预防进行介绍。

三、主要施工环节及工序

地下车站工程施工主要分为:地下车站土方开挖、地下车站及附属结构工程、防水工程及砌体结构工程。

(一) 地下车站及附属结构工程

地下车站及附属结构是在开挖之后进行的主体结构施工,根据开挖方式的不同,主体结构施工应按顺作、逆作、半逆作等方法,调整钢筋混凝土柱、梁、板的施工顺序。本章节主要以地下二层车站明挖顺作法施工及质量控制为例加以叙述。

1. 地下车站桩基部分详见本章第一节。

2. 地下车站施工工序

(1) 地下车站结构施工程序:垫层→底板、底板梁→站台层立柱、侧墙→换撑(设计有要求时)→中板、中板梁→站厅层立柱、侧墙→按设计要求换撑→顶板、顶板梁→车站内二次结构。

底板、侧墙及顶板防水施工穿插在整个施工过程中进行。

(2) 混凝土施工可分为钢筋工程、模板工程和混凝土工程及防迷流工程,其施工工序如下:

① 钢筋工程:钢筋放样→钢筋制作→钢筋绑扎→验收、隐蔽。

② 模板工程:模板制作→定位放线→模板安装、加固→模板验收→模板拆模→模板的清理、保养。

③ 混凝土工程:混凝土搅拌→混凝土运输、泵送与布料→混凝土浇筑、振捣和表面抹压→混凝土养护。

④ 防迷流工程：是指地铁牵引供电系统为直流供电钢轨回流的系统，有部分直流电会通过钢轨流向混凝土、土壤等介质，会对其中金属构件如结构钢筋产生电腐蚀作用，即杂散电流腐蚀。为避免和尽量减少杂散电流对地铁金属管线和结构钢筋的腐蚀及向地铁外扩散，需采取相应的防护监测措施。车站土建施工单位必须按照杂散电流防护的要求进行施工，其工序为：结构钢筋焊接→端子制作安装。

（3）地下车站附属结构主要有出入口、风亭等结构，其施工步骤与地下车站主体结构施工工序基本相同。

（二）防水工程

1. 卷材防水施工的施工工序：基层清理→涂刷基层处理剂→铺贴附加层卷材→热熔或冷铺铺贴大面积卷材→封边处理→铺贴盖缝条。

2. 涂膜防水层的施工工序：基层清理→细部附加层处理→第一遍涂膜防水层→第二遍涂膜防水层→第三遍、四遍涂膜防水层→涂膜层做好保护→涂层面保护层施工。

（三）砌体结构工程

砌体结构工程的施工工序：弹线→拌制砂浆→确定组砌方法→立皮数杆→砌筑墙体到设计标高（同时在构造柱相应位置植筋及绑扎钢筋）→对构造柱或腰梁支模→浇筑混凝土。

四、施工质量控制要点

地下车站及附属结构工程、防水工程、砌体结构工程的质量控制要点应严格按照施工操作规程或施工方案的要求进行施工，其控制标准应严于验收规范要求。本文针对操作规程中未做要求的控制参数，提供了验收规范中的相应控制内容或表格，为最低要求供质量控制人员参考。

（一）地下车站及附属结构工程

1. 水泥进场检验

水泥进场时，应对其品种、代号、强度等级、包装或散装编号、出厂日期等进行检查，并应对水泥的强度、安定性和凝结时间进行检验，检验结果应符合现行国家标准《通用硅酸盐水泥》（GB 175—2007）等相关规定。

检查数量：按同一厂家、同一品种、同一代号、同一强度等级、同一批号且连续进场的水泥，袋装不超过 200 t 为一批，散装不超过 500 t 为一批，每批抽查数量不应少于一次。

检验方法：检查质量证明文件和抽样检验报告。

当在使用中对水泥质量有怀疑或水泥出厂超过三个月（快硬硅酸盐水泥超过一个月）时，应进行复验，并按复验结果使用。钢筋混凝土结构、预应力混凝土结构中，严禁使用含氯化物的水泥。

2. 混凝土用外加剂的质量要求

混凝土外加剂进场时，应对其品种、性能、出厂日期等进行检查，并应对外加剂的相关性能指标进行检验，检验结果应符合现行国家标准《混凝土外加剂》（GB 8076—2008）和《混凝土外加剂应用技术规范》（GB 50119—2013）等相关规定。

检查数量：按同一厂家、同一品种、同一性能、同一批号且连续进场的混凝土外加剂，不超过 50 t 为一批，每批抽查数量不应少于一次。

检验方法：检查质量证明文件和抽样检验报告。

混凝土用矿物掺和料进场时，应对其品种、技术指标、出厂日期等进行检查，并应对矿物掺和料的相关技术指标进行检验，检验结果应符合国家现行有关标准的规定。

检查数量：按同一厂家、同一品种、同一技术指标、同一批号且连续进场的矿物掺和料，粉煤灰、石灰石粉、磷渣粉和钢铁渣粉不超过 200 t 为一批，粒化高炉矿渣粉和复合矿物掺和料不超过 500 t 为一批，硅灰不超过 30 t 为一批，每批抽样数量不应少于一次。

检验方法：检查质量证明文件和抽样检验报告。

3. 混凝土拌制及养护用水的质量要求

（1）混凝土拌制及养护用水应符合现行行业标准《混凝土用水标准》（JGJ 63—2006）的规定。采用搅拌站清洗水、施工现场循环水等其他水源时,应对其成分进行检验。

(2)当采用预拌混凝土时,商品混凝土公司的选取须充分考虑运输时间、运输距离对混凝土坍落度损失的影响。在运输过程中,应控制混凝土不离析、不分层,并应控制混凝土拌和物性能满足施工要求。在泵送混凝土时,应保证混凝土连续泵送,并应符合《混凝土泵送施工技术规程》(JGJ/T 10—2011)的规定。

4. 钢筋进场检验

(1)钢筋应平直、无损伤,表面不得有裂纹、油污、颗粒状或片状老锈。钢筋进场时,应按国家现行相关标准的规定抽取试件做屈服强度、抗拉强度、伸长率、弯曲性能和重量偏差检验,检验结果必须符合有关标准的规定。

检查数量:按进场批次和产品的抽样检验方案确定。

检验方法:检查质量证明文件和抽样检验报告。

(2)成型钢筋的外观质量及尺寸偏差等的外观质量应符合国家现行有关标准的规定。成型钢筋进场时,应抽取试件做屈服强度、抗拉强度、伸长率和重量偏差检验,检验结果应符合国家现行相关标准的规定。

对由热轧钢筋制成的成型钢筋,当有施工单位或监理单位的驻场监督生产过程,并提供原材钢筋力学性能第三方检验报告时,可仅进行重量偏差检验。

检查数量:同一厂家、同一类型、同一钢筋来源的成型钢筋,一般不超过 30 t 为一批,每一批中每种钢筋牌号、规格均应至少抽取 1 个钢筋试件,总数不应少于 3 个。

检验方法:检查质量证明文件和抽样检验报告。

5. 有抗震设防要求的框架结构中的纵向受力钢筋的强度

对按一、二、三级抗震等级设计框架和斜撑构件(含楼梯)中的纵向受力普通钢筋,应采用 HRB335E、HRB400E、HRB500E、HRBF335E、HRBF400E 或 HRBF500E 钢筋,其强度和最大力下总伸长率的实测值应符合下列规定:

① 抗拉强度实测值与屈服强度实测值的比值不应小于 1.25;

② 屈服强度实测值与强度标准值的比值不应大于 1.30;

③ 最大力下总伸长率不应小于 9%。

检查数量:按进场的批次和产品的抽样检验方案确定。

检验方法:检查抽样检验报告。

6. 钢筋加工

(1)钢筋弯折的弯弧内直径应符合下列规定:

① 光圆钢筋,不应小于钢筋直径的 2.5 倍;

② 335 MPa 级、400 MPa 级带肋钢筋,不应小于钢筋直径的 4 倍;

③ 500 MPa 级带肋钢筋,当直径为 28 mm 以下时不应小于钢筋直径的 6 倍,当直径为 28 mm 及以上时不应小于钢筋直径的 7 倍;

④ 箍筋弯折处尚不应小于纵向受力钢筋的直径。

(2)纵向受力钢筋的弯折后平直长度应符合设计要求。光圆钢筋末端做 180° 弯钩时,弯钩的平直段长度不应小于钢筋直径的 3 倍。

(3)箍筋、拉筋的末端应按设计要求弯钩,并应符合下列规定:

① 对一般结构构件,箍筋弯钩的弯折角度不应小于 90°,弯折后的平直长度不应小于箍筋的 5 倍;对于有抗震设防要求或设计有专门要求的结构构件,箍筋弯钩的弯折角度不应小于 135°,弯折后平直段长度不应小于箍筋直径的 10 倍。

② 圆形箍筋的搭接长度不应小于其受拉锚固长度,且两末端弯钩的弯折角度不应小于 135°,弯折后平直段长度对一般结构构件不应小于箍筋直径的 5 倍,对有抗震设防要求的结构构件不应小于箍筋直径的 10 倍。

③ 梁、柱复合箍筋中的单肢箍两端弯钩的弯折角度均不应小于 135°,弯折后平直段长度应符合上述

①的要求。

（4）为加强对调直后钢筋性能质量的控制，防止冷拉加工过度改变钢筋力学性能，盘条钢筋调直后应进行力学性能和重量偏差检验。

7. 钢筋的连接

（1）钢筋搭接

① 受力钢筋的最小搭接长度应符合设计要求，设计无要求时宜符合《混凝土结构工程施工规范》（GB 50666—2011）附录 C 的要求，见表 4.2.1。

表 4.2.1　纵向受力钢筋的最小搭接长度

钢筋类型		混凝土强度等级								
		C20	C25	C30	C35	C40	C45	C50	C55	≥C60
光圆钢筋	300 级	48d	41d	37d	34d	31d	29d	28d	—	—
带肋钢筋	335 级	46d	40d	36d	33d	30d	29d	27d	26d	25d
	400 级	—	48d	43d	39d	36d	34d	33d	31d	30d
	500 级	—	58d	52d	47d	43d	41d	39d	38d	36d

注：d 为搭接钢筋直径。两根直径不同钢筋的搭接长度，以较细钢筋的直径计算。

② 当纵向受力钢筋采用绑扎搭接接头时，接头的设置应符合下列规定：

接头的横向净间距不应小于钢筋直径，且不应小于 25 mm。

同一连接区段内，纵向受拉钢筋的接头面积百分率应符合设计要求，当设计无具体要求时，应符合下列规定：对梁类、板类及墙类构件，不宜超过 25%，基础筏板，不宜超过 50%；对柱类构件，不宜超过 50%。

当工程中确有必要增大接头面积百分率时，对梁类构件，不应大于 50%。

③ 钢筋接头的位置应符合设计和施工方案的要求。有抗震设防要求的结构中，梁端、柱端箍筋加密区范围内不应进行钢筋搭接。接头末端至钢筋弯起点的距离不应小于钢筋直径的 10 倍。

④ 直接承受动力荷载的结构构件中，不宜采用焊接接头。

⑤ 梁、柱类构件的纵向受力钢筋搭接长度范围内箍筋的设置应符合设计要求；当设计无具体要求时，应符合下列规定：

箍筋直径不应小于搭接钢筋较大直径的 1/4；

受拉搭接区段的箍筋间距不应大于搭接钢筋较小直径的 5 倍，且不应大于 100 mm；

受压搭接区段的箍筋间距不应大于搭接钢筋较小直径的 10 倍，且不应大于 200 mm；

当柱中纵向受力钢筋直径大于 25 mm 时，应在搭接接头两个端面外 100 mm 范围内各设置两道箍筋，其间距宜为 50 mm。

（2）机械连接

① 加工钢筋接头的操作工人应经专业技术人员培训合格后才能上岗，人员应相对稳定。钢筋接头的加工应经工艺检验合格后方可进行。

② 钢筋机械接头应由该技术提供单位提交有效的型式检验报告。

③ 钢筋机械连接工程开始之前，应对不同钢筋生产厂的进场钢筋进行接头工艺检验；施工过程中，更换钢筋生产厂时，应补充进行工艺检验。

④ 接头试件应从工程实体中截取，截取部位可采用搭接接头方法修补。

⑤ 钢筋采用机械连接时，螺纹接头应检验拧紧扭矩值，挤压接头应量测压痕直径，检验结果应符合现行行业标准《钢筋机械连接技术规程》（JGJ 107—2016）的相关规定。

⑥ 钢筋机械连接接头的外观质量应符合现行行业标准《钢筋机械连接技术规程》（JGJ 107—2016）的规定。

⑦ 当纵向受力钢筋，同一连接区段内纵向受力钢筋的接头面积百分率应符合设计要求。当无设计要

求时,应符合下列规定:在受拉区不宜大于 50%;受压接头,可不受限制。

（3）焊接连接

① 在钢筋工程焊接开工之前,参与该项工程施焊的焊工必须进行现场条件下的焊接工艺试验,经试验合格后方准许焊接生产,焊工必须持证上岗。

② 接头试件应从工程实体中截取,截取部位可采用搭接接头方法修补。

③ 钢筋闪光对焊接头、电弧焊接头、电渣压力焊接头、气压焊接头、箍筋闪光对焊接头、预埋件钢筋 T 形接头的拉伸试验,试验结果应符合《钢筋焊接及验收规程》(JGJ 18—2012)中第 5.1.7 和 5.1.8 条有关规定。

8. 钢筋安装

（1）钢筋安装时,受力钢筋的牌号、规格和数量必须符合设计要求。

检查数量:全数检查。

检验方法:观测,尺量。

（2）钢筋应安装牢固。受力钢筋的安装位置、锚固方式应符合设计要求。

（3）钢筋安装偏差及检验方法应符合《混凝土结构工程施工质量验收规范》(GB 50204—2015)中第 5.5.3 条要求,见表 4.2.2。受力钢筋保护层厚度的合格点率应达到 90% 及以上,且不得有超过允许值的 1.5 倍的尺寸偏差。

表 4.2.2　钢筋安装允许偏差和检验方法

项目		允许偏差(mm)	检验方法
绑扎钢筋网	长、宽	±10	尺量
	网眼尺寸	±20	尺量连续三档,取最大偏差值
绑扎钢筋骨架	长	±10	尺量
	宽、高	±5	尺量
纵向受力钢筋	锚固长度	−20	尺量
	间距	±10	尺量两端、中间各一点,取最大偏差值
	排距	±5	
纵向受力钢筋、箍筋的混凝土保护层厚度	基础	±10	尺量
	柱、梁	±5	尺量
	板、墙、壳	±3	尺量
绑扎箍筋、横向钢筋间距		±20	尺量连续三档,取最大偏差值
钢筋弯起点位置		20	尺量
预埋件	中心线位置	5	尺量
	水平高差	+3,0	塞尺量测

注:检查中心线位置时,沿纵横两个方向量测,并取其中偏差的较大值。

9. 防迷流（杂散电流）

（1）左右轨道线钢轨下方分别选择一根底板表层纵向钢筋与所有底板横向钢筋焊接。

（2）底板、中板、顶板及内衬墙内表层的纵向钢筋每隔 5 m 应与表层横向钢筋圈焊接,底板、中板、顶板、内衬墙（或现浇墙）的纵向钢筋的搭接处均应焊接。

（3）车站端头,从侧墙中引出 1 个测量端子,若距有效站台端部 150 m 属于车站范围,在该位置侧墙钢筋网中引出 1 个测量端子,在设置测量端子的位置,选一根横向钢筋与底板、中板、顶板、内衬墙（或现浇墙）的所有纵向钢筋焊接,此横向钢筋应电气闭合,即有搭接应进行搭接焊。

（4）车站内部如有变形缝或与区间接口处有变形缝,变形缝应通过填充防水材料使缝两侧的钢筋实现绝缘。在每处变形缝（或诱导缝）的侧墙共设 4 个连接端子,变形缝（或诱导缝）两侧第一排横向钢筋与底板、中板、顶板、内衬墙(或现浇墙)的所有纵向钢筋焊接,此横向钢筋应电气闭合,即有搭接应进行搭接焊。

(5)与盾构区间接口处:在端头井处,内衬墙中的纵向钢筋应通过端头井的侧墙及端墙的水平筋与圆洞门的钢环或钢环锚筋相焊,顶板、中板、底板中的纵向钢筋应通过端头井端墙中竖向钢筋相焊后与洞门中的钢环(或钢环锚筋)相焊,端头井端墙中的水平钢筋与竖向钢筋"丁"字焊接。

(6)凡涉及中板开孔、风道、出入口在结构墙开孔,钢筋焊接要求如下:

围绕孔洞的内外层(或上下层)纵向、横向钢筋在交叉点应焊接,围绕孔洞形成钢筋环;

在内外层(或上下层)钢筋环的四个角处,通过内外层(或上下层)钢筋环的联络钢筋与内外层(或上下层)钢筋环焊接,将两个钢筋环焊接;

与钢筋环相交的横向、纵向钢筋(如中板内的横向、纵向钢筋,结构墙内的纵向钢筋、竖筋,人行通道内水平筋等)应与钢筋环焊接。

(7)对焊接的结构钢筋进行可靠焊接并完成测量端子、排流端子、连接端子引出,各端子引出后注意保护,避免折断或丢失,测量、连接端子在引出后,应作出明显标记,便于后期电气施工单位发现。

(8)所有的焊点必须牢固可靠,严防脱焊、虚焊。

(9)埋入式端子上表面高于混凝土表面7~10 mm,确保埋入式杂散端子冒出混凝土上表面。

(10)钢筋交叉接触时按图4.2.1的方法焊接,不易接触时按图4.2.2的方法焊接;钢筋搭接时按图4.2.3的方法焊接;钢筋平行焊接时,按图4.2.4的方法进行。钢筋焊接尽量采用双面焊,当确实无法双面焊时,可采取单面焊,但焊接长度需增加一倍。D值为需要焊接钢筋的直径,当两钢筋直径不同时,D值取两钢筋的平均值。

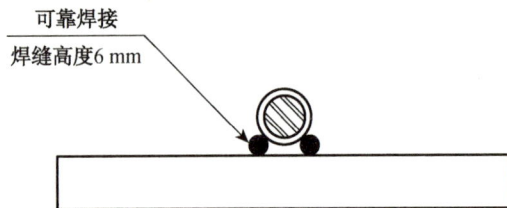

图4.2.1 可接触交叉焊接

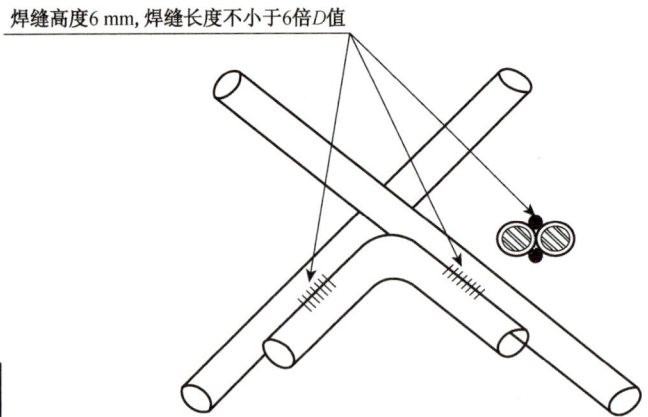

图4.2.2 不易接触交叉焊接

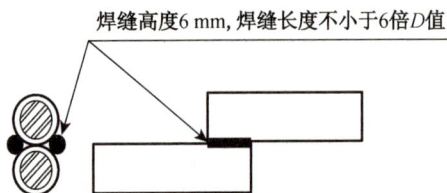

图4.2.3 钢筋纵向搭接

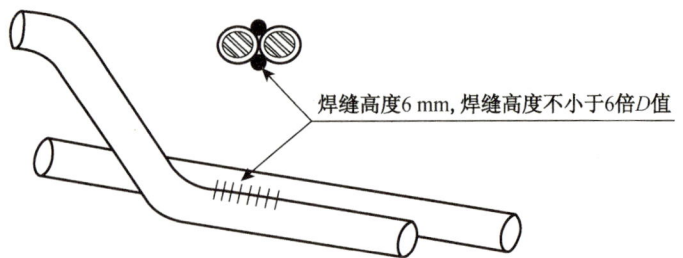

图4.2.4 平行钢筋焊接

10.钢筋的代换

当钢筋的品种、级别或规格需作变更时,应办理设计变更文件。

11.钢筋隐蔽工程验收

隐蔽工程验收的内容包括:

（1）钢筋的品种、规格、数量、位置等。

（2）钢筋的连接方式、接头位置、接头质量、接头面积百分率、搭接长度、锚固方式及锚固长度。

（3）箍筋、横向钢筋的牌号、规格、数量、间距、位置,箍筋弯钩的弯折角度及平直段长度。

（4）预埋件的规格、数量、位置等。

（5）钢筋的保护层垫块本身强度,设置的数量、间距、厚度等。

12. 模板

模板应根据工程结构形式、荷载大小、地基土类别、施工设备和材料供应等条件进行设计并编制施工方案,爬升式模板工程、工具式模板工程及高大模板支架工程的施工方案,应按有关规定进行技术论证。

（1）模板安装

模板安装应符合下列规定:

① 模板及支架应根据安装、使用和拆除工况进行设计,并应满足承载力、刚度和整体稳固性要求。安装现浇结构的上层模板及其支架时,下层楼板应具有承受上层荷载的承载能力,或加设支架;上、下层支架的立柱应对准,并铺设垫板。

② 模板及支架用材料的技术指标应符合国家现行有关标准的规定。进场时应抽样检验模板和支架材料的外观、规格和尺寸。

③ 现浇混凝土结构模板及支架的安装质量,应符合国家现有关标准的规定和施工方案的要求。后浇带处的模板及支架应独立设置。

④ 模板与混凝土的接触面应清理干净并涂刷隔离剂,但不得采用影响结构性能或妨碍装饰工程施工的隔离剂。在涂刷模板隔离剂时,不得沾污钢筋和混凝土接槎处。

⑤ 模板与混凝土的接触面应平整、清洁。

⑥ 模板的接缝应严密,不应漏浆,模板内不应有杂物、积水或冰雪等。

⑦ 对清水混凝土工程及装饰混凝土工程,应使用能达到设计效果的模板。

⑧ 用作模板的地坪、胎模等应平整、清洁,不应有影响构件质量的下沉、裂缝、起砂或起鼓。

⑨ 对跨度不小于 4 m 的现浇钢筋混凝土梁、板,其模板应按设计要求起拱;当设计无具体要求时,起拱高度宜为跨度的 1/1 000～3/1 000。检查要求:在同一检验批内,对梁,跨度大于 18 m 时应全数检查,跨度不大于 18 m 时应抽查构件的 10%,且不应少于 3 件;对板,应按有代表性自然间抽查 10%,且不应少于 3 间;对大空间结构,板可按纵、横轴线划分检查面,抽查 10%,且不少于 3 面。

⑩ 固定在模板上的预埋件、预留孔洞均不得遗漏,且应安装牢固,其验收应符合《混凝土结构工程施工质量验收规范》(GB 50204—2015)第 4.2.9 条规定,详见表 4.2.3。现浇结构模板安装的验收应符合《混凝土结构工程施工质量验收规范》(GB 50204—2015)第 4.2.10 条的规定,详见表 4.2.4。

表 4.2.3　预埋件和预留孔洞的允许偏差

项目		允许偏差(mm)
预埋钢板中心线位置		3
预埋管、预留孔中心线位置		3
插　筋	中心线位置	5
	外露长度	+10,0
预埋螺栓	中心线位置	2
	外露长度	+10,0
预留洞	中心线位置	10
	尺　寸	+10,0

注:检查中心线位置时,应沿纵、横两个方向量测,并取其中偏差的较大值。

表 4.2.4 现浇结构模板安装的允许偏差及检验方法

项目		允许偏差(mm)	检验方法
轴线位置		5	尺量
底模上表面标高		±5	水准仪或拉线、尺量
截面内部尺寸	基础	±10	尺量
	柱、墙、梁	±5	尺量
	楼梯相邻踏步高差	5	尺量
层高垂直度	不大于6 m	8	经纬仪或吊线、尺量
	大于6 m	10	经纬仪或吊线、尺量
相邻两板表面高低差		2	尺量
表面平整度		5	2 m靠尺和塞尺量测

注:检查轴线位置,当有纵横两个方向时,沿纵、横两个方向量测,并取其中的偏差的较大值。

(2) 模板拆除

① 底模及其支架拆除时的混凝土强度应符合设计要求;当设计无具体要求时,混凝土强度应符合《混凝土结构工程施工规范》(GB 50666—2011)第4.5.1条规定,详见表4.2.5。此外,支架拆除还应考虑上层混凝土浇筑所传下来的施工荷载。

表 4.2.5 底模拆除时的混凝土强度要求

构件类型	构件跨度(m)	达到设计的混凝土立方体抗压强度标准值的百分率(%)
板	≤2	≥50
	>2,≤8	≥75
	>8	≥100
梁、拱、壳	≤8	≥75
	>8	≥100
悬臂构件	—	≥100

② 后浇带模板的拆除和支顶应按施工技术方案执行。

③ 侧模拆除时的混凝土强度应能保证其表面及棱角不受损伤。

④ 模板拆除时,不应对楼层形成冲击荷载。拆除的模板和支架宜分散堆放并及时清运。

⑤ 模板拆除按照后支先拆、先支后拆、先拆非承重模板、后拆承重模板的顺序进行。拆除跨度较大的梁底模时,先从跨中开始,分别向两端对称拆卸。

⑥ 脚手架的拆除应按照自上而下的顺序依次进行,确保安全。

13. 混凝土的强度等级检验

混凝土的强度等级必须符合设计要求。用于检验结构构件混凝土强度的试件应在浇筑地点随机抽取。

检查数量:对同一配合比混凝土,取样与试件留置应符合下列规定:

(1) 每拌制100盘且不超过100 m³时,取样不得少于一次;

(2) 每工作台班拌制不足100盘时,取样不得少于一次;

(3) 连续浇筑超过1 000 m³时,每200 m³取样不得少于一次;

(4) 每一楼层取样不得少于一次;

（5）每次取样应至少留置一组试件。

检验方法：检查施工记录及混凝土强度试验报告。

14. 结构混凝土的养护

混凝土强度应按现行国家标准《混凝土强度检验评定标准》(GB/T 50107—2010)的规定分批检验评定。划入同一检验批的混凝土，其施工持续时间不宜超过 3 个月。

检验评定混凝土强度时，应采用 28 d 或设计规定的龄期的标准养护试件。

采用蒸汽法养护的构件，其试件应先随构件同条件养护，然后再置入标准条件下继续养护至 28 d 或设计规定龄期。

混凝土浇筑完毕后，应按施工技术方案及时采取有效的养护措施，并应符合下列规定：

（1）应在浇筑完毕后的 12 h 以内对混凝土加以覆盖并保湿养护。

（2）混凝土浇水养护的时间：对采用硅酸盐水泥、普通硅酸盐水泥或矿渣硅酸盐水泥拌制的混凝土，不得少于 7 d；对掺用缓凝型外加剂或有抗渗要求的混凝土，不得少于 14 d。

（3）浇水次数应能保护混凝土处于湿润状态；混凝土养护用水应与拌制用水相同。

（4）采用塑料布覆盖养护的混凝土，其敞露的全部表面应覆盖严密，并应保护塑料布内有凝结水。

（5）混凝土强度达到 1.2 N/mm² 前，不得在其上踩踏或安装模板及支架。

注：当日平均气温低于 5 ℃，不得浇水；当采用其他品种水泥时，混凝土的养护时间应根据所采用水泥的技术性能确定；混凝土表面不便浇水或使用塑料布时，宜涂刷养护剂；对大体积混凝土的养护，应根据气候条件按施工技术方案采取控温措施。

15. 结构混凝土的耐久性

轨道交通工程混凝土设计使用年限为 100 年，设计对车站主体结构及附属结构的混凝土耐久性提出了相关要求，分别在混凝土胶凝材料用量、氯离子、三氧化硫、碱含量以及骨料级配粒径配合比及相关参数的选用、抗冻耐久性指数、氯离子在混凝土中的扩散系数等做出了具体量化耐久性指标，应按现行行业标准《混凝土耐久性检验评定标准》(JGJ/T 193—2009)的规定检验评定。

16. 混凝土结构的实体检验

对涉及混凝土结构安全的有代表性的部位，应进行结构实体检验，内容应包括混凝土强度、钢筋保护层厚度、结构实体位置与尺寸偏差以及合同约定的其他项目。

结构实体检验应由监理单位组织施工单位实施，并见证实施过程。除结构实体位置与尺寸偏差外的结构实体检验项目，应由具有相应资质的检测机构检测。

（1）结构实体混凝土强度应按不同强度分别检验，检验方法宜采用同条件养护试件方法；当未取得同条件养护试件强度或同条件养护试件强度不符合要求时，可采用回弹-取芯法进行检验。对混凝土结构工程中的混凝土强度等级，均应留置同条件养护试件。其留置的数量应根据混凝土工程量和重要性由施工、监理等各方共同确定，取样宜均匀分布于工程施工周期；同一强度等级试件数量不宜少于 10 组，且不应少于 3 组；每连续两层楼取样不应少于 1 组，每 2 000 m³ 取样不得少于一组。

混凝土强度检验时的等效养护龄期可取平均温度逐日累计达到 600 ℃时所对应的龄期，且不应少于 14 d。日平均温度为 0 ℃及以下的龄期不计入。

（2）钢筋保护层厚度检验构件的选取应均匀分布，并应符合下列规定：

对非悬挑梁板类，应各抽取构件数量的 2% 且不少于 5 个构件进行检验。

对悬挑梁，应抽取构件数量的 5% 且不少于 10 个构件进行检验；当悬挑梁数量少于 10 个时，应全数检验。

对于悬挑板，应抽取构件数量的 10% 且不少于 20 个构件进行检验；当悬挑板数量少于 20 个时，应全数检验。

对选定的梁板构件应对全部纵向受力钢筋的保护层厚度进行检验；对选定的板类构件，应抽取不少于 6 根纵向受力钢筋的保护层厚度进行检验。对每根钢筋应选择有代表性的不同部位量测 3 点取平均值。

钢筋保护层检验时,纵向受力钢筋保护层厚度的允许偏差应符合《混凝土结构工程施工质量验收规范》(GB 50204—2015)附录 E 中的规定,见表 4.2.6。

表 4.2.6　结构实体纵向受力钢筋保护层厚度的允许偏差

构件类型	允许偏差(mm)
梁	+10,−7
板	+8,−5

当全部钢筋保护层厚度检验的合格点率为 90% 及以上时,应判为合格。若小于 90% 但大于 80%,可再抽取相同数量的构件进行检验;当按两次抽样总和计算的合格率为 90% 及以上时,仍应判为合格。每次抽样检验中不合格点的最大偏差均不应大于允许偏差的 1.5 倍。

(3) 结构实体位置与尺寸偏差检验

结构实体位置与尺寸偏差检验构件的选取应均匀分布,并应符合下列规定:

梁、柱应抽取构件数量的 1%,且不应少于 3 个构件;

墙、板应按有代表的自然间抽取 1%,且不少于 3 间;

层高应按有代表性的自然层抽取 1%,且不应少于 3 间。

对选定的构件,检验项目及检验方法应符合《混凝土结构工程施工质量验收规范》(GB 50204—2015)附录 F 规定,见表 4.2.7。

表 4.2.7　结构实体位置与尺寸偏差检验项目及检验方法

项目	检验方法
柱截面尺寸	选取柱的一边量测柱中部、下部及其他部位,取 3 点平均值
柱垂直度	沿两个方向分别量测,取较大值
墙厚	墙身中部量测 3 点,取平均值;测点间距不应小于 1 m
梁高	量测一侧边跨中及两个距离支座 0.1 m 处,取 3 点平均值;量测值可取腹板高度加上此处楼板的实测厚度
板厚	悬挑板取距离支座 0.1 m 处,沿宽度方向取包括中心位置在内的随机 3 点取平均值;其他楼板,在同一对角线上量测中间及距离两端各 0.1 m 处,取 3 点平均值
层高	与板厚测点相同,量测板顶至上层楼板板底净高,层高量测值为净高与板厚之和,取 3 点平均值

当检验项目的合格率为 80% 及以上时,应判为合格;当检验项目的合格率小于 80% 但不小于 70% 时,可再抽取相同数量的构件进行检验,当按两次抽样和计算的合格率为 80% 以上时,仍应判定合格。

17. 现浇混凝土结构的外观质量

(1) 现浇结构的外观质量不应有严重缺陷。对已经出现的严重缺陷,应由施工单位提出技术处理方案,并经监理单位认可后进行处理;对裂缝或连接部位的严重缺陷及其他影响结构安全的严重缺陷,技术处理方案尚应经设计单位认可。对经处理的部位应重新进行验收。

(2) 现浇结构的外观质量不应有一般缺陷。对已经出现的一般缺陷,应由施工单位提出技术处理方案进行处理。对经处理的部位应重新进行验收。

(二) 防水工程

1. 防水混凝土

(1) 防水混凝土材料

① 水泥品种应按设计要求选用,其强度等级宜为 PO 42.5 号,不得使用过期或受潮结块水泥,并不得将不同品种或强度等级的水泥混用。

② 碎石或卵石的粒径宜为 5~40 mm,含泥量不得大于 1.0%,泥块含量不得大于 0.5%。

③ 砂宜用中砂,含泥量不得大于 3.0%,泥块含量不得大于 1.0%。

④ 拌制混凝土所用的水,应采用不含有害物质的洁净水。

⑤ 外加剂的技术性能,应符合国家《混凝土外加剂应用技术规范》(GB 50119—2013)的质量要求。

⑥ 粉煤灰的级别不应低于二级。

(2) 防水混凝土的配合比

① 试配要求的抗渗水压值应比设计值提高 0.2 MPa。

② 混凝土胶凝材料总量不宜小于 320 kg/m³,其中水泥用量不得少于 260 kg/m³;粉煤灰掺量宜为胶凝材料总量的 20%～30%,硅粉的掺量宜为胶凝材料总量的 2%～5%。

③ 砂率宜为 35%～40%,灰砂比宜为(1:1.5)～(1:2.5)。

④ 水胶比不得大于 0.50,有侵蚀性介质时水胶比不宜大于 0.45。

⑤ 防水混凝土,泵送时入泵坍落度宜为 120～160 mm,坍落度每小时损失不应大于 20 mm,坍落度总损失值不应大于 40 mm。

(3) 混凝土拌制和浇筑过程控制

① 拌制混凝土所用材料的品种、规格和用量,每工作班检查不应少于两次。

② 混凝土在浇筑地点的坍落度,每工作班至少检查两次。

混凝土的坍落度试验应符合现行国家标准《普通混凝土拌合物性能试验方法标准》(GB/J 50080—2016)的有关规定。

混凝土实测的坍落度与要求坍落度之间的偏差应符合《地下防水工程质量验收规范》(GB 50208—2011)第 4.1.9 条的规定,见表 4.2.8。

表 4.2.8 混凝土坍落度允许偏差

要求坍落度(mm)	允许偏差(mm)
≤40	±10
50～90	±15
≥100	±20

③ 泵送混凝土在交货地点的入泵坍落度,每工作班至少检查两次。

④ 防水混凝土拌合物在运输后出现离析,必须进行二次搅拌。当坍落度损失后不能满足施工要求时,应加入原水胶比的水泥浆或掺加同品种的减水剂进行搅拌,严禁直接加水。

⑤ 防水混凝土应分层连续浇筑,采用机械振捣,避免漏振、欠振和超振,分层厚度不得大于 500 mm。

(4) 防水混凝土抗渗性能应采用标准条件下养护混凝土抗渗试件的试验结果评定,试件应在浇筑地点随机取样后制作。

① 连续浇筑混凝土每 500 m³ 应留置一组 6 个抗渗试件,且每项工程不得少于两组。采用预拌混凝土的抗渗试件,留置组数应视结构的规模和要求而定。

② 抗渗性能试验应符合现行国家标准《普通混凝土长期性能和耐久性能试验方法》(GB/T 50082—2009)的有关规定。

(5) 防水混凝土的变形缝、施工缝、后浇带、穿墙管道、埋设件等设置和构造,均须符合设计要求。

(6) 防水混凝土外观质量

① 防水混凝土结构表面应坚实、平整,不得有露筋、蜂窝等缺陷。

② 防水混凝土结构表面的裂缝宽度不应大于 0.2 mm,并不得贯通。

③ 防水混凝土结构厚度不应小于 250 mm,其允许偏差为 +8 mm、-5 mm;迎水面钢筋保护层厚度不应小于 50 mm,其允许偏差为 ±5 mm。

2. 卷材防水层

(1) 卷材防水层所选用的基层处理剂、胶黏剂、密封材料等配套材料,均应与铺贴的卷材相匹配。

(2) 铺贴防水卷材前,应检查基面平整度,当车站采用地连墙围护结构时,铺贴卷材应检查地连墙内壁平整度,并对凹凸部位修正后实施铺贴。

（3）基层阴阳角应做成圆弧或 45°坡角,其尺寸应根据卷材品种确定;转角处、变形缝、施工缝、穿墙管等部位应铺贴卷材加强层,加强层宽度不应小于 500 mm。

（4）根据防水卷材的不同,卷材铺贴主要有冷粘法、热粘法及自粘法。

（5）卷材防水层完工并经验收合格后应及时施工保护层,保护层应符合下列规定:

① 顶板的细石混凝土保护层与防水层之间宜设置隔离层。

② 底板的细石混凝土保护层厚度应大于 50 mm。

③ 侧墙宜采用软质保护材料或铺抹 20 mm 厚 1∶2.5 水泥砂浆层。车站采用 SMW 工法桩围护结构时,铺贴卷材宜按设计要求先铺贴隔离软质保护材料,以防止在拔出型钢时连带破坏防水卷材。

（6）卷材防水层所用卷材及主要配套材料以及转角处、变形缝、穿墙管道等细部做法均须符合设计要求。

（7）防水卷材铺贴质量

① 卷材防水层的基层应牢固,基面应洁净、平整,不得有空鼓、松动、起砂和脱皮现象;基层阴阳角处应做成圆弧形。

② 卷材防水层的搭接缝应粘（焊）结牢固,密封严密,不得有皱折、翘边和鼓泡等缺陷。

③ 侧墙卷材防水层的保护层与防水层应结合紧密、厚度应符合设计要求。

④ 卷材搭接宽度的允许偏差为 −10 mm。

（8）防水卷材检验

① 卷材防水层分项工程检验批的抽样检验数量,应按铺贴面积每 100 m² 抽查 1 处,每处 10 m²,且不得少于 3 处。

② 卷材防水所用卷材及其配套材料必须符合设计要求,产品合格证、产品性能检测报告及材料进场检验报告须齐全。

3. 涂料防水层

（1）涂料防水层适用于受侵蚀性介质作用或受振动作用的地下工程。当采用有机防水涂料时,基面应干燥,否则应涂刷固化型胶结剂或潮湿界面隔离剂;当采用无机防水涂料时,基面应充分润湿,但不得有明水。

（2）涂料防水层的施工

① 多组分涂料应按配合比准确计量,搅拌均匀,应根据有效时间确定每次配制的用量。

② 涂料应分层涂刷或喷涂,涂层应均匀,涂刷应待前遍涂层干燥成膜后进行。每遍涂刷时应交替改变涂层方向。

③ 涂料防水层的甩槎接槎宽度不应小于 100 mm,接涂前应将其甩槎表面处理干净。

④ 采用有机防水涂料时,基层阴阳角处应采用圆弧;在转角处、变形缝、施工缝、穿墙管等部位应增加胎体增强材料和增涂防水涂料,宽度不应小于 500 mm。

⑤ 胎体增强材料的搭接不应小于 100 mm。上下两层和相邻两幅胎体的接缝应错开 1/3 幅宽,且上下两层胎体不得相互垂直铺贴。

（3）涂料防水层完工并经验收合格后应及时做保护层,保护层应符合上述卷材防水保护层中的相关要求。

（4）防水涂料质量

① 涂料防水层所用的材料及配合比必须符合设计要求。

② 涂料防水层的平均厚度应符合设计要求,最小厚度不得小于设计厚度的 80%。

③ 涂料防水层在其转角处、变形缝、施工缝、穿墙管道等细部做法均须符合设计要求。

④ 涂料防水层应与基层粘接牢固,涂刷均匀,不得流淌、鼓泡、露槎。

⑤ 涂层间夹铺胎体增强材料时,应使防水涂料浸透胎体覆盖完全,不得外露。

⑥ 侧墙涂料防水层的保护层与防水层应结合紧密。

（5）防水涂料检验

① 涂料防水层分项工程检验批的抽样检验数量,应按铺贴面积每 100 m² 抽查 1 处,每处 10 m²,且不

得少于 3 处。

② 涂料防水层所用材料及配合比必须符合设计要求,产品合格证、产品性能检测报告、计量措施和材料进场检验报告须齐全。

③ 涂料防水层的平均厚度应符合设计要求,最小厚度不得小于设计厚度的 90%。

4. 细部构造

(1) 防水混凝土结构的变形缝、施工缝、后浇带等细部构造,应按设计要求采用止水带、遇水膨胀橡胶腻子止水条等高分子防水材料和接缝密封材料。其细部构造做法均须符合设计要求,严禁有渗漏。

(2) 变形缝、诱导缝

① 中埋式止水带埋设位置应准确,其中间空心圆环与变形缝的中心应重合,止水带不得穿孔或用铁钉固定。

② 中埋式止水带的接缝应设在边墙的较高位置,不得设在结构转角处;接头宜采用热压焊接,接缝应平整、牢固,不得有裂口和脱胶现象。

③ 嵌填密封材料的封内两侧基面应平整、洁净、干燥,并应涂刷基层处理剂;嵌缝底部应设置背衬材料;密封材料嵌填应严密、连续、饱满,粘接牢固。

④ 变形缝处表面粘贴卷材或涂刷涂料前,应在缝上设置隔离层和加强层。

⑤ 变形缝、诱导缝接水槽应严格按照设计图纸节点施工,当接水槽须穿越板下翻梁时,其下翻梁在钢筋安装时应按设计节点要求预留接水槽通道。

(3) 施工缝

① 墙体水平施工缝应留设在高出板面不小于 300 mm 的墙体上。垂直施工缝应避开地下水和裂隙水较多的地段,并宜与变形缝相结合。

② 在施工缝处继续浇筑混凝土时,已浇筑的混凝土抗压强度不应小于 1.2 MPa。

③ 水平施工缝浇筑混凝土前,应将其表面浮浆和杂物清除,铺水泥砂浆或涂刷混凝土界面处理剂并及时浇筑混凝土。

④ 垂直施工缝浇筑混凝土前,应将其表面清理干净,涂刷混凝土界面处理剂并及时浇筑混凝土。

⑤ 施工缝采用遇水膨胀橡胶腻子止水条时,应将止水条牢固地安装在缝表面预留槽内。止水条采用搭接连接时,搭接宽度不得小于 30 mm。遇水膨胀止水条应具有缓膨胀性能;止水条与施工缝基面应密贴,中间不得有空鼓、脱落等现象。

⑥ 遇水膨胀止水胶应采用专用注胶器挤出,粘接在施工缝表面,并做到连续、均匀、饱满,无气泡和孔洞,挤出宽度及厚度应符合设计要求;止水胶挤出成形后,固化期内应采取临时保护措施;止水胶固化前不得浇筑混凝土。

⑦ 施工缝采用中埋止水带时,应确保止水带位置准确、固定牢靠。

⑧ 施工缝采用止水钢板时,其钢板止水带应固定牢固,混凝土浇筑过程中应控制止水钢板居墙中心并且不下沉。浇筑后的混凝土施工缝面层宜凿毛处理。止水钢板搭接长度不宜小于 50 mm,两端均应满焊,焊缝应饱满。

⑨ 预埋注浆管应设置在施工缝断面中部,注浆管与施工缝基面应密贴并固定牢靠;注浆导管与注浆管的连接应牢固、严密,导管埋入混凝土内部分应与结构钢筋绑扎牢固,导管的末端应临时封堵严密。

(4) 后浇带

① 后浇带应在其两侧混凝土龄期达到 42 d 后再施工。

② 后浇带的接缝处理同上述施工缝的接缝处理要求。

③ 后浇带应采用补偿收缩混凝土,其强度等级不得低于两侧混凝土。

④ 后浇带混凝土养护时间不得少于 28 d。

(5) 穿墙管道

① 固定式穿墙管应加焊止水环或环绕遇水膨胀止水圈,并做好防腐处理;穿墙管应在主体结构迎水面预留凹槽,槽内应用密封材料嵌填密实。

② 套管式穿墙管的套管与止水环及翼环应连续满焊,并做好防腐处理;套管内表面应清理干净,穿墙管与套管之间应用密封材料和橡胶密封圈进行密封处理。柔性穿墙时,穿墙内侧应用法兰压紧。

③ 主体结构迎水面时,防水层与穿墙管连接处应增设加强层。

(6) 埋设件

① 埋设件应位置准确,固定牢靠;埋设件应进行防腐处理。

② 埋设件端部或预留孔、槽底部的混凝土厚度不得小于 250 mm;当混凝土厚度小于 250 mm 时,应局部加厚或采取其他防水措施。

③ 结构迎水面的埋设件周围应预留凹槽,凹槽内应用密封材料填实。

④ 用于固定模板的螺栓必须穿过混凝土结构时,可采用工具式螺栓加堵头,螺栓上应加焊止水环。拆模后留下的凹槽应用密封材料封堵密实,并用聚合物水泥砂浆抹平。

⑤ 预留孔、槽内的防水层应与主体防水层保持连续。

⑥ 密封材料嵌填应密实、连续、饱满,粘接牢固。

(7) 预留通道接头

① 中埋式止水带预埋位置应准确,其中间空心圆环与通道接头中心线应重合。

② 预留通道先浇筑混凝土结构、中埋式止水带和预埋件应及时保护,预埋件应进行防锈处理。

③ 遇水膨胀止水条、遇水膨胀止水胶、预埋注浆管的施工应符合规范要求。

④ 密封材料嵌填应密实、连续、饱满,粘接牢固。

⑤ 用膨胀螺栓固定可卸式止水带时,止水带与紧固件压块以及止水带与基面之间应结合紧密。采用金属膨胀螺栓时,应选用不锈钢材料或进行防锈处理。

⑥ 预留通道接头外部应设保护墙。

(8) 桩头防水施工

① 桩头用聚合物水泥防水砂浆、水泥基渗透结晶型防水涂料、遇水膨胀止水条或止水胶和密封材料必须符合设计要求。

② 桩头防水构造必须符合设计要求。

③ 桩头混凝土应密实,如发现渗水漏水应及时采取封堵措施。

④ 桩头顶面和侧面裸露处应涂刷水泥基渗透结晶型防水涂料,并延伸到结构底板垫层 150 mm 处,桩头四周 300 mm 范围内应抹聚合物水泥防水砂浆过渡层。

⑤ 结构底板防水层应做在聚合物水泥防水砂浆过渡层上并延伸至桩头侧壁,其与桩头侧壁接缝处应采用密封材料嵌填。

⑥ 桩头的受力钢筋部位应采用遇水膨胀止水条或止水胶,并应采取保护措施。

⑦ 遇水膨胀止水条、止水胶的施工应符合规范要求。

(三) 砌体结构工程

1. 砌体结构工程所使用的材料

(1) 应有产品合格证书、产品性能检测报告,其中水泥、钢筋、外加剂尚应有主要性能进场复验报告。严禁使用国家明令淘汰的材料。相关材料要求详见地下车站及附属结构。

(2) 预拌砂浆:① 预拌砂浆应符合《预拌砂浆》(GB/T 25181—2010)等国家、行业以及江苏省现行标准、规范和规程的规定,并符合设计要求。② 预拌砂浆进场时,供方应提供产品使用说明书,并按规定批次向需方提供生产单位的出厂检验报告;首次进场或者需方有要求时,应提供有效的产品型式检验报告。③ 预拌砂浆外观、稠度检验合格后,应进行复验,复验合格后方能使用。

(3) 抽样数量:按烧结普通砖、混凝土实心砖每 15 万块,烧结多孔砖、混凝土多孔砖、蒸压灰砂砖、蒸压粉煤灰砖每 10 万块,普通混凝土小型空心砌块和轻骨料混凝土小型空心砖块每 1 万块各为一验收批,不足上述数量时按一批计。用于多层以上建筑的基础和底层的普通混凝土小型空心砌块和轻骨料混凝土小型空心砌块抽检数量不应少于 2 组。

（4）对于设计有防火要求的防火墙,应按设计要求选用材料,其中除应有合格证外,厂家还必须提供有效期内的防火极限不低于设计要求的耐火极限检验报告。

2. 砌体留置施工洞口与脚手眼的处理

（1）在墙上留置临时施工洞口,其侧边离交接处墙面不应小于 500 mm,洞口净宽度不应超过 1 m。

（2）脚手眼补砌时,应清除脚手眼内掉落的砂浆、灰尘,灰缝应填满砂浆,不得用干砖填塞。

（3）设计要求的洞口应于砌筑时正确留出或预埋,未经设计同意,不得打凿墙体和在墙体上开凿水平沟槽。宽度超过 300 mm 的洞口上部,应设置钢筋混凝土过梁。

3. 砌筑砂浆

（1）砂浆中掺入的有机塑化剂、早强剂、缓凝剂、防冻剂等应经检验和试配符合要求后,方可使用。有机塑化剂应有砌体强度的型式检验报告。

（2）施工中不应采用强度等级小于 M5 的水泥砂浆替代同强度等级水泥混合砂浆,如需替代,应将水泥砂浆提高一个强度等级。

（3）在砂浆中掺入的砌筑砂浆增塑剂、早强剂、缓凝剂、防冻剂、防水剂等砂浆外加剂,其品种和用量应经有资质的检测单位检验和试配确定。所用外加剂的技术性能应符合国家现行有关标准《砌筑砂浆增塑剂》(JG/T 164—2004)、《混凝土外加剂》(GB 8076—2008)、《砂浆、混凝土防水剂》(JC 474—2008)的质量要求。

（4）现场拌制的砂浆应随拌随用,拌制的砂浆应在 3 h 内使用完毕;当施工期间最高气温超过30 ℃时,应在2 h 内使用完毕。预拌砂浆的使用时间应按照厂方提供的说明书确定。

（5）砌筑砂浆试块强度验收时其强度应符合国家现行标准《砌体结构工程施工质量验收规范》(GB 50203—2011)的规定。

（6）预拌砂浆的品种、强度等级选用应根据设计、施工等要求确定;不同品种、不同强度等级的预拌砂浆不得混合使用。

4. 填充墙砌体工程

（1）砌筑填充墙时,轻骨料混凝土小型空心砌块和蒸压加气混凝土砌块的产品龄期不应小于 28 d,蒸压加气混凝土砌块的含水率宜小于 30%。

（2）烧结空心砖、蒸压加气混凝土砌块、轻骨料混凝土小型空心砌块等的运输、装卸过程中,严禁抛掷和倾倒;进场后应按品种、规格堆放整齐,堆置高度不宜超过 2 m。蒸压加气混凝土砌块在运输与堆放中应防止雨淋。

（3）吸水率较小的轻骨料混凝土小型空心砌块及采用薄灰砌筑法施工的蒸压加气混凝土砌块,砌筑前不应对其浇（喷）水浸润;在气候干燥炎热的情况下,对吸水率较小的轻骨料混凝土小型空心砌块宜在砌筑前喷水湿润。

（4）采用普通砌筑砂浆砌筑填充墙时,烧结空心砖、吸水率较大的轻骨料混凝土小型空心砌块应提前1~2 d 浇（喷）水湿润。蒸压加气混凝土砌块采用蒸压加气混凝土砌块砌筑砂浆或普通砌筑砂浆砌筑时,应在砌筑当天对砌块砌筑面喷水湿润。块体湿润程度宜符合下列规定:

① 烧结空心砖的相对含水率 60%~70%;

② 吸水率较大的轻骨料混凝土小型砌块、蒸压加气混凝土砌块的相对含水率 40%~50%。

（5）在卫生间、浴室等处采用轻骨料混凝土小型空心砌块、蒸压加气混凝土砌块砌筑墙体时,墙底部宜现浇混凝土坎台等,其高度宜为 150 mm。

（6）填充墙砌体应与主体结构可靠连接,其连接构造应符合设计要求,未经设计同意,不得随意改变连接构造方法。

（7）采用铺浆法砌筑砌体,铺浆长度不得超过 750 mm;当施工期间环境气温超过 30 ℃时,铺浆长度不得超过 500 mm。

（8）马牙槎应先退后进,凹凸尺寸不宜小于 60 mm,高度不应超过 300 mm。

（9）拉结筋

①每 120 mm 墙厚放置 1 个 φ6 拉结钢筋(120 mm 厚墙应放置 2 个 φ6 拉结钢筋);

②间距沿墙高不应超过 500 mm,且竖向间距偏差不应超过 100 mm;

③埋入长度从留槎处算起每边均不应小于 500 mm,对抗震设防烈度 6 度、7 度的地区,不应小于 1 000 mm,末端应有 90°弯钩;

④拉结筋植筋检验:锚固钢筋拉拔试验的轴向受拉非破坏承载力检验值应为 6.0 kN。

(10)搁置预制梁、板的砌体顶面应平整,标高应一致。

(11)填充墙砌体尺寸、位置的允许偏差及检验方法应符合《砌体结构工程施工质量验收规范》(GB 50203—2011)第 9.3.1 条规定,见表 4.2.9。

表 4.2.9 填充墙砌体尺寸、位置的允许偏差及检验方法

序	项目		允许偏差(mm)	检验方法
1	轴线位移		10	用尺检查
2	垂直度 (每层)	≤3 m	5	用 2 m 托线板或吊线、尺检查
		>3 m	10	
3	表面平整度		8	用 2 m 靠尺和楔形尺检查
4	门窗洞口高、宽(后塞口)		±10	用尺检查
5	外墙上、下窗口偏移		20	用经纬仪或吊线检查

(12)砖砌体竖向灰缝不得出现透明缝、瞎缝和假缝。

(13)填充墙砌体的砂浆饱满度及检验方法应符合《砌体结构工程施工质量验收规范》(GB 50203—2011)第 9.3.2 条规定,见表 4.2.10。

表 4.2.10 填充墙砌体的砂浆饱满度及检验方法

砌体分类	灰缝	饱满度及要求	检验方法
空心砖砌体	水平	≥80%	采用百格网检查块体底面或侧面砂浆的粘接痕迹面积
	垂直	填满砂浆,不得有透明缝、瞎缝、假缝	
蒸压加气混凝土砌块、轻骨料混凝土小型空心砌块砌体	水平	≥80%	
	垂直	≥80%	

(14)砌筑填充墙时应错缝搭砌,蒸压加气混凝土砌块搭砌长度不应小于砌块长度的 1/3;轻骨料混凝土小型空心砌块搭砌长度不应小于 90 mm;竖向通缝不应大于 2 皮。

(15)填充墙的水平灰缝厚度和竖向灰缝宽度应正确。

(16)烧结空心砖、轻骨料混凝土小型空心砌块砌体的灰缝应为 8~12 mm。

(17)蒸压加气混凝土砌块砌体当采用水泥砂浆、水泥混合砂浆或蒸压加气混凝土砌块砌筑砂浆时,水平灰缝厚度及竖向灰缝宽度不应超过 15 mm;当蒸压加气混凝土砌块砌体采用蒸压加气混凝土砌块粘接砂浆时,水平灰缝厚度和竖向灰缝宽度宜为 3~4 mm。

5. 构造柱

构造柱钢筋的制作安装及混凝土浇筑应注意以下事项:

(1)构造柱主筋植筋位置应准确,并应进行非破损锚固承载力检验。锚固钢筋拉拔试验的轴向受拉非破坏承载力检验值应满足设计要求。

(2)构造柱箍筋设置开口部位宜沿柱高方向螺旋式错开布置;加密区箍筋不得漏设。

(3)构造柱混凝土浇筑前应清理马牙槎根部杂物。

五、质量监督要点

(一) 地下车站及附属结构工程

1. 钢筋

(1) 资料

① 钢筋型号、规格、数量,合格证(严禁"地条钢"),检测复验报告,钢筋变更的设计核定意见,抗震型钢筋的使用情况。

② 焊工开焊前是否进行焊接工艺试验;焊工上岗证。

③ 机械连接接头是否有型式检验报告,进场钢筋是否进行接头工艺检验,操作工人上岗证是否符合要求。

④ 钢筋隐蔽验收记录。

(2) 实体

① 钢筋直径允许偏差(严禁"瘦身"钢筋)、钢筋外观质量(平直无损伤、无裂纹、油污或老锈现象)。

② 钢筋绑扎间距、排距、钢筋骨架尺寸偏差情况。

③ 钢筋焊接、搭接、机械连接施工质量;钢筋接头面积百分率情况。

④ 梁柱节点、主次梁节点钢筋绑扎、钢筋锚固、后浇带钢筋处理情况。

⑤ 预埋件及后置埋件数量、规格、尺寸偏差情况。

⑥ 钢筋保护层垫块、马蹬设置情况。

⑦ 杂散电流所有的焊点必须牢固可靠,严防脱焊、虚焊;端子位置安装符合要求,安装牢固;各焊点及焊缝位置符合焊接要求。

2. 模板

(1) 资料

模板施工技术方案及审批手续。

(2) 实体

① 模板的形状、位置和尺寸,是否平整光洁,不得严重破损。

② 模板的轴线偏差、拼缝、是否有杂物。

③ 固定在模板上的预埋件、预留孔和预留洞情况。

3. 混凝土

(1) 资料

① 商品混凝土水泥、外加剂等材料产品合格证、出厂检验报告。

② 进场商品混凝土配合比验证,设计要求的混凝土耐久性指标的检测报告以及氯离子、总碱含量的计算书。

③ 混凝土施工记录、混凝土强度报告以及评定。

④ 混凝土冬季施工技术方案。

⑤ 钢筋混凝土保护层厚度检测报告。

(2) 实体

① 混凝土试块取样频率及试块留置。

② 施工缝、变形缝、后浇带设置及施工质量。

③ 混凝土浇筑、坍落度情况。

④ 混凝土浇筑完成的养护及养护时间。

⑤ 混凝土外观质量、结构裂缝或渗水情况;混凝土结构尺寸和轴线偏差情况。

⑥ 地下车站及附属结构工程混凝土结构工程中存在重大质量问题时,处理方案和验收记录应完整。

(二) 防水工程

1. 资料

(1) 防水材料及密封、配套材料的合格证书、产品的质量检验和性能检测报告。

（2）进场的防水材料抽样复验报告。

（3）防水施工队伍的资质证明及防水工的上岗证。

（4）橡胶止水带、止水钢板合格证书和性能检测报告。

（5）防水混凝土水泥、外加剂等材料产品合格证、出厂检验报告、复检报告。

（6）防水混凝土抗压强度及抗渗压力试块的留置及检测报告。

（7）隐蔽工程验收记录；基层墙面（或垫层）处理验收记录；细部的节点详图及附加层验收记录。

（8）防水工程的施工方案、施工记录、技术交底及"三检"记录。

（9）渗漏水检测记录。

（10）地下防水分部工程质量验收记录，地下室防水效果检查记录。

2. 实体

（1）基层施工质量及处理。

（2）卷材、防水涂料粘接质量。

（3）保护层与防水层粘接质量。

（4）卷材是否接缝封严，表面平整，不得有损伤、空鼓、鼓泡等缺陷。

（5）涂料表面应平整，是否有漏涂、损伤、脱落、开裂、孔眼以及厚度不均、涂刮压不严密等现象。

（6）橡胶止水带、止水钢板的埋设情况。

（7）施工缝、变形缝、阴阳角、桩头和穿墙管（板）等细部防水施工构造是否符合设计要求，严禁渗漏。

（三）砌体结构工程

1. 资料

（1）水泥、外加剂、预拌砂浆商品混凝土等材料的产品合格证、出厂检验报告。

（2）商品混凝土配合比验证，砂浆、混凝土试块取样频率、试块留置。

（3）砌体或砌块的产品合格证、型式检验报告及复检报告。对设计有防火要求的砌体或砌块，出厂合格证明文件中应有耐火极限的检测报告。

2. 实体

（1）砌体工程轴线、标高、垂直度、表面平整度、水平灰缝平直度、砌体水平及竖向灰缝厚度、砂浆饱满度、砂浆强度（必要时要求第三方检测单位检测）。

（2）砖块搭接长度；砌体马牙槎留置。

（3）门窗洞口位置及尺寸、偏差。

（4）构造柱、主筋绑扎长度、箍筋设置情况及拉结筋、腰梁主筋植筋检测取样频率及检测报告。

（5）构造柱、腰梁混凝土外观质量、混凝土强度（必要时要求第三方检测单位检测）。

六、常见质量问题及预防

（一）混凝土裂缝渗漏水

1. 存在问题及现象描述

地铁车站混凝土开裂，裂缝处渗漏水。

2. 原因分析

车站结构渗漏水主要发生在混凝土裂缝处，结构裂缝主要可分为以下几类：

（1）温度裂缝：大体积混凝土水泥水化热或环境温度变化较大的混凝土中，或两者共同作用引起的裂缝。

（2）塑性收缩裂缝：混凝土收缩主要有干燥收缩、塑性收缩和自身收缩三种，当这些收缩变形在混凝土内部引起的内应力超过混凝土的抗拉强度时，就会产生收缩裂缝。

（3）干缩裂缝：由于混凝土养护不到位，水泥浆中水分蒸发产生干缩，导致混凝土结构产生裂缝，这种收缩是不可逆的。

（4）化学反应裂缝：主要包含碱集料反应（AAR）引起的裂缝、钢筋锈蚀引起的裂缝等。

（5）结构裂缝：主要包含超荷载作用、地基不均匀沉降、过度振动（如地震）引起的裂缝。

（6）裂缝产生的主要原因

① 模板及其支撑不牢,产生变形或局部沉降。

② 混凝土和易性差,灌注后产生分层,出现裂缝。

③ 养护措施不到位及拆模不当,引起开裂。

④ 主筋严重位移,使结构受拉区开裂。

⑤ 混凝土初凝后受扰动,产生裂缝。

⑥ 构件受力过早或超载引起裂缝。

⑦ 基础不均匀沉降引起开裂;设计不合理或使用不当引起开裂等。

3. 预防及控制措施

混凝土裂缝预控的重点在于减少、控制或避免温度裂缝、干缩裂缝、塑性收缩裂缝和结构裂缝的产生,尤其要预控贯穿性裂缝的产生。可采取以下预控措施:

（1）地铁车站的防水混凝土大多采用商品混凝土,应加强在原材料、施工配合比、称量、搅拌、坍落度、运输等方面的质量控制。

（2）对掺入混凝土中的粉煤灰、膨胀剂和减水剂等各种外加剂,应做试验以确定其性能、掺量、对水泥的适应性、用水量和工艺等。

（3）可在混凝土中掺入纤维(如聚丙烯纤维),减少混凝土早期的塑性裂缝。

（4）混凝土施工时可采取二次振捣技术,并在混凝土终凝前对底(顶、中)板表面用木抹子搓压至少三遍,以释放混凝土表面的收缩应力和消除塑性裂缝的产生。大体积混凝土采用分层连续灌注,合理采用降温法和保温法控制混凝土内外温差,并适当延长拆模时间。

（5）内衬墙拆模后,随即涂刷两道水泥基渗透结晶型防水涂料,并及时浇水养护。

（6）严禁在混凝土灌注过程中用振捣棒振动钢筋,以防止顺筋裂纹的产生。

（二）变形缝及诱导缝渗漏水

1. 存在问题及现象描述

地下工程变形缝及诱导缝渗漏水。

2. 原因分析

（1）设计未能满足密封防水、适应变形、施工方便、检查容易等基本要求;变形缝构造形式和材料未根据工程特点、地基或结构变形情况以及水压、水质和防水等级等条件去确定。

（2）原材料抽样复检重视程度不够。

（3）橡胶或塑料止水带接头没有锉成斜坡并粘接搭接或搭接长度不满足规范要求。

（4）变形缝及诱导缝处混凝土振捣不密实。

3. 预防及控制措施

（1）地下工程的变形缝宜设置在结构截面的突变处、地面荷载的悬殊段和地质明显不同的地方,不得设置在结构的转角处。

（2）地下工程宜尽量减少变形缝及诱导缝。当必须设置时,应根据该工程地下水压、水质、防水等级、地基和结构变形情况,选择合适的构造形式和材料。

（3）地下防水工程在施工过程中,应保持地下水位低于防水混凝土以下 500 mm 以上,并应排除地表水。变形缝及诱导缝施工应注意以下几点。

① 用木丝板和麻丝或聚氯乙烯泡沫塑料板作填缝材料时,木丝板或麻丝应经沥青浸湿,填缝前先于缝内涂热沥青一道。

② 橡胶或塑料止水带,应经严格检查,如有破损,须经修补合格后,方可使用。金属止水带,焊缝应满焊严密,且搭接长度应符合规范的规定。

③ 埋入式橡胶或塑料止水带,施工时严禁在止水带的中心圆圆环处穿孔,应埋设在变形缝横截面的中部,木丝板应对准圆环中心。

④ 采用 BW 膨胀止水条嵌缝,止水条必须具有缓胀性能,规格一般为 20 mm×30 mm,亦可按缝宽在

工厂预先订货。BW 止水条运输、贮存不得受潮、沾水，使用时，应防止先期受水浸泡膨胀。

⑤ 底板埋入式橡胶（塑料）止水带，要把止水带下部的混凝土振捣密实，然后铺设的止水带由中部向两侧挤压按实，再灌注上部混凝土。

⑥ 墙体变形缝两侧混凝土，应分层灌注，并用插入式振动器分层振捣，切勿漏振或过振，振动棒应避免碰撞止水带。

⑦ 表面附贴式橡胶止水带的两边，填防水油膏密封。金属止水带压铁上下应铺垫橡胶垫条或石棉水泥布，以防渗漏。

（三）混凝土施工缝渗漏水

1. 存在问题及现象描述

施工缝处混凝土骨料集中，混凝土疏松，接搓明显，沿缝隙处渗漏水。

2. 原因分析

（1）施工缝混凝土面未凿毛，残渣清理不彻底，新旧混凝土结合不牢。

（2）在支模和绑扎钢筋过程中，锯末、铁钉等杂物掉入缝内没有及时清除，灌注上层混凝土后在新旧混凝土之间形成夹层。

（3）施工缝未做企口或没有安装止水钢板。

（4）下料方法不当，骨料集中于施工缝处。

（5）混凝土墙体单薄，钢筋过密，振捣困难，混凝土不密实。

3. 预防及控制措施

（1）防水混凝土结构设计，其钢筋布置和墙体厚度应考虑方便施工，易于保证施工质量。

（2）防水混凝土应连续灌注，少留置施工缝。当需留置施工缝时，水平施工缝不应留在剪力与弯矩最大处或底板与侧墙交接处，应留在高出底板表面不小于 30 cm 的墙体上。

（3）认真清理施工缝，凿除表面浮浆和松散的骨料，用钢丝刷或錾子将旧混凝土面凿毛，并用压力水冲洗干净，且不得有积水。

（4）混凝土应采用补偿收缩混凝土，即在混凝土中按水泥重量掺入 UEA 或 WG-HEA 微膨胀剂，其掺量一般为水泥重量的 10%。

（5）灌注上层混凝土前，木模板润湿后，先在施工缝处灌注厚度不少于 10 cm 与混凝土同配比去石子的水泥砂浆，增强新旧混凝土粘接。

（6）加强施工缝处振捣频次和振捣质量控制，保证混凝土密实度满足要求。

第三节　高架车站主体结构

一、主要规范依据

1.《建筑工程施工质量验收统一标准》（GB 50300—2013）；

2.《地下铁道工程施工及验收规范（2003 年版）》（GB 50299—1999）；

3.《建筑桩基技术规范》（JGJ 94—2008）；

4.《建筑地基基础工程施工质量验收规范》（GB 50202—2002）；

5.《混凝土结构工程施工规范》（GB 50666—2011）；

6.《混凝土结构工程施工质量验收规范》（GB 50204—2015）；

7.《铁路桥涵工程施工质量验收标准》（TB 10415—2003）；

8.《铁路混凝土工程施工质量验收标准》TB 10424—2010；

9.《城市桥梁工程施工与质量验收规范》（CJJ 2—2008）；

10.《钢结构施工规范》（GB 50755—2012）；

11.《钢结构工程施工质量验收规范》(GB 50205—2001);

12.《钢结构焊接规范》(GB 50661—2011);

13.《屋面工程技术规范》(GB 50345—2012);

14.《屋面工程质量验收规范》(GB 50207—2012);

15.《混凝土结构耐久性设计规范》(GB/T 50476—2008);

16.《建筑给水排水及采暖工程施工质量验收规范》(GB 50242—2002);

17.《虹吸式屋面雨水排水系统技术规程》(CECS 183—2015)。

二、概述

高架车站由站台层、站厅层、设备层以及出入口等组成。高架车站既不是单一的房屋结构,也不是单一的桥梁结构,而是一种桥梁和房建相结合的结构体系,其结构形式主要分为桥建分离式和桥建合一式两种。

桥建分离式:即行车部分的轨道梁从车站穿过,车站建筑结构与车站桥梁结构完全脱开,各自形成独立的结构受力体系。该体系传力途径明确、结构耐久性好,但车站体量较大,且由于桥墩截面大,建筑平面布局易受影响。

桥建合一式:即行车部分的轨道梁支承在车站框架横梁上,车站建筑结构与车站桥梁结构结合在一起共同受力,支承轨道梁的横梁、支承横梁的墩柱及墩柱基础承受列车动荷载。该体系结构整体性和稳定性较好,但结构传力途径较为复杂。

高架车站结构层数为2～4层,站台层一般位于结构最上层,与区间高架桥等高;站台层及以下一般采用现浇或预制钢筋混凝土结构,站台层顶部围护结构采用钢结构桁架与金属屋面结构。

三、主要施工环节及工序

(一)地基基础及混凝土主体结构

详见本书"地下车站及高架桥梁"部分。

(二)钢结构工程

钢结构作为主体结构子分部,其施工工艺流程包括零部件加工、构件组装及加工、钢结构预拼装、钢结构安装及涂装等。钢结构的连接工艺可分为焊接与紧固件连接等。

1. 施工详图设计

钢结构施工详图作为制作、安装和质量验收的主要文件,其设计工作主要包括节点构造设计和施工详图绘制两项内容。节点构造设计是以便于钢结构加工制作和安装为原则,对节点构造进行完善,根据设计施工图提供的内力进行焊接或螺栓连接设计,以确定连接板规格、焊缝尺寸和螺栓数量等内容;施工详图绘制主要包括图纸目录、施工详图设计总说明、构件布置图、构件详图和安装节点详图等内容。

钢结构施工详图除符合结构施工图外,还要满足其他相关技术文件的要求,主要包括钢结构制作和安装工艺要求以及钢筋混凝土工程、幕墙工程、机电工程等与钢结构施工交叉的技术要求。钢结构施工详图需经原设计单位确认。

2. 焊接工艺评定

首次采用的钢材、焊接材料、焊接方法、接头形式、焊接位置、焊后热处理等各种参数及参数的组合,应在钢结构制作和安装前进行焊接工艺评定试验。

焊接施工前,应以合格的焊接工艺评定结果或采用符合免除工艺评定条件为依据,编制焊接工艺文件,并应包括下列内容:

(1)焊接的方法或焊接方法的组合;

(2)母材的规格、牌号、厚度及覆盖范围;

(3)填充金属的规格、类别和型号;

(4)焊接接头形式、坡口形式、尺寸及其允许偏差;

(5)焊接位置;

（6）焊接电源的种类及极性；

（7）清根处理；

（8）焊接工艺参数（焊接电流、焊接电压、焊接速度、焊层和焊道分布）；

（9）预热温度及道间温度范围；

（10）焊后消除应力处理工艺；

（11）其他必要的规定。

焊接作业应按工艺评定的焊接工艺参数进行。

3. 紧固件连接

紧固件连接分为普通紧固件连接和高强度螺栓连接。普通紧固件连接指普通螺栓、射钉、自攻钉、拉锚钉等连接。高强度螺栓连接指扭剪型高强度螺栓、高强度大六角头螺栓连接。

普通螺栓紧固件连接工艺包括的主要内容：①普通螺栓的钢号与规格。②普通螺栓抗剪连接的工作性能。③普通螺栓的质量等级。A、B级为精制螺栓，C级为粗制螺栓。④螺栓孔孔壁质量类别。⑤螺栓长度选择与间距控制。⑥螺栓装配。⑦螺栓紧固和防松等。

高强度螺栓连接工艺包括的主要内容：①高强度螺栓的质量要求。必须符合《钢结构用高强度大六角头螺栓》(GB/T 1228—2006)、《钢结构用高强度大六角头螺母》(GB/T 1229—2006)、《钢结构用高强度大六角头螺栓、大六角头螺母、垫圈技术条件》(GB/T 1231—2006)、《钢结构用扭剪型高强度螺栓连接副》(GB/T 3632—2008)及有关标准的要求。②高强度螺栓连接副的试验和检验。③高强度螺栓轴力、扭矩系数试验。④连接件摩擦系数试验。⑤连接面清理。⑥安装作业条件。⑦安装工具校验、标定。⑧高强度螺栓的安装顺序。⑨高强度螺栓的紧固方法。⑩高强度螺栓栓孔的质量检查。⑪高强度螺栓预拉力的控制方法。⑫高强度螺栓连接的检验。

4. 零部件加工

（1）号料前应先确认材质和熟悉工艺要求，然后根据排版图、下料加工单和零件草图进行号料。号料的母材必须平直无损伤及其他缺陷，否则应先矫正或剔除。

（2）钢材切割可采用气割、机械切割、等离子切割等方法，选用的切割方法应满足工艺文件的要求。钢材切割面应无裂纹、夹渣、分层等缺陷和大于 1 mm 的缺棱。

（3）矫正可采用机械矫正、加热矫正、加热与机械联合矫正等方法。

（4）边缘加工可采用气割和机械加工的方法，对边缘有特殊要求的宜采用精密切割。

（5）机械或气割制孔后，应清除孔周边的毛刺、切屑等杂物；孔壁应圆滑，应无裂纹和大于 1 mm 的缺棱。

5. 构件组装及加工

（1）组装前先检查组装用零件的编号、材质、尺寸、数量和加工精度等是否符合图纸和工艺要求，确认后才能进行装配。

（2）组装用的平台和胎架应符合构件装配的精度要求，并具有足够的强度和刚度，经验收后才能使用。

（3）构件组装应根据设计要求、构件形式、连接方式、焊接方法和焊接顺序等确定合理的组装顺序。

（4）构件隐蔽部位应在焊接和涂装检查合格后封闭。完全封闭的构件内表面可不涂装。

（5）构件应在组装完成并经检验合格后再进行焊接。

（6）焊接完成后的构件应根据设计和工艺文件要求进行端面加工。

（7）构件外形矫正宜采用先总体后局部、先主要后次要、先下部后上部的顺序进行。

（8）构件外形矫正可采用冷矫正和热矫正。矫正方法和矫正温度应符合设计文件要求和规范规定。

6. 钢结构预拼装

预拼装前，单个构件应检查合格；当同一类型构件较多时，可选择一定数量的代表性构件进行预拼装。

构件可采用整体预拼装或累积连续预拼装。当采用累积连续预拼装时，两相邻单位连接的构件应分别参与两个单位的预拼装。

7. 钢结构安装

钢结构安装前,应按构件明细表核对进场的构件,查验产品合格证;工程预拼装过的构件在现场组装时,应根据预拼装记录进行。钢结构安装前应对建筑物的定位轴线、基础轴线和标高、地脚螺栓(锚栓)的规格和位置、地脚螺栓(锚栓)的紧固等进行检查,并应办理交接手续。

钢结构安装应根据结构特点按照合理顺序进行,并应形成稳固的空间刚度单元,必要时应增加临时支承结构或临时措施。

钢结构安装校正时应分析温度、日照和焊接变形等因素对结构变形的影响。

构件在运输、存放和安装过程中损坏的涂层以及安装连接部位,应按规定补漆。

钢结构吊装作业必须在起重设备的额定起重量范围内进行。用于吊装的钢丝绳、吊装带、卸扣、吊钩等吊具应经检查合格,并应在其额定需用荷载范围内使用。

8. 涂装

防腐涂装施工前,钢材应按规范和设计文件要求进行表面处理。经处理的钢材表面不应有焊渣、焊疤、灰尘、油污、水和毛刺等,对于镀锌构件,酸洗除锈后,钢材表面应露出金属色泽,并应无污渍、锈迹和残留酸液。构件的表面粗糙度不低于设计和规范要求。

钢结构防腐涂装工程和防火涂装工程的施工工艺和技术应符合规范、设计文件、涂装产品说明书等的要求。

构件表面的涂装系统应相互兼容。

(三)屋面工程

1. 概述

屋面工程应根据建筑物的类别、重要程度、使用功能要求确定防水等级,并应按相应等级进行防水设防;对防水有特殊要求的建筑屋面,应进行专项防水设计。屋面防水等级和设防要求应符合《屋面工程技术规范》(GB 50345—2012)第 3.0.5 条的规定,详见表 4.3.1。

表 4.3.1　屋面防水等级和设防要求

防水等级	建筑类别	设防要求
Ⅰ级	重要建筑和高层建筑	两道防水设防
Ⅱ级	一般建筑物	一道防水设防

施工单位应取得建筑防水和保温工程相应等级的资质证书;作业人员应持证上岗。

屋面所用的防水、保温材料应有产品合格证书和性能检测报告,材料的品种、规格、性能等必须符合国家现行产品标准和设计要求。产品质量应由经过省级以上建设行政主管部门对其资质认可和质量技术监督部门对其计量认证的质量检测单位进行检测。

屋面防水工程完工后,应进行观感质量检查和雨后观察或淋水、蓄水试验,不得有渗漏和积水现象。

屋面工程各子分部和分项工程的划分,应符合《屋面工程质量验收规范》(GB 50207—2012)第 3.0.13 条的规定,见表 4.3.2。

表 4.3.2　屋面工程各子分部和分项工程的划分

分部工程	子分部工程	分项工程
屋面工程	基层与保护	找坡层,找平层,隔汽层,隔离层,保护层
	保温与隔热	板状材料保温层,纤维材料保温层,喷涂硬泡聚氨酯保温层,现浇泡沫混凝土保温层,种植隔热层,架空隔热层,蓄水隔热层
	防水与密封	卷材防水层,涂膜防水层,复合防水层,接缝密封防水
	瓦面与板面	烧结瓦和混凝土瓦铺装,沥青瓦铺装,金属板铺装,玻璃采光顶铺装
	细部构造	檐口,檐沟与天沟,女儿墙与山墙,水落口,变形缝,伸出屋面管道,屋面出入口,反梁过水孔,设施基座,屋脊,屋顶窗

根据高架车站屋面特点,本文只介绍隔汽层、纤维材料保温层、金属板铺装、玻璃采光顶铺装及细部构造等。

2. 隔汽层

隔汽层施工前,基层应进行清理,宜进行找平处理。

屋面周边隔汽层应沿墙面向上连续铺设,高出保温层上表面不得小于 150 mm。

采用卷材做隔汽层时,卷材宜空铺,卷材搭接缝应满粘,其搭接宽度不应小于 80 mm;采用涂膜做隔汽层时,涂料涂刷应均匀,涂层不得有堆积、起泡和露底现象。

穿过隔汽层的管道周围应进行密封处理。

3. 纤维材料保温层

基层应平整、干燥、干净。

纤维保温材料在施工时应避免重压,并应采取防潮措施。

纤维保温材料铺设时,平面拼接缝应贴紧,上下层拼接缝应相互错开;屋面坡度较大时,纤维保温材料宜采用金属或塑料专用固定件将纤维保温材料与基层固定。

纤维材料填充后,不得上人踩踏。

装配式骨架纤维保温材料施工时,应先在基层上铺设保温龙骨或金属龙骨,龙骨之间应填充纤维保温材料,再在龙骨上铺钉水泥纤维板。金属龙骨与固定件应经防锈处理,金属龙骨与基层之间应采取隔热断桥措施。

4. 金属板屋面

金属板材应边缘整齐、表面光滑,色泽均匀、外形规则,不得有扭翘、脱膜和锈蚀等缺陷。

金属板屋面施工前应根据施工图纸进行深化排版图设计。金属板铺设时,应根据金属板板型技术要求和深化设计排版图进行。

金属板固定支架或支座位置应准确,安装应牢固。

金属板屋面铺装的有关尺寸应符合下列规定:①金属板檐口挑出墙面的长度不应小于 200 mm;②金属板伸入檐沟、天沟内的长度不应小于 100 mm;③金属泛水板与突出屋面墙体的搭接宽度不应小于 200 mm;④金属泛水板、变形缝盖板与金属板的搭接宽度不应小于 200 mm;⑤金属屋脊盖板在两坡面金属板上的搭盖宽度不应小于 250 mm。

5. 玻璃采光顶铺装

玻璃采光顶的预埋件应位置准确,安装应牢固。

采光顶玻璃及玻璃组件的制作,应符合现行行业标准《建筑玻璃采光顶》(JG/T 231—2007)的有关规定。

采光顶玻璃表面应平整、洁净,颜色应均匀一致。

玻璃采光顶与周边墙体间的连接,应符合设计要求。

6. 细部构造

细部构造所用的卷材、涂料和密封材料的质量应符合设计要求,两种材料之间应有相容性。

屋面细部构造热桥部位的保温处理,应符合设计要求。

(四)虹吸式屋面雨水排水系统

1. 进场材料

(1)管材、管件、雨水斗等材料的规格、型号和性能应符合设计规定,并有质量合格证明文件。

(2)管材、管件等材料的表面应完好无损。钢管和管件表面应无裂纹、夹渣、重皮等缺陷;铸铁管和管件表面应无裂缝、砂眼、飞刺、瘪陷等缺陷;高密度聚乙烯(HDPE)管管材和管件表面应无裂缝、凹陷、分层和气泡等缺陷。

(3)高密度聚乙烯(HDPE)管贮存堆放时,不得受日光长时间暴晒,且应远离明火、热源。

2. 管道敷设

(1)雨水立管应按设计要求设置检查口,检查口中心宜距地面 1.0 m。当采用高密度聚乙烯(HDPE)管时,检查口的最大设置间距不宜大于 30 m。

(2)雨水管道应按设计规定的位置安装。

（3）连接管与悬吊管的连接宜采用45°三通。

（4）悬吊管与立管、立管与排出管的连接应采用2个45°弯头或R不小于$4D$的90°弯头（R为弯曲半径，D为管径）。

（5）高密度聚乙烯（HDPE）管道穿过墙壁、楼板或有防火要求的部位时，应按设计要求设置阻火圈、防火胶带或防火套管。

（6）雨水管穿过墙壁和楼板时，应设置金属或塑料套管。楼板内的套管，其顶部应高出装饰地面20 mm，底部与楼底面齐平。墙壁内的套管，其两端应与饰面齐平。套管与管道之间的缝隙应采用阻燃密实材料填实。

（7）在安装过程中，管道和雨水斗的敞开口应采取临时封堵措施。

3. 雨水斗安装

（1）雨水斗的进水口应水平安装。

（2）雨水斗的进水口高度应保证天沟内的雨水能通过雨水斗排净。

（3）雨水斗应按产品说明书的要求和顺序进行安装。

（4）在屋面结构施工时，必须配合土建工程预留符合雨水斗安装需要的预留孔。

（5）安装在钢板或不锈钢板天沟（檐沟）内的雨水斗，可采用氩弧焊等与天沟（檐沟）焊接连接或其他能确保防水要求的连接方式。

（6）雨水斗安装时，应在屋面防水施工完成、确认雨水管道畅通、清除流入短管内的密封膏后，再安装整流器、导流罩等部件。

（7）雨水斗安装后，其边缘与屋面相连处应严密不漏。

4. 高密度聚乙烯（HDPE）管安装

（1）高密度聚乙烯（HDPE）管应采用热熔对焊连接或电熔连接。

（2）高密度聚乙烯（HDPE）管应采用管道切割机切割，切口应垂直于管中心。

（3）高密度聚乙烯（HDPE）预制管段不宜超过10 m，预制管段之间的连接应采用电熔、热熔对焊或法兰连接。

（4）在悬吊的高密度聚乙烯（HDPE）水平管上宜使用电熔连接，且与固定件配合安装。

5. 排出管安装

（1）排出管可采用铸铁管、钢管（镀锌钢管、涂塑钢管）、不锈钢管和高密度聚乙烯（HDPE）管等材料。

（2）埋地雨水管的埋设深度应考虑冰冻和外部荷载的影响。

（3）铸铁管可直接铺设在未经扰动的原土地基上。当不符合要求时，在管沟底部应铺设厚度不小于100 mm的砂垫层。

（4）埋地雨水管在穿入检查井时，与井壁接触的管端部位应涂刷两道黏结剂，并滚上粗砂，然后用水泥砂浆砌入，防止漏水。

6. 固定件安装

（1）管道支吊架应固定在承重结构上，位置应正确，埋设应牢固。

（2）高密度聚乙烯（HDPE）悬吊管宜采用方形钢导管进行固定。方形钢导管应沿高密度聚乙烯（HDPE）悬吊管悬挂在建筑承重结构上，高密度聚乙烯（HDPE）悬吊管则宜采用导向管卡和锚固管卡连接在方形钢导管上。方形钢导管的尺寸、方形钢导管悬挂点间距和导向管卡、锚固管卡的设置间距，应符合规范规定。

（3）高密度聚乙烯（HDPE）悬吊管的锚固管卡宜安装在管道的端部和末端，以及Y型支管的每个方向上，两个锚固管卡之间的距离不应大于5 m。当雨水斗与立管之间的悬吊管长度超过1 m时，应安装带有锚固管卡的固定件。当高密度聚乙烯（HDPE）悬吊管的管径大于200 mm时，在每个固定点上应使用两个锚固管卡。

（4）高密度聚乙烯（HDPE）管立管的锚固管卡间距不应大于5 m，导向管卡间距不应大于15倍管径。

（5）当虹吸式雨水斗的下端与悬吊管的距离不小于750 mm时，在方形钢导管上或悬吊管上应增加两个侧向管卡。

（6）雨水立管的底部弯管处应设支墩或采取牢固的固定措施。

（五）幕墙工程

详见"车站装饰装修"章节。

四、施工质量控制要点

（一）钢结构

1. 钢结构施工单位资质及焊接从业人员资格

钢结构施工单位应具备相应的钢结构工程施工资质，并应有安全生产、质量和环境管理体系。

焊接技术人员（焊接工程师）应具有相应的资格证书；大型重要的钢结构工程，焊接技术负责人应取得中级以上技术职称并有五年以上焊接生产或施工实践经验。

焊缝质量检验人员应接受过焊接专业的技术培训，并应经岗位培训取得相应的质量检验资格证书。

焊缝无损检测人员应取得国家专家考核机构颁发的等级证书，并按证书合格项目及权限从事焊缝无损检测工作。

焊工应经考试合格并取得资格证书，应在认可的范围内焊接作业，严禁无证上岗。

2. 原材料及成品进场

（1）钢材、钢铸件的品种、规格、性能等应符合现行国家产品标准和设计要求。进口钢材产品的质量应符合设计和合同规定标准的要求。

（2）焊接材料的品种、规格、性能等应符合现行国家产品标准和设计要求。

（3）高强度大六角头螺栓连接副、扭剪型高强度螺栓连接副、钢网架用高强度螺栓、普通螺栓、铆钉、自攻钉、射钉、锚栓（机械型和化学试剂型）、地脚锚栓等紧固标准件及螺母、垫圈等标准配件，应有产品的质量合格证明文件、中文标志及检验报告。其品种、规格、性能等应符合现行国家产品标准和设计要求。高强度大六角头螺栓连接副和扭剪型高强度螺栓连接副出厂时应分别随箱带有扭矩系数和紧固轴力（预拉力）的检验报告。

（4）钢结构防火涂料的品种和技术性能应符合设计要求，并应经过具有资质的检测机构检测符合国家现行有关标准的规定。

3. 钢结构焊接工程

根据结构的重要性、荷载情况不同，现行国家标准《钢结构设计规范》（GB 50017—2003）中将焊缝的质量分为三个质量等级。

设计要求全焊透的一、二级焊缝应采用超声波探伤进行内部缺陷的检验，超声波探伤不能对缺陷作出判断时，应采用射线探伤，其内部缺陷分级及探伤方法应符合现行国家标准《焊缝无损检测超声检测技术、检测等级和评定》（GB/T 11345—2013）或《金属熔化焊焊接接头射线照相》（GB/T 3323—2005）的规定。

一级、二级焊缝的质量等级及缺陷分级应符合《钢结构工程施工质量验收规范》（GB 50205—2001）第5.2.4条的规定，见表4.3.3。焊缝的外观质量应符合《钢结构工程施工质量验收规范》（GB 50205—2001）第A.0.1条及《钢结构焊接规范》（GB 50661—2011）第8.2.1条的规定，详见表4.3.4。

表 4.3.3　一、二级焊缝质量等级及缺陷分级

焊缝质量等级		一级	二级
内部缺陷 超声波损伤	评定等级	Ⅱ	Ⅲ
	检验等级	B级	B级
	损伤比例	100%	20%
内部缺陷 射线损伤	评定等级	Ⅱ	Ⅲ
	检验等级	AB级	AB级
	损伤比例	100%	20%

注：探伤比例的计数方法应按以下原则确定：
　（1）对工厂制作焊缝，应按每条焊缝计算百分比，且探伤长度应不小于200 mm，当焊缝长度不足200 mm时，应对整条焊缝进行探伤；
　（2）对现场安装焊缝，应按同一类型、同一施焊条件的焊缝条数计算百分比，探伤长度应不小于200 mm，并应不少于1条焊缝。

表 4.3.4　焊缝外观质量标准

项次	检验项目 焊缝质量等级	一级	二级	三级
1	裂纹	不允许		
2	未焊满	不允许	≤0.2 mm+0.02t 且≤1 mm,每100 mm 长度焊缝内未焊满累计长度≤25 mm	≤0.2 mm+0.04t 且≤2 mm,每100 mm 长度焊缝内未焊满累计长度≤25 m
3	根部收缩	不允许	≤0.2 mm+0.02t 且≤1 mm,长度不限	≤0.2 mm+0.04t 且≤2 mm,长度不限
4	咬边	不允许	深度≤0.05t 且≤0.5 mm,连续长度≤100 mm,且焊缝两侧咬边总长≤10%焊缝全长	深度≤0.1t 且≤1 mm,长度不限
5	电弧擦伤	不允许		允许存在个别电弧擦伤
6	接头不良	不允许	缺口深度≤0.05t 且≤0.5 mm,每1 000 mm 长度焊缝内不得超过1处	缺口深度≤0.1t 且≤1 mm,每1 000 mm 长度焊缝内不得超过1处
7	表面气孔	不允许		每50 mm 长度焊缝内允许存在直径<0.4t 且小于 3 mm 的气孔2个;孔距应≥5倍孔径
8	表面夹渣	不允许		深≤0.2t,长≤0.5 t 且≤20 mm

注:t 为母材厚度。

4. 紧固件连接工程

(1)普通螺栓作为永久性连接螺栓时,当设计有要求或对其质量有疑义时,应进行螺栓实物最小拉力载荷复验,其结果应符合现行国家标准《紧固件机械性能螺栓、螺钉和螺柱》(GB/T 3098.1—2010)的规定。

(2)钢结构制作和安装单位应按规定分别进行高强度螺栓连接摩擦面的抗滑移系数试验和复验,现场处理的构件摩擦应单独进行摩擦面抗滑移系数试验,其结果应符合设计要求。

(3)高强度大六角头螺栓连接副终拧完成 1 h 后、48 h 内应进行终拧扭矩检查,检查结果应符合规范的规定。

(4)扭剪型高强度螺栓连接副终拧后,除因构造原因无法使用专用扳手终拧掉梅花头者外,未在终拧中拧掉梅花头的螺栓数不应大于该节点螺栓数的 5%。对所有梅花头未拧掉的扭剪型高强度螺栓连接副,应采用扭矩法或转角法进行终拧并做标记,且按规定进行终拧扭矩检查。

5. 钢构件组装工程

(1)焊接 H 型钢的翼缘板拼接缝和腹板拼接缝的间距不应小于 200 mm。翼缘板拼接长度不应小于 2 倍板宽;腹板拼接宽度不应小于 300 mm,长度不应小于 600 mm。

(2)分段构件预拼装或构件的总体预拼装,如为螺栓连接,在预拼装时,所有节点连接板均应装上,除检查各部尺寸外,还应采用试孔器检查板叠孔的通过率。

6. 单层钢结构安装工程

(1)建筑物的定位轴线、基础轴线和标高、地脚螺栓的规格及其紧固应符合设计要求。

(2)单层钢结构主体结构的整体垂直度和整体平面弯曲的允许偏差应符合规范规定。

7. 钢结构涂装工程

(1)涂料、涂装遍数、涂层厚度均应符合设计要求。当设计对涂层厚度无要求时,涂层干漆膜总厚度:室外应为 150 μm,室内应为 125 μm,其允许偏差-25 μm,每遍涂层干漆膜厚度的允许偏差-5 μm。

(2)薄涂型防火涂料的涂层厚度应符合有关耐火极限的设计要求。厚涂型防火涂料涂层的厚度,

80%及以上面积应符合有关耐火极限的设计要求,且最薄处厚度不应低于设计要求的85%。

(3)薄涂型防火涂料涂层表面裂纹宽度不应大于0.5 mm;厚涂型防火涂料涂层表面裂纹宽度不应大于1 mm。

8. 屋面工程

(1)隔汽层

① 所用材料的质量应符合设计要求。

② 隔汽层不得有破损现象。

③ 卷材隔汽层应铺设平整,卷材搭接缝应粘接牢固,密封应严密,不得有扭曲、皱折和气泡等缺陷;涂膜隔汽层应粘接牢固,表面平整,涂布均匀,不得有堆积、起泡和露底等缺陷。

(2)纤维保温层

① 纤维保温材料的质量应符合设计要求。纤维材料保温层的厚度应符合设计要求,毡不得有负公差,板负公差应为4%且不得大于3 mm。

② 屋面热桥部位处理应符合设计要求。

③ 纤维保温材料铺设应紧贴基层,拼缝应严密,表面应平整。

(3)金属板铺装

① 金属板材及其辅助材料的质量,应符合设计要求。

② 金属板屋面不得有渗漏现象。

③ 金属板铺装应平整、顺滑;排水坡度应符合设计要求。

④ 压型金属板的要求锁边连接应严密、连续、平整,不得扭曲和裂口。

⑤ 压型金属板的紧固件连接应采用带防水垫圈的自攻螺钉,固定点应设在波峰上;所有自攻螺钉外露的部位均应密封处理。

(4)玻璃采光顶铺装

① 采光顶玻璃及其配套材料的质量应符合设计要求。

② 玻璃采光顶不得有渗漏现象。

③ 硅酮耐候密封胶的打注应密实、连续、饱满,粘接应牢固,不得有气泡、开裂、脱落等缺陷。

④ 玻璃采光顶铺装应平整、顺直;排水坡度应符合设计要求。

(5)细部构造

① 檐沟与天沟、水落口、变形缝的防水构造应符合设计要求。

② 檐沟、天沟的排水坡度应符合设计要求,沟内不得有渗漏和积水现象;水落口应设在沟底的最低处,水落口处不得有渗漏和积水现象;变形缝处不得有渗漏和积水现象。

9. 虹吸式屋面雨水排水系统

(1)雨水斗、管材、管件等材质、安装及固定应符合设计和规范要求。

(2)天沟宽度、高度、水流断面和坡度必须符合设计要求,天沟内、雨水口与溢流口或溢流装置之间、雨水斗周围,不得遗留杂物、填充物等。

(3)天沟蓄水持续1 h后,雨水斗周围屋面应无渗漏现象;安装在室内的雨水管道,灌水试验持续1 h后,管道及其所有连接处应无渗水现象。

(4)雨水主立管和水平干管应做通水试验,排水应畅通、无堵塞。

(5)每个汇水区域必须设有溢流口或溢流装置,溢流口或溢流装置的施工应符合设计要求。

五、质量监督要点

(一)质控资料

钢结构、屋面防水施工单位资质证书、从业人员资质证书。钢材原材、焊接材料、连接用紧固件、铸钢件、涂装材料(特别是防火涂料)、屋面材料的合格证明材料及抽检复验报告(需进场检验时)。

焊接工艺评定报告、施工详图审查记录、施工方案等,焊缝探伤检测报告、高强螺栓终拧扭矩检查记录及梅花头检查记录。主要构件变形及主体结构尺寸(整体垂直度、整体平面弯曲)检测记录。涂层涂刷记录及涂层厚度检测记录。

屋面材料合格证明文件,保温材料进场检测报告。屋面淋水试验记录、天沟蓄水试验记录、室内雨水管灌水试验记录、雨水管通水试验等。

(二) 实体质量

钢结构焊缝质量、连接紧固件连接质量、基础及支承面安装质量,钢结构安装整体垂直度及平面垂直度,涂层表面质量等。

屋面、天沟有无渗漏水现象,虹吸排水是否通畅。

六、常见质量问题及预防

(一) 钢结构现场焊缝外观有缺陷

1. 存在问题及现象描述

(1) 焊缝尺寸不符合要求:焊缝的尺寸与设计上规定的尺寸不符,或者焊缝成形不良,出现高低、宽窄不一、焊波粗劣等现象。

(2) 气孔:焊接时,熔池中的气泡在凝固时未能逸出而残留下来形成的空穴称为气孔。处于焊缝表面的气孔称为表面气孔,处于焊缝内部的气孔称为内部气孔。

(3) 咬边:沿焊趾的母材部位产生的沟槽或凹陷。

2. 原因分析

(1) 焊缝尺寸不符合要求的原因有:接头边缘加工不整齐、坡口角度或装配间隙不均匀;焊接工艺参数不正确,如火焰能率过大或过小、焊丝和焊嘴的倾角配合不当、气焊焊接速度不均匀;操作技术不当,如焊嘴横向摆动不一致等。

(2) 产生气孔的原因有:焊丝、焊件表面的油、污、锈、垢及氧化膜没有清除干净;乙炔或氧气的纯度太低;火焰性质选择不当;熔剂受潮或质量不好;焊炬摆幅快而大;焊丝填充不均匀;焊接现场周围风力较大;焊接速度过快,火焰过早离开熔池;焊丝和母材的化学成分不匹配。

(3) 产生咬边的原因有:焊接工艺参数选择不当,或操作技术不正确。

3. 预防及控制措施

(1) 防止焊缝尺寸不符合要求的措施有:正确调整火焰能率;将焊件接头边缘调整齐;气焊过程中焊嘴、焊终的横向摆动要一致;焊接速度要均匀且不要向熔池内填充过多的焊丝。

(2) 防止气孔的措施有:在焊前应将坡口及两侧 20～30 mm 范围内的油、污、锈、垢及氧化膜清除干净;选用合格的乙炔和氧气,以保证纯度要求;选择中性焰、微碳化焰;填加焊丝要均匀,焊嘴的摆动不能过快和过大,注意加强火焰对熔池的保护。如有必要,需在焊接场地设置防风装置。根据实际情况,焊前对工件预热,焊接时选用合适的焊接速度,在焊接终了和焊接中途停顿时,应慢慢撤离焊接火焰,使熔池缓慢冷却,从而使气体充分从熔池中逸出,减少气孔的产生。注意要使焊担和母材合理匹配。

(3) 防止咬边的措施有:修改焊接工艺参数,提高操作工人技术水平等。

(二) 站台层屋面积水、漏水

1. 存在问题及现象描述

站台层屋面存在积水、漏水现象。

2. 原因分析

(1) 压型板与主次梁交接出贴合不紧密,底板与底板之间搭接不够紧密,铆钉直线度较差,底板长度误差较大。

(2) 压型底板在加工排版时未充分考虑主次梁宽度对底板宽度的影响。压型底板铆钉固定时,未牢固压紧。

(3) 压型底板加工下料时对曲率半径计算不够准确,相邻板端部误差较大。

(4) 屋面铝镁锰板在压型时压型设备导轮出现偏心,导致凹痕出现。标准段与收口段过渡区域处的异形板加工精度较低。

（5）屋面金属板设计过薄，经过一段时间的使用，外板腐蚀或者受温度影响变形、板上积雪的压力等，造成板之间缝隙增大。

（6）施工使用不合格的材料，施工中随意性大，未严格按施工规范要求操作。

（7）施工过程中对已安装完毕的金属板不注意保护，随意踩踏屋面，破坏了屋面的平整。

（8）天沟横向没有坡度，安装时应留一定坡度，至少 0.5%。天沟搭接处，焊接有缝隙、漏焊、夹渣或不进行防腐。为降低造价，天沟防腐只是刷防锈漆或者沥青漆，使用一段时间后，天沟腐蚀严重。

（9）钢结构厂房屋面板因跨度过大，屋面板搭接处，安装往往很难达到设计理论标准，导致漏雨。

（10）关键节点部位施工马虎。伸出屋面的管道、通风口根部堵洞不严，防水层泛水高度不够。保温层施工遇雨，排气槽堵塞，排气孔设置不合理，造成保温层长期浸水。

3. 预防及控制措施

（1）设计人员应严格按照规范设计，不得为了降低造价而随意降低设计指标，设计人员应结合实际情况进行设计。设计屋面的檩条时，不要盲目为了节省钢材而降低檩条的高度和壁厚。

（2）施工及监理人员应对需用材料及配件进行严格检验，检查产品质量保证书、材质检验合格证明等，以杜绝规格、质量不合格材料进场。

（3）屋面板应采用防水性能较好的板型。屋面防水材料的选择，应选用质量信得过的厂家。由于金属屋面板的材料特性，应选用适合于金属板屋面的防水材料；如具有较高的粘接强度、好的追随性以及耐候性极佳的丁基橡胶防水密封粘接带，作为金属板屋面的配套防水材料。

（4）施工前，施工技术人员要对工人进行技术交底，并严格按照设计图纸和施工规范要求进行操作，加强节点的细部处理。增强工人素质，提高工人责任心。注意成品保护，同时加强过程控制，加强现场质量抽查。

（5）加工前，应根据现场实际测量尺寸绘制详细的屋面排版图。

（6）进行底板铆钉施工时应设置与主体结构通长的水平拉线，确保铆钉的直线度和牢靠性。

（7）下料时应充分考虑檩条、T 型角码高度对屋面曲率半径的影响，长度误差控制在 ±9 mm 之内，宽度误差控制在 ±6 mm 内，相邻压型金属板端部错位应控制在 ±6 mm 以内。

（8）大面积加工前应事先进行 20～50 m² 的试加工段，并及时调整压型设备。

（9）对于异形板的加工，应根据现场实际尺寸制作硬纸板模型。根据模型尺寸在厂内进行异形板加工，满足现场安装正确，避免出现有空缺现象。

第四节　装饰装修

地铁车站的装饰装修工程根据各地的实际情况，主要包括站台及相关用房的地面工程、吊顶工程、饰面板（砖）工程、抹灰工程、门窗工程、幕墙工程、细部工程等。

一、主要规范依据

1. 《建筑装饰装修工程质量验收规范》（GB 50210—2001）；

2. 《建筑地面工程施工质量验收规范》（GB 50209—2010）；

3. 《民用建筑工程室内环境污染控制规范（2013 版）》（GB 50325—2010）；

4. 《铝合金门窗工程技术规范》（JGJ 214—2010）；

5. 《玻璃幕墙工程技术规范》（JGJ 102—2003）；

6. 《金属与石材幕墙工程技术规范》（JGJ 133—2001）；

7. 《建筑幕墙》（GB/T 21086—2007）；

8. 《建筑幕墙工程质量验收规程》（DGJ 32/J124—2011）；

9.《玻璃幕墙工程质量检验标准》(JGJ/T 139—2001);

10.《钢结构工程施工质量验收规范》(GB 50205—2001);

11.《无障碍设施施工验收及维护规范》(GB 50642—2011)。

二、地面工程

(一) 概述

车站的地面工程主要由站台、站厅地面、配套用房地面、设备用房地面及办公室地面等组成,涉及的地面种类有天然石材、陶瓷地砖、水泥砂浆地面、抗静电地板等。

(二) 施工环节及工序

1. 天然石材

(1) 施工流程

清扫整理基层地面→水泥砂浆找平→测定标高、弹线→选料→安装标准块→摊铺水泥砂浆→铺贴石材→灌缝→清洁→养护交工。

(2) 施工工艺

基层处理要干净,高低不平处要先凿平和修补,基层应清洁,不能有砂浆,尤其是白灰砂浆灰、油渍等,并用水湿润地面。铺装石材时必须安放标准块,标准块应安放在十字线交点,对角安装。铺装操作时要每行依次挂线,石材进场前必须做好六面防护,阴干后擦净背面,以免影响其凝结硬化,发生空鼓、起壳以及含水不均造成色差等问题。铺贴前将板材进行试拼,对花、对色、编号,以使铺设出的地面花色一致。铺贴时,将水泥黄砂拌合物按施工方案的比例拌匀平铺,然后按设计要求铺贴石材,铺贴后用橡皮锤敲实,同时用水平尺检查校正。石材地面铺装后的养护十分重要,铺贴完后覆盖养护,安装 24 h 后必须洒水养护,并不得上人。

2. 陶瓷地砖

(1) 施工流程

清扫整理基层地面→水泥砂浆找平→测定标高、弹线→选料→安装标准块→摊铺水泥砂浆→铺贴面砖→清洁→养护交工。

(2) 施工工艺

混凝土地面应将基层凿毛,凿毛深度为 5~10 mm,凿毛痕的间距为 30 mm 左右。之后,清净浮灰、砂浆、油渍。铺贴前应弹好线,在地面弹出与门道口成直角的基准线,弹线应从门口开始,以保证进口处为整砖,非整砖置于阴角下面,弹线应弹出纵横定位控制线。铺贴陶瓷地面砖前,应先将陶瓷地面砖浸泡阴干。铺贴时,将水泥黄砂拌合物按施工方案的比例拌匀平铺,然后按设计要求铺贴瓷面砖,铺贴后用橡皮锤敲实。同时,用水平尺检查校正。铺贴完 2~3 h 后,用水泥、砂子按 1∶1(体积比)拌制水泥砂浆,缝要填充密实、平整光滑,再用棉丝将表面擦净。基层必须处理合格,不得有浮土、浮灰。陶瓷地面砖必须浸泡后阴干,以免影响其凝结硬化,发生空鼓、起壳等问题。铺贴完成后,24 h 内不得上人。

3. 抗静电地板

(1) 施工流程

基层清理→弹线→钻孔安装预埋件并完成防潮、防水处理→安装定型金属骨架→接地线→铺装地板→找平。

(2) 施工工艺

① 认真检查地面平整度及墙面垂直度,对基层进行检查清理,如发现有重大缺陷或需要局部改造,应向甲方有关部门提出。

② 拉水平线,将地板安装高度用墨线弹到墙面上,保证铺设后的地板在同一水平内;测量室内的长度、宽度及选择基准位置,并在地面弹出安装支座的网络格线,以保证铺设整齐、美观,同时尽量减少地板的切割。

③ 根据设计要求,钻孔安装后置埋件并做好相关部位的防潮、防水工作。

④ 将要安装的金属骨架支座调整到同一需要的高度并将支座摆到地面网格线的十字交点处；用安装螺钉将桁梁固定到支座上，并用水平尺、直角尺逐一校正桁梁，使之既在同一平面内，又相互垂直。

⑤ 支架要设有接地线，以防静电积聚和触电。

⑥ 用吸板器在组装好的桁梁上放置活动地板；在铺设地板时，用水泡水平仪逐块找平，活动地板的高度靠可调支座调节，铺设过程中应轻拿轻放，防止划伤地板及损坏边条，同时应边铺设边打扫，避免将杂物、灰尘遗留在地板下面；在机房设置较重设备时，可在设备基座的地板下加装支座，以防地板变形。

⑦ 检查抗静电地板的总体水平度及平整度。

（3）地板安装铺设工具

① 切割锯、激光水平测定仪；②水泡水平仪、卷尺、墨线；③调整扳手、十字螺丝刀；④施工现场备有220 V/50 Hz电源及水源。

（三）施工质量控制要点

1. 建筑地面工程采用的材料应符合设计要求及《建筑地面工程施工质量验收规范》（GB 50209—2010）的相关规定选用。进场材料应符合国家相应标准的规定，应有中文质量合格文件、规格、型号及性能检测报告，应按相应的规范规定进行见证取样复试检测，检测合格后方能使用。

2. 建筑地面采用的花岗石、大理石等天然石材必须符合现行行业标准中关于有害物质限量的规定；胶黏剂、沥青化合物和涂料等材料应按设计要求选用，并符合现行国家标准《民用建筑工程室内环境污染控制规范》（GB 50325—2010）（2013版）的要求；厕浴间和有防滑要求的建筑地面的板（砖）块材料品种、质量应符合设计要求；观察检查和检查材质合格证明文件及检测报告，并做好六面防护。

3. 找平层：车站地面找平层应采用水泥砂浆或水泥混凝土铺设，应符合整体面层的相关规定。铺设找平层前，当其下一层有松散填充料时，应予铺平振实。在预制钢筋混凝土板上铺设找平层时，其板端应按设计要求采取防裂的构造措施。

4. 隔离层

（1）厕浴间和有防水要求的车站地面必须设置防水隔离层，厕浴间四周除门洞外应做混凝土翻边，其高度不应小于200 mm，宽同墙厚，混凝土强度等级不应小于C20，隔离层的材料，其材质应经有资质的检测单位检测认定。

（2）在水泥类找平层上铺设卷材类、涂料类防水防油隔离层时，其表面应坚固、洁净、干燥，铺设前应涂刷基层处理层，基层处理层应采用与卷材性能相容的配套材料或采用与涂料性能相容的同类涂料的底子油。当采用掺有防渗外加剂的水泥类隔离层时，其配合比、强度等级、外加剂的复合掺量应符合设计要求。

（3）铺设隔离层时，在管道穿过楼板面四周，防水、防油渗材料应向上铺涂，并超过套管的上口，在靠近柱、墙处，应高出面层200～300 mm或按设计要求的高度铺涂。阴阳角和管道穿过楼板面的根部，应增加铺设防水、防油渗隔离层。

（4）防水隔离层铺设后应进行蓄水检验，蓄水深度最浅处不得小于10 mm，24 h内无渗漏为合格，并做好记录。

5. 面层

厕浴间和有排水要求的地面面层与相连接的各类面层的标高差应符合设计要求，厕浴间和有防滑要求的地面应符合设计防滑要求；各类面层的铺设宜在室内装饰工程基本完成后进行。

（1）整体面层铺设：铺设时其水泥类基层的抗压强度不得小于1.2 MPa，表面应粗糙、洁净、湿润并不得有积水。铺设前宜涂刷界面处理剂。整体面层施工后，养护时间不应小于7 d。抗压强度应达到5 MPa后方可上人行走，抗压强度达到设计要求后方可正常使用。整体面层的抹平工作应在水泥初凝前完成，压光工作应在水泥终凝前完成。

（2）板块面层铺设：铺设时其水泥类基层的抗压强度不得小于1.2 MPa，铺设板块面层的结合层和板块面层填缝的胶结材料应符合国家现行有关产品标准和设计要求，当结合层和板块间的填缝采用水泥砂浆时，水泥应采用硅酸盐水泥、普通硅酸盐水泥或矿渣硅酸盐水泥，配制水泥砂浆的体积比（或强度等级）

应符合设计要求,面层铺设后,表面应覆盖、湿润,其养护时间不应少于 7 d。板块类踢脚线施工时,不得采用石灰砂浆打底。

6. 静电地板安装时应符合以下要求:抗静电地板(计算机房、电动机房等)切忌打蜡;地板上放置重物处,其地板下部应加设支架;要设有接地线,以防静电积聚和触电;防静电地板上皮应尽量与走廊地面保持一致,以利设备的进出;防静电地板下有管道设备时,应先铺设管道设备,再安装活动地板。

7. 检验水泥混凝土和水泥砂浆强度试块的组数,按每层(或检验批)建筑地面工程不少于 1 组。当每层(或检验批)地面面积大于 1 000 m² 时,每增加 100 m² 应增做 1 组试块;小于 1 000 m² 者按 1 000 m² 算。当配合比改变时,亦应相应地制作试块组数。

8. 其他材料的检测,应符合《民用建筑工程室内环境污染控制规范》(GB 50325—2010)第 5.2.1 条至第 5.2.6 条的相关规定。

(四) 质量监督要点

1. 建筑装饰装修工程所使用的材料进行防火、防腐和防虫处理。

2. 板块的含水率以及水泥等材料的进场报验以及材料的合格证、复试报告。

3. 石材的六面防护:检查防护施工记录。

4. 厕所、盥洗室和有防滑要求的地面:检查厕所、盥洗室与相邻地面标高差及地面防滑效果。

5. 自动扶梯地面接口:检查相邻接口的间隙及平整度。

6. 无障碍通道:检查其位置、砖型、坡度以及平整度。

7. 地下车站出入口台阶高度:应符合设计要求的防淹高度。

8. 防静电地板:面层安装应牢固、无裂纹、掉角和缺棱。

(五) 常见质量问题及预防

1. 面砖、石材及面层空鼓:一是板材未经过湿润及冲洗,板材背面石粉或浮灰形成砂浆间隔离层;二是粘接层水泥砂浆配合比不合适或砂浆不饱满或水泥砂浆铺设不均匀,在砂浆低凹处形成空鼓;三是基层清理不干净或湿润不够,造成粘接层的水泥砂浆与基层粘接不牢。

2. 石材六面防护不到位,易造成含水不匀,形成色差。

3. 板块完成面平整度差,板缝缝隙大小不均匀。主要原因:一是板块本身存在质量缺陷,板面不平整,板材尺寸不佳;二是操作工艺不当;三是铺设后成品保护不当,过早上人。

4. 地板板面不实,行走时有响声:可调支柱顶面标高不一致,桁条不平。桁条安装后,应测量其上表面同一水平度和平整度,使之在同一标高。

5. 抗静电地板错缝:同一房间应选用尺寸相同的面板;地板条的含水率一般不大于 12%;安装最后一块地板条时,可将其刨成略有斜度,以小头插入并楔紧。

三、吊顶工程

(一) 概述

吊顶又称顶棚,它直接影响整个建筑空间的装饰风格和效果,同时其有保温、隔热、隔声、吸声等功能,也是安装装饰性灯具、暖卫、通风空调、通信、消防报警管线设备的隐蔽层。吊顶主要由基层、悬吊件、龙骨与面层构成。按结构形式划分有活动装配式吊顶、开敞式吊顶、隐蔽式装配吊顶等;按造型和布局划分有平板吊顶、异型吊顶、局部吊顶、格栅式吊顶、藻井式吊顶等类型。本节主要以轻钢龙骨吊顶作要求。

(二) 施工环节及工序

1. 轻钢龙骨镂空格栅吊顶及安装

(1) 施工流程

检查结构及隐蔽工程施工情况并喷黑处理→放线定位→固定吊杆→安装主龙骨→安装副龙骨→调平→固定罩面板及镂空格栅→处理接缝。

(2) 施工工艺

① 基层处理要干净,高低不平处要先凿平和修补,基层应清洁,不能有砂浆,尤其是白灰砂浆灰、油渍

等。吊顶前应对所施工的结构和已安装的隐蔽工程进行一次全面检查。其目的是:结构是否有质量问题需要处理,如楼板露筋和超出规范所规定的裂缝;设备管道、电气、消防等管线隐蔽工程是否已安装调试完毕,并经甲方及监理单位验收;平面位置与标高是否符合装饰设计的要求;从顶棚经墙体通下来的各种开关、插座管线是否安装就绪;根据设计要求喷黑处理。

② 放线定位主要是弹出吊顶标高线,龙骨布置线和吊杆的吊点、布局线、顶棚造型位置线、大中型灯具灯位线。

③ 固定吊杆:吊杆的选择及固定应满足设计要求和规范规定。常规做法:在楼板上固定全扣吊杆,上人吊顶的吊杆采用 φ8 全扣吊杆,不上人吊顶的吊杆采用 φ6 全扣吊杆,吊杆下端与主龙骨挂件连接,另一端用全扣吊杆自带的膨胀头固定在吊顶处的混凝土楼板内或焊接在钢架上。

④ 安装与调平:主龙骨用吊件吊在已固定好的吊杆上,然后再将次龙骨用次挂件固定在主龙骨上。调平主要是调整主龙骨。在调平的同时还要仔细检查吊杆、螺栓,吊件及配件是否有松动,受力是否均匀等现象。

⑤ 对于灯具位置、检修孔、空调口等吊顶上的设置应预留安装位,吊顶前应对所施工的结构和已安装的隐蔽工程进行一次全面检查。

⑥ 根据设计要求安装镂空格栅及卡件,控制其相关间距及平整度。

⑦ 板材要在自由状态下固定,不得出现弯棱、凸鼓现象;板长边沿纵向次龙骨铺设;固定板用的次龙骨间距不应大于 600 mm。

2. 挡烟垂壁

施工工艺及流程

① 放线定位:挡烟垂壁定位轴线的测量放线必须与主体结构的主轴线平行或垂直,以免挡烟垂壁施工和室内装饰施工发生矛盾,造成阴阳角不方正和装饰面不平行等缺陷。要使用高精度的激光水准仪、经纬仪,配合用标准钢卷尺、重锤、水平尺等复核,以确保挡烟垂壁的垂直精度。要求上、下中心线偏差小于 1~2 mm。

② 上部吊杆安装:注意检查丝杆和金属膨胀管的牢固,选用的丝杆和金属膨胀管质量要可靠,打孔位置不宜靠近钢筋混凝土构件的边缘,钻孔孔径和深度要符合金属膨胀管厂家的技术规定,孔内灰渣要清吹干净。每个丝杆安装位置和高度都应严格按照放线定位和设计图纸要求进行。最主要的是丝杆的中心线必须与金属构件中心线相一致,并且椭圆螺孔中心要与设计的吊杆螺栓位置一致。所有丝杆安装完毕后,应进行隐蔽工程质量验收,请监理工程师验收签字,验收合格后再涂刷防锈漆。

③ 玻璃安装就位,包括玻璃的吊装和安装就位。

(三)施工质量控制要点

1. 轻钢龙骨镂空格栅吊顶

(1) 吊顶标高、尺寸、起拱和造型应符合设计要求。

(2) 吊杆、龙骨和饰面材料的安装必须牢固。

(3) 吊杆、龙骨的材质、规格、安装间距及连接方式应符合设计要求,金属吊杆应进行表面防锈处理。

(4) 无漏装吊点,无虚连接、漏连接部分。吊点间距应不大于 1.2 m,吊杆距主龙骨端部距离不得大于 30 cm,否则需要加密吊点。吊顶吊杆应独立设置,当有管线有影响时,应设转换吊架,确保吊点间距符合要求。吊杆与吊件要连接牢固。龙骨中间部分应起拱,起拱高度应不小于房间短向跨度的 1/200。吊杆长度大于 1 500 mm 时,应设置反支撑。

(5) 龙骨无翘曲和扭曲现象。龙骨间距:主龙骨间距应不大于 1.2 m,次龙骨间距宜 400~600 mm,龙骨的长度接头应错槎安装,不允许留在同一直线上。

(6) 如造型需要使用木材时,应做防火处理,否则不准使用。

(7) 板材要在自由状态下固定,不得出现弯棱、凸鼓现象;板长边沿纵向次龙骨铺设;固定板用的次龙骨间距不应大于 600 mm。

(8) 饰面板上的灯具、烟感器、喷淋头、风口箅子等设备的位置应合理、美观,与饰面板的交接应吻合、严密。

（9）吊顶各分项工程的检验批应按下列规定划分：①同一品种的吊顶工程每50间（大面积房间和走廊按吊顶面积30 m²为一间）应划分为一个检验批，不足50间也应划分为一个检验批。②检查数量应符合下列规定：每个检验批应至少抽查10％，并不得少于3间；不足3间时应全数检查。

2. 挡烟垂壁安装

（1）玻璃吊装：玻璃的安装是一项十分细致、精确的整体组织施工。施工前要检查每个工位的人员是否到位，各种机具工具是否齐全正常，安全措施是否可靠。高空作业的工具和零件要有工具包和可靠放置，防止物件坠落伤人或击破玻璃。待一切检查完毕后方可吊装玻璃。再一次检查玻璃的质量，尤其要注意玻璃有无裂纹和崩边，吊夹位置是否正确。用干布将玻璃的表面浮灰抹净，用记号笔标注玻璃的中心位置。在玻璃适当位置安装手动吸盘、侧边保护胶套。玻璃上的手动吸盘可使在玻璃就位时，在不同高度工作的工人都能用手协助玻璃就位。

（2）玻璃就位：手工将玻璃移近就位位置后，搬运工要听从指挥长的命令操作，使玻璃对准位置徐徐靠近。上层工人要把握好玻璃，防止玻璃在升降移位时碰撞吊顶。待下层各工位工人都能把握住手动吸盘后，可将拼缝一侧的保护胶套摘去。此时，下部工人要及时将玻璃用木板隔挡，防止与相邻玻璃碰撞。另外，有工人用木板依靠玻璃下端，保证玻璃能被放入到上框槽口内，要避免玻璃上端与金属槽口磕碰。安装好玻璃吊夹具，将玻璃的孔与构件孔对牢，并用对撬螺杆将玻璃和构件对穿固定。第一块玻璃就位后要检查玻璃侧边的垂直度，以后就位的玻璃只需检查与已就位好的玻璃上下缝隙是否相等，且符合设计要求。在一个洞口的玻璃挡烟垂壁全部安装固定以后，将擦干净的下封边的金属条拿出，在玻璃的下底边用玻璃胶封边。

（3）注密封胶：所有注胶部位的玻璃和金属表面都要用丙酮或专用清洁剂擦拭干净，不能用湿布和清水擦洗，注胶部位表面必须干燥。沿胶缝位置粘贴胶带纸带，防止硅胶污染玻璃。要安排受过训练的专业注胶工施工，注胶时应内外双方同时进行，注胶要匀速、匀厚，不夹气泡。注胶后用专用工具刮胶，使胶缝呈微凹曲面。严格遵照产品说明书要求施工。耐候硅酮嵌缝胶的施工厚度应介于35～45 mm之间，太薄的胶缝对保证密封质量不利。胶缝的宽度通过设计计算确定，最小宽度为1 mm，常用宽度为2 mm。密封胶必须在产品有效期内使用，施工验收报告要有产品证明文件和记录。

（4）表面清洁和验收：将玻璃内外表面清洗干净。再一次检查胶缝并进行必要的修补。整理施工记录和验收文件，积累经验和资料。

（四）质量监督要点

1. 轻钢龙骨吊顶及饰面板安装

（1）材料的产品合格证书、性能检测报告、进场验收记录和复验报告。如：吊顶工程应对人造木板的甲醛含量进行复验；吊杆应进行拉拔试验。

（2）隐蔽工程验收记录。

（3）施工记录。

2. 挡烟垂壁

（1）丝杆的拉拔试验是否符合设计要求。

（2）玻璃的品种、规格、厚度等相关参数是否符合设计要求。

（3）玻璃的安装固定的方式，位置以及固定的点数量应符合设计要求。

（五）常见质量问题及预防

1. 搁栅拱度不匀

吊顶搁栅下表面的拱度不均匀、不平整，经短期使用产生凹凸变形等。

主要原因：

（1）不按规程操作，施工中吊顶搁栅四周墙面上不弹水平线或水平线不准，中间不按水平线起拱，造成拱度不匀。

（2）吊杆或吊筋间距过大，吊顶搁栅的拱度不易调匀。同时，受力后易产生挠度，造成凹凸不平。

（3）受力节点结合不严,受力后产生位移变形。

（4）吊顶搁栅接头装钉不平或接出硬弯,直接影响吊顶的平整。

防治措施：

（1）吊顶搁栅安装前,应按设计标高在四周墙壁上弹线找平；安装时,四周以水平线为准,中间按水平线起拱,起拱高度应为房间短向跨度的1/200,纵横拱度均应吊匀。

（2）搁栅及吊顶搁栅的间距、断面尺寸应符合设计要求；龙骨在两吊点间如稍有弯度,弯度应向上。

（3）各受力节点必须安装严密、牢固。

（4）如吊顶搁栅拱度不匀,局部超差较大,可利用吊杆或吊筋螺栓把拱度调匀。

2. 吊顶造型不对称,罩面板布局不合理

主要原因：

（1）未在房间四周拉十字中心线。

（2）未按设计要求布置主龙骨和次龙骨。

防治措施：

（1）按吊顶设计标高,在房间四周的水平线位置拉十字中心线。

（2）严格按设计要求布置主龙骨和次龙骨。

四、饰面板（砖）工程

（一）概述

地下车站公共区域装修多为干挂搪瓷钢板、干挂石材和玻璃橱窗等饰面,卫生间、出入口等部位有面砖、石材粘贴等装饰内容。

（二）施工环节及工序

1. 干挂搪瓷钢板

（1）施工流程

施工复测、测量放线→墙面离壁沟的验收→钢架龙骨安装→搪瓷钢板面板安装→成品保护。

（2）施工工艺

① 施工复测、测量放线：按照图纸设计要求及土建交出的控制线进行定位放线,利用精密仪器如水准仪、铅垂仪等对土建提供的"三线"进行精密复测,然后放出各工作面的施工线,定出搪瓷钢板的平面基准线,确定立柱的前后位置。根据设计图纸及业主的意图进行排版,绘制排版图和效果图。经复核后进行下一步施工。

② 墙面离壁沟的验收：根据设计要求完成离壁排水沟的验收,包括其位置、标高、防水施工、排水坡度等,并做好隐蔽验收。

③ 钢架龙骨安装：龙骨设计采用三维可调系统,龙骨、搪瓷钢板均可进行微调,钢架与主体结构连接的锚固件应牢固,位置准确,后置埋件标高偏差不得大于10 mm,其位置与设计偏差不得大于20 mm,钢架与锚固件的连接及钢架镀锌处理应符合设计要求,钢架制作及焊接质量应符合现行国家标准《钢结构工程施工质量验收规范》（GB 50205—2001）及现行行业标准《钢结构焊接规范》（GB 50661—2011）的有关规定；在墙体钻螺栓、穿墙螺栓安装孔的位置,应满足搪瓷钢板安装时角码板调节要求,钻孔用的钻头应与螺栓直径相匹配,钻孔应垂直,钻孔深度应能保证膨胀螺栓进入混凝土结构层不小于6 cm,钻孔内的灰粉应清理干净,方可塞进膨胀螺栓。穿墙螺栓的垫板应符合设计要求；螺栓的固定应保证其坚固、可靠,并做好相应的拉拔试验的检测；钢结构龙骨安装完毕后,须进行隐蔽验收,挂件连接应牢固可靠,不得松动。挂件位置应调节适当,并应能保证搪瓷钢板连接固定位置准确,挂件的螺栓紧固力矩应取40～45 N·m,应保证紧固可靠。挂件连接钢架L型钢的深度不得小于3 mm。

④ 搪瓷钢板面板安装：搪瓷钢板安装前,必须根据设计及业主意图在现场实测分格排版,绘制排版图和效果图,并确定每块板的尺寸及编号。搪瓷钢板禁止在现场开槽及钻孔,一切孔洞均应在出厂前预留,加工半成品现场组合,搪瓷钢板（珐琅板）的安装顺序应由下往上进行,避免交叉作业；挂钩与钢材的接触点宜

加设橡胶或塑胶隔离。面板平整度、垂直度、接槎、搭接、坡度等均应符合相关要求,并做好隐蔽验收。

⑤ 成品保护:清水清洗干净,个别污染严重的地方可采用有机溶剂清洗,但严禁用尖锐物体刮,以免损坏饰面板。清洗后要设专人保护,在明显位置设警示牌以防污染或破坏。

2. 墙面饰面板(砖)

概述:地铁工程因处于地下及受长期运荷载的影响,饰面板的安装多采用干挂工艺,卫生间等部分的部位采用湿贴工艺。

(1)施工流程

基层处理→吊垂直、套方、找规矩→贴灰饼→抹底子灰→弹控制线→贴饰面砖→揭纸、调缝→擦缝。

(2)基层为混凝土墙面时的施工工艺

① 基层处理:首先将凸出墙面的混凝土剔平,对大钢模板施工的混凝土墙面应凿毛,并用钢丝刷满刷一遍,再浇水湿润,并用水泥:砂:界面剂=1:0.5:0.5 比例拌制的水泥砂浆对混凝土墙面进行拉毛处理。

② 吊垂直、套方、找规矩、贴灰饼:根据墙面结构平整度找出贴饰面砖的规矩,可从顶层开始特制的大吊坠绷低碳钢丝吊垂直,然后根据饰面砖的规格、尺寸分层设点、做灰饼。横线则以楼层为水平基线交圈控制,竖向线则以四周大角和层间贯通柱、垛子为基线控制。每层打底时则以此灰饼为基准点进行冲筋,使其底层灰做到横平竖直、方正。

③ 抹底子灰:底子灰一般分两次操作,抹头遍水泥砂浆,其配合比为1:2.5 或 1:3,并掺20%水泥重的界面剂胶,薄薄地抹一层,用抹子压实。第二次用相同配合比的砂浆按冲筋抹平,用短杠刮平,低凹处事先填平补齐,最后用木抹子搓出麻面。底子灰抹完后,隔天浇水养护。找平层厚度不应大于 20 mm,若超过此值必须采取加强措施。

④ 弹控制线:贴饰面砖前应放出施工大样,根据具体高度弹出若干条水平控制线,在弹水平线时,应计算将饰面砖的块数,使两线之间保持整砖数。如分格需按总高度均分,可根据设计与饰面砖的品种、规格,定出缝子宽度,再加上分格条。但要注意同一墙面不得有一排以上的非整砖,并应将其镶贴在较隐蔽的部位。

⑤ 贴饰面砖:镶贴应自上而下进行。贴饰面砖时底灰应浇水润湿,并在弹好水平线下口上,支上一根垫尺,一般三人为一组进行操作。一人浇水润湿墙面,先刷上一道素水泥浆,再抹 2~3 mm 厚的混合灰结层,其配合比为纸筋:石灰膏:水泥=1:1:2,亦可采用1:0.3 水泥纸筋灰,用靠尺板刮平,再用抹子抹平;另一人将饰面砖铺在木托板上,缝子里灌上 1:1 水泥细砂子灰,用软毛刷净麻面,再抹上薄薄一层灰浆。然后一张一张递给另一人,将四边灰刮掉,两手执住饰面砖上面,在已支好的垫尺上由下往上贴,缝子对齐,要注意按弹好的横竖线贴。将米厘条放在上口线,继续贴第二组。镶贴的高度应根据当时气温条件而定。

⑥ 揭纸、调缝:贴完饰面砖的墙面,要一手拍板,靠在贴好的墙面上,一手拿锤子对拍板满敲一遍,然后将饰面砖上的纸用刷子刷上水,约等 20~30 min 便可开始揭纸。揭开纸后检查缝子大小是否均匀,如出现歪斜、不正的缝子,应顺序拨正贴实,先横后竖、拨正拨直为止。

⑦ 擦缝:镶贴后 48 h,先用抹子把近似饰面砖颜色的擦缝水泥浆摊放在需擦缝的饰面砖上,然后用刮板将水泥浆往缝子里刮满、刮实、刮严,再用麻丝和擦布将表面擦净。遗留在缝子里的浮砂可用潮湿干净的软毛刷轻轻带出,如需清洗饰面时,应待勾缝材料硬化后方可进行。米厘条的缝子要用 1:1 水泥砂浆勾严、勾平,再用擦布擦净。

(3)基层为砖墙面时的施工工艺

① 基层处理:抹灰前墙面必须清理干净,检查窗台、窗套和腰线等处,对损坏和松动的部分要处理好,然后浇水湿润墙面。

② 吊垂直、套方、找规矩:同基层为混凝土墙面的做法。

③ 抹底子灰:底子灰一般分两次操作,第一次抹薄薄的一层,用抹子压实,水泥砂浆的配比为1:3,并掺水泥重 20%的界面胶;第二次用相同配合比的砂浆按冲筋线抹平,用短杠刮平,低凹处事先填平补齐,最后用木抹子搓出麻面。底子灰抹完后,隔天浇水养护。

④ 面层做法同基层为混凝土墙面的做法。

3. 干挂瓷板的施工工艺及流程

瓷板干挂式施工,一般它是直接在板材上开槽,通过挂构件将板材与墙体锚固件膨胀螺栓直接连接安装,按设计排列要求,固定在墙面或柱面上。目前在板材的排列上有两种设计:一种是板材之间周边不留缝,只有板之间留一丝自然缝;另一种是板材之间留缝。也有设计采用这两种形式结合。在设计上也可考虑在板材上下边打磨一定的角度留 V 字槽,效果都不错。

(1) 施工流程

测量放线→在墙面钻孔安装后置埋件→安装结构钢架→调整校正,检查垂直度、平整度→安装干挂饰面板→清理板材表面。

(2) 瓷板构件的制作

瓷(砖)板的厚度通常是较薄的,不宜直接在其周边钻孔或开槽固定锚固件做干挂式安装,否则容易造成瓷板开裂或缺陷。所以在施工前必须先增加其厚度,保证其安装的稳定性。采用尺寸为 100 mm×100 mm×20 mm 的小块花岗石作为加强石。用环氧 AB 胶与大规格瓷板背面粘贴,一般每块板上下各设 2 块加强石,粘接位置在瓷板周边与不锈钢或铝合金挂件连接处,待环氧 AB 胶干固后使用,在瓷板安装前,用手提电动介机在粘贴于瓷板上的四块加强石上开 U 形槽,留待放置板材支撑不锈钢或铝合金挂件,U 形槽的开介深度一般按不锈钢或铝合金挂件的规格而定,但不得少于规定尺寸。

(3) 施工准备

由于干挂法对瓷板的尺寸、规格要求比较严格,板材多由工厂定型生产。板材的挂孔、位置、墙体锚固件的定位等应该根据板材的规格尺寸、安装位置和划分的型号进行编号,施工时按编号就位,要求板材色泽均匀、纹理顺畅,板材的平整度和公差必须符合国家标准。施工前准备好不锈钢锚固件、小块花岗石(100 mm×100 mm)、不锈钢或铝合金挂扣件、嵌固胶、手持电动工具等。

(4) 施工工艺

测量放线:①复查由土建方移交的基准线;②放标准线,应首先对建筑物外形尺寸进行偏差测量,根据测量结果,确定基准线;③以标准线为基准,按照图纸将分格线放在墙上并做好标记;④分格线放完后应检查预埋件的位置是否与设计相符,否则应进行调整或预埋件补救处理。

在墙面钻孔安装后置埋件:一般地铁巷道采用后置埋件,埋件的结构形式要符合设计要求,锚栓要现场进行拉拔试验,满足强度要求后才能使用。锚固件一般由埋板和连接角码组成,施工时按照设计要求在已测放竖框中心线上准确标出埋板位置,后打孔将埋件固定,并将竖框中心线引至埋件上,然后计算出连接角码的位置,在埋板上画线标记,同一竖框同侧连接角码位置要拉通线检查不能有偏差。角码位置确定后,将角码按此位置焊到埋板上,焊缝宽度和长度要符合设计要求。焊完后焊口要重新做防锈处理,一般涂刷防锈漆两遍。

安装结构钢架:根据施工图及现场实际情况确定的分格尺寸,在加工场地内,下好骨架横竖料,并运至现场进行安装。安装前要先根据设计尺寸挂出骨架外皮控制线,挂线一定要准确无误。因为骨架常采用型钢,连接件既可采用螺栓也可采用焊接的方法连接,焊接质量要符合设计要求及规范规定,并要重新做防锈处理。

调整校正,检查垂直度、平整度:骨架安装过程中应根据离壁沟的位置及标高进行调整和校正,检查总体的垂直度、平整度。

面板安装:面板要根据其材质选择合适的固定方式,饰面板安装前要在骨架上标出板块位置,并拉通线,控制整个墙面板的竖向和水平位置。安装时要使各固定点均匀受力,不能挤压板面,不能敲击板面,同时饰面板要轻拿轻放,避免磕碰,以免发生板面损坏。面板安装要牢固,固定点数量要符合设计及规范要求,施工过程中要严格控制施工质量,保证表面平整,缝格顺直。

清理板材表面:清水清洗干净,个别污染严重的地方可采用有机溶剂清洗,但严禁用尖锐物体刮,以免损坏饰面板。清洗后要设专人保护,在明显位置设警示牌,以防污染或破坏。

(三) 施工质量控制要点

1. 干挂搪瓷钢板

(1) 施工过程中,首先要对操作人员进行详细的施工交底,使操作人员清楚知道每一个操作工序和质量标准。

（2）安装龙骨支架前，必须根据图纸及现场实际尺寸放线并明确水平线，定出底线后才能开始安装。

（3）搪瓷钢板饰面内部的离壁排水沟和各专业管道的管线、设备等应根据搪瓷钢板饰面内部各部分的净空高度确定，以小让大的原则，定出各专业工种的标高、平面位置及走向，再确定搪瓷钢板的锚固点。有冲突的锚固点根据现场实际情况作相应的变化，首先确保搪瓷钢板龙骨的平直，避免弯曲而影响其装饰效果。

（4）龙骨支架安装后，马上按图分段测量水平调整好高度，待其他隐蔽验收工作完成后，方可试挂搪瓷钢板。对特殊转角连接处等位置的收头处理，应会同设计单位及材料生产厂家配合进行逐一推敲确定施工方法。饰面板安装完毕后进行总体调整，最后进行饰面清洁及成品保护工作。

2. 干挂瓷板

（1）在安装瓷板前，先在墙面上按设计要求的瓷片规格尺寸测量放线，然后在相对于瓷板加强石开槽位置，在墙面相应的位置上用电动钻打孔，将 $\phi 8 \times 100$ 不锈钢膨胀螺栓固定于孔内。安装好钢架后，在其横梁上安装好 3 mm 厚不锈钢扣件或 4 mm 厚铝合金挂件。由于膨胀螺栓的抗拉承载力与锚固深度有关，所以施工时应保证足够的锚固深度，并检查锚栓的质量及产品质量证明书是否符合有关标准要求。

（2）安装瓷板：把不锈钢或铝合金扣件放置于制作加工好的瓷板 U 形槽内，用环氧 AB 胶将瓷板与安装在墙面钢架上不锈钢或铝合金扣件胶连在一起。不锈钢或铝合金扣件上设有一定长度的椭圆形孔，安装瓷板时利用此孔调节瓷板的平整、垂直度及缝隙。

（3）用靠尺、水平尺找平瓷板的垂直及平整度，在安装好墙面下一行瓷板后，再安装上一行瓷板。

3. 内墙饰面砖工程

（1）基层处理：饰面砖应镶贴在湿润、洁净的基层上，并应根据不同的基体进行处理。

（2）轻质墙体材料基体：将板缝按具体产品及设计要求做好嵌填密实处理，并在表面用接缝带（穿孔纸带或玻璃纤维网格布等防裂带）粘贴补强，使之形成稳固的墙面整体。

（3）砖砌体：将基体表面清理干净并用水湿透后，用 1∶3 水泥砂浆打底，批抹厚度 12 mm，要分层进行操作；最后用木抹子搓平并呈毛面，隔日洒水养护。

（4）混凝土基体：设计无明确要求时，施工时可将混凝土表面凿毛后用水湿润，刷一道聚合物水泥砂浆，抹 1∶3 水泥砂浆打底，分层分遍批抹厚度 10 mm，用木抹子搓平并呈毛面，隔日浇水养护。

（5）选砖预排：饰面砖的镶贴形式和接缝宽度应符合设计要求，镶贴前应先选砖预排，以使拼缝均匀，符合设计图纸要求；当设计无具体要求时，可做样板，用以决定镶贴形式和接缝宽度。在同一墙面的横竖排列，不宜有一行以上的非整砖，亦不得出现小于 1/4 砖块的非整砖；非整砖行应排在相对隐蔽的次要部位或阴角处（应注意镶贴效果的一致和对称）。若遇到突出墙面的管线、灯具、卫生设备的支承等，应使用整砖进行套割吻合，不得采用非整砖随意拼凑镶贴。

（6）饰面砖镶贴：采用铺抹结合层做法的墙面，可在结合层砂浆刮平后随即粘接饰面砖。对于采用在底灰上镶贴饰面砖做法者，应注意底灰的表面平整、毛化和湿润；饰面砖上墙之前，在其背面满刮粘接浆，上墙就位后用力按压，使之与基层表面紧密黏合。

（7）砖缝处理：饰面砖的接缝，对于紧密镶贴的，通常是采用刷具蘸糊状白水泥浆进行擦缝，要求均匀密实，不得漏刷或形成虚缝。

4. 饰面板（砖）工程

验收时应检查下列文件和记录：饰面板（砖）工程的施工图、设计说明及其他设计文件，材料的产品合格证书、性能检测报告、进场验收记录和复验报告；后置埋件的现场拉拔试验检测报告；隐蔽工程验收记录；施工记录。

5. 饰面板（砖）工程

应对下列材料及其性能指标进行复验：

（1）室内用花岗石的放射性。

（2）粘接用水泥的凝结时间、安定性和抗压强度。

6. 饰面板(砖)

应加强对下列隐蔽工程项目进行监督检查：

(1) 预埋件及后置埋件；

(2) 连接节点；

(3) 防水层。

(四) 质量监督要点

1. 搪瓷钢板

(1) 钻孔螺栓及穿墙螺栓的拉拔试验检测。

(2) 离壁排水沟的位置、标高、深度、防水效果、坡度、排水方向等均应符合设计要求,各专业管道和管件均已完成并做好了隐蔽验收。

(3) 要保证搪瓷钢板连接固定位置准确,挂件与钢材的接触面宜加设橡胶或塑胶隔离。

2. 饰面板(砖)

(1) 材料的产品合格证、性能检测报告、进场验收记录和复验报告。

(2) 后置埋件的现场拉拔试验检测报告。

(3) 隐蔽工程验收记录。

(4) 施工记录。

3. 干挂瓷板

(1) 施工中所采用的瓷板,各种锚固件、挂扣件、环氧 AB 胶等,均应严格进行报验制度,并进行相应的复试检测。

(2) 各材料规格、尺寸、数量须符合设计要求,并能满足受力要求。

(3) 瓷板洁净,色泽协调一致,有缺陷及裂缝的瓷板不得使用。

(4) 支撑锚固件必须触及墙面,用膨胀螺栓固定牢固。

(5) 瓷板分格缝符合设计要求,瓷板垂直度、平整度符合有关规范要求。

(6) 在瓷板安装前,应检查各类安装扣件的牢固安全度,经验收合格后方可安装瓷板。

(五) 常见质量问题及预防

1. 板材开裂

原因分析：

(1) 板材有色纹、暗缝、隐伤等缺陷,以及凿洞、开槽受外力后,由于应力集中引起开裂。

(2) 结构产生沉降或地基不均匀深陷。

(3) 灌浆不严,侵蚀气体和湿空气透入板缝,使挂网锈蚀造成位移塌落。

预防措施：

(1) 选料时应剔出色纹、暗缝、隐伤等缺陷板材,加工孔洞、开槽应仔细操作。

(2) 镶贴块料前,应待结构沉降稳定后进行,在顶、底部安装块料时应留一定缝隙,以防结构压缩变形,导致破坏开裂。

(3) 块料接缝缝隙不大于 0.5～1 mm,灌浆应饱满,嵌缝应严密,避免腐蚀性气体渗入锈蚀挂网损坏板面。

2. 空鼓、脱落

原因分析：

(1) 结合砂浆不饱满。

(2) 安装饰面板时灌浆不严实。

预防措施：

(1) 结合层水泥砂浆应满抹满刮、厚薄均匀;水泥砂浆中宜掺入水泥重量 5% 的"107"胶,提高砂浆的粘接性。

(2) 灌浆应分层,插捣必须仔细,接合部位应留 50 mm 不灌,使上下密合。

五、抹灰工程

(一) 概述

轨道车站的非公共区域的设备房、走廊以及办公区域多为简单装修,顶棚、墙面多为普通抹灰工程。

(二) 施工环节及工序

1. 施工流程

基层处理→吊垂直、套方、找规矩→贴灰饼→抹底子灰→弹控制线→基层找平。

2. 施工工艺

(1) 基层清理。基层为砖砌体时,应清除表面杂物、残留灰浆、舌头灰、尘土等;基层为混凝土基体时,表面凿毛或在表面洒水润湿后涂刷 1∶1 水泥砂浆(加适量胶黏剂或界面剂);基层为加气混凝土基体时,应在湿润后边涂刷界面剂,边抹强度不大于 M5 的水泥混合砂浆。

(2) 浇水湿润。一般在抹灰前一天,用软管或喷壶顺墙自上而下浇水湿润,每天宜浇 2 次。

(3) 吊垂直、套方、找规矩、做灰饼。根据设计图纸要求的抹灰质量,根据基层表面平整垂直情况,用一面墙做基准,吊垂直、套方、找规矩,确定抹灰厚度,抹灰厚度不应小于 7 mm。当墙面凹度较大时应分层衬平,每层厚度不大于 7~9 mm。操作时应先抹上灰饼,再抹下灰饼。抹灰饼时应根据室内抹灰要求,确定灰饼的正确位置,再用靠尺板找好垂直与平整。灰饼宜用 1∶3 水泥砂浆抹成 5 cm 见方形状。房间面积较大时应先在地上弹出十字中心线,然后按基层平整度弹出墙角线,随后在距墙阴角 100 mm 处吊垂线并弹出铅垂线,再按地上弹出的墙角线往墙上翻引弹出阴角两面墙上的墙面抹灰层厚度控制线,以此做灰饼,然后根据灰饼充筋。

(4) 抹水泥踢脚(或墙裙)。根据已抹好的灰饼冲筋(此筋可以冲得宽一些,以 8~10 cm 为宜,此筋即为抹踢脚或墙裙的依据,同时也作为墙面抹灰的依据),底层抹 1∶3 水泥砂浆,抹好后用大杠刮平,木抹搓毛,常温第二天用 1∶2.5 水泥砂浆抹面层并压光,抹踢脚或墙裙厚度应符合设计要求,无设计要求时凸出墙面 5~7 mm 为宜。凡凸出抹灰墙面的踢脚或墙裙上口必须保证光洁顺直,踢脚或墙面抹好后将靠尺贴在大面与上口平,然后用小抹子将上口抹平压光。凸出墙面的棱角要做成钝角,不得出现毛茬和飞棱。

(5) 做护角。墙、柱间的阳角应在墙、柱面抹灰前用 1∶2 水泥砂浆做护角,其高度自地面以上 2 m。将墙、柱的阳角处浇水湿润。第一步在阳角正面立上八字靠尺,靠尺突出阳角侧面,突出厚度与成活抹灰面平;然后在阳角侧面,依靠尺边抹水泥砂浆,并用铁抹子将其抹平,按护角宽度(不小于 5 cm)将多余的水泥砂浆铲除。第二步待水泥砂浆稍干后,将八字靠尺移至抹好的护角面上(八字坡向外)。在阳角的正面,依靠尺边抹水泥砂浆,并用铁抹子将其抹平,按护角宽度将多余的水泥砂浆铲除。抹完后去掉八字靠尺,用素水泥浆涂刷护角尖角处,并用捋角器自上而下捋一遍,使之形成钝角。

(6) 抹水泥窗台。先将窗台基层清理干净,松动的砖要重新补砌好。砖缝划深,用水润透,然后用 1∶2∶3 豆石混凝土铺实,厚度宜大于 2.5 cm,次日刷胶黏性素水泥一遍,随后抹 1∶2.5 水泥砂浆面层,待表面达到初凝后,浇水养护 2~3 d,窗台板下口抹灰要平直,没有毛刺。

(7) 墙面充筋。当灰饼砂浆达到七八成干时,即可用与抹灰层相同的砂浆充筋,充筋根数应根据房间的宽度和高度确定,一般标筋宽度为 5 cm。两筋间距不大于 1.5 m。当墙面高度小于 3.5 m 时,宜做立筋;大于 3.5 m 时,宜做横筋。做横向冲筋时做灰饼的间距不宜大于 2 m。

(8) 抹底灰。一般情况下宜在充筋完成 2 h 左右开始抹底灰,抹前应先抹一层薄灰,要求将基体抹严,抹时用力压实,使砂浆挤入细小缝隙内,接着分层装档、抹灰与冲筋平,用木杠刮找平整,用木抹子搓毛。然后全面检查底子灰是否平整,阴阳角是否方直、整洁,管道后与阴角交接处、墙顶板交接处是否光滑平整、顺直,并用托线板检查墙面垂直与平整情况。散热器后边的墙面抹灰,应在散热器安装前进行,抹灰面接槎应平顺,地面踢脚板或墙裙,管道背后应及时清理干净,做到活完底清。

(9) 修抹预留孔洞、配电箱、槽、盒。当底灰抹平后,要随即由专人把预留孔洞、配电箱、槽、盒周边 5 cm 宽的石灰砂刮掉,并清除干净,用大毛刷蘸水沿周边刷水湿润,然后用 1∶1∶4 水泥混合砂浆,把洞口、箱、槽、盒周边压抹平整、光滑。

(10) 抹罩面灰。应在底灰六七成干时开始抹罩面灰(抹时如底灰过干应浇水湿润),罩面灰两遍成活,厚度约 2 mm。操作时最好两人同时配合进行,一人先刮一遍薄灰,另一人随即抹平,依先上后下的顺序进行。然后赶实压光,压时要掌握火候,既不要出现水纹,也不可压活,压好后随即用毛刷蘸水将罩面灰污染处清理干净。如遇有预留施工洞时,可将整面墙留待以后再抹为宜。

(三) 施工质量控制要点

1. 准备工作

(1) 抹灰前应检查门窗框安装位置是否正确,需埋设的接线盒、电箱、管线、管道套管是否固定牢固。

(2) 连接处缝隙应用 1:3 水泥砂浆或 1:1:6 水泥混合砂浆分层嵌塞密实。若缝隙较大时,应在砂浆中掺少量麻刀嵌塞,将其填塞密实,并用塑料贴膜或铁皮将门窗框加以保护。

(3) 将混凝土过梁、梁垫、圈梁、混凝土柱、梁等表面凸出部分剔平,将蜂窝、麻面、露筋、疏松部分剔到实处,并刷胶黏性素水泥浆或界面剂。然后用 1:3 的水泥砂浆分层抹平。脚手眼和废弃的孔洞应堵严,外露钢筋头、铅丝头及木头等要剔除,窗台砖补齐,墙与楼板、梁底等交接处应用斜砖砌严补齐。

(4) 配电箱(柜)、消火栓(柜)以及卧在墙内的箱(柜)等背面露明部分应加钉钢丝网固定好,涂刷一层胶黏性素水泥浆或界面剂,钢丝网与最小边搭接尺寸不应小于 10 cm。窗帘盒、通风篦子、吊柜、吊扇等埋件、螺栓位置,标高应准确牢固,且防腐、防锈工作完毕。

(5) 对抹灰基层表面的油渍、灰尘、污垢等应清除干净,对抹灰墙面结构应提前浇水均匀湿透。

(6) 抹灰前屋面防水及上一层地面最好已完成。如未完成防水及上一层地面需进行抹灰时,必须有防水措施。

(7) 抹灰前应熟悉图纸、设计说明及其他设计文件,制定方案,做好样板间,经检验达到要求标准后方可正式施工。

(8) 抹灰前应先搭好脚手架或准备好高马凳,架子应离开墙面 20～25 cm,便于操作。

2. 内墙的一般抹灰

所用的水泥、砂、磨细石灰粉、石灰膏、纸筋和其他纤维材料、胶结及补强材料等,均符合设计要求和有关标准的规定。用水泥砂浆和水泥混合砂浆抹灰时,应待前一抹灰层凝结后方可抹后一层;用石灰砂浆抹灰时,应待前一抹灰层七八成干后方可抹后一层;底层的抹灰层强度不得低于面层的抹灰层强度。抹灰层的总厚度应符合设计要求。抹灰每遍厚度宜 5～7 mm;当抹灰总厚度等于或大于 35 mm 时,应采取加强措施。

采用 1:2 水泥砂浆抹制暗护角,以增加阳角部位抹灰层的硬度和强度。护角部位的高度不应低于 2 m,每侧宽度不应小于 50 mm。

3. 顶棚抹灰、吊顶抹灰类装饰

(1) 直接抹灰类装饰顶棚的防裂措施。在钢筋混凝土顶棚进行手工抹灰的常用砂浆材料为水泥石灰膏混合砂浆,必要时亦可采用水泥砂浆及聚合物水泥砂浆(适量掺入纸筋或麻刀、玻璃丝等纤维材料)。混凝土顶棚基体抹灰,由于各种因素的影响,抹灰层脱落的质量事故时有发生,故从设计到施工均应审慎处理。如在混凝土顶棚基体,采用腻子找平即可。

(2) 抹灰前,应检查顶棚的工程质量,按设计规定进行基层毛化处理、喷水湿润、甩浆,以确保抹灰层与基层的粘接质量。根据顶棚的水平面确定抹灰厚度,然后沿墙面和顶棚交接线处弹出水平线,作为控制抹灰层表面平整度的标准。

(四) 质量监督要点

1. 抹灰工程应对水泥的凝结时间和安定性进行复验,注意区别水泥的复验性能指标项目与主体工程的区别。

2. 应加强隐蔽工程项目的监督检查,抹灰总厚度大于或等于 35 mm 时的加强措施,不同材料基体交接处的加强措施.

3. 为了防止不同材质基体和基层的伸缩系数不同而造成抹灰层的开裂,在不同材料之间,应按设计要求采取防止开裂的加强措施。如采用金属网补强时,金属网应绷紧牢固,与各基体的搭接长度每边不少于 100 mm,经检验合格后方可进行表面抹灰.

4. 砖砌体表面应彻底清除杂物、尘土、残留的砌筑砂浆等,混凝土基体表面有影响抹灰施工的凸出处要剔平,将蜂窝麻面露筋及疏松部分剔到实处,并涂刷黏性素水泥浆或混凝土界面剂。对于平整光滑的混凝土基体表面,应进行毛化处理,予以凿毛或在表面洒水湿润后涂刷 1:1 水泥砂浆(掺适量胶黏剂)。为确保抹灰砂浆与基体表面结合牢固,防止抹灰层产生裂缝、空鼓和脱落等质量通病,在抹灰前应对砌体和混凝土基体洒水湿润。

(五) 常见质量问题及预防

存在问题及现象描述:墙体抹灰工程中裂缝、空鼓。

原因分析:

(1) 混凝土墙体模板隔离剂选用不当(如使用废机油),导致混凝土表面形成隔离层,降低粘接能力。

(2) 砌体材料不符合技术质量要求,砂浆标号达不到设计要求,导致砌体强度不足,降低了砌体工作阶段的应变能力。

(3) 组砌方法不正确,未按要求设置拉结筋和抗震加强筋,加大了砌体结构工作阶段的变形。

(4) 在采取立体交叉、水平流水施工方法、确保工期的情况下墙体未充分变形而抹灰过早。

(5) 不同材料的墙体和混凝土梁的结合缝没有进行特殊处理,抹灰后会出现裂缝或局部空鼓。

(6) 电气、给排水、通风、空调、消防等管、洞、盒、槽封补方法不当,抹灰后局部开裂空鼓。

防治措施:

(1) 混凝土模板选用合适的隔离剂,不得使用油性材料,采用脱模粉或脱模剂,涂刷面干后使用。

(2) 组砌方法必须正确,并按设计要求或规范要求设置拉结筋或抗震筋,加强组砌体刚度和抗剪强度。

(3) 各类墙体必须在其充分变形,具备一定强度后方可进行抹灰施工,常温下不少于 5~8 d。

(4) 砌体和混凝土墙、梁、板的竖直水平缝应留出宽、深各 2 cm 的缝隙。在砌体充分变形后用 (1:2.5)~(1:3) 水泥砂浆填嵌密实。

(5) 电气、给排水、通风、空调、消防预留的管、盒、线槽预先浇水湿润干后,用 108 胶:水:水泥= 1:4:3 的胶质结合浆涂刷,再用 1:3 水泥砂浆分层填嵌密实至墙平。

六、门窗工程

(一) 概述

轨道交通工程车站的门窗工程,门窗多为办公室、设备用房以及走廊等处通行、通风之用,数量较少且以金属材质居多,部分用于监控作用的窗口多为固定窗,乘客出入口设有卷帘门。

(二) 施工环节及工序

1. 施工流程

准备工作→测量、放线→确认安装基准→安装门窗框→校正→固定门窗框→安装门窗扇→填充发泡剂→门窗外周圈打胶→安装门窗五金件→清理、清洗门窗→检查验收。

2. 施工工艺

(1) 施工准备

上墙安装前,首先检查洞口表面平整度、垂直度应符合施工规范,对土建提供的基准线进行复核。事先与土建施工队协商安装时的上墙步骤、技术要求等,做到相互配合,确保产品安装质量。

根据土建施工弹出的门窗安装标高控制线及平面中心位置线测出每个门窗洞口的平面位置、标高及洞口尺寸等偏差。要求洞口宽度、高度允许偏差±10 mm,洞口垂直水平度偏差全长最大不超过 10 mm。否则要求土建施工队在门窗框安装前对超差洞口进行修补。

根据实测的门窗洞口偏差值进行数理统计,根据统计结果最终确定每个门窗安装的平面位置及标高。安装平面位置的确定应根据每层同一部位门窗洞口平面位置偏差统计数据,求得该部位门窗平面位置偏差值的平均数,然后统计出门窗洞口中心线位置偏差出现概率最大的偏差值,门窗的安装标高,确保同一层不同类型门窗的门窗楣在同一标高。

（2）门窗安装：门窗工程受力构件之间的连接不得采用铝合金抽芯铆钉。门窗五金件、紧固件用钢材宜采用奥氏体不锈钢，黑色金属材料根据使用要求应选用热浸镀锌、电镀锌、防锈涂料等有效防腐处理。

（3）构件连接应牢固：紧固件不应直接固定在隔热材料上。对于需要拼樘组合的较大面积门窗，应事先按设计要求进行预拼装，门窗框横向及竖向组合，应采取杆件套插，搭接处形成曲面组合，搭接长度一般不小于 100 mm，拼接处的缝隙应用密封胶密封。

（4）为确保门窗框安装牢固、稳定和使用安全，拼樘组合窗框的立杆杆件上下端，应各嵌入上下结构体（墙、梁）内不小于 25 mm，转角处的立柱上下端嵌入结构体长度则应不小于 35 mm。

（5）安装完毕后应四周填嵌密实，并用防水耐候胶收边处理。

3. 卷帘门的施工工艺及流程

（1）工艺流程

洞口处理→弹线→固定卷筒传动装置→空载试车→卷帘板→安装导轨→试车→塞缝、饰面→清理。

（2）施工工艺

普通卷帘门的安装方式与防火卷帘门相同，但防火卷帘门的安装要求高于普通卷帘门。因为防火卷帘门一般采用冷轧带钢制成，必须配备温感、烟感报警系统和加密水喷淋系统。一旦发生火情，通过自动报警系统将信号反馈给消防中心，由消防中心发出指令将卷帘门自控下降，定点延时关闭，（距地 1.5～1.8 m）水喷淋动作，喷水降温保护卷帘，使人员能及时疏散。

① 洞口处理：复核洞口与产品尺寸是否相符，一般洞口宽度不宜大于 5 m，洞口高度也不宜大于 5 m，并复核预埋件位置及数量。

② 弹线：测量洞口标高，弹出两导轨垂线及卷筒中心线。

③ 固定卷筒、传动装置：将垫板电焊在预埋铁板上，用螺丝固定卷筒的左右支架，安装卷筒。卷筒安装后应转动灵活，安装减速器和传动系统，安装电气控制系统。

④ 空载试车：通电后检验电机、减速器工作情况是否正常，卷筒转动方向是否正确。

⑤ 卷帘板：将卷帘板拼装起来，然后安装在卷筒上。

⑥ 安装导轨：按图纸规定位置，将两侧及上方导轨焊牢于墙体预埋件上，并焊成一体，各导轨应在同一垂直平面上。安装水幕喷淋系统，并与总控制系统联接。

⑦ 试车：先手动试运行，再用电动机启闭数次，调整至无卡住、阻滞及异常噪音等现象为止，启闭的速度符合要求。全部调试完毕，安装防护罩。

⑧ 塞缝、饰面：将导轨边缝清理干净，用发泡胶或密封胶塞缝，再按要求粉刷或镶砌墙体饰面层。

⑨ 清理：将卷帘门及现场清理干净。

（三）施工质量控制要点

（1）门窗安装前，应对门窗洞口尺寸进行检验。

（2）金属门窗安装应采用预留洞口的方法施工，不得采用边安装边砌洞口或先安装后砌洞口的方法施工。

（3）木门框与砖砌体、混凝土或抹灰层接触处，应进行防腐处理并应设防潮层。

（4）门窗框的安装必须牢固。

（5）特种门安装除应符合设计要求外，还应符合国家标准及有关标准和主管部门的规定。

（6）门的品种、类型、规格、尺寸、安装位置及防腐处理应符合设计要求。

（7）卷帘门的机械装置、自动装置或智能化装置的功能应符合设计要求和有关标准的规定。

（8）卷帘门的安装必须牢固，预埋件的数量、位置、埋设方式、与框的连接方式必须符合设计要求。

（9）卷帘门的配件应齐全，位置应正确，安装应牢固，功能应满足使用要求及各项性能要求。

（四）质量监督要点

（1）材料要求：铝合金门窗主型材的壁厚，除压条、扣板等需要弹性装配的型材外，门用型材主要受力部位基材截面最小壁厚不应小于 2.0 mm，窗不应小于 1.4 mm，铝合金型材表面处理应符合有关技术标准。

（2）门窗框的固定：金属门窗框和副框的安装必须牢固。预埋件的数量、位置、埋设方式、与框的连接方式必须符合设计要求。门窗框和副框的内外两侧宜采用固定片与洞口墙体连接固定，固定片宜采用

Q235 钢材,厚度不应小于 1.2 mm,宽度不应小于 20 mm,表面应做防腐处理。固定片安装应满足:角部的距离不应大于 200 mm,其余部位的固定片中心距不应大于 500 mm,固定片与墙体固定点的中心位置至墙体边缘距离不应小于 50 mm。

(3)填缝:铝合金门窗框与洞口缝隙,应采用保温、防潮且无腐蚀性的软体材料堵塞密实,亦可以使用防水砂浆堵塞。使用聚氨酯泡沫填缝胶,施工前应清除粘接面的灰尘,墙体粘接面应进行淋水处理,固化后的聚氨酯泡沫胶缝表面应做密封处理。与水泥砂浆接触的铝合金框应进行防腐处理。

(4)卷帘门表面应平整洁净,无返锈、划痕、碰伤。

(5)卷帘门页片嵌入导轨的深度应满足以下要求:

卷帘门内宽≤1800 mm 时,每端嵌入深度≥20 mm;

卷帘门内宽在 1 800～3 000 mm 时,每端嵌入深度≥30 mm。

(五)常见质量问题及预防

1. 铝合金门窗质量通病

(1)制作下料误差大,组装时个别杆件不到位,缝口间隙大,框不方正,门窗扇关闭不严密,开关不灵活,间隙不均匀。

(2)有的配件不符合质量要求,安装不齐全,牢固性差,使用不灵活。

(3)窗框安装时不到位,下边框常被埋入粉刷层;砂浆干缩后,形成缝隙造成内渗水。

(4)框与墙体间缝隙填嵌不饱满,多数使用不符合要求的填塞、嵌缝材料来填嵌缝隙。

(5)密封条质量差,安装不留余量,产生收缩,密封胶贴缝口质量差,宽度、深度不一,表面不平整。

(6)产品保护差,表面污染、划痕、碰伤、锈蚀等。

2. 预防措施

(1)严格按照设计和规范要求施工,加强质量检查和验收,做到关闭严密、开关灵活,门窗扇制作应加强方正对角检查,安装时逐扇调试。

(2)配件要符合质量要求,安装要齐全、牢固,方便使用,端正美观;不出现歪斜、螺丝未拧到位、毛条不齐正等缺陷。

(3)窗框下槛应开设泄水孔。窗框安装到位。窗台抹水泥浆后,其坡顶与下框位保留不得小于 8 mm 高度,缝隙按要求嵌填密实。

(4)框与墙体间缝隙嵌填时,应按设计或施工选用的填嵌材料和要求。如设计无要求时,应采用矿棉或玻璃棉毡条,分层填塞密实。在缝隙外侧为 5～8 mm 深的槽口填嵌嵌缝密封胶。

(5)安装密封条应留有伸缩余量,一般放量为门窗每个边长的 1.5%～2%,在转角处斜面断开,先从两头用胶黏剂粘贴牢固,然后从中间再隔断粘,最后把整个胶条嵌好粘牢。密封胶密封缝口要均匀,表面平整光洁。

(6)制作运输安装过程中,都应采取措施,加强产品保护,使外观质量做到表面洁净,无划痕、碰伤、锈蚀等。

七、幕墙工程

(一)概述

车站的出入口以及高架车站的墙面较多采用各种类型的玻璃、石材以及铝板幕墙,应从以下几个方面来加强对其质量的控制。

(二)施工环节及工序

1. 施工流程

结构尺寸的检验→清理结构表面→石材准备→挂线→支底层饰面板托架→上连接铁件→底层石材安装→石板上槽口抹胶及插连接钢挂件→顶部面板安装→贴防污条、嵌缝→清理大理石、花岗石表面。

2. 干挂石材幕墙的施工工艺

(1)工地收货:收货要设专人负责管理,要认真检查材料的规格、型号是否正确,与料单是否相符,发现石材颜色明显不一致的,要单独码放,以便退还给厂家,如有裂纹、缺棱掉角的,要修理后再用,严重的不得使用。还要注意石材堆放地要夯实,垫 10 cm×10 cm 通长方木,让其高出地面 8 cm 以上,方木上最好钉上橡胶条,让石材按 75°立放斜靠在专用的钢架上,每块石材之间要用塑料薄膜隔开靠紧码放,防止粘在一起和倾斜。

(2)石材表面处理:石材表面充分干燥(含水率应不小于 8%)后,用石材防护剂进行石材六面体防护处理,此工序必须在无污染的环境下进行,将石材平放于木枋上,用羊毛刷蘸上防护剂,均匀涂刷于石材表面,涂刷必须到位,第一遍涂刷完间隔 24 h 后用同样的方法涂刷第二遍石材防护剂,间隔 48 h 后方可使用。

(3)石材准备:首先用比色法对石材的颜色进行挑选分类,安装在同一面的石材颜色应一致,并根据设计尺寸和图纸要求,将专用模具固定在台钻上,进行石材打孔。为保证位置准确、垂直,要钉一个定型石材托架,使石板放在托架上,要打孔的小面与钻头垂直,使孔成型后准确无误。孔深为 22~23 mm,孔径为 7~8 mm,钻头为 5~6 mm。随后在石材背面刷不饱和树脂胶,主要采用一布二胶的做法。布为无碱、无捻 24 目的玻璃丝布,石板在刷头遍胶前,先把编号写在石板上,并将石板上的浮灰及杂污清除干净,如锯锈、铁抹子,用钢丝刷、粗砂纸将其除掉再刷胶,胶要随用随配,防止固化后造成浪费。要注意边角地方一定要刷好,特别注意打孔部位是薄弱区域,必须刷到。布要铺满,刷完头遍胶,在铺贴玻璃纤维网格布时要从一边用刷子赶平,铺平后再刷二遍胶,刷子蘸胶不要过多,防止流到石材小面给嵌缝带来困难,出现质量问题。

(4)基层准备:清理预做饰面石材的结构表面,同时进行吊直、套方、找规矩,弹出垂直水平线,并根据设计图纸和实际需要弹出安装石材的位置线和分块线。

(5)挂线:按设计图纸要求,石材安装前要事先用经纬仪打出大角两个面的竖向控制线,最好弹在离大角 200 mm 的位置上,以便随时检查垂直挂线的准确性,保证顺利安装。竖向挂线宜用 φ1.0~1.2 的钢丝为好,下边沉铁随高度而定。

(6)支底层面板托架:把预先加工好的支托按上平线支在将要安装的底层石板上面。支托要支承牢固,相互之间要连接好,也可和架子接在一起,支架安好后,顺支托方向铺通长的 50 mm 厚木板,木板上口要在同一水平面上,以保证石材上下面处在同一水平面上。

(7)上连接铁件:用设计规定的不锈钢螺栓固定角钢和平钢板。调整平钢板的位置,使平钢板的小孔正好与石板的插入孔对正,固定平钢板,用力矩扳子拧紧。

(8)底层石材安装:把侧面的连接铁件安好,便可把底层面板靠角上的一块就位。方法是用夹具暂固定,先将石材侧孔抹胶,调整铁件,插固定钢挂件,调整面板固定。依次按顺序安装底层面板,等底层面板全部就位后,检查一下各板水平是否在一条线上。如有高低不平,应进行调整:低的可用木楔垫平,高的可调整好面板的水平与垂直度。再检查板缝,板缝宽应按设计要求,板缝均匀,将板缝嵌紧被衬条,嵌缝高度要高于 250 mm。

(9)石板上孔抹胶及插连接钢挂件:把环氧树脂倒入固化剂、促进剂,用小棒将配好的胶抹入面板边缘槽中,再把长 40 mm 的连接钢挂件插入面板边缘槽中,上钢挂件前检查其有无伤痕,长度是否满足要求,钢挂件安装要保证垂直。调整固定:面板暂时固定后,调整水平度;调整垂直度,并调整面板上口的不锈钢连件的距墙空隙,直至面板垂直。

(10)顶部面板安装:顶部最后一层面板除了一般石材安装要求外,安装调整后,拼缝四周用耐候胶封闭。

(11)贴防污条、嵌缝:沿面板边缘贴防污条,应选用 40 mm 左右的纸带型不干胶带,边沿要贴齐、贴严,在大理石板间缝隙处嵌弹性泡沫填充(棒)条,填充(棒)也可用 8 mm 厚的高连发泡片剪成 10 mm 宽的条,填充(棒)条嵌好后离装修面 5 mm,最后在填充(棒)条外用嵌缝枪把中性硅胶打入缝内,打胶时用力要均匀,走枪要稳而慢。如胶面不太平顺,可用不锈钢小勺刮平,小勺要随用随擦干净。根据石板颜色可在胶中加适量矿物质颜料。

(12)清理大理石、花岗石表面:把大理石、花岗石表面的防污条掀掉,用棉丝将石板擦净。若有胶或其他粘接牢固的杂物,可用开刀轻轻铲除,用棉丝蘸丙酮擦至干净。

　　3.玻璃幕墙施工工艺及流程

　　(1)安装施工准备

　　①编制材料、制品、机具的详细进场计划;落实各项需用计划、编制施工进度计划。②做好技术交底工作。③构件储存时应按照安装顺序排列放置,放置架应有足够的承载力和刚度。在室外储存时应采取保护措施。④构件安装前应检查制作合格证,不合格的构件不得安装。

　　(2)预埋件安装

　　①按照土建进度安装预埋件。②按照幕墙的设计分格尺寸,用经纬仪或其他测量仪器进行分格定位。③检查定位无误后,按图纸要求埋设铁件。④安装埋件时要采取措施防止浇筑混凝土时埋件位移,控制好埋件表面的水平或垂直,防止出现歪、斜、倾等。⑤检查预埋件是否牢固、位置是否准确。预埋件的位置误差应按设计要求进行复查。当设计无明确要求时,预埋件的标高偏差不应大于 10 mm,预埋件的位置与设计位置偏差不应大于 20 mm。

　　(3)施工测量放线

　　①复查由土建方移交的基准线。②放标准线:在放线前,应首先对建筑表面进行偏差测量,根据测量结果,确定基准线。③以标准线为基准,按照图纸将分格线放在墙上并做好标记。④分格线放完后应检查预埋件的位置是否与设计相符,否则应进行调整或预埋件补救处理。⑤最后,用 φ0.5～1.0 mm 的钢丝在单幅幕墙的垂直、水平方向各拉两根,作为安装的控制线,水平钢丝应每层拉一根(宽度过宽,应每间隔 20 m 设一支点,以防钢丝下垂),垂直钢丝应每间隔 20 m 拉一根。⑥注意事项:放线时,应结合土建的结构偏差,将偏差分解,防止误差积累;放线时,应考虑好与其他装饰面的接口,控制重点为基准线。

　　(4)连接件的焊接

　　①经检查,埋件安装合格后可进行过渡件的焊接施工。②焊接时,过渡件的位置一定要与墨线对准。③应先将同水平位置两侧的过渡件点焊,并进行检查。④再将中间的各个过渡件点焊上,检查合格后,进行满焊。⑤控制重点为水平位置及垂直度。⑥用规定的焊接设备、材料,操作人员必须持焊工证上岗。⑦焊接现场的安全、防火工作。⑧严格按照设计要求进行焊接,要求焊缝均匀,无假焊、虚焊、夹渣。⑨防锈处理要及时、彻底。

　　(5)龙骨安装

　　①将加工完成的立柱按编号分层次搬运到各部位,临时堆放。堆放时应用木块垫好,防止碰伤表面。②将立柱从上至下或从下至上逐层上墙,安装就位。③根据水平钢丝,将每根立柱的水平标高位置调整好,稍紧连接件螺栓。④再调整进出、左右位置,检查是否符合设计分格尺寸及进出位置,如有偏差应及时调整,不能让偏差集中在某一个点上。经检查合格后,拧紧螺帽。⑤当调整完毕,整体检查合格后,将连接铁件与过渡件、螺帽与垫片间均采用段焊、点焊焊接,及时消除焊渣,做好防锈处理。⑥安装横梁时水平方向应拉线,并保证立柱与横梁接口处的平整,连接不能有松动,横梁和立柱之间垫片或间隙符合设计要求。幕墙构架与主体结构采用后加锚栓连接时应满足以下要求:每个连接点不少于 2 个螺栓;螺栓直径满足设计要求,并不应小于 10 mm,应进行承载力现场试验,必要时应进行极限拉拔试验;锚栓承载力设计值不应大于其极限承载力的 50%,轻质填充墙和砌体结构墙在连接部位构造措施应有设计详图。⑦注意事项:立柱与连接铁件之间要垫胶垫;因立柱材料比较重,应轻拿轻放,防止碰撞、划伤;挂料时,应将螺帽拧紧,以防脱落而掉下去;调整完以后,要将避雷铜导线接好。

　　(6)防火材料安装

　　①龙骨安装完毕,可进行防火材料的安装;②安装时应按图纸要求,先将防火镀锌钢板固定(用螺丝或射钉),要求牢固可靠,并注意板的接口;③然后铺防火棉,安装时注意防火棉的厚度和均匀度,保证与龙骨料接口处的饱满,且不能挤压,以免影响面材;④最后进行顶部封口处理,即安装封口板;⑤安装过程中要注意对玻璃、铝板、铝材等成品的保护,以及对内装饰的保护。

　　(7)玻璃安装

　　①安装前应将铁件或钢架、立柱、避雷、保温、防锈全部检查一遍,合格后再将相应规格的面板就位,

然后自上而下进行安装；②安装过程中用拉线控制相邻玻璃面的平整度和板缝的水平、垂直度，用木板模块控制缝的宽度；③安装时，应先就位临时固定，然后拉线调整；④安装过程中，如缝宽有误差，应均分在每条胶缝中，防止误差积累在某一条缝中或某一块面材上。

（8）密封

①密封部位的清扫和干燥，采用甲苯对密封面进行清扫，清扫时应特别注意不要让溶剂散发到接缝以外的部位，清扫用纱布脏污后应常更换，以保证清扫效果，最后用干燥清洁的纱布将溶剂蒸发后的痕迹拭去，保持密封面干燥。②贴防护纸胶带：为防止密封材料使用时污染装饰面，同时为使密封胶缝与面材交界线平直，应贴好纸胶带，要注意纸胶带本身的平直。③注胶：注胶应均匀、密实、饱满，同时注意施胶方法，避免浪费。④胶缝修整：注胶后，应将胶缝用小铲沿注胶方向用力施压，将多余的胶刮掉，并将胶缝刮成设计形状，使胶缝光滑、流畅。⑤清除纸胶带：胶缝修整好后，应及时去掉保护胶带，并注意撕下的胶带不要污染玻璃面或铝板面；及时清理粘在施工表面上的胶痕。

（9）清扫

①清扫时先用浸泡过中性溶剂（5%水溶液）的湿纱布将污物等擦去，然后再用干纱布擦干净；②清扫灰浆、胶带残留物时，可使用竹铲、合成树脂铲等仔细刮去；③禁止使用金属清扫工具，更不得使用粘有砂子、金属屑的工具；④禁止使用酸性或碱性洗剂

4. 金属幕墙施工流程

测量放线→锚固件制作、安装→骨架制作安装→面板安装→嵌缝打胶→清洗保洁。

（1）测量放线：根据设计和施工现场实际情况准确测放出幕墙的外边线和水平垂直控制线，然后将骨架竖框的中心线按设计分格尺寸弹到结构上。测量放线要在风力不大于 4 级的天气情况下进行，个别情况应采取防风措施。

（2）锚固件安装：幕墙骨架锚固件应尽量采用预埋件，在无预埋件的情况下采用后置埋件，埋件的结构形式要符合设计要求，锚栓要现场进行拉拔试验，满足强度要求后才能使用。锚固件一般由埋板和连接角码组成，施工时按照设计要求在已测放竖框中心线上准确标出埋板位置，后打孔将埋件固定，并将竖框中心线引至埋件上，然后计算出连接角码的位置，在埋板上画线标记。同一竖框同侧连接角码位置要拉通线检测，不能有偏差。角码位置确定后，将角码按此位置焊到埋板上，焊缝宽度和长度要符合设计要求，焊完后焊口要重新做防锈处理，一般涂刷防锈漆两遍。

（3）骨架制作安装：根据施工图及现场实际情况确定的分格尺寸，在加工场地内，下好骨架横竖料，并运至现场进行安装，安装前要先根据设计尺寸挂出骨架外皮控制线，挂线一定要准确无误，其控制质量将直接关系幕墙饰面质量。骨架如果选用铝合金型材，锚固件一般采用螺栓连接，骨架在连接件间要垫有绝缘垫片，螺栓材质规格和质量要符合设计要求及规范规定；骨架如采用型钢，连接件既可采用螺栓也可采用焊接的方法连接，焊接质量要符合设计要求及规范规定，并要重新做防锈处理。主体结构与幕墙连接的各种预埋件，其数量、规格、位置和防腐处理必须符合设计要求。幕墙的金属框架与主体结构预埋件的连接、立柱与横梁的连接及幕墙面板的安装必须符合设计要求，安装必须牢固。

（4）面板安装：面板要根据其材质选择合适的固定方式，一般采用自攻钉直接固定到骨架上或板折边加角铝后再用自攻钉固定角铝的方法，饰面板安装前要在骨架上标出板块位置，并拉通线，控制整个墙面板的竖向和水平位置。安装时要使各固定点均匀受力，不能挤压板面，不能敲击板面，以免发生板面凹凸或翘曲变形，同时饰面板要轻拿轻放，避免磕碰，以防损伤表面漆膜。面板安装要牢固，固定点数量要符合设计及规范要求，施工过程中要严格控制施工质量，保证表面平整，缝格顺直。

（5）嵌缝打胶：打胶要选用与设计颜色相同的耐候胶，打胶前要在板缝中嵌塞大于缝宽 2~4 mm 的泡沫棒，嵌塞深度要均匀，打胶厚度一般为缝宽的 1/2。打胶时板缝两侧饰面板要粘贴美纹纸进行保护，以防污染，打完后要在表层固化前用专用刮板将胶缝刮成凹面，胶面要光滑圆润，不能有流坠、褶皱等现象，刮完后应立即将缝两侧美纹纸撕掉。打胶操作不宜在阴雨天进行。

（6）清洗保洁：待耐候胶固化后，将整片幕墙用清水清洗干净，个别污染严重的地方可采用有机溶剂清洗，但严禁用尖锐物体刮，以免损坏饰面板表现涂膜。清洗后要设专人保护，在明显位置设警示牌以防

污染或破坏。

（三）施工质量控制要点

1. 干挂石材幕墙

（1）立柱钢型材壁厚不应小于 3.5 mm，铝合金型材壁厚不应小于 3 mm。

（2）立柱应采用螺栓与角码连接，并再通过角码与预埋件或钢构件连接。螺栓直径不应小于 10 mm。

（3）立柱与角码采用不同的金属材料时应采用绝缘垫片分隔。

（4）上下立柱之间应有不小于 15 mm 的缝隙，并应采用芯柱连接，芯柱总长度不应小于 400 mm。芯柱与立柱应紧密接触，芯柱与下柱之间应采用不锈钢螺栓固定。

（5）横梁应通过角码、螺钉或螺栓与立柱连接，螺钉直径不应小于 4 mm，每处连接螺钉数量不应少于 3 个，螺栓不应少于 2 个。

（6）横梁与立柱之间应有一定的相对位移能力。

（7）石材板厚度不应小于 25 mm，火烧板等毛面石材板厚度不应小于 28 mm，花岗石板材的弯曲强度不应小于 8.0 MPa。

（8）短槽式安装的石板，不锈钢挂件厚度不宜小 3.0 mm，铝合金挂件厚度不宜小于 4.0 mm。两短槽边距离石板两端部的距离不应小于石板的厚度的 3 倍且不应小于 85 mm，也不应大于 180 mm。

（9）石材幕墙金属挂件与石材间粘接固定材料应选用干挂石材用环氧胶黏剂，不得使用云石胶、不饱和聚酯类胶黏剂。

2. 普通玻璃幕墙

（1）材料要求

主要材料进行施工现场时应具有中文标识的出厂合格证、产品出厂检验报告、2 年有效期内的型式检验报告，强制性认证产品应有认证标识，进口材料应有商检证明。材料进场时，应对其规格、型号、外观和质量证明文件进行检查验收，并经监理工程师检查确认。建筑幕墙工程采用的材料、五金配件、构件及组件以及表面处理等应符合设计文件要求。半隐框玻璃幕墙所采用的结构粘接材料必须是中性硅酮结构密封胶。全玻璃幕墙和点支承幕墙采用镀膜玻璃时，不应采用酸性硅酮结构密封胶粘接。硅酮结构密封胶使用前，应经省住建厅认可的检测机构进行与其接触材料的相容性和剥离粘接性试验，并应对邵氏硬度、标准状态拉伸粘接性能进行复验。当同一工程中使用不同批次的硅酮结构密封胶，每批次均应进行相容性试验。硅酮结构密封胶和硅酮建筑密封胶均应在有效期内使用，严禁使用过期材料。建筑幕墙工程对使用的主要材料部分性能指标应按标准、规范规定进行复验，各类幕墙主要材料复验项目应满足《建筑幕墙工程质量验收规程》（DGJ 32/J24—2011）附录 A 的要求。

（2）玻璃幕墙施工的质量控制措施

① 预埋件安装：主体施工过程中要及时、准确地安置预埋件，预埋件应埋设牢固、位置准确。幕墙安装前必须做好对已建建筑物和预埋件的复测检查，预埋件应全数检查，并根据检查结果调整幕墙分格和对偏差进行调整。如发现偏差，必须按设计出具的修改方案图进行施工。要求每个预埋件的偏差控制在标高不大于 10 mm，位置偏差不大于 20 mm。

② 幕墙与预埋件连接：玻璃幕墙立柱必须通过连接件和主体结构中预埋件的相连，不得采用膨胀螺栓打入主体结构来连接。安装的接件、绝缘片、紧固的材质、规格、数量必须符合设计要求。连接件应安装牢固，不松动，螺栓应有防松脱措施。焊缝饱满、不咬肉、无焊渣。连接件防锈和调节范围应符合设计要求。角码连接应有三维调节构造。连接件与预埋件之间位置偏差采用焊接调整时，焊缝长度应符合设计要求。

③ 立柱安装：连接立柱的芯管材质、规格应符合设计要求。芯管伸入上下立柱的长度都不宜小于 200 mm。上下立柱之间的间距应不小于 10 mm，并用密封胶密封。立柱应为受拉构件，其上端应与主体结构固定连接，下端为可上下活动的连接。立柱与连接件采用不同金属材料时，应采用绝缘片分隔。

④ 横梁安装：连接固定横梁的连接件、螺栓（钉）的材质、规格、品种、数量必须符合设计要求，螺钉应有防松脱的措施。同一个连接处的连接螺栓（钉）不应少于 2 个，且不应采用自攻螺丝。弹性垫片安装位置正确，不松脱。梁、柱连接不松动，其接缝间隙不大于 1 mm，并以密封胶密封。

⑤ 结构胶和密封胶：注意控制密封胶的使用环境，严禁下雨天露天施工耐候硅酮密封胶。结构胶的施工车间要求清洁无尘土，保持操作环境清洁，室内温度不宜高于27 ℃，相对湿度不宜低于50％，通风良好。在现场装配打胶时，基材表面温度不得超过60 ℃。结构硅酮密封胶、耐候硅酮密封胶和墙边胶注胶前，注胶部位必须做好净化工作，应先将铝框、玻璃或缝隙上的尘埃、油渍、松散物和其他脏物清除干净，注胶后应嵌填密实、表面平整，加强养护，防止手摸、水冲等。必须选用优质结构硅酮密封胶、耐候硅酮密封胶、墙边胶，而且要加强检验，防止过期使用。结构硅酮密封胶应打注饱满，其厚度和宽度必须符合规范规定和设计要求。不得使用过期的结构硅酮密封胶和耐候硅酮密封胶。组件应待结构硅酮密封胶完全固化后才可挪动。满足养护天数后方可运往现场组装。结构硅酮密封胶必须在非受力状态下固化，否则必须先用机械方式固定。用机械方式固定时，待结构硅酮密封胶完全固化后才能拆除机械固定材料。

⑥ 幕墙缝隙：幕墙四周与主体结构之间的缝隙应采用防火保温材料填塞，内外表面应采用密封胶连续封闭，接缝严密，不渗漏。

⑦ 幕墙玻璃：玻璃幕墙的玻璃必须采用安全玻璃，热反射玻璃的镀膜面应在外片的内侧。

⑧ 成品保护：要注意安装完毕后的产品保护，型材表面的保护膜应在装饰施工完毕后方可剥除，并及时清除幕墙表面的污染物。清除幕墙表面的污染物时，不得使用金属利器刮铲。当用清洗剂时，应采用对幕墙无腐蚀性的清洗剂清洗。

3. 点支承式玻璃幕墙

（1）钢结构的安装

① 安装前，应根据甲方提供的基础验收资料上复核各项数据，并标注在检测资料上。预埋件、支座面和地脚螺栓的位置、标高的尺寸偏差应符合相关的技术规定及验收规范，钢柱脚下的支撑预埋件应符合设计要求。需填垫钢板时，每叠不得多于三块。

② 钢结构的复核定位应使用轴线控制控制点和测量的标高基准点，保证幕墙主要竖向构件及主要横向构件的尺寸允许偏差符合有关规范及行业标准。

③ 构件安装时，对容易变形的构件应做强度和稳定性验算，必要时采取加固措施，安装后，构件应具有足够的强度和刚度。

④ 确定几何位置的主要构件，如柱、桁架等应吊装在设计位置上，在松开吊挂设备后应做初步校正，构件的连接接头必须经过检查合格后方可紧固和焊接。

⑤ 对焊缝要进行打磨，消除棱角和夹角，达到光滑过渡。钢结构表面应根据设计要求喷涂防锈、防火漆，或加以其他表面处理。

⑥ 对于拉杆及拉索结构体系，应保证支撑杆位置的准确，一般允许偏差在±1 mm，紧固拉杆（索）或调整尺寸偏差时，宜采用先左后右、由上至下的顺序，逐步固定支撑杆位置，以单元控制的方法调整校核，消除尺寸偏差，避免误差积累。

（2）支承钢爪安装

支承钢爪安装时，要保证安装位置公差在±1 mm内，支承钢爪在玻璃重量作用下，支承钢系统会有位移，可用以下两种方法进行调整。

① 如果位移量较小，可以通过驳接件自行适应，则要考虑支撑杆有一个适当的位移能力。

② 如果位移量大，可在结构上加上等同于玻璃重量的预加载荷，待钢结构位移后再逐渐安装玻璃。无论是在安装时还是在偶然事故时，都要防止在玻璃重量下，支承钢爪安装点发生过大位移，所以支承钢爪必须能通过高抗张力螺栓、销钉、楔销固定。支承钢爪的支承点宜设置球铰，支点的连接方式不应阻碍面板的弯曲变形。

（3）拉索及支撑杆的安装

① 拉索和支撑杆的安装过程中要掌握好施工顺序，安装必须按"先上后下、先竖后横"的原则进行安装。

② 竖向拉索的安装：根据图纸给定的拉索长度尺寸加长1～3 mm，从顶部结构开始挂索呈自由状态，待全部竖向拉索安装结束后进行调整，调整顺序也是先上后下，按尺寸控制单元逐层将支撑杆调整到位。

③ 横向拉索的安装:待竖向拉索安装调整到位后连接横向拉索,横向拉索在安装前应先按图纸给定的长度尺寸加长 1~3 mm 呈自由状态,先上后下按单元逐层安装,待全部安装结束后调整到位。

④ 支撑杆的定位、调整:在支撑杆的安装过程中必须对杆件的安装定位几何尺寸进行校核,前后索长度尺寸严格按图纸尺寸调整,保证支撑连接杆与玻璃平面的垂直度。调整以按单元控制点为基准对每一个支撑杆的中心位置进行核准。确保每个支撑杆的前端与玻璃平面保持一致,整个平面度的误差应控制在≤5/3 000。在支撑杆调整时要采用"定位头"来保证支撑杆与玻璃的距离和中心定位的准确。

⑤ 拉索的预应力设定与检测:用于固定支撑杆的横向和竖向拉索在安装和调整过程中必须提前设置合理的内应力值,才能保证在玻璃安装后受自重荷载的作用下结构变形在允许的范围内。

竖向拉索内预拉值的设定主要考虑以下几个方面:一是玻璃与支承系统的自重;二是拉索螺纹和钢索转向的摩擦阻力;三是连接拉索、锁头、销头所允许承受拉力的范围;四是支承结构所允许承受的拉力范围。

横向拉索预拉力值的设定主要考虑以下几个方面:一是校准竖向索偏拉所需的力;二是校准竖向桁架偏差所需的力;三是螺纹的摩擦力和钢索转向的摩擦力;四是拉索、锁头、耳板所允许承受的拉力;五是支承结构所允许承受的力。

索的内力设置是采用扭力扳手通过螺纹产生力,用扭矩来控制拉杆内应力的大小。

在安装调整拉索结束后用扭力扳手进行扭力设定和检测,通过对照扭力表的读数来校核扭矩值。

⑥ 配重检测:由于幕墙玻璃的自重荷载和所受力的其他荷载都是通过支撑杆传递到支承结构上的,为确保结构安装后在玻璃安装时拉杆系统的变形在允许范围内,必须对支撑杆上进行配重检测。

配重检测应按单元设置,配重的重量为玻璃在支撑杆上所产生的重力荷载乘系数 1~1.2,配重后结构的变形量应小于 2 mm。

配重物的施加应逐级进行,每加一级要对支撑杆的变形量进行一次检测,一直到全部配重物施加在支撑杆上。测量出其变形情况,并在配重物卸载后测量变形复位情况,并做详细记录。

(4) 玻璃的安装

① 安装前应检查校对钢结构的垂直度、标高、横梁的高度和水平度等是否符合设计要求,特别要注意安装孔位的复查。

② 安装前必须用钢刷局部清洁钢槽表面及槽底泥土、灰尘等杂物,点支承玻璃底部 U 形槽应装入氯丁橡胶垫块,对应于玻璃支承面宽度边缘左右 1/4 处各放置垫块。

③ 安装前,应清洁玻璃及吸盘上的灰尘,根据玻璃重量及吸盘规格确定吸盘个数。

④ 安装前,应检查支承钢爪的安装位置是否准确,确保无误后,方可安装玻璃。

⑤ 现场安装玻璃时,应先将支承头与玻璃在安装平台上装配好,然后再与支承钢爪进行安装。为确保支承处的气密性和水密性,必须使用扭矩扳手。应根据支承系统的具体规格尺寸来确定扭矩大小,按标准安装玻璃时,应始终将玻璃悬挂在上部的两个支承头上。

⑥ 现场组装后,应调整上下左右的位置,保证玻璃水平偏差在允许范围内。

⑦ 玻璃全部调整好后,应进行整体里面平整度的检查,确认无误后才能进行打胶密封。

4. 吊挂式大玻璃幕墙

(1) 安装固定主支承器:根据设计要求和图纸位置用螺栓连接或焊接的方式将主支承器固定在预埋件上。检查各螺丝钉的位置及焊接口,涂刷防锈油漆。

(2) 安装玻璃底槽:安装固定角码;临时固定钢槽,根据水平和标高控制线调整好钢槽的水平高低精度;检查合格后进行焊接固定。

(3) 安装玻璃吊夹:根据设计要求和图纸位置,用螺栓将玻璃吊夹与预埋件或上部钢架连接。检查吊夹与玻璃底槽的中心位置是否对应,吊夹是否调整合格后方能进行玻璃安装。

(4) 安装面玻璃:将相应规格的面玻璃搬入就位,调整玻璃的水平及垂直位置,定位校准后夹紧固定,并检查接触铜块与玻璃的摩擦粘牢度。

(5) 安装肋玻璃:将相应规格的肋玻璃搬入就位,同样对其水平及垂直位置进行调整,并校准与面玻璃之间的间距,定位校准后夹紧固定。

(6)检查所有吊夹的紧固度、垂直度、粘牢度是否达到要求,否则进行调整。

(7)检查所有连接器的松紧度是否达到要求,否则进行调整。

5.框支承玻璃幕墙

(1)幕墙立柱可采用铝合金或钢型材。

(2)铝型材立柱截面开口部位的厚度不应小于3.0 mm,闭口部位的厚度不应小于2.5 mm,钢型材壁厚不应小于3.0 mm。

(3)框支承玻璃幕墙的立柱宜悬挂在主体结构上,立柱与主体结构之间每个受力连接部位的连接螺栓不应少于2个,且连接螺栓的直径不宜小于10 mm。

(4)上、下立柱之间应留有不小于15 mm的缝隙,闭口型材可采用长度不小于250 mm的芯柱连接,芯柱与立柱应紧密配合。芯柱与上柱或下柱之间应采用机械连接方法加以固定。

(5)开口型材上柱与下柱之间可采用等强型材机械连接,角码和立柱采用不同金属时,应采用绝缘垫片分隔或采取其他有效措施防止金属腐蚀。

(6)横梁可通过角码、螺钉或螺栓与立柱连接。角码厚度不应小于3 mm。设计中横梁和立柱间留有空隙时,空隙宽度应符合设计要求。

(7)玻璃必须使用安全玻璃,不应在现场打注硅酮结构密封胶。

(8)横向半隐框玻璃幕墙玻璃板块构件,每块玻璃下端应设置两个铝合金或不锈钢托条,其长度不应小于100 mm、厚度不应小于2 mm,托条外端应低于玻璃外表面2 mm,不得采用自攻螺钉固定玻璃板块组件。

(9)玻璃幕墙与其周边防火分隔构件间的缝隙、与楼板或隔墙外沿间的缝隙、与实体墙面洞口边缘间的缝隙等,应进行防火封堵设计。

6.金属幕墙

(1)金属幕墙工程所使用的各种材料和配件,应符合设计要求及国家现行产品标准和工程技术规范的规定。

(2)金属面板的品种、规格、颜色、光泽及安装方面应符合设计要求。

(3)金属幕墙主体结构上的预埋件、后置埋件的数量、位置及后置埋件的拉拔力,必须符合设计要求。

(4)金属幕墙的防火、保温、防潮材料的设置应符合设计要求,并应密实、均匀、厚度一致。

(5)金属框架及连接件的防腐处理应符合设计要求。

(6)预埋件及连接件:骨架锚固一般采用预埋件或后置埋件,后置埋件形式要符合设计要求,并在现场做拉拔试验;钢板连接件与非同质骨架连接时,中间要垫有机材质垫块,以免发生电化学腐蚀。

(7)金属面板之间硅硐耐候密封胶的粘接宽度,应分别计算风荷载标准值和板材自重标准值作用下硅硐结构密封胶的粘接宽度,并取最大值,且不得小于7.0 mm。

(8)铝塑复合板的剥离强度。

(9)面板固定方法、固定点间距要符合设计要求,固定要牢固无松动。

(10)饰面板运输安装过程中要注意保护,不能损坏划伤,影响饰面效果。

(11)胶缝要宽窄、深浅一致,表面要光洁,不能有凹凸不平或剥裂等现象。

(四)质量监督要点

1.干挂石材幕墙

(1)幕墙工程所用各种材料、五金配件、构件及组件的产品合格证书,节能检测报告,进场验收记录和复验报告。

(2)幕墙工程所用硅酮结构密封胶的认定证书和抽查合格证明;进口硅酮结构密封胶的商检证,具有省级建设行政主管部门颁发资质的检测机构出具的硅酮结构密封胶相容性和剥离粘接性试验报告;石材用密封胶的耐污染性试验报告。

(3)后置埋件的现场拉拔强度检测报告。

（4）幕墙的抗风压性能、空气渗透性能、雨水渗漏性能及平面变形性能检测报告。

（5）打胶、养护环境的温度、湿度记录；双组分硅酮结构密封胶的混匀性试验记录及拉断试验记录。

（6）防雷装置测试记录。

（7）隐蔽工程验收记录。

2．玻璃幕墙

（1）资料上普遍存在的问题

① 石材幕墙的挂件，图纸上一般要求为不锈钢，规范上要求进行挂件材质的检测，较多施工单位未进行检测。

② 断桥铝合金型材，应进行立柱的抗拔，以及横梁的抗剪复试检测。

③ 为了防止钢化玻璃自爆，设计一般会要求钢化玻璃进行均质处理，检查玻璃订购合同以及玻璃出厂合格证或质保书，检查有没有"均质"处理的条款。

④ 玻璃幕墙的结构胶检测，在车间注胶的一般均为双组分胶水，常发现检测报告为单组分胶水报告。

⑤ 铝合金型材一般立柱为 T5 型材，横梁为 T6 型材，注意检测报告是否 T5 和 T6 齐全。

（2）车间制作上主要存在问题

目前幕墙公司车间附框粘接普遍在注胶施工工艺上存在质量问题：玻璃、铝合金型材的清洁不到位，注胶车间不能做到净化，尘土飞扬，注胶记录填写随意，注完胶后堆积摆放等。

（3）工程上存在的质量问题，主要表现为不按图施工，常见的有：

① 预埋件偏位后，后置埋件的施工随意，包括固定立柱的角码位置摆放随意，没有相应的设计变更。

② 玻璃面板的固定应检查铝合金压板与玻璃是否柔性接触，压板与玻璃的搭接量不少于 10 mm，压板的间距，特别地检查压件的固定螺丝的长度以及直径，应符合设计要求。

③ 玻璃幕墙的转角施工是施工难点，要对照图纸进行质量检查。

④ 玻璃幕墙的开启翻窗应检查玻璃下方是否有保护托架。

⑤ 全玻璃幕墙的支撑玻璃肋，应采用钢化夹胶玻璃。

⑥ 玻璃幕墙的下方，玻璃面板距离基础梁有 200mm 以上的空隙，一般的设计都不注意该处节点的保温处理。

3．金属幕墙

（1）金属幕墙工程所使用的各种材料和配件，应符合设计要求及国家现行产品标准和工程技术规范的规定。

（2）金属幕墙的造型和立面分格应符合设计要求。

（3）金属面板的品种、规格、颜色、光泽及安装方向应符合设计要求。

（4）金属幕墙主体结构上的预埋件、后置埋件的数量、位置及后置埋件的拉拔力必须符合设计要求。

（5）金属幕墙的金属框架立柱与主体结构预埋件的连接、立柱与横梁的连接、金属面板的安装，必须符合设计要求，安装必须牢固。

（6）金属幕墙的防火、保温、防潮材料的设置应符合设计要求，并应密实、均匀、厚度一致。

（7）金属框架及连接件的防腐处理应符合设计要求。

（8）金属幕墙的防雷装置必须与主体结构的防雷装置可靠连接。

（9）各种变形缝、墙角的连接点应符合设计要求和技术标准的规定。

（10）金属幕墙的板缝注胶应饱满、密实、连续、均匀、无气泡，宽度和厚度应符合设计要求和技术标准的规定。

4．幕墙检测要求

《建筑装饰装修工程质量验收规范》（GB 50210—2001）规定，幕墙工程应对下列材料及其性能指标进行复验：

（1）铝塑复合板的剥离强度。

（2）石材的弯曲强度；寒冷地区石材的耐冻融性；室内用花岗石的放射性。

（3）玻璃幕墙用结构胶的邵氏硬度、标准条件拉伸粘接强度、相容性试验；石材用结构胶的粘接强度；石材用密封胶的污染性。

江苏省地方标准《建筑幕墙工程质量验收规程》（DGJ 32/J124—2011）关于复验项目规定更严格。复验项目如下：

（1）玻璃幕墙（含建筑玻璃采光顶）

① 硅酮结构密封胶、硅酮建筑密封胶的相容性。

② 硅酮结构密封胶的邵氏硬度、标准条件拉伸粘接性。

③ 保温材料导热系数、密度；隔热铝型材抗拉强度、抗剪强度。

④ 铝型材壁厚、膜厚、硬度；钢材壁厚、防腐层厚度。

⑤ 钢化玻璃碎片状态、霰弹袋冲击、落球冲击；夹层玻璃霰弹袋冲击、落球冲击。

⑥ 幕墙玻璃传热系数、遮阳系数、可见光透视比、中空玻璃露点。

（2）石材幕墙及人造板材幕墙

① 石材、面板干挂胶的粘接性能、压剪强度。

② 硅酮建筑密封胶的相容性、污染性。

③ 石材面板的弯曲强度、吸水率、厚度等。

④ 室内（包括天井）石材幕墙用石材面板的放射性；板材厚度、面积。

⑤ 铝型材壁厚、膜厚、硬度、抗拉强度、抗剪强度。

⑥ 钢材壁厚、防腐层厚度；挂件材质、规格、厚度等。

⑦ 保温材料导热系数、密度。

（3）金属板幕墙

① 硅酮建筑密封胶的相容性。

② 铝塑板剥离强度。

③ 钢材壁厚、面层厚度、防腐层厚度。

④ 保温材料导热系数、密度。

（五）常见质量问题及预防

1. 板材安装阶段常见质量通病

（1）石板安装的垂直度、平整度超标，接缝不平、不通畅，板缝不均匀。

（2）板材质地颜色不均匀，有裂纹、缺棱掉角，相邻板块色差大。

防治措施：

（1）选择信誉好的专业花岗岩板材厂家进行加工，从荒料开始就选择色泽一致的原料，派质检人员监控加工质量，按安装顺序进行编码加工，顺序进场。

（2）采用样板方法对石材色泽标准进行控制，选定三块花岗岩板作样板，分别为标准色和深色、浅色，确定色差范围。在施工前要进行挑选、预排。

（3）板材现场机械开槽。使用专业的打孔设备，挑选技术熟练的人员操作，严格控制开槽位置、深度、垂直度及平直度，要保证槽内光滑洁净。

（4）石材安装时，先进行试安装。先简单固定石材挂件，在安装槽内注入环氧 AB 胶，平稳地将石材抬起，将槽口对准已固定在横梁上的挂件缓缓插入，然后再将上面的挂件插入槽内，并用螺栓连接在横梁上。进行石板平整度调整后再固定挂件的螺栓。

（5）按控制线安装板材，板材之间必须设缝，缝宽 8～10 mm，采用小拉缝、大分格方法。

2. 密封、打胶、清理阶段常见质量通病

（1）密封胶不均匀，黏接力差。

（2）打胶造成板面污染，影响观感质量。

防治措施：

（1）密封胶在使用前做好相容性试验。

（2）将板材间缝隙清理干净后方可进行密封。

（3）打胶前,先在胶缝两侧石板上粘贴 25 mm 的保护胶带,再将泡沫条均匀填入胶缝。将泡沫条表面与石板面距离控制在 5～7 mm 之间,用胶枪向同一方向将密封胶均匀饱满地注入缝内,并立即用刮刀刮平,对胶面进行整修保证胶缝表面光滑平整。将表面清洁后,撕去保护胶带。

（4）打胶时注意天气情况,避免在 5 ℃气温下或高温天气及雨天作业施工。

八、细部工程

（一）概述

车站站台以及高架部位均有较多的不锈钢栏杆及玻璃栏板,应注意以下几个方面的问题:车站站台以及高架部位均有较多的不锈钢栏杆及玻璃栏板,公共区的装饰、导向标识安装位置、牢固也应在质量控制范畴,导向标识的设置将直接引导乘客安全、顺利及迅速地完成整个车站的旅程,避免乘客滞留在车站内引起拥塞;在紧急情况下,导向标识能清晰地引导乘客顺利离开危险区域。

导向标识系统主要有导向类、资讯类、安全警告类、宣传规范类、可动电子类（LCD、LED）标识等,原则是按层划分施工区段,先里后外、先特殊后一般的顺序安装,其重点是图纸深化设计及与交管局、入口门厅、扶梯、动照、装修、紧急疏散等专业的技术接口问题。

（二）施工环节及工序

1. 栏杆的施工工艺及流程

（1）施工流程

测量放线→钻孔、化学锚栓安装→后置钢板安装就位,紧固→钢架下料、钻孔、打磨等加工→喷丸除锈处理,刷防锈漆→现场就位安装,点焊预固定,尺寸复核、调整→满焊,焊渣清除,焊缝打磨平整→玻璃安装→密封。

（2）施工工艺

① 预埋件设计、标高、位置、数量应符合设计要求,并经防腐防锈处理。埋件不符合设计要求时,应增补后置埋件。

② 安装栏杆立杆时,基层混凝土不得有酥松现象,凹凸不平处应剔除或修补平整。

③ 按设计要求弹出栏杆立杆安装间距位置和中心线。

④ 楼梯起步处平台两端立杆应先安装,安装分焊接和螺栓固定两种。

⑤ 两端立杆安装完毕后,拉通线安装其余立杆,立杆安装必须牢固,不得松动。立杆焊接以后及螺栓连接部位,除不锈钢材料外,在安装完毕后均应进行防腐防锈处理,并且不得外露,应在根部安装装饰套或盖板。

⑥ 镶嵌玻璃等栏板,其栏板应在立杆完成后安装,安装必须牢固,且垂直水平、斜度应符合设计要求。安装时,栏板镶嵌于相邻立杆或横梁的槽内。若四边固定,其搭接量不得小于 10 mm;如果玻璃与槽口为两边固定,玻璃与槽口的搭接量不得小于 15 mm。槽与栏杆的缝隙应用硬质橡胶垫块嵌填牢固,扶手安装完毕后,用硅酮耐候胶嵌实。

⑦ 较长的金属扶手,如高架车站扶手安装时,应保留适应温度变化而伸缩的可动式接口。可动式接口的伸缩量若设计无要求时,可考虑采用 20 mm,室外扶手应在可伸缩处考虑设置漏水孔。

2. 导向标识系统的施工工艺及流程

（1）施工流程

导向标识的预埋件→吊挂件加工→制作→安装。

（2）施工工艺

① 预埋件材料的种类、材质、规格、大小要根据施工图纸的要求进行施工,并做好隐蔽验收。

② 吊挂件安装时做到牢固、可靠,必要时进行相应的拉拔检测。

③ 导向标识的制作一般都是专业厂家制作,产品送达施工现场应有产品出厂验收合格证,相关单位在安装前要做好进场报验和抽查检验。

④ 安装过程中的允许偏差:轴线或中心线偏差以及平整度和垂直度都要根据施工方案进行预控。

(三) 施工质量控制要点

1. 护栏和扶手制作与安装所使用的材质、规格、数量和木材、塑料的燃烧性能等级应符合设计要求。

2. 护栏和扶手的造型、尺寸及安装位置应符合设计要求。

3. 护栏和扶手安装预埋件的数量、规格、位置以及护栏与预埋铁皮的连接节点应符合设计要求。

4. 护栏高度、栏杆间距、安装位置必须符合设计要求。护栏安装必须牢固。

5. 护栏玻璃应使用公称厚度不小于 12 mm 的钢化玻璃或钢化夹层玻璃,当护栏一侧距楼地面高度为 5 m 及以上时,应使用钢化夹层玻璃。

6. 导向标识的种类、位置、几何尺寸等指标应符合设计要求。

7. 预埋件和吊挂件的安装及可靠是检查的重点和关键。

8. 导向牌体安装:导向牌体现场安装前按要求进行检查,将设备逐个进行检测和试调,发现无任何故障后方可开始安装。

(1) 悬挂式:在站厅通道出入口处或高架站站厅安全出口上设置电光源型安全出口标志,高度在门沿上方。

(2) 挂墙式:标识牌大部分与墙面材料平齐,不影响装饰整体效果,在拐弯处墙面根据需要相应增设疏散指示标识,换乘通道的疏散标识设计应符合双向疏散的原则。

(3) 落地式:沿疏散通道或主要疏散路线、步行楼梯中心线设置,为了装饰美观、便于施工,地牌设置在地面每块石材中心。

9. 标识系统试运转

(1) 标识牌设备试运转是检验导向标识系统是否符合设计要求和规范规定的重要环节。试运转应在现场代表、监理及施工人员的参与下,依据标识牌有关技术文件、施工方案进行。

(2) 试运转时,按先无负荷、后带负荷,先单机后联动的顺序进行,上一步合格后再进行下一步的试运转。

(四) 质量监督要点

1. 栏杆的高度、固定刚度以及立杆的净距是否符合设计要求。

2. 玻璃的固定、玻璃与槽口的搭接量是否符合相关规定的要求。

3. 栏杆玻璃相邻高差超过 5 m 时,是否采用钢化夹层玻璃。

4. 栏板若采用玻璃时,不得承受水平荷载。

5. 检查导向标识的预埋件和吊挂件的拉拔试验报告。

6. 检查导向标识的出厂验收合格证。

(五) 常见质量问题及预防

1. 常见质量通病

(1) 管材表面光亮度不够,颜色发暗,镀钛管材表面色差大。

(2) 栏杆、扶手整体刚度不够,用手拍击扶手有颤抖感。

(3) 立柱不垂直,排列不在同一直线上,晃动不牢固。

(4) 扶手拐弯处不通顺。

(5) 管材连接处有缝隙。

(6) 圆弧形扶手弧线不通顺,有折棱。

(7) 焊缝处管壁被磨透,抛光度不够。

(8) 表面有划痕、凹坑。

2. 防治措施

(1) 首先应选用质量合格的管材。不同牌号的管材其含元素量不同,即使在同一工厂内制作,其成品表面颜色也有色差。因此应注意选用同一类别和牌号的不锈钢管,且应加强制作过程的质量管理。

(2) 因选用管壁太薄,使整体强度不足,应选用壁厚不小于 1.2 mm 的管材作扶手。立管管径不能太小,当扶手直线段长度较长时,立柱设计应有侧向稳定加强措施。

（3）焊接应满焊。应派有经验的焊工施工,严格按操作规程施工。最好采用有内衬的套管。

（4）因选用的管材壁厚太薄,在加工弯头时容易发生凹瘪,并使管材的圆度变化,在对焊时又没有附加内衬套管,这样在焊接后磨平焊缝时容易将鼓起一端的管壁磨穿透。应选用厚度合适的管材,对焊时最好附加内衬套管。

九、无障碍设施

（一）概述

车站的无障碍设施应包括无障碍通道（路）、电（楼）梯、洗手间（厕所）、席位、盲文标识和音响提示以及通信、信息交流等其他相关生活的设施。由于内容过多,这里主要简述盲道的一些相关内容。

盲道按使用功能可分为两类:①行进盲道:呈条状形,每条高出地面 5 mm,可使盲杖和脚底产生感觉,便于指引视力残疾者安全地向前直线行走;②提示盲道:呈圆点形,每个圆点高出地面 5 mm,可使盲杖和脚底产生感觉,以告知视力残疾者前方路线的空间环境将出现变化。

轨道交通盲道的设计要求应符合以下规定:

1. 盲道铺设的位置和走向:应方便视力残疾者安全行走和顺利到达无障碍设施位置。

2. 行进盲道在转弯处应设提示盲道,其长度应大于行进盲道的宽度。

3. 应在距人行道上台阶、坡道和障碍物等的 250～600 mm 处,设提示盲道。

4. 距人行横道入口、广场入口等部位的 250～600 mm 处应设提示盲道,其长度与各入口的宽度应相对应。

5. 人行道呈弧线形路线时,行进盲道宜与人行道走向一致。

6. 行进盲道应与提示盲道成垂直方向铺设,盲道铺设宽度宜取 400～600 mm。

7. 人行道的转角路口宜采用全宽式无障碍坡道形式。宜在两侧坡道起点处铺设左右各一排的提示盲道,以示进入坡道范围,提示盲道铺设宽度宜为 600 mm。

（二）施工环节及工序

盲道砖的施工工艺及流程:

1. 施工流程

准备工作→测量放线→铺垫层→试排→铺砌块层→嵌缝压实→清理。

2. 施工工艺

（1）按设计图纸进行实地放线,检查高程,一般 10 m 为一段,曲线段可适当进行加密。

（2）基层施工:按施工方案进行配料、铺摊,将拌和好的混合料按设计标高均摊并找平。

（3）铺设面砖:按放线高程在方格内按标准缝宽砌第一行样板砖,纵线不动、横线平移,铺贴过程中要轻敲密实,不得空鼓。

（4）嵌缝密实:应用 1∶2 水泥细干浆进行灌缝,分次洒水养护。

（5）清理:完工后应对面层进行清理,根据质量要求进行检测和维修。

（三）施工质量控制要点

1. 人行道铺装到建筑物时,应在其中部行进方向连续设置导向块材,路口缘石前铺装停步块材,铺装宽度不得小于 0.60 m。

2. 人行横道处的触感块材距缘石 0.30 m 或隔一块人行道砖铺装停步块材。导向块材与停步块材成垂直向铺装,铺装宽度不得于 0.60 m。

3. 盲道砖应按设计图纸的位置进行铺设,必须避开相关障碍物,设置宽度应大于 50 cm。

4. 铺筑时应注意行进砌块与提示砌块不得混用。

5. 出入口处盲道应铺设为无障碍形式。

6. 残疾人坡道设计规范部分应注意:

（1）直线式坡道,坡面宽不小于 1 200 mm,坡度不大于 1∶12。折返双坡道,坡面宽 1 200 mm,坡度为1:12,坡道起点与终点及休息平台深度为 1 500 mm。L坡道,弧形坡道,U形坡道,折返三坡道,坡面宽1 200 mm,坡度小于1:12,坡度起点与终点及休息平台深度为 1 500 mm。台阶及坡道组合体,适用于建筑路口,城市广场等地面高差较大地段。节省用地,方便通行,观赏效果较好。坡面要平整而不光滑,宽度要大于 1 200 mm,坡度要小于1:12,其他由设计人定。轮椅通行的坡度在不同坡度时对高度与水平长度的限定为:①1:12坡道为建筑物的坡道最低标准。②1:6坡道轮椅使用者的双手推动两次后,前面的小轮就可达到水平部分。③为了安全通行,大于1:12的坡道应有协助者推动轮椅上下行。

（2）供残疾人使用的门厅、过厅及走道等地面有高差时应设坡道,坡道的宽度不应小于 0.90 m。每段坡道的坡度、允许最大高度和水平长度,应符合表4.4.1的规定。

表4.4.1 坡道高度及水平长度限值表

坡道坡度（高/长）	1/8	1/10	1/12
每段坡道允许高度（m）	0.35	0.60	0.75
每段坡道允许水平长度（m）	2.80	6.00	9.00

（3）每段坡道的高度和水平长度超过规定时,应在坡道中间设休息平台,休息平台的深度不应小于1.20 m。

（4）在坡道的起点及终点应留有深度不小于 1.50 m 的轮椅缓冲地带。

（5）坡道两侧应在 0.90 m 高度处设扶手,两段坡道之间的扶手应保持连贯。

（6）坡道起点及终点处的扶手应水平延伸 0.30 m 以上。

（7）坡道侧面凌空时,在栏杆下端宜设高度不小于 50 mm。

7. 残疾人扶手的安装质量控制要点

（1）安装固定扶手的栏杆及预埋件一定要牢固。

（2）楼梯扶手底部开槽深度要一致,栏杆扁钢或固定一定要平整,很好地对接塑料扶手。

（3）一定要用混凝土实心的墙体:使用铁胀塞螺栓安装需要注意的事情是:应该统一所有打孔的深度,这样就不会有螺栓有长有短的现象产生。

（4）石膏板、轻钢龙骨墙体:使用蝶形螺帽,吊顶螺杆安装应该特别注意的是,把龙骨放在垂直的墙体然后对其进行加固,加入龙骨硬度不是很好的话,建议操作者安装的时候加上一个对穿螺栓。

（5）扶手安装的位置、高度必须符合设计要求。

（6）扶手使用的材质、壁厚等参数必须符合设计及相应规范的要求。

（四）质量监督要点

1. 设计单位就审查合格的施工图设计文件向施工单位进行技术交底时,应对该工程项目包含的无障碍设施作出专项的说明。

2. 无障碍设施的施工应由具有相关工程施工资质的单位承担。

3. 施工单位应按审查合格的施工图设计文件和施工技术标准进行无障碍设施的施工。

4. 单位工程的施工组织设计中应包括无障碍设施施工的内容。

5. 无障碍设施施工现场应在质量管理体系中包含相关内容,制定相关的施工质量和检验制度。

6. 无障碍设施的施工及质量验收应符合住房和城乡建设部最新国家标准。

7. 无障碍设施的施工及质量验收首先应由施工单位技术负责人组织施工单位项目负责人等进行,并完成盖有出图章的建筑设计平面竣工图。

8. 监理单位应组织无障碍设施的工程质量预验收,验收应按设计要求进行;当设计无要求时,应按国家现行工程质量验收标准的有关规定验收;当没有明确的国家现行验收标准要求时,应由设计单位、监理单位和施工单位按照确保无障碍设施的安全和使用功能的原则共同制定验收标准,并按验收标准进行验收。

9. 建设单位应组织设计、监理、施工等人员对无障碍设施进行单项验收,无障碍设施通过返修仍不能满足使用要求的工程,不得验收。

10. 无障碍设施未经验收或验收不合格的工程,不得使用。

第五节 建筑给水排水工程

一、概述

根据《建筑工程施工质量验收统一标准》(GB 50300—2013)的规定,建筑给水排水及供暖工程包括:室内给水系统、室内排水系统、室内热水系统、卫生器具、室内供暖系统、室外给水管网、室外排水管网、室外供热管网、建筑饮用水供应系统、建筑中水系统及雨水利用系统、游泳池及公共浴池水系统、水景喷泉系统、热源及辅助设备、监测及控制仪表14个子分部。其中与地铁车站工程密切相关的有:室内给水系统、室内排水系统、卫生器具、室外给水管网、室外排水管网5个子分部,随着节地、节水、节材、节能的力度不断加大,绿色建筑的不断推广,有些地铁车辆段工程设计了室内热水系统、建筑中水系统及雨水利用系统。

主要规范依据:

(1)《建筑工程施工质量验收统一标准》(GB 50300—2013);

(2)《建筑给水排水及采暖工程施工质量验收规范》(GB 50242—2002);

(3)《自动喷水灭火系统施工及验收规范》(GB 50261—2005);

(4)《建筑太阳能热水系统设计、安装及验收规范》(DGJ 32/J08—2008);

(5)经过审查合格的施工图纸、设计文件。

二、施工环节及工序

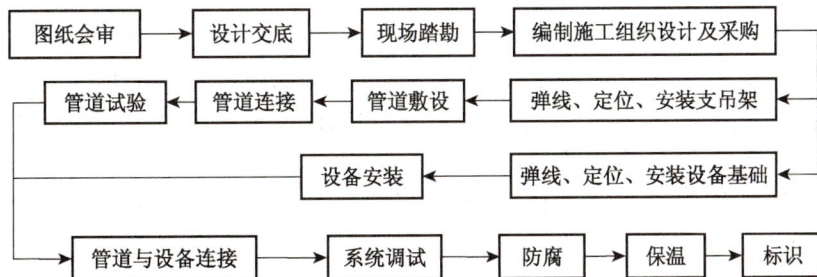

图 4.5.1 建筑给水排水工程施工流程图

三、施工质量控制要点

1. 支、吊架安装

(1)膨胀螺栓的拉拔力应能够满足设计要求,当设计未提出要求时,应进行综合计算,计算结果满足使用功能,拉拔力检测满足计算要求。

(2)给水管道的支、吊架最大间距应符合表 4.5.1 和表 4.5.2 规定。

表 4.5.1 钢管管道支架的最大间距

公称直径(mm)		15	20	25	32	40	50	70	80	100	125	150	200
最大间距(m)	保温管	2	2.5	2.5	2.5	3	3	4	4	4.5	6	7	7
	非保温管	2.5	3	3.5	4	4.5	5	6	6	6.5	7	8	9.5

表 4.5.2　塑料管及复合管管道支架的最大间距

管径(mm)			14	16	18	20	25	32	40	50	63	75	90	110
最大间距(m)	立管		0.6	0.7	0.8	0.9	1.0	1.1	1.3	1.6	1.8	2.0	2.2	2.4
	水平管	冷水	0.4	0.5	0.5	0.6	0.7	0.8	0.9	1.0	1.1	1.2	1.35	1.5
		热水	0.2	0.2	0.3	0.3	0.35	0.4	0.5	0.6	0.7	0.8	—	—

（3）室内金属排水（雨水）管道固定件间距为：①横管不大于 2 m；立管不大于 3 m，楼层高度小于或等于 4 m 时，立管可安装 1 个固定件。②室内排水塑料管道支、吊架应采用固定管卡与滑动管卡搭配使用，并且不得影响管道伸缩节的伸缩。管道支、吊架的间距应符合表 4.5.3 规定。

表 4.5.3　室内排水塑料管道支、吊架最大间距

管径(mm)		50	75	110	125	160
最大间距(m)	立管	1.2	1.5	2.0	2.0	2.0
	横管	0.5	0.75	1.10	1.30	1.6

（4）金属排水管道上的吊钩或卡箍应固定在承重结构上，立管底部的弯管处应设支墩或采取固定措施。

2. 给排水系统管材的选用及连接

（1）给水系统管材的选用：镀锌钢管、塑料管、复合管、不锈钢管、球墨铸铁管及铜管等。

（2）排水（雨水）系统管材的选用：①生活污水管道应使用塑料管、铸铁管或混凝土管（由成组洗脸盆或饮用水喷水器到共用水封之间的排水管和连接卫生器具的排水短管，可使用钢管）。②雨水管道宜使用塑料管、铸铁管、镀锌钢管或混凝土管等。③悬吊式雨水管道应选用钢管、铸铁管或塑料管。

（3）连接方式：螺纹连接、法兰连接、卡套式专用管件连接、橡胶圈接口、粘接接口、热熔连接、专用管件连接、水泥捻口及焊接等。

（4）管道连接要求：①管道采用粘接接口，管端插入承口的深度不得小于规范规定。②熔接连接管道的结合面应有一均匀的熔接圈，不得出现局部熔瘤或熔接圈凹凸不匀现象。③采用橡胶圈接口的管道，允许沿曲线敷设，每个接口的最大偏转角不得超过 2°。④法兰连接时，衬垫不得凸入管内，其外边缘接近螺栓孔为宜，不得安放双垫或偏垫。⑤连接法兰螺栓的直径、长度应符合标准，拧紧后突出螺母的长度不应大于螺杆直径的 1/2。⑥螺纹连接管道安装后的管螺纹根部应有 2～3 扣的外露螺纹，多余的麻丝应清理干净，并做防腐处理。⑦承插口采用水泥捻口时，油麻必须清洁、填塞密实，水泥应捻入并密实饱满，其接口面凹入承口边缘的深度不得大于 2 mm。⑧卡箍（套）式连接两管口端应平整、无缝隙，沟槽应均匀，卡紧螺栓后管道应平直，卡箍（套）安装方向应一致。

3. 管道敷设

（1）排水（雨水）管道坡度的设置应符合设计和规范要求，严禁无坡或倒坡。

（2）由室内通向室外检查井的排水管、井内引入管应高于排出管，或两管顶平，并有不小于 90° 的水流转角，如跌落差大于 300 mm 的可不受角度限制。

4. 管件设置

（1）检查口或清扫口

排水管道检查口或清扫口设置应符合设计要求，当设计无要求时：①在立管上应每隔一层设置一个检查口，但在最底层和有卫生器具的最高层必须设置。如为两层建筑时，可仅在底层设置立管检查口；如有乙字弯管时，则在该层乙字弯管的上部设置检查口。检查口中心高度距操作地面一般为 1 m，允许偏差 ±20 mm；检查口的朝向应便于检修。暗装立管，在检查口处应安装检修门。②在连接 2 个及以上大便器或 3 个及以上卫生器具的污水横管上应设置清扫口。当污水管在楼板下悬吊敷设时，可将清扫口设在上一层楼地面上，污水管起点的清扫口与管道相垂直的墙面距离不得小于 200 mm；若污水管起点设置堵头代替清扫口时，与墙面距离不得小于 400 mm。③在转角小于 135° 的污水横管上，应设置检查口或清扫口。④污

水横管的直线管段,应按设计要求的距离设置检查口或清扫口。⑤埋在地下或地板下的排水管道的检查口,应设在检查井内。井底表面标高与检查口的法兰相平,井底表面应有5%的坡度,坡向检查口。

（2）三通和弯头

用于室内排水的室内管道、水平管道与立管的连接,应采用45°三通或45°四通和90°斜三通或90°斜四通。立管与排出管端部的连接,应采用两个45°弯头或曲率半径不小于4倍管径的90°弯头。通向室外的排水管,穿过墙壁或基础必须下返时,应采用45°三通和45°弯头连接,并应在垂直管段顶部设置清扫口。

（3）雨水斗

雨水斗管的连接应固定在屋面承重结构上。雨水斗边缘与屋面连接处应严密不漏。连接管管径当设计无要求时,不得小于100 mm。虹吸排水应使用专用的雨水斗。

（4）伸缩节

给水管道应按设计要求设置伸缩节,在伸缩缝、沉降缝、诱导缝等处必须设置伸缩节。排水塑料管必须按设计要求及位置装设伸缩节,如设计无要求时,伸缩节间距不得大于4 m。

5. 管道试验

（1）室内给水系统试验:①室内给水管道的水压试验必须符合设计要求。当设计未注明时,各种材质的给水管道系统试验压力均为工作压力的1.5倍,但不得小于0.6 MPa。②检验方法:金属及复合管给水管道在试验压力下观测10 min,压力降不应大于0.02 MPa,然后降到工作压力进行检查,应不渗不漏;塑料管给水系统应在试验压力下稳压1 h,压力降不得超过0.05 MPa,然后在工作压力的1.15倍状态下稳压2 h,压力降不得超过0.03 MPa,同时检查各连接处不得渗漏。

（2）室外给水系统实验:①室外给水管道系统试验压力为工作压力的1.5倍,但不得小于0.6 MPa。②检验方法:管材为钢管、铸铁管时,在试验压力下观测10 min,压力降不应大于0.05 MPa,然后降到工作压力进行检查,压力应保持不变,不渗不漏;管材为塑料管时,在试验压力下稳压1 h,压力降不大于0.05 MPa,然后降到工作压力进行检查,压力应保持不变,不渗不漏。

（3）室内排（雨）水管道试验:①隐蔽或埋地的排水管道在隐蔽前必须做灌水试验,其灌水高度应不低于底层卫生器具的上边缘或底层地面高度。检验方法:满水15 min水面下降后,再灌满观察5 min,液面不降,管道及接口无渗漏为合格。②室内排水主立管及水平干管管道均应做通球试验,通球直径不小于排水管道管径的2/3,通球率必须达到100%。③安装在室内的雨水管道安装后应做灌水试验,灌水高度必须到每根立管上部的雨水斗,灌水试验持续1 h,不渗不漏。

6. 冲洗、消毒

给水管道在竣工后,必须对管道进行冲洗,生活给水系统管道在交付使用前还要进行消毒,并经有关部门取样检验,符合国家《生活饮用水标准》,满足饮用水卫生要求后,方可使用。

7. 设备安装

（1）水泵安装:①水泵就位前的基础混凝土强度、坐标、标高、尺寸和螺栓孔位置必须符合设计规定。②水泵基础应接地良好。③水泵在安装时应采用必要的减震措施,但是立式水泵的减震装置不应采用弹簧减震器。

（2）卫生器具安装:①卫生器具的给、排水管口预留位置,在确定卫生设备及给、排水附件的型号明确安装尺寸后,再配合土建进行预留。卫生设备安装过程中,地漏应配合地砖施工时安装,其余卫生设备应在墙、地饰面施工完后进行安装。②在混凝土墙面或地面及承重墙上可直接用膨胀螺栓固定卫生器具。③在空心砖、砌块墙面上固定卫生器具可用穿墙长螺栓,或将局部空心墙、砌块改为承重墙,用预埋螺栓或膨胀螺栓固定卫生器具。④在轻质墙面上固定卫生器具时,可在轻质墙内预置支架。

（3）太阳能热水设备安装:①太阳能热水设备基础应与建筑主体结构连接牢固且不得破坏屋面防水层。②支撑太阳能热水设备的钢结构支架应与建筑物接地系统可靠连接。③太阳能集热器的朝向、倾角及其前后左右的距离应符合设计要求。

（4）中水处理设备安装:①设备就位前的基础混凝土强度、坐标、标高、尺寸和螺栓孔位置必须符合设计规定。②设备基础应接地良好。③设备应固定牢固。

8. 设备与管道连接

(1)水泵安装时,进水管应采用管径 2~3 倍的直管段与泵连接,当有大小头时,应当采用顶平的异径管进行连接;设备与出水管应通过软接头连接,设备的振动不影响管道,管道的重量不对设备产生影响。

(2)坐便器应通过软管、阀门与给水管连接,采用密封圈与排水管连接。

9. 喷头

(1)喷头的型号、规格等应符合设计要求,商标、型号、公称动作温度、响应时间指数(RTI)、制造厂及生产日期等标识应齐全,喷头的安装位置、安装间距应符合设计及规范,安装应在系统试压、冲洗合格之后进行,安装时不得对喷头进行拆卸、改动,并严禁给喷头附加任何装饰性涂层,应使用专用扳手安装,严禁利用喷头的框架施拧。

(2)闭式喷头应进行密封性能试验,以无渗漏、无损伤为合格。试验数量宜从每批中抽查 1%,但不得少于 5 只,试验压力应为 3.0 MPa;保压时间不得少于 3 min。当两只及两只以上不合格时,不得使用该批喷头。当仅有一只不合格时,应再抽查 2%,但不得少于 10 只,并重新进行密封性能试验;当仍有不合格时,亦不得使用该批喷头。

(3)各种不同规格的喷头均应有一定数量的备用品,其数量不应小于安装总数的 1%,且每种备用喷头不应少于 10 个。

10. 系统调试

(1)水泵叶轮旋转方向正确,无异常振动和声响,紧固连接部位无松动,其电机运行功率值符合设备技术文件的规定。水泵连续运转 2 h 后,滑动轴承外壳最高温度不得超过 70 ℃;滚动轴承不得超过 75 ℃。

(2)水泵运行时不应有异常振动和声响,壳体密封处不得渗漏,紧固连接部位不应松动,轴封的温升应正常;在无特殊要求的情况下,普通填料泄漏量不应大于 60 mL/h,机械密封的不应大于 5 mL/h。

(3)室内消火栓系统安装完成后应取屋顶层(或水箱间内)试验消火栓和首层取两处消火栓做试射试验,达到设计要求为合格。

11. 管道防腐

(1)管道内防腐:泥砂浆内衬防腐,内涂塑防腐。

(2)管道外防腐:刷漆防腐,防腐层防腐,外加防腐套管或外缚防腐胶带。

12. 管道保温

(1)管道保温种类有:防冻保温、节能保温、防结露保温和防护型保温。

(2)保温层结构形式包括:涂抹式、充填式、包扎式和预制式。

13. 管道的标识

(1)建筑中水系统管道标识:①管道外壁应涂浅绿色标识。②中水池(箱)、阀门、水表及给水栓均应有"中水"标识。③中水管道不宜暗装于墙体和楼板内。如必须暗装于墙槽内时,必须在管道上有明显且不会脱落的标识。

(2)消防水管的标识设置:①消火栓管道外壁应涂红色标识。②喷淋管道外壁涂红色标识或红色色环,涂色环时应征得消防部门的同意。

四、质量监督要点

1. 管道敷设和安装

管道的材质、连接及补偿器的设置;管道穿过地下室或地下构筑物外墙的部位;管道穿过结构伸缩缝、抗震缝及沉降缝敷设时的补偿措施;管道支、吊、托架、管卡、支墩(座)的安装及铺设;管道位置(坐标、标高)和坡度;管道配件及其附属设施安装;管道防腐、保温;不同管道之间的间距;管网强度试验、严密性试验、灌水试验、通水试验;给水管道水质检测。

2. 给水设备安装

水泵就位前的基础混凝土强度、坐标、标高、尺寸和螺栓孔位置;水泵的减振装置;水泵试运转的轴承温升;水箱支架或底座安装;水箱溢流管和泄放管的设置;设备、容器等的保温,消火栓内设施是否齐全,栓口高度是否满足规范要求。

3. 自动喷水灭火系统验收

自动喷水灭火系统工程质量缺陷应按规范要求划分为：严重缺陷项（A），重缺陷项（B），轻缺陷项（C）。系统验收合格判定应为：A＝0，且 B≤2，且 B＋C≤6，为合格；否则为不合格。

五、常见质量问题及预防

（一）楼板底侧排水管道根部渗漏

1. 现象描述

管道与楼板之间、套管与楼板之间、管道与套管之间渗漏，导致楼板底侧有大面积湿渍。

2. 原因分析

（1）管道与楼板之间封堵不密实。

（2）套管与管道之间缝隙未填实。

（3）套管与楼板之间封堵不密实。

3. 预防措施

（1）管道穿越楼板处为固定支承点时，管道安装结束应配合土建进行支模，并应采用 C20 细石混凝土分两次浇捣密实。浇筑结束后，结合找平层或面层施工，在管道周围应筑成厚度不小于 20 mm、宽度不小于 30 mm 的阻水圈。

（2）管道穿过楼板，应设置金属或塑料套管，套管应带止水环。安装在楼板内的套管，其顶部应高出装饰面 20 mm；安装在卫生间、厨房等有可能积水场所的套管，其顶部应高出装饰面 50 mm；穿过楼板的套管与管道之间缝隙，应用阻燃密实材料和防水油膏填实。

（二）消火栓箱安装不正确，影响使用

1. 现象描述

消火栓口朝向不正确；单栓消火栓安装于门轴一侧；栓口中心距地面高度不满足规范要求；箱体变形，影响箱门正常开启；暗装的消防箱伪门开启角度不够。

2. 原因分析

（1）消火栓箱的几何尺寸不符合要求，箱体厚度过小，不能满足栓口朝外的规定。

（2）消火栓预留孔洞不准，安装消火栓箱时未认真核对尺寸及标准，安装时没有按规范安装。

（3）砖墙上的消火栓箱孔洞上部未采取承重措施，箱体受力变形。

（4）装修时为了突出装饰效果，常用与墙面相同的材料做一伪门，将消火栓隐藏起来，伪门开启角度难以满足消防要求。

3. 预防措施

（1）消火栓箱体的几何尺寸和厚度尺寸必须符合设计及现行技术标准的规定。消火栓应参照标准图集安装，单栓消火栓的栓口出水方向宜向下或与设置消火栓的墙面相垂直。如果墙体厚度难以满足要求时，可以采用可旋转式栓口。

（2）暗装消火栓应在土建主体施工时预留孔洞，预留孔洞大小、位置及标高应准确并满足消火栓及箱体安装的要求，并留有一定的调节余量，确保消火栓安装结束后栓口距地面高度为 1.10 m。

（3）设于砖墙上的暗装消火栓箱体上部应采取承重措施，以防止箱体受压变形而影响箱门的开启。

（4）消火栓装修伪门的开启角度应满足消防要求。

第六节　通风空调

一、概述

（一）主要规范依据

（1）《地下铁道工程施工及验收规范（2003 版）》（GB 50299—1999）；

(2)《通风与空调工程施工质量验收规范》(GB 50243—2016);

(3)《工业金属管道工程施工规范》(GB 50235—2010);

(4)《制冷设备、空气分离设备安装工程施工及验收规范》(GB 50274—2010);

(5)《风机、压缩机、泵安装工程施工及验收规范》(GB 50275—2010);

(6)《建筑给排水及采暖工程施工质量验收规范》(GB 50242—2002);

(7)《工业金属管道工程施工质量验收规范》(GB 50184—2011);

(8)《人民防空工程施工及验收规范》(GB 50134—2004)。

(二)地铁通风空调系统的作用

地铁通风空调系统是为了应对地铁特殊环境需求而产生的,因为地铁的地下车站和区间隧道是一个特殊而复杂的地下建筑工程,除车站出入口及送排风口与外界相通外,基本与外界隔绝。高密度列车运行、设备运转和大量乘客的集散所产生的热量以及地层的蓄热若不及时排除,地铁内部的空气温度就会升高。地铁周围土壤通过地铁围护结构的渗湿量较大,如果不除湿,地铁内的空气湿度也会增大,将导致乘客难以忍受,而地铁设备正常运转也会受到影响。巨大的客流需要及时补充新鲜空气,才能保证地铁站内的空气质量。所以,必须设置通风空调系统对地铁内部的空气温度、相对湿度、气流速度和空气质量等空气环境因素进行控制,为乘客和工作人员提供一个舒适的环境,满足地铁设备正常运转的需要。

(三)地铁通风空调系统的分类

地铁通风空调工程是通过空气处理机组、通风机、冷水机组、冷却塔、水泵、风阀、消声器、变频多联空调机、BAS系统等设备的协调工作,实现对地铁线路中的站厅、站台及隧道正常工况时的空气调节,实现阻塞、事故或火灾等工况时的通风调节;由隧道通风系统、车站通风空调系统、防排烟系统、空调水系统以及高架车站、运营控制中心、车辆段与综合基地的多联空调机系统组成。

1. 隧道通风系统

地下隧道通风系统分为区间隧道通风和站台隧道通风。区间隧道通风又分为活塞通风和机械通风。

区间隧道活塞通风一般是在车站两端上下行线各设一个活塞风道及相应的风井,利用地铁列车在隧道内高速运行所产生的活塞效应而形成的通风,实现隧道与外界通风换气。

区间隧道机械通风是在车站两端的风井设置隧道风机。隧道通风机是可逆转正反转风机,在无列车活塞效应时对隧道进行机械通风。通过活塞风道、机械送排风、风道上组合风阀的调节,实现区间隧道的通风换气,保证列车和隧道内设备的正常运行。在列车晚上停运后、早上运营前的一定时间打开隧道风机,进行通风换气;当列车阻塞在区间隧道时,进行机械通风;在区间隧道发生火灾时,进行排烟降温。每一条隧道设置一台可逆转正反转风机,风机风量为 60 m³/s。火灾工况时,隧道两端风机采用一排一送,组织背着乘客疏散方向排烟,迎着乘客疏散方向正压送风,即引导乘客向迎风面撤离和有序排烟,为消防人员灭火、救援创造条件。

站台隧道通风系统:现在所建的地铁工程,一般在车站公共区的边缘设置了屏蔽门,列车的停车位置形成车站站台隧道。列车停靠站时,会带有大量热量,需要排除。车站隧道通风系统就在轨顶和站台下设置了排风风道,对应列车的各个发热点设置排风口,通过排风风机进行排风,每条隧道的排风量为 45 m³/s,要求排风风机在 250 ℃时能持续工作 1 h,以满足火灾工况的要求。

2. 车站通风空调系统

地下车站公共区通风空调系统包括站厅、站台、人行通道公共区的通风空调系统,称为车站通风空调大系统;车站管理用房及设备用房的通风空调系统,称为车站通风空调小系统。

车站通风空调大系统为满足乘客过渡性舒适温度、湿度要求而设。大系统由组合式空调机组、回/排风机、小新风机及相应的控制风阀、风道等组成,具有小新风空调、全新风空调、全通风三种模式。当室外新风焓值大于车站的回风焓值时,回风与部分新风在组合式空调机组的混合段经处理后送入站厅、站台公共区,即小新风空调运行模式;当室外新风焓值小于或等于车站回风混合点焓值,且其干球温度大于空调送风温度时,采用全新风,即全新风空调运行模式;当室外新风的温度小于空调送风点的温度时,新风不经冷却处理,利用组合式空调机组直接送至车站公共区,即全通风运行模式。车站管理用房及设备用房的通风空调小系统,是为了满足管理用房及设备用房温度、湿度的要求。车站控制室等管理用房及设备用房系统,要求设置舒适性空调,配备若干个柜式空调机器、送风机、风阀等,以满足各个房间人员、设备对温度、湿度的要求。

3. 防排烟系统

地下站防排烟系统包括车站公共区防火区的防排烟和管理用房及设备用房防火区的防排烟。地下站公共区与管理用房及设备用房分别为独立的防火区。站厅、站台公共区划分成若干个防火区,在站厅层 A、B 两端各设一台排烟风机进行机械排烟。排烟量按每分钟每平方米建筑面积 1 m³ 计算。当站厅、站台发生火灾时进行机械排烟,使车站内形成负压,保证新鲜空气由外界通过人行入口或楼梯口进入车站站厅、站台,为乘客撤离和消防人员灭火创造条件。站厅按《地铁设计规范》(GB 50157—2013)建筑面积不超过 750 m² 划分防火防烟分区,设置机械排烟系统。该系统排烟风机要求能在 280 ℃ 高温下持续运行半小时。当车站站厅防火防烟分区发生火灾时,立即关闭送、回风系统,该区排烟风机启动,进行机械排烟。当车站站台发生火灾时,关闭站厅层回/排风管上的电动阀,站台层回/排风兼排烟管上的电动阀切换至全开状态,开启车站着火区域的排烟风机,利用站台的回/排风管向地面排烟,同时,站厅层的组合式空调机组开启,通过电动阀的控制对站厅层送风,保证站台向上疏散的楼梯、扶梯口形成向下不低于 1.5 m/s 风速的气流,让乘客迎着气流方向撤向站厅和地面。

公共区发生火灾时,关闭车站无关的小系统和水系统,车控室立即进行加压送风。

管理用房及设备用房发生火灾时,大系统停止运行,小系统按设定火灾模式运行,立即组织机械排烟或隔断火源和烟气;与火灾相邻的内通道,设有排烟系统的,立即进行排烟;着火区所在端的内走道和车控室立即进行加压送风;气体保护房间执行气体保护模式。对用气体灭火的房间设排风及送风系统。

4. 空调水系统

地下站车站水系统的作用是为车站空调系统提供冷源,供给车站大、小空调系统。一般由冷水机组、水泵、冷却塔等设备组成。冷水机组一般采用电动压缩式冷水机组。每个车站冷水机组设置一般不少于 2 台,机组要求随负荷变化能自动调节制冷量。

冷却塔设置在通风良好的地面上,与周围环境相协调,噪声需符合国家标准《声环境质量标准》(GB 3096—2008)的规定。

空调水系统一般要设置分水器、集水器,对空调水进行分配和集成。

5. 高架车站、运营控制中心、车辆段与综合基地的多联空调机系统

高架车站是设置在地面上的车站。高架车站站台设置半高安全门,站台公共区不设空调系统,采用自然通风、自然排风模式。站台可设局部通风设备,以改善乘客的舒适度。

车站管理用房及设备用房采用变频多联空调机,以满足设备正常运行和工作人员舒适性工作环境。平时,通风机进行机械排风;发生火灾时,排烟风机进行排烟,车控室进行加压送风。

高架站冷源由变频多联机空调室外机提供。寒冷地区高架车站冬季房间采暖,可用变频多联空调机热泵工作实现。

运营控制中心是为调度人员使用信号、电力监控、火(防)灾自动报警、环境与设备监控、自动售检票、通信等系统中央级设备,对地铁全线所有运行车辆、车站和区间的设备运行情况进行集中监视、控制、协调、指挥、调度和管理的场所。运营控制中心的通风空调系统、防排烟系统,以满足各个房间人员、设备对温度、湿度的要求及防排烟要求为主。

车辆段与综合基地是具有配属车辆、承担车辆的运用管理、整备保养、检修任务的基本生产单位。运用库、检修工务段厂房以通风、防排烟为主;管理用房及设备用房以舒适性、工艺要求通风空调为主。

二、主要施工环节及工序

地铁通风空调设备安装施工是地铁通风空调工程的主要环节,分为三个阶段:安装施工准备阶段、安装施工阶段、调试与验收阶段。

（一）地下站通风空调设备安装六大系统

1. 区间隧道通风系统设备安装包括：隧道风机、射流风机、推力风机、组合式消声器等设备。

2. 站台隧道通风系统设备安装包括：隧道排热风机、组合式风阀、组合式消声器等设备。

3. 站厅、站台公共区通风空调大系统设备安装包括：组合式空调机组、风机盘管、回排风机、新风机、风阀、消声器、风管、风口等设备及管路安装。

4. 管理用房及设备用房的空调小系统设备安装包括：柜式空调器、风机盘管、风机、风阀、消声器、风管、风口等设备及管路安装。

5. 制冷及水系统设备安装包括：冷水机组、水泵、冷却塔、阀门、水管路等设备及管路安装。

6. 防排烟系统设备安装包括：排烟风机、风阀、风管、风口等设备及管路安装。

（二）高架车站、运营控制中心、车辆段与综合基地通风空调设备安装

包括组合式空调机组、柜式空调器、风机盘管、风阀、消声器、风管、风口、冷水机组、水泵、冷却塔、变频多联空调机、阀门、水管路等设备及管路安装。

（三）地铁通风空调工程设备安装施工的特点

1. 设备多，风管管线长，部分设备体积大、重量大；地下站施工场地小，运输、加工、安装施工困难；设备安装精度要求高。

2. 设备基础和组合式风阀、组合式消声器预留孔、预埋件、风口开口位置等，需与土建、装修专业接口；风管、水管安装需处理好与其他专业的协调。

3. 单机试运转及调试、系统无生产负荷下的联合试运转及调试，工作量大、技术性强，是一项多专业配合的综合性工作。

三、施工质量控制要点

（一）安装前期的工作准备

1. 设备随机应带有装箱单、产品说明书、产品质量合格证和性能检测报告文件，进口设备还应有商检合格文件，资料施工方要及时向监理书面报验。

2. 设备安装前，必须对设备土建基础、预留预埋件进行验收，合格后才能安装。

3. 按设备说明书和设计文件要求，对大体积、重量大设备吊装和地下运输路线事先进行落实；做好设备的保护工作和吊装、运输中设备、人员的安全。

4. 设备的型号、规格应符合设计要求，其进出口方向应正确。

5. 设备、部件及管材运入现场后要有防潮和保护措施。

（二）风管制作

1. 风管材料

金属风管的厚度为 1.2 mm 及以下时，采用镀锌质量为 235～385 g/m² 的热镀钢板，钢管表面不得有镀锌层脱落、锈蚀及划伤等缺陷。厚度为 1.2 mm 以上时，采用普通钢管风管。风管材料要求如表 4.6.1 所示。

表 4.6.1　风管材料要求

矩形风管最大边长（mm）	送风风管钢板厚度（mm）	回/排风管、排烟风管（mm）
L＜320	0.5	1.0
320≤L＜630	0.8	1.0
630≤L＜1 250	1.2	2.0
1 250≤L＜2 500	1.5	2.0
2 500≤L＜4 000	2.0	2.5

2. 风管的法兰、螺栓

规格如表 4.6.2 所示。

表 4.6.2 风管的法兰、螺栓规格

风管长度尺寸 b	法兰材料规格(角钢)(mm)	螺栓规格
$b \leqslant 320$	25×3	M6
$320 < b \leqslant 450$	25×3	M6
$450 < b \leqslant 630$	30×4	M6
$630 < b \leqslant 1\,000$	40×4	M8
$1\,000 < b \leqslant 1\,250$	40×4	M8
$1\,250 < b \leqslant 2\,000$	50×5	M8
$2\,000 < b \leqslant 4\,000$	50×5	M10

3. 风管系统严密性检验

风管系统安装后必须进行严密性检验,合格后方能交付下道工序。对系统风管的检验宜采用分段检测、汇总分析的方法。在对风管的制作和安装实施了严格的质量管理的基础上,系统风管的检测以总管和干管为主。当采用漏光检测时,低压系统以每 10 m 接缝,漏光点不大于 2 处,且 100 m 接缝平均不大于 16 处为合格;中压系统的风管每 10 m 接缝,漏光点不大于 1 处,且 100 m 接缝平均不大于 8 处为合格。

地铁通风空调工程对送排风量、风压要求高。漏光检查是在风管无风压静态下进行的;漏风量检测是在风管有风压动态下进行的,检测工况更接近送风状态。所以漏光检查不能代替漏风量检测。漏风量检测达到规范要求,才能保证防排烟要求。漏风量测试是用离心风机向封闭的系统风管内鼓风,使风管内静压上升并保持在工作压力下,此时进风量就等于漏风量,该进风量可通过孔板和测压装置测量计算获得。

低压系统风管的严密性检验:采用抽检,抽检率为 5%,且不少于一个系统。在加工工艺得到保证的前提下,采用漏光法检测。如有明显透光,应进行漏风量测试。

中压系统风管的严密性检验:应在漏光法检测合格后,对系统抽测 20% 进行漏风量测试,全部合格视为通过。如出现不合格,则应加倍抽检,直到全数合格。

高压系统应全数进行漏风量测试。

(三) 空气处理机组安装

1. 大体积、重量大的组合式空调机组宜现场组装,各功能段的组装顺序应符合设计要求;各功能段的连接应严密,整体安装完毕后,应做漏风量的检测,必须符合国家标准《组合式空调机》(GB/T 14294—2008)的规定;机组内应清扫干净,过滤网应清洁、完好。

2. 整体安装的大体积组合式空调机组进入地下站和到安装位置的运输路线需事先确定,保证运输安全、可行,不损坏机组。

3. 机组与供回水管的连接应正确,机组下部冷凝水排放管的水封高度应符合设计要求。

4. 机组的土建基础平台高 200 mm,应平整,对角线误差不大于 5 mm,基础周边应设排水沟,坡向机房内的地漏。

5. 确保机组周围有足够空间,以利于检修。

(四) 风机安装

1. 通风机型号、规格应符合设计规定,其出口方向应正确。

2. 叶轮旋转应平稳,停转后不应每次停留在同一位置。

3. 固定通风机的地脚螺栓应拧紧,并有防松措施。由于处湿热环境,紧固件应镀锌处理。

4. 必须设置防护罩(网)或采用其他安全措施。

5. 风机噪声应符合国家有关规定的要求。

6. 排烟风机应在 10 s 内启动到额定转速,在排除 280 ℃烟气时保证维持的体积流量不变;排烟风机能在 280 ℃高温下维持运行半小时。

(五) 风阀安装

1. 风阀安装前执行机构应做动作试验,检查动作是否灵活;安装中应保持阀体不变形,安装后阀门开启关闭灵活。

2. 各种风阀应安装在便于操作和检修部位;防火阀、多叶阀的信号装置、调节机构、执行机构处应有操作和维护空间;安装后的手动和电动操作装置应灵活、可靠,阀板关闭严密;防火阀长边≥630 mm 时,设置独立支吊架;阀的下部吊顶应设检查口。

3. 土建风道组合式风阀安装,应提前通知制造厂家到现场测量,制造厂家根据实测土建风道尺寸,按设计要求制作组合式风阀。

4. 组合式风阀在结构墙体安装时,应设支撑框架,框架表面应平整、尺寸准确、四角方正、横平竖直、焊缝饱满,框架与预埋件焊接牢固,框架与结构墙体间应填充密封材料。

5. 组合式风阀与框架的连接应牢固可靠,不漏风。

6. 组合式风阀的执行机构及联动装置动作可靠,阀板或叶片开启角度一致,关闭严密,并与输入、输出信号同步。

7. 与风阀连接的风管法兰螺栓孔,可现场配钻,以免错位。

8. 防火阀靠墙(楼板)安装,离墙(楼板)距离不能超过 200 mm。

9. 设置防火阀的风管在离墙(楼板)2 m 范围内采用非燃烧材料保护,厚度为 30 mm;防火阀与隔墙(板)间 200 mm 范围内的风管采用 2 mm 厚钢板制作。

10. 防火阀安装其气流方向必须与阀体上标志箭头方向一致。

(六) 消声器安装

1. 组合式消声器应与结构壁面结合牢固,在设计风量下不得出现松动或振动现象。

2. 土建风道组合式消声器安装,应提前通知制造厂家到现场测量,制造厂家根据实测土建风道尺寸,按设计要求制作组合式消声器。

3. 消声器设置独立支、吊架。

4. 消声器安装前要保持干净,做到无油污和灰尘。

5. 消声器构件运达现场后,需及时搬运至室内安装消声器的位置,避免将消声器室外存放;搬运消声器须轻拿轻放。

(七) 冷水机组安装

1. 冷水机组安装的位置、标高和管口方向必须符合要求。

2. 冷水机组地脚螺栓固定必须拧紧,并有防松措施;安装隔振器的位置应正确,每组隔振器的压缩量应均匀,高度偏差不大于 2 mm。

3. 冷水机组安装机身纵向、横向水平度的允许偏差为 1/1 000。

4. 冷水机组的搬运和吊装,应符合产品说明书要求,保证机组及部件不受损伤。

5. 冷水机组的严密性试验和试运行的技术数据,均应符合设备技术文件的规定。

6. 冷水机组的安装、试验、试运行和验收还应符合《制冷设备、空气分离设备安装工程施工及验收规范》(GB 50274—2010)有关条文的规定。

7. 两台以上同一型号并列安装机组,其标高的允许偏差为±10 mm。

(八) 水泵安装

1. 水泵安装的平面位置和标高允许偏差为±10 mm,安装的地脚螺栓应牢固。

2. 隔振垫位置安装应正确。

3. 管道与水泵的连接法兰端面应平行、对中,采用柔性连接,并设置支、吊架,防止管道直接压在水泵上。

(九) 冷却塔安装

1. 冷却塔安装必须注意防火安全。

2. 冷却塔安装应水平,水平度和垂直度允许偏差均为 2/1 000;同一冷却水系统多台冷却塔安装,各冷却塔的水面高度应一致,高差不大于 30 mm;并应有检修通道。

3. 冷却塔基础标高应符合设计要求,允许误差为±20 mm,地脚螺栓固定应牢固;各连接部件采用镀锌或不锈钢螺栓。

4. 冷却塔风机叶片与塔体的间隙应均匀。

5. 冷却塔基础尺寸应准确无误,基础水平的误差不得超过 3 mm,连接垫板(钢垫板)应与基础水平相平。

(十) 水管安装

1. 管道与冷水机组、水泵的接管采用柔性连接。

2. 钢管和管件安装前,要将管内、外壁污物和锈蚀清除干净。

3. 管道支、吊架的形式、安装间距应符合设计要求;紧固螺栓应有防松措施;紧固件应采用镀锌件。

4. 伸缩器安装前,需按设计要求进行预拉伸,预拉伸长度为伸长量的 1/2。

5. 阀门安装的位置、高度、进出口方向,必须符合设计要求,连接应牢固紧密。

6. 穿越结构墙、楼板的管道应设套管,套管应与结构钢筋绝缘;管道穿过防火墙、楼板及其他防火分隔物时,应采用不燃材料将管道周围的空隙填塞密实。

7. 管道安装完毕应进行冲洗,并按规范要求进行水压试验并达到合格要求;冷凝水排水管坡度要符合设计要求,采用充水试验,以不漏和排水顺畅为合格。

8. 冷冻水供、回水管直管部分每隔 50 m 装一只波纹补偿器,水管穿过结构变形缝也应设置补偿器。

(十一) 变频多联空调机安装

1. 室内机在安装前应检查每台电机壳体及表面交换器有无损伤、锈蚀等缺陷。

2. 室内机应每台进行通电试验检查,机械部分不得摩擦,电气部分不得漏电。

3. 安装时检查核对室内机型号,应留有足够的维修空间。

4. 根据设计图纸和装修要求定出室内机纵、横方向安装基准线和标高。室内机和室内装修相协调,不能满足室内装修时协商确定修改方案,经业主方批准后,进行设计变更。

5. 室内机用 4 根 φ10 的圆钢吊杆吊装,吊架安装平整牢固,位置正确。与吊顶天花面的接合处呈直线状态。吊杆不应自由摆动,吊杆与托盘相连应用双螺母紧固找平正。

6. 供电电源接线按相关规定进行,做好绝缘保护,并有良好的接地措施。

7. 凝结水管采用软性连接,软管长度不大于 300 mm,材质宜用透明胶管,并用喉箍紧固严禁渗漏,坡度应正确,凝结水应畅通地流到指定位置,无积水现象。

8. 室内机安装牢固,纵、横向水平度偏差小于 1/1 000。

9. 室内机安装时留出 600 mm×600 mm 的检查孔。

10. 室外机安装时,周边空间满足冷却风循环,并有足够的维修空间。

11. 用螺栓固定室外机,并加隔振垫,检查基础牢固强度,避免产生振动和噪声。

12. 室外机凝结水排水应畅通。

13. 室外机供电电源接线按相关规定进行,做好绝缘保护,并有良好的接地措施。

14. 气密性测试应采用氮气,将液体和气体管道加压至 2.8 MPa。如果压力在 24 h 内不下降,则系统测试合格;如果压力下降,应检查氮气从何处泄漏,并做处理。

(十二) 防腐与绝热

1. 防腐涂料和油漆必须是在保质有效期内的合格产品,涂刷前应进行除锈处理;涂刷遍数应符合设计要求。

2. 风管和管道的保温材料应采用不燃或难燃材料,其材质、密度、规格和厚度应符合设计要求;穿越防火隔墙两侧 2 m 范围内风管保温必须使用不燃保温材料。

3. 保温层表面应平整,无裂纹和空隙等缺陷。

4. 管道法兰、阀门部位的保温应能单独拆卸。

（十三）系统调试

1. 通风与空调工程安装完毕，必须进行系统的测定和调整（简称调试）。系统调试应包括下列项目：

（1）设备单机试运转及调试。

（2）系统非设计满负荷条件下的联合试运转及调试。

2. 通风与空调工程交工前，应委托有资质的第三方检测机构对系统综合效能进行检测。当竣工验收因为季节原因无法进行带冷或热负荷运行时，可仅对通风系统进行测试，其余项目待室外工况满足条件后的第一个夏季/冬季补测。

3. 防排烟系统联合试运行要求

（1）风量和风压调试的结果必须符合设计与消防的规定。

（2）防排烟系统电控防火防烟风阀（口）的手动、电动操作应逐个测试并保证其动作灵活、可靠，信号输出正确。

（3）防排烟系统双速风机与正反转风机需按其功能试运转，测定风量和风压，并重点检查电动机及轴承工作是否正常。

（4）当加压送风机和排烟风机同时运行时，应检测防烟楼梯间及前室、合用前室、消防电梯间前室、疏散通道的压差是否符合设计要求。

（5）当排烟风机运转，应按防烟分区检测其排烟口处排风量。

四、质量监督要点

1. 通风空调工程所用设备、钢材、管材、管件及附属制品等必须符合国家或行业标准，并按有关规定具有产品出厂合格证明、复试检测报告、产品质量认证或生产许可证。所有绝热材料要具备出厂合格证或质量鉴定文件，必须是有效保质期内的合格产品。使用的绝热材料的材质、规格、厚度、热工性能应符合节能要求和消防防火规范要求。

2. 屋面设备风机、冷水机组、冷却塔等主要监督设备的接地、电机接线、软接头的设置。

（1）基础处理：隔振垫、避震器等缓冲垫块不能埋入混凝土中。

（2）设备接地：旋转设备、电机外壳、屋面静止设备（金属外壳）等均应做接地处理。

（3）电机接线：在电机旁应设置金属电缆保护管，管口朝下；保护管至电机接线盒间应装设保护软管；保护管至电机接线盒间应设接地跨接线。

（4）VRV机组等设备数量较多时，应进行综合设计，采取公用基础、设备分区就位等形式，使设备成排成行、整齐划一。电缆、铜管集中布设于线槽内，电缆保护管、铜管套管成型一致，美观、实用。

3. 风管制作安装，包括各类空调送回风管、排风管、消防防烟排烟风管及附件制作安装，主要监督支吊架制作安装和风管保温。

（1）当水平悬吊的风管长度超过20 m时，应设置防止摆动的固定点，每个系统应不少于1个。

（2）保温风管的支、吊架装置宜放在保温层外部，保温风管不得与支、吊、托架直接接触，应垫上紧固的隔热防腐材料，其保温厚度与保温层相同，防止产生"冷桥"。

（3）在风管穿过需要封闭的防火、防爆的墙体或楼板时，应设预埋管或防护套管，风管与防护套管之间，应用不燃且对人体无危害的柔性材料封堵。

4. 空调水管道安装，包括空调供回水管道安装、支架制作、阀门安装、管道保温等，主要监督绝热与保温。

（1）空调冷热水管道与支、吊架之间，应有绝热衬垫，其厚度不应小于绝热层厚度，宽度与支、吊架支承面的宽度相同。衬垫的表面应平整、衬垫接合面的空隙应填实。

（2）管道的法兰、阀门及水过滤器的绝热层应考虑能单独更换拆卸，绝热层在该处留有足够空隙，一般螺柱（栓）长度加25～30 mm，再以同样材质的绝热层填补空隙，以便更换填料、拆卸法兰清洗水过滤器时，不破坏两侧的绝热层。

5. 空调设备安装，包括冷冻机组、换热器、冷却塔、水泵、分集水器、空调机组、风机盘管、风机等。其监督要点：要做到设备布置合理，固定可靠；各种管道排列有序，层次清晰，支架、接头成行成排；阀门排列整齐,介质流向清楚。

（1）风机或水泵的连接轴处应加防护罩。

（2）通风机的进风管、出风管等装置应有单独的支撑,并与基础或其他建筑物连接牢固;风管与风机连接时,不得强迫对口,机壳不应承受其他部件的重量。通风机的进、出风口与风管之间应加装柔性短管。通风管道的重量不能加载在风机上。当通风机的进风口直通大气时,应加装保护网或采取其他安全措施。

（3）卧式吊装风机盘管和诱导器,吊架安装平整牢固,位置正确。吊杆不应自由摆动,吊杆与托盘相连,应用双螺母紧固。

五、常见质量问题及预防

（一）风管穿越防火、防爆的墙体或楼板处,未设预埋管或防护套管

《通风与空调工程施工质量验收规范》（GB 50243—2016）要求:在风管穿过需要封闭的防火、防爆的墙体或楼板时,应设预埋管或防护套管,其钢板厚度不应小于 1.6 mm。风管与防护套管之间,应用不燃且对人体无危害的柔性材料封堵。

1. 现象描述

（1）风管穿越防火、防爆的墙体或楼板处,未设预埋管或防护套管。

（2）制作防护套管的钢板厚度太薄,不满足规范要求。

（3）防护套管与风管之间未用不燃柔性材料封堵。

2. 原因分析

（1）施工单位对规范不熟悉或不重视。

（2）施工单位为节省成本,偷工减料。

3. 预防措施

（1）图纸会审时设计单位应向施工单位强调风管穿过防火、防爆的墙体或楼板处设置预埋管或防护套管是规范强制性条文所要求的,必须严格执行,并对具体做法进行严格交底。

（2）施工过程中,监理单位应加强检查,发现问题应要求施工单位补设。防护套管钢板厚度不足1.6 mm 的,应拆除返工。

（二）通风、空调系统实测总风量过小

《通风与空调工程施工质量验收规范》（GB 50243—2016）要求:系统无生产负荷的联合试运转及调试应符合下列规定:系统总风量调试结果与设计风量的偏差不应大于10%。通风工程系统无生产负荷联动试运转及调试应符合下列规定:①系统联动试运转中,设备及主要部件的联动必须符合设计要求,动作协调、正确,无异常现象;②系统经过平衡调整,各风口或吸风罩的风量与设计风量的允许偏差不应大于15%。

1. 现象描述

风机和电机的转数正常,风机运转无异常现象,电机输入电流与电机的额定电流相差较大,各送（排）风口风量小。

2. 原因分析

（1）空调器内的空气过滤器、表面冷却器、加热器堵塞。

（2）总风管或支风管的风阀关闭。

（3）风阀质量不高,局部阻力过大。

（4）设计选用的空调器不当。

（5）设计选用的风机全压和风量过小。

3. 防治措施

（1）风机运转前,空调器内应清扫干净,对初效过滤器进行清除,减少空气的阻力。

（2）测定总风量时,首先应将各支管及风口风阀全部开到最大位置,然后根据风机的电机运转电流将

总风阀逐渐开至最大位置(以不超过电机额定电流为准)。如全部风阀开至最大,其总风量仍很小(运转电流仍很小),应检查风阀开启位置是否正确。

(3) 对风阀质量有怀疑时,应从系统中拆下,检查风阀的叶片与联杆是否有脱落现象。

(4) 对风管系统检查产生局部阻力较大的部位,根据实际情况提出改进措施,以减少风机的压力损失。

(5) 空调器内的气流速度应保持在一定范围内,设计时考虑好表冷器或加热器的冷热负荷,尤其不应忽略气流速度过大增加的动压损失。

第七节　电　气　工　程

一、主要规范依据

(1)《建筑电气工程施工质量验收规范》(GB 50303—2015);

(2)《电气装置安装工程接地装置施工及验收规范》(GB 50169—2016);

(3)《建筑节能工程施工质量验收规范》(GB 50411—2007);

(4) 审查合格的设计文件、相关技术规定和合同约定的内容等。

二、概述

本文所指的电气工程是为地铁车站及临近区间配套设施,为实现一个或几个具体目的且特性相配合的,由电气装置、布线系统和用电设备电气部分的组合。该组合能满足地铁车站及区间预期的使用功能和安全要求,以及满足使用人的安全需要。

电气工程包括室外电气、变配电室、供电干线、电气动力、电气照明、备用和不间断电源、防雷及接地7个子分部。

三、主要施工环节及工序

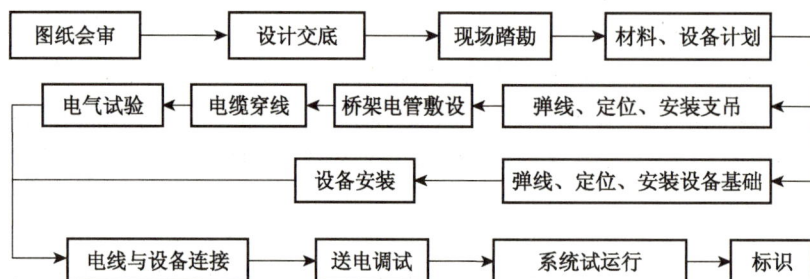

图 4.7.1　电气工程施工流程图

四、施工质量控制要点

1. 施工单位主要材料、半成品、成品、建筑构配件、器具和设备进场检验

依法定程序批准进入市场的新电气设备、器具和材料进场验收,应提供安装、使用、维修和试验要求等技术文件。

(1) 进口电气设备、器具和材料进场验收,应提供商检证明、规格、型号、性能检测报告以及中文的安装、使用、维修和试验要求等技术文件。

(2) 主要设备、材料、成品和半成品进场检验结论应有记录,确认符合规范《建筑电气工程施工质量验收规范》(GB 50303—2015)规定,才能在施工中应用。现场抽样检测:母线槽、导管、绝缘导线、电缆等,同厂家、同批次、同型号、同规格的,每批抽查应各不少于1个样本;灯具、插座、开关等电器设备,同厂家、同材质、同类型的,应各抽检3%,自带蓄电池的灯具应按5%抽检,但均应各不少于1个(套)。

(3) 因有异议送有资质试验室进行抽样检测,试验室应出具检测报告,确认符合规范《建筑电气工程施工质量验收规范》(GB 50303—2015)和相关技术标准规定,才能在施工中应用。①有异议送有资质试验室进行抽样检测:母线槽、绝缘导线、电缆、梯架、托盘、槽盒、导管、型钢、镀锌制品等,按同一厂家、同批次各种规格总数的10%,且不应少于2个规格;灯具、插座、开关等电器设备,同厂家、同材质、同类型数量500个(套)及以下时应各抽检2个(套),但应各不少于1个(套);500个(套)以上时应各抽检3个(套)。②由同一施工单位施工的同一建设项目的多个单位工程,当使用同一生产厂家、同材质、同批次、同类型的上述设备、材料、成品和半成品时,其抽检比例宜合并计算。③当抽样检测结果出现不合格,可加倍抽样检测,仍不合格时,则该批设备、材料、成品或半成品不得使用。

(4) 低压配电电缆、电线截面不得低于设计要求,进场时应对其截面和每芯导体电阻值进行见证送样复试,确认符合规范《建筑节能工程施工质量验收标准》(GB 50411—2007)的要求。复试数量:同厂家各种规格总数抽样10%,且不得少于2个规格。

(5) 验收合格后,施工单位应及时填写材料、设备进场验收记录,并经监理工程师核查签认。

2. 梯架、托盘、槽盒和导管的安装

(1) 金属梯架、托盘或槽盒本体之间的连接应牢固可靠,与保护导体的连接应符合下列规定:①梯架、托盘和槽盒全长不大于30 m时,应不少于2处与保护导体可靠连接,全长大于30 m时,每隔20～30 m应增加连接点,起始端和终点端均应可靠接地;②非镀锌梯架、托盘和槽盒本体之间连接板的两端应跨接保护联结导体,保护联结导体的截面积应符合设计要求;③镀锌梯架、托盘和槽盒本体之间不跨接保护联结导体时,连接板每端不应少于2个有防松螺帽或防松垫圈的连接固定螺栓。

(2) 电缆梯架、托盘和槽盒转弯、分支处宜采用专用连接配件,其弯曲半径不应小于梯架、托盘和槽盒内电缆最小允许弯曲半径。

(3) 直线段钢制或塑料梯架、托盘和槽盒长度超过30 m,铝合金或玻璃钢制梯架、托盘和槽盒长度超过15 m应设置伸缩节;梯架、托盘和槽盒跨越建筑物变形缝处,应设置补偿装置。

(4) 梯架、托盘和槽盒的安装应横平竖直,与支架间及与连接板的固定螺栓应紧固无遗漏,螺母应位于梯架、托盘和槽盒外侧;当铝合金梯架、托盘和槽盒与钢支架固定时,应有相互间绝缘的防电化腐蚀措施。穿越不同防火分区的桥架敷设电缆后应有防火隔堵措施。

(5) 支吊架设置应符合设计或产品技术文件要求,支吊架安装应牢固、无明显扭曲;与预埋件焊接固定时,焊缝应饱满;膨胀螺栓固定时,螺栓应选用适配、防松零件齐全、连接紧固。金属支架应进行防腐处理,位于室外及潮湿场所应按设计要求做特殊处理。

(6) 金属管连接方式采用螺纹连接、套管焊或专用配件连接,严禁对口焊接。螺纹连接时必须采用电气专用配件连接;厚壁大于2 mm钢管连接应采用套接,套管长度是管外径3倍。管子对口处应完全齐合,并位于套管中心,套管两端应满焊;直接埋地敷设的干线保护管应采用厚壁大于2.5 mm钢管,金属钢管内外壁应做防腐处理;镀锌钢管接地连接应采用镀锌钢管电气专用紧顶式、扣压式配件连接,不应采用熔焊跨接。

(7) 导管穿越密闭或防护密闭隔墙时应设置预埋套管,预埋套管的制作和安装应符合设计要求,套管长度宜为30～50 mm,导管穿越密闭穿墙套管的两侧应设置过线盒,并应做好封堵。

(8) 进入配电(控制)柜、台、箱内的导管管口,箱底无封板的,管口应高出柜、台、箱、盘的基础面50～80 mm。除设计要求外,暗配的导管,埋设深度与建筑物、构筑物表面的距离不应小于15 mm。

(9) 塑料导管敷设管口应平整光滑,管与管、管与盒(箱)等器件采用插入法连接时,连接处结合面应涂专用胶合剂,接口应牢固密封;直埋于地下或楼板内的刚性塑料导管,在穿出地面或楼板易受机械损伤的一段,应采取保护措施;埋设在墙内或混凝土内的塑料导管,应采用中型及以上的导管;沿建筑物、构筑物表面和在支架上敷设的刚性塑料导管,应按设计要求装设温度补偿装置。

3. 电缆敷设、导管内穿线和槽盒内敷线

(1) 金属电缆支架必须与保护导体可靠连接。

(2) 电缆敷设严禁有绞拧、铠装压扁、护层断裂和表面严重划伤等缺陷。当电缆敷设有可能受到机械外力损伤、振动、浸水及腐蚀性或污染物质等损害时,应采取防护措施。

(3) 交流单芯电缆或分相后的每相电缆不得单根独穿于钢导管内,固定用的夹具和支架不应形成闭合磁路。

(4) 同一交流回路的绝缘导线不应敷设于不同的金属槽盒内或穿于不同金属导管内。不同回路、不同电压等级和交流与直流线路的绝缘导线不应穿于同一导管内。

(5) 绝缘导线接头应设置在专用接线盒(箱)或器具内,严禁设置在导管和槽盒内,盒(箱)的设置位置应便于检修。

(6) 绝缘导线穿管前,应清除管内杂物和积水,绝缘导线穿入导管的管口在穿线前应装设护线口。除塑料护套线外,绝缘导线应有导管或槽盒保护,不可外露明敷。

(7) 当采用多相供电时,同一建(构)筑物的绝缘导线绝缘层颜色选择应一致,即保护接地导体(PE)应是黄-绿双色组合色,中性导体(N)用淡蓝色;相线 L1、L2、L3 用黄色、绿色、红色。

(8) 塑料护套线严禁直接敷设在建筑物顶棚内、墙体内、抹灰层内、保温层内或装饰面内。

4. 电缆头制作、导线连接和线路绝缘测试及照明电器器具安装

(1) 导线与导线连接,应采用搪锡焊接或安全压接帽压接。导线连接接头应设置在接线盒内。导线与接线端的连接,原则上是一个接线端子上连接一个导线(包括各类电器器具、汇流排等的接线端子),多股导线连接时应压接接线端子。连接应满足机械和电气性能要求。严禁导线断股、绝缘破损、根部露铜等现象出现。

(2) 各种暗敷的电气接线盒盒口与墙面、楼板面平齐没有缝隙,标高尺寸应符合设计、规范要求,安装面板紧贴墙面没有缝隙,紧固螺丝采用机制螺丝。相同功能相同户型内的电气器具安装尺寸位置应该一致。

(3) 灯具及其配件应齐全完好。外部电源线应通过灯具接线端子与内部导线连接。室内灯具的安装高度低于 2.4 m 时,其金属外壳应有专用保护接地线可靠连接。开关应安装在便于操作位置,开关边缘距门框距离为 15~20 cm,开关通断位置应一致。

(4) 灯具固定应牢固可靠,在砌体和混凝土结构上严禁使用木楔、尼龙塞或塑料塞固定;质量大于 10 kg 的灯具,固定装置及悬吊装置应按灯具重量的 5 倍恒定均布载荷做强度试验,持续时间不得少于 15 min。

(5) Ⅰ类灯具及专用灯具的外露可导电部分必须用铜芯软导线与保护导体可靠连接,连接处应有接地标识,铜芯软导线的截面积应与进入灯具的电源线截面积相同。

(6) 在人行道等人员来往密集场所安装的落地式灯具,无围栏防护时,灯具距地面高度应在 2.5 m 以上;金属构架及金属保护管应分别与保护导体采用焊接或螺栓连接,连接处应有接地标识。

(7) 插座接线应符合下列规定:

① 单相两孔插座,面对插座的右孔或上孔与相线连接,左孔或下孔与中性导体(N)连接;单相三孔插座,面对插座的右孔与相线连接,左孔与中性导体(N)连接;② 单相三孔、三相四孔及三相五孔插座的保护接地导体(PE)接在上孔。插座的保护接地导体端子不与中性导体端子连接。同一场所的三相插座,接线的相序应一致;③ 保护接地导体(PE)在插座之间不得串联连接;④ 相线与中性导体(N)不应利用插座本体的接线端子转接供电。

(8) 高度在 1.8 m 以下的插座必须采用安全型插座。在卫生间防护 0~2 区内,严禁设置电源开关、插座。潮湿场所应采用防溅型产品,露天场所应采用防水型产品。

(9) 电力电缆通电前必须按国家标准《电气装置安装工程电气设备交接试验标准》(GB 50150—2016)的规定耐压试验合格。

(10) 回路电压 500 V 以下的低压或特低电压配电线路线间和线对地间的绝缘电阻测试电压及绝缘

电阻值不应小于 0.5 MΩ;回路电压 500 V 以上的低压或特低电压配电线路线间和线对地间的绝缘电阻测试电压及绝缘电阻值不应小于 1 MΩ,矿物绝缘电缆线间和线对地间的绝缘电阻应符合产品技术标准的规定。

(11) 电力电缆的铜屏蔽层和铠装护套及矿物绝缘电缆的金属护套和金属配件应采用铜绞线或镀锡铜编织线与保护导体做连接,其连接导体的截面积不应小于表 4.7.1 的规定。当铜屏蔽层和铠装护套及矿物绝缘电缆的金属护套和金属配件作保护导体时,其连接导体的截面积应符合设计要求。

表 4.7.1 电缆终端接地线截面

电缆相导体截面积(mm²)	接地线截面(mm²)
≤16	与电缆导体截面相同
>16,且≤120	16
≥150	25

(12) 应急灯具安装应符合下列规定:①消防应急照明回路的设置除符合设计要求外,尚应符合防火分区设置的要求,穿越不同防火分区时应有防火隔堵措施;②应急灯具、运行中温度大于 60 ℃的灯具,当靠近可燃物时,应采取隔热、散热等防火措施;③EPS 供电的应急灯具安装完毕,检验 EPS 供电运行的最少持续供电时间应符合设计要求;④安全出口或疏散指示标志灯安装高度及设置部位应符合设计要求;⑤疏散指示标志灯的设置,不应影响正常通行,且不应在其周围设置容易混同疏散标志灯的其他标志牌等;⑥消防应急照明线路在非燃烧体内穿钢导管暗敷时,暗敷钢导管保护层厚度不小于 30 mm。

5. 成套配电柜、控制柜(台、箱)和配电箱(盘)安装

(1) 配电箱柜的电气、机械性能必须符合设计要求和相关的国家标准,随产品的技术文件应齐全有效。配电箱柜内部采用导线连接,应符合分相分色的原则。中性线和保护地线必须采用箱内汇流排配出,连接导线截面对应的汇流排安装螺丝规格不得小于以下要求:

表 4.7.2 导线与螺丝规格对照表

导线(mm²)	2.5	4	6	10	16	25	35	50	70	95	120
螺丝	M4	M5	M5	M6	M6	M6	M8	M8	M10	M10	M12

(2) 柜、台、箱的金属框架及基础型钢应与保护导体可靠连接;装有电器的可开启门,门和金属框架的接地端子间应选用截面积不小于 4 mm² 黄绿色绝缘铜芯软导线连接,且有标识。

(3) 箱(盘)内配线应整齐、无铰接现象。导线连接应紧密,不伤线芯、不断股。垫圈下螺丝两侧压的导线截面积应相同,同一电器器件端子上的导线连接不应多于 2 根,防松垫圈等零件应齐全;箱(盘)内宜分别设置中性导体(N)和保护接地导体(PE)汇流排,汇流排上同一端子上不应连接不同回路的 N 或 PE。

(4) 柜、台、箱相互间或与基础型钢间应用镀锌螺栓连接,且防松零件齐全。当设计有防火要求时,柜、台、箱的进出口应做防火封堵且封堵严密。

6. 防雷引下线及接闪器安装

(1) 各种接地系统应符合设计和规范要求,隐蔽工程应认真做好验收记录工作。保护接地支线必须单独与接地干线相连接,严禁串接。

(2) 接闪器与防雷引下线必须采用焊接或卡接器连接,防雷引下线与接地装置必须采用焊接或螺栓接地装置的选材及防腐。①当设计无要求时,接地装置的材料采用为钢材,热浸镀锌处理;②接地模块应集中引线,用干线把接地模块并联焊接成一个环路,干线的材质与接地模块焊接点的材质应相同,钢制的采用热浸镀锌扁钢,引出线不少于 2 处;③除埋设在混凝土中的焊接接头外,均应有防腐措施。

(3) 接闪器(带)的焊接及固定支架的设置:①接闪线和接闪带应位置正确,焊接固定的焊缝饱满无遗漏,螺栓固定的应备帽等防松零件齐全,焊接部分补刷的防腐油漆完整;②避雷带应平正顺直,固定点支持件间距均匀,固定可靠,每个支持件应能承受大于 49 N(5 千克力)的垂直拉力;③过建筑物变形缝处的

跨接应有补偿措施。

7. 母线及母线槽安装

(1) 母线槽的金属外壳等外露可导电部分应与保护导体可靠连接,并应符合下列规定:①每段母线槽的金属外壳间应连接可靠,且母线槽全长应不少于2处与保护导体可靠连接;②分支母线槽的金属外壳末端应与保护导体可靠连接;③连接导体的材质、截面积应符合设计要求。

(2) 母线与母线或母线与电器接线端子,当采用螺栓搭接连接时,应符合下列规定:①母线的各类搭接连接的钻孔直径和搭接长度符合规范的规定,用力矩扳手拧紧钢制连接螺栓的力矩值符合规范的规定。②母线接触面保持清洁,涂电力复合脂,螺栓孔周边无毛刺。③连接螺栓两侧有平垫圈,相邻垫圈间有大于3 mm的间隙,螺母侧装有弹簧垫圈或锁紧螺母。④螺栓受力均匀,不使电器的接线端子受额外应力。

(3) 封闭、插接式母线的连接应符合下列规定:①母线与外壳同心,允许偏差为±5 mm。②当段与段连接时,两相邻段母线及外壳对准,连接后不使母线及外壳受额外应力。③母线的连接方法符合产品技术文件要求。

(4) 母线相序的排列:①上、下布置的交流母线,由上至下排列为A、B、C相;直流母线正极在上,负极在下。②水平布置的交流母线,由盘后向盘前排列为A、B、C相;直流母线正极在后,负极在前。③面对引下线的交流母线,由左至右排列为A、B、C相;直流母线正极在左,负极在右。

(5) 母线的涂色:①交流,A相为黄色、B相为绿色、C相为红色;②直流,正极为赭色、负极为蓝色。在连接处或支持件边缘两侧10 mm以内不涂色。

(6) 母线的搭接和连接:母线与母线或母线与电器接线端子搭接,搭接面的处理应符合下列规定:①铜与铜:室外,高温且潮湿的室内,搭接面搪锡;干燥的室内,不搪锡。②铝与铝:搭接面不做涂层处理。③钢与钢:搭接面搪锡或镀锌。④铜与铝:在干燥的室内,铜导体搭接面搪锡;在潮湿场所,铜导体搭接面搪锡,且采用铜铝过渡板与铝导体连接。④钢与铜或铝:钢搭接面搪锡。

8. UPS及EPS安装

(1) UPS及EPS的整流、逆变、静态开关、储能电池或蓄电池组的规格、型号必须符合设计要求。内部接线应正确、可靠、不松动,紧固件齐全。

(2) UPS及EPS的极性应正确,输入、输出各级保护系统的动作和输出的电压稳定性、波形畸变系数及频率、相位、静态开关的动作等各项技术性能指标试验调整,必须符合产品技术文件要求。当以现场的最终试验替代出厂试验时,应根据产品技术文件规定进行试验调整,且符合设计文件要求。

(3) UPS及EPS的绝缘电阻值应符合下列规定:①UPS的输入端、输出端对地间绝缘电阻值不应小于2 MΩ;②UPS及EPS连线及出线的线间、线对地间绝缘电阻值不应小于0.5 MΩ。

(4) UPS输出端的系统接地连接方式应符合设计要求,当设计无要求的,必须与由接地装置直接引来的接地干线相连接,做重复接地。

(5) 引入或引出UPS及EPS的主回路绝缘导线、电缆和控制绝缘导线、电缆应分别穿钢导管保护,当在电缆支架上或在梯架、托盘和线槽内平行敷设时,其分隔间距应符合设计要求;绝缘导线、电缆的屏蔽护套接地应连接可靠、紧固件齐全,与接地干线应就近连接。

(6) UPS及EPS的外露可导电部分应与保护导体可靠连接,且有标识。

9. 接地装置安装

(1) 接地装置在地面以上应按设计要求设置测试点,测试点不应被外墙饰面遮蔽,且应有明显标识。

(2) 接地装置的材料规格、型号应符合设计要求。接地装置的接地电阻值应符合设计要求,当接地电阻达不到设计要求,需采取措施降低接地电阻。

(3) 当设计无要求时,接地装置顶面埋设深度不应小于0.6 m,且应在冻土层以下。圆钢、角钢、钢管、铜棒、铜管等接地极应垂直埋入地下,间距不应小于5 m;人工接地体与建筑物的外墙或基础之间的水平距离不宜小于1 m。

(4) 接地装置的焊接应采用搭接焊,除埋设在混凝土中的焊接接头外,应有防腐措施,焊接搭接长度应符合下列规定:①扁钢与扁钢搭接不应小于扁钢宽度的 2 倍,且应不少于三面施焊;②圆钢与圆钢搭接不应小于圆钢直径的 6 倍,且应双面施焊;③圆钢与扁钢搭接不应小于圆钢直径的 6 倍,且应双面施焊;④扁钢与钢管,扁钢与角钢焊接,应紧贴角钢外侧两面,或紧贴 3/4 钢管表面,上下两侧施焊。

(5)当接地极为铜材和钢材组成时,铜与铜或铜与钢材连接采用热剂焊时,接头应无贯穿性的气孔且表面平滑。

10. 电气竖井内接地干线的敷设

(1)接地干线应与接地装置可靠连接。接地干线应有不少于 2 处与接地装置引出干线连接。

(2)当利用金属构件、金属管道做接地线时,应在构件或管道与接地干线间焊接金属跨接线。

(3)接地干线的连接应符合下列规定:①接地干线搭接焊应符合相关规定;②铜与铜或铜与钢采用热剂焊(放热焊接)时,接头应无贯穿性的气孔且表面平滑;③采用螺栓搭接连接应符合相关规范要求,搭接的钻孔直径和搭接长度应符合本规范要求,连接螺栓的力矩值应符合相关规定,连接处距绝缘子的支持夹板边缘不小于 50 mm。

(4)明敷接地干线安装还应符合以下规定:①便于检查,敷设位置不妨碍设备的拆卸与检修;②当沿建筑物墙壁水平敷设时,距地面高度 250~300 mm;与建筑物墙壁间的间隙 10~15 mm;③当接地线跨越建筑物变形缝时,设补偿装置;④接地线表面沿长度方向,每段为 15~100 mm,分别涂以黄色和绿色相间的条纹。⑤变压器室、高压配电室的接地干线上应设置不少于 2 个供临时接地用的接线柱或接地螺栓。

(5)接地干线在穿越墙壁、楼板和地坪处应加套钢管或其他坚固的保护套管,钢套管应与接地干线做电气连通,接地干线敷设完成后保护套管管口应封堵。跨越建筑物变形缝时,应有补偿措施。

11. 建筑物等电位联结

(1)建筑物等电位联结的范围、形式、方法、部位及联结导体的材料和截面积应符合设计要求。

(2)需做等电位联结的外露可导电部分或外界可导电部分的连接应可靠。

(3)需做等电位联结的卫生间内金属部件或零件的外界可导电部分,应有专用接线螺栓与等电位联结导体连接,且有标识;连接处螺帽应紧固、防松零件应齐全。

(4)等电位联结导体在地下暗敷时,其导体间的连接不得采用螺栓压接。

12. 电气设备的外露可导电部分应单独与保护导体相连接,不得串联连接,连接导体的材质、截面积应符合设计要求。

13. 电气及设备试验和试运行

(1)高压的电气设备、布线系统以及继电保护系统必须交接试验合格。

(2)电气动力设备试验和试运行:①电气动力设备的外露可导电部分与保护导体连接完成,经检查合格才能进行试验;②动力成套配电(控制)柜、台、箱的交流工频耐压试验、保护装置的动作试验合格,才能通电。③控制回路模拟动作试验合格,盘车或手动操作,电气部分与机械部分的转动或动作协调一致,经检查确认才能空载试运行。④电动机应试通电,检查转向和机械转动有无异常情况,电动机空载试运行时间宜为 2 h,检查机身和轴承的温升、电压和电流等应符合建筑设备或工艺装置的空载状态运行要求,并记录电流、电压、温度、运行时间等有关数据。⑤电气动力设备的运行电压、电流应正常,各种仪表指示正常。电动执行机构的动作方向及指示,应与工艺装置的设计要求保持一致。

(3)车站照明通电试运行:①公共建筑照明系统通电连续试运行时间应为 24 h,所有照明灯具均应同时开启,且每 2 h 按回路记录运行参数,连续试运行时间内应无故障。②对设计有照度测试要求的场所,试运行时应检测照度并符合设计要求。③灯具回路控制应符合设计要求且与照明控制柜、箱(盘)及回路的标识一致;开关宜与灯具控制顺序相对应,风扇的转向及调速开关应正常。

五、质量监督要点

1. 抽查主要设备、材料、成品和半成品的现场抽样检测记录或对有异议送有资质试验室进行抽样检测的检测报告。

2. 抽查高压的电气设备、布线系统以及继电保护系统的交接试验记录。

3. 抽查电气设备的外露可导电部分是否与保护导体单独相连接,不得串联连接,检查连接导体的材质、截面积是否符合设计要求。

4. 抽查电气动力设备试验和试运行或者试验记录及试运行记录。

5. 抽查预埋件的数量、安装尺寸是否符合要求。

6. 抽查电气设备、线缆、桥架、导管、接地装置、接闪器(带)的连接方式、固定方式、电气连接的质量以及绝缘电阻、接地电阻的测试记录。

7. 抽查照明灯具及应急灯具的安装质量、固定方式,抽查车站照明通电试运行记录,检查运行过程是否符合要求。

8. 抽查电气设备安装、铺设电缆、送电前的工序交接确认记录。

六、常见质量问题及预防

电缆绞拧、表面划伤:

1. 存在问题及现象描述

电缆在敷设时因碰到利器或者在穿过较窄空间造成电缆划伤或者扭曲,电缆非正常发热、漏电。

2. 原因分析

(1) 采购的配线管道的管径或厚度达不到规范要求,造成配管弯曲段的截面变小,敷设时造成电线、电缆表面损伤。

(2) 配管不规范,切口不平且毛刺未清理,配管过长未按规范设置接线盒,配管采用了焊接连接。

(3) 梯架、托盘、槽盒和导管弯曲半径偏小,造成电缆芯产生了压缩拉伸,从而损伤了缆芯的绝缘外层。

3. 控制措施

(1) 缆桥转弯处的弯曲半径不应小于电缆最小允许弯曲半径,电缆最小允许弯曲半径应符合规范要求。

(2) 金属导管严禁对口熔焊连接;镀锌和壁厚小于等于 2 mm 的钢导管不得套管熔焊连接。

(3) 配管超过下列长度:30 m 无弯曲,20 m 一个弯,15 m 两个弯,8 m 三个弯。中间应加装接线盒或拉线盒。

(4) 电缆穿管前应清除管内垃圾及积水,敷设时管口做好保护措施。

(5) 采购的配线管道的管径及厚度必须达到设计要求。

第五章 区 间 工 程

城市轨道交通区间是指连接相邻的两个车站间的构筑物,可分为隧道区间、高架区间以及路基区间。

隧道区间工法主要有明挖法、矿山法、盾构法。其中明挖法是从地表开挖基坑,修筑衬砌后再进行回填的浅埋隧道的施工方法。只要地形、地质条件适宜和地面建筑物条件许可,均可采用明挖法施工。明挖法施工的优点是施工速度快,质量安全易控制,缺点是施工作业面较大,拆迁地面建筑物较多,对地面交通影响较大,以及需要对跨越基坑的地下管线进行迁移、加固、悬吊、支托等,当需要保持边坡土体稳定时,还应采取边坡支护措施。当工程结构物处于地下水位以下,需采取相应降排水措施。明挖法隧道施工与明挖法地下车站结构施工基本类同,其主要施工环节及工序、施工质量控制要点、质量监督要点、常见质量问题及预防详见第四章第二节地下车站结构。矿山法是指现代矿山法,由新奥法、浅埋暗挖法等施工方法组成。盾构法是在地面下暗挖隧道的另一种施工方法,借助于独特的盾构机械掘进方法形成区间。高架区间由上部结构(包括桥跨承重结构、桥面结构)、下部结构(包括基础、墩台、盖梁)、支座及附属设施等结构组成。路基区间是指按照线路位置和一定技术要求修筑的带状构筑物,一般位于地下隧道通往路面车辆段的线路上,包括路堤、路堑和附属结构。本章主要阐述矿山法区间、盾构区间、高架区间以及路基工程。

第一节 矿 山 法 区 间

一、主要规范依据

(1)《建筑工程施工质量验收统一标准》(GB 50300—2013);

(2)《地下铁道工程施工及验收规范(2003 年版)》(GB 50299—1999);

(3)《钢筋焊接及验收规程》(JGJ 18—2012);

(4)《钢筋机械连接技术规程》(JGJ 107—2016);

(5)《地下防水工程质量验收规范》(GB 50208—2011);

(6)《地下工程防水技术规范》(GB 50108—2008);

(7)《混凝土结构工程施工质量验收规范》(GB 50204—2015);

(8)《混凝土结构工程施工规范》(GB 50666—2011);

(9)《铁路隧道工程施工质量验收标准》(TB 10417—2003:J287—2004);

(10)《铁路隧道工程施工技术指南》(TZ 204—2008);

(11)《铁路隧道喷锚构筑法技术规范》(TB 10108—2002)。

(12)《建筑地基处理技术规范》(JGJ 79—2012);

(13)《岩土锚杆与喷射混凝土支护工程技术规范》(GB 50086—2015);

(14)《铁路隧道新奥法指南》(铁道部基建总局(1988 年));

(15)《建筑与市场工程地下水控制技术规范》(JGJ 111—2016);

(16)《城市轨道交通工程测量规范》(GB 50308—2008)。

二、概述

矿山法是一种修筑隧道的暗挖施工方法。传统的矿山法是指用钻眼爆破的施工方法，又称钻爆法；现代矿山法则是指新奥法、浅埋暗挖法等施工方法。地铁工程采用现代矿山法施工，在城市中心区环境复杂地段，采用浅埋暗挖法施工，在周边环境相对空旷、埋深较深（一般超过 2 倍洞径）地段，采用新奥法施工。矿山法对地层的适应性较广，适用于结构较浅、地面建筑物密集、交通运输繁忙、地下管线密布及对地面沉降要求严格的城镇地区地下构筑物施工。浅埋暗挖法施工的地下洞室具有埋深浅（最小覆跨比可达0.2）、地层岩性差（通常为第四纪软弱地层）、存在地下水（需降低地下水位）、周围环境复杂（邻近既有建筑物、构筑物多）、拆迁少、灵活多变、无须太多专用设备及不干扰地面交通和周围环境等特点，浅埋暗挖法在全国类似地层和各种地下工程中得到广泛应用，并已形成了一套完整的综合配套技术。

（一）新奥法

新奥法是以维护和利用围岩的自承能力为基点，采用喷射混凝土、锚杆为主要初期支护，支护与围岩联合受力，使围岩成为支护体系的组成部分。支护在与围岩共同变形中承受的是形变应力，要求初期支护有一定的柔度，以利用和充分发挥围岩的自承能力。光面爆破、喷锚支护和变形量测是新奥法的三大核心。

新奥法施工隧道适用于稳定地层，应根据地质、施工机具条件，尽量采用对围岩扰动少的支护方法。岩石地层当采用钻爆法开挖时，应采用光面爆破、预裂爆破技术，尽量减少欠挖、超挖。围岩开挖后应立即进行必要的支护，并使支护与围岩尽量密贴，以稳定围岩。

（二）浅埋暗挖法

浅埋暗挖法是在距离地表较近的地下进行地铁工程暗挖法的一种，是指在软弱围岩地层中，以改造地质条件为前提，以控制地表沉降为重点，遵循新奥法理论，按照"十八字"方针（管超前、严注浆、短进尺、强支护、快封闭、勤测量）进行隧道的设计和施工。

采用浅埋暗挖法时要注意其适用条件。首先，浅埋暗挖法不允许带水作业，如果带水作业地层得不到疏干，此时作业将非常危险，开挖面的稳定性时刻受到威胁，甚至会发生塌方。大范围的淤泥质软土、粉细砂地层以及降水有困难的地层，不宜采用此法。其次，采用浅埋暗挖法要求开挖面有一定的自稳性。对工作面土体的自稳时间，应满足施做必要的初期支护作业的时间要求。对开挖面前方地层的预加固和预处理，视为浅埋暗挖法的必要前提，目的就在于加强开挖面的稳定性，保证施工的安全性。

1. 管超前。开挖拱部土体自稳能力差，自立时间短，土体临空后极易坍塌，采用超前支护的各种手段主要提高土体的稳定性，控制下沉，防止围岩松弛和坍塌。

2. 严注浆。导管超前支护后，立即进行压注水泥浆或其他化学浆液，填充围岩空隙，使隧道周围形成一个具有一定强度的壳体，以增强围岩的自稳能力，确保开挖过程的安全。

3. 短进尺。一次注浆，一次开挖或多次开挖，进尺越大，土体暴露时间越长，土体坍塌的危险就越大，所以一定要严格限制进尺的长度。在施工中可采取预留核心土，目的除减少开挖时间外，预留的土体还可以平衡掌子面的土体，防止坍塌。

4. 强支护。在松散地层中施工，大量土体的重力会直接作用于初期支护结构上，初期支护必须十分牢固，具有较大的刚度，以控制初期结构的变形，保证结构的稳定。

5. 快封闭。在台阶法施工中，如上台阶未封闭成环，变形速度较快，为有效控制围岩松弛，必须及时采用临时仰拱或使支护体系成环。

6. 勤量测。浅埋暗挖法施工的理论基础源于新奥法施工理论，是新奥法理论的发展，因此它也离不开新奥法的理论精髓——信息化施工。结构的受力最终都表现为变形，可以说，没有变形（微观的），结构就没有受力。按照规定频率对规定部位进行监测，掌握施工动态，调整施工参数并设置各部位的变形警戒值，是浅埋暗挖法施工成败的关键。

（三）新奥法与浅埋暗挖法的区别和联系

新奥法的概念是奥地利学者拉布西维兹教授于 20 世纪 50 年代提出的，并于 60 年代取得专利权并正式命名，就是先开挖一段，支护好了再继续开挖，支护和开挖循环进行。后来，针对浅埋软弱围岩地层，隧道开挖完后,为了限制围岩变形,以减小地层沉降。国内在 80 年代结合中国特点及水文地质系统,突出时空效应对变形的重要作用,提出在软弱地层快速施工的理念,由此产生了浅埋暗挖法,该方法沿用新奥法的基本原理,但其更强调地层的预支护和预加固,预支护和预加固的作用就是保证在开挖完成至支护完成的这段时间内增强围岩自稳能力。因此浅埋暗挖法施工工艺方法相当于在新奥法的基础上强化了预支护和预加固。本节主要针对浅埋暗挖法的主要施工环节及工序、质量控制和质量监督要点进行叙述。

三、主要施工环节及工序

(一) 工艺流程

施工准备→竖井施工(不需要竖井时:洞口工程、明洞工程)→超前预加固→洞身开挖(各种开挖方法)→初期支护(锚杆、钢格栅/钢拱架架立、钢筋网片、连接筋、喷射混凝土)→防水施工→二次衬砌。其中"超前预加固"为浅埋暗挖法施工内容,而在新奥法中很少应用。

1. 竖井施工

洞壁直立的井状结构,称为竖井,城市轨道施工一般通过竖井进行垂直运输方式出碴、运送材料。竖井主要施工工序:施工准备→探槽施工→测量定位→井口段施工→安装竖井提升架→井身开挖支护(安装步梯)→井底混凝土封闭→安装井内管道。

2. 洞口工程

洞口工程指隧道及地下建筑工程出入口部分的建筑物,包括洞门,洞口通风和排水设施,边、仰坡支挡结构和引道等。有防护要求的地下工程还包括防护门、密闭门、消波和滤毒设施等。主要施工工序如下:施工准备→处理危石、地表清理→洞口截排水系统施工→地表预加固→分层开挖→喷锚支护边、仰坡面→超前支护、安装进洞钢架或套拱→按设计开挖方法进洞施工。

3. 明洞工程

明洞工程是隧道中先明挖,然后修筑隧道的结构工程,一般与暗挖隧道的断面形式有区别,采用直墙较多。明洞可以是隧道洞身的一部分,也可以是洞口接长隧道的一部分。在目前采用的斜切式洞门中,一般都带有 10~20 m 左右的明洞工程。主要施工工序如下:施工准备→洞口及基槽开挖支护→基底处理→仰拱混凝土→填充混凝土→模板台车就位→钢筋绑扎→立设外模板→浇筑衬砌混凝土→施做防水层、连接排水管道→拱顶回填。

4. 超前预加固

超前预加固几种常见方法为:超前降水、超前大管棚、深孔注浆、小导管加密注浆。

(1) 降水施工顺序:降水井布置→钻井→洗井→试降水→效果分析→分段大面积降水。

(2) 超前大管棚:铺设"H"钢轨道→设备组装调试→埋设孔口管→调试钻机(方位、倾角)→钻具组装进孔→冲洗液循环→导向钻进→回次加尺(接线、接口补焊)→孔斜测量→导向钻进→直至设计深度终孔→回取探头→管内及环状间隙注浆→移至下一孔位。

(3) 深孔注浆:止浆墙施工→测量、定位孔眼→钻孔→调整钻孔方向及角度→压水试验→注浆→观测记录泵排量和注浆压力变化情况。

(4) 小导管加密注浆:施工准备→测量布孔→钻孔→清孔→顶入钢管→封端止浆→小导管注浆→效果检查。

它与深孔注浆区别在于深孔注浆主要加固掌子面前方土体,小导管注浆主要加固开挖周边轮廓外土体。

5. 洞身开挖

(1) 隧道开挖方法

① 全断面法:适用Ⅰ、Ⅱ级围岩,干燥或潮湿状态。

② 台阶法:先开挖隧道的上半断面,待开挖到一定距离后再同时开挖下半断面的施工方法。将隧道设计断面分两次或三次开挖,要求台阶长度一般不超过一倍洞径。适用Ⅲ、Ⅳ级围岩以及隧道断面跨度<8 m。

③ 中隔壁法(CD):将隧道开挖与支护分两部分进行,先开挖隧道的一侧,并施作临时中隔壁墙,然后再分部开挖与支护隧道另一侧的施工方法。适用Ⅳ、Ⅴ级围岩以及隧道断面跨度8～12 m。

④ 交叉中隔壁法(CRD):先开挖隧道一侧的一部和二部,施作部分临时中隔壁墙及临时仰拱,再开挖隧道另一侧的上部和下部,然后逐段拆除内部临时支撑,进行二次衬砌结构施工。适用Ⅴ、Ⅵ级围岩。

⑤ 双侧壁导坑法等。双侧壁导坑法,又称双侧壁导洞法或眼镜工法。一般将断面分成四块:左、右侧壁导坑、中间上部核心土、下台阶。适用Ⅴ、Ⅵ级围岩以及隧道断面跨度>12 m。

(2) 常用开挖方法典型开挖步骤

① 台阶法是最基本的工法,也是目前应用较为广泛的一种,在其他各种暗挖工法中都会涉及(表5.1.1)。根据台阶的长度分为长台阶、短台阶和超短台阶法三种。

表 5.1.1　台阶法施工顺序

序号	图　示	施工步骤
1		(1) 超前小导管注浆加固; (2) 上台阶环形开挖留核心土,循环进尺0.75 m; (3) 上台初期支护
2		(1) 开挖下台及核心土土方; (2) 下台初期支护
3		(1) 仰拱初支基面处理; (2) 铺设仰拱防水层; (3) 施工仰拱二衬钢筋混凝土
4		(1) 边墙、拱部初支基面处理; (2) 铺设边墙、拱部防水层; (3) 施工边墙、拱部二衬钢筋混凝土; (4) 二衬壁后回填注浆

② CD法实际上是将单跨断面分成左右两部分施工,将一侧开挖支护完成后再开挖另外一侧,如图

5.1.2 所示。其两侧施工方法同台阶法一样,其竖向中隔壁的每一侧都当成一个独立的隧道断面来开挖、支护,所不同的是先行开挖的一侧需要预留和另外一侧格栅钢架连接的节点。如表 5.1.2 所示。

表 5.1.2　CD 法施工顺序

序号	图　　示	施工步骤
1		(1) Ⅰ号洞室超前小导管注浆加固及中壁小导管施工; (2) 开挖Ⅰ部土体,初喷 4 cm 厚混凝土,架设Ⅰ部格栅钢架; (3) 挂钢筋网,复喷混凝土至设计厚度
2		(1) 开挖Ⅱ部土体,初喷 4 cm 混凝土; (2) 架设Ⅱ部格栅钢架,并架设工字钢竖撑(B); (3) 挂钢筋网,复喷混凝土至设计厚度
3		(1) Ⅲ号洞室超前小导管注浆加固; (2) 开挖Ⅲ部土体,初喷 4 cm 厚混凝土,架设Ⅲ部格栅钢架; (3) 挂钢筋网,复喷混凝土至设计厚度
4		(1) 开挖Ⅳ部土体,初喷 4 cm 混凝土; (2) 架设Ⅳ部格栅钢架; (3) 挂钢筋网,复喷混凝土至设计厚度
5		(1) 逐段拆除工字钢竖撑、横撑,分段长度 5～7 m; (2) 仰拱基面处理,铺设仰拱防水板。绑扎仰拱二衬钢筋; (3) 仰拱二衬混凝土灌筑
6		(1) 边墙、拱部初期支护基面处理; (2) 施作边墙、拱部复合式防水层,绑扎拱部、边墙二衬钢筋; (3) 立模灌筑边墙、拱部二衬混凝土

③ CRD 法是两侧左右交错开挖,并在每一步开挖完成后永久性初期支护和临时支护(中隔壁、临时仰拱)及时封闭成环,从断面本身来看 CRD 多了一道临时仰拱,因此有些专家提出了"早成环、环套环"的理念。如表 5.1.3 所示。

表 5.1.3　CRD 法施工顺序

序号	图　示	施工步骤
1		(1) Ⅰ号洞室超前小导管注浆加固及中壁小导管施工; (2) 开挖Ⅰ部土体,初喷 4 cm 厚混凝土,架设Ⅰ部格栅钢架,施作工字钢竖撑及横撑; (3) 挂钢筋网,复喷混凝土至设计厚度
2		(1) 开挖Ⅱ部土体,初喷 4 cm 混凝土; (2) 架设Ⅱ部格栅钢架,并架设工字钢竖撑(B); (3) 挂钢筋网,复喷混凝土至设计厚度
3		(1) Ⅲ号洞室超前小导管注浆加固; (2) 开挖Ⅲ部土体,初喷 4 cm 厚混凝土,架设Ⅲ部格栅钢架,施作工字钢横撑(B); (3) 挂钢筋网,复喷混凝土至设计厚度
4		(1) 开挖Ⅳ部土体,初喷 4 cm 混凝土; (2) 架设Ⅳ部格栅钢架; (3) 挂钢筋网,复喷混凝土至设计厚度
5		(1) 逐段拆除工字钢竖撑、横撑,分段长度 5～7 m; (2) 仰拱基面处理,铺设仰拱防水板。绑扎仰拱二衬钢筋; (3) 仰拱二衬混凝土灌筑
6		(1) 边墙、拱部初期支护基面处理; (2) 施作边墙、拱部复合式防水层,绑扎拱部、边墙二衬钢筋; (3) 立模灌筑边墙、拱部二衬混凝土

CD法和CRD法虽然在把较大跨度的断面划分成若干个部分施工,其各个部分自上而下(步步成环)、及时封闭,既有利于保证开挖面的稳定,同时也可以较好地控制沉降,但二次衬砌施工时需拆除中隔壁和临时仰拱,处理不当,有可能造成结构较大的变形,加上工序多,施工相对较复杂。二次衬砌的施工方法主要有如下两种:

方法一:整个断面分上下两次施工,如图5.1.1所示。衬砌整体效果好,但临时支护一次破除后变形大。

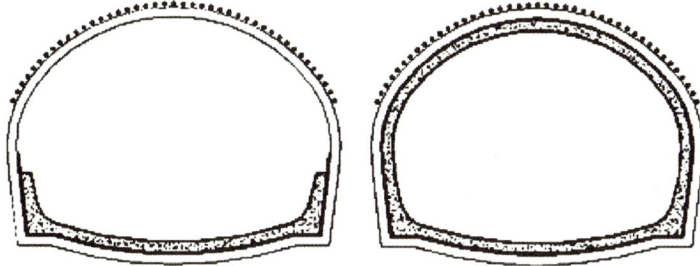

图5.1.1 二衬顺序图

方法二:整个断面分左右两部分施工,如图5.1.2所示。衬砌分块多、防水效果差,但临时支护分次破除后变形小。

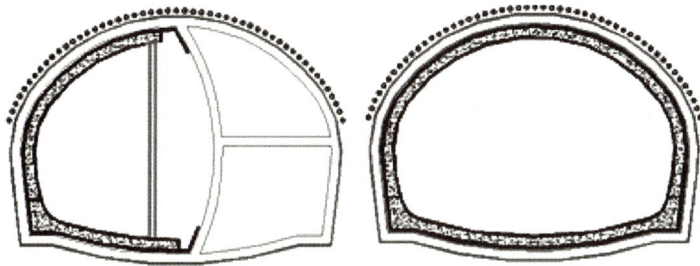

图5.1.2 二衬顺序图

④ 双侧壁导坑法实际上就是把断面竖向分成两层(或三层)、横向分成三部分,先开挖两侧、后开挖中间部分的一种施工方法。各个导洞开挖顺序如图5.1.3,表5.1.4所示。

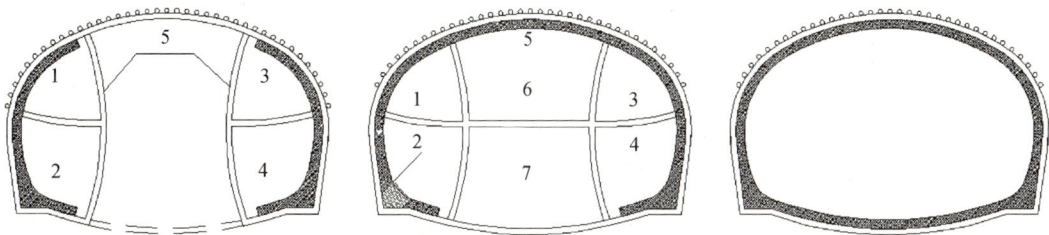

图5.1.3 双侧壁导坑法示意图

表5.1.4 双侧壁导坑法施工顺序

序号	图 示	施工步骤
1		施工拱部长管棚

续表 5.1.4

序号	图　示	施工步骤
2		(1) Ⅰ号洞室超前小导管注浆加固及中壁小导管施工; (2) 开挖Ⅰ部土体,初喷 4 cm 厚混凝土,架设Ⅰ部格栅钢架,施作工字钢钢架及工字钢横撑; (3) 挂钢筋网,复喷混凝土至设计厚度
3		(1) 施工Ⅱ部边墙超前小导管注浆加固; (2) 开挖Ⅱ部土体,初喷 4 cm 混凝土; (3) 架设Ⅱ部格栅钢架,并架设工字钢架; (4) 挂钢筋网,复喷混凝土至设计厚度
4		(1) Ⅲ号洞室超前小导管注浆加固及中壁小导管施工; (2) 开挖Ⅲ部土体,初喷 4 cm 厚混凝土,架设Ⅲ部格栅钢架,施作工字钢钢架及工字钢横撑; (3) 挂钢筋网,复喷混凝土至设计厚度
5		(1) 施工Ⅳ部边墙超前小导管注浆加固; (2) 开挖Ⅳ部土体,初喷 4 cm 混凝土; (3) 架设Ⅳ部格栅钢架,并架设工字钢架; (4) 挂钢筋网,复喷混凝土至设计厚度
6		(1) 开挖Ⅴ部土体,初喷 4 cm 厚混凝土,架设Ⅴ部格栅钢架及工字钢架; (2) 挂钢筋网,复喷混凝土至设计厚度
7		(1) 开挖Ⅵ部土体,初喷 4 cm 厚混凝土,架设Ⅵ部格栅钢架及工字钢架; (2) 挂钢筋网,复喷混凝土至设计厚度

续图 5.1.7

序号	图　示	施工步骤
8		(1) 分段拆除临时初期支护,拆除长度 5～7 m; (2) 仰拱初期支护基面处理; (3) 铺设仰拱复合式防水层、绑扎仰拱二衬钢筋; (4) 灌筑仰拱二衬混凝土
9		(1) 边墙、拱部初期支护基面处理; (2) 施作边墙、拱部复合式防水层,绑扎拱部、边墙二衬钢筋; (3) 立模灌筑边墙、拱部二衬混凝土

二次衬砌施工时可根据情况采用整个断面分两次的方法(先仰拱、后拱墙),也可以分块进行。如果分两次施工,则一次破除临时支护的长度需根据监测以及施工能力来确定。衬砌分块多时,二次衬砌、防水接头多,加上后续临时支护破除影响,洞内相互干扰较大。

6. 初期支护

初期支护分为:钢筋格栅、型钢拱架、喷射混凝土、钢筋网片。

钢筋格栅、型钢拱架均在场外加工成型试拼装后拉进洞内拼装。

喷射混凝土施工工序:施工准备→混凝土喷射机就位→初喷→挂钢筋网→喷射混凝土→锚杆施工。

7. 防水工程

在轨道施工中防水原则是"以防为主、多道防线、刚柔结合、因地制宜、综合治理"。

防水层施工工序:基面处理→防水板的吊装及固定→防水板焊接→焊缝检测→保护层铺设(仰拱)→背贴式止水带安装。

8. 主体结构

监控量测确定施作二衬时间→施工准备→台车移位→台车定位→施作止水带→隐蔽检查→灌注混凝土→台车脱模退出→养护。

9. 横通道

横通道是指竖井与隧道区间正洞联系的通道。横通道主要施工工序如下:施工准备→施作拱部超前小导管→开挖上部土体→初喷混凝土 4～5 cm→挂钢筋网、支立钢架、施作边墙锚杆、复喷混凝土→开挖中上部土体→初喷混凝土 4～5 cm→挂钢筋网、支立钢架、施作边墙锚杆、复喷混凝土→施作中间横撑→台阶法开挖下部土体→初喷混凝土 4～5 cm→挂钢筋网、支立钢架、施作边墙锚杆、复喷混凝土→二次衬砌施工。

四、施工质量控制要点

(一) 施工竖井

施工竖井结构应根据地质、环境条件和施工竖井的用途(永久结构、临时结构)一般采用以下几种不同结构形式施工,即逆作法(井壁喷射混凝土逆作法)、地下连续墙法(有地下水的情况下)、钻孔灌注桩法等。其中地下连续墙法、钻孔灌注桩法质量控制要点见明挖车站相关内容,井壁喷射混凝土逆作法竖井质量控制要点如下。

1. 基坑开挖

基坑开挖的轴线、长宽及基底标高应符合规范要求。每循环开挖深度同格栅步距,严禁欠挖。

2. 钢格栅及网喷混凝土

钢格栅:钢筋材质满足设计及规范要求;格栅加工尺寸满足设计要求;格栅安装间距偏差不得大于30 mm,横向偏差不得大于20 mm,高度偏差不得大于15 mm,垂直度不得大于5‰;螺栓无法连接处用同等主筋型号钢筋单面焊接10d。

钢筋网:钢筋材质满足设计及规范要求;钢筋网眼尺寸误差不得大于10 mm;钢筋网搭接两个网格,且与格栅钢架绑扎牢固。

喷射混凝土:砂石料原材满足规范要求;严禁使用混凝土回弹料;清除上一榀格栅基底虚渣;喷射混凝土厚度满足设计及规范要求,满足保护层厚度要求。

3. 小导管

小导管按照设计要求制作;小导管打设间距、排距、角度应符合设计要求;注浆材料根据设计要求选取,注浆效果根据注浆压力及注浆量进行控制;导管与格栅主筋焊接,外露长度不大于10 cm。

(二)洞口和洞门工程

1. 施工前进行原地面复测,与设计图纸对比。严格按照设计坡度放样开挖,尽量减少开挖量及减小对原地表的破坏。

2. 如需爆破开挖,应采用浅眼松动爆破为主。开挖中随时检查坡面的稳定性。

3. 边仰坡应分层开挖、分层防护,及时用坡度板检查坡度,及时打设系统锚杆、挂设金属网并与锚杆头焊接成整体、喷射混凝土,达到设计要求。

4. 截水沟位置设在距边仰坡坡顶5 m处,开挖断面尺寸采用样板尺控制,基坑开挖成型后表面为原状土。

5. 洞门应及早完成,形成稳定结构。

6. 端墙、翼墙的基础开挖后应检验承载力,必须满足设计。如果基底不均匀,应在分界处设沉降缝。

7. 排水系统要及时连通。端墙、翼墙以及洞外挡土墙的反滤层、泄水孔、施工缝设置,符合验收标准要求。

8. 检查梯等其他附属构造物宜同时做好。

9. 隧道门端墙、翼墙结构几何尺寸允许偏差和检验方法应符合《铁路隧道工程施工质量验收标准》(TB 10417—2003)中要求,如表5.1.5所示。

表5.1.5 隧道门端墙和翼墙、挡土墙基坑开挖允许偏差表

序号	项目	允许偏差(mm)	检验方法
1	基坑轴线偏差	15	测量,每边不少于2处
2	表面平整度	5	2 m靠尺,不少于3处
3	高程	±10	测量,不少于2处
4	结构厚度	—10	钻孔检查或尺量,不少于2处

检验数量:施工单位全部检查。

(三)明洞工程

1. 明洞宜及早施作,尽量避开雨季及严寒季节,明洞仰拱应安排在明洞拱墙衬砌施工前浇筑,并应符合下列规定:

(1)当隧道采用爆破开挖时,宜在洞身掘进适当距离后施作明洞和洞门。

(2)当隧道采用非爆破开挖时,宜先施作明洞和洞门,然后开挖隧道。

2. 明洞基础应设置在稳固的地基上,当两侧墙体地基松软或软硬不均时,应采取措施加以处理,防止地基不均匀沉降。

3. 开挖:重点控制边坡坡度、超欠挖,基底高程。

4. 边坡临时支护:重点控制喷射混凝土强度与厚度;锚杆位置、长度、数量、注浆饱满度和强度。

5. 仰拱、拱圈:重点控制钢筋绑扎;模板安装与加固质量;混凝土强度、振捣与养护。

6. 明洞衬砌结构施工应符合下列规定:

(1)明洞浇筑混凝土前应复测中线、高程和模板的外轮廓尺寸,确保衬砌不侵入设计轮廓线。

(2)明洞混凝土的浇筑应设挡头板、外模和支架,明洞墙、拱混凝土应整体浇筑。

(3)明洞混凝土达到设计强度的 70% 以上,且拱顶回填土高度达到 0.7 m 时,方可拆除明洞内模板。

7. 明洞防排水施工应符合下列规定:

(1)明洞外模拆除后应及时施做防水层及排水盲管,并与隧道的防水层和排水盲管顺接,保证排水畅通。防水层施工重点控制防水板搭接、防水层喷涂均匀度与厚度。

(2)明洞施工应和隧道的排水侧沟、中心水沟的出水口及洞顶的截、排水设施统筹安排。

(3)明洞外侧的排水盲管应先于填土完成,确保出水口通畅。

8. 明洞回填施工应符合下列规定:

(1)明洞回填应在明洞外防水层及排水系统施作完成且混凝土强度达到设计强度的 70% 后进行。

(2)侧墙回填应对称进行,石质地层中岩壁与墙背空隙较小时用与墙身同级混凝土回填;空隙较大时用片石混凝土或水泥砂浆砌片石回填密实。土质地层,应将墙背坡面挖成台阶状,用片石分层码砌,缝隙用碎石填塞密实。回填至与拱顶齐平后,再分层满铺填筑至设计高度。

(3)拱顶回填分层厚度不大于 0.3 m,两侧回填土面的高差不得大于 0.5 m。采用机械回填时,应在人工夯填超过拱顶 1.0 m 以上后进行。

(4)表土层需做隔水层时,隔水层应与边、仰坡搭接平顺,防止地表水下渗。

(四)超前预加固

超前预加固质量控制要点如下:

1. 材料质量:钢管、缓凝剂应符合设计和规范要求;水泥应符合规范要求,采用硅酸盐水泥或普通硅酸盐水泥,强度等级不应低于 32.5。

2. 安装前的作业要求:应将工作面封闭严密、牢固,清理干净;放线定出钻孔位置;检查钢管是否直顺,规格及长度是否符合设计要求,是否报验合格。

3. 安装作业要求:应从高孔位向低孔位进行钻孔,一次成孔;管棚不得侵入开挖线以内,相邻的钢管不得相撞;管棚的钻孔孔径应比钢管直径大 30~40 mm;钻杆轴线与管棚设计轴线应吻合,钻孔方向与隧道中线平行;要控制钻孔倾斜,应随测随调整,见斜就纠,测量位置:成孔 2 m 深、1/2 孔深、终孔三部位要进行斜度测量。终孔后仍超限时必须封孔重钻;遇卡钻、坍孔时应注浆后重钻;钻孔合格后应及时安装钢管,钢管接长时连接必须牢固;钢管安装就位后及时注浆。

4. 水泥砂浆制作要求:浆液配合比经现场试验确定;缓凝剂控制在浆液的 2%~3%。

5. 注浆作业要求:注浆浆液必须充满钢管及周围的空隙并密实,其注浆压力应根据试验确定;注浆过程中应根据地质、注浆目的等控制注浆压力;注浆压力为 1.0 MPa,并稳定 15 min;未经过滤的浆液不得进入泵内;注浆过程中不得溢出及超出有效注浆范围;注浆量超限,未达到规定压力,必须继续注浆到注满为止;注浆结束后应检查其效果,不合格者应补浆;注浆时,监理必须在场,注浆量必须有监理签字确认,才能有效。

6. 安装质量要求:管棚允许偏差:钻孔的外插角为 5‰;管棚的钢管连接丝扣长度不小于 150 mm,管箍长 200 mm;纵向两排钢管搭接长度不应小于设计搭接长度;管棚不得侵入开挖线以内,相邻的钢管不得相碰。

(五)洞身开挖

1. 洞身开挖的一般控制点

(1)开挖断面的中线、高程必须符合设计要求。

(2)严禁欠挖。

（3）隧道贯通误差：平面位置±30 mm,高程±20 mm。

2. 钻爆开挖

钻爆开挖方法主要应用于新奥法,而在浅埋暗挖法中则较少应用,其质量控制要点如下:

（1）爆破效果检查

① 爆破后硬岩无剥落,中硬岩基本无剥落,软岩无大的剥落或坍塌;

② 超欠挖符合规定;

③ 开挖轮廓符合设计,开挖面平整;

④ 爆破进尺达到设计要求,爆出的石块块度满足装碴要求;

⑤ 炮眼痕迹保存率:硬岩大于 80%,中硬岩大于 60%,并在开挖轮廓面上均匀分布;

⑥ 两次爆破的衔接台阶尺寸符合规定。

（2）爆破超欠挖允许值

① 隧道不应欠挖。

② 隧道开挖断面允许超挖值,应以平均线形超挖值及最大超挖值控制。

③ 隧道爆破后,应使用激光断面仪或全站仪、经纬仪施测断面图,与设计图进行比较。

（3）调整爆破设计参数

爆破后经常出现不能达到预期的现象,主要有:见不到半边孔的超欠挖;上部欠挖,底部超挖;相邻半边孔中间的超挖欠挖;留有半边孔的超挖欠挖;接荐台阶过大;洞身周边圆顺度较差等情况。

在分析原因后,可以适当调整爆破设计参数,并且严格按爆破设计的炮眼间距布孔、钻孔。

3. 土层开挖（不需爆破）

土层开挖方法主要针对浅埋暗挖法,其质量控制要点如下:

（1）开挖要短。就土质情况架立格栅的距离应该在 0.5～0.75 m。一般情况下台阶长度应不大于 1.5～2 倍洞径。

（2）钢格栅的脚部要进行硬化处理。放钢板垫在格栅底或小导管注浆加固地层。这是减少沉降的关键。

（3）钢格栅的架立要垂直。

（4）确保放钢格栅及放钢筋网的部位开挖到位。

（5）钢格栅各部分螺栓连接一定要拧紧。

（6）遇到土质不良地段注意掌子面的变化,如发现异常情况,立即进行掌子面喷射混凝土封闭,待处理满足开挖条件时,再进行开挖。

（7）在土质不良地段一定要注意留核心土,确保土体稳定。

（六）初期支护

1. 喷射混凝土

初期支护必须在隧道开挖后及时进行施作,其喷射混凝土质量控制如下:

（1）喷射混凝土前质量控制要点

① 材料质量要求。水泥:采用硅酸盐水泥或普通硅酸盐水泥,强度等级不应低于32.5。砂:采用中、粗砂,细度模数宜大于 2.5,含水率控制在 5%～7%,石子:采用连续级配,粒径宜不大于 15 mm。速凝剂:初凝时间不应超过5 min,终凝时间不应超过 10 min。水:采用饮用水,配合比按现场试验确定后进行配料。喷射混凝土严禁选用具有潜在碱活性骨料。

② 混凝土的拌制要求。拌制前应检查混凝土所用材料及配合比是否报验合格,符合设计和规范要求;拌料要均匀,颜色一致,装入喷射机前应过筛。混凝土拌制应配合喷射作业,随拌随用。掺有速凝剂的混合料存放时间不应超过20 min;砂浆中严禁石块、杂物混入。混凝土拌制允许偏差:水泥±2%,砂±3%,石子±3%,速凝剂±2%。拌和时间:强制式搅拌机($V=400$ L)不小于 60 s,自落式或滚筒式搅拌机不小于 120 s。

③ 喷射混凝土的质量检验。坍落度:喷射混凝土为 80～120 mm。抗压强度试块取样:每喷射 50～

100 m³ 不小于一组(一组三块)。试块强度取值规定:同混凝土。

④ 喷射混凝土前检查要求。上道工序是否检验合格;是否设置控制喷射混凝土厚度的标志(其标志长度比喷射厚度长 10 mm,每平方米埋 1~2 根);是否用高压风吹净受喷射面;松动土和拱、墙脚处的土等杂物是否清除;受喷射面有滴水、淋水、集中出水点时,是否进行处理;如有喷射面坍塌、地质较差等是否进行处理。

(2) 喷射混凝土作业规定要求

① 喷射顺序:分段分片分层,自下而上,先边墙后拱部,先喷岩面与格栅间后喷两格栅之间。

② 喷射方法:喷嘴要正对受喷面做均匀顺时针方向螺旋转动,旋转直径 20~30 cm,以使混凝土喷射密实。喷嘴和受喷面距离:600~1 000 mm。喷射距离是以最高强度和最小的回弹量来确定的。喷嘴和受喷面倾斜角:一般应垂直于受喷面,喷射边墙时宜向下俯角 5°~10°。正常工作风压:0.15~0.2 MPa(喷嘴处应在 0.1 MPa 左右)。有大坑洼时,应先喷凹处再找平。喷射机距作业面的距离:40~60 m。

③ 喷射区段长度:不大于 6 m,一次喷射长度为 2 m。

④ 每次喷射厚度:边墙为 70~100 mm,拱部为 50~60 mm。

⑤ 分层喷射混凝土时,应在前一层混凝土终凝后进行,如两次喷射间隔时间过长,再次喷射前,应先清洗喷层表面。

⑥ 喷射混凝土回弹量:边墙不大于 15%,拱部控制为不大于 25%。

⑦ 养护:喷射混凝土 2 h 后开始养护,养护时间不小于 14 d。气温低于 +5 ℃时不得喷水养护。

(3) 喷射混凝土后检查要求

① 净空检查。每 20 m 测一个断面,每断面取边墙、拱部、拱脚至少五处,检查断面尺寸是否符合设计要求,净空尺寸不小于设计尺寸。

② 喷射混凝土厚度检查。检查方式:区间每 20 m(车站和竖井为 10 m)测一个断面,每断面从拱顶中线起每 2 m 检查一个点;每个断面上拱部不小于 3 个点,总计不小于 5 个点。在每一个测点处凿孔或钻孔用尺子量。

合格标准:60% 以上不小于设计厚度;最小值不小于设计厚度的 50%;厚度的平均值不小于设计厚度。

外观检查:混凝土表面是否有干斑、裂缝(表面收缩裂纹不在此限)、脱落、渗水、漏水、露筋等现象,如有,则需修理或整治;平整度允许偏差为 30 mm,矢弦比不应大于 1/6。

③ 喷射混凝土与围岩的粘接检查。用"锤击法"检查是否有空洞声来判别粘接情况。

④ 喷射混凝土的试件取样。喷射混凝土的强度必须符合设计要求。用于检查喷射混凝土强度的试件,可采用喷大板切割制取。当对强度有怀疑时,可在混凝土喷射地点采用钻芯取样法随机抽取制作试件做抗压试验。

检验数量:每 20 m 至少在拱部和边墙各留制两组抗压试件。

⑤ 注意事项:喷射混凝土作业应紧跟开挖工作面;喷射混凝土施工区气温和混合料进入喷射机温度均不得低于 +5 ℃;喷射混凝土强度达到 70% 及以上时,方可进行下一步开挖;喷射混凝土低于设计强度 30% 时不得受冻;喷射混凝土终凝到下一循环放炮不应小于 3 h;喷射次层时应在前层混凝土终凝后进行,如终凝 1 h 后再喷射,应清洗喷层表面;喷射回弹料不得再次使用。

2. 锚杆施工质量控制要点

(1) 材料质量要求。锚杆采用 HRB400 钢筋。水泥采用硅酸盐水泥或普通硅酸盐水泥,强度等不应低于 32.5 MPa。砂采用中砂,使用前应过筛。水泥砂浆强度:M20。水泥砂浆配合比按现场试验确定。

(2) 水泥砂浆拌制要求。拌制前应检查水泥砂浆用的材料及配合比是否报验合格,是否符合设计和规范要求;砂浆应拌和均匀,随拌随用,一次拌和的砂浆应在初凝前用完;砂浆中严禁石块、杂物混入;水泥砂浆拌制允许偏差,水±1%,水泥±1%,砂±1%,外加剂±1%;水泥砂浆拌制检查不少于两次。

(3) 锚杆钻孔规定要求。钻孔前应按设计要求和围岩情况及布置形式定出孔位,并做出标记;锚杆钻孔应大于锚杆直径15 mm;锚孔应保持直线,并宜与其所在部位的岩层主要结构面垂直;锚杆钻孔允许偏差：孔距±150 mm，孔深±50 mm。

（4）注浆作业规定要求。注浆前应检查孔内是否有积水和泥土，应用高压风等清理干净；锚杆注浆压力宜为0.4~0.6 MPa；锚杆注浆管应插入距孔底50~100 mm，然后随砂浆的注入缓慢匀速拔出；锚杆体插入后，若孔中浆液溢出，应及时补注。

（5）锚杆安装前的检查。安装前应检查锚杆长度、直径及质量是否符合设计和规范要求；安装前应检查锚杆孔位、孔径、深度、布置形式是否符合设计要求；安装前应检查锚杆杆体是否平直、除锈、除油、擦拭干净；锚杆杆体安装前孔内应无积水和泥土。

（6）锚杆安装规定要求。先注浆，后安锚杆；锚杆体插入孔内长度不应小于设计规定的95％；锚杆杆体露出岩面长度不应大于喷射混凝土厚度；锚杆应在注浆后及时安装锚杆杆体，并保持位置居中；锚杆的垫板应与喷射混凝土面密贴，受力后不得变形；锚头和垫板及杆体的连接要紧密，达到规定抗拔力。

（7）注意事项。锚杆锚固强度达到设计要求后方可进行拉拔及锁定；锚杆安装后，不得随意敲击。

（8）锚杆安装质量检验。锚杆抗拔力不应少于设计要求。锚杆抗拔试件检验频率：300根抽检3组，每组不少于3根；不足100根抽检一组，锚固力最低值不小于设计锚固力的90％。

3. 钢筋网

（1）所用钢筋必须按进货批次进行检验。

（2）钢筋网的制作应符合设计要求，网格尺寸允许偏差10 mm。

（3）钢筋网应与隧道断面形状适应，并与钢架等连接牢固。

（4）钢筋网在初喷一层混凝土后挂设，初喷厚度一般不小于4 cm。采用双层钢筋网，第二层钢筋网在第一层网被覆盖后铺设，覆盖厚度一般不小于3 cm。钢筋网搭接长度应为2个网孔，固定必须牢固，以防喷射混凝土时影响，钢筋网保护层厚度不小于3 cm。

4. 钢架（格栅钢架、型钢钢架）

（1）所用材料（钢筋、型钢）规格型号必须符合设计，按进货批次进行检验。

（2）钢架加工后要进行试拼检查。

（3）钢架安装前清除底脚的虚碴杂物。安装间距偏差纵向10 cm，横向和高程5 cm，垂直度±2°，安装后利用锁脚锚杆定位。

（4）沿钢架外缘每隔1 m用混凝土预制块将钢架与围岩顶紧，钢架与围岩间的间隙用混凝土喷射密实。钢架应全部被喷射混凝土覆盖，保护层不小于5 cm。

（5）钢架安装允许偏差应符合下列要求：

① 钢架纵向允许偏差为±30 mm；

② 钢架横向允许偏差为±20 mm；

③ 钢架高程允许偏差为±15 mm；

④ 钢架垂直度允许偏差为5‰；

⑤ 钢架保护层厚度允许偏差为−5 mm。

（6）遇特殊地质情况，钢架设计支撑力不足时，应及时请求变更设计。

5. 背后注浆

由于喷射混凝土凝固收缩和喷射混凝土喷射不实的影响，使土体与混凝土之间产生孔隙。为此必须进行背后注浆进行填充。注浆压力0.2~0.4 MPa，注入普通水泥浆即可。目的是对喷射混凝土背后进行加固填充，这是一项填充空洞、控制拱顶和地面沉降的主要措施。背后注浆应注意以下几点：

（1）注浆所用原材料要求：优先采用硅酸盐水泥、普通硅酸盐水泥。水泥进场时，必须按批次对其品种、级别、包装或散装仓号、出厂日期等进行验收，并对其强度、凝结时间、安定性进行试验，其质量必须符合现行国家标准《通用硅酸盐水泥》（GB 175—2007）等的规定。注浆所用的细骨料，应按批次进行检验，其颗粒级配、坚固性指标应符合国家现行标准《普通混凝土用砂、石质量及检验方法标准》（JGJ 52—2006）

规定,细度模数应大于 2.5,含水率控制在 5%～7%。

(2) 浆液配合比应符合设计要求。

(3) 隧道初期支护背后注浆应保证回填密实,每 20 m 检查一次,可采用分析过程记录、无损检测、钻孔取芯、压水(空气)等检测验证注浆密实情况,每个断面应从拱顶沿两侧不少于 5 点。

(4) 注浆压力、注浆量应符合设计要求。

(5) 注浆孔的数量、布置、间距、孔深应符合设计要求。

(6) 注浆范围应符合设计要求。

(7) 注浆应在初期支护混凝土强度达到设计强度后进行。

(七) 防水施工

1. 对基面平整度的检查

初期支护喷射混凝土表面的平整度是铺好防水层的关键,所以在做防水层前必须对喷射混凝土表面进行处理。最好是铺设一层水泥砂浆进行找平。所谓找平层就是当局部凹凸尺寸大于下述限值时要进行处理:

墙:D/L 不大于 $1/6$。

拱部:D/L 不大于 $1/8$。

其中:L——喷射混凝土相邻两凸面间的距离;

D——喷射混凝土两两凸面间凹进的深度。

2. 对基面渗漏水的检查

喷射混凝土基面上绝不允许有漏水部位,如有发现必须进行治理。可以有局部潮湿面。

3. 对防水材料的铺设检查

如 LDPE(低密度聚乙烯,是一种塑料材料,它适合热塑性成型加工的各种成型工艺,成型加工性好)或 EVA(EVA 是由乙烯(E)和乙酸乙烯(VA)共聚而制得,简称为 EVA)防水材料应从拱顶向两侧对称铺设。严禁把防水材料接缝铺设在拱顶部位。

(1) 要注意防水材料搭接长度不小于 10 cm,并注意防水材料铺设的平整度,特别要注意边角部位铺设质量。

(2) 垫圈结点是否按梅花状排列,纵向间距:拱部 50 cm,边墙 100 cm。

(3) 检查防水层与缓冲层的塑料圈是否热合牢固。

(4) 检查塑料热合机是否按双焊缝焊接及焊接质量。

4. 充气检查

当压力表达到 1.15 MPa 时停止充气。当下降幅度在 20% 以内且又保证 2 min 内不漏气,则充气合格。

5. 施工缝和变形缝控制要点

(1) 止水带的性能和技术参数满足设计要求。

(2) 止水带与端头模板正交。安装位置应与施工缝重合(中间空心圆环与变形缝重合),采取可靠措施使之安装牢固。

(3) 接头连接应符合设计要求、牢固,压槎有利排水,避开易形成壁后积水的部位。

(4) 振捣对止水带造成损伤。

(八) 二次衬砌施工

1. 二次衬砌施作条件

(1) 初期支护周边收敛速度有明显减缓趋势。

(2) 收敛速度小于 0.15 mm/d,拱顶下沉速度小于 0.1 mm/d。

(3) 累计收敛量的 80%。

(4) 初期支护表面如有裂纹,应不再发展。

(5) 浅埋结构的初期支护应具有足够的刚度和强度,且宜尽早施作二次衬砌,由两者共同受力。

(6) 如初期支护变形已稳定,二次衬砌可在隧道贯通后施作。

2. 钢筋施工质量控制要点

钢筋工程质量控制要点参照第四章第二节地下车站结构相关内容。

3. 灌注混凝土

拱墙二次衬砌采用全断面整体钢模衬砌台车、混凝土搅拌运输车运输、泵送混凝土灌注,振捣器捣固,挡头模采用钢模或木模。混凝土浇筑要左右对称进行,防止钢模台车偏移。混凝土生产采用自动计量拌和站拌和,混凝土拌和站设置应满足冬季施工要求。

灌注混凝土是结构自防水的关键所在。质量控制的重点:

(1) 混凝土的配合比。配合比是否达到防水混凝土等级的要求。

(2) 混凝土的坍落度。水灰比、坍落度是否满足强度、输送泵、泵车运输、泵送距离等因素的要求。

(3) 检查钢筋保护层厚度。

(4) 检查钢筋焊接。

(5) 检查钢筋在绑扎和焊接过程中防水层是否有所破坏。

(6) 检查模板安装情况。

(7) 检查埋设压浆孔情况。

(8) 检查设备安装预埋件情况。

(9) 使用商品混凝土时,要考虑搅拌站与施工地点的距离和堵车等因素,要确定混凝土泵车的数量以防发生间歇性灌注问题影响混凝土质量。

4. 背后注浆

二次衬砌背后注浆应保证回填密实。其检验数量及方法同隧道初期支护背后注浆相同。

(九) 横通道施工

马头门即竖井通道与正洞接触处,形似马头形。其质量控制要点:

1. 马头门钢筋格栅和钢筋网采用的钢筋种类、型号、规格应符合设计要求;马头门位置和尺寸应严格按照设计图纸施工;马头门钢筋格栅应垂直支立,格栅制作时,主筋应采用完整的钢筋,避免接头;格栅安装时,纵向连接筋的焊接应按国家现行标准《钢筋焊接及验收规程》(JGJ 18—2012)的规定抽取焊接接头试件做力学性能检验,其质量应符合有关规程的规定;喷射混凝土的强度等级必须符合设计要求。

2. 其他应注意的质量问题

在竖井开挖过程中要注意土层变化情况是否与设计图纸相符,特别是马头部位的土质情况,如发现土质与设计图纸不符时应立即通知设计人员、修改图纸。

马头门部位受力较复杂,当地层土质条件较差时,超前小导管注浆效果不理想或马头门开挖跨度大容易造成土体沉降。根据现场情况可采用地表注浆加固、超前锚杆、大管棚超前支护、超前围岩预注浆等辅助方法加固马头门处土体,避免马头门开挖过程中地层沉降,还应减小格栅间距,密排两榀甚至三榀格栅并做到及时封闭,以避免土体沉降甚至坍塌现象的发生。

(十) 监控量测

监控量测分两部分内容:施工过程监控量测、工后沉降监测。

1. 施工过程监控量测

(1) 对暗挖支护和结构变形的量测

① 结构拱顶下沉水平收敛量测。

② 结构和支护的应力、应变量测。

③ 锚杆锚固力量测。

④ 钢格栅内力及所承受荷载量测。

(2) 轨道环境变形量测

① 地表沉降量测。

② 地表变形区内地下管线变形量测。

③ 地表变形区内重要建筑物变形量测。

④ 土中变形及土压力量测。

（3）量测要求

① 隧道结构施工监测：监测的项目主要有拱顶下沉、拱脚收敛两项。布点要求：隧道地下洞内布设观测点与地表布设观测点一般应放在同一断面上，而且采用同一频率进行监控量测工作。量测频率应随隧道的开挖进尺逐渐减小。

② 隧道地表沉降观测点：沿隧道线路垂直布设，观测点的数量是根据隧道结构埋深和隧道开挖宽度确定。一般纵向距离为 30 m 左右，同时为观察地下掘进对地面影响范围和规律，自线路中心线上的观测点向两侧不小于 18 m 的范围内布设不小于 7 个观测点的横断面。

③ 对隧道沿线各种管线的监测：要根据实际情况确定。对已经开挖出来外露的管线应在管线的外表面上设点。有的不便于在管线上设点的则在管线周围土体上设点或埋设物理仪器进行变形监测。

④ 对隧道沿线重大建筑物的监测：观测对象的选择主要依据其与隧道线路的距离、建筑物的结构状态选择，观测点的位置不要影响建筑物的外观。

2. 工后沉降监测要求

（1）每条隧道完成后立即布设沉降监测点，监测点布设沿大里程方向，线路左线埋设于左侧、右线埋设于右侧。

（2）测点采用在衬砌结构上钻孔布点的方式埋设，监测点按里程编号，并做好明显标记及必要的保护。

（3）联络通道附近监测点的埋设应充分考虑联络通道施工对测点的破坏与遮挡等，以保证监测信息的连续性、可靠性。

（4）监测点沿线路按 30 m 间距布设 1 点，在联络通道中心两端各 60 m 处加密为 10 m 间距布设 1 点。

（5）监测频率为每 15 d 监测 1 次。监测至衬砌结构（含联络通道）结束后 6 个月。

（6）标准断面区间隧道施工引起的地面沉降应不大于 30 mm，隆起应不大于 10 mm；大跨度停车线或渡线隧道施工引起的地面隆沉应符合设计要求。

五、质量监督要点

（一）资料

（1）超前支护、钻爆、开挖、锚杆、初期支护、洞口及联络通道、二衬砌施工、成品保护修补堵漏等方案及审批。

（2）图纸会审记录、变更设计或洽商记录。

（3）原材料出厂合格证、检验报告、进场验收记录、抽检报告；锚杆抗拔力检测报告。

（4）水泥砂浆、混凝土等的配合比、混凝土强度报告。

（5）明洞基础地质情况及地基承载力检测报告。

（6）明洞衬砌结构钢筋及混凝土试验报告。

（7）隧道工程质量验收记录。

（8）工程测量定位记录。

（9）隐蔽工程验收记录。

（10）监控量测记录。

（二）实体

（1）竖井隧道开挖、结构质量。

（2）超前导管和管棚支护、注浆加固质量。

（3）锚杆孔位、孔径、深度、布置形式；锚杆长度、直径；锚杆体插入孔内长度。

（4）初期支护质量；钢筋格栅加工安装质量、喷锚支护质量。

（5）防水层材料及基面检验和垫层、卷材的铺贴。

（6）二次钢筋混凝土衬砌质量；钢筋焊接安装质量、施工缝止水带安装质量、混凝土衬砌厚度；外观及强度质量。

六、常见质量问题及预防

(一) 隧道超欠挖

1. 存在问题及现象描述

开挖面或初支轮廓线与设计不符,断面不能满足初期支护需要,超挖或欠挖。

超挖造成混凝土回填,加大施工成本;欠挖造成二衬混凝土厚度不足,处理欠挖造成坍塌,加大沉降;防水层容易破裂。

2. 原因分析

(1) 测量放样不精确。

(2) 岩石隧道爆破施工未到位或围岩坍落。

(3) 挖掘机开挖时直接开挖到设计预留的开挖轮廓边缘。

(4) 地质情况较差、土体垂直节理发育、稳定性差、局部出现坍塌。

(5) 掌子面开挖后架设拱架前不进行初喷,导致土体失水松散掉块。

3. 预防及控制措施

(1) 执行标准:《铁路隧道工程施工质量验收标准》(TB 10417—2003)。

(2) 测量放样时要精确标出开挖轮廓线,在开挖过程中控制好开挖断面,做到测量精确。

(3) 岩石隧道爆破开挖时要严格按照爆破施工技术交底进行提前准备,精确控制好炮眼间距,并严格按照技术参数执行。

(4) 在开挖过程中还需根据实际情况确定预留变形量,应将施工中可能发生的围岩变化情况(掉块或坍落)进行考虑。

(5) 在施作超前小导管时要控制好外插角,防止因外插角过大造成超挖。

(6) 预留开挖轮廓边缘线,在开挖过程中采用人机配合,避免机械开挖造成超、欠挖现象。

(7) 地质情况较差、局部出现坍塌时,根据实际情况尽快施作初期支护进行封闭处理。

(8) 开挖到设计轮廓线位置后立即进行初喷封闭开挖面,再架设钢架。

(二) 衬砌渗漏水

1. 存在问题及现象描述

隧道的渗漏水主要表现在墙、拱的渗水、滴水、漏水及仰拱的冒水。

2. 原因分析

(1) 拱顶衬砌不密实。当围岩压力过大时,导致拱腰部位衬砌出现纵向拉裂,拱顶衬砌压碎掉块,导致渗漏。

(2) 支护技术不过关。工程上常采用的先拱后墙法施工,循环进尺短、衬砌紧跟、以衬代支,致使衬砌接缝过多,且接缝处理不能达到防水标准,导致接缝渗水。

(3) 振捣不到位。在混凝土衬砌的施工中,有时存在振捣不到位的现象,形成透水的开放性毛细管路,尤其是混凝土拌和物在密实泌水过程中,析出水分部分被挤向上面,部分聚集在集料颗粒的下面,导致衬砌混凝土存在泌水管路。

(4) 混凝土中存在空隙。由于施工顺序不当或沉降处理不当或衬砌混凝土中存在杂物等原因,导致衬砌混凝土中存在空隙。

(5) 腐蚀性。天然水对衬砌混凝土有腐蚀性,可能造成漏水孔隙,甚至导致衬砌混凝土剥落开裂。

3. 预防及控制措施

(1) 执行标准:《地下铁道工程施工及验收标准(2003 版)》(GB 50299—1999)。

(2) 设计预防措施

① 根据岩体类别、透水性、地质构造、地下水类型、流量、补给条件及洞顶地面形状等制定防水设计,以保证衬砌的使用寿命。

② 确定合理的混凝土的抗渗等级。

③ 选择质量保证、施工方便、无污染的外包防水材料。

④ 采取有效措施处理变形缝及施工缝。

（3）施工预防措施

① 防水材料、防水混凝土性能符合设计要求。

② 防水材料施工符合规范要求。

③ 施工缝、变形缝设置、施工符合设计。

（4）渗漏水整治措施

① 衬砌背后注浆。根据渗漏水的情况，衬砌背后注浆可采用水泥砂浆、水泥浆及水泥-水玻璃双液浆。

② 衬砌内部注浆。隧道渗漏水量较小，水流分散，不利于引排的拱部施工缝、衬砌裂缝及个别出水点。进行衬砌内部采用丙凝化学浆液注浆，以封闭水流通道及衬砌裂隙，或使水流相对集中，便于引排。

③ 喷抹砂浆防水层法。拱部大面积出现面漏、网状裂缝渗漏水时，对主要出水点在凿槽引排、嵌缝堵漏后，喷抹砂浆防水层，防水层厚度 20～25 mm。

④ 嵌缝堵漏法。隧道环向施工缝堵漏采用嵌入复合式膨胀橡胶条，结合凿槽埋管，将水引入侧沟；隧道纵向缝堵漏，采用嵌入式自粘型止水条，进行封堵。

第二节 盾 构 区 间

一、主要规范依据

1. 《建筑工程施工质量验收统一标准》（GB 50300—2013）；

2. 《城市轨道交通工程测量规范》（GB 50308—2008）；

3. 《城市轨道交通工程监测技术规范》（GB 50911—2013）；

4. 《工程测量规范》（GB 50026—2007）；

5. 《地下铁道工程施工及验收规范（2003 年版）》（GB 50299—1999）；

6. 《钢筋焊接及验收规程》（JGJ 18—2012）；

7. 《钢筋机械连接技术规程》（JGJ 107—2016）；

8. 《地下防水工程质量验收规范》（GB 50208—2011）；

9. 《地下工程防水技术规范》（GB 50108—2008）；

10. 《混凝土结构工程施工质量验收规范》（GB 50204—2015）；

11. 《混凝土结构工程施工规范》（GB 50666—2011）；

12. 《混凝土结构耐久性设计规范》（GB/T 50476—2008）；

13. 《盾构法隧道施工与验收规范》（GB 50446—2017）；

14. 《盾构隧道管片质量检测技术标准》（CJJ/T 164—2011）；

15. 《建筑地基处理技术规范》（JGJ 79—2012）；

16. 《旁通道冻结法技术规范》（DG/TJ 08-902—2006）。

二、概述

盾构区间主要由隧道、竖井、联络通道及泵房、洞门接口（井接头）组成，其中隧道施工主要由盾构法施工完成。

1. 盾构法施工主要内容

先在隧道某段的一端建造竖井，以供盾构安装就位。盾构从竖井的墙壁开孔处出发，在地层中沿着设计轴线，向另一竖井的设计孔洞推进，通常车站竖井始发为端头井，到达另一端竖井为终端井。在盾构推进中所受到的地层阻力,通过盾构千斤顶传至盾构尾部已拼装的预制隧道衬砌结构,再传到竖井的后靠壁上,盾构是这种施工方法中最主要的独特施工设备。它是一个能支承地层压力而又能在地层中推进的圆形、矩形或马蹄形等特殊形状的钢筒结构,在钢筒的前面设置各种类型的支撑和开挖土体的装置,在钢筒中段周圈内面安装顶进所需的千斤顶,钢筒尾部是具有一定空间的壳体,在盾尾内可以拼装一至两环预制的隧道衬砌环。盾构每推进一环距离,就在盾尾支护下拼装一环衬砌,并及时向紧靠盾尾后面的开挖坑道周边与衬砌环外周之间的空隙中压注足够的浆体,以防止隧道及地面下沉。在盾构推进过程中不断从开挖面排出适量的土方。具体见图5.2.1。

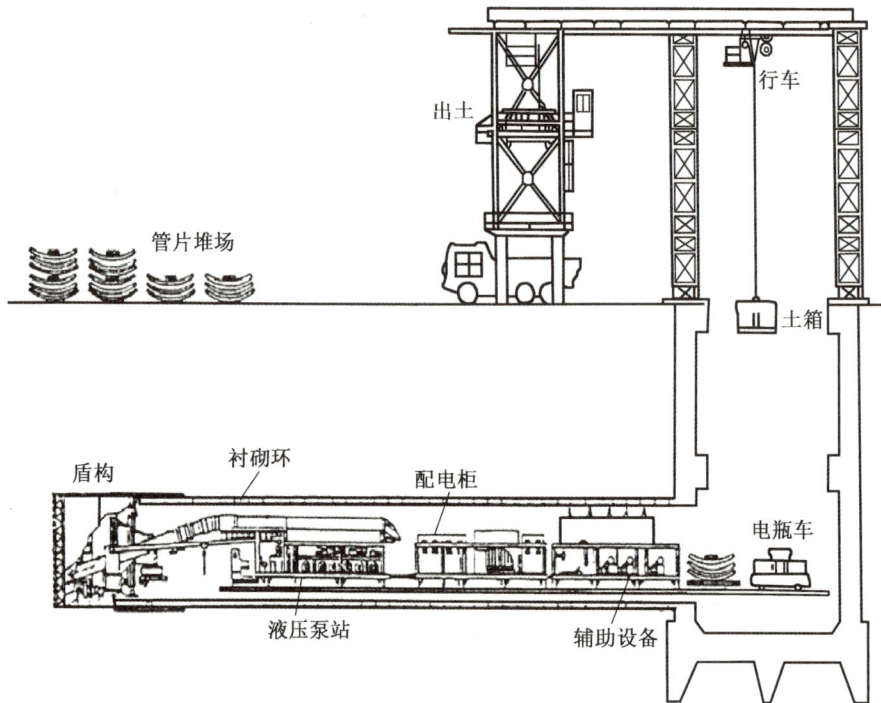

图 5.2.1 土压平衡盾构法施工示意图

2. 盾构法的主要特点

(1) 施工作业均在地下进行,既不影响地面交通,又可减少对附近居民的噪音和振动影响。

(2) 盾构推进、出土、拼装衬砌等主要工序循环进行,施工易于管理,施工人员也较少;开挖土方量较少。

(3) 隧道施工可穿越河流、建(构)筑物。

(4) 施工不受风雨等气候条件影响。

(5) 隧道的施工费用不受覆土量多少影响,适宜于建造覆土较深的隧道。在土质差水位高的地方建设埋深较大的隧道,盾构法有较好的技术经济优越性。

3. 盾构机的分类

针对不同的工程及地质特点,盾构法施工可采用敞开式盾构、泥水平衡式盾构、土压平衡式盾构等。根据江苏省地区工程及水文地质特点,较多使用土压平衡盾构,较少使用泥水平衡盾构,基本不使用敞开式盾构。

(1) 土压平衡式盾构

利用安装在盾构最前面的全断面切削刀盘,将正面土体切削下来进入刀盘后面的贮留密封仓内,并使仓内具有适当压力与开挖面水土压力平衡,以减少盾构推进对地层土体的扰动,从而控制地表沉降,在出土时由安装在密封仓下部的螺旋运输机向排土口连续地将碴土排出。其特点如下:

① 施工中基本不使用土体加固等辅助施工措施,节省技术措施费,并对环境无污染。

② 根据土压变化调整出土和盾构推进速度,易达到工作面的稳定,减少了地表变形。

③ 对掘进土量能形成自动控制管理,机械自动化程度高、施工速度快。

（2）泥水平衡式盾构

通过支承环前面装置隔板的密封仓中,注入适当压力的泥浆使其在开挖面形成泥膜,支承正面土体,并由安装在正面的刀盘切削土体表层泥膜,与泥水混合后,形成高密度泥浆,由排浆泵及管道输送至地面处理,整个过程通过建立在地面中央控制室内的泥水平衡自动控制系统统一管理。其特点如下:

① 在易发生流沙的地层中能稳定开挖面,可在正常大气压下施工作业,无需用气压法施工。

② 泥水压力传递速度快而均匀,开挖面平衡土压力的控制精度高,对开挖面周边土体的干扰少,地面沉降量的控制精度高。

③ 盾构出土由泥水管道输送,速度快而连续,减少了电机车的运输量,施工进度快。

④ 刀具、刀盘磨损小,宜于长距离盾构施工,刀盘所受扭矩小,更适合大直径隧道的施工,但需要较大规模的泥水处理设备及设置泥水处理设备的场地。

本节以土压平衡式盾构施工的区间隧道为例,叙述主要施工环节及工序、质量控制要点、质量监督要点。

4. 联络通道

联络通道开挖一般采用矿山法施工,为确保施工安全,需对周边土体进行加固和止水,目前较多采用冻结法施工。冷冻法是利用人工制冷技术,将冷量传递至土体,把天然土层渐变成冻土,增加其强度和稳定性,隔绝地下水与地下工程的联系,以便在冻结壁的保护下进行开挖与衬砌的一种施工方法。冻结法联络通道施工示意图见图 5.2.2。

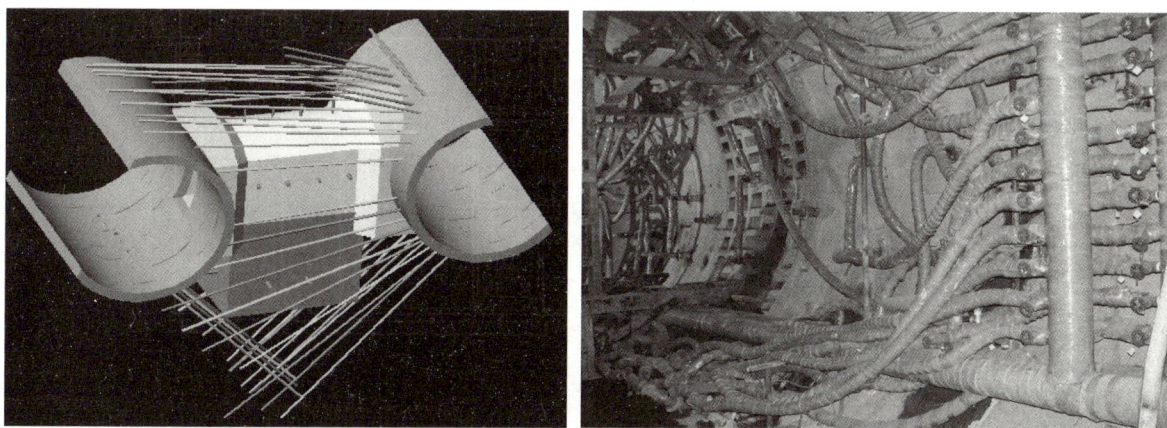

图 5.2.2 冻结法联络通道施工示意图

冻结法特点如下:

（1）安全可靠性好,可有效地隔绝地下水。

（2）适应面广。适用于任何含一定水量的松散岩土层,在复杂水文地质如软土、含水不稳定土层、流沙、高水压及高地压地层条件下冻结技术有效、可行。

（3）灵活性好。可以人为地控制冻结体的形状和扩展范围,必要时可以绕过地下障碍物进行冻结。

（4）可控性较好。冻结加固土体均匀、完整。

（5）污染性小且经济上合理。"绿色"施工方法,符合环境岩土工程发展趋势。

三、主要施工环节及工序

盾构施工区间隧道主要由管片制作、竖井施工、盾构始发和到达、盾构正常掘进、洞门接口和联络通道及泵房六个部分组成,施工中必须对盾构法区间隧道和周边环境进行监控量测。

(一) 管片制作

区间隧道管片是一种预制构件,其生产方式有两种,一种是管片厂家在工厂内生产,另一种是施工单位直接在现场预制。其生产工序如下:管片钢筋笼胎模→钢筋制作和加工→钢模精度测量→混凝土浇筑→外弧面收水→静养、蒸养→起模、翻身→水养护→进入堆场→装车外运。

(二) 竖井施工

为了确定竖井的精确位置,要根据地面基准点及设计图纸进行放样定位;竖井应根据现场条件,宜利用通风道、车站出入口、单独或在隧道顶部设置,盾构始发用的竖井一般与车站或中间风井合建,施工工序与车站施工工序一致,具体参见第四章第二节地下车站结构中相关内容。

(三) 盾构始发和到达

盾构始发和到达工序主要包括始发、到达、土体加固、始发架和反力架安装、接收架安装、洞门防水装置安装,盾构始发需要对盾构机进行系统的调试,同时保证盾构机中心与隧道中心重合;盾构到达时需要对盾构机现有姿态进行复核,保证盾构顺利出洞。

1. 盾构始发

竖井施工→端头土体加固→始发架安装→盾构机组装调试→反力架安装→洞门防水装置安装→土体加固取芯→打水平探孔→洞门破除→盾构始发掘进。

2. 盾构到达

竖井施工→端头土体加固→接收架安装→洞门防水装置安装→土体加固取芯→打水平探孔→洞门破除→盾构到达。

3. 土体加固

为保证盾构机顺利始发和到达,需要对竖井外围土体进行加固,主要加固方法有高压旋喷桩、深层搅拌桩、冻结法等。具体施工工序详见第四章第一节。

4. 始发架(盾构基座)和反力架安装

测量放线→始发架下井→始发架安装→位置粗调→复核测量→始发架位置细调→再次测量复核→始发架固定焊接→台车及盾体下井→安装盾构机各部件完成→反力架安装。

5. 接收架安装

测量放线→接收架下井→接收架安装→位置粗调→复核测量→接收架位置细调→再次测量复核→接收架固定焊接。

6. 洞门防水装置安装工序

清理洞口渣土同时疏通预埋螺栓孔、涂抹黄油→将螺栓旋入埋设在井圈周边的螺母内→安装帘布橡胶板及圆环板→安装翻板(或折叶压板)并用螺母固定。

盾构始发(出洞)和到达(进洞)洞门防水装置详见图5.2.3和图5.2.4。

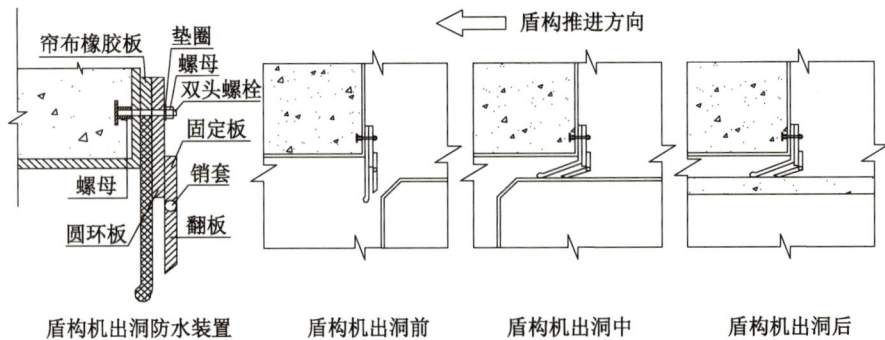

图 5.2.3 盾构始发防水装置图

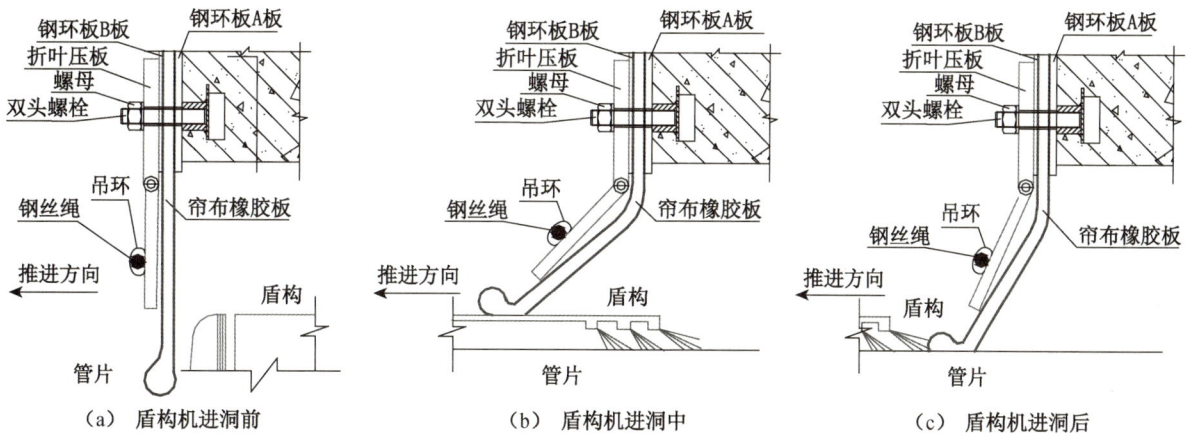

钢环板B板 钢环板A板 折叶压板 螺母 双头螺栓 钢丝绳 吊环 帘布橡胶板 推进方向 盾构 管片	钢环板B板 钢环板A板 折叶压板 螺母 双头螺栓 钢丝绳 吊环 帘布橡胶板 推进方向 盾构 管片	钢环板B板 钢环板A板 折叶压板 螺母 双头螺栓 吊环 帘布橡胶板 推进方向 盾构 管片
（a）盾构机进洞前	（b）盾构机进洞中	（c）盾构机进洞后

图 5.2.4 盾构到达防水装置图

（四）盾构正常掘进

盾构正常掘进施工主要包括盾构掘进、出土、同步注浆参数控制和管片拼装及防水。其主要工序如下：

同步注浆浆液拌制、管片防水材料粘贴→管片和同步注浆浆液运送至作业面→盾构掘进、出土、同步注浆参数控制→达到一环掘进进尺后停止掘进→管片拼装及防水。

（1）盾构掘进、出土、同步注浆参数控制内容：设定土仓压力、设定泡沫、膨润土注入参数、设定千斤顶推力、推进速度、设定螺旋输送机转速、设定同步注浆速度和压力、姿态控制、根据监控数据进行参数控制。

（2）管片拼装及防水工序：管片预制→运输进场及验收→防水材料准备→管片烘干→涂抹粘贴剂→晾干→套贴止水条→敲紧→涂抹粘贴剂→晾干→粘贴衬垫→敲紧→粘贴自黏性橡胶板→涂缓膨剂→存放→选型和吊装下井、运至作业面→回缩安装部位千斤顶→管片安装与连接→推进油缸顶紧→成型整圆→螺栓复紧→区间贯通清洗后镶嵌密封防水。

（五）洞门接口

洞门处负环拆除→基面清理→施工防水材料→预埋注浆管→钢筋加工和安装→模板安装→混凝土浇筑→拆模→混凝土养护→注浆。

（六）联络通道及泵房

联络通道通常采用"隧道内水平冻结加固土体、隧道内矿山法开挖构筑"施工方法，其中矿山法开挖构筑施工工序详见第五章第一节。本节主要介绍联络通道冻结法。

冻结法施工是在隧道内利用水平孔和部分倾斜孔冻结加固地层，使联络通道及泵房外围土体冻结，形成强度高，封闭性好的冻结帷幕，然后在冻土中采用矿山法进行联络通道及泵房的开挖构筑施工的施工方法。工序如下：施工前的准备工作（进场、加工件组织）→冻结孔施工→冻结站安装→试运转→积极冻结→维护冻结→钢管片焊接、冻结测温监测、预应力支架安装→防护门安装→钢管片拆除→通道开挖→通道初支施工→通道防水施工→通道永久结构施工→泵房开挖→泵房初支施工→泵房防水施工→泵房永久结构施工→停止冻结→融沉注浆。

其中冻结孔施工工序为：定位开孔及孔口管安装→孔口装置安装→钻孔→测量→封闭孔底部→打压试验。

（七）盾构法区间隧道施工测量及监控量测

盾构法区间隧道施工测量是指导盾构机按设计方向正常掘进、控制盾构成洞精度、保证区间隧道顺利贯通的重要环节。盾构法区间隧道施工测量的主要工作包括：地面控制测量、联系测量、地下控制测量、盾构掘进施工放样测量（洞门环测量、始发托架测量、盾构机姿态测量、管片姿态测量）、贯通测量和竣工测量。

盾构法区间隧道施工监控量测是确保工程自身结构和周边环境稳定及安全,为设计提供符合工程实际情况的数据依据用于优化设计(*),实现信息化监控的重要措施;施工中应结合施工环境、工程地质和水文地质条件、掘进速度等制定监控量测方案;盾构法区间隧道监控量测内容主要工作包括区间隧道结构监控量测和沿线周边环境监控量测。

1. 地面控制测量

施工前应依据全线既有控制网的现状、坐标和高程系统、布网方法、布网层次和精度等,制定盾构施工测量方案。盾构施工平面控制网宜分两个等级,一等控制网宜采用 GPS 控制网和轨道一等水准控制网,二等控制网宜采用精密导线网和轨道二等水准控制网,在满足精度要求的情况下可采用其他方法布网,以作为盾构法区间隧道后续施工的起算依据。盾构始发和接收井必须建立统一的施工控制测量系统,每个井口应布设不少于 3 个平面控制点且相互通视。水准路线跨越江河湖海时,应进行跨河水准测量,测量精度应满足轨道一等水准控制测量技术要求。

2. 联系测量

联系测量包括地面近井导线测量和近井水准测量;定向测量和传递高程测量;地下近井导线和近井水准测量。

(1)地面近井导线测量:地面近井导线点与 GPS 控制点或精密导线点应构成附合导线或闭合导线。地面近井导线总长度不宜超过 350 m,导线边数不宜超过 5 条;近井导线边宜与线路走向保持一致,以作为定向测量的起算边,从而减小对盾构区间隧道的横向贯通误差影响;测量时应按照精密导线网测量的技术要求施测,最短边长不应小于 50 m,近井点的点位中误差为 ±10 mm。

(2)地面近井水准测量:地面近井水准点应利用轨道一等水准点或二等水准点直接测定,并构成附合、闭合水准路线;地面近井水准测量应按照轨道二等水准测量技术要求施测。

(3)定向测量:将地面平面坐标系统传递至地下,使地面和地下平面测量控制网采用同一坐标系统,以用来指导区间隧道在水平面上的掘进方向。定向测量开始前应结合施工现场实际情况、审查有关测量资料、确认作业符合有关要求后制定相应作业方案,即选定定向测量方法(定向测量主要方法:导线直传法、联系三角形法、投点定向法(两井定向)、陀螺经纬仪和铅垂仪(钢丝)组合定向法)。隧道贯通前应至少进行 3 次定向测量,宜在隧道掘进至 100 环、300 环或隧道长度 1/2 处以及距贯通面 100~150 环时分别进行一次。

(4)传递高程测量:采用在竖井内悬挂钢尺的方法进行,地上和地下应安置两台水准仪同时读数,并应在钢尺上悬挂与钢尺鉴定时相同质量的重锤。

(5)地下近井导线测量:地下近井定向边不应少于 2 条(地下近井点不少于 3 个),各单次地下起始定向边的方位角较差应小于 12″,取各次测量成果均值作为后续测量的起算数据指导隧道贯通。

(6)地下近井水准测量:地下近井高程点不应少于 2 个,传递高程时,每次应独立观测三测回,测回间应变动仪器高,三测回测得地上、地下水准点间的高差较差应小于 3 mm。

3. 地下控制测量

地下控制测量包括地下平面控制测量和高程控制测量。

地下控制测量起算点应利用直接从地面通过联系测量传递到地下的近井平面和高程点。从隧道掘进起始点开始,直线隧道每掘进 200 m 或曲线隧道每掘进 100 m 时,应布设地下平面控制点和地下高程控制点。

(1)地下平面控制点标志宜设置为强制对中观测标志。地下平面控制导线一般选用支导线的形式向里传递,但是支导线没有检核条件,宜选用双支导线形式,并在双支导线的最前端进行联测以构成附(闭)合导线,有条件时宜布设成若干个彼此相连的带状导线环(网)。控制导线点在隧道贯通前应至少测量 3 次,并应与定向测量同步进行。重复测量坐标值的较差应小于 $30 \times d/D$(mm),其中 d 为控制导线长度,D 为贯通距离,单位均为米。满足要求时,应取逐次平均值作为控制点的最终成果指导隧道掘进。

(2)地下高程控制测量在隧道贯通前应至少测量 3 次,并应与传递高程测量同步进行。其测量的方法和精度,应符合轨道二等水准测量技术要求,水准路线往返较差、附合或闭合差为 $\pm 8\sqrt{L}$ mm。重复测量的高程点间的高程较差应小于 5 mm。满足要求时,应取逐次平均值作为控制点的最终成果指导隧道掘进。

(3)一般情况下,直接指导盾构掘进的测量控制点位(平面与高程共用)埋设在隧道结构拱顶上,点位形似"吊篮"形式,由搭建在隧道拱顶部互相分离的仪器台(采用强制归心标志)和观测人员站立平台组成,以作为指导盾构掘进的平面和高程测量基准,控制盾构机平面和高程偏差、盾构管片拼装偏差。

4. 掘进施工放样测量

盾构机始发井建成后,应采用联系测量成果进行加密测量控制点,并应满足中线测设、盾构机组装、基座和反力架、导轨安装等测量需求。

始发井中,线路中线、反力架以及导轨测量控制点的三维坐标测设值与设计值较差应小于 3 mm。根据中线测设结果进行洞门环测量时,洞门环中心放样与理论设计值允许限差为:点位互差应小于 20 mm,高程互差应小于 15 mm。

盾构机姿态测量时,测量标志不应少于 3 个,测量标志应牢固设置在盾构机纵向和横向截面上,标志点间距离应尽量大,前标志点靠近切口位置,标志可粘贴反射片或安置棱镜;测量标志点的三维坐标系统应和盾构机几何坐标系统一致或建立明确的换算关系。盾构机就位始发前,必须利用人工测量方法测定盾构机的初始位置和盾构机姿态,并应与自身导向系统测得的结果一致。盾构始发 10 环内和到达接收井前 50 环内应增加人工测量频率。

管片姿态测量主要是测定管片环安装位置是否符合设计要求,内容包括管片中心坐标、底部高程、顶部高程、水平直径、垂直直径和前端面里程,测量误差为 ±3 mm。自动导向系统的管片环测量一般与盾构机姿态测量同时进行,其测量姿态为未注浆前的瞬间姿态;应采用人工测量方法实测出壁后注浆完成后管片的实际位移趋势,并起到复合导向系统的作用。

5. 贯通测量

隧道贯通后应进行贯通测量,测量主要内容应包括隧道的纵向、横向和方位角贯通误差测量以及高程贯通误差测量。贯通测量时应采用两侧控制点测定贯通面上同一临时点的坐标闭合差,经投影计算确定。

6. 竣工测量

隧道竣工测量主要内容应包括隧道轴线平面偏差、高程偏差、衬砌环椭圆度以及隧道纵横向断面测量等。地铁隧道在直线段每 6 m、曲线段每 5 m 测量 1 个断面,断面上的测点位置、数量应按设计要求确定。

7. 区间隧道和周边环境进行监控量测

隧道结构监控量测内容应包括隧道沉降和椭圆度量测,必要时,还应进行衬砌环应力等量测。衬砌环应力测量宜采用应力计。

初始观测值应在壁后注浆浆液凝固后 12 h 内测量。

当实测变形值大于允许变形的 2/3 时,必须及时通报建设、施工、监理等单位,并应采取相应措施。

隧道环境监控测量应包括地面沉降观测、邻近建(构)筑物变形量测和地下管线变形量测等。

地表沉降观测应沿线路中线按断面布设,当城市隧道埋深小于 2 倍洞径时,纵断面监测点间距宜为 3~10 m,横断面间距宜为 50~100 m,监测的断面宽度应大于沉降变形影响范围,监测点间距宜为 3~5 m。对特殊地段,地表沉降观测断面和观测点的设置应编制专项方案。

变形测量频率应根据工程要求和监测对象的变形量和变形速率确定。盾构穿越地面建(构)筑物、铁路、桥梁、管线等时除应对穿越的建(构)筑物进行观测外,还应对临近周围土体进行变形观测。

四、施工质量控制要点

(一)盾构管片制作

钢筋、模板、混凝土、水、外加剂等原材料的质量控制重点参见第四章第二节地下车站结构中相关内容,本节主要针对管片钢筋制作及安装、管片成品养护、管片检验、管片成品保护、管片裂缝控制、钢模叙述。

1. 管片钢筋制作及安装

(1) 管片混凝土浇筑前应进行钢筋隐蔽验收。

(2) 钢筋加工偏差和检验方法应符合《盾构法隧道施工与验收规范》(GB 50446—2017)第 6.4.2 条的规定,见表 5.2.1。

表 5.2.1　钢筋加工允许偏差和检验方法

项目	允许偏差(mm)	检验工具	检验数量
主筋和构造筋长度	±10	钢卷尺	每班同设备生产 15 环同类型钢骨架,应抽检不少于 5 根
主筋折弯点位置	±10		
箍筋外廓尺寸	±5		

(3) 钢筋骨架制作、安装偏差和检验方法应符合《盾构法隧道施工与验收规范》(GB 50446—2017)第 6.4.3 条的规定,见表 5.2.2。

表 5.2.2　钢筋骨架制作、安装允许偏差和检验方法

项目		允许偏差(mm)	检验工具	检验数量
钢筋骨架	长	+5,−10	钢卷尺	按日生产量的 3% 进行抽检,每日抽检不少于 3 件,且每件的每个检验项目检查 4 点
	宽	+5,−10		
	高	+5,−10		
主筋	间距	±5		
	层距	±5		
	保护层厚度	+5,−3		
箍筋间距		±10		
分布筋间距		±5		

2. 管片成品养护

(1) 混凝土浇筑成型后至开模前,应覆盖保湿,可采用蒸汽养护或自然养护。

(2) 采用蒸汽养护时,应经试验确定养护制度,并监控温度变化做好记录。

(3) 管片出模后需进行水中和自然养护。

3. 管片检验

(1) 管片强度检验

管片出厂时的混凝土强度、抗渗等级及养护时间必须符合设计要求。

检查数量:应符合现行国家标准《混凝土结构工程施工质量验收规范》(GB 50204—2015)的规定。

检验方法:检查同条件混凝土试件的强度和抗渗报告。

(2) 管片的质量要求应符合《盾构法隧道施工与验收规范》(GB 50446—2017)第 6.6.2 条规定,管片允许偏差和检验方法见表 5.2.3。

表 5.2.3　管片允许偏差和检验方法

序号	项目	允许误差(mm)	检验工具	检验数量
1	管片宽度	±1	卡尺	3 点
2	管片弧长	±1	样板、塞尺	3 点
3	管片厚度	+3,−1	钢卷尺	3 点

(3) 管片水平试拼装检验

管片正式生产前,试生产 3 环管片进行拼装,检验合格后,方可进入正式管片生产。正式生产时,每

生产 200 环管片后应进行水平拼装检验 1 次,其允许偏差和检验方法应符合《盾构法隧道施工与验收规范》(GB 50446—2017)第 6.6.2 条的规定,见表 5.2.4。

表 5.2.4　管片水平拼装检验标准

序号	项目	允许误差(mm)	检验频率	检验工具
1	环向缝间隙	2	每缝测 6 点	塞尺
2	纵向缝间隙	2	每缝测 2 点	塞尺
3	成环后内径	±2	测 4 条(不放衬垫)	钢卷尺
4	成环后外径	+6,−2	测 4 条(不放衬垫)	钢卷尺

(4)管片检漏

管片检漏检测频率按每 50 环抽取 1 块管片做检漏测试,连续三次达到检测标准,则改为每生产 100 环抽检 1 块管片,再连续三次达到检测标准,最终检测频率为每生产 200 环抽检 1 块管片做检漏测试。如出现一次检测不达标,则恢复每 50 环抽取 1 块管片做检漏测试的最初检测频率,再按上述要求进行抽检。

管片在达到设计水压力下稳压 2 h,管片内弧面不得出现漏水现象,侧面渗水高度不超过 50 mm,应判定该管片抗渗性能合格。

(5)管片抗弯性能检验

管片抗弯性能检验每 1 000 环抽检 1 次,不足 1 000 环时按 1 000 环计。

加载达到设计荷载并持荷 30 min 后,没有观察裂缝或裂缝宽度不大于 0.2 mm,应判定管片抗弯性能符合设计要求。

(6)管片吊装螺栓孔抗拔性能检验

管片吊装螺栓孔抗拔性能检验:先生产管片 50 环后进行第一次抽检,以后按每 1 000 环抽检 1 次,不足 1 000 环时按 1 000 环计。

设计荷载下的最后三次所测位移,相邻两个位移差均小于 0.01 mm,应判定该批管片预埋受力构件抗拔性能符合设计要求。

4. 管片成品堆放

管片堆放场地必须坚实平整,管片可采用内弧面向上或单片侧立的方式堆放,每层管片之间应正确设置垫木,堆放高度应经计算确定。

5. 钢筋混凝土管片模具

(1)模具必须具有足够的承载能力、刚度、稳定性和良好的密封性能,并应满足管片的尺寸和形状要求。

(2)模具应便于安装和拆卸,模具合模、开模、出模及模具周转次数及允许偏差应符合设计及规范要求。

(3)模具应定期进行维护和保养,确保模具完好。

(二)竖井施工

质量控制要点参见第四章第二节地下车站结构。

(三)盾构始发和到达施工

1. 端头土体加固

目前常用的土体加固技术有高压旋喷桩、深层搅拌桩、冻结法等。具体质量控制要点详见本书相关章节。

2. 始发架(盾构基座)和反力架安装

根据坐标与高程基准点及设计图纸对始发架(盾构基座)进行放样定位及高程引测工作。始发架(盾构基座)安装注意始发、到达段所处的线路平、纵断面条件。安装时必须对基座两侧、前后同车站结构相连进行加固以保证盾构始发时承受纵向、横向的推力及约束盾构机旋转的扭矩。盾构轴线应和洞门轴线保持平行和居中,考虑始发段地质情况,始发架(盾构基座)安装高程可根据端头地质情况可适当抬高 10~20 mm。始发架平面偏差宜控制在±10 mm 之内。始发架安装见图 5.2.5。

根据坐标与高程基准点及设计图纸对反力架进行放样定位及高程引测工作。反力架提供盾构机推进时所需的反力,因此反力架须具有足够的刚度和强度。为了保证盾构推进时反力架横向稳定,用型钢对反力架的支撑进行横向的固定。安装时,反力架端面应与始发轴线垂直,以便盾构轴线与隧道设计轴线保持平行,同时反力架与车站结构连接部位要垫实,以保证反力架脚板有足够抗压强度。反力架左右偏差宜控制在±10 mm之内,高程偏差宜控制在±5 mm之内。反力架安装见图5.2.6。

图5.2.5　始发架安装示意图

图5.2.6　反力架安装示意图

3. 洞门防水装置安装

(1)密封装置中心应位于盾构实际始发中心线上,误差不宜大于10 mm,密封橡胶板与始发洞门井壁紧密接触,螺母紧固有效,并在橡胶帘布上涂抹黄油防止被刀盘刮破。

(2)钢丝绳须绕钢环穿好,防水装置翻板上钢丝绳在盾构到达时要拉紧一次,等到盾尾拖出之后帘布橡胶板落到管片上时,再完全拉紧翻板上的钢丝绳,以保证洞门密封效果,防止水土流失造成洞门坍塌。

盾构始发、到达洞门防水装置见图5.2.7及图5.2.8。

图5.2.7　盾构始发防水装置图

图5.2.8　盾构到达防水装置图

(四)盾构正常掘进施工

1. 盾构掘进

(1)初始掘进

盾构机在初始掘进时,需进行盾构机导向系统的调试,进行各功能系统的带载试验,完善各功能系统,并进行整合。试掘进过程在 100 环左右应进行 100 环验收,对试验段进行总结,掌握机械设备的操作性能,注意对推进参数的实时设定优化,地面沉降与施工参数之间的关系,并对推进的各项技术数据进行采集、统计、分析,摸索盾构推进规律,为下一步盾构施工和穿越建(构)筑物提供可靠地施工参数设置范围,以满足后续施工质量控制要求。

（2）参数控制

盾构掘进参数包含土仓压力、推力和推进速度、刀盘扭矩、出土量等,其参数设定合理将直接影响盾构掘进质量。

① 仓压力控制:主要取决于刀盘前的水土压力,一般取刀盘中心处的水土压力为准,按下式计算:

$$P_1 = k_0 \times \gamma \times h$$

式中：P_1——土仓压力;

k_0——侧压力系数;

γ——水土的容重;

h——刀盘中心点处的埋深。

具体施工设定值根据盾构埋深、所在位置的土层状况以及监测数据进行不断地调整。

② 推进速度与推力控制:千斤顶推力是盾构前进的动力,正确地使用千斤顶是盾构能否沿设计轴线(标高)方向准确前进的关键,应根据盾构趋势,合理选择千斤顶和设定千斤顶的推力;推进速度按需根据土质、扭矩、推力和土仓压力及周边环境等综合确定。

③ 刀盘扭矩:正常掘进时,扭矩应低于最大扭矩,当工作扭矩达到最大扭矩时,刀盘将停止转动,如反复启动未果,即可启动专门开关,使刀盘重新启动。

④ 出土量的管理:为了保持开挖面稳定,顺利进行掘进,就必须确切地排出与掘进量相一致的切削土层。由于地质改良关系,切削土体积与重量将产生变化,不能单独地进行切削土量计算,通常与土压力一起考虑,来判断开挖面的稳定状态。切削土量的管理方法有重量管理和体积管理两种,都需要通过计算与理论出土量进行比较。这也是选用渣土车的台数及体积需要考虑的。通过出土量的统计和计算,可以判断超挖量和掘进面是否出现了塌方。

参数的设置和选择是盾构掘进的最重要和关键的组成部分。由于盾构机的可操作性强,掘进参数的选择不能一概而定,需要根据实际情况灵活正确地选择掘进参数。

（3）姿态控制

① 盾构姿态的测量数据包括自动测量数据和人工测量数据。人工测量数据是对自动测量数据正确性的检测和校正。两类数据要进行比较、分析,动态掌握数据变化情况,正确指导盾构机正确、安全地推进。

② 坐标、高程控制点的前移和复测。隧道内控制点设置间距大约为 20～50 m,并定期进行复测和修正。

③ 以测量结果为基础,绘制盾构及管片与设计线之间的位置关系图。

④ 发现盾构机偏向时,应及时纠正,不得猛纠硬调。进行大方向的纠正时,要确保盾尾间隙,可采用纠偏材料、异形管片进行纠偏。

（4）轴线控制

由于地层软硬不均、隧道曲线和坡度变化以及操作等因素的影响,盾构推进不可能完全按照设计的隧道轴线前进,将会产生一定的偏差。当这种偏差超过一定限值时就会使隧道衬砌侵限、盾尾间隙变小使管片局部受力过大,严重时产生管片错台过大、开裂、漏水等现象。因此,盾构施工中必须采取有效技术措施控制掘进方向,及时有效纠正掘进偏差。盾构掘进中应严格控制轴线平面位置和高程,其允许偏差均为±50 mm;当偏差较大时,应会同设计单位进行调线、调坡。

（5）同步注浆

① 盾构施工中,随着盾构的向前推进,当管片脱离盾尾后,在土体与管片之间会形成一道宽度为

115~140 mm左右的环行空隙。若不将这一空隙及时充填则管片周围的土体将会松动甚至发生坍塌,从而导致地表沉降等不良后果。为此必须采用注浆手段及时将盾尾建筑空隙加以充填。同时,背衬注浆还可提高隧道的止水性能,使管片所受外力能均匀分布,确保管片衬砌的早期稳定性。

② 浆液配比和性能:在施工中,根据地层条件、地下水情况及周边条件等,同步注浆配比通过现场试验优化确定。同步注浆浆液的主要物理力学性能应满足下列指标:

胶凝时间:一般为5~10 h,根据地层条件和掘进速度,通过现场试验加入促凝剂及变更配比来调整胶凝时间。对于强透水地层和需要注浆提供较高的早期强度的地段,可通过现场试验进一步调整配比和加入早强剂,进一步缩短胶凝时间。固结体强度:一天不小于0.2 MPa,28 d不小于2.5 MPa,浆液结石率:大于95%,即固结收缩率小于5%。浆液稠度:8~12 s。浆液稳定性:倾析率(静置沉淀后上浮水体积与总体积之比)小于5%。

③ 注浆压力:最初的注浆压力是根据理论静止水土压力确定的,在实际掘进中将不断优化。如果注浆压力过大,会导致地面隆起和管片变形,还易漏浆。如果注浆压力过小,则浆液填充速度赶不上空隙形成速度,又会引起地面沉陷。一般而言,注浆压力取1.1~1.2倍的静止水土压力,最大不超过3.0~4.0 bar。同时下部每孔的压力比上部每孔的压力略大0.5~1.0 bar。

④ 注浆量:根据刀盘开挖直径和管片外径,可以按下式计算出一环管片的注浆量。

$$V = \pi/4 \times K \times L \times (D_1 - D_2)$$

式中: V ——环注浆量(m³);

L ——环宽(m);

D_1 ——开挖直径(m);

D_2 ——管片外径(m);

K ——扩大系数(取1.5~2)。

⑤ 注浆时间和速度:在不同的地层中根据需不同凝结时间的浆液及掘进速度来具体控制注浆时间的长短。做到"掘进、注浆同步,不注浆、不掘进",通过控制同步注浆压力和注浆量双重标准来确定注浆时间。注浆量和注浆压力达到设定值后才停止注浆,否则仍需补浆。

⑥ 注浆效果检查:主要采用分析法,即根据压力-注浆量-时间曲线,结合管片、地表及周围建筑物量测结果进行综合评价。对拱顶部分采用超声波探测法通过频谱分析进行检查,对未满足要求的部位,进行补充注浆。

2. 管片拼装

(1) 管片运输过程保护

① 管片运输途中应采取适当的防护措施,避免受损或毁坏。

② 管片堆场及堆放方式应满足上述管片成品堆放要求。

(2) 管片拼装

① 拼装时先安装底部的管片,然后自下而上左右交叉安装,每环相邻管片均布摆匀并控制环面平整度和封口尺寸,最后插入封顶管片。

② 管片拼装后连接螺栓应初步拧紧,脱出盾尾后及时复紧,隧道贯通后,还应进行第三次复紧。连接螺栓拧紧过程中应注意两端丝扣外露长度一致。

③ 管片拼装质量应符合《盾构法隧道施工与验收规范》(GB 50446—2017)第9.3条的验收标准,见表5.2.5。

表 5.2.5　管片拼装质量验收标准

序号	检查项目	允许偏差(mm)	检查方法
1	管片无内外贯穿裂缝,无宽度大于0.2 mm的裂缝及混凝土剥落现象	—	刻度放大镜

续表 5.2.5

序号	检查项目	允许偏差(mm)	检查方法
2	管片防水密封质量应符合设计要求,无缺损,粘接牢固,防水垫圈无遗漏	—	检查施工日志,检查材料合格证和试验报告
3	螺栓质量及拧紧度符合设计要求	—	扳手紧固检查;检查材料合格证和试验报告
4	隧道轴线平面位置	±50	经纬仪测中线,1点/环
5	隧道轴线高程	±50	水准仪测高程,1点/环
6	直径椭圆度	±5‰D	尺量后计算,4点/环
7	相邻管片径向错台	5	尺量,4点/环
8	相邻环片环面错台	6	尺量,1点/环

（3）同步注浆

① 注浆前进行配合比试验,选出最佳配合比,并根据不同地质情况,适时调整配合比。

② 严格控制浆液的搅拌质量,搅拌均匀,时间充分,同步注浆速度与掘进速度相匹配。

③ 注意调整盾尾间隙,控制推进油缸的伸缩和同步注浆压力,拼装精度控制在设计要求之内,防止管片移位、错台。

（4）成型隧道验收

验收质量应符合《盾构法隧道施工与验收规范》(GB 50446—2017)第16章的要求,见表5.2.6。

表 5.2.6 成型隧道验收标准

序号	检查项目	允许偏差(mm)	检查方法
1	结构表面无裂缝、缺棱、掉角,管片接缝复核设计要求	—	观察检查;检查施工日志
2	隧道防水符合设计要求	—	观察检查;检查施工日志
3	衬砌结构不得侵入建筑限界	—	全站仪、水准仪,5环/次
4	隧道轴线平面位置	±100	全站仪测中线,10环/次
5	隧道轴线高程	±100	水准仪测高程,10环/次
6	衬砌环直径椭圆度	±6‰D	尺量后计算,10环/次
7	相邻管片的径向错台	10	尺量,4点/环
8	相邻管片的环向错台	15	尺量,1点/环

3. 管片防水

盾构隧道防水应以管片自防水为基础,接缝防水为重点,并应对特殊部位进行防水处理,形成完整的防水体系。

（1）管片自防水

管片自防水主要应加强管片混凝土制作质量,具体质量控制要求可参见第四章第二节地下车站结构中防水混凝土的相关内容。

（2）管片拼装接缝防水

① 防水密封条的品种规格、性能必须满足设计要求,当设计无明确要求时,必须满足现行国家标准《地下工程防水技术规范》(GB 50108—2008)相关要求。

② 防水密封条的环、纵向长度尺寸应有施工单位与防水密封条供应商根据管片的实际尺寸结合橡胶特性安装后确定。

③ 产品进场应有合格证书和性能检测报告,进场后逐一进行外观质量检验,并以每300环数量的密封条为一批,取样进行物理性能检验。

④ 黏接剂质量应符合设计要求、黏接剂涂刷均匀饱满、弹性密封垫和橡胶衬垫粘贴平整牢固。

⑤ 螺栓衬垫严密,不得有裂隙,使用前检查,发现损坏立即更换,不得使用。

⑥ 在管片拼装前,若因故导致弹性密封垫损坏或水膨胀条发生了预膨胀,则必须重新更换弹性密封垫。

⑦ 管片角部为防水的薄弱环节,角部密封垫应铺设到位,并在管片角部粘贴自黏性橡胶薄片,以加强防水密封效果。

⑧ 加强管片拼装施工管理,提高拼装质量。为防止成环管片在水压作用下,环纵缝张开漏水,拼装时也要按要求严格紧固环纵向螺栓。

⑨ 做好施工缝的嵌缝工作,作为第二道防线,可以弥补因止水条接头处密封不严或拐角处开裂或因弹性密封垫和管片边角部位因施工损坏而引起的渗漏。

（3）管片螺栓孔防水

管片的每一个连接螺栓两端均设置一个"O"形遇水膨胀橡胶圈防水,通过管片螺母和垫片压紧使得橡胶圈应紧靠管片混凝土,保证管片的连接螺栓孔不发生渗水现象。在拼装结束或贯通后若发现橡胶圈损坏或外露,则必须更换。

（4）管片环、纵缝嵌缝

在盾构隧道掘进完成后宜对管片环、纵缝凹槽嵌缝。嵌缝时先清理嵌缝槽内污垢,对存在冒水、滴漏、慢渗等现象的部位进行注浆堵漏止水,对有湿渍或慢渗的嵌缝槽,采用潮湿面粘接的密封胶或膨胀密封胶。管片嵌缝槽如有碎裂、缺损,应先进行修补,然后进行嵌缝作业。嵌缝时先涂冷底子油,再自下而上填塞密封胶,使之密实平整。嵌填作业用刮刀抹填或嵌缝枪嵌注均可。其嵌缝范围、嵌缝材料应符合设计要求,嵌缝前应检查管片缺陷是否修补及漏点封堵,嵌缝槽内面是否有积水或残存污物。

（五）洞门圈梁（井接头）施工

洞门圈梁施工主要有模板、钢筋、混凝土和防水等,其质量控制要点参见第四章第二节地下车站结构中相关内容,还需注意以下质量控制要点。

1. 为确保车站结构与隧道管片可靠连接,在洞门处需要预埋连接钢环,同时在洞门混凝土管片环面预埋钢板,以便后浇圈梁,洞门圈梁内置长度应在 40~80 cm 之间,使整个结构形成一个整体。

2. 洞门防水施工

（1）在洞门负环拆除前,进行多次的管片壁厚注浆,减少管片拆除后基面的渗漏水。

拆除管片及洞门圈密封装置应要求检验管片壁后土体渗漏水情况,并确认无渗漏水情况。

（2）灌筑洞门混凝土时,必须振捣密实,并充分考虑收缩应力和变形开裂,做好预防工作,避免产生微小裂缝引起渗漏,保证抗渗混凝土的自防水功能。

（3）防水密封条一定要掌握好涂缓膨胀剂的时间与剂量,保证防水密封条在混凝土具有一定的强度后才开始膨胀,切实发挥止水作用。防水密封条的粘贴基面要光滑平整,没有台阶、蜂窝麻面。防水密封条在粘贴或固定时要牢固,防止在施工时防水密封条脱落。

（4）在洞门混凝土施工后,及时进行背后注浆,确保混凝土背后充填密实,起到堵水效果。

（六）联络通道（兼泵房）施工

1. 冻结帷幕

（1）冻结帷幕厚度需经计算确定。

（2）冻结帷幕平均温度为不高于−10 ℃（冻结壁与管片交界面平均温度不高于−5 ℃）。

（3）相应的冻土强度指标（−10 ℃）为:单轴抗压不小于3.6 MPa,弯折抗拉不小于1.8 MPa,抗剪不小于1.4 MPa。

2. 冻结参数

（1）冻结 7 d 盐水温度达到−20 ℃以下,冻结 15 d 盐水温度达到−24 ℃以下,开挖前盐水温度将至−28 ℃以下,去回路盐水温差不大于 2 ℃,维护冻结期盐水温度不高于−28 ℃。

（2）联络通道积极冻结时间为 45 d,开挖期间仍正常冻结。

（3）冻结孔单孔流量不小于 5 m³/h。

（4）制冷剂选用氟立昂 R-22。

（5）冷媒剂选用氯化钙（CaCl₂）溶液。

（6）冻结帷幕温度监测，在测温孔内安装康铜线热电偶，使用测温仪进行量测。冻结帷幕帮壁温度使用高精度点温计或用精密水银温度计测量，监测频率每天 1～3 次，当工作面温度过高等不利情况时，每 2 h 一次。冻结帷幕表面位移监测，在开挖面安装测点，用收敛仪测量。每天一次，当工作面温度过高等不利情况时，每 2 h 一次。

3. 冷冻量计算

冻结需冷量计算：

$$Q_z = 1.2 \times q \times A$$

式中：A——冻结总表面积（m²）；

q——冻结管总吸热能力（kcal/m² · h）。

4. 冻结孔施工

（1）冻结孔施工顺序

先施工穿透孔，根据穿透孔的偏差，进一步调整有关的钻进参数。然后根据联络通道施工的孔位，采用由上向下的顺序进行施工，这样可防止因下层冻结孔的施工引起上部地层扰动，减小钻孔施工时的事故发生率。

（2）冻结孔定位

依据施工基准点，按冻结孔施工图进行冻结孔孔位放线，孔位布置首先要依据管片配筋图和钢管片加强筋的位置，在避开主筋、管缝、螺栓及钢管片肋板的前提下可适当调整，不大于 100 mm。

（3）开孔及孔口密封

开孔选用 J-200 型金刚石钻机，配 φ130 mm 金刚石取芯钻头进行钻孔，深度约 300 mm，控制不得钻穿管片。用钢楔楔断岩心，取出后，打入加工好的孔口管，并用至少有 4 个固定点固定在管片上，然后安装孔口密封装置。

（4）冻结孔钻进

① 钻孔设备使用 MD-80A 钻机一台或夯锤，配用 BW250 型泥浆泵，钻具利用 φ89×8 mm 冻结管作钻杆；冻结管之间采用套管丝扣连接，接头螺纹紧固后再用手工电弧焊焊接，确保其同心度和焊接强度。

② 正常情况下，钻进时安装简易钻头，直接无水钻进。如果钻进困难时，在钻头部位安装特制单向阀门，采用带水钻进。冻结管到达设计深度后，密封冻结管端部。

③ 钻进过程中严格监测孔斜情况，发现偏斜要及时纠偏，下好冻结管后，进行冻结管长度的复测，然后再用激光测斜仪进行测斜并绘制钻孔偏斜图。冻结管长度和偏斜合格后再进行打压试漏，压力控制在 0.6 MPa，稳定 30 min 压力无变化者为试压合格。如发现有冻结孔偏斜过大，则在相邻位置进行补孔，确保冻结质量。

④ 在冻结管内下供液管，然后焊接冻结管端盖和去、回路羊角。

（5）钻孔长度、冻结管长度、冻结管偏斜、冻结器密封性能、供液管安装长度控制措施

① 钻孔长度、冻结管长度和供液管长度用钢卷尺直接测量，所有孔全部测量。

② 水平冻结孔偏斜的监测使用经纬仪结合灯光进行，所有孔全部测量。

③ 冻结器密封性能的监测采用管内注水、试压泵加压的方法试漏，所有孔全部测量。

5. 积极冻结和维护冻结

制冷系统和盐水系统的工作压力，直接通过系统上安装的压力表量测，每 2～3 h 一次。制冷系统和盐水系统的温度通过安装的温度计直接读取或用测温仪量测，每 2～3 h 一次。

（1）积极冻结

设备安装完毕后进行调试和试运转。在试运转时，要随时调节压力、温度等各状态参数，使机组在有

关工艺规程和设备要求的技术参数条件下运行。冻结系统运转正常后进入积极冻结。

正常运转 7 d 盐水温度降至−20 ℃以下,22 d 盐水温度降到设计最低盐水温度要求。开始冻结后,要巡回检查冻结器是否有断裂漏盐水的情况发生,一旦发现盐水漏失,立即关闭阀门,并根据盐水漏失情况采取补救措施。

在冻结过程中,每天检测去、回路干管盐水温度、冻结器回路盐水温度、盐水箱液位变化、冷却水温度,观察冻结器头部结霜是否有异常融化。在冻结运转初期,检测各冻结器的盐水流量,如发现检测流量小于设计要求,则应用控制阀门进行调节,或者加大盐水泵泵量,使其满足设计要求。

每天检测测温孔温度,并根据测温数据,分析冻土帷幕的扩展速度和厚度,预计冻土帷幕达到设计厚度的时间。

(2) 开挖条件判定

在联络通道开挖前,需进行关键节点条件验收,确保达到如下条件后方可开挖。

① 积极冻结时间达到设计值 40 d,并要求盐水温度达到设计最低盐水温度−28 ℃以下,且去、回路盐水温差不大于 2 ℃。

② 根据测温孔测温结果计算,冻土帷幕温度和厚度达到设计值 1.8 m 并写出分析报告。

③ 泄压孔压力上涨超过 7 d,且打开泄压孔阀门无泥水流出。

④ 打探孔检查冻土帷幕与隧道管片之间的界面冻结温度达到−5 ℃以下,界面宽度不小于 1.2 m。探孔位置选在孔间距较大处或冻结有异常处。

⑤ 已安装防护门,确认防护门启闭功能正常并做好气密性试验,接好供气管道。

⑥ 完成隧道支撑加固。

⑦ 准备好水泥、水玻璃等应急材料与设备。

⑧ 做好开挖准备工作。

⑨ 做好设备维护、保养工作,保证设备能正常运行。

(3) 维护冻结

正式开挖后,为确保冻土帷幕的稳定性,维护冻结期盐水温度为−25 ℃～−28 ℃,冻结时间贯穿联络通道及泵房开挖和主体结构施工始终。

6. 开挖和构筑施工

(1) 开挖施工

根据工程结构特点,联络通道开挖,采取分区方式进行施工,施工顺序为先通道后集水井,待通道结构浇筑结束且混凝土强度达到一定要求时,可开始开挖集水井。开挖采用短段掘砌技术,开挖步距控制在 0.5 m。由于冻土强度高、韧性好,普通手镐无法施工,需采用风镐掘进。在掘进施工中根据揭露土体的加固效果及施工监测信息,及时调整开挖步距和支护强度,确保安全施工。在开挖过程中,还要及时对暴露的冻土墙进行保温,保温材料为 50 mm 厚泡沫塑料板。

(2) 初支喷射混凝土施工

① 施工时需按照从下到上的顺序进行施工,分层进行喷射。要正确地控制喷射机的工作风压和保证喷嘴料流的均匀性。喷射机处的工作风压应根据适宜的喷射速度而进行调整,若工作风压过高,即喷射速度过大,动能过大,使回弹增加,若工作风压过低,压实力小,影响混凝土强度,喷射机的料流要均匀一致,以保证速凝剂在混凝土中均匀分布,喷射完毕,要及时进行表面的修整,以方便防水层的施工。

② 喷射混凝土前,在临时支护层中预埋注浆管,注浆管选用 φ50 mm 的焊接管,顶端接管箍,并用丝堵封闭。开挖过程中注意冻结管的位置,以防风动工具打破冻结管。若发生打破冻结管,应及时通知冻结站人员,关闭阀门,补焊冻结管。

(3) 防水施工

① 止水带:初支喷射混凝土完成后,即可进行止水带施工。止水带是用黏接剂沿着支护层断面内侧直接粘到隧道管片上,粘接前必须对管片采用特殊溶剂进行清洗,止水带一定要粘牢,不能留有空隙。

② 按设计要求选择防水材料和铺设工艺。防水板材敷设基面需抹灰平整,并在防水板材内外侧均铺

设土工布,以保护防水层不受损坏。防水层与管片之间用专用胶粘接。

7. 融沉注浆

联络通道开挖构筑施工结束后,在冻土墙及结构外壁之间必然存在一定的间隙,这就为隧道及地表的移动提供了空间,为消除这种施工间隙,减少地面及隧道的沉降,在结构施工中预埋注浆管,在结构施工结束后,及时对这种施工间隙进行壁后注浆充填。

每一注浆段中遵循先下部、后上部的原则,使加固的浆液逐渐向上扩展,避免死角,改善隧道和旁通道底部土体,提高充填效果。注浆总量一般为冻土体积的 15% 左右,具体情况根据监测情况确定。注浆结束后,要再注入双液浆封堵注浆管,并由人工修整管口与砌筑面齐平,保证结构强度,美观、整齐。

联络通道施工主要有模板、钢筋、混凝土和防水等,其质量控制要点参见第四章第二节地下车站结构中相关内容。

联络通道开挖前必须对防淹门进行压力试验,满足要求后才能进行开挖。

(七)盾构法区间隧道和周边环境监控量测

1. 地面控制测量

一等平面控制网(GPS)、二等平面控制网(导线)、高程控制网(水准)测量技术要求应符合《盾构法隧道施工与验收规范》(GB 50446—2017)第 5.2.3 条的规定,见表 5.2.7~表 5.2.9。

表 5.2.7　一等平面控制网(GNSS)测量技术要求

平均边长 (km)	固定误差 a(mm)	比例误差 b(mm/km)	相邻点的相对点位 中误差(mm)	最弱边的相 对中误差
2	≤5	≤2	±10	1/100 000

表 5.2.8　二等平面控制网(导线)测量技术要求

平均边长(m)		导线长度(km)		每边测 距中误 差(mm)	测距相对 中误差	测角 中误 差(″)	测回数		方位角 闭合差 (″)	全长相对 闭合差	相邻点的 相对点位 中误差 (mm)
城镇 地区	平原 或山岭 地区	城镇 地区	平原 或山岭 地区				DJ1	DJ2			
350	500	3	5	±4	1/60 000	±2.5	4	6	±5$\sqrt{n}$	1/35 000	±8

表 5.2.9　高程控制网(水准)测量技术要求

每千米高差中数中 误差(mm)		路线长度 (km)	水准仪 等级	水准尺	观测次数		往返较差、附合或环线闭合差	
偶然中 误差	全中 误差				与已知 点联测	附合或环线	平地 (mm)	山地 (mm)
±2	±4	4	DS1	钢钢尺或 条码尺	往返 各一次	往返 各一次	±8$\sqrt{L}$	±2$\sqrt{n}$

注:L 为往返侧段、附合或环线的线路长度(单位:km),n 为单程的测站数。

2. 联系测量

全站仪角度标称精度不应低于 2″;陀螺经纬仪 1 次定向精度应小于 20″;垂准仪投点中误差为 ±3 mm;同一边应定向 3 次,每测回间陀螺方位角较差应小于 20″,独立三次定向陀螺方位角平均值中误差为 ±12″。

高程传递时地面、地下水准仪应同时读数,并在钢尺上悬吊与钢尺检定时同质量的重锤;传递高程时应独立进行 3 次测量。较差应小于 3 mm;高差需进行温度、尺长改正。

在贯通区间始发工作井联系测量不应少于 3 次,在初始掘进 50~100 m 及贯通前 200 m 时,应进行联系测量。

3. 地下控制测量

施工控制导线应满足下列要求:直线隧道导线平均边长宜为 150 m,曲线隧道的导线平均边长宜为 60 m;采用 DJ2 全站仪施测,左右角各测 2 测回,左右角平均值之和与 360°较差应小于 6″;导线点横向中误差宜≤贯通中误差×4×导线长度/(5×贯通距离)。

施工控制水准应符合下列规定:水准点宜按每 200 m 间距设置 1 个;水准点可利用导线点,也可单独埋设。

延伸地下控制导线和控制水准时,应对现有施工控制点进行检测,并选择稳定点进行延伸测量。在隧道贯通前,地下控制导线和控制水准测量应不少于 3 次,重合点坐标较差应小于 10 mm,且应采用平均值作为测量结果。

4. 掘进施工测量

盾构姿态计算数据精度要求应符合《盾构法隧道施工与验收规范》(GB 50446—2017)第 5.5.6 条的规定,见表 5.2.10。

表 5.2.10　盾构姿态计算数据精度要求

名称	单位	精度要求	名称	单位	精度要求
横向偏差	mm	1	方位角	′	1
竖向偏差	mm	1	滚转角	′	1
俯仰角	′	1	切口里程	m	0.01

当以地下控制导线点和水准点测定盾构测量标志点时,测量误差为±3 mm。

衬砌环测量应在完成管片拼装后进行盾尾间隙测量,在衬砌环完成壁后注浆,宜在管片出车架后进行测量,其内容包括衬砌环中心坐标、底部高程、水平直径、垂直直径和前端面里程,测量误差为±3 mm。

5. 贯通测量

纵横向贯通误差,可利用隧道贯通面两侧平面控制点测定贯通相遇点的坐标闭合差确定,也可利用隧道贯通面量测中线在贯通相遇点的间距测定,隧道的纵横向贯通误差应投影到线路的法线方向上。

应利用隧道贯通面两侧的高程控制点进行高程贯通误差测量。

6. 竣工测量

横断面测量可采用断面仪或全站仪等进行,测量误差为±10.0 mm。

竣工测量资料应按要求归档,并作为隧道验收依据。

7. 隧道环境和隧道结构监控测量

变形测量等级划分及精度要求符合《城市轨道交通工程测量规范》(GB 50308—2008)第 18.1.8 条的规定,见表 5.2.11。

表 5.2.11　变形测量等级划分及精度要求

变形测量等级	垂直位移测量		水平位移测量	适用范围
	变形点的高程中误差(mm)	相邻变形点的高差中误差(mm)	变形点的点位中误差(mm)	
一级	±0.3	±0.1	±1.5	变形特别敏感的高层、高耸建、构筑物、精密工程设施、重要古建筑等有高精度要求的监测对象
二级	±0.5	±0.3	±3.0	对变形比较敏感的高层建筑、地下管线;建设工程的支护、结构;隧道拱顶下沉、结构收敛和运营阶段结构、轨道和道床以及有中等精度要求的监测对象
三级	±1.0	±0.5	±6.0	一般多层建筑、地表及施工和运营中的次要结构及有低等精度要求的监测对象

水平位移监测主要技术要求和监测方法应符合《城市轨道交通工程测量规范》(GB 50308—2008)第18.1.9条的规定,见表5.2.12。

表 5.2.12 水平位移监测主要技术要求和监测方法

等级	变形点的点位中误差(mm)	坐标较差或两次测量较差(mm)	主要监测方法
Ⅰ	±1.5	2	坐标法(极坐标法、交会法等)或基准线法、投点法等
Ⅱ	±3.0	4	
Ⅲ	±6.0	8	

垂直沉降监测,应构成附合、闭合路线或结点网。主要技术要求和监测方法应符合《城市轨道交通工程测量规范》(GB 50308—2008)第18.1.9条的规定,见表5.2.13。

表 5.2.13 垂直沉降监测主要技术要求和监测方法

等级	高程中误差(mm)	相邻点高差中误差(mm)	往返较差,附合或环线闭合差(mm)	主要监测方法
Ⅰ	±0.3	±0.1	$±0.15\sqrt{n}$	水准测量
Ⅱ	±0.5	±0.3	$±0.30\sqrt{n}$	水准测量
Ⅲ	±1.0	±0.5	$±0.60\sqrt{n}$	水准测量

注:n 为测段的测站数。

当采用物理传感器进行监控量测时,应按各类仪器的埋设规定和监控量测方案的要求埋设传感器。观测点应埋设在能够反映变形,便于观测,易于保存的位置。

变形测量频率应根据工程要求和监测对象的变形量和变形速率确定。

监控量测完成后应及时提供监测成果。

工程竣工后应提供监控量测技术总结报告。

五、质量监督要点

(一)资料

(1)图纸会审记录、设计变更或洽商记录等。

(2)盾构掘进、始发、到达、穿越特殊地段、联络通道施工、测量、监测等专项方案。

(3)管片制作、盾构掘进、同步注浆、管片拼装、防水施工验收记录、百环验收记录、端头加固、洞门环梁、联络通道验收记录等。

(4)工程测量定位、基座导轨高程、轨距及中线位置、成形盾构隧道限界、线路轴线偏差、隧道衬砌环轴线高程、平面偏移值、监控量测、地表隆陷、隧道隆陷、土体内部位移、衬砌环内力变形、土层压应力等记录。

(5)管片、同步注浆、防水材料、管片螺栓、洞门环梁和联络通道的原材料合格证及检验报告、进场验收记录;混凝土强度报告、抗渗试块报告、钢筋混凝土保护层检测报告、混凝土耐久性指标的检测报告;端头加固完成的取芯强度报告;管片抗弯性能报告、水平拼装报告、抗拔性能报告、渗漏检验报告。

(二)实体

(1)管片类型、管片脱模后成品外观质量及尺寸偏差。

(2)管片的养护、堆放、运输、修补和验收。

(3)管片成环后的高程和平面偏差、纵环向相邻管片错台和缝隙宽度、螺栓连接。

(4)同步注浆的浆液指标和注浆量、注浆压力。

（5）成型隧道的渗漏水及缺陷处理。

（6）联络通道冻结孔孔位、冻结效果、开挖支撑。

（7）管片、联络通道和洞门圈梁钢筋混凝土施工参见第四章第二节中质量监督要点相关内容。

六、常见质量问题及预防

（一）成型隧道管片错台

成型隧道管片出现超过规范要求的环、纵向错台。

1. 原因分析

（1）管片选型不合理。

（2）盾构掘进姿态不理想，单次纠偏量过大、纠偏过急。

（3）管片与盾尾间隙过不均匀，管片拼装过程中管片与盾尾相碰，为了将管片拼装在盾尾内，将管片径向内移，造成过大的环向错台。

（4）隧道处于复杂多种地层、超欠挖，容易产生不均匀沉降，未及时进行注浆充填或注浆量、注浆压力控制不合理。

（5）管片螺栓与螺栓孔间隙过大。

（6）管片拼装作业不规范，未及时对管片螺栓紧固、复紧。

（7）注浆孔位置选择不合理，注浆不对称、不平衡，导致管片单侧受浮力较大，或引起管片上浮，造成错台出现。

2. 预防及控制措施

（1）掘进时，严格控制盾构机的姿态，尽可能地减少每次纠偏的幅度，最大纠偏量满足规范要求。

（2）在施工过程中，依据实际施工情况，根据不同类型的管片设计参数，选择合理类型的管片，保证管片轴心与盾构机轴心一致。施工时主要以千斤顶形程差和盾尾间隙等为依据。

（3）及时调整盾尾间隙，避免盾尾挤压管片造成错台。

（4）检查成型管片螺栓孔、螺栓尺寸是否超限，若超限需要进行更换处理。

（5）同步注浆浆液性能满足盾构施工，并严格控制同步注浆的时间、注浆压力及注浆量，并及时进行二次注浆处理。其中应考虑到管片出盾尾后的上浮及隧道沉降的预留量。

（6）规范管片拼装作业：拼装前清理干净盾尾杂物，拼装过程中必须严格控制管片的垂直度、整圆度以及纠偏过程中转弯管片拼装位置，拼装完成后及时复紧管片螺栓。

（二）成型隧道管片碎裂、缺角、裂缝

1. 原因分析

（1）因混凝土配比、原材、养护等因素影响，管片混凝土强度未达到设计要求。

（2）拼装时管片在盾尾中的偏心量太大，管片与盾尾发生磕碰现象，以及盾构推进时盾壳卡坏管片。

（3）定位凹凸榫的管片，在拼装时位置不准，凹凸榫未对齐，在千斤顶靠拢时会由于凸榫对凹榫的径向分力而顶坏管片。

（4）管片拼装时相互位置错动，管片与管片之间没有形成面接触，盾构推进时在接触点处产生应力集中而使管片的角碎裂。

（5）前一环管片的环面不平，使后一环管片单边接触，在千斤顶的作用下形同跷跷板，管片受到额外的弯矩而断裂。在封顶块与邻接块的接缝处的环面不平，也是导致邻接块两角容易碎裂的原因。

（6）拼装好的邻接块开口量不够，在插入封顶块时间隙偏小，如强行插入，则导致封顶块管片或邻接块管片的角崩落。

（7）管片传力衬垫粘贴厚度不均或粘贴不牢脱落。

（8）拼装机在操作时转速过大，拼装时管片发生碰撞，边角崩落。

2. 预防措施

（1）应按要求进行结构性能检验，检验结果应符合设计要求。

（2）管片强度和抗渗等级应符合设计要求。

（3）吊装预埋件首次使用前必须进行抗拉拔试验,试验结果应符合设计要求。

（4）管片不应存在漏筋、孔洞、疏松、夹杂、有害裂缝、缺棱掉角、飞边等缺陷,麻面面积不得大于管片面积5%。

（5）实施盾构纠偏必须逐环、小量纠偏,必须防止过量纠偏而损坏已拼装管片和盾尾密封。合理调整隧道管片排序,优先使用曲线环管片来调整盾构姿态。

（6）管片拼装应严格按拼装设计要求进行,管片不得有内外贯穿裂缝和宽度大于0.2 mm的裂缝及混凝土剥落现象。

（7）管片防水密封质量应符合设计要求,不得缺损,粘接应牢固、平整,防水垫圈不得遗漏。严格控制管片传力衬垫及止水条的粘贴质量,对出现鼓包、脱落等问题应及时整改,保证粘贴厚度均匀。并做好管片成品在运输、吊装过程中的保护,避免人为造成的管片传力衬垫及止水条脱落、污染。

（8）加强对拼装管片检查验收,对表面有裂纹或边角破损的管片,满足修补要求的及时进行修补,修补材料的抗拉强度不应低于1.2 MPa,抗压强度不应低于管片强度;不满足修补要求的退回、弃用。

（9）规范管片拼装作业,注重管片拼装过程的保护,尽量减少错台。

（10）管片拼装前检查上一环环面平整度,发现环面不平整时,及时加贴衬垫予以纠正,在前一环环面平整的情况下,整环粘贴传力衬垫,保证环面平整、受力均匀。

第三节 高架区间

城市高架区间工程是区别于地下隧道工程的一种形式,地基与基础一般采用桩基与承台形式,埋设在地面以下,桥梁墩柱一般沿河流、道路绿化带设置,道路空间得到很好的利用,梁部结构根据城市场地情况设计现浇或者预制两种,桥梁两侧设置声屏障装置,以确保城市安静环境等要求。

一、主要规范依据

1.《建筑工程施工质量验收统一标准》(GB 50300—2013);

2.《地下铁道工程施工及验收规范(2003年版)》(GB 50299—1999);

3.《建筑地基基础工程施工质量验收规范》(GB 50202—2002);

4.《混凝土结构工程施工质量验收规范》(GB 50204—2015);

5.《混凝土结构工程施工规范》(GB 50666—2011);

6.《铁路桥涵工程施工质量验收标准》(TB 10415—2003);

7.《铁路混凝土工程施工质量验收标准》(TB 10424—2010);

8.《城市桥梁工程施工与质量验收规范》(CJJ 2—2008);

9.《建筑桩基技术规范》(JGJ 94—2008);

10.《钢筋焊接及验收规程》(JGJ 18—2012);

11.《钢筋机械连接技术规程》(JGJ 107—2016);

12.《预应力筋用锚具、夹具和连接器应用技术规程》(JGJ 85—2010)。

二、概述

高架区间桥梁工程由上部结构(包括桥跨承重结构、桥面结构)、下部结构(包括基础、墩台、盖梁)、支座及附属设施等结构组成。在有降噪要求地带,桥梁两侧还设有声屏障。

桥梁工程形式较多,按桥跨结构的力学体系不同可分为梁式桥、拱桥、刚构桥、吊桥四种基本体系以及由基本体系组合而成的组合体系桥,如系杆拱桥、斜拉桥等;按施工方式不同可分为整体浇筑式桥、预制装配式桥、砖筑式桥、顶推式桥、悬浇或悬拼式桥和转体式桥等;按桥跨结构横截面形式的不同可分为板式桥、T型或槽型梁式桥、箱型梁式桥和桁架式桥等。

三、主要施工环节及工序

(一)桩基及承台

详见第四章第一节地基基础及支护结构。

(二)墩台

1. 重力式混凝土墩台

墩台混凝土浇筑前应对基础混凝土顶面做凿毛处理,清除锚筋污锈;墩台混凝土宜水平分层浇筑,每次浇筑高度宜为 1.5~2 m;墩台混凝土分块浇筑时,浇筑应与墩台截面尺寸较小的一边平行,邻层分块接缝应错开,接缝宜做成企口形。分块数量,墩台水平截面积在 200 m² 以内不得超过 2 块,在 300 m² 以内不得超过 3 块,每块面积不得小于 50 m²。

2. 重力式砌体墩台

墩台砌筑前,应清理基础,保持洁净并测量放线,设置线杆。墩台砌体应采用坐浆法分层砌筑,竖缝应错开,不得贯通。砌筑的石料和混凝土预制块应清洗干净,保持湿润。

3. 柱式混凝土墩台

模板、支架除应满足强度、刚度外,稳定计算中应考虑风力影响。墩台柱与承台基础接触面应凿毛处理,清除钢筋污锈。浇筑墩台柱混凝土时,应铺同配合比的水泥砂浆一层。墩台柱的混凝土宜一次连续浇筑完成。柱身高度内有系梁连接时,系梁应与柱同步浇筑。V 形墩柱混凝土应对称浇筑。

4. 盖梁

盖梁为悬臂梁时,混凝土浇筑应从悬臂端开始;预应力钢筋混凝土盖梁拆除底模时间应符合设计要求;如设计无规定,预应力孔道压浆强度应达到设计强度后,方可拆除底模板。

(三)混凝土梁(板)

1. 现浇箱梁施工

(1)支架

① 地基处理

一般地段采用满堂碗扣支架进行箱梁混凝土浇筑。支架安装前先进行地基处理,清除支架范围内地表杂物和植物,用机械整平场地并碾压,再在地面上浇筑混凝土垫层,地基满足设计承载力后再安装支架,在支架基础四周挖好排水系统,待箱梁施工完成后,清除混凝土基础层。

② 支架搭设

碗扣支架安装采取从中间往两侧搭设或者从一侧向另一侧搭设,一层立杆、横杆安装完后再进行第二层立杆和横杆的安装,直至最顶层。

支架底部应有良好的排水措施,不得被水浸泡。

(2)模板安装

采用全断面整体浇筑成型方法施工,箱梁侧模板选用钢模,底模板选用竹胶板,内模用木模。考虑地基下沉和现浇混凝土时支架的压缩变形,需对支架回弹变形进行测量,以此对箱梁外模加设正施工预拱度。

各种支架和模板安装后,宜采取预压方法消除拼装间隙和地基沉降等非弹性变形。

(3)箱梁钢筋安装

钢筋绑扎前,要核对钢筋配料表和料牌,核对钢筋的直径、形状、尺寸、数量等无误后进行绑扎。

安装时,要考虑到钢筋的穿插就位的顺序,以及与模板、钢绞线的相互配合,以减少安装困难。钢筋安装前应放线,并按顺序安装。

绑扎顶板钢筋时,要注意预埋桥面梁端伸缩缝、护栏板、预埋件等需预埋的构件。

(4)箱梁混凝土浇筑

混凝土的灌注应由低端向高端、分段分层平行向前推进整体一次进行灌注成型。

灌注时应根据灌注速度调整分段长度,并严格控制底板,腹板和横隔及顶板混凝土浇筑的时间差,确保混凝土的灌注质量。在遇到机械故障时应有临时补救措施。混凝土灌注时,要注意平衡推进,避免对模型支架造成偏压,并应采取防止支架不均匀下沉措施。

混凝土浇筑完初凝后,拆模后的混凝土立即采取可靠的养护措施,养护时间不少于 7 d。梁体张拉用的同条件试件,要存放在梁顶上与梁体同环境养护。

（5）预应力施工

① 预应力材料

A. 预应力筋进场时,应对其质量证明文件、包装、标志和规格进行检验。预应力高强钢丝、钢绞线、精轧螺纹钢检验批每批不得大于 60 t。

B. 预应力筋锚具、夹具和连接器应符合国家现行标准《预应力筋用锚具、夹具和连接器》（GB/T 14370—2015）和《预应力锚具、夹具和连接器应用技术规程》（JGJ 85—2010）的规定。锚具和夹片应以不超过 1 000 套为一个验收批;连接器应以不超过 500 套为一个验收批。

锚具,夹具和连接器进场时,应从每批中抽取 10%且不少于 10 套检查其外观和尺寸;抽取 5%且不少于 5 套做硬度试验,对多孔夹片式锚具的夹片,每套至少抽取 5 片。

对大桥、特大桥等重要工程,质量证明文件不齐全、不正确或质量有疑点的锚具,经上述检查合格后,应从同批中抽取 6 套锚具（夹具或连接器）组成 3 个预应力筋锚具组装件,进行静载锚固性能试验。一般中、小桥梁使用的锚具（夹具或连接器）,其静载锚固性能可由锚具生产厂提供试验报告。

C. 金属螺旋管进场时,应按《预应力混凝土用金属波纹管》（JG 225—2007）标准要求对其外观、尺寸、集中荷载作用下的径向刚度、荷载作用后的抗渗漏及抗弯曲渗漏进行检验。塑料波纹管按《预应力混凝土桥梁用塑料波纹管》（JT/T 529—2016）标准要求进行外观及环刚度、局部横向荷载、柔韧性、抗冲击性检验。

② 预应力钢筋制作

A. 预应力筋的下料长度应根据构件孔道或台座的长度、锚夹具长度等经过计算确定。

B. 预应力筋宜采用砂轮锯或切断机切断,不得采用电弧切割。

③ 混凝土施工

A. 拌制混凝土应优先采用硅酸盐水泥、普通硅酸盐水泥,不宜使用矿渣硅酸盐水泥,不得使用火山灰质硅酸盐水泥及粉煤灰硅酸盐水泥,粗骨料也采用碎石,其粒径宜为 5～25 mm。

B. 混凝土中的水泥用量不宜大于 550 kg/m³。

C. 混凝土中严禁使用含氯化物的外加剂及引气剂或引气型减水剂。

D. 从各种材料引入混凝土中的氯离子最大含量不宜超过水泥用量的 0.06%。超过以上规定时,宜采取掺加阻锈剂、增加保护层厚度、提高混凝土密实度等防锈措施。

④ 预应力施工

A. 预应力张拉分为先张法和后张法两种。

预应力张拉锚固体系分类:

按预应力品种可分为:钢丝束墩头锚固体系、钢绞线夹片锚固体系、精轧螺纹钢体系。

按锚固原理可分为:支撑锚固、锲紧锚固、握裹锚固、组合锚固。

施加预应力的方式:除一端张拉、两端张拉、对称张拉、超张拉外,还有分批张拉、分段张拉、分阶段张拉、补偿张拉等。

B. 预应力钢筋张拉应由工程技术负责人主持,张拉作业人员应经培训考核合格后方可上岗。

C. 张拉设备的校准期限不得超过半年,且不得超过 200 次。张拉设备应配套校准,配套使用。

D. 预应力筋的张拉控制应力必须符合设计规定。预应力筋采用应力控制方法张拉时,应以伸长量进行校核。实际伸长值与理论伸长值的差值应符合设计要求,设计无要求时,应控制在 6%以内。

E. 预应力张拉时,应先调整到初应力,该初应力宜为张拉控制应力的 10%～15%,伸长值应从初应力时开始量测。

F. 预应力钢筋的锚固应在张拉控制应力处于稳定状态下进行,锚固阶段张拉端预应力钢筋的内容缩量不得大于设计规定。设计无规定时不得大于规范要求。

G. 预应力张拉程序应符合设计及规范的有关规定。

⑤ 后张法预应力孔道压浆

A. 对于预应力混凝土桥梁构件孔道灰浆的强度,如设计无规定时,应不低于 30 MPa。

B. 压浆前应用压力水冲洗孔道。

C. 孔道压浆顺序为先下后上,将集中在一处的孔道一次压完。对曲线孔道和竖向孔道应由最低点的压浆孔压入,由最高点的排气孔排气和泌水。

D. 压浆压力一般为 0.5～0.7 MPa。当输浆管较长或采用一次压浆时,应适当加大压力。梁体竖向预应力孔道的压浆最大压力可控制在 0.3～0.4 MPa。每个孔道压浆至最大压力后,应有一定的稳压时间,该稳压期不宜少于 2 min。

E. 压浆时,每一工作班应留取不少于三组的砂浆试块。

F. 孔道内的水泥浆强度达到设计规定后方可吊移预制构件;设计未规定时,不应低于砂浆设计强度的 75%。

2. 预制箱梁施工

(1) 预制场布置

预制场根据箱梁生产、堆放、运输等工艺流程要求进行合理布局。

(2) 制梁台座

设置台座前应检测地基承载力,并验算张拉前与张拉后所需的地基承载力,必要时可在两端头设计为扩大基础。台座施工时应确保其平整度。当设计有反拱要求时,应预设底模反拱,反拱值应结合施工实际与梁的张拉情况适当调整。

(3) 预制梁钢筋制作安装及波纹管定位、模板安装、混凝土浇筑与现浇箱梁基本类似,详见有关章节。

(4) 预制梁安装

预制梁梁体的吊装架设应按审核批准的施工方案执行。预制梁吊点的位置应符合设计要求,设计无要求时,应经计算确定。吊运时预制梁混凝土的强度不得低于设计强度的 75%,后张预应力构件孔道压浆强度应符合设计要求或不低于设计强度的 75%。

预制梁架设前,对设计提供的墩顶平面、高程位置做全面贯通测量,确保架梁顺利进行。检查支座的安装位置是否正确,所有支座螺栓是否已经紧固,然后安装密封橡胶和钢围板,对支座四周的砂浆进行整固,将墩台表面清理干净。

预制梁架设后,对外观进行检查,保证梁端面平齐,梁缝符合要求,两侧外缘平直圆顺。如不符合要求,将预制梁提升,重新进行对位落梁。

3. 悬臂浇筑(挂篮法)

(1) 挂篮结构主要设计参数:挂篮质量与梁段混凝土的质量比值宜控制在 0.3～0.5,特殊情况下不得超过 0.7;允许最大变形(包括吊带变形的总和)为 20 mm;施工、行走时的抗倾覆安全系数不得小于 2;自锚固系统的安全系数不得小于 2;斜拉水平限位系统和上水平限位安全系数不得小于 2。

(2) 挂篮组装后,应全面检查安装质量,并应按设计荷载做载重试验,以消除非弹性变形。

(3) 当梁段与桥墩设计为非刚性连接时,浇筑悬臂段混凝土前,应先将墩顶梁段与桥墩临时固结。

(4) 墩顶梁段和附近梁段可采用托架或膺架为支架就地浇筑混凝土。托架、膺架应经过设计,计算其弹性及非弹性变形。

(5) 桥墩两侧梁段悬臂施工应对称、平衡。平衡偏差不得大于设计要求。

(6) 悬臂浇筑混凝土时,宜从悬臂前端开始,最后与前段混凝土连接。

(7) 连续梁(T构)的合龙、体系转换和支座反力调整应符合下列规定:合龙段的长度宜为 2 m;合龙前应观测气温变化与梁端高程及悬臂端间距的关系;合龙前应按设计规定,将两悬臂端合龙口予以临时连接,并将合龙跨一侧墩的临时锚固放松或改成活动变座;合龙前,在两端悬臂预加压重,并于浇筑混凝土过程中逐步撤除,以使悬臂端挠度保持稳定;合龙宜在一天中气温最低时进行;合龙段的混凝土强度宜提高一级,以尽早施加预压力。连续梁的梁跨体系转换,应在合龙段及全部纵向连续预应力筋张拉、压浆完成,并解除备墩临时固结后进行。梁跨体系转换时,支座反力的调整应以高程控制为主,反力作为校核。

(四) 支座安装

1. 支座的型号、规格及安装方向应符合设计要求。

2. 当实际支座安装温度与设计要求不同时,应通过计算设置支座顺桥方向的预偏量。

3. 支座安装平面位置和顶面高程必须正确,不得偏斜、脱空、不均匀受力。

4. 支座滑动面上的聚四氟乙烯滑板和不锈钢板位置应正确,不得有划痕、碰伤。

5. 墩台帽、盖梁上的支座垫石和挡块宜分两次浇筑,确保其高程和位置的准确。垫石混凝土的强度必须符合设计要求。

6. 板式橡胶支座

(1) 安装前应将垫石顶面消理干净,采用干硬性水泥砂浆抹平,顶面标高应符合设计要求。

(2) 梁板安放时应位置准确,且与支座密贴。如就位不准或与支座不密贴时,必须重新起吊,采取垫钢板等措施,并应使支座位置控制在允许偏差内。不得用撬棍移动架、板。

7. 盆式橡胶支座

(1) 当支座上、下座板与梁底和墩台顶采用螺栓连接时,螺栓预留孔尺寸应符合进计要求,安装前应清理干净,采用环氧砂浆灌注;当采用电焊连接时,预埋钢垫板应锚固可靠、位置准确。墩顶预埋钢板下的混凝土宜分两次浇筑,且一端灌入,另一端排气,预埋钢板不得出现空鼓。焊接时应采取防止烧坏混凝土的措施。

(2) 现浇梁底部预埋钢板或滑板应根据浇筑时气温、预应力筋张拉、混凝土收缩和徐变对梁长的影响设置相对于设计支撑中心的预偏值。

(3) 活动支座安装前应采用丙酮或酒精清洗其各相对滑动面,擦净后在聚四氟乙烯板顶面满注硅脂。重新组装时应保持精度。

(4) 支座安装后,支座与墩台顶钢垫板间应密贴。

(五) 桥面系

1. 排水设施

(1) 汇水槽、泄水口顶面高程应低于桥面铺装层 10~15 mm。

(2) 泄水管下端至少应伸出构筑物底面 100~150 mm。泄水管宜通过竖向管道直接引至地面或雨水管线,其竖向管道应采用抱箍、卡环、定位卡等预埋件固定在结构物上。

(3) 落水管安装应保证牢固顺直,排水畅通,接口严密不漏水。

(4) 落水管的顶盖与汇水管及周围桥面按规范操作要求牢固连接。

(5) 安装完毕,进水口加盖临时管盖,防止杂物堵塞落水管。

2. 桥面防水层

见第六章轨道工程。

3. 伸缩装置

(1) 伸缩装置安装前应检查修正梁端预留缝的间隙,缝宽应符合设计要求,上下必须贯通,不得堵塞。伸缩装置应锚固可靠,浇筑锚固段(过渡段)混凝土时应采取措施防止堵塞梁端伸缩缝隙。

(2) 伸缩装置安装前应对照设计要求、产品说明,对成品进行验收,合格后方可使用。安装伸缩装置时应按安装时气温确定安装定位值,保证设计伸缩量。

(3) 伸缩装置宜采用后嵌法安装,即先铺桥面层,再切割出预留槽安装伸缩装置。

4. 防护设施

挡板和防撞、隔离设施应在桥梁上部结构混凝土的浇筑支架卸落后施工,其线形应流畅、平顺,伸缩缝必须全部贯通,并与主梁伸缩缝相对应。

挡板必须与桥面混凝土预埋件、预埋筋连接牢固,并应在施作桥面防水层前完成。

5. 声屏障

(1) 声屏障的加工模数宜由桥梁两伸缩缝之间长度而定。

(2) 声屏障必须与钢筋混凝土预埋件牢固连接。

(3) 声屏障应连续安装,不得留有间隙,在桥梁伸缩缝部位应按设计要求处理。

(4) 安装时应选择桥梁伸缩缝一侧的端部为控制点,依序安装。

四、施工质量控制要点

(一) 模板安装控制

1. 对钢模的形状进行检查和除锈处理,严格控制模板质量。

2. 模板安装时,严格控制板缝接头质量,对内模、腹板侧模等重点部位进行专项设计、验算,施工时严格控制,确保模板在混凝土浇筑过程中不变形、不跑模。

(二) 混凝土浇筑控制

1. 浇筑混凝土前,应对支架、模板、钢筋和预埋件进行检查,并做好记录,经监理工程师检验符合设计及规范要求后方可进行混凝土浇筑。模板内的杂物、沉土、积水和钢筋上的污垢应清理干净。要严格检查人员是否到位,机械设备是否处于良好状态,并对灌注人员讲述灌注方法和操作要领,并分区、分部位定职责,确保混凝土浇筑质量。

2. 如果混凝土设计有混凝土耐久性指标要求的,商品混凝土除应有合格证外,还必须有商品混凝土厂家提供的各原材料检测报告,对氯离子、碱含量的计算书以及具体耐久性指标的检测报告。

3. 混凝土浇筑时,严格控制混凝土的分层厚度,每次分层厚度必须满足施工方案要求。

4. 混凝土浇筑终凝后,应及时进行养护,保持湿润状态,养护期间混凝土强度未达到规定强度之前,不得承受外荷载。

(三) 预应力施工

1. 施加预应力前,对混凝土构件进行检验,外观尺寸符合质量标准要求;张拉时混凝土强度不低于设计要求。

2. 穿束前检查锚下混凝土质量、锚垫板位置及孔道情况。锚下混凝土必须密实,锚垫板位置应准确,预应力孔道畅通、无积水和杂物。

3. 钢绞线张拉程序应符合设计要求。张拉完毕立即计算伸长值,对伸长量不符合规范要求的必须查明原因,并采取相应的补救措施,并观察有无滑丝、断丝现象,做好张拉记录。

4. 张拉操作人员经过专门培训合格后才能上岗工作,张拉人员固定,不随意调换。

5. 操作千斤顶和测量伸长值的人员,应站在千斤顶侧面操作,严格遵守操作规程。油泵开动过程中,不得擅自离开岗位。如需离开,必须把油阀门全部松开或切断电路。

6. 张拉时应认真做到孔道、锚环与千斤顶三对中,以便张拉工作顺利进行,并不致增加孔道摩阻损失。

7. 工具锚的夹片,应注意保持清洁和良好的润滑状态。

8. 预应力筋的切割采用砂轮和切割机,不得采用电弧切割,也不得经受高温、焊接火花和接地电流的影响。

9. 钢绞线严格按施工图下料,下料前在切割口的两端各 5 cm 处用胶布或铁丝缠扎,以免钢绞线松散。

10. 双向张拉时,张拉的两端应随时保持密切联络。

11. 张拉时专人记录,专人测量伸长值,专人开油泵。张拉设备配套标定,配套使用。每次张拉前进行检查,看是否按标定的相应编号进行配套。张拉记录要及时整理,及时分析。

12. 每次张拉完毕后,应检查端部和其他部位是否有裂缝,并填写张拉记录。

13. 张拉时,两个张拉端要专人进行联系,发现异常或伸长值超标时,及时停机检查。

14. 张拉缓慢进行,逐级加荷,稳步上升,千万不要操之过急,供油忽快忽慢,防上发生事故。

15. 张拉过程中,项目部必须指派专业技术人员全程旁站,认真做好张拉记录,发现异常应立即停止施工,待查明原因并进行处理后方能继续张拉。

16. 孔道压浆的水泥浆强度必须符合设计规定,压浆时排气孔、排水孔应有水泥浓浆溢出。埋设在结构内的锚具,压浆后应及时浇筑封锚混凝土。封锚混凝土的强度等级应符合设计要求,不宜低于结构混凝土强度的 80% 且不得低于 30 MPa。

(四) 悬臂浇筑

1. 悬臂浇筑必须对称进行,桥墩两侧平衡偏差不得大于设计规定,轴线挠度必须在设计规定范围内。

2. 梁体表面不得出现超过设计规定的受力裂缝。

3. 悬臂合龙时,两侧梁体的高差必须在设计允许范围内。

4. 梁体线形平顺,相邻梁段接缝处无明显弯折和错台,梁体表面无孔洞、露筋、蜂窝、麻面和超过 0.15 mm 的收缩裂缝。

(五) 支座安装

1. 支座应进行进场检验。

2. 支座安装前,应检查跨距、支度栓孔位置和支座垫石顶面高程、平整度、坡度、坡向,确认符合设计要求。

3. 支座与梁底及垫石之间必须密贴,间隙不得大于 0.3 mm。垫层材料和强度应符合设计要求。

4. 支座锚栓的埋置深度和外露长度应符合设计要求。支座锚栓应在其位置调整准确后固结,锚栓与孔之间隙必须填捣密实。

5. 支座的粘接灌浆和润滑材料应符合设计要求。

6. 支座安装偏差应符合规范要求。

(六) 桥面系

1. 伸缩装置

(1) 伸缩装置的形式和规格必须符合设计要求,缝宽应根据设计规定和安装时的气温进行调整。

(2) 伸缩装置安装时焊接质量和焊缝长度应符合设计要求和规范规定,焊缝必须牢固,严禁用点焊连接。大型伸缩装置与钢梁连接处的焊缝应做超声波检测。

(3) 伸缩装置锚固部位的混凝土强度应符合设计要求,表面应平整,与路面衔接应平顺。

(4) 伸缩装置安装误差应符合规范规定。

(5) 伸缩装置应无渗漏、无变形,伸缩缝应无阻塞。

2. 声屏障

(1) 声屏障的降噪效果应符合设计要求。

(2) 隔声与防眩装置安装应符合设计要求,安装必须牢固、可靠。

(3) 隔声与防眩装置防护涂层厚度应符合设计要求,不得漏涂、剥落,表面不得有气泡、起皱、裂纹、毛刺和翘曲等缺陷。

(4) 声屏障安装误差应符合规范规定。

五、质量监督要点

(一) 钢筋工程

原材料质量合格证,钢筋级别、直径、数量、间距、位置情况,钢筋绑扎和焊接质量,钢筋成型与安装及保护层厚度控制情况,预埋件位置和固定情况等。

(二) 模板工程

模板外观质量完整性、表面清洁、平整、无翘曲,连接拼缝严密性、错台情况,预埋件位置的开孔、预留情况等。

(三) 混凝土工程

混凝土配合比验证试验报告(包括耐久性指标验证试验报告)。对混凝土坍落度、浇筑及养护过程质量控制。施工缝、变形缝留置位置、处理情况、混凝土试块抗压强度、混凝土结构外观质量、尺寸偏差情况等。

（四）预应力工程

预应力原材料、锚夹具质量合格证，进场检测报告，预应力筋加工与编束，预应力施加前张拉机具与锚具配套情况，张拉设备和仪表配套（联合标定报告、张拉记录等）情况，孔道压浆（压浆记录、压浆试块强度报告等）情况等。

（五）悬臂浇筑

悬臂浇筑施工方案的审批及实施情况，挂篮的拼装质量、锚固情况及堆载预压记录，定期高程观测记录等。

（六）支座安装

支座质量合格证、出厂性能检测报告，支座的安装方向，支座与梁底、垫石密贴情况等。

（七）伸缩装置

伸缩装置合格证，伸缩装置形式与规格，伸缩装置的焊接质量，锚固部位的混凝土强度检测报告。

（八）声屏障

声屏障材料质量合格证及降噪检测报告，声屏障钢立柱加工质量、锚固质量，伸缩缝处施工是否符合设计要求。

六、常见质量问题及预防

（一）支座安装问题

1. 存在问题及现象描述

（1）支座位置不准确，包括横桥向位置偏差、顺桥向位置偏差、矩形支座长短边方向放错等。

（2）支座没有完全受力，包括脱空、半脱空、不密贴（敲击能移动）等。

（3）支座垫石标高控制不严而引起的质量问题，如支座垫石因两次浇筑而出现脱空现象、支座下垫多层钢板、支座下垫较厚砂浆、支座下垫钢板尺寸偏小、在支座顶垫砂浆、钢板等。

（4）支座剪切变形。

（5）支座型号用错，圆形与矩形支座混淆使用等。

2. 原因分析

（1）施工管理人员未认真核对图纸、施工放样不仔细、标高控制不严格、误差较大等。

（2）操作工人偷懒图省事，责任心差，未领悟施工方法、程序、操作要领，分工不明确等。

（3）所垫钢板质量不合格，部分为废旧市场回收钢板，锈蚀严重、平整度差、平面尺寸比支座小、未进行防锈处理等。

3. 标准及控制措施

（1）认真核对图纸，将每墩支座型号、规格罗列清，确保每墩支座规格、型号正确。

（2）安装前认真复核支座垫石标高，对标高超出误差范围的，在安装前对支座垫石进行处理，处理完成且强度符合要求后再组织安装施工。

（3）按照设计图纸要求，放出每墩支座的中心线及沿盖梁方向的两外边线，确保支座位置准确。

（4）在每次安装前对所有参与作业人员进行详细的技术交底，让所有作业人员都熟悉作业程序、技术要求等。

（5）统一指挥；梁体平衡着地。只有梁体平衡着地，4个支座位才能均衡受力，若一端先着地或单边先着地，先受力的一端（或一侧）支座因受力不均匀或局部受力过大，很容易引起局部剪切变形。

（6）加强过程质量控制。每片梁、每墩安装完成后，现场质检人员及时跟踪检查，发现安装质量问题及时整改，避免二次处理。

（7）加强事后检查。在桥面系施工前，施工单位应做好全桥支座安装质量检查，自检合格后报监理工程师验收。监理工程师应及时组织全桥支座安装质量验收，经过复查，支座安装质量全部合格后方可进行上部桥面系的施工。

（二）桥面排水不畅

1．存在问题及现象描述

桥墩排水管堵塞；排水管出水口的路面形成滴水坑，桥梁顶面端部挡水块高度不够，桥面防水层、保护层施工完成后，挡水块与桥面等高，没有起到挡水的作用，甚至造成车站漏水。

2．原因分析

（1）内置于桥墩内的 PVC 管，浇筑混凝土时遭到挤压，造成排水管破损并堵塞。

（2）排水管从桥墩内以 90°角垂直出来，造成转角处堵塞。

（3）排水管出水口不进行任何处理，直接流到道路上。

（4）挡水块设计时没有综合考虑桥面防水层、保护层的厚度。

3．标准及控制措施

（1）内置于桥墩内的排水管采用铸铁管。

（2）外露的排水管应在桥墩上做一些造型处理，预留出排水管的位置。

（3）排水管从桥墩出来时，水平方向与竖直方向应有一个适宜的角度。

（4）排水管出水口宜接入市政管网，不具备接入条件时，应设置散水设施。

（5）挡水块的设计高度要比桥面施工完成后高出 5～10 cm，对于已经形成的挡水块与桥面等高的情况，应加高挡水块。

第四节　路 基 工 程

铁路路基是铁路线路的重要组成部分，是为满足轨道铺设和运营条件而修建的土工结构物。路基必须保证轨顶需要的标高，并与桥梁、隧道连接，组成完整贯通的铁路线路。

一、主要规范依据

1．《地铁设计规范》（GB 50157—2013）；

2．《铁路路基设计规范》（TB 10001—2016）；

3．《铁路路基土工合成材料应用设计规范》（TB 10118—2006）；

4．《铁路工程地基处理技术规程》（TB 10106—2010）；

5．《复合地基处理规范》（GB/T 50783—2012）；

6．《铁路路基施工规范》（TB 10202—2002）；

7．《铁路路基工程施工质量验收标准》（TB 10414—2003）；

8．《地下铁道工程施工及验收规范（2003 年版）》（GB 50299—1999）；

9．《铁路工程土工试验规程》（TB 10102—2010）。

二、概述

路基按填筑的断面形式，分为路堤、路堑、半路堤、半路堑、半堤半堑和不填不挖等形式；路基按填筑材料，一般可分为土质路基和石质路基。

路基由路基本体（路堤、路堑等）、路基排水设备、防护和加固设备等三部分组成。路基本体是指直接铺设轨道结构并承受列车荷载的部分，是路基工程的主要构筑物，包括路基面、路肩、边坡、基床、基床下部及地基等。其中路基基床又分为基床表层和基床底层，基床表层应优先选用 A 组填料（砂类土除外），当缺乏 A 组填料时，也可采用级配碎石或级配砂砾石；基床底层应选用 A、B 组填料，否则应采取土质改良或加固措施；路堤基床以下部位填料，宜选用 A、B、C 组填料，当选用 D 组填料时，应采取加固或土质改良措施，严禁使用 E 组填料。

为满足上部结构对地基承载力和工后沉降的要求，应对场地不良土层进行地基处理，处理措施必须根据铁路等级、地质资料、路堤高度、填料、建设工期等确定,加固的措施有换填、CFG 桩、搅拌桩、PHC 管桩等。

三、主要施工环节及工序

(一)一般规定

1. 路基填料分类应符合现行《铁路路基设计规范》(TB 10001—2016)的规定。

2. 路基各部分及护道应分层填筑并压实到规定的密实度。填层的铺填厚度与压实遍数应通过压实试验确定。

3. 填料含水量控制范围应根据填料性质、要求的压实度和机械压实能力综合确定。细粒土和粉砂、黏砂填层的压实,应在接近其最优含水量时进行。当含水量过高时,应采取排水疏干、松土晾晒或其他措施;当含水量过低时,应加水湿润。

4. 填筑路基应符合下列规定:

(1)施工前,必须对地基进行复查及处理,并随即填筑。发现地基范围内有泉眼、坑穴或局部松软等,应及时向设计、监理反映,不得任意填塞。

(2)填筑路基应按三阶段、四区段、八流程的工艺组织施工。

(3)填料的挖、装、运、填及压实应连续进行。在作业过程中,应对细粒土和粉砂、黏砂填料,应防止其含水量的不利变化;对粗料土和软块石,应防止产生颗粒的分解、沉积和离析。

(4)不同种类的填料不得混杂填筑,每一水平层的全宽应采用同一种填料。当渗水土填在非渗水土上时,非渗水土层顶面应向两侧做成不小于 4% 的排水坡。

(5)细粒土和粗粒土填料中不得夹有大石块和其他大块体。

(6)路基应分层填筑压实,填层应整平,厚度均匀,压实层表面应大致平整。细粒土、粉砂、黏砂填层表面的局部凹凸差应不大于 30 mm,每层表面应做成不小于 2% 的横向排水坡。

(7)填层压实宽度不应小于设计值,每层填筑压实应检验合格后,方可在其上面继续填筑。

(8)在两路基接头处,每层端头应预留 2~3 m 长的搭接台阶。

(二)基床

1. 基床用填料范围应符合《铁路路基施工规范》(TB 10202—2002)的要求,或者根据设计要求采取改良土质等措施。基床表层填料中不得含有粒径大于 150 mm 的石块。

2. 基床每一层压实层的全宽必须使用同一种且条件相同的填料;上下层使用不同种类及条件的填料时,应符合下列要求:

(1)两渗水土填层间,粒径较粗填料的 D_{15} 与较细的 d_{85} 之比应满足 $D_{15} \leqslant 4d_{85}$ 的要求。

(2)非渗水土与渗水土填层间,颗粒较粗填料的 D_{15} 粒径应小于 0.5 mm。

相邻填层填料的粒径条件不符合上列要求时,两层间应加设粒径过渡垫层。

3. 基床下承层和基床底层表面均应整平、压实,并经检查核对其宽度、高程和压实度后,再分别按基床构造的规定填筑压实。

4. 路基基床施工宜分为填土、整平、压实、检测四区段进行流水作业。

5. 基床底层施工工艺

施工前,根据使用的机械及计划使用的填料,进行压实工艺试验。填筑前施工面整平。地下水较发育的路堑地段,换填底面铺设土工膜。土工膜沿线路纵向铺设,先铺一层厚约 5 cm 的中粗砂,整平并夯实。土工膜由两侧向线路中心铺设,后幅搭接在前幅之上,搭接宽度不小于 0.2 m,土工膜纵向搭接长度不小于 0.5 m,纵向接缝错开距离不小于 1.0 m。土工膜铺设后,为避免施工破坏,再铺一层厚约 10 cm 中粗砂保护层。不易风化的硬质岩石基床,表面做成向两侧 4% 的排水沟坡,做到表面平顺,凹凸不平处用不低于 C25 混凝土补齐。

第一层采用后退法填筑,边填边推平,推土机在松铺料上进行推土和初平作业。基床按横断面全宽水平分层填筑压实。采用碎石类或砾石类填料时,分层松铺厚度按压实厚度不大于 35 cm 控制,其他填料按压实厚度不大于 30 cm 控制。分层填筑后,先推土机初平,再用平地机粗平,对凹凸不平处辅以人工修补,接着压路机快速碾压一遍,再用平地机精平,使填层表面形成 4% 的横向排水坡,碾压至表面无明显轮迹,进行压实指标和外形尺寸检验。为避免破坏,压实好的底层限制车辆通行。

6. 基床表层施工工艺

基床表层按"四区段、六流程"施工。基床表层填筑前,待填区段组织验收并合格。表层采用级配碎石填筑,填筑施工前,已经室内试验确定了原始填料配合比,并选择代表性区段进行了填筑压实施工工艺试验,确定了压实施工工艺参数。

(1) 拌和:级配碎石按室内试验确定的原始填料配合比,采用场拌法集中拌和,生产量与施工需要量相适应,保证随拌随用。

(2) 运输:采用自卸车运输混合料,为防止水分过多蒸发,对车辆采取覆盖保水。

(3) 摊铺:采用摊铺机摊铺,沿填筑区边线立厚度架,严格控制填筑厚度。摊铺作业时,辅以人工翻铲,及时消除填料离析现象。每压实层全宽采用同一种类的填料。

基床表层与下部填土间须满足 $D_{15} < 4d_{85}$ 的要求,否则,须采用颗粒级配不同的双层结构,或在基床底层表面铺设土工合成材料。当下部为改良土时,可不受此限制。

(4) 碾压:摊铺后,在表面尚处于湿润状态下立即碾压。当表面水分蒸发过多明显干燥失水时,可适当喷洒补充适量水分,再进行碾压。碾压时,直线地段先由两侧路肩开始向线路中心碾压,曲线地段,由内侧路肩向外侧路肩碾压,纵向碾压重叠≥40 cm,各区段纵向搭接压实长度≥2 m,上下两层填筑接头错开不小于 3.0 m。横向接缝处,将填料翻挖并与新铺的填料混合均匀后再进行碾压。碾压作业一般采取先静压、后弱振、再强振的方式,临近压实终了遍数时,静压收光。

(5) 检测试验:区段压实完毕,立即进行施工质量检测。

(6) 修整养护:已完成的基床表层,设护栏配合专人看守,严格控制车辆通行,做好基床保护,避免破坏,并杜绝任何车辆在已完成的或正在碾压的路段上调头或急刹车。

(三) 基床下路堤

1. 基床用填料范围应符合《铁路路基施工规范》(TB 10202—2002)的要求,或者根据设计要求采取改良土质等措施。

2. 使用不同种类和条件的填料填筑路堤应按设计要求进行。在颗粒大小相差悬殊的两填层间应加设粒径过渡垫层,垫层的粒径应满足 $D_{15} \leqslant 4d_{85}$ 的要求。

3. 填石路堤应采用级配较好的硬质块石填筑,每层石料松铺厚度宜为 0.5~0.8 m,但不应大于0.8 m,其中石块最大尺寸不得大于层厚的 2/3,石块应大、小级配填筑,边坡部分应先用大石块码砌。

4. 填筑桥涵缺口应符合下列规定:

(1) 必须待桥涵砌体达到设计强度后方可进行填筑。

(2) 桥缺口应用渗水土填筑,严格按设计要求进行分层压实,分层厚度不应大于 0.2 m。桥台锥体与台后缺口应同时填筑,桥台两侧锥体应对称填筑。

(3) 涵洞缺口的填料粒径应小于 150 mm,两侧必须对称分层填筑;涵洞顶部填土,必须填至厚度大于1 m 后,才可用大型机械填筑。

(4) 大型机械与桥台、涵洞及挡土墙边缘应保持不小于 1 m 的间距。

(5) 涵洞两侧及桥台、挡土墙背后的填土压实,宜用人工配合小型机械压实或采取其他措施。

(四) 改良土施工

1. 施工准备

施工前,进行改良土的室内试验,确定施工配合比。室内主要进行下述试验项目:

(1) 填料鉴定:细粒土通过颗粒分析试验和界限含水量试验,确定填料类别。粗粒土通过颗粒分析试验确定填料类别。

(2) 改良掺和料室内试验:主要包括水泥和石灰的物理化学指标检验、中粗砂及碎石的颗粒级配检验。

(3) 化学改良土室内试验项目包括:击实试验、无侧限抗压强度试验、自由膨胀率试验、生石灰土中氧化钙与氧化镁含量试验和含水量试验等。

（4）物理改良土室内试验项目包括：颗粒级配试验，不同掺和料及不同掺和比组合的击实试验。

2. 基底处理

路基基底处理方法，与一般路基基底处理类似。

3. 改良土的生产

采用改良土拌和站集中拌制，自动计量拌和，严格控制含水量。改良土经室内试验确定理论配合比，经拌和站拌和后现场进行压实检验，满足压实指标要求，方可用于施工生产。

4. 分层填筑

改良土按横断面全宽、水平分层填筑，分层厚度不大于 30 cm，并以第一层的施工层作为试验段，进行压实工艺试验，确定合理压实施工遍数。改良土生产量与施工需要量相适应，保证随拌随用。混合料均匀摊铺，避免出现纵向接缝。因故中断超过 2 h，须设置横向施工缝，接缝处采用搭接法施工。当下层为细粒土时，施工面先拉毛，再摊铺混合料。根据改良土的性质，避免在雨天和低温天气施工。为减少水分蒸发，改良土运输过程中车辆覆盖。

5. 摊铺平整

改良土混合料采用平地机先初平再整形。初平期间，配合压路机快速压实 1～2 遍，设专人及时铲除离析混合料，并补以新混合料，再进行精平整形。

6. 压实

使用重型压路机压实，碾压过程中保持表面湿润，并避免产生"弹簧"、松散、起皮等现象。碾压时纵向重叠不小于 40 cm，至表面无明显轮迹。碾压结束之前，再用平地机终平一次，以使纵向顺适。

7. 改良土养生

物理改良土填筑后，不需要养生。化学改良土填筑后，连续施工状态下，利用上层填土覆盖养生。因故不能连续施工而暴露的地段，覆盖保湿或洒水养生不少于 7 d，并中止车辆通行。

8. 检验

分层进行压实指标和外形尺寸检验。

四、施工质量控制要点

（一）基床下路堤

1. 路堤填料种类、质量应符合设计要求。

2. 路堤分层摊铺压实厚度应符合工艺性试验确定的填筑厚度和压实工艺参数要求。

3. 路堤每一填筑层全宽应采用同一种填料，压实质量（双指标控制）应符合《铁路路基工程施工质量验收标准》（TB 10414—2003）附录 C 的要求，详见表 5.4.1。

表 5.4.1　基床下路堤填筑层压实标准

填筑部位	压实标准 填料类别	细粒土、粉砂、改良土	砂类土（粉砂除外）	砾石类	碎石类	块石类
不浸水部分	压实系数 K	0.90	—	—	—	—
	地基系数 K_{30}（MPa/m）	80	80	110	120	130
	相对密度 Dr	—	0.7	—	—	—
	孔隙率 n（%）	—	—	32	32	—
浸水部分及桥涵缺口	压实系数 K	—	—	—	—	—
	地基系数 K_{30}（MPa/m）	—	(80)	(110)	(120)	(130)
	相对密度 Dr	—	(0.7)	—	—	—
	孔隙率 n（%）	—	—	(32)	(32)	—

注：1. 括号内为砂类土（粉砂除外）、砾石类、碎石类、块石类中渗水土填料的压实标准；2. 路堤与桥台、路堤与涵洞、路堤与硬质岩石路堑连接处过渡段填料的压实标准硬满足基床底层的规定。

（二）基床

1. 基床底层和表层的填料和换填的填料种类、质量应符合设计要求。

2. 基床底层、表层分层填筑摊铺厚度应符合工艺性试验确定的填筑厚度和压实工艺参数要求，且基床表层分层厚度不得大于 0.3 m。

3. 基床底层表层全宽应采用同一种填料，压实质量（双指标控制）应符合《铁路路基工程施工质量验收标准》（TB 10414—2003）附录 B 的要求，详见表 5.4.2。

表 5.4.2　路基基床的压实标准

层位	压实标准 填料类别	细粒土、粉砂、改良土	砂类土（粉砂除外）	砾石类	碎石类	块石类
表层	压实系数 K	(0.93)	—	—	—	—
	地基系数 K_{30}(MPa/m)	100	110	140	140	150
	相对密度 Dr	—	0.8	—	—	—
	孔隙率 $n(\%)$	—	—	29	29	—
底层	压实系数 K	0.91	—	—	—	—
	地基系数 K_{30}(MPa/m)	90	100	120	130	150
	相对密度 Dr	—	0.75	—	—	—
	孔隙率 $n(\%)$	—	—	31	31	—

注：细粒土、粉砂、改良土一栏中，有括号的仅为改良土的压实标准，无括号的为细粒土、粉砂、改良土的压实标准。

4. 基床底层顶面中线高程、中线至路基边缘距离、宽度、横坡、平整度允许偏差应符合规范要求；路基表层中线高程、路肩高程、中线至路肩边缘距离、宽度、横坡允许偏差应符合规范要求。

5. 对沉降敏感路段或当设计有要求时，应在填筑完成后选取有代表性的断面进行路基面沉降观测，并根据观测结果采取相应的措施。

（三）改良土

1. 生产配合比检验：每工班每 5 000 m³ 为一批（不足 5 000 m³ 也按一批计），抽样检验 1 组；当填料土质发生变化或更换取土场时应重新进行检验。

2. 外掺水泥、石灰、粉煤灰的品种、规格、质量应符合设计要求。

3. 化学改良土填层掺料剂量允许偏差为试验配合比−0.5%～+1.0%。

4. 改良土的填筑压实质量应符合表 5.4.1、5.4.2 的规定，且改良土的 7 d 无侧限抗压强度应符合设计要求。

五、质量监督要点

（一）质控资料

1. 填料取样检测报告，如颗粒级配、相对密度、液塑限及击实试验报告；改良土外掺料检测报告。

2. 填料碾压工艺性试验记录。

3. 填料压实质量检测报告，如改良土应检测外掺料剂量、压实度、7 d 无侧限抗压强度、地基系数等。

（二）实体质量

1. 填料质量、摊铺分层厚度、填料含水量。

2. 各填层中线高程、宽度、横坡等观感质量。

六、常见质量问题及预防

（一）常见质量问题

1. 沉陷或沉降问题

在填方路堤的施工过程完成以后，经常会有迅速沉降的现象发生，或者会发生不均匀沉陷，从而致使路面纵横坡支离破碎。

2. 纵向裂缝问题

在路面施工完毕以后，会有纵向裂缝的现象发生，并且裂缝会慢慢变宽，向土路肩的边缘延伸，在裂缝处会出现错台，从而生成滑裂面。

3. 横向裂缝问题

路面不仅会产生纵向的裂缝现象，而且也会产生横向的裂缝现象，并且都会在裂缝处产生错台。

（二）原因分析

有多方面的原因会造成路基工程问题，它由许多因素共同而产生。总而言之，主要的原因包括下面几个方面：

1. 地质方面

路基施工地的地质条件很差。比如，路基施工所在地正在沼泽地段，如果没有在填筑施工前进行换土或者软基处理，这样极易致使挤压位移或压缩下沉等现象的发生。如果降水量过大，积雪、冰冻、洪水或者温差过大等现象的产生，都会致使地基产生不均匀沉降的现象。在填料制备或选取时，如果劣质土混入填料、填料中石料规格相差很大、卵石空隙太大等问题发生，那么在遇到雨季时也会产生沉降现象。

2. 设计方面

如果工程设计有不足之处，也会致使路基出现相应的问题。例如，断面的设计不合理，边坡取值不恰当，加固与防护措施的设计不当。没有对高路堤进行稳定性检验，对施工的填料或者工艺没有详细说明，这些都会致使路基施工问题产生。

3. 路基施工方面

致使路基产生问题的关键因素就是建筑施工方面不足，施工方面存在问题都会致使路基在实际应用中产生相应的影响。比如：填筑厚度没有达到相关需求、填筑的范围不合理、填料质量不合格、施工填筑的顺序不当等都会致使路基下沉。混填性质差异的填料、没有处理好路基边坡都会致使不均匀的沉降现象产生。如果没有对填料含水量进行严格控制，又没有采取碾压措施，从而致使路基压实度无法达到相关的规定。如果在施工中没有及时地进行排水，会导致路基产生严重的积水，这些因素都会致使公路路基建筑施工中产生问题。

（三）标准及质量控制措施

1. 设计方面处理技术

做好地质勘查工作，在进行设计之前，要对目标沿线的地貌、地形以及水文条件等进行综合的勘察。对于特殊地段更要仔细地调查，从而得到详细的地质资料，在不良地段，可以采取掺入白灰、水泥以及换土等手段来加固地层。

保证路基最小填筑高度，确保路基的稳定性，不要因为地面水、地下水、冻胀等因素的影响而使其稳定性降低。如果路基的填筑高度无法满足相关要求时，则必须要采取适当的处理措施，比如：换填石渣、砂砾等，在地下修建渗透沟，这样可以防止积水渗入路基，能使土基强度大大地提高，从而增强其稳定性。

规定路基填料质量标准，在设计施工图时，要对填料的最大粒径和最小强度给出明确的说明，坚决杜绝用劣质土填筑路基现象的发生。

加强路基防护，对于填筑层较高的路堤，要严格检验路基的稳定性，依据地质条件、边坡高度、填料等因素来确定边坡，确保边坡的稳定性。采取工程防护与植物防护相结合的手段，增强对路基的保护作用，确保路基的稳定，从而为车辆能够安全通行做出保障。

2. 施工方面处理技术

合理安排路基施工，要认真对待施工组织的设计工作，合理地安排施工前后顺序，如果工程是高填方，要对施工优先安排，根据施工现场的实际状况，对于设备以及人员进行合理配置，确保路基的质量。

做好施工准备工作，在工程施工前，要对设计文件进行仔细阅读研究，对路基建筑施工的具体情况进行全方位的了解，对重要地段要认真做好勘察工作，如果发现错误现象要及时向业主报告，并且对其采取合理的解决措施。

　　做好路基填筑工作,为了防止路基遭受积水浸泡现象发生,在填筑工作之前,首先要对路基两侧排水系统进行疏通,确保排水畅通没有阻力。对路基的填料用土要严格的选择。在选择填筑用土之前,要采取试验分析填料的质量,一律不得使用不符合规范的填料。在路基填筑时,可以依照设计规范先进行放样施工,确定好坐标点并做好记录。

　　分层填筑路基,在路基建筑施工时,应该采取分层填筑方法,进行分层碾压。一般路段压实厚度要小于30 cm。不可以混填性质相异的土,最好混填同一种土,并且一般其填筑的厚度要大于50 cm,路基的填筑工作要求一步到位,这样才能够最大程度上地增强路基质量。在碾压作业时,要对含水量严格控制,等到压实度达到相应规定之后,才可以进行下一步施工。

第六章 轨 道 工 程

  线路是由桥隧建筑物、路基与轨道组成的一个整体工程结构。地铁线路按其在运营中的作用,分为正线、辅助线和车场线,其中辅助线又包括折返线、渡线、联络线、停车线、出入线、安全线等。

  轨道是铁路、地铁的主要技术装备之一,是列车行驶的基础,属于线路的上部结构,但狭义的线路仅指轨道。轨道的作用是引导机车车辆安全平稳地运行,直接承受由车轮传来的荷载,并把荷载传给路基或桥隧结构物。轨道结构应具有足够的强度、稳定性、耐久性以及正确的几何形状、相对位置等,以确保列车车辆安全运行和乘客舒适,城市轨道交通系统中轨道结构可分为一般轨道结构和单轨铁路轨道结构。

  一般轨道结构由钢轨、轨枕、道床、零部件、道岔及附属结构组成。轨道交通线路上的钢轨需连接成长轨条,无缝线路采用焊接,有缝线路采用接头夹板连接。轨枕普遍采用木枕、混凝土枕和合成枕木。道床形式主要采用两种,正线、辅助线及车辆段或停车场的库内线路采用整体道床,车辆段或停车场的库外线路采用有碴道床。扣件按结构不同可分为弹条式扣件、扣板式扣件和弹片式扣件,根据不同的轨枕及设计要求进行配置,但需保证有足够的扣压力、适当的弹性、一定的可调性和可靠的绝缘性。道岔由转辙器、连接导轨和辙叉及护轨组成。道岔的基本形式有三种,即线路的连接、交叉、连接与交叉。附属结构主要包含护轨、防爬设备、轨距杆和轨撑等。

  单轨铁路轨道结构按车辆的行车状态分为跨座式和悬挂式两种。跨座式轨道结构由轨道梁、道岔、支柱和基础组成。悬挂式轨道结构由箱型轨道梁、道岔和支柱组成。

  铺轨工程相关的规范有:

  (1)《地下铁道工程施工及验收规范(2003年版)》(GB 50299—1999);

  (2)《地铁设计规范》(GB 50157—2013);

  (3)《城市轨道交通工程测量规范》(GB 50308—2017);

  (4)《铁路轨道工程施工质量验收标准》(TB 10413—2003);

  (5)《铁路工程结构混凝土强度检测规程》(TB 10426—2004);

  (6)《铁路混凝土工程施工质量验收标准》(TB 10424—2010);

  (7)《地铁杂散电流腐蚀防护技术规程》(CJJ 49—92);

  (8)北京市《城市轨道交通工程质量验收标准》(DB11/T 311—2005)。

第一节 道 床

一、概念

  道床铺设于路基之上、轨枕之下,起承受、传布荷载、稳定轨道结构的作用。道床可分为有碴道床和无碴道床两大类型。

  有碴道床又称为碎石道床,通常指轨枕下方以及路基面上铺设的石碴层。优点是造价低、弹性好、便于施工与维修,缺点是自重大、不易保持轨道几何形态、维修工作量大、容易脏污。

  无碴道床又称为混凝土整体道床,由钢筋、混凝土及设计要求的预埋件组成的结构形式,是现代轨道交通中常用的道床形式。其优点是纵横向稳定性好、外观整洁、使用寿命长、维修工作量小等。其缺点是造价高、施工精度要求高、轨道弹性较差、病害整治非常困难。

无砟道床按减振性能可分为普通整体道床和减振类整体道床。

（一）普通整体道床

在城市轨道交通线路中较为普遍,在道床类型中所占比例大,设置环境在不影响日常工作生活的区段以及近郊段。此类道床可简单地理解为按照设计要求对钢筋进行施工,按工艺要求对轨道进行施工,所用混凝土与结构施工界面直接接触的一类道床。普通整体道床类型有:

（1）带枕浇筑式整体道床,其中轨枕包括混凝土长枕、短枕和木枕,多用于地下区间;

（2）承轨台式整体道床,也就是高架区间的短枕式;

（3）平过道式整体道床,用于检修库内修建不需检查坑的整体地坪式线路;

（4）坑道式及立柱式整体道床,一般用于检修库内。

（二）减振类整体道床

地铁线路通常会经过市中心的商业区、居民区、办公学习区及对振动有要求的工业生产区,所以根据不同区段的噪声标准选用不同类型的道床对振动进行有效的控制。减振类道床通常包含:减振垫道床（道床混凝土与结构施工界面之间铺设一层橡胶垫进行隔离减震）;钢弹簧浮置板道床（基底回填后,选用不同量级的隔振器安置在道床内预埋的外套筒中,道床板与结构基础用置于外套筒内的隔振器整体隔离,达到减振降噪的目的）;梯形轨枕道床（主要由梯形轨枕、弹性缓冲垫、混凝土底座构成,道床混凝土与梯形轨枕完全隔离,提高了轨道的分散动载荷性能,因而具有良好的减振降噪性能）;减振扣件（常用的具有较高减振效果的扣件主要有Ⅰ/Ⅲ/Ⅳ型轨道减振器扣件系列、ALT.1扣件、Vanguard扣件、Lord洛德扣件等）。

根据防杂散电流（迷流）的要求,一般在混凝土整体道床内设置杂散电流收集钢筋网,收集由走行轨泄露出来的杂散电流,并将杂散电流排流回到供电所的负极,防止其流向区间隧道混凝土结构中的钢筋和其他金属导体。

二、主要施工环节及工序

（一）施工准备

施工前,需进行建设单位参与、监理单位主持、施工单位参加的轨行区管理权移交工作,确保土建结构无质量缺陷和有可能影响轨道施工质量的结构隐患。测量交接桩（控制点）并进行复测,并按测量规范要求进行控制基标测设或者轨道基础控制网（CPⅢ网）测设。

组织技术人员进行现场调查和设计图纸学习,编制施工方案及技术交底。

对进场的各类材料（钢轨、道岔、轨枕、扣配件和钢筋等）进行检验,现场清点,分类堆放,并做好防护措施。对进场的各类机械设备进行检修、保养,保证设备的正常生产能力。

（二）线路基桩

线路基桩分为控制基标、加密基标和道岔铺轨基标。铺轨基标在高架桥段设置在线路中线上,U型槽和洞内设置在距线路中线1.5 m处水沟中心。道岔铺轨基标一般设置在直股和曲股的两侧。道岔铺轨基标应包括单开道岔、交叉道岔、交叉渡线道岔的铺轨基标。

整体道床控制基标设置密度要求:整体道床的控制基标按等高等距布设。控制基标在线路直线段宜每120 m设置一个,曲线段除在曲线要素点上设置控制基标外,曲线要素点间距较大时还宜每60 m设置一个。加密基标直线上每隔6 m,曲线上每隔5 m设置一个。单开道岔铺设地段,在直股外侧一定距离按5 m间距设置加密基标;交叉渡线铺设地段,还应在菱形渡线上的两个锐角及钝角上设置加密基标。

有砟道床基标设置在线路的中心线上,在直线上每25 m设置一个,缓和曲线每10 m设置一个,圆曲线上每20 m设置一个。基标测设要坚持复核制,确保基标精度满足规范要求,基标和基底连接要牢固。施工时不得碰撞。

（三）有碴道床施工

1. 基本规定

铺碴前应复测线路中桩、基桩、路基面的高程，并需从线下施工单位获知路基面填充层压实度等检测项的合格情况，测量数据和检测情况同时写入交接记录。

进场的道碴应具有检测报告及出场检验报告，轨道和道岔铺碴可合并验收，双层道床底碴碾压后应满足设计厚度。各类型的连接地段（过渡段）预铺道碴应加强碾压，长度不应小于30 m。

2. 铺底碴

在道床施工前要按设计要求对路基顶面进行清理，清除各种杂草、建筑垃圾和杂物，保证路基面的干净、整洁。

在道床铺碴前，先进行测量放样。直线和圆曲线每25 m设一组中线桩、边桩，缓和曲线每10 m设一组，并测定道碴铺设高度。

道碴采用汽车运输至施工现场，然后用人工配合推土机将道碴整平。松铺厚度与碎石粒径、形态、级配以及压实标准等因素有关，一般碎石松散系数为1.1～1.2。松铺厚度为设计厚度与松散系数的乘积，并通过试验段精确测定。

底碴铺设应采用压强不小于160 kPa的自行式振动压路机碾压，碾压时从一侧开始至另一侧结束，并且前后碾压方向相反。

3. 预铺道碴

底碴铺设完成后，进行面碴铺设。根据边桩用石灰反出道床边界，然后进行上碴，道床面达到轨枕底部标高后，在道床上洒轨枕端头色线。道床道碴采用一次摊铺二次补碴的方法施工，第一次铺设厚度为20 cm，然后进行机械碾压，第二次在轨排铺设后再进行补碴，人工捣实。

4. 轨排组装架设

碎石道床一般地段为钢筋混凝土预应力长轨枕，个别道岔按设计要求为油木枕。用汽车吊将轨枕吊到道床上，然后人工配合散布。在布枕时，根据已测设的线路中桩，用测绳挂好标线，划出轨枕中线，方正轨枕，使两中线互相吻合。在碎石道床地段，在满足条件后，采用钢轨运输车将25 m钢轨运输至作业区段，通过在轨枕上设置的滚道线将轨条顶送至铺设位置，用简易龙门架将钢轨落槽至设计位置。钢轨之间用临时特制夹板把钢轨接头进行固定。并根据设计轨枕间距的要求在钢轨的轨腰上画线，根据所画标志，调整轨枕间距。同时按部位散布螺栓、垫圈、轨距挡板板、弹条等。钢轨调整安装完成后，上扣件临时锁定。当轨道形成后，利用轨道平板车倒运面碴到线路上，人工配合卸碴，使得轨下部位道碴饱满、均匀。上碴作业分层进行，配合起拨道工作进行，直至达到设计要求。

5. 铺碴整道

面碴补足后由人工将线路各部位依据铺轨基标进行起道和拨道，使线路直线拨直，曲线拨圆顺，并采用顺高低的办法，重点顺平坑洼不平地段，使轨道不存在忽起忽落。在起拨道时，配以小型捣固机进行线路捣固作业，使线路达到设计要求，并用工程重车走行以促进道床稳定。

当线路养护达到规定要求后，对全线范围内的碎石道床进行补碴。两线之间、曲线超高地段的外侧、枕木间、道床边坡等地段补足道碴，按1:1.75的要求修整边坡，边坡底线要做到线条分明、流畅、美观。

（四）普通无碴道床施工

1. 基本规定

无碴道床模板、钢筋、混凝土施工均应符合现行《铁路混凝土工程施工质量验收标准》（TB 10424—2010）的有关规定。

无碴道床施工前应对线路中线、高程进行测量，调整闭合。根据需要增设控制基桩和加密基桩。铺轨前必须检查测量资料，标出曲线上的五大重点位置、岔心位置、高程，要求全线进行一次贯通测量。

预应力混凝土梁徐变的残余变形量满足设计要求时，方可进行无碴道床施工，当有无碴道床与有碴道床过度的施工时，应在其线下过渡段施工完成并验收合格后进行。

轨枕、轨道板、支承块（含组合件）等轨道部件应工厂化生产，其质量应满足相关技术条件的要求。

道床混凝土达到设计强度 70％后,方可进行铺轨作业。

2. 基面处理和铺轨小龙门吊铺设临时走行轨道

在整体道床施工前要按设计要求对道床基底混凝土接触面进行凿毛处理,凿毛点按梅花点布设,凿毛深度达到设计要求。凿除的杂物要清理干净,不得有浮渣、积水等现象。

整体道床施工时,所需轨排、钢筋、混凝土都是依靠铺轨小龙门吊从道床完工地段搭接运送的。铺轨小龙门吊走行轨采用 P24 钢轨提前安装在隧道结构的底板的两侧,轨距为 3.1 m,其轨顶标高高出道床钢轨顶面。轨下采用钢支墩点支承,间距小于 2 m。钢支墩顶部为槽钢加工的承轨台,并用螺栓和扣板将钢轨固定,中部为 100 钢立柱,下部为钢板底座,钢支墩用膨胀螺栓紧固在结构底板上。

3. 底层钢筋

在轨排就位前铺设道床底层钢筋网片,采用在底板顶面弹墨线,以控制钢筋位置,按照设计要求对纵向钢筋与横向钢筋进行绑扎或搭接焊接,钢筋搭接单面焊或双面焊和焊缝高度及质量均要满足规范要求,相邻的钢筋接头相错布置,底层钢筋的保护层均需满足设计及规范要求。

4. 轨排组装架设

轨排组装可根据施工环境和施工工艺的不同要求采用机械"轨排架轨法"或人工"散铺法",两种施工方法工艺及控制要点均相同。以"轨排架轨法"为例:在铺轨基地里,对轨排进行组装(钢轨、扣件、轨枕),通采用轨道车及平板车将组装完成的轨排运输至施工场地,通过两台铺轨门吊将平板车上的轨排吊至作业面内,人工安装架轨装置,调整钢轨轨缝,通过钢轨接头夹板使各个独立的轨排串联成整体。精调人员对整列轨排进行精调施工,包括轨距、方向、高程、水平、超高、正矢等,轨排的调整定位程序是:先调水平,后调轨距;先调桩点,后调桩间;先调基准轨,后调另一轨,先粗调后精调的原则,反复调至符合标准为止。在整个调轨作业中,由于钢轨支撑架的位置与线路基标不在同一断面上,钢轨与支撑架立柱又不在同一位置,以及某一支撑架调整时钢轨的刚性连动,调轨工作往往需要重复多次,反复调整,才能达到要求。施工中,不得碰撞轨道支撑架,不得敲打钢轨及混凝土轨枕,并应随时检查钢轨与轨枕的位置、轨距、水平,发现超过验收标准的应立即调整。

5. 上层钢筋绑扎及模板

轨排精调到位后,按设计要求及施工图纸布置上层钢筋网,同时按要求做好钢筋的防迷流措施。

道床侧模一次性支撑在底板上,支立的模板内侧面要平整,并涂刷脱模剂,模板间接缝严密,如有明显空隙应提前用砂浆进行封堵,防止漏浆。模板须牢固固定,以防止跑模。确保模板安装尺寸满足要求。

6. 道床混凝土

地下线混凝土浇筑采用方式为混凝土运输车运输至现场后,直接送入溜槽中,溜入料斗,由平板车将料斗运输至作业面,并用铺轨龙门吊配合吊装料斗至施工面;高架线直接采用泵送的方式。

道床混凝土浇筑前,应再次对线路状态进行测定,确认是否符合验收标准,同时用编织袋覆盖钢轨及轨枕,以免对轨枕及扣件造成污染。

混凝土浇筑时采用插入式振捣棒振捣密实,振捣棒不允许碰撞钢轨、轨枕、模板,并且在浇筑时随时检查钢轨与轨枕的位置、轨距、水平,发现超过验收标准的立即调整。振捣完成后道床混凝土表面要进行抹面处理,避免出现反坡,以免影响排水。

混凝土浇筑完毕 12 h 内,采用土工布覆盖洒水的方法进行养护,要保持混凝土处于湿润状态,养生时间不得少于 7 d。混凝土强度达到 5 MPa 以上后方可拆除模板和钢轨支撑架,并填充 PVC 管的空隙,当达到设计强度的 70％后,轨道上方可载重、行车。

7. 防水层、保护层及伸缩缝

地下线整体道床伸缩缝需要按照设计要求和土建施工时预留结构缝进行设置,沥青防腐木板材质满足施工要求,要求板面平整无杂物,安装牢固不倾斜,拼接缝处密实,与结构面接触处有漏空现象需进行封堵处理。混凝土强度达到标准后,道床面 30 mm 以下的沥青木板需要清除,然后在凹槽内填充沥青进行防水处理。

高架桥面防水施工工艺流程:清理基层→配制作防水用聚氨酯防水涂料→基层涂刷作防水用聚氨酯防水涂料→清理、检查修整→施工纤维保护层→养护。整体道床完成施工后,对剩余桥面外露部分进行清理,对混凝土浆块进行铲除,桥面平整度不合规范要求的进行打磨处理,桥面的浮浆、杂物等清理干净;基层验收合格后,涂抹按比例配置的防水涂料(涂刷防水涂料时基层应干燥),须保证每处防水涂料厚度满足设计要求,各结构之间的交界处需重点处理,对于刮涂的防水涂料时跟踪检查,可用肉眼观察其是否有空气存在膜内,若有,必须采取有效措施进行补救;上层纤维混凝土保护层施工时需以桥面泄水孔为准,从泄水孔两侧向泄水做2‰的坡度,在泄水孔低端位置还应该设置2‰的反水坡,在桥梁挡板、道床板、疏散平台基座侧边弹墨线,按墨线的位置进行找坡、收面。将混合均匀的纤维混凝土均匀铺在梁体的防水涂料层上,用平板振捣器捣实,并无可见空洞为止。混凝土面浇筑完成后,应采取覆盖土工布洒水养护的保护措施,避免失水太快。自然养护时,桥面应采用土工布覆盖,桥面混凝土洒水次数应能保持表面充分潮湿。当环境相对湿度小于60%以上时,养护应不少于14 d。

(五)减振类无碴道床施工

根据环境报告要求确定相应的轨道减振措施,采取的措施一般有:减振扣件、梯形轨枕道床、减振垫浮置板道床和钢弹簧浮置板道床等。

减振扣件道床的结构与普通道床基本相同,不同点在于采用不同类型的扣件轨枕不同以及道床的厚度不同。梯形轨枕道床采用厂家预制的梯形轨枕,道床断面为"L"形,道床内只铺设一层钢筋网;减振垫道床与钢弹簧浮置板道床均需要进行垫层混凝土施工,只是减振垫只需要在道床混凝土下铺设一层,钢筋及结构与普通道床相同;钢弹簧浮置板道床结构较为复杂,钢筋繁琐,后期顶升后道床与下部垫层分离,隔振器承担压力的吸收和释放,较普通道床断面增加预埋套筒及隔振器、道床凸台和垫层水沟。这里只对钢弹簧浮置板道床进行介绍。

钢弹簧浮置板道床主要由浮置板基础、隔振器、钢筋混凝土道床板等组成,施工过程包括基础垫层、隔离器、隔振器、浮置板、剪力绞、顶升等内容,目前一般采用轨排法施工。

1. 测量放线及结构尺寸偏差检查

先进行调线调坡测量,布置基标,检查铺设浮置板地段的实测轨道高度与设计轨道高度、线路设计中心线与实测轨道中心线的偏差是否满足浮置板轨道设计的要求。

2. 浮置板基础施工

同普通道床混凝土施工,注施工时严格控制道床混凝土基础的表面平整度。

3. 浮置板钢筋笼轨排拼装、运输

(1)浮置板钢筋笼拼装台位的设置:拼装浮置板钢筋笼的台位可按26 m×3 m设置,台位为混凝土硬化的水平面,表面平整。在台位上设置浮置板端头线、浮置板钢筋笼中心线、钢轨中心线、套筒位置中心线、凸台边线等关键线,作为拼装钢筋笼轨排的基准线。

曲线地段浮置板钢筋笼轨排按直线进行拼装,但必须考虑不同曲线半径地段因曲线外股、内股不等长造成的钢筋笼轨排长度的差异。

(2)布置隔振器外套筒。根据台位上标识的外套筒位置,按设计图纸布置隔振器外套筒,注意套筒摆放的内外方向。曲线段需考虑内外股长度差异造成的隔振器位置的差异。

(3)钢筋的加工及钢筋笼的拼装。

(4)钢筋笼的吊装及运输。用吊轨钳将浮置板钢筋笼轨排吊装至平板车上,轨道车运输至前方作业面。轨排吊点位置需通过计算及现场试验,确定合理吊点位置,将浮置板钢筋笼轨排在起吊悬空状态的挠度控制在最小值。

(5)轨排吊装就位、检查及修整。

(6)轨道的架设及轨道几何尺寸的初调整,包括粗调、精调等。

4. 浮置板道床混凝土浇筑及轨道清理

5. 浮置板顶升作业

当混凝土浇筑28 d后且到达设计强度,用厂家提供的专用液压千斤顶从浮置板支承基础上抬起浮置板。浮置板顶升达到设计顶升高度。浮置板的顶升高度按设计要求进行控制,允许误差为±1 mm。顶升完成后在浮置板自重作用下,浮置板下沉达到设计高程。浮置板顶升须分三次进行,严禁一次顶升完成。

（六）杂散电流防护措施

地下线或路基段相邻两个结构缝，施工缝、变形缝、诱导缝之间为一个结构段；高架线每块道床独立成结构段。

每个结构段的结构表层纵向钢筋、横向钢筋应电气贯通，若有搭接，应进行搭接焊接，焊缝高度不小于 6 mm（当确实无法进行双面焊时，可采取单面焊，但焊接长度必须增加一倍）。在每个道床结构段两端靠近伸缩缝的上下层第一排横向钢筋和对应的架立筋须与交叉的所有纵向钢筋进行焊接。在每个道床结构段内，每隔 5 m（或小于 5 m）选上下层各 1 根横向钢筋和对应的架立筋与所交叉的所有纵向钢筋焊接。在上、下行线路垂直轨道下方，上层、下层各选 2 根纵向结构钢筋和所有横向钢筋焊接。

排流端子的设置要求，在有牵引变电所的车站隧道底板的上、下行内侧分别引出 1 处排流端子，该端子要尽量设置在靠近牵引变电所处，排流端子引出点的横向结构筋应和所有纵向结构钢筋焊接，并用 50 mm×8 mm 扁钢与底层纵向钢筋焊接。

在车站两端头及距车站两端头 250 m 左右的道床上分别设置一个监测端子，上、下行分设；监测端子用与其设置位置最近的连接端子代替，监测端子设置位置道床块内外两侧均需设置连接端子。

三、施工质量控制要点

（一）线路基桩

1. 基桩设置密度及间距应符合要求；

2. 基桩允许偏差应符合《城市轨道交通工程测量规范》（GB 50308—2008）第 15.2.4 条、第 15.4.4 条的规定，详见表 6.1.1。

表 6.1.1　线路基桩检测的各项限差

位　　置	检测项目	控制基标间夹角（与 180°较差）	控制基标间距离	控制基标高程实测值与设计值差	相邻控制基标高差与设计值差	控制基标与线路中心距离偏差
线路	直线	<8″	<10 mm	<2 mm	<2 mm	<2 mm
	曲线	线路横向偏差<2 mm，弦长差<5 mm				
道岔		<8″	<2 mm		<1 mm	

（二）轨排组装架设

1. 支承块、长枕、扣件进场时，应对型号、外观进行验收。

2. 螺旋道钉的锚固抗拔力不得小于 60 kN。

3. 轨排接头相错量应符合规范要求。

4. 扣件安装扭矩根据扣件类型选择相应的扭矩值。

5. 轨排组装架设的检验项目及方法应符合《铁路轨道工程施工质量验收标准》（TB 10413—2003）第 6.7.3 条的规定，见表 6.1.2。

表 6.1.2　轨排组装架设验收检验项目及方法

序号	项　目	允许偏差（mm）	检验方法
1	轨枕间距	±5	钢尺量
2	轨距	+2，−1，变化率不得大于 1‰	万能道尺量
3	水平	2	万能道尺量
4	扭曲	2（基长 6.25 m）	

续表 6.1.2

序号	项目		允许偏差(mm)			检验方法
5	轨向	直线	直线不大于 2 mm/10 m 弦			拉线,钢尺量
		曲线(半径≤650 m)	缓和曲线正矢与计算正矢差	圆曲线正矢连续差	圆曲线正矢最大最小值差	
			2	3	5	
		曲线(半径＞650 m)	1	2	3	
6	高低		直线不大于 2 mm/10 m 弦			
7	中线		2			钢尺量
8	高程		±5			
9	轨底坡		1/35～1/45			

（三）有碴道床

1. 施工单位应评估碴场建场检验、生产检验的有效性,检查出场检验报告。

2. 底碴、道碴进场时应对其品种、外观、级别等进行验收,其质量分别应符合现行《铁路碎石道床底碴》(TB/T 2897—1998)、《铁路碎石道碴》(TB/T 2140—2008)的规定;应对其杂质含量、粒径级、配颗粒性质进行检验。

3. 底碴、无缝线路预铺道碴铺设应采用压强不小于 160 kPa 的机械碾压,压实密度不低于 1.6 g/cm³;正线道岔预铺道岔应分层碾压,压实密度不低于 1.7 g/cm³。

4. 底碴、预铺道岔铺设宽度、厚度等应符合设计及规范要求。

（四）普通无碴道床

1. 轨枕、轨道板、支撑块。进场时,应对其型号、外观进行检查验收。

2. 道床钢筋。钢筋验收检验项目及方法应符合 TB 10424—2010 第 5.1.1～5.5.2 条的规定,见表 6.1.3。

表 6.1.3 整体道床钢筋验收检验项目及方法

序号	项目		允许偏差(mm)	检验方法
1	钢筋原材料性能		按《铁路混凝土与砌体工程施工质量验收标准》(TB 10424—2010)的规定	
2	钢筋的品种、级别、规格、数量			
3	钢筋的加工制作误差			
4	钢筋连接性能			
5	钢筋防迷流措施、铜端子与钢筋的连接		按设计文件要求	
6	钢筋间距		20	尺量
7	钢筋保护层厚度	设计为 25～35 mm 时	+5,−2	尺量
		设计为小于 25 mm 时	+3,−1	

3. 道床模板。模板安装应符合 TB 10413—2003 第 6.3.5 条的规定,见表 6.1.4。

表 6.1.4 道床板模板验收检查项目及方法

序号	项目	允许偏差(mm)	检验方法
1	高度	±5	尺量(均为模板内侧面间的允许偏差)
2	宽度	±5	
3	位置	±3	
4	凹槽的长、宽、高	±5	
5	中线	2	
6	模板平整度	2	用 1 m 靠尺检查

4. 道床混凝土

（1）混凝土原材料、配合比的检验应符合现行《铁路混凝土与砌体工程施工质量验收标准》（TB 10424—2010）的规定；

（2）道床混凝土应符合 TB 10413—2003 第 6.4.1～6.4.5 条的规定，见表 6.1.5。

表 6.1.5　道床板混凝土验收检查项目及方法

序号	项　目	允许偏差(mm)	检验方法
1	混凝土强度及耐久性能	按《铁路混凝土与砌体工程施工质量验收标准》（TB 10424—2010）的规定	
2	整体道床的伸缩缝	应按照设计规定设置	
3	整体道床与其他道床连接的过渡段设置	应符合设计要求	
4	底座高度	±5	尺量
5	底座宽度	±10	
6	前后位置	±5	
7	凹槽的长、宽、高	±5	
8	中线	3	
9	底座与凹槽表面平整度	凹陷深度不得大于 2 mm/1 m，低洼长度不超过 50 mm	用 1 m 靠尺检查

5. 防水层、保护层

（1）防水层、保护层和伸缩缝所用材料应符合要求。

（2）基层面处理需满足规范要求；防水涂料层厚度应符合设计要求，不得渗水。

（3）保护层混凝土强度应符合设计要求，排水坡度符合要求，排水通畅。

6. 杂散电流防护

（1）连接端子

埋入式连接端子上表面高于结构壁 3～5 mm，相邻两个铜端子的间距 200 mm，距沥青木板 90 mm（沥青木板厚度 20 mm），施工时应采用相应施工措施，防止埋入式连接端子上表面没入混凝土。

（2）连接端子焊接要求

铜端子与扁钢焊接形式为可靠焊接（双面焊），焊缝长度不应小于 $10D$，焊缝高度 6 mm。焊接完成铜端子保持直立，不允许出现歪斜的现象，否则重新焊接。

（3）道床混凝土

整体道床内设置杂散电流收集网，为有效防止杂散电流对主体结构钢筋的腐蚀，混凝土保护层厚度需要符合要求。

（五）减振类无砟道床

1. 安装隔振器的位置表面应平整，平整度要求 ± 2 mm/m²。基底表面倾斜角度随超高值变化调整。基底表面施工垂直方向公差 0，－5 mm。

2. 混凝土强度应符合设计要求，无蜂窝、麻面、漏振等缺陷。表面平整度允许偏差 3 mm，变形缝直顺，全长范围内允许偏差 10 mm。预埋件位置准确。水沟直（圆）顺，坡度与线路坡度一致，排水通畅，允许偏差：位置 ±10 mm，垂直度 ±3 mm。

3. 隔振器外套筒位置允许误差 ±3 mm；剪力绞安装位置允许误差 ±5 mm。

4. 每块浮置板的长度允许误差 ±12 mm；宽度允许误差 ±5 mm，浮置板的高度允许误差 ±5 mm。

四、质量监督要点

(一)有碴道床

1. 质控资料

道碴的检测报告(生产检验及进场检验),轨枕、钢轨、扣件等出厂合格证,基桩埋设、施工测量资料;铺底碴、预铺道碴、轨排架设、轨道整理等质量检验记录;道碴压实密度检测资料等。

2. 实体质量

道碴质量,道床断面正确,边坡整齐美观。

(二)无碴道床

1. 质控资料

各类原材(钢筋、轨枕、扣件、混凝土、防水材料、连接端子、隔振器等)的检查报告(生产检验和进场检验)。基桩埋设、施工测量资料,隐蔽工程、轨排架设、钢筋、模板、混凝土等质量检验记录,混凝土标养强度报告。工程实体检测资料(混凝土强度回弹、钢筋保护层及道床结构尺寸)。浮置板顶升记录。

2. 实体质量

(1)道床钢筋及模板

钢筋规格、型号、数量、间距、连接、保护层厚度等,防迷流设置的可靠性,模板安装平整度、纵向顺直度及稳定性;模板接缝处是否严密。

(2)轨排组装架设

轨枕外观质量、轨排姿态等。

(3)道床混凝土

基面处理质量,预埋管道位置。混凝土坍落度现场检测;混凝土现场试块的抽检;混凝土振捣是否均匀;道床标高是否符合设计图纸;混凝土表面排水坡角度及外观观感质量等。排水沟深度、宽度。

(4)防水层、保护层

高架段桥面有无积水现象。

(5)杂散电流防护

连接端子安装质量,对地实测电阻值,监测装置等。

五、常见质量问题及预防

(一)道床混凝土粘接不牢

存在问题:道床混凝土与结构底板间粘接不牢靠或者出现夹层。

原因分析:施工前基底处理不到位。

预防措施:施工交底应明确施工的标准及要求,施工过程监督检查工作需认真对待。

(二)道岔转辙机坑积水

存在问题:地下线道岔转辙机坑积水现象严重。

原因分析:在地下段结构底板和结构墙经常出现渗漏水的现象,转辙机坑坑底标高比水沟沟底标高都要低,所以导致地下线的转辙机坑普遍存在积水情况。

预防措施:施工时,道岔的道床块划分需要与土建的沉降缝或施工缝保持一致;转辙机坑处的混凝土浇筑施工一次性完成,与水沟有交叉的接触面处用混凝土封堵严密;在转辙机基坑边设置集水坑;后期,线路运营阶段转辙机坑积水只能采取人工排水的方法。

(三)连接端子高度控制不到位

存在问题:连接端子高度控制不理想,高度超过道床面或被埋在混凝土道床中。

原因分析:钢筋笼未进行固定,混凝土浇筑过程中钢筋笼下沉、上浮或偏移;连接端子焊接时高度未控制好。

预防措施:施工交底应明确施工的标准及要求,增加钢筋笼的固定措施,同时制作特殊工具辅助定位连接端子。

第二节　线　路　铺　轨

一、概念

钢轨是铁路轨道的主要组成部件。它的功用在于引导机车车辆的车轮前进,承受车轮的巨大压力,并传递到轨枕上。钢轨必须为车轮提供连续、平顺和阻力最小的滚动表面。在城市轨道交通的线路上,钢轨兼作供电触网的回流线及信号轨道使用。

城市轨道交通钢轨按截面类型可分为:平底钢轨(常见的钢轨)、槽型钢轨(多用于有轨电车)、双头钢轨(目前使用较少)。轨道交通中采用的钢轨基本为厂制 25 m 标准轨,按重量可分为 43 kg/m、50 kg/m、60 kg/m、75 kg/m 等,其中 50 kg/m 及以下为轻型钢轨,60 kg/m 及以上为重型钢轨。在城市轨道交通线路上,正线及车场线路中试车线、出入场线采用 60 kg/m 钢轨,其余车场线路采用 50 kg/m 钢轨。

钢轨的平面连接有两种形式,第一种是通过连接夹板及联结零件连接,第二种是通过焊接进行连接。采用第一种接头形式的线路称为普通线路或有缝线路,第二种的则称为无缝线路。钢轨连接接头的类型有普通接头、绝缘接头、冻结接头、异型接头、胶结接头等。焊接接头按焊接工艺分有闪光接触焊、气压焊和铝热焊等,城市轨道交通采用较多的为闪光接触焊。

二、主要施工环节及工序

(一) 有缝线路

1. 基本规定

有缝线路的施工步骤:有砟道床有缝线路施工工艺:基桩测设→铺底砟→预铺道砟→轨排组装架设→铺砟整道。无砟道床有缝线路施工工艺:基桩测设→基底清理→轨排组装架设→钢筋绑扎→模板安装→混凝土浇筑→养护。

有砟道床中不同类型的轨枕不得混铺,铺设木枕时应一端取齐。

组装轨排时,轨端相错量应在铺轨前进方向的一端测量(直线两轨端取齐,曲线相错量按计算确定),对于相错量的调整宁可插入短轨也不可用调整轨缝的方法施工。

铺轨选在最佳轨温下进行,并预留轨缝,对不满足铺轨条件的轨温时对施工工艺进行调整。在低于最佳铺轨温度或者高于最高允许铺轨轨温时不得铺轨。新铺的轨道,预留的轨缝应当进行日检查,并将结果的总偏差量在继续铺轨时加以调整消除。

轨排组装按照规定进行,轨距调整合适。轨排应对准中线就位,接头螺栓及时补充,并按规定扭矩拧紧。曲线正矢及超高值必须满足设计要求。人工铺设龙口轨时,应待龙口解除约束稳定后,按实际长度切合龙轨。

轨道工程完工后,应进行动态质量检查。加强日常的线路养护,季节更替或温度变化大时应对扣件及接头螺栓进行复拧。

2. 铺轨

正线的有缝线路包含辅助线、存车线、折返线等,车辆段内除试车线外均为有缝线路。有缝线路的铺轨过程即为轨排组装架设过程。正线有缝线路铺轨采用的人工散铺或者是机铺,轨排上的钢轨亦可以满足地铁列车运营,车辆段内有缝线路也是一样,两者不同点在于轨道的控制精度不同,正线因车速相对较快,轨道状态相对要求较高,车辆段因车速受限,所以轨道状态要求相对较宽松。

3. 接头施工

有缝线路轨道上钢轨与钢轨之间用夹板和螺栓连接,称为钢轨接头。接头处轮轨动力作用大,养护维修工作量大,钢轨接头是轨道结构的薄弱环节之一。钢轨接头按其用途分为:普通接头、异型接头、导电接头、绝缘接头、冻结接头、焊接接头、胶结绝缘接头等。在城市轨道交通中最常见的接头形式为：普通接头（主要在车辆段有缝线路、出入段线）、绝缘接头（主要在场段内线路信号灯处）、冻结接头（采用高强度螺栓，主要在正线岔区及前后 25 m 范围内）。

施工时根据在线路上不同位置的钢轨接头，选用起不同作用的接头夹板。以普通接头为例，钢轨接头采用相对悬空式（即左右股钢轨接头对齐，轨缝控制在两根轨枕中间），调整接头处的轨缝（满足规范要求，不得超出最大构造轨缝），清理接头两侧 50 cm 范围内轨腰部位上的泥土或杂质并且拆除接头两侧最近的扣件，钢轨端头轨腰处的螺栓孔需满足夹板安装要求，不合标准的需切除重新在钢轨上钻眼，安装时夹板扣件不得缺少，六个螺栓相互反向固定，调直钢轨接头同时拧紧螺母，用铁锤对每个螺栓的后部进行敲击然后对螺栓进行复拧，多次进行复拧的工序，保证夹板安装牢固（按照不同钢轨夹板扭矩的要求采用工形扳手进行紧固，保证扭矩达标），最后对接头螺栓丝杆进行涂油。安装及调整完后的接头处钢轨轨面高差和轨距线错牙需满足：正线≤1 mm，其他线≤2 mm。

4. 轨道整理

无碴道床有缝线路的轨道整理主要内容及控制项与无缝线路基本相同（下面有介绍）。

有碴道床有缝线路的轨道整理涉及轨枕方正、扣件安装、轨道几何尺寸状态等。在轨道连接完成，碎石道床基本稳定后，要求对轨道进行统一细致的检查，对线路中的扣件进行全面的检查及复紧。有碴道床有缝线路铺设后需根据设计文件，在轨枕面上对每条曲线的曲线要素进行标注，便于后期施工和养护。如有施工条件可采用轨检小车对线路进行检查，亦可采用人工对线路进行检查。轨道调整时按照"先起后拨"的原则进行整改，轨距采用轨距尺测量，调整扣件中的钢制轨距挡板来实现，每根轨枕的轨距都要满足规范要求，线路中曲线半径较小轨距加宽处需人眼和轨距尺相配合保证轨距变化率满足规范要求，曲线过渡圆顺；轨道的高低采用 10 m 弦量 5 m 一个测点和人眼配合的方式进行检查，通过更改钢轨下橡胶垫板（或铁垫板下缓冲垫板）的厚度来控制钢轨轨面的高低，两股钢轨的水平高低通过轨距尺进行找平，不得出现三角坑等情况；在曲线位置时，选择曲线的内股为水平基准股，选择曲线外股测量正矢值，车场有碴线路均为平坡不设置超高，严禁出现反超高或反弯；曲线正矢值采用 10 m 弦量 5 m 一个测点，从缓和曲线两端分别量起向曲线中部靠拢，根据计算值对每个数据进行检查整改。因有碴线路轨道状态变化较大，所以养护频率需加大，保证线路状态满足行车要求。

整改后的轨道需达到轨道及扣件清理干净，扣件安装正确不缺少，扣件涂油到位，轨道的各项几何尺寸均满足规范要求，各项数据均需满足规范要求不得超限。

（二）无缝线路

1. 基本规定

钢轨焊接应按照《钢轨焊接》（TB/T 1632.1-4—2005）的规定进行型式试验和生产试验，检验不合格，严禁施焊。在下列情况下应进行型式试验：钢轨焊头试生产时；调试工艺参数时；采用新轨型、新钢轨品种时；周期性生产检验结果不合格时；钢轨生产厂家变更时。

工地钢轨焊接宜采用闪光焊接，道岔内及两端与线路连接的钢轨锁定时可采用冻结接头或者铝热焊。工地钢轨焊接应符合以下规定：天气恶劣时，应采取防护措施，气温低于 0 ℃时不宜进行工地钢轨焊接，气温低于 10 ℃时，焊接应对轨端 0.5 m 范围内进行预热，轨温升至 35 ℃～50 ℃才能进行焊轨作业，焊后要求进行保温；焊接过程插入的短轨长度应大于 6 m 且与原钢轨同材质；承受压力的焊缝，在轨温高于 400 ℃时应持力保压。焊接后的接头进行探伤机外观检查，需进行标记并填写焊接记录报告，如焊接接头有问题及时按工艺要求进行处理。

线路锁定的前提要求为各种道床形式均是在稳定情况下进行。单元轨节长度应满足施工进度和铺设时应力放散最佳效果的要求，以 900～1 200 m 为宜，最短不得小于 200 m，应力放散时，宜每隔100 m 设一位移观测桩。应力放散应均匀，如果单元轨节过长，在锁定钢轨的中部加装撞轨器。

线路放散完成后，线路中的扣件必须全部安装完成不得有遗漏，同时要求扣件的扭矩力满足设计及规范要求。

2. 钢轨焊接

钢轨焊接施工是一项施工精度要求高、流程繁琐的工程。具体施工流程为：施工准备→机车对位→松解扣件→钢轨除锈→对轨调整→焊轨→正火→粗磨→精磨→探伤→外观检查→编号→紧固扣件。

所有人员开工前必须通过安全、技术培训考核，特殊工种需持证上岗。按照施工作业指导书的要求准备好施工机具，各种施工机具进场前应确保状态良好并将出厂证和合格证存档。

轨道车推送焊轨机平板车至待焊接头处，焊接内部吊臂驱动油缸伸长降下旋转臂，将焊机降下接近钢轨，利用转盘转动，使焊机进入焊接工作位置；将焊机落下置于钢轨上，确保两钢轨间隙位于导轴上标记的正下方，降低焊机直到压在钢轨上。

轨端除锈是对待焊钢轨的端面和距离端面 750 mm 范围内轨腰两侧表面除锈，使其露出 90% 以上的金属光泽。钢轨焊接两侧各 100 范围内不得有明显压痕、碰痕、划伤等缺陷，焊头不得电击伤。

对需焊接的钢轨每隔 5 m 支垫一个地面滚筒，将其支垫起来，施工过程中随时测量焊头顶锻量，根据需要，可随时调整。

焊接结束之后，检查焊接接头的外观质量，用石笔写下焊接接头编号。发现焊接接头存在表面烧伤、严重错位、推瘤推亏、裂缝等缺陷，判为不合格接头，应锯切重焊，并做出记录。

正火时，正火温度的测量使用光电测温仪，焊头温度应降至 500 ℃ 以下，然后利用氧气-乙炔加热器对焊接接头进行加热，轨头加热至表面温度不高于 950 ℃，轨底角加热至表面温度不高于 830 ℃，再自然冷却。

粗磨作业之前应先测量推瘤余量。根据推瘤余量对接头区域非工作面、轨颚轨底角上表面进行打磨。由于钢轨外形尺寸偏差造成的焊接接头不平顺，可用圆顺打磨方法进行修整。粗磨作业使用手提砂轮机两台。轨底应进行打磨，轨底角上表面焊缝两侧各 150 mm 范围内及距两侧轨底角边缘各 35 mm 范围内应进行打磨平整，不得打亏。打磨时进给量适当，不得将表面打亏；不得出现发黑和发蓝现象；不得横向打磨，打磨时砂轮片不得跳动，打磨表面须光整、平顺。

工地接头精磨作业应先检查上道工序质量。打磨前应测量焊缝两侧 500 mm 范围内水平和垂直方向的平直度，确定合适的打磨进刀量，然后对焊缝两侧 500 mm 范围的轨顶面和工作侧面进行仿形打磨。

探伤时焊缝温度应冷却到 50 ℃ 以下。探测面注足耦合剂。探测轨头和轨底角的缺陷，运用偏 20°角的二次波，探测轨头两侧上方的缺陷，采用偏角扫查方式，加强对轨角边缘，变坡点下方和轨底三角区缺陷的探测。

对探伤合格的焊接接头进行编号，同时恢复线路，拆卸的大螺栓、垫板全部上齐，弹条隔五上一，保证施工过车，焊头精磨达到标准以后，将剩余扣减全部上齐。

3. 线路锁定

按照设计锁定轨温进行线路锁定。按照规范要求进行单元轨节的选取，无缝线路左右股锁定轨温差不应超过 3 ℃，曲线外股锁定轨温不得高于内股轨温。相邻单元轨条锁定轨温也不应超过 3 ℃，同一区间内的最高、最低差不应超过 5 ℃。

铺设无缝线路时，必须按照无缝线路布置图设置钢轨纵向位移观测标记，标志埋设要齐全、牢靠，观测标记清楚。

4. 轨道整理

无砟道床无缝线路铺设后需根据设计文件，可选择在钢轨轨腰或是轨枕面上对每条曲线的曲线要素进行标注，以便于后期施工和养护，同时对线路中的扣件进行全面的检查及复紧，并且清除轨道顶面及工作面的混凝土残渣，采用录入数据的轨检小车对整条线路进行初次的检查，对采集的数据（轨向、轨距、水平和高程等）进行分析标出超限的位置或区域，施工人员结合分析报告对线路进行检查及整改。轨距采用轨距尺测量，调整通过扣件中的绝缘轨距块或铁垫板上平垫块来实现，每根轨枕的轨距都要满足规范要求，线路中曲线半径较小轨距加宽处需人眼和轨距尺相配合保证轨距变化率满足规范要求，曲线过渡圆顺；轨道的高低采用 10 m 弦量 5 m 一个测点和人眼配合的方式进行检查，通过更改钢轨下橡胶垫板（或铁垫板下缓冲垫板）的厚度来控制钢轨轨面的高低，两股钢轨的水平高低通过轨距尺进行找平，不得出现三角坑等情况;在曲线位置时,选择曲线的下股为基准股,超高值用轨道尺在曲线上股作出,但须保证曲线下股轨面平整,线路超高值满足设计要求不得超限,严禁出现反超高或反弯;曲线正矢值采用 10 m 弦量 5 m 一个测点,从缓和曲线两端分别量起向曲线中部靠拢,根据计算值对每个数据进行检查整改。当线路整改完成后,用轨检小车再次对轨道进行检查,分析数据报告,如有问题继续整改。

整改后的轨道需达到轨道及扣件清理干净,扣件安装正确不缺少,扣件涂油到位,轨道的各项几何尺寸均满足规范要求。当因现场原因造成绝对精度(指轨道实测中线、高程与设计理论值的偏差,偏差越小,精度越高)不达标时,可通过人工控制相对精度(指轨道各项几何尺寸(轨距、水平、高低、轨向)的偏差和变化率),对轨道各部位偏差进行顺接,但各项数据均需满足规范要求不得超限。

5. 限界测量

为保障地铁安全运行、限制车辆断面尺寸、限制沿线设备安装尺寸及确定的建筑结构有效净空尺寸的图形称为限界。

根据不同的功能要求,分为车辆限界、设备限界和建筑限界。车辆在平直线的轨道上按规定速度运行,计及了规定的车辆和轨道的公差值、磨耗量、弹性变形量,以及车辆的振动等正常状态下运行的各种限定因素而产生的车辆各部位横向和竖向动态偏移后的统计轨迹,并以基准坐标系表示的界线。设备界限指在车辆限界外加未计及因素和安全距离的界线。设备界限外安装的任何设备,均不得向内侵入界限。建筑界限位于设备界限外,任何沿线永久性固定建筑物,均不得向内侵入的界限。

在轨道状态相对稳定后,由建设单位组织相关施工单位,按照限界专业设计提供的相关数据资料做成相对应的模型或者模板,并安装在地铁轨道平板车上与地铁轨道车相连,通过轨道车的推进和牵引对全线(正线、辅助线,出入场、段线,停车场、车辆段内线路)进行检测,有侵限的设备必须进行整改处理,检测次数根据实际检测质量及整改情况而定。

6. 沉降观测

地铁的隧道结构体为条形状,呈现一定的柔性,在地质条件不稳固状态下极易产生变形,而地下车站结构体相对较大,垂直位移要比隧道小得多。在工程管理中,无论从结构安全还是行车安全上考虑,密切关注的是隧道相对车站的垂直位移。

一般除在地铁结构物上布置监测点外,还在轨道的道床表面埋置观测点,在轨道整理结束后,按照监测单位要求在保证监测点间距的情况下,在道床的不同位置埋设铜质测钉,并以油漆标明位置,在测钉的旁边喷涂测钉编号。

监测工作由监测单位负责,数据的采集、整理,形成结论后上报建设单位,监测工作为连续性任务,不得中断监测,数据整理汇编后及时上报。

三、施工质量控制要点

(一) 有缝线路

有缝轨道静态检验标准应符合 TB 10413—2003 第 8.4.3、8.4.9 条、8.4.10 条的规定,见表 6.2.1、表 6.2.2。

表 6.2.1　无砟道床有缝轨道静态几何尺寸检验标准

序号	检验项目		允许偏差(mm)			检验方法
1	轨距	无砟道床	±2			万能道尺量
2	轨向	直线(10 m 弦量)	4			弦线、钢尺量
		曲线 20 m 弦正矢允许偏差	缓和曲线正矢与计算正矢差	圆曲线正矢连续差	圆曲线正矢最大最小值差	弦线、钢尺量
		曲线(半径≤650 m)	3	6	9	
		曲线(半径>650 m)	3	4	6	

续表 6.2.1

序号	检验项目		允许偏差(mm)	检验方法
3	轨面	高低(10 m 弦量)	4	拉线、钢尺量
		水平	4	万能道尺量
		扭曲(6.25 m 基长)	4	
4	高程	无碴道床	±10	水准仪
5	线间距	无碴道床	±20(正线线间距为 4.0 m 时,不允许有负误差)	钢尺量
6	接头	错牙、错台	1	钢尺量
		接头相错量	40(曲线加缩短轨缩短量的一半)	
7	轨枕	间距	±10	
		轨底坡	1/35～1/45	

表 6.2.2　有碴道床有缝轨道静态几何尺寸检验标准

序号	检验项目		允许偏差(mm)			检验方法
1	轨距	有碴道床	+6～-2			万能道尺量
		加宽递减率	正线,1	配线,2		
2	轨向	直线(10 m 弦量)	正线,4	配线,5		弦线、钢尺量
		曲线 20 m 弦正矢允许偏差	缓和曲线正矢与计算正矢差	圆曲线正矢连续差	圆曲线正矢最大最小值差	弦线、钢尺量
		曲线(半径≤250 m)	8	16	24	
		曲线(半径 251～350 m)	7	14	21	
		曲线(半径 351～450 m)	正线,5 配线,6	正线,10 配线,12	正线,15 配线,18	
3	轨面	高低(10 m 弦量)	正线,4 配线,5			钢尺量
		水平				万能道尺量
		扭曲(6.25 m 基长)				弦线、钢尺量
4	高程	有碴道床	+50～-30(宽枕±30)			水准仪
		建筑物上	±10			
		紧靠站台的轨道	+50～0			钢尺量
5	接头	错牙、错台	正线,1;配线,2			钢尺量
		接头相错量	40(曲线加缩短轨缩短量的一半)			
6	轨枕	空吊板(不得连续)	正线,8%;配线,12%			钢尺量
		方正、间距	±20			

(二) 无缝线路

1. 钢轨焊接

(1) 钢轨焊接接头的型式检验和周期性生产检验应符合要求。

(2) 钢轨焊头探伤检查应符合要求。

(3) 接头外观检查质量要求:接头区域应纵向打磨平顺,不得有低接头;焊缝两侧 100 mm 范围内不得有明显压痕、碰痕、划痕等缺陷,焊接接头表面不得有电击伤。

钢轨焊接接头平直度应符合 TB 10413—2003 第 7.2.6 条的规定,见表 6.2.3。

表 6.2.3　工地钢轨焊接接头平直度允许偏差

序号	项　目	允许偏差(mm)	检验方法
1	轨顶面	+0.3～0	
2	轨头内侧工作面	±0.3	用 1 m 靠尺检查
3	轨底(焊筋)	+0.5～0	

2. 线路锁定

(1)锁定前应设置好位移观测桩。

(2)线路锁定时实际锁定轨温必须在设计锁定轨温范围内,左右两股钢轨及相邻单元轨节的锁定温度差均不得大于 5 ℃。

3. 轨道整理作业后,轨道静态几何尺寸误差应符合 TB 10413—2003 第 7.7.3、7.7.4、7.7.52 条的规定,见表 6.2.4、表 6.2.5。

表 6.2.4　无碴道床无缝线路整道允许偏差及检验方法

序号	检验项目		允许偏差(mm)			检验方法
1	轨距	无碴道床	±2			万能道尺量
2	轨向	直线(10 m 弦量)	≤4			弦线、钢尺量
		曲线 20 m 弦正矢允许偏差	缓和曲线正矢与计算正矢差	圆曲线正矢连续差	圆曲线正矢最大最小值差	弦线、钢尺量
		曲线(半径≤650)	3	6	9	
		曲线(半径>650)	3	4	6	
3	轨面	高低(10 m 弦量)	4			拉线、钢尺量
		水平	4			万能道尺量
		扭曲(6.25 m 基长)	4			
4	高程	无碴道床	±10			水准仪
5	线间距	无碴道床	+10～0			钢尺量
6	轨枕	方正、间距	±10			

表 6.2.5　有碴道床无缝线路整道允许偏差及检验方法

序号	检验项目		允许偏差(mm)			检验方法
1	轨距	木枕	+4～-2			
2	轨向	直线(10 m 弦量)	4			弦线、钢尺量
		曲线 20 m 弦正矢允许偏差	缓和曲线正矢与计算正矢差	圆曲线正矢连续差	圆曲线正矢最大最小值差	弦线、钢尺量
		曲线(半径≤650)	4	8	12	
		曲线(半径>650)	3	6	9	
3	轨面	高低(10 m 弦量)	4			钢尺量
		水平	4(无三角坑)			万能道尺量
		扭曲(6.25 m 基长)	4			弦线、钢尺量
4	高程	路基上	+50～-30			水准仪测量
		建筑物上	±10			
		紧靠站台	+50～0			

续表 6.2.5

序号	检验项目		允许偏差(mm)	检验方法
5	线间距	相邻正线和站线、站线间	±20	钢尺量
		钢梁上	±10	
		线间距设计为 4.0 m 时	不得有负偏差	
6	轨枕	空吊板(不得连续出现)	8%	钢尺量

四、质量监督要点

(一) 有缝线路

1. 质控资料

钢轨出厂合格证;各种扣件及轨枕的出厂检验报告和进场检测报告;道钉锚固抗拔力试验报告;起道、拨道施工记录。

2. 实体质量

扣件安装质量,扭力符合规范要求;钢轨夹板安装质量,接头螺栓不得缺失且扭矩达到规范要求。轨缝留设宽度,绝缘接头安装质量等。

(二) 无缝线路

1. 质控资料

钢轨出厂合格证;各种扣件及轨枕的出厂检验报告和进场检测报告;铺轨、工地钢轨焊接、应力放散及锁定和焊接接头外观质量等质量检验记录;钢轨焊接型式试验、生产试验的检测报告和第三方探伤报告;轨道锁定记录、静态验收记录等。

2. 实体质量

扣件外观良好,扭矩力满足规范要求;轨道焊缝外观质量;钢轨远视平顺,轨向直线顺直,曲线圆顺,头尾无反弯。扣件状态良好。

五、常见质量问题及预防

(一) 无缝线路钢轨焊接接头不合格

常见问题:焊接接头探伤不合格。

原因分析:有可能焊轨机电流或电压不稳造成,其次施工人员未按照每道工序的工艺要求进行操作与控制。

预防措施:加强机械日常保养和人员培训,严格按工艺要求进行操作。

(二) 焊缝打磨不到位

常见问题:焊缝打亏或不平整,导致轨道状态偏差大,影响行车。

原因分析:钢轨焊接时对轨不准,导致两股钢轨相错量较大,无法通过钢轨打磨消除;人员打磨失误造成。

预防措施:加强机械日常保养和人员培训,提高钢轨焊接质量,制定打磨工艺流程,并按流程要求组织实施。

第三节 道岔及伸缩调节器

一、概念

(一) 道岔

道岔是把两股或两股以上的轨道在平面上进行相互连接或交叉的设备。道岔构造复杂,零件较多,过车频繁,技术标准要求高,是轨道设备的薄弱环节之一。常见的道岔形式有普通单开道岔、对称双开道岔、对称三开道岔、单渡线道岔、交叉渡线道岔、菱形交叉道岔及复式交分道岔等。根据连接形式,道岔又可分为有缝道岔和无缝道岔,城市轨道交通一般采用有缝道岔。

(二)伸缩调节器

在铁路的钢轨伸缩时,保持其轨缝变化不致过大,以维持线路通顺的装置。因钢轨的伸缩主要由于温度变化引起,故又称钢轨温度调节器。它用于无缝线路和某些铁路桥上。常见伸缩调节器的形式为单向调节器(一根尖轨、一根基本轨)和双向调节器(两根尖轨、一根基本轨)。

二、主要施工环节及工序

(一)有缝道岔铺设

道岔道床的施工是一项难度大、施工周期较长的工程。其具体施工流程为:施工准备→凿毛、基底清理→测量放样→道岔零部件运输→道岔拼装→铺设底层钢筋→道岔几何尺寸调整→钢筋绑扎→模板安装→道岔几何尺寸检查→道床混凝土浇筑→道床养护→支撑架拆除→模板拆除。

施工前,先进行线路复测,设置道岔控制基标,经检查确认零件齐全后,方可分组装车运至施工地点,用小炮车倒运至设计位置。运装时将尖轨与基本轨捆牢避免尖轨损坏。

基底处理同无碴道床的基底处理要求相同。

单开道岔及单渡线地段的施工测量:道岔外侧距中线 1 500 mm 位置设岔心、道岔始终点、侧股终点共 4 个控制基标,再将控标引出进行加密,加密基标共 9 个,须设实际岔心、道岔始起点、辙叉起点的基标。交叉渡线道床地段除每个道岔内部按单开道岔要求设置基标外,还要专门控制锐角辙叉和钝角辙叉组成的菱形交叉部分,在其两条对称轴线方向上设 5 个加密基标,控制交叉叉心位置和对称轴的垂直度。

将道岔零部件按照铺设图纸要求,在混凝土结构底板上进行预组装,各部件的制造误差,在轨缝处消化。将各部件连接成整体后再安装轨距拉杆及钢轨支撑架,钢轨支撑架按相互间隔 2.5~3 m 的原则布置,钢轨支承架采用上承分离式。安装时,直线部分支撑架要垂直线路中心方向,曲线部分支撑架要垂直切线方向。将钢轨位置、标高、方向定位,再将道岔直股钢轨、曲股钢轨、直股与曲股钢轨间用轨距拉杆锁定调整轨距。由于各部件已精确定位,道岔组成后,仅需对轨距、曲线正矢、支距等进行测量后微量调整使之符合规范要求。道岔前后各设一根 25 m 长的缓冲轨,轨缝为 8 mm。钢轨接头采用冻结接头,接头螺栓采用 10.9 级高强度接头螺栓。缓冲轨轨排施工及组装要求与无碴道床轨排组装要求相同。

吊挂短岔枕,采用自制槽钢吊架进行:按顺序分部吊挂短岔枕,吊挂时避免撞动道岔部件。直线上两股钢轨的支承块中心线连线与线路中心垂直,曲股上支承块中心线与线路中线的切线垂直。转辙器处的短岔枕是偏心吊挂在基本轨上的,尖轨下部分会扎头,使尖轨与滑床板不密贴,可在基本轨轨顶用槽钢作抬杠,将扎头处吊起,用塞尺检查尖轨与基本轨侧、尖轨底部与滑床板的密贴程度,直至调整至允许误差范围内,确保尖轨与基本轨密贴及尖轨与滑床板密贴。道岔辙叉部分的短岔枕应垂直辙叉角的角平分线。短岔枕安装距离允许偏差为 ±10 mm,螺旋道钉要拧紧、复紧,防止出现空吊板现象。

道岔几何尺寸根据基标用直角道尺和万能道尺调整水平。首先把直角道尺架在基本轨上,通过支撑架调整使直角道尺水准气泡居中。钢轨位置根据道岔基标调整,并根据中线用轨距校核,然后用万能道尺将另一股钢轨位置定出并调整水平。用支距控制曲线基本轨位置,调整就位后用道尺控制水平及中线,定出侧股的准确位置。先调整直线基本轨,使轨道水平和平面位置达到设计要求,然后根据直线基本轨确定直尖轨、直导轨的位置。直股调整完毕,再根据支距将曲线导轨调整就位,最后将曲基本轨调整就位。

道岔各部的几何状态,必须通过道岔铺设图、整体道床布置图及铺设基标进行调整;施工过程中随时检查道岔和混凝土轨枕的位置,道岔各部的几何状态,发现超标立即调整,用万能道尺和 10 m 弦丈量,配合目测对道岔的轨距、水平、高低、方向、轨缝、接头、尖轨与滑床板、尖轨与基本轨、转辙器联结零件、辙叉与护轮轨进行全面的检查和调整,使之符合道岔组装技术标准。

道岔的钢筋绑扎、模板安装、混凝土浇筑及养护等分项工程无特别要求均与整体道床的工艺要求相同。

(二)钢轨伸缩调节器铺设

钢轨伸缩调节器的施工流程为:施工准备→凿毛、基底清理→测量放样→伸缩调节器轨道吊装→道岔拼装→铺设底层钢筋→几何尺寸调整→钢筋绑扎→模板安装→道床混凝土浇筑→道床养护→支撑架拆除→模板拆除。

钢轨伸缩器调节器的铺设要求与正线轨排组装、钢筋绑扎、混凝土浇筑等要求相同;施工过程不同点在于,组装铺设时需根据轨温预留伸缩量,铺设后应做好伸缩点标志,并且应达到基本轨伸缩无障碍,尖轨锁定不爬行。

三、施工质量控制要点

(一) 有缝道岔

1. 有缝道岔铺设

(1) 道岔及岔枕的型号、规格和数量应符合设计要求和产品标准规定。

(2) 混凝土岔枕螺旋道钉锚固抗拔力不得小于 60 kN。

(3) 查照间隔(辙叉心作用边至护轨头部外侧的距离)不得小于 1 391 mm;护背距离(翼轨作用面至护轨头部外侧的距离)不得大于 1 348 mm。

(4) 绝缘接头轨缝不得大于 6 mm。

(5) 道岔紧固螺栓扭矩应符合要求。

(6) 有缝道岔铺设允许偏差应符合 TB 10413—2003 第 9.3.3、9.3.6 条的规定,见表 6.3.1。

表 6.3.1　有缝道岔铺设允许偏差及检验方法

序号	项　目			允许偏差(mm)		检验方法
				正线	配线	
1	道岔方向	直线(10 m 弦量)		4	6	观察检查,钢尺量
		导曲线支距		±2		
2	轨距	尖轨尖端		±1		
3		其他部位		+3, −2		
4	轨距加宽及递减	尖轨尖端至基本轨接头(‰)		按设计要求		
		尖轨跟端(直向)向辙叉方向递减距离(m)		按设计要求		
		导曲线向前向后递减距离	直尖轨(m)	按设计要求		
			曲尖轨(m)	按设计要求		
5	轨面高程			±1		
6	水平(道岔全长范围内高低差)			≤2		
7	尖轨非工作边最小轮缘槽			−2		
8	顶铁与尖轨或可动心轨轨腰的间隙			≤1		
9	尖轨跟端非工作边与基本轨工作边开口距离			±1		
10	查照间隔(1 391 mm)			+2, 0		
11	护背距离(1 348 mm)			0, −1		
12	轨缘槽宽度			+3, −1		
13	接头	错牙、错台		≤1	≤2	
		头尾接头相错量		≤15	≤20	
		轨缝实测平均值与设计值差		±2		
14	岔枕间距、偏斜			±20		
15	尖轨尖端相错量			≤10		
16	转辙器第一连杆处动程			≥152		

2. 有缝道岔整道

(1) 导曲线不得有反超高。

(2) 道岔铺设基本轨必须落槽,滑床板应平正,钢轨接头、尖轨尖端、跟部、辙叉心等部位不得有空吊板;其他部位不得有连续空吊板,空吊板率不得大于 8%。

(3) 转辙器应扳动灵活;尖轨无损伤,尖轨顶面 50 mm 及以上断面处,不低于基本轨顶面 2 mm;在静止状态下,尖轨尖端至第一牵引点应与基本轨密贴,间隙小于 0.2 mm;其他地段小于 1 mm。

(4) 道岔整道允许偏差及检验方法应符合 TB 10413—2003 第 9.4.7、9.4.10 条的规定,见表 6.3.2。

表 6.3.2 道岔整道允许偏差及检验方法

序号	项目		允许偏差(mm)		检验方法
			其他站线	正线、到发线	
1	水平		≤6	≤4	万能道尺量
2	高低(10 m 弦量)		≤6	≤4	拉线,钢尺量
3	轨向(10 m 弦量)		≤6	≤4	
4	轨面高程与设计高程差	在有碴道床上	+50,−30		水准仪测量
		在建筑物上	±10		
5	联结配件和扣件	滑床板与尖轨间离隙	≤2(每侧允许 2 处大于 2 mm)	≤2(每侧允许 1 处大于 2 mm)	塞尺量
		轨撑不密贴离缝			
		道钉浮离 2 mm 以上者	≤10%	≤8%	
		轨枕扣件不良者	≤10%	≤8%	

(二) 钢轨伸缩调节器

1. 钢轨伸缩调节器种类、型号和技术条件应符合设计要求及产品技术条件规定。

2. 钢轨伸缩调节器铺设的位置应符合设计规定。

3. 铺设时,应根据铺设轨温预留伸缩量并在铺设后做好伸缩起点标志。

4. 钢轨伸缩调节器的尖轨刨切范围内应与基本轨密贴;尖轨尖端至其后 400 mm 处,缝隙不得大于 0.2 mm,其余部分不得大于 0.8 mm。

5. 钢轨伸缩调节器铺设调整后,应达到基本轨伸缩无障碍,尖轨锁定不爬行。

6. 钢轨伸缩调节器涉及的各类螺母扭矩应符合要求。

7. 轨枕应方正,间距允许偏差为 ±20 mm。

8. 钢轨伸缩调节器的整道检验允许偏差及检验方法应符合 TB 10413—2003 第 9.5.6~9.5.9 条的规定,见表 6.3.3。

表 6.3.3 钢轨伸缩调节器整道允许偏差及检验方法

序号	项目	允许偏差(mm)	检验方法
1	轨道中线与设计中线	30	钢尺量
2	轨向(单向调节器,12.5 m 弦量)	尖轨尖端至尖轨轨顶宽 5 mm 处范围内允许有 4 mm 的空线,其余范围内允许有 2 mm 的空线,不允许抗线	拉线,钢尺量
3	轨顶面前后高低	4	拉线,钢尺量
4	左右股钢轨水平差	4	万能道尺量
5	轨面扭曲(6.25 m 测量基线内)	4	万能道尺量

四、质量监督要点

（一）道岔

1. 质控资料

道岔及岔枕合格证明文件,钢轨出厂合格证,道钉锚固抗拔试验报告等。

2. 实体质量

查照间隔与护背距离,接头错牙、错台,锚固螺栓扭矩测量;尖轨密贴、尖轨与滑床板间隙,导曲线反超高等。

（二）伸缩调节器

1. 质控资料

伸缩调节器合格证明文件。

2. 实体质量

钢轨伸缩调节器安装位置,与尖轨密贴程度。

五、常见质量问题及预防

1. 道岔岔头处两根钢轨未对齐

常见问题:如有此情况则对道岔影响严重,将导致转辙器区所有道岔几何尺寸无法形成。

原因分析:道岔自身生产缺陷;测量放样基标点不准;施工人员操作不规范。

预防措施:找到转辙部分前后样冲点,施工时需多次校对保证岔头钢轨平齐。

2. 护轨安装的位置不准

常见问题:查照间隔调整超规范,导致辙叉岔心的危害区域未进行有效防护。

原因分析:道岔生产误差;道岔组装过程未检查到位。

预防措施:整体道床道岔在混凝土浇筑前,护轨的位置重新调整,要求护轨两端的刨切点间的部分必须涵盖岔心有害区域。有砟道床需重新放枕。

第四节　线　路　附　属

一、概念

在城市轨道交通的铺轨工程中,除轨道、道床、基桩等主体工程外的线路附属工程。通常可分为道口、标志、护轨及轨道加强设备。

道口是指在轨道线路与机动车道路交叉处（俗称平交道口）。为避免损伤轨道系统及不影响机动车行驶安全,在铁路道口处一般设置橡胶道口板保证轨面与路面的平整性。

线路标志是指表示铁路线路建筑物及设备的状态或位置,以及表示铁路各级管理机构管界范围的标志。城市轨道交通中常见的线路标志有以下几种:公里标、半公里标、曲线标、坡度标、线路标、桩标等。

护轨是指在线路坡度较大或曲线半径较小的位置,根据设计要求在轨道内侧增设一种轨道加强设备,也可称为防脱护轨,以防止列车掉道等情况发生。此类护轨形状与道岔内护轨不同,但两者作用相同。

车挡是指为防止车辆因意外情况越出线路终端的安全设施,车挡与挡车器配套使用,它以高强度螺栓固定安装在挡车器之后的钢轨尽头。

二、施工质量控制要点

（一）道口

1. 道口位置应符合设计要求。

2. 道口铺面板及其结构件材质应符合设计规定及产品质量标准。

3. 道口范围内不得有钢轨接头,不能避免时,应予焊接。

4. 道口铺面板在钢轨头部外侧 50 mm 范围内应低于轨面 5 mm;其余面板应与轨面一致,允许偏差为±5 mm。

(二)护轨

1. 护轨及联结配件、扣件的规格、型号应符合设计要求。

2. 轨的设置位置应符合设计要求。

3. 护轨支架及绝缘缓冲垫片安装位置应符合设计要求。

4. 护轨施工应在轨道起拨道、压道、整道合格后进行,并且其尺寸不得侵入设备界限。

5. 护轨与基本轨头间距应符合设计要求,允许偏差为±10 mm。

6. 护轨高于基本轨面不得大于 5 mm,低于基本轨面不得大于 25 mm。

(三)线路、信号标志

1. 线路、信号标志的材质、规格、图案文字均应符合设计要求。

2. 标志的数量、位置、高度应符合设计要求,不得有侵限情况。

3. 标志设置牢固、标示方向准确。

4. 标志应设置端正,涂料均匀,色泽鲜明,图像字迹清晰完整。

(四)车挡

1. 线路车挡按照功能划分大体为缓冲滑动式、固定式及摩擦式三种,占用轨道长度和允许冲撞速度必须依据设计要求。

2. 安装要求:

(1)线路基本轨轨距符合 1 435 mm 的要求;

(2)挡车器滑移方向无轨缝,采用缓冲滑移式车挡时,线路末端必须按设计要求预留滑动距离;

(3)挡车器安装处及滑移方向轨道的水平及前后高低误差不在于 4 mm;

(4)车挡的安装按车挡安装使用说明书进行安装,对于各部件固定螺栓严格按说明书中设计要求的扭矩进行拧紧。

3. 养护阶段需专人对各部螺栓的扭紧力矩进行检测,确保其性能可靠。

三、质量监督要点

(一)质控资料

道口铺面板、护轨等合格证明文件,安装验收记录等。

(二)实体质量

1. 道口范围内有无钢轨接头、铺面板安装质量等。

2. 抽查标志的文字与实际是否相符。

3. 护轨间距高度。

4. 车挡安装位置是否符合设计要求,各部位螺栓有无松动或扭矩是否满足设计要求。

四、常见质量问题及预防

道口安装不标准

常见问题:顶面不平整,端头翘起或接缝处不达标。

原因分析:施工工序颠倒,线路轨距、方向、高低偏差量较大。

预防措施:道口板的施工必须是在轨道方向、轨距及高低已经调整完成的基础上进行,切不能颠倒工序施工。

第七章　系统安装工程

本教材将系统安装工程按八个系统来划分,分别为供电系统(包括接触网)、通信系统、信号系统、火灾报警及其联动系统(FAS)、环境与设备监控系统(BAS)、售检票系统(AFC)、屏蔽门系统(PSD)、综合监控系统。为了避免重复,将这些系统在施工中共同或相近的元素,比如电管(桥架)的安装、电线(电缆、光纤)的敷设、设备安装、接地、备用电源、机房建设等划分出来,作为第一节,将各系统的联调联试作为最后一节。

第一节　一般规定

一、主要规范依据

(1)《建筑工程施工质量验收统一标准》(GB 50300—2013);

(2)《地下铁道工程施工及验收规范》(GB 50299—2003);

(3)《城市轨道交通通信工程质量验收规范》(GB 50382—2016);

(4)《城市轨道交通信号工程施工质量验收规范》(GB 50578—2010);

(5)《城市轨道交通自动售检票系统工程质量验收规范》(GB 50381—2010);

(6)《城市轨道交通站台屏蔽门系统技术规范》(CJJ183—2012);

(7)《建筑电气工程施工质量验收规范》(GB 50303—2015);

(8)《火灾报警系统施工及验收规范》(GB 50166—2007);

(9)《气体灭火系统施工及验收规范》(GB 50263—2007);

(10)《城市轨道交通综合监控系统工程施工与质量验收规范》(GB/T 50732—2011);

(11)《电子信息系统机房施工及验收规范》(GB 50462—2015);

(12)《电子信息系统机房设计规范》(GB 50174—2008);

(13)《供配电系统设计规范》(GB 50052—2009);

(14)《电气装置安装工程接地装置施工及验收规范》(GB 50169—2016);

(15)《计算机场地通用规范》(GB/T 2887—2011)。

二、施工质量控制要点

(一) 支、吊架安装

支、吊架到达现场应进行检查,其规格、型号、质量应符合设计要求及相关产品标准的规定;对于现场加工制作的支、吊架,安装前应经过热镀锌等防腐处理,切口处不应有卷边,表面应光洁,无毛刺,尺寸应正确,并符合设计要求。支、吊架安装时应固定牢固,间距均匀,整齐美观,安装在有坡度(弧度)的电缆沟内或建筑物构架上时,其安装坡度(弧度)应与电缆沟或建筑物构架的坡度(弧度)相同;安装在带有坡度的隧道时,支架应与隧道的坡度相平行;支架在带有弧度的隧道壁上安装时,支架应与隧道壁的弧度吻合密贴,安装用膨胀螺栓应垂直于安装面,胀管应全部在切面下,安装完毕后应对防腐层破坏的部位涂刷防锈漆。直敷电缆用的支、吊架间距应符合设计要求,当设计无要求时,水平敷设时宜为 0.8~1.5 m,垂直敷设时宜为 1.0 m,并应与保护导体可靠连接。支、吊架安装在区间时,严禁超出设备限界。

(二) 防护管安装

钢导管不得采用对口熔焊连接;镀锌钢导管和壁厚小于或等于 2 mm 的钢导管,不得采用套管熔焊连接;当采用金属管作为防护时,应经过热镀锌、涂漆等防腐处理;弯管时,完成的角度不应小于 90°,弯曲半径应符合设计要求,当设计没有要求时,应符合相应规范的规定,管弯处不应有裂纹和明显的弯扁;金属管入盒,盒外侧应套锁母,内侧应装护口;在吊顶内敷设时,盒的内外侧均应套锁母;各类防护管的两端口处应采取相应的保护措施;保护管经过建筑物的变形缝(包括沉降缝、伸缩缝、抗震缝等)处,应采取补偿措施;当采用金属软管作为保护管时,应采用专用的连接管件,不得作为接地的接续导体。

防护管通过碎石道床过轨枕时,防护管两端应各伸出轨枕端不应小于 500 mm,并埋于地面 200 mm 以下,管口封堵应严密;防护管在整体道床处过轨枕时,两端应各超出轨枕端,并用管卡直接固定在地面上;防护管穿越排水沟时,长度应大于排水沟宽度,并在排水沟两端用管卡直接固定在地面上;防护管内径不得小于电(光)缆堆积外径的 1.5 倍。

(三) 梯架、托架和槽盒安装

金属梯架、托架或槽盒本体之间,与支吊架之间的连接应牢固;全长不大于 30 m 时,应不少于 2 处与保护导体可靠连接,全长大于 30 m 时,每隔 20~30 m 应增加连接点,起始端和终点端均应可靠接地;非镀锌金属梯架、托架和槽盒本体之间连接板的两端应跨接保护联结导体,保护联结导体的截面积应符合设计要求;镀锌金属梯架、托架和槽盒本体之间不跨接保护联结导体时,连接板每端不应少于 2 个有防松螺帽或防松垫圈的连接固定螺栓;金属梯架、托架和槽盒弯头、三通等部位尽可能采用成品部件,受现场条件限制,必须自制弯头时,应满足桥架内线缆弯曲半径的要求,断开处必须进行接地跨接;金属梯架、托架和槽盒与进、出电管之间应接地可靠。

(四) 电(光)缆敷设

电(光)缆在敷设前应进行单盘测试,测试指标应符合产品技术条件及设计要求。

在防护管内敷设时不应有接头和扭结,截面利用率不宜大于 40%,当采用屏蔽电缆或穿金属保护管以及在线槽内敷设时,与具有强磁场和强电场的电气设备之间的净距离应大于 0.8 m。屏蔽线应单端接地,在槽盒内敷设应排列整齐,不应有接头、扭绞、交叉及溢出线槽情况,截面利用率不宜大于 50%,在电缆支架上敷设应分层,并排列整齐、自然松弛,同层架设时不应扭绞、交叉,光缆施工中应按照设计要求整盘敷设,不得任意切断光缆增加接头;信号线与电源线交叉敷设时,应成直角,当平行敷设时,相互之间的距离应符合设计要求。

电(光)缆敷设的弯曲半径应符合:①全塑电缆不得小于电缆外径的 10 倍;②铠装电缆、铝护套电缆不得小于电缆外径的 15 倍;③铅护套电缆不应小于电缆外径的 7.5 倍;④光缆敷设时不得小于光缆外径的 15 倍。⑤多芯电缆的弯曲半径,不应小于其外径的 6 倍。

电(光)缆直埋时应符合:①两设备间的路径应选择最短或通过障碍物及跨股道最少;②不得在道岔尖端、辙岔心及钢轨接头处穿越股道;③土质地带埋设深度不得小于 700 mm,石质地带埋设深度不得小于 500 mm,并均应在冻土层以下;④电缆沟底应平坦、无石块和杂物,沟内电(光)缆应自然松弛排列整齐、不交叉。

电(光)缆敷设余量应符合:①引进室内的电(光)缆余量不应小于 5 m;②室外设备端电(光)缆余量不应小于 2 m;当电(光)缆敷设长度小于 20 m 时,余量不应小于 1 m;③电(光)缆过桥,在桥两端的余量不应小于 2 m;④电(光)缆接续时,接续点两端的余量不应小于 1 m;⑤电(光)缆在隧道内防淹门处应有余量,其长度应符合设计要求。

(五) 电(光)缆接续

直埋电缆接头套管应做绝缘防腐处理并将接头加以保护,人(手)孔井内的电缆接头应放置在托板架上,相邻接头位置应错开,电缆引入室内时,其金属护套与相连的室内金属构件间应绝缘;接线盒、分线盒、交接箱的配线应按照电缆芯线顺序一一对应接续,卡接牢固,芯线排列整齐、序号正确,并应有相应的标识,接续完成后应检查无错线、断线,绝缘应良好;数字电缆引入应终接在数字配线架(DDF)上,音频电缆引入应终接在总配线架(MDF)上。

数字配线架的安装应符合：①数字配线架的型号、规格和安装位置应符合设计要求，架体安装应牢固可靠，紧固件应齐全且安装牢固；②数字配线架上的标识应齐全、清晰、耐久可靠；连接器单元上应有标识；③同轴头焊接应牢固、可靠；④架内同轴缆应进行绑扎并有适当余量；⑤数字配线架接地应可靠。

总配线架安装应符合：①总配线架的型号、规格和安装位置应符合设计要求，架体安装应牢固可靠，紧固件应齐全且安装牢固；②总配线架上的标识应齐全、清晰、耐久可靠；卡接(绕线)模块上应有标识；③接线端子应卡接(绕线)牢固，接触可靠；④接线排上任意互不相连的两接线端子之间以及任一接线端子和金属固定件之间，其绝缘电阻不应小于 50 MΩ；⑤总配线架的总接地和交换机的地线应实现等电位连接；引入总配线架的用户电缆其屏蔽层在电路两端应接地，局端应在入局界面处进线室内与地线总汇集排连接接地，接地应可靠；⑥总配线架告警系统应能发出可见可闻的告警信号。

光纤在接续时应按光纤色谱、排列顺序一一对应接续；光纤接续部位应用热缩加强管保护，加强管收缩应均匀、无气泡；光纤接续后的光纤收容余长单端引入引出不应小于 0.8 m，两端引入引出不应小于 1.2 m；室内光缆应终接在光配线架上或光终端盒上，光配线架或光终端盒的安装位置及面板排列应符合设计要求。

光配线架的安装应符合：①光配线架的型号、规格和位置应符合设计要求，架体安装应牢固可靠，紧固件应齐全且安装牢固；②光配线架上的标识应齐全、清晰、耐久可靠，光缆终端区光缆进出应有标识；③光纤盘纤盘内，光线的盘绕弯曲半径应大于 40 mm；④裸光纤与纤尾的接续应符合规范要求，其接头应加热熔保护管保护并按顺序加以排列固定；⑤余留尾纤应按单元进行盘留，盘留弯曲半径应大于 50 mm。

(六) 机房设备安装

面对面布置的机柜或机架正面的距离不应小于 1.2 m；背对背布置的机柜或机架背面的距离不应小于 1 m；当需要在机柜侧面维修测试时，机柜与机柜、机柜与墙之间的距离不应小于 1.2 m；成行排列的机柜，其长度超过 6 m 时，两端应设有出口通道；当两个出口通道之间的距离超过 15 m 时，在两个出口通道之间还应增加出口通道；出口通道的宽度不应小于 1 m，局部可为 0.8 m。

(七) 机房接地

机房接地包括机房设备接地、机房防静电地板的等电位接地、进入机房的电缆屏蔽层接地。

1. 机房设备接地

接地线应直接接到设备的接地排上，再从接地排接线到设备金属外壳，注意接地线不得串联。

2. 机房防静电地板接地

根据机房的级别，按设计要求施工，设计没要求，可按以下两种情况之一选择：

(1) 防静电地板的所有支撑连接牢固，不少于 2 点采用不小于 25 mm² 导线与接地箱内接地排可靠连接。

(2) 用铜排或者铜箔做成 600 mm×600 mm 的网格，交叉点位于防静电地板支撑底脚处并固定，四周采用锡焊进行连接，通过锡焊焊一铜排与接地箱内接地排连接。

3. 电缆屏蔽层接地

进入机房的各式电缆的屏蔽层应进行可靠接地。

4. 采用联合接地的接地系统，接地电阻应不大于 1 Ω。

(八) 防静电地板

1. 防静电地板下空间只作为电缆布线使用时，地板高度不宜小于 250 mm，防静电地板下的地面和四壁装饰，可采用水泥砂浆抹灰，地面材料应平整、耐磨。

2. 既作为电缆布线，又作为空调静压箱时，地板高度不宜小于 400 mm，防静电地板下的地面和四壁装饰应采用不起灰、不易积尘、易于清洁的材料，楼板和地面应采取保温防潮措施，地面垫层宜配钢筋，围护结构宜采取防结露措施。

3. 防静电地板支撑结构要牢固，各支撑之间应连接成为一体，防静电地板面板开启应采用专用工具。

(九) 备用电源

机房内的主设备应有不间断电源系统供电，在选择 UPS 容量时应留有裕度，以保证 UPS 的正常工作。

三、质量监督要点

支吊架固定、间距、防腐和接地;保护管的连接,金属软管的使用;梯架、托架和槽盒连接、跨接和接地;电(光)缆的敷设、接续和标识;机房设备接地,防静电地板接地。

四、常见质量问题及预防

(一)薄壁电管连接不可靠

1. 常见问题

KBG管压接不牢固,压接点不够,管口被压扁;JDG管紧定不牢固,紧定螺栓没有将螺钉头拧断。

2. 原因分析

(1) 施工人员对施工工艺不熟悉。

(2) 缺少必要的施工工具。

(3) 施工人员缺乏责任心。

3. 预防措施

(1) 加强施工的班前交底工作,对新进员工更要进行有针对性的交底,使每个具体操作人员都能够熟悉所做工程的施工工艺。

(2) 配备必要的施工工具。

(3) 加强对工人的教育,建立健全各种责任制度和检查制度,确保每道工序受控。

(二)金属软管使用不规范

1. 常见问题

金属软管使用部位不对,连接未采用专用配件,作为接地导体使用。

2. 原因分析

(1) 缺少配件。

(2) 施工人员对规范不熟悉。

3. 预防措施

(1) 金属软管主要用在末端与设备连接处,电导管弯头不能使用金属软管。

(2) 金属软管在连接时应该采用专用配件。

(3) 金属软管不能单独作为接地导体。

第二节 供 电 系 统

一、主要规范依据

(1)《电气装置安装工程电气设备交接试验标准》(GB 50150—2016);

(2)《电气装置安装工程接地装置施工及验收规范》(GB 50169—2016);

(3)《电气装置安装工程高压电器施工及验收规范》(GB 50147—2010);

(4)《电气装置安装工程电力变压器、油浸电抗器、互感器施工及验收规范》(GB 50148—2010);

(5)《电气装置安装工程电力变流设备施工及验收规范》(GB 50255—2014);

(6)《电气装置安装工程盘、柜及二次回路接线施工及验收规范》(GB 50171—2012);

(7)《现场绝缘试验实施导则》(DL/T 474.1-5—2006);

(8)《建筑设备监控系统检验标准》(DG/TJ 08-605—2004);

(9)《综合布线系统工程验收规范》(GB 50312—2016);

(10)《信息技术用户建筑群的通用布线》(ISO/IEC 11801—2011)；

(11)《计算机信息系统安全测评技术通用技术规范》(DB 31/T 272—2008)；

(12)《电子计算机机房施工及验收规范》(SJ/T 30003—1993)；

(13)《建筑物电子信息系统防雷技术规范》(GB 50343—2012)；

(14)《地铁设计规范》(GB 50157—2013)；

(15)《电气装置安装工程电缆线路施工及验收规范》(GB 50168—2006)；

(16)《铁路电力牵引供电工程施工质量验收标准》(TB 10421—2003)；

(17)《城市轨道交通接触网系统工程质量验收规范》(DGJ32/TJ 198—2015)；

(18)《电气化铁道接触网零部件试验方法》(TB 2074—2010)；

(19)《地铁杂散电流腐蚀防护技术规范》(CJJ 49—1992)；

(20)《地下铁道工程施工及验收规范(2003版)》(GB 50299—1999)。

二、变电所安装

(一)概述

地铁供电系统主要含有变电所安装、电力监控、环网电缆、杂散电流及接触网(轨)工程。

地铁供电变电所按功能划分主要有4种类型:主变电所、牵引变电所、降压变电所和跟随变电所。主变电所将110 kV电网电压降为35 kV,给牵引变电所和降压变电所供电;牵引变电所则是将35 kV交流电经整流变压器转换为1 500 V/750 V直流电,给接触网/接触轨供电;降压变电所则是将35 kV电网电压降为400 V,提供车站的动力和照明电源,同时也是跟随变电所的进线电源;跟随变电所,是降压变电所400 V侧在地理上的延伸,为离降压变电所较远的地铁设备供电。本实务中主要是对地铁供电系统中常用的35 kV变电所的安装进行说明。

(二)主要施工环节及工序

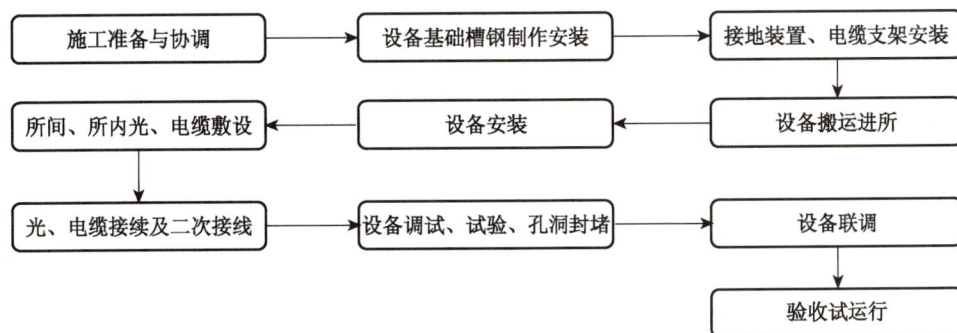

图7.2.1　变电所安装工程施工工序

(三)施工质量控制要点

1. 施工设备基础预埋件安装

基础型钢在安装前调直调平,型钢及接地导体搭接长度、焊接应满足规范设计要求,尺寸允许偏差应符合表7.2.1中的规定。

表7.2.1　基础型钢安装的允许偏差

项　目	允许偏差	
	mm/m	mm/m
不直度	1	5
不平度	1	5
位置偏差及不平行度	—	5

注:环形布置应符合设计要求

2. 电缆支架安装

（1）立柱布置合理，排列整齐。

（2）支架要可靠接地。

3. 设备就位安装

（1）变压器的安装：①变压器的安装位置、方向、接地、安全净距符合设计及规范要求。②调压切换装置应动作正确，分接头与动作指示器指示位置一致，切换装置接触部位应符合规定。③气体继电器和温度计检验、安装方向和位置。④安全气道的内壁应清洁。⑤变压器安装后整体密封试验，器身本体、附件、阀门及所有法兰连接处渗油情况。⑥变压器低压侧中性点应直接与接地干线连接。⑦变压器支架或外壳应接地，所有连接应牢固、可靠及防松零件齐全。⑧配电变压器（电抗器）低压侧中性点应直接与接地干线连接。⑨变压器（电抗器）支架或外壳应接地，所有连接应可靠、紧固及防松零件齐全。

（2）组合电器的安装：①GIS 在基础上的固定方式、排列组合顺序和位置、水平及纵向安装偏差。②GIS 所有功能单元的连接法兰在连接前，密封槽内要涂抹一圈密封胶，密封圈应密贴地镶入密封槽中。紧固法兰连接螺栓紧固力矩值应符合产品的技术规定。密封圈表面应清洁，无变形及破损；密封槽表面光洁，无划痕。法兰片间跨接线连接牢固。③隔离开关单元其规格、型号及安装位置应符合要求。④互感器、避雷器绕组或本体对地的绝缘状况检验，绕组对地的绝缘不应小于 5 000 MΩ；避雷器对地的绝缘不应小于 1 000 MΩ。⑤在母线管单元之间及母线管与各功能单元之间连接的母线膨胀补偿器或伸缩节，其连接后的拉伸或压缩长度，应在产品规定的允许调整偏差范围之内。⑥SF₆ 气体绝缘全封闭组合电器的抽真空处理及补充 SF₆ 气体的操作应符合技术规定，各气室气体压力正常。⑦操作机构分合闸指示正确；相色标识正确、统一美观，铭牌齐全清晰、固定牢固。⑧瓷件无损伤、裂纹、污染，套管垂直度应符合要求；盆式绝缘子标识正确、清洁、完好。⑨110 kV GIS 室内设备安全接地应按规范和设计要求实现多点与接地母排连接，设备间隔不能仅有一点接地，间隔内尤其断路器及其隔离开关、地刀均应有明显的接地点。

（3）配电盘（柜）安装：①各类配电盘（柜）、控制台、端子箱等设备的安装位置、安全净距符合表 7.2.2（参照 GB 50171—2012 第 4.0.4 条）及设计要求。②各类配电盘（柜）、控制台、端子箱等设备的接地方式应符合设计要求，本体接地可靠。③35 kV 开关柜母线室对接时，必须均衡对称地紧固螺栓，逐步达到紧度要求，防止因受力不匀导致对接法兰损坏或密封不严。④直流 DC 1 500 V 开关柜和整流器柜安装完毕后，柜体的整体框架对地绝缘电阻不得小于 1 MΩ（用 1 000 V 兆欧表测）。⑤直流 DC 1 500 V 开关柜和整流器柜安装完毕后，绝缘板露出框架应不小于 5 mm，绝缘板布置平直。⑥直流 DC 1 500 V 开关柜和整流器柜安装的允许偏差应符合表 7.2.2 的规定。⑦盘、柜及设备上安装的元、器件应符合设计要求，动作可靠，固定牢靠；所有电器的功能标签齐全，规格一致。⑧强、弱电回路不应使用同一根电缆，线芯应分别成束排列。⑨电缆芯线及绝缘不应有损伤，单股芯线不应因弯曲半径过小而损坏线芯及绝缘。单股芯线弯圈接线时，其弯线方向应与螺栓紧固方向一致；多股软线与端子连接时，应压接相应规格的终端附件。⑩高压成套柜内各种闭锁装置动作应准确可靠。⑪计算回路的表计应在计量合格有效期内。⑫配电盘（柜）内的低压电器、二次回路接线、电气试验项目应符合设计及规范的相关规定，且试验合格。

表 7.2.2 盘、柜安装的允许偏差

序号	项 目		允许偏差（mm）
1	垂直度（mm）		<1.5
2	水平度	相邻两盘、柜顶部	<2
		成列盘、柜顶部	<5
3	水平度	相邻两盘、柜面	<1
		成列盘、柜面	<5
4	盘、柜间接缝		<2

（4）母线装置：①母线的安装位置应符合设计要求，且连接正确，接触可靠。软母线弛度一致，硬母线

安装平直,接触面平整,固定装置无棱角和毛刺,涂漆均匀。②硬母线、软母线相间及对地的安全净距,以及其他母线装置的安全净距均应符合设计规定。③母线的相序及相色标识正确,各类母线金属支架和托架接地应良好、可靠。④悬式绝缘子、支柱绝缘子及穿墙套管的电气试验项目应符合设计及规范的相关规定,且试验合格。

(5)电源装置:①所用两路交流电源的自动投切功能及输出电压的技术指标应符合设计要求。②直流系统的交流电源输入应满足设计规定,充电装置在各种状态下的充电功能应符合设计要求。③自动控制功能充电装置的各项技术指标应符合设计要求和产品的技术规定。④蓄电池组的连接应正确可靠、排列整齐,外壳清洁、干燥。

4. 二次回路接线

(1)应按有效图纸施工,接线应正确。

(2)导线与电气元件间应采用螺栓连接、插接、焊接或压接等,且均应牢固可靠。

(3)盘、柜内的导线不应有接头,芯线应无损伤。

(4)多股导线与端子、设备连接应压终端附件。

(5)电线芯线和所配导线的端部应标明其回路编号,编号应正确,字迹应清晰,不易脱色。

(6)配线应整齐、清晰、美观,导线绝缘良好。

(7)每个接线端子的每侧接线宜为1根,不得超过2根;对于插接式端子,不同截面的两根导线不得在同一端子中;螺栓连接端子接两根导线时,中间应加平垫片。

5. 孔洞封堵

(1)凡穿越楼板的电缆孔、洞都应采用有(无)机防火堵料、防火隔板进行封堵,其封堵厚度应不小于150 mm,宜与楼板厚度齐平。

(2)对沟内电缆纵横交叉而又密集场所,可用防火包构筑防火墙。

6. 综合接地系统

(1)接地装置(含独立避雷针)的接地电阻值应符合设计规定。一般情况下,牵引变电所接地电阻应不大于0.5 Ω。

(2)设备、构支架及爬梯接地位置规范统一,连接可靠,制作美观,接地标识明显、正确。

(3)盘、柜基础型钢应有明显且不少于两点的可靠接地。

(4)成套柜的接地母线应与主接地网连接可靠。

(5)接地引线截面应符合设计要求,连接应符合规范;屋内接地体支持件应固定牢固,接地线标识应清晰、美观。

(6)避雷针(带)与引下线之间的连接应可靠。

(7)建筑物避雷带引下线设置断接卡,断接卡应加保护措施。接地线穿过墙壁、楼板、道路和地坪处应加装钢管或其他坚固的保护套。

(8)接地体(线)用螺栓连接时应设防松螺帽或防松垫片,螺栓连接处的接触面应按现行国家标准《电气装置安装工程母线装置施工及验收规范》(GB 50149—2010)的规定处理。

(9)接地干线至少应在不同的两点与接地网相连接,自然接地体应在不同的两点及以上与接地干线或接地网连接。每一电气装置的接地应单独与接地干线或接地网可靠连接,严禁将几个部件串联接地。所有设备接地线其露出地面部分及埋入地下部分均应做防腐处理。

(10)在接地线跨越建筑物伸缩缝、沉降缝处时,应设置补偿器。接地装置由多个分接地装置部分组成时应按设计要求设置便于分开的断接卡。自然接地体与人工接地体连接处应有便于分开的断接卡,断接卡应有保护措施。

(11)接地干线距墙面约11 mm,距地面300 mm。接地体(线)的焊接应采用搭接焊,其搭接长度必须符合下列规定:扁钢为其宽度的2倍(至少3个棱边焊接);圆钢为其直径的6倍;圆钢与扁钢连接时,其长度为圆钢直径的6倍;扁钢与钢管、扁钢与角钢焊接时,为了连接可靠,除应在其接触部位两侧进行焊接外,并应焊以由钢带弯成的弧形(或直角形)卡子或直接由钢带本身弯成弧形(或直角形)与钢管(或直角)焊接。

(12) 二次设备的接地应符合以下规定:①计算机监控系统设备的信号接地不应与保护接地和交流工作接地混接。②当盘、柜上布置有多个子系统插件时,各插件的信号接地点均应与插件的箱体绝缘,并应分别引接至盘、柜内专用的接地铜排母线。③信号接地宜采用并联一点接地方式。④盘、柜上装有装置性设备或其他有接地要求的电器时,其外壳应可靠接地。

(13) 支架接地干线与主干线、支架各层之间应不少于 2 处连接。

(14) 放热焊焊点大小合适、无黑色焊渣,表面光滑、无气孔。

7. 试验等资料核查

(1) 干式变压器试验:①测量绕组连同套管的直流电阻;②检查所有分接头的电压比;③检查变压器的三相接线组别和单相变压器引出线的极性;④测量与铁心绝缘的各紧固件(连接片可拆开者)及铁心(有外引接地线的)绝缘电阻;⑤有载调压切换装置的检查和试验;⑥测量绕组连同套管的绝缘电阻、吸收比或极化指数;⑦绕组连同套管的交流耐压试验;⑧额定电压下的冲击合闸试验;⑨检查相位。

(2) SF₆ 断路器试验:①测量绝缘电阻;②测量每相导电回路的电阻;③交流耐压试验;④测量断路器的分、合闸时间;⑤测量断路器的分、合闸速度;⑥测量断路器主、辅触头分、合闸的同期性及配合时间;⑦测量断路器分、合闸线圈绝缘电阻及直流电阻;⑧断路器操动机构的试验;⑨套管式电流互感器的试验;⑩测量断路器内 SF₆ 气体的含水量;⑪密封性试验;⑫气体密度继电器、压力表和压力动作阀的检查。

(3) 隔离开关、负荷开关及高压熔断器的试验项目:①测量绝缘电阻;②交流耐压试验;③操动机构的试验。

(4) 互感器试验:①测量绕组的绝缘电阻;②交流耐压试验;③测量绕组的直流电阻;④检查接线组别和极性;⑤误差测量;⑥测量电流互感器的励磁特性曲线;⑦测量电磁式电压互感器的励磁特性;⑧电容式电压互感器(CVT)的检测;⑨密封性能检查;⑩测量铁心夹紧螺栓的绝缘电阻。

(5) 金属氧化物避雷器的试验:①测量金属氧化物避雷器及基座绝缘电阻;②测量金属氧化物避雷器直流参考电压和 0.75 倍直流参考电压下的泄漏电流;③检查放电计数器动作情况及监视电流表指示。

(6) 主地网接地电阻试验:①接地电阻试验报告应注明试验所用仪器、试验方法(电位降法、电流-电压表三极法和接地阻抗测试仪法)、标明地网对角线尺寸和电流电压极距离,绘制接线示意图。②测量时接地装置应与线路避雷线断开,测量电流不宜小于 10 A。报告不能只有试验结果,应有每次测试的电流、电压值,要设法消除工频干扰。③应进行独立避雷针的接地电阻测试。④报告结论,地网接地电阻实测值应与规程及设计要求值进行比较,小于或等于要求值,即为"合格"。

8. 变电所启动试运行及送电开通

(1) 变、配电所受电启动前的全所检查结果应符合设计要求,满足设备可靠投入运行的需要。

(2) 高压侧进线、母线、出线电压互感器的电压、相位及相序,低压侧母线电压及相位以及所用电压、相位、相序均应符合设计要求。主变压器、电容补偿装置及主母线等冲击合闸试验无异常。

(3) 送电前馈线及相关设备的绝缘电阻合格。

(4) 变、配电所内的各种信号显示正常,表计正确无误。

(5) 送电后带负荷运行 24 h,全所功能满足设计要求且无异常。

(四) 质量监督要点

(1) 设备基础预埋件安装:尺寸偏差、焊接质量。

(2) 电缆支架安装:位置布置、焊接、防腐。

(3) 设备就位安装:变压器、组合电器、配电盘(柜)、母线装置、电源装置。

(4) 二次回路接线:接线牢固、标识、配线、端子。

(5) 孔洞封堵:材质、封堵严实度、厚度。

(6) 综合接地系统:搭接焊、放热焊、电阻值、标识、接地点。

(7) 试验等资料核查:变压器、SF₆ 断路器、隔离开关、负荷开关及高压熔断器、互感器、金属氧化物避雷器试验资料。

（8）变电所启动试运行及送电开通：全所检查结果、电压、相位、相序、冲击合闸试验、绝缘电阻、表计显示、带负荷运行结果。

三、电力监控

(一) 概述

电力监控系统（PSCADA），主要是对地铁全线各类变配电所、接触网等电力设备运行情况进行远程实时监视、控制和采集，处理供变配电系统的各种异常事故及报警事件，实现对整个供电系统的运营调度和管理，保障系统的正常运行。

(二) 主要施工环节及工序

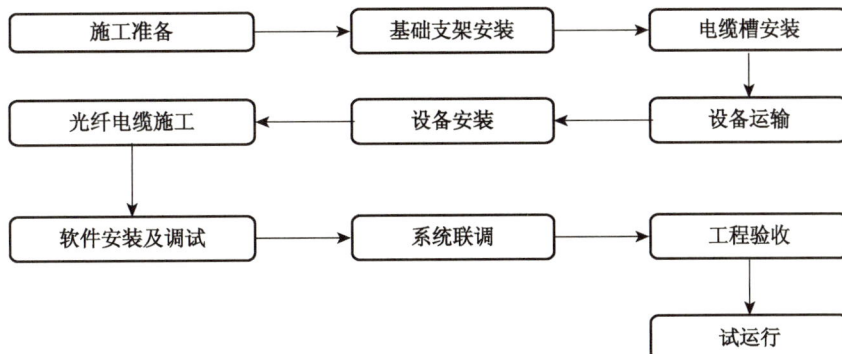

图 7.2.2　电力监控系统安装工程施工工序

(三) 质量控制要点

1. 计算机柜、远动终端机柜模拟盘、中间继电器屏、不间断电源及控制台等设备安装应符合现行国家标准《电气装置安装工程盘、柜及二次回路接线施工及验收规范》（GB 50171—2012）的规定。（局部内容同本章第一节）

2. 强电回路应和弱电回路分开布线。

3. 计算机中央处理装置的调试应符合下列要求：

（1）电源网络绝缘电阻、直流输出电压及时钟的脉冲周期和脉宽、周期和脉冲偏差，应符合产品技术文件的要求。

（2）中央处理器的开机自控、运算控制程序、主存储器，各类中断信息保护及双机切换等功能应正常。

4. 计算机辅助存储器装置的调试项目，应符合下列要求：

（1）对全部存储器地址进行反复读写检查，24 h 不出现差错。

（2）信息保护、故障报警显示及出错检查功能正常。

5. 远动终端设备应进行绝缘电阻、绝缘强度及连续通电试验，其试验方法和标准按现行国家标准《远动终端设备》（GB/T 13729—2002）执行。

6. 系统软件调试应符合设备技术文件规定的功能指标，应用软件调试应满足监控系统的要求。调试后应进行运行考核，其考核时间宜为：系统软件 1～2 周；应用软件 3～6 个月。

7. 接口装置试验应符合以下要求：

（1）静态接口试验：通过接口输入、输出的信号应符合设计规定。

（2）动态接口试验：远动终端与被监控设备联机运行时，被监控设备运转应正常。

8. 监控系统设备应作 72 h 连续运行试验并应按现行国家标准《地区电网数据采集与监控系统通用技术条件》GB/T 13730 第 4.2 节执行。在试验中出现故障时，关联性故障则终止连续运行试验，待故障排除后重新开始计时试验；非关联性故障，待故障排除后继续试验，排除故障过程不计时。

（四）质量监督要点

（1）计算机柜、远动终端机柜模拟盘、中间继电器屏、不间断电源及控制台等设备安装、强弱电回路布线。

（2）计算机中央处理装置的调试：电源网络绝缘电阻、直流输出电压及时钟的脉冲周期和脉宽、周期和脉冲偏差，中央处理器的开机自控、运算控制程序、主存储器，各类中断信息保护及双机切换等功能。

（3）计算机辅助存储器装置的调试项目：反复读写检查，信息保护、故障报警显示及出错检查功能。

（4）远动终端设备：绝缘电阻、绝缘强度及连续通电试验。

（5）系统软件调试应符合设备技术文件功能指标，应用软件调试应满足监控系统的要求。调试后应运行考核，其考核时间宜为：系统软件1～2周；应用软件3～6个月。

（6）接口装置试验：静态接口试验、动态接口试验。

（7）监控系统设备：72 h连续运行试验。

四、环网电缆

（一）概述

环网电缆工程是通过35 kV馈出回路，把主变电站和下级牵引变电所、降压变电所连接起来，全线的各个牵引变电所、降压变电所连接起来，构成了供电网络。向轨道交通牵引变电所、降压变电所供电。国内地铁均采用双回路环网形式构成供电系统。主变电所馈出的35 kV回路，通过电缆以分区环网供电方式，为每座牵引变电所、降压变电所提供两路电源，当两座110/35 kV主变电所中有一所退出运行时，通过联络开关由另一主变电所向全线供电，使每座牵引变电所、降压变电所都有可靠的电源保证。

（二）主要施工环节及工序

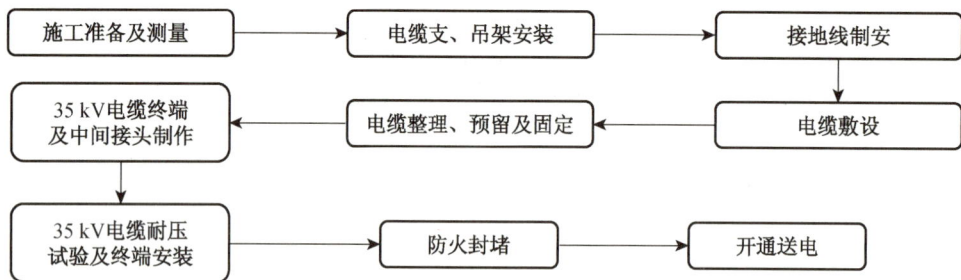

图 7.2.3　环网电缆安装工程施工工序

（三）质量控制要点

1. 电缆进场及储存保管

（1）电缆及其附件到达现场后，应按下列要求及时进行检查：①产品的技术文件应齐全。②电缆型号、规格、长度应符合订货要求。③电缆外观不应受损，电缆封端应严密。当外观检查有怀疑时，应进行受潮判断或试验。④附件部件应齐全，材质质量应符合产品技术要求。⑤充油电缆的压力油箱、油管、阀门和压力表应符合产品技术要求且完好无损。

（2）电缆及其有关材料如不立即安装，应按下列要求贮存：①电缆应集中分类存放，并应标明型号、电压、规格、长度。电缆盘之间应有通道。地基应坚实，当受条件限制时，电缆盘下应加垫，存放处不得有水。②电缆桥架应分类保管，不得因受力变形。

（3）电缆在保管期间，电缆盘及包装应完好，标识应齐全，封端应严密。当有缺陷时，应及时处理。

2. 电缆支（桥）架安装

（1）电缆支架的加工钢材应平直，无明显扭曲，支架应焊接牢固，无显著变形。

（2）金属电缆支架必须进行防腐处理，应符合设计要求。位于湿热、盐雾以及有化学腐蚀地区时，应根据设计做特殊的防腐处理。铝合金梯架在钢制支吊架上固定时，应有防电化腐蚀的措施。

（3）电缆支架的层间允许最小距离，电缆支架最上层及最下层至沟顶、楼板或沟底、地面的距离，当设计无规定时,可执行 GB 50168—2006 的相关规定,但层间净距不应小于两倍电缆外径加 10 mm,35 kV 及以上高压电缆不应小于 2 倍电缆外径加 50 mm。

(4) 电缆支架应安装牢固,横平竖直;托架支吊架的固定方式应按设计要求进行。各支架的同层横挡应在同一水平面上,其高低偏差不应大于 5 mm。托架支吊架沿桥架走向左右的偏差不应大于 10 mm。在有坡度的电缆沟内或建筑物上安装的电缆支架,应有与电缆沟或建筑物相同的坡度。

(5) 当直线段钢制电缆桥架超过 30 m、铝合金或玻璃钢制电缆桥架超过 15 m 时,应有伸缩缝,其连接宜采用伸缩连接板;电缆桥架跨越建筑物伸缩缝处应设置伸缩缝。

(6) 电缆桥架转弯处的转弯半径,不应小于该桥架上的电缆最小允许弯曲半径的最大者。

(7) 电缆支架全长均应有良好的接地。

3. 电缆敷设

(1) 电缆各支持点间的距离应符合设计规定。当设计无规定时,可执行 GB 50168—2006 的相关规定。

(2) 电力电缆接头的布置应符合下列要求:①并列敷设的电缆,其接头的位置宜相互错开。②电缆明敷时的接头应用托板托置固定。③直埋电缆接头盒外面应有防止机械损伤的保护盒(环氧树脂接头盒除外)。位于冻土层内的保护盒,盒内宜注以沥青。

(3) 标志牌的装设应符合下列要求:①生产厂房及变电站内应在电缆终端头、电缆接头处装设电缆标志牌。②城市电网电缆线路应在下列部位装设电缆标志牌:(a)电缆终端及电缆接头处;(b)电缆两端,人孔井或工作井处;(c)电缆隧道内转弯处、电缆分支处、直线段每隔 50～100 m。③标志牌上应注明线路编号。当无编号时,应写明电缆型号、规格及起讫地点;并联使用的电缆应有顺序号。标志牌的字迹应清晰不易脱落。④标志牌规格宜统一。标志牌应能防腐,挂装应牢固。

(4) 电缆的固定,应符合下列要求:①在下列地方应将电缆加以固定:(a)垂直敷设或超过 45°倾斜敷设的电缆在每个支架上;桥架上每隔 2 m 处;(b)水平敷设的电缆,在电缆首末两端及转弯、电缆接头的两端处;当对电缆间距有要求时,每隔 5～10 m 处;(c)单芯电缆的固定应符合设计要求。②交流系统的单芯电缆或分相后的分相铅套电缆的固定夹具不应构成闭合磁路。③裸铅(铝)套电缆的固定处,应加软衬垫保护。

(5) 电缆进入电缆沟、隧道、竖井、建筑物、盘(柜)以及穿入管子时应注意:①出入口应封闭,管口应密封。②电缆终端上应有明显的相色标志,且应与系统的相位一致。③对易受外部影响着火的电缆密集场所或可能着火蔓延而酿成严重事故的电缆回路,必须按设计要求的防火阻燃措施施工。④电缆在穿过建筑体时需要穿 PVC 管进行保护;⑤障碍区段电缆敷设应特别注意在拐弯处电缆的保护。

4. 电缆头与钢轨焊接

(1) 检查连线用连线卡固定是否卡紧,有无翘起现象。

(2) 检查电缆在焊接前是否预先套上塑料套管,固定电缆时是否起到保护电缆的作用。

(3) 检查焊接时是否注意焊枪的焊接角度与接线端子垂直并保持稳定,掌握好焊接时间,焊接点是否牢固。

5. 35 kV 电缆试验

(1) 电缆敷设前试验

电缆敷设前应对电缆进行绝缘测试,在电缆外观良好的前提下,用 500 V 摇表对电缆进行线芯对地(铠装层)的绝缘测试,其绝缘值应满足相关规范要求才能投入敷设。

(2) 电缆中间头、终端头完成后的试验

每个回路的高压电缆所有的中间接头及终端头制作完成后,即可对系统电缆进行直流耐压、直流泄露和相序确认,试验数据应满足有关规定。试验由取得合格证书的试验人员担任,试验场地的电缆终端设置围栏,无关人员禁止入内,电缆另一终端设专人防护,并配备通信工具,加强联系,确保人身及设备的安全。

(四) 质量监督要点

(1) 电缆进场及储存保管:技术资料、外观、附件、标识、封端。

（2）电缆支（桥）架安装：外观、焊接、防腐、固定、接地。

（3）电缆敷设：电缆固定、各支持点间的距离、接头、标示牌、防火。

（4）电缆头与钢轨焊接：外观、牢固。

（5）35 kV 电缆试验：绝缘测试、直流耐压、直流泄露和相序确认。

五、杂散电流

（一）概述

城市轨道交通牵引供电系统是以走行轨为回流通路的直流牵引供电系统。由于钢轨与大地之间不是绝缘的，即使采用了绝缘措施，因为运营环境（如道床表面脏污、导电粉尘覆盖、积水等）和其他方面原因，走行轨很难完全绝缘于道床结构。因此钢轨不可避免地向道床及其他结构（如地下金属管道、钢筋等）泄漏电流，这部分电流因大地土壤的导电性质、地下金属管道位置的不同，分布面很广也很分散，一般称之为"迷流"或"杂散电流"。杂散电流对上建结构钢筋、地下金属管道及设备金属外壳产生电化学腐蚀，即"杂散电流腐蚀"。

（二）主要施工环节及工序

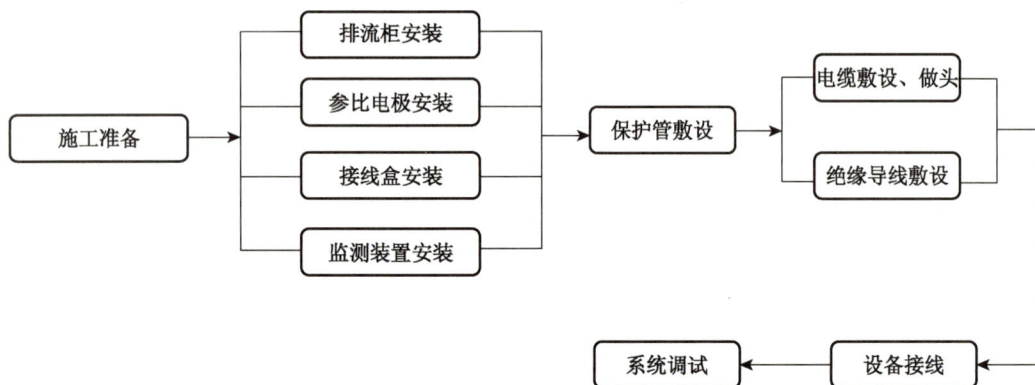

图 7.2.4　防杂散电流施工工序

（三）质量控制要点

1. 参比电极安装

（1）参比电极安装位置正确，电极周围无渗水。

（2）参比电极固定牢固。

（3）参比电极与被测土壤接触充分。

2. 排流柜安装

（1）清除排流柜基础槽钢上的各种杂物，保持清洁。

（2）将排流柜放在绝缘板上。保证绝缘板露出设备框架内外沿各 5 mm。检查设备应无明显接地点。

3. 接线盒安装：箱（盒）体安装牢固、端正。

4. 保护管敷设

（1）保护管敷设应横平竖直，固定牢固。

（2）管与管的连接要紧密牢固。

（3）一组保护管转弯不得超过 3 处。

5. 电缆、绝缘导线敷设

（1）电缆的规格、型号及敷设径路、终端位置应符合设计要求。

（2）电缆与设备（单向导通装置、排流柜）的连接电缆与设备（单向导通装置、排流柜）的连接正确，固定牢靠，绝缘良好。

（3）电缆端头的标志应符合国家施工规范的要求，各带电部位应满足相应电压等级的电气距离规定。

（4）二次接线正确，连接可靠。

（5）敷设在隧洞中的电缆、水管等金属管线结构，不得与地下水流、积水、潮湿墙壁、土壤以及含盐沉积物等发生接触。

（6）水管在铁轨线路下方穿越时，宜采用非金属绝缘材质，否则水管应具有加强的绝缘层并在穿越部位两侧装设绝缘法兰，其安装部位应便于检查和维护，穿越部位必须保持清洁、干燥。

（7）所有通向地铁隧道外部的电缆和管道，必须装有绝缘接头或绝缘法兰，并应装设在地铁中的干燥和可以接近的部位，以便于进行观察和检测。上述电缆及管道结构位于绝缘法兰至穿越部位的区段应与周围的结构绝缘。

（8）电缆无绞拧、铠装压扁、护层断裂、表面严重划伤等缺陷。

（9）电缆敷设位置正确，排列整齐，固定牢固，标记位置准确，标记清楚。电缆的防火隔离措施应完整、正确。

（10）电缆的转弯处走向整齐清楚，电缆的标记清晰齐全，挂装整齐无遗漏。

（11）电缆保护管口光滑、无毛刺，固定牢靠，防腐良好，弯曲半径不小于电缆的最小允许弯曲半径，保护管口封闭严密。

6. 设备接线

（1）监测点接线

监测点包括参比电极、主体钢筋、排流钢筋、轨道等。

① 参比电极

根据参比电极引出线的压接线端子剥除芯线绝缘层，与传感器对应端子进行连接。

② 主体钢筋、排流钢筋

在主体钢筋、排流钢筋有引出线的地方，直接将绝缘导线与引出线连接；如果没有引出线，需将绝缘导线与主体钢筋、排流钢筋直接焊接。焊接前先将钢筋的污垢及氧化层用钢丝刷打磨干净，再用烙铁把导线焊接到钢筋上，然后对所有外露金属件涂刷沥青漆，作为连接导体的防腐处理。

③ 轨道

绝缘导线与轨道的连接，一般其引出点在两走行轨之间，绝缘导线需保护管加以保护。

（2）接线盒接线

将参比电极、主体钢筋、排流钢筋、轨道等的电位测量点通过绝缘导线引至接线盒，并保证长度事宜。各导线穿上标号头，再分别与接线盒相应接线端子连接。将监测点信号引至监测装置。

（四）质量监督要点

1. 参考电极安装：型号、规格、外观质量、质量保证资料、安装地点。

2. 设备安装：基础、接地、接线盒、保护管。

3. 电缆、绝缘导线敷设：规格、型号、二次接线、转弯半径、标识。

（五）常见质量问题及原因

问题：金属管道在轨道下方穿越。

原因分析：施工方未考虑到杂散电流因素。

预防措施：将管道更换成非金属绝缘材质管道或者在金属管道外加装绝缘层。

六、接触网

（一）概述

接触网即经过电动列车的受电器向电动列车供给电能的导电网（有接触轨方式和架空接触网两种方式）。城市轨道交通系统的牵引网是沿线路敷设的专为电动车辆供给电源的装置，是轨道交通供电系统中电动车组供电的直接环节，它由两部分组成，正极接触网供电、负极走行轨回流。牵引网包括接触网、钢轨回路（包括大地）、馈电线和回流线等，馈电线是连接牵引变电所和接触网的导线，把牵引变电所电能变换成牵引制式用电能并馈送给接触网。接触网是一种悬挂在轨道上方沿轨道敷设的、与轨面保持一定距离的输电网。通过电动车组的受电弓（或受流器）和接触网的滑动接触，牵引电能就由接触网进入电动

车组,驱动牵引电动机使列车运行。牵引供电的方式可分为接触轨和接触网两种类型。本实务主要对接触网的安装进行了说明

(二) 主要施工环节及工序

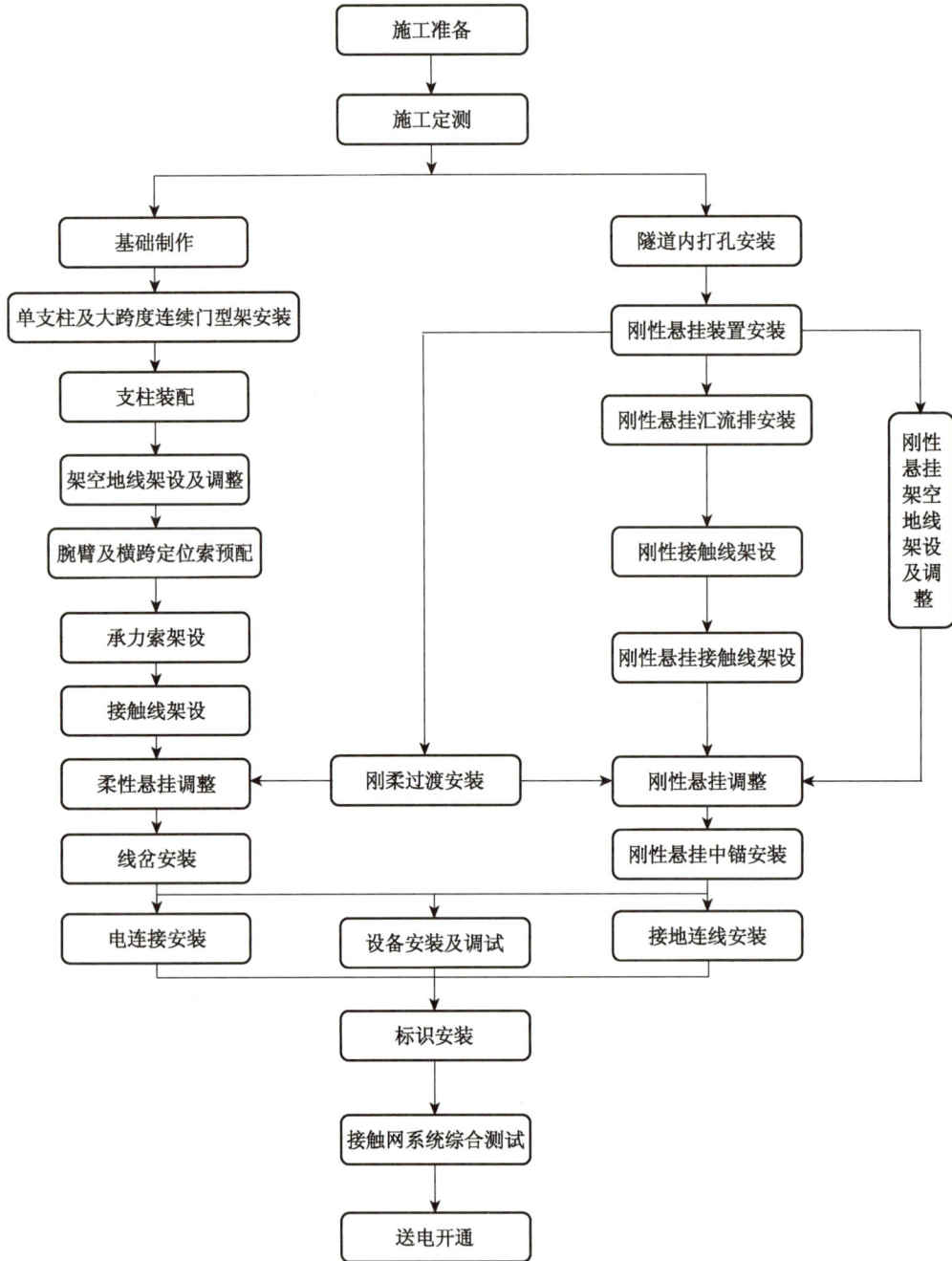

图 7.2.5 接触网施工工序

(三) 施工质量控制要点

1. 柔性接触网

(1) 基础:①运达现场的水泥、砂、石料、外加剂、钢筋、地脚螺栓等材料应按批次进行进场检验,其品种、规格、型号、质量应符合国家相关标准并应与所配制混凝土的等级相适应。商品混凝土应有合格试验报告。②基础的混凝土试块抗压强度不得小于设计值。③拉线基础排水面的尺寸、锚栓外露长度应符合设计要求。④基础开挖深度应符合设计要求。

(2) 埋入件:①锚栓、接地端子等埋入件的规格、型号、质量应符合设计要求。②锚栓的布置及施工允许误差应符合设计要求,锚栓抗拉拔力检查合格。

(3) 钢支柱:①钢支柱应按批次进场验收,其规格、型号、质量应符合设计要求。②钢支柱的安装位置应符合设计要求。③钢支柱侧面限界应符合设计要求,在任何情况下,严禁侵入建筑限界。钢支柱承载后应直立,或向受力的反侧略有倾斜,且倾斜允许偏差(从基础面算起)满足:钢支柱顺、横线路方向应直立,允许偏差 0.5%;锚栓顶部拉线侧倾斜,允许偏差 0～1%。

(4) 硬横跨及吊柱:①硬横跨及吊柱应按批次进场验收,其规格、型号、质量应符合设计要求。②硬横樑的安装高度应符合设计要求,施工允许偏差为 0～50 mm。硬横樑与支柱、硬横樑各梁段间应结合密贴,连接牢固可靠,螺栓紧固力矩应符合设计要求。硬横梁承载前的预拱度应符合设计要求,硬横樑承受全部载荷后,横梁应呈水平状态,不得有负拱度。③吊柱的安装应符合设计要求。吊柱受力后垂直、顺线路方向应垂直,倾斜度不得大于 1°。④吊柱侧面限界应符合设计要求,在任何情况下,严禁侵入邻近线路的建筑限界。

(5) 拉线:①拉线材料应按批次进场验收,其规格、型号、质量应符合设计要求。②拉线安装应符合设计要求,在任何情况下严禁侵入建筑限界。③拉线材料不得有断股、松股和接头,两条拉线受力应均衡,各类螺栓的紧固力矩应符合设计要求。④拉线安装应符合设计要求,拉线与地面夹角宜为 45°且不大于 60°。

(6) 支持结构:①零部件、金具应按批次进行进场验收,其规格、型号、质量应符合设计要求和《电气化铁路接触网零部件》(TB/T 2075—2010)、《电力金具通用技术条件》(GB/T 2314—2008)的规定。②绝缘子应按批次进行进场验收,其规格、型号、质量应符合设计要求和《电气化铁道接触网用绝缘子》(TB/T 3199—2008)的规定。③腕臂安装位置及连接螺栓紧固力矩应符合设计要求,并按照产品安装温度曲线安装且垂直于线路中心线,安装温度变化时的偏移不得大于计算值。

(7) 补偿装置:①补偿装置用器材应按批次进行进场验收,其规格、型号、质量应符合设计要求。②承力索、接触线在补偿器处的张力应符合设计要求。③补偿绳缠绕正确,长度应符合设计要求,不得有接头、松股、断股等缺陷。④坠砣限制架安装应符合设计要求,限制架导管应直立,补偿传动灵活,坠砣串无卡滞现象,坠砣串及限制架任何情况均不能侵入行车界限。⑤棘轮安装符合设计要求。棘轮安装应垂直,无偏斜扭曲现象,误差范围为 ±50 mm;制动卡块与棘轮齿尖间距 15～20 mm。补偿装置的调整应符合设计安装曲线,坠砣距地面高度允许偏差不大于 200 mm,在任何情况下距离地面不得小于 200 mm。

(8) 承力索:①承力索应按批次进行进场验收,其规格、型号、质量应符合设计要求和《电气化铁道用铜及铜合金绞线》(TB/T 3111—2005)的规定。②承力索应按设计锚段长度对号架设,承力索不应有接头。③承力索终端锚固应符合设计规定。

(9) 接触线:①接触线应按批次进行进场验收,其规格、型号、质量应符合设计要求和《电气化铁道用铜及铜合金接触线》(TB/T 2809—2005)的规定。②接触线应按设计锚段长度对号架设,接触线不应有接头。③线岔处导线交叉时,正线及重要线的接触线应在下方,侧线及次要线的接触线应在上方。④接触线终端锚固应符合设计规定。⑤接触线架设完成后,接触线不得有硬弯,且无扭面、受力变形现象。双根接触线张力应相等,高差不大于 5 mm,抬升运动时,相互不干扰,两根接触线间距应符合要求,误差为 ±5 mm。

(10) 中心锚结:①中心锚结用器材应按批次进行进场验收,其规格、型号、质量应符合设计要求和《城市轨道交通接触网系统工程质量验收规范》(DGJ32/TJ 198—2015)第 4.7.1 条和 4.9.1 条的规定。②中心锚结安装位置应符合设计要求和相关技术标准的规定。直线区段的中心锚结线夹端正,曲线区段的中心锚结线夹应与接触线倾斜度相一致。中心锚结线夹应牢固可靠,螺栓紧固力矩应符合设计要求。③全补偿链形悬挂接触线中心锚结线夹两边锚结绳张力相等并符合设计要求,接触线中心锚结线夹处接触线高度应与相邻吊弦处接触线高度等高,允许偏差 0～10 mm。

(11) 软横跨:①线材运达现场应进行检查,其质量应符合设计要求和相关标准的规定。②上、下部固定索不得有接头,底座安装位置应符合设计要求,允许偏差 ±20 mm,固定索及定位索应呈水平,允许有轻微的负弛度。

(12) 定位装置:①定位装置用器材应按批次进行进场验收,其规格、型号、质量应符合设计要求和《城市轨道交通接触网系统工程质量验收规范》(DGJ32/TJ 198—2015)第 4.7.1 条的规定。②定位器安装应符合设计要求,在安装温度时应垂直线路中心线,温度变化时,偏移量与接触线在该点的伸缩量应一致。定位器倾斜度应保证定位线夹处接触线工作面与轨面连线平行,其坡度应符合设计要求。转换支柱处两定位器应能分别随温度变化自由移动、不卡滞,接触线非工作支和工作支定位器、管之间的间隙不小于50 mm。定位器的水平载荷方向应处于受拉状态。③定位管外露部分应符合设计要求,外露长度不小于50 mm,水平或抬头的定位管应带管帽,定位管应与腕臂在同一垂面内。

(13)吊弦及吊索:①器材应按批次进行进场验收,其规格、型号、质量应符合设计要求和《城市轨道交通接触网系统工程质量验收规范》(DGJ32/TJ 198—2015)第4.7.1条、第4.9.1条的规定。②吊弦的压接采用专用压接钳,压接后的滑动荷载应符合设计要求;吊弦应无散股和断股现象;吊弦布置应符合设计要求,位置允许偏差应在±100 mm;按照产品安装温度曲线,吊弦顺线路方向垂直安装,承力索吊弦线夹与接触线吊弦线夹在垂直方向的相对误差为±20 mm;直线区段吊弦线夹应端正、牢固,曲线区段吊弦线夹应垂直于接触线工作面;吊索的安装张力应符合设计要求,吊索以吊索座为中心,两侧平分,允许偏差±100 mm,两端受力均匀。

(14)接触悬挂:①接触线悬挂点距轨面的高度应符合设计要求,允许偏差为±30 mm。②接触线"之字值"和拉出值的布置应符合设计要求,允许偏差为±20 mm。③直线区段、曲线区段跨中偏移均不得大于主线试车线 30 mm(车辆段 350 mm)。④双根接触线间距应符合设计要求,误差为±5 mm。⑤双接触线调整时,两支高度应相等,高差不大于 5 mm,线面一致,抬升运动时,相互不干扰,应同时与受电弓接触。

(15)电连接:①器材应按批次进行进场验收,其规格、型号、质量应符合设计要求和《城市轨道交通接触网系统工程质量验收规范》(DGJ32/TJ 198—2015)第4.7.1条、第4.9.1条的规定。②电连接安装应采用专用工具压接,压接力应符合设计要求。③电连接安装的形式、规格、型号应符合设计要求。电连接线不应有断股和松股现象,并预留因温度变化而产生的位移长度。

(16)线岔:①器材应按批次进行进场验收,其规格、型号、质量应符合设计要求和《城市轨道交通接触网系统工程质量验收规范》(DGJ32/TJ 198—2015)第4.7.1条的规定。②岔区腕臂顺线路偏移量应符合设计要求,允许偏差为 0~50 mm,两支承力索垂直间隙应不小于 60 mm。③交叉线岔道岔定位柱位置及拉出值应保证两接触线交叉点位于设计规定的范围内,交叉点处拉出值应符合设计要求。非工作支抬升量应符合设计要求。④始触区内两支导线高度应符合设计要求,机车通过时,非工作支部应有偏磨受电诱导角,在始触区至接触线的交点处,正线和侧线接触线应位于受电弓的同一侧,且在该区域内不得安装除吊弦线夹外的其他任何线夹或设备零件,限制管安装位置应符合设计要求,并保证在任何温度下接触线无卡滞。

(17)锚段关节:①锚段关节带电部分的空气绝缘间隙应符合设计要求,允许偏差为 0~50 mm。中心柱处的两支接触线应相等,并符合设计要求。②非绝缘锚段关节内两支接触悬挂的垂直、水平距离应符合设计要求,允许偏差±20 mm。两转换柱跨中的接触线应等高,并符合设计要求。

(18)隔离开关:①隔离开关规格、型号、质量应符合设计要求和合相关技术标准的规定。本体外观无明显的机械损坏,部件齐全,无锈蚀。绝缘部件完好、无变形、清洁,瓷件表面应光滑,无裂纹和缺损,瓷、铁件间应粘接牢固。电气性能应符合《电气装置安装工程电气设备交接试验标准》GB 50150 的规定。②隔离开关安装的位置及各部件安装尺寸应符合设计要求,不得侵入限界,其安装应符合安装说明书的要求。③隔离开关触头应接触紧密。④隔离开关底座和操作机构底座应与地线相连。

(19)避雷器、放电间隙:①避雷器、放电间隙应按批次进行进场验收,其规格、型号、质量应符合设计要求和相关技术标准的规定。②避雷器、放电间隙安装的位置、规格、型号、引线方式应符合设计要求,引线连接正确牢固,并预留因温度变化而引起的位移长度。③避雷器、放电间隙的接地电阻值应符合设计要求。

(20)分段绝缘器:①分段绝缘器应按批次进行进场验收,其规格、型号、质量应符合设计要求。②分段绝缘器安装位置应符合设计要求,连接牢固可靠,与接触线接头处应平滑,分段绝缘器与受电弓接触部分与轨面连线平行,受电弓通过时应平滑无打弓现象。③分段绝缘两端接触线高度应符合产品说明书和设计要求。安装温度时承力索的绝缘子应在绝缘器件的正上方,且放电间隙应符合设计和产品说明书的要求。④分段绝缘器安装后承力索、接触线的张力及补偿装置距地面的高度应符合设计要求。

(21)馈电线:①各类绞线的规格、型号、质量应符合设计要求及相关技术标准规定,不得有断股、交叉、折叠、硬弯、松散等缺陷。②馈电线的安装应符合设计要求,弛度应符合安装曲线。③并沟线夹、电连接线夹与导线连接面平整光洁,并涂有一层电力复合脂,连接应密贴牢固,螺栓紧固力矩应符合设计要求。④馈电线肩架与支柱密贴,紧固牢靠,肩架呈水平状态。导线在针式绝缘子上的固定正确、牢固、可靠。

(22)架空地线:①架空地线应按批次进行进场验收,其规格、型号、质量应符合设计要求。②架空地线的弛度应符合安装曲线,且最大弛度时,必须保证架空地线及其相连金具距接触网带电体不小于150 mm。③架空地线底座应安装水平,底座、地线线夹和安装在架空地线上的电连接线夹的螺栓紧固力矩应符合设计或规范要求。架空地线下锚处调整螺栓长度处于许可范围内,并有不少于30 mm的调节余量。

(23)接地装置:①接地极、各类接地连接导体应按批次进行进场验收,其规格、型号、质量应符合设计要求和相关技术标准的规定。②钢支柱、支持装置底座、设备底座、开关接地刀闸等均应按设计要求进行接地。架空地线引下线接至变电所接地母排,其安装位置和连接方式应符合设计要求,连接牢靠。③接地装置的接地电阻值应符合设计要求。④接地装置对接触网带电体的距离应不小于150 mm,对受电弓的瞬时距离应不小于100 mm,且不得侵入设备限界。⑤接地极埋设深度应符合设计,地面部分涂防锈漆,连接处应除锈涂电力复合脂,连接牢固可靠。⑥接地线安装位置和形式应符合设计要求,并应预留因温度变化而产生的位移长度。沿隧道壁敷设时,与隧道壁密贴并应固定牢固,固定卡间距应符合设计要求;接地电缆敷设应符合电缆施工及验收规范要求,在电缆支架上敷设时应绑扎稳固,两端连接牢固可靠。⑦接地挂环安装位置应符合设计要求,安装稳固,连接可靠。连接处的接触面应清洁,均匀涂抹薄层电力复合脂。

(24)回流箱基础:①回流箱基础预埋件的材料、规格、尺寸、制作及预埋位置应符合设计要求。②回流箱基础位置及其高程应符合设计要求,不得侵入限界。

(25)均(回)流箱:①均、回流箱应按批次进行进场验收,其规格、型号、质量应符合设计。②均(回)流箱的安装位置应符合设计要求,不得侵入限界。③回流引线安装应符合设计要求,回流线与回流箱连接牢固可靠。

(26)电缆、电缆与钢轨连接:①电缆及电缆附件进场验收,供电电缆及电缆附件的规格、型号、质量应符合设计要求和相关技术标准的规定。②电缆的型号、敷设径路、终端位置应符合设计要求和《电气装置安装工程电缆线路施工及验收规范》(GB 50168—2006)的相关规定。电缆在道床面敷设时固定卡紧,与道床密贴,无翘现象。③当均(回)流连接电缆与钢轨采用放热焊接方法连接时,焊接应满足设计要求。且焊接面清洁,焊接牢固可靠、饱满,不应有裂缝、气孔及脱焊,更不得有假焊或漏焊现象。④当均(回)流连接电缆与钢轨采用拴接方法连接时,连接螺栓应与钢轨连接密贴,电气畅通。

(27)警示防护设施:①各类警示标志牌、防护设施应齐全。②防止触电的警示标志牌应安装在电气设备和行人容易接近的接触网带电体附近。警示标志牌的颜色、规格、安装位置应符合规范要求,安装牢固可靠,在任何情况下都显眼醒目,不得侵入设备限界,满足电气绝缘距离要求。③库内应设有反映接触网通电状态的指示灯,其设置应符合设计要求。

(28)冷滑试验:①冷滑试验及送电开通前,应对影响安全运营的通信线路、电力线路、建筑物及树木进行全面检查,并通信线路和电力线跨越接触网时,距接触网的垂直距离应符合有关规定,跨越接触网的立交桥及构筑物防护栅网安装应符合设计要求,安装牢固,接地良好。②接触网送电前应进行冷滑试验,分三次进行:第一次检测静态的接触线高度及拉出值;第二次检测静态的接触线高度、拉出值和抬升量;第三次对接触线高度、拉出值和抬升量进行检测。接触线高度、拉出值和抬升量不应大于设计要求的最大值。③接触线无弯曲、扭转现象,线面角度正确,受电弓与接触线接触良好,无碰弓、脱弓现象,无明显硬点。④冷滑试验时,吊弦线夹、定位线夹、中心锚结线夹、电连接线夹、分段绝缘器、线岔等无碰弓现象和不允许的硬点。

(29) 送电开通及热滑试验:①送电开通区段接触网应按供电分段进行绝缘电阻测试,各供电电臂绝缘电阻值宜大于 1.5 MΩ/km。接触网送电后,各供电臂始、终端应确保有电。②试验车往返运行时,接触网及设备应无放电、火花和局部过热现象。对有火花的位置做好记录,热滑后进行检查处理。

2. 刚性接触网工程

(1) 埋入杆件:①埋入杆件应按批次进行进场验收,其规格、型号、质量应符合设计要求。②埋入杆件的埋设位置、埋设深度应符合设计要求。③埋入杆件载荷检测应符合设计要求,化学锚固螺栓所使用的化学填充剂必须在有效期内使用。

(2) 支持悬挂装置:①悬吊安装底座、悬吊槽钢、吊柱、定位线夹、T 形头螺栓等零部件应按批次进行进场验收,其规格、型号、质量应符合设计技术要求和《电气化铁路接触网零部件技术条件》(TB/T 2073—2010)、《电力金具通用技术条件》(GB/T 2314—2008)的规定。②绝缘子、绝缘横撑等绝缘设备应按批次进行进场验收,其规格、型号、质量应符合设计技术要求,且电气性能应符合《电气装置安装工程电气设备交接试验标准》(GB 50150—2016)的规定。③支持悬挂装置安装应符合以下要求:悬吊安装底座应水平安装;坡道上的悬吊安装底座顺线路方向水平度偏差应以汇流排安装在汇流排定位线夹内能自由伸缩为原则,悬吊槽钢、绝缘横撑与安装地点的轨道平面应平行;悬垂吊柱及 T 形头螺栓应铅垂安装,T 形头螺栓的头部长边应基本垂直于安装槽道方向。

(3) 汇流排及附件:①汇流排及其附件应按批次进行进场验收,其规格、型号、质量应符合设计要求和《电气化铁路接触网汇流排》(TB/T 3252—2010)的规定。②汇流排接头和汇流排上安装的零部件距邻近悬挂点汇流排线夹边缘的距离不应小于 300 mm,应保证汇流排能自由伸缩,不卡滞。③连接件的接触面清洁,汇流排连接缝两端夹持接触线的齿槽连接处平顺光滑,汇流排连接端缝平均宽度不大于 1 mm,紧固件齐全,规格相符,螺栓紧固力矩应符合产品技术要求。④锚段长度应符合设计要求,安装温度时汇流排终端到相邻悬挂点的距离为 1 800 mm,允许误差:−100 mm～+200 mm。⑤膨胀元件安装位置应符合设计要求,膨胀元件两端接触线高度和拉出值应符合设计和产品技术要求,膨胀元件与汇流排连接应呈直线状态,膨胀元件不应受外力弯曲,膨胀元件与受电弓接触部分与轨面平行,受电弓双向通过时均应平顺无打弓现象。

(4) 接触线:①接触线应按批次进行进场验收,其型号、规格、质量应符合设计要求和《电气化铁道用铜及铜合金接触线》(TB/T 2809—2005)的规定。②接触线应可靠嵌入汇流排钳口内,接触线与汇流排的接触面应均匀涂有薄层电力复合脂。③接触线应按设计锚段长度对号架设,在锚段内无接头、无硬弯。

(5) 中心锚结:①中心锚结器材应按批次进行进场验收,其规格、型号、质量应符合设计要求和本规范第 4.7.1 条和《电气化铁路接触网汇流排》(TB/T 3252—2010)的规定。②中心锚结型式及安装位置应符合设计要求,并且处于汇流排中心线的正上方,基座中心偏离汇流排中心不大于±30 mm。③中心锚结线夹处接触线应平顺无负弛度。

(6) 接触悬挂:①接触线安装高度应满足设计要求,且不应出现负弛度。②接触线拉出值应满足设计要求,拉出值误差不应大于±20 mm,汇流排整体布置顺滑。③道岔处在受电弓可能同时接触两支接触线范围内,两支接触线应等高。④跨距应符合设计要求,允许误差为±500 mm,道岔,关节等特殊地方跨距允许误差为±200 mm。

(7) 刚柔过渡段:①刚柔过渡元件应按批次进行进场验收,其规格、型号、质量应符合设计要求和《电气化铁路接触网汇流排》(TB/T 3252—2010)的规定。②关节式刚柔过渡处,刚性接触网的接触线比相邻柔性接触网的接触线抬高数值应符合设计要求,保证受电弓双向平滑过渡。③贯通式刚柔过渡安装应符合下列要求:刚柔过渡元件安装处,两端的刚性和柔性悬挂点的接触线应等高,拉出值布置应呈一条直线,保证刚柔过渡元件处接触线平滑过渡;防护罩对刚柔过渡元件覆盖应完全,防护罩安装稳固,性能满足设计要求。④刚性悬挂与相邻柔性悬挂导线不应相互摩擦。⑤刚性接触网过渡处两支接触线应等高,在刚柔过渡交界点处,汇流排对接触线不应产生下压或上抬。

(8) 锚段关节:①锚段关节处的两支接触线在关节中间悬挂点处应等高,转换悬挂点处非工作支不得低于工作支。②锚段关节两支悬挂点的拉出值及中心线间距应符合设计要求,中心线间距允许误差为±10 mm。

(9) 电连接:①电连接线及线夹应按批次进行进场验收,其规格、型号、质量应符合设计要求和《城市轨道交通接触网系统工程质量验收规范》(DGJ32/TJ 198—2015)第4.7.1条和4.9.1条的规定。②电连接装置的安装形式、位置应符合设计要求,在任何情况下均应满足带电距离要求。电连接线应预留因温度变化而产生的位移长度。③电连接线夹与电连接线接触良好,接触面涂电力复合脂,线夹安装应端正牢固,螺栓紧固力矩应符合要求。④接线端子与电连接线压接应良好,绞线不应有松股和断股现象,电缆不应有损伤。电连接的长度应满足接触悬挂伸缩的需要。⑤刚柔过渡和道岔处的电连接线、接地线应完整无遗漏,安装牢固且符合设计要求。

(10) 分段绝缘器:①分段绝缘器应按批次进行进场验收,其规格、型号、质量应符合设计要求。②分段绝缘器安装位置、安装方式应符合设计要求。分段绝缘器中心线与受电弓中心线重合,偏离受电弓中心线不应超过50 mm。③分段绝缘器紧固件应齐全,连接牢固可靠。分段绝缘器与接触线连接处应平滑,与受电弓接触部分与轨面连线平行,车辆双向行驶均不打弓。④分段绝缘器距相邻刚性悬挂定位点的距离应符合设计要求,允许误差为±200 mm。

(11) 隔离开关、架空地线、接地装置、回流箱基础、均(回)流箱、电缆、电缆与钢轨连接、警示防护设施:参照柔性接触网相关内容。

(12) 冷滑试验:冷滑试验应在线路界限检查后进行,试验次数及运行速度应符合相关规定。冷滑试验时应符合下列规定:接触线无弯曲、扭转现象,线面角度正确,受电弓与接触线接触良好,无脱弓现象;拉出值不大于设计要求的最大值;锚段关节、膨胀元件、道岔、分段绝缘器、中心锚结线夹、电连接线夹、刚柔过渡段等部件安装处无碰弓、刮弓现象,无明显的硬点;冷滑试验不少于三次:第一次运行速度正线为5~15 km/h;第二次运行速度正线为25~30 km/h;第三次应按设计速度值运行。

(13) 送电开通及热滑试验:参照柔性接触网相关内容。

(四) 质量监督要点

1. 柔性接触网

(1) 基础:材料进场验收(规格、型号、质量)、混凝土强度、锚栓外露长度、基础开挖深度;

(2) 埋入件:材料进场验收(规格、型号、质量)、锚栓布置、允许误差、锚栓抗拔力;

(3) 钢支柱:材料进场验收(规格、型号、质量)、安装位置、限界;

(4) 硬横跨及吊柱:材料进场验收(规格、型号、质量)、安装高度、吊柱安装;

(5) 拉线:材料进场验收(规格、型号、质量)、拉线安装、螺栓紧固力矩;

(6) 支持结构:材料进场验收(规格、型号、质量)、螺栓紧固力矩;

(7) 补偿装置:材料进场验收(规格、型号、质量)、张力、补偿绳缠绕、坠砣限制架安装、棘轮安装;

(8) 承力索:材料进场验收(规格、型号、质量)、架设、终端锚固;

(9) 接触线:材料进场验收(规格、型号、质量)、架设、终端锚固、张力、间距;

(10) 中心锚结:材料进场验收(规格、型号、质量)、安装位置、螺栓紧固力矩、锚接绳张力;

(11) 软横跨:材料进场验收(规格、型号、质量)、底座安装位置;

(12) 定位装置:材料进场验收(规格、型号、质量)、定位器安装、定位管安装;

(13) 吊弦及吊索:材料进场验收(规格、型号、质量)、吊弦布置、安装吊索安装;

(14) 接触悬挂:高度、"之字值"、拉出值、跨中偏移、接触线间距、接触线高度;

(15) 电连接:材料进场验收(规格、型号、质量)、压接力、电连接安装;

(16) 线岔:材料进场验收(规格、型号、质量)、交叉线岔道岔定位柱位置及拉出值、导线高度;

(17) 锚段关节:空气绝缘间隙、接触悬挂的垂直、水平距离;

(18) 隔离开关:材料进场验收(规格、型号、质量)、安装位置及安装尺寸、回路接线、触头、底座与地线相连;

(19) 避雷器、放电间隙:材料进场验收(规格、型号、质量)、安装位置、引线方式、电阻值;

(20) 分段绝缘器:材料进场验收(规格、型号、质量)、安装位置、接触线高度、拉力;

（21）馈电线：材料进场验收（规格、型号、质量）、安装弛度、螺栓紧固力；

（22）架空地线：材料进场验收（规格、型号、质量）、安装弛度、螺栓紧固力；

（23）接地装置：材料进场验收（规格、型号、质量）、接地电阻值、接地极埋设深度、接地线安装位置和形式、接地环安装位置；

（24）回流箱基础：预埋件材料、规格、尺寸、制作及预埋位置；

（25）均（回）流箱：材料进场验收（规格、型号、质量）、安装位置；

（26）电缆、电缆与钢轨连接：材料进场验收（规格、型号、质量）、电缆敷设、电缆与钢轨连接；

（27）警示防护设施：标识牌安装及设施安装位置、状态；

（28）冷滑试验：线路限界检查、三次冷滑、受电弓与接触线状态；

（29）送电开通及热滑试验：绝缘电阻测试、处理火花。

2. 刚性接触网工程

（1）埋入杆件：材料进场验收（规格、型号、质量）、埋设深度、位置、载荷检测；

（2）支持悬挂装置：材料进场验收（规格、型号、质量）、安装；

（3）汇流排及附件：材料进场验收（规格、型号、质量）、螺栓紧固力、锚固长度、膨胀原件安装；

（4）接触线：材料进场验收（规格、型号、质量）、架设；

（5）中心锚结：材料进场验收（规格、型号、质量）、安装；

（6）接触悬挂：安装高度、拉出值、跨距；

（7）刚柔过渡段：材料进场验收（规格、型号、质量）、抬高数值、安装；

（8）锚段关节：接触线高度、拉出值、中心线间距；

（9）电连接：材料进场验收（规格、型号、质量）、安装形式、位置、螺栓紧固力；

（10）分段绝缘器：材料进场验收（规格、型号、质量）、安装位置、方式、距悬挂定位点距离；

（11）隔离开关、架空地线、接地装置、回流箱基础、均（回）流箱、电缆、电缆与钢轨连接、警示防护设施（参考柔性接触网相关内容）；

（12）冷滑试验：线路限界检查、三次冷滑；

（13）送电开通及热滑试验：参考柔性接触网相关内容。

（五）常见质量问题及原因

问题1：预留基础存在问题螺栓间距不标准（不能立支柱）、螺栓外露尺寸不合格、螺栓未作防腐处理、螺栓状态不符（倾斜、扭曲等）、基础整体扭转、接触网基础侵占电缆槽、基础螺栓不合格，型号不对甚至预留钢筋棍、基础漏打、错打。

原因分析：作业人员未按照规范要求施工。

预防措施：

（1）预埋件位置检查：主要检查内容：根据接触网安装平面布置图进行复核，对接触网支柱基础及拉线基础的位置、库内定位点悬挂预埋件、下锚底座安装锚栓、地线悬挂底座安装锚栓、隔离开关安装底座预埋锚栓位置等进行详细的核实。

（2）预埋件外观检查：预埋件是否经过防腐处理，有无已经锈蚀情况存在。如果有，应该在征得建设、监理及设计单位同意的情况下，对锈蚀部分进行除锈及防腐处理。

（3）预埋件型号、尺寸检查：所有预埋件的型号、尺寸是否满足设计要求。特别是所有受力预埋件性能型号、一组预埋件各部件之间的相对位置等进行核实。

问题2：电连接没有涂导电膏。

原因分析：作业人员未按照规范要求施工。

预防措施：严格按照施工规范作业，汇流排电连接线夹、汇流排接地线夹与汇流排的接触面、汇流排电连接线夹与铜铝过渡线夹的接触面都应均匀涂抹导电油脂。

第三节 通 信 系 统

一、概述

城市轨道交通通信系统为轨道交通运营和管理服务,是指挥列车运行、进行运营管理、公务联络和传递各种信息的重要手段,是保证列车安全、快速、高效运行不可缺少的综合系统。它主要由以下分系统组成:传输系统、公务电话系统、广播系统、电视监控系统、无线通信系统、时钟系统以及电源和接地系统。这是一个复杂的大系统,各个部分互相结合、协调,完成具体任务。现代城市轨道交通的快捷、可靠、安全与完善而先进的通信系统密不可分。

主要规范依据(主要规范标准)

《地下铁道工程施工及验收规范(2003 版)》(GB 50299—1999);

《城市轨道交通技术规范》(GB 50490—2009);

《城市轨道交通通信工程质量验收规范》(GB 50382—2016);

《安全防范工程技术规范》(GB 50348—2004);

《民用视频监控电视系统工程技术规范》(GB 50198—2011);

《公共广播系统工程技术规范》(GB 50526—2010);

《铁路运输通信工程施工质量验收标准》(TB 10418—2003);

《光缆数字线路系统技术规范》(GB/T 13996—1992);

《同步数字体系(SDH)光缆线路系统进网要求》(GB/T 15941—2008);

《基于 ATM 的多媒体宽带骨干网技术要求——网络性能部分》(YD/T 1102—2001);

《火灾自动报警系统设计规范》(GB 50116—2013)。

二、传输系统

(一) 概述

为满足城市轨道交通通信各子系统和信号、电力监控、防灾、环境与设备监控系统和自动售检票等系统各种信息传输的要求,建立以光纤通信为主的传输系统网络。传输系统一般采用光同步数字系列传输设备或其他宽带光数字传输系统,同时又能满足各系统接口的需求。

(二) 主要施工环节及工序

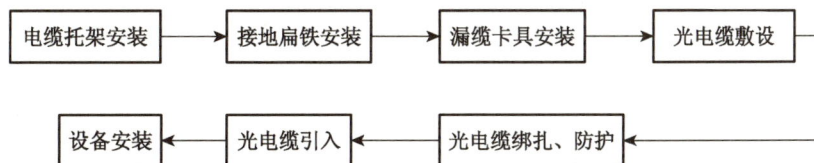

图 7.3.1 传输系统施工工序

(三) 质量控制要点

1. 传输设备安装

(1) 机架(柜)电路插板的规格、数量和安装位置应符合设计要求。

(2) 设备安装位置,机架及底座的加固方式应符合设计要求。

(3) 设备安装牢固,排列整齐,漆饰完好,铭牌、标记清楚正确并符合设计要求。

(4) 机架(柜)安装的垂直倾斜度偏差应小于机架(柜)高度的 1‰。

(5) 接地装置的埋设位置应符合设计要求,焊接应采用搭接焊,并做防腐处理,线路敷设宜与交流配电设备分开。具体要求见表 7.3.1。

表 7.3.1 接地装置质量控制要求

项	序号	检查项目	允许偏差或允许值	检查方法
主控项目	1	规格数量位置	符合设计要求	检查资料
一般项目	1	铭牌、标记	设计要求	对照设计文件
	2	倾斜度	1‰	靠尺量测

2. 传输设备配线

(1) 配线设备的型号、规格、质量符合设计要求和相关规定。

(2) 配线电缆和电线的芯线应无错线或断线、混线,中间不得有接头。

(3) 光缆尾纤应按标定的纤序连接设备。光缆尾纤应单独布放并用垫衬固定,不得挤压、扣曲、捆绑。弯曲半径不应小于 50 mm。

(4) 电源端子配线应正确,配线两端的标志应齐全。

(5) 设备地线必须连接良好。

(6) 电缆、电线的屏蔽护套应接地可靠,并应与接地线就近连接。

(7) 设备配线采用焊接时,焊接后芯线绝缘层应无烫伤、开裂及后缩现象,绝缘层离开端子边缘露铜不大于 1 mm。

(8) 设备配线采用绕接时,绕线应严密、紧贴,不应有叠绕。铜线除去绝缘外皮后,在绕线柱上的最少匝数:当芯线直径为 0.4～0.5 mm 时应为 6～8 匝;0.6～1.0 mm 时应为 4～6 匝。不接触绕接柱的芯线部分不宜露铜。

(9) 设备配线采用卡接时,卡接电缆芯线的卡接端子应接触牢固。

(10) 高频线、低频线、电源线应分开绑扎,交、直流配线应分开布放。

3. 传输系统网络性能指标和功能检验应委托有资质的机构进行抽检。

(四) 质量监督要点

1. 设备安装位置,机架及底座的加固方式应符合设计要求。

2. 电源端子配线应正确,配线两端的标志应齐全。

3. 设备地线必须连接良好。

4. 电缆、电线的屏蔽护套应接地可靠,并应与接地线就近连接。

5. 抽查 SDH 双环网切换检查。依次断开、恢复两侧光纤,网管上各站点的倒换时间、倒换方式、告警时间、业务配置数据应达到设计要求,业务不应有中断。

6. 高频线、低频线、电源线应分开绑扎,交、直流配线应分开布放,具体要求见表 7.3.2。

表 7.3.2 传输系统监督测试要求

项	序号	检查项目	允许偏差或允许值	检查方法
主控项目	1	接地	<4 Ω	接地电阻测试仪测
	2	芯线间绝缘电阻	音频>50 MΩ 高频>100 MΩ 同轴>1 000 MΩ	兆欧表测
一般项目	1	电缆弯曲半径	>外径的 5 倍	卷尺量测
	2	边缘露铜	<1 mm	钢尺量测
	3	绕线匝数	芯线 0.4～0.5 mm 应为 6～8 匝 芯线 0.6～0.1.0 mm 应为 4～6 匝	现场观察

三、电话系统

(一) 概述

城市轨道交通电话系统分为公务电话系统和专用电话系统。

公务电话用于各部门间进行公务通话及业务联系,主要功能有语音业务和非语音业务。

公务电话系统由程控交换机组成单局或双局式地铁专用电话网,交换局设在控制中心和车辆段,与市话局之间采用自动呼出、自动呼入。

专用电话系统是控制中心调度员、车站、车辆段的值班员组织指挥行车、运营管理以及确保行车安全而设置的专用电话系统。

调度总机设在控制中心,调度分机设在各个车站,调度总机与分机之间通过专用信道以全辐射方式连接。

(二) 主要施工环节及工序

1. 车站专用电话(调度分机)安装

(1) 审核施工图纸,明确各站点专用电话(调度分机)安装地点及数量。

(2) 布放电话线至用户指定安装位置,电话线制作端头,一端接机房电话插座(信息插座),另一端接电话机。

(3) 通信机房完成跳线操作,将专用电话(调度分机)纳入车站分系统,进行通话实验、移交。

2. 隧道内轨旁电话安装

(1) 定位:根据施工图纸要求的轨旁电话安装地点及高度,现场确定安装位置并将在隧道壁上用记号笔在相应位置画出“十”字线。

(2) 钻孔、安装:在记号位置进行钻孔作业,选样合适的锚栓进行安装,将轨旁电话用锚栓固定。

(3) 线缆连接:轨旁电话在墙壁上安装固定后,进行接线盒安装。将轨旁电话的配线电缆通过接线盒与区间电缆连通后,进行轨旁电话机盒内的配线。同时在通信机房内跳线,将轨旁电话相应端口与区间电缆相应芯线连通。

(4) 标号:用油漆(白底红字,间隔 100 mm)在隧道壁上标示话机号码。

(5) 通话试验:按照轨旁电话机具备的功能,对所有功能逐项进行通话试验。

(6) 封堵:安装完成后,电缆引入孔与电缆间隙采用防水材料封堵,防止潮气进入机体影响设备性能及通话质量。

3. 地面和车辆段区间电话安装

安装方式采用立柱式安装,立柱高度及电话机安装高度符合设计要求。立柱基础采用混凝土基础,尺寸符合设计要求。

(三) 质量控制要点

1. 电话设备安装

(1) 设备排列整齐,设备间距符合设计要求。

(2) 设备表面无明显损伤、印痕,漆饰完好。

(3) 端子编号、用途标牌及其他标志完整无缺,书写正确清楚。

(4) 话机箱盒应将接地线安装在综合接地体上,安装牢固,接地良好并做防腐处理。

(5) 区间电话安装严禁超出设备界限。

2. 电话设备配线

(1) 配线电缆和电线的放、绑、扎整齐美观。

(2) 配线端子上的配线紧固,无松动,接头点圆润、美观。

3. 电话系统网管功能

(1) 电话系统网管终端应具备正确显示网络拓扑结构,实时反映物理连接状态等功能的图形实时显示功能。

(2) 电话系统的人机命令功能应符合设计要求。

(3) 电话系统的故障诊断、告警功能应符合设计要求。

(4) 公务电话系统应具备计费和话务统计功能。

(四) 质量监督要点

1. 安装完成后,电缆引入孔与电缆间隙采用防水材料封堵,检查封堵情况。

2. 话机箱盒应将接地线安装在综合接地体上，安装牢固，接地良好并做防腐处理。

3. 区间电话安装严禁超出设备界限。

4. 电话系统的故障诊断、告警功能应符合设计要求。

四、无线通信系统

（一）概述

城市轨道交通无线通信系统是城市轨道交通通信系统中不可缺少的组成部分，是提高地铁运输效率、保证运营行车安全的重要手段。轨道交通无线通信系统主要由具有极强调度功能的无线集群通信子系统、无线寻呼子系统、蜂窝电话引入子系统等构成。轨道交通无线通信属于移动通信的范畴，但又具有限定空间、限定场强覆盖范围、技术要求高、专业性强、系统复杂等特点。

（二）主要施工环节及工序

1. 室外天线安装

（1）屋顶天线支架安装

① 根据施工图纸中天线安装图确定屋顶天线支架安装位置。

② 将避雷针与支架主支撑杆中心线对准进行焊接。

③ 将天线支架底座用膨胀螺栓垂直固定在屋顶楼板上。

④ 用加强杆加固主支撑杆。把加强杆通过连接件与支架主支撑杆连接好，每个加强杆地脚用膨胀螺栓固定在屋顶楼板上。

⑤ 用避雷连接条将天线支架底座与建筑物避雷网连通。

⑥ 将天线支架焊接部位及支架底座表面喷涂防锈漆，支架底座、加强杆地脚、膨胀螺栓用混凝土覆盖保护。

（2）全向天线安装

① 按照天线安装施工图确定天线安装方向。

② 将天线馈电点朝下，护套靠近天线支架主支撑杆，将天线固定在主支撑杆上。

③ 用角度测试仪检查天线轴线与水平面垂直度，调整天线垂直度偏差在1°之内。

④ 将天线固定牢固，直至用手推拉不动。

2. 馈线布放

（1）截取馈线：根据施工图纸及现场定测情况确定馈线长度，并在此基础上留有1～2 m的余量截取馈线。或者根据现场实际情况直接吊装到位，下部留有足够长度后进行截取。在馈线两端及中间粘贴标签。

（2）用麻布（或防静电包装袋）将馈线端头进行包裹，并用绳子或线扣扎紧。

（3）吊装馈线：用吊绳在离馈线头0.4 m及4.4 m处打结固定，楼上安装人员向上拉馈线，楼下安装人员拉吊绳控制馈线上升方向，防止馈线与建筑物墙体摩擦碰撞。

（4）将馈线上端固定至合适位置（实行多点固定以防止馈线滑落），然后使馈线自然悬落。

（5）布放跳线：将跳线一端连接至天线，另一端与馈线连接，绑扎跳线，粘贴跳线标签。

（6）沿天线支架（或铁塔）及走线架每间隔1 m安装馈线固定夹，将馈线自上而下理顺，放入馈线固定夹并拧紧螺丝。

（7）馈线入室：依据事先确定的馈线入室方案，将馈线依次从馈线窗的密封圈中导入室内，用胶带和胶泥对密封圈及闲置的馈线孔进行密封处理。

（8）接头防水处理：在接头处先用防水胶带缠绕3层，涂上一层胶泥，再缠绕3层防水胶带，最后再缠绕3层绝缘胶带。

3. 吸顶式天线安装

（1）吊顶开孔：将吊顶板拆下，在中心标记处钻出安装孔（孔径根据设备安装手册确定），再将吊顶板装到吊顶上。

（2）安装固定：将天线接头和引出电缆穿过安装孔,用压紧螺母把天线吸附于天花板上。

4. 漏泄电缆敷设

（1）线路定测

根据施工图纸、隧道结构尺寸、线路限界确定漏泄电缆吊夹的安装位置,沿轨道线路丈量漏泄电缆的长度、终端接头位置和余留数量、地点等,编制径路定测台账,准确详细记录测量结果。

（2）画线打孔

按照设计图纸及轨面标高标出漏泄电缆的安装高度,利用测量工具,确定漏泄电缆吊夹的安装位置,并画线标识,用冲击电钻在隧道壁上钻孔。

（3）漏泄电缆吊夹安装

将塑料胀管用手锤完全敲入安装孔内,把螺钉穿入吊夹安装孔后,旋入到胀管内。

（4）漏泄电缆敷设

漏泄电缆卡装时,将漏泄电缆置于吊夹中,用于将吊夹闭合。如果吊夹太紧可轻轻敲击吊夹及缆身,使其闭合。

（三）质量控制要点

1. 天线避雷针对天线的保护角度应小于 $45°$。

2. 天馈线驻波比在工作频段内不应大于 1.5。

3. 每根馈线至少接 3 处避雷接地。分别为馈线下桅杆处、馈线下楼处、馈线进室前。长度大于 60 m 的馈线,应每隔 20 m 加装一处避雷接地。

4. 漏泄电缆的开口方向应面向列车。

5. 漏泄电缆接续可靠、连接牢固,装配后接头外部应进行防护。

6. 基站和直放站的避雷器安装应串接与天线馈线和室内同轴馈线之间。

7. 铁塔接地电阻应符合设计要求。

8. 抽查站台、站厅、车场、室内及区间每条轨道中心两侧 5 m 内线路的场强覆盖和驻波比,应达到设计要求。区间线路应采用移动测试。

9. 无线通信系统指标和功能检验应委托有资质的机构进行抽检,具体要求见表 7.3.3。

表 7.3.3 无线通信系统监督测试要求

项	序号	检查项目	允许偏差或允许值	检查方法
主控项目	1	漏泄电缆直流电气特性、交流电气特性	符合设计要求	现场检测
	2	中继段场强	符合设计要求	现场检测
	3	无线通信系统性能指标	符合设计要求	现场检测
	4	系统网管功能	符合设计要求	现场观察

（四）质量监督要点

1. 检查天线避雷针对天线的保护角度应小于 $45°$。

2. 漏缆接续可靠、连接牢固,装配后接头外部应进行防护。

3. 检查馈线布放接头防水处理。

4. 检查基站和直放站的避雷器安装位置。

五、视频监控系统

（一）概述

视频监控系统（CCTV）作为一种图像监视系统,具有直观、实时的动态图像监视、记录和跟踪控制等独特功能,是通信指挥系统的一个重要组成部分,因其具有独特的指挥和管理能力,已成为城市轨道交通实现自动化调度和管理的必备设施,并可实现对地铁重点区域、要害区域和易发案场所进行有效防范,既确保地铁运营生产安全,又震慑犯罪分子,减少所辖公共场所的案发数量,并可通过提取分析录像资料为案发后的侦查破案工作提供重要线索。

近几年来,视频监控技术发展很快,整个行业正从模拟时代进入数字时代,大数据、云计算、智能分析、POE等新技术、新概念逐步实现并在最新建设的线路中得到应用。

(二) 主要施工环节及工序

1. 吸顶式球形摄像机安装

(1) 开孔:在天花板上安装位置的中心钻一个直径为3 mm的孔,在开孔定位尺一端的孔里面拧一个自攻螺丝,固定在天花板上。根据摄像机吸顶壳的尺寸,在天花板上开孔。

(2) 安装吸顶壳:将视频线、电源线和控制信号线与球机引出的对应的线对接起来,用于压住吸顶壳两侧的固定支架,将吸顶壳推入天花板的网孔内,直到固定支架完全进入为止。将两侧的固定支架掰开,拧紧白色塑料扣中心的螺丝,并确定已将吸顶壳牢固地固定在天花板上。

(3) 安装球体机芯:根据设备安装手册,设置好拨码开关、波特率,核对球机的地址。向上推球机至吸顶壳底部后顺时针方向旋转球机,直至球机卡牢固为止。

(4) 安装透明罩盖:将透明罩壳上安全绳的另一头固定在吸顶壳的螺栓上,安装时将透明罩壳边缘的两个月牙形缺口与吸顶壳上小缺口对准,先将一边的白色塑料扣推紧后,再将另一边往上推动直到罩盖安装牢固。

2. 壁挂式球机安装

(1) 壁挂支架安装:在安装的墙壁上,用连接法兰作样板,画出钻孔的中心位置,将连接法兰安装在弯管支架上,用冲击电钻在墙壁上钻膨胀螺栓的安装孔,装上膨胀螺钉,用螺母、垫圈把支架紧固在墙壁上。

(2) 球罩安装:从包装中取出外罩,将透明球罩旋下来,将控制线按顺序接好后插在安装底座的插座上。把控制线从外罩顶部的孔中穿出,把安装底座固定到球罩里。将控制线从支架内穿出,然后将外罩固定到支架上,将球罩里的风扇/加热器的插头插在相应插座里。

(3) 机芯安装:同吸顶式球机安装。

(4) 安装透明罩盖:同吸顶式球机安装。

3. 吊挂式球机安装

(1) 吊杆安装:选定安装位置,在天花板上用吊顶连接座做样板,在安装表面画出固定安装孔的中心位置,用冲击电钻在安装表面钻出膨胀螺栓孔,敲入膨胀螺栓。将吊杆上部安装板上的安装孔穿入膨胀螺栓,放入垫圈,将螺母与膨胀螺丝拧紧,使吊杆固定。

(2) 其余安装步骤同壁挂式球机安装。

4. 枪式摄像机安装

(1) 确定安装位置:根据施工图纸与现场实际情况,确定合适的安装位置。

(2) 支架安装:按现场确定好的安装最佳位置及摄像机安装方向,在屋顶或墙壁上钻出安装工孔,将支架用锚卡螺栓固定在屋顶或墙壁上。

(3) 镜头安装:按照事先确定的摄像头镜头型号、规格,将镜头安装到摄像机上。

(4) 摄像机安装:打开护罩上盖板和后挡板,抽出固定金属片将摄像机固定在支架上。测试确认电源线、视频线、控制线正确无误后将电源适配器装入护罩内,理顺电缆,在支架上进行绑扎固定。

(5) 线缆连接:测试确认电源线、视频线、控制线正确无误后制作视频同轴电缆端头、电源插头、控制线端头,完成后按照接线图接入摄像机。

(6) 通电粗调:检查配线无误,通电将视频线临时接入自备监视器,调整光圈焦距,检查摄像效果,若不够理想再做高度和方向调整,直至理想位置。

5. 云台摄像机安装

(1) 悬挂式安装

① 确定安装位置:根据施工图纸与现场实际情况,确定合适的安装位置。

② 支架安装:根据事先确定的安装位置,按支架安装孔位模板,在天花板或者墙壁上钻孔,敲入膨胀

螺栓。将支架的安装孔穿入膨胀螺栓,用垫片及螺帽拧紧,固定支架。并将云台上罩内的控制线及电源线从支架中穿出。

③ 云台固定:把云台上罩顶部的法兰连接柱插入到支架的安装孔内,从支架的侧面将螺钉旋紧,将云台上罩与支架固定在一起。

④ 云台配线:将云台控制线、电源线按照云台安装手册中的接线图纸连接到相应端子上。

⑤ 安装机芯:按照机芯摄像机托板所指方向,用螺钉将摄像机及镜头固定在托板上。控制云台做旋转运动,观察云台旋转时是否与光学透明罩产生摩擦,如有摩擦进行调整。将摄像机电源线、视频线连接到摄像机上。

⑥ 检查、通电:检查云台、摄像机配线,确认无误后,通电试机。

（2）吸顶式安装

① 确定安装位置:根据施工图纸和现场实际情况,确定合适的安装位置。

② 开孔:根据事先确定的安装位置及云台上罩的尺寸,在天花板上开孔。

③ 安全绳安装:在屋顶上打出固定孔将金属安全绳(要求金属安全绳的承载重量大于球型装置重量的 5 倍)一端连到屋顶的加强结构上,另一端连接到上罩的顶部。

④ 穿线:打开罩顶的控制箱盒盖,按标识将输入的云台控制线、镜头的控制线、摄像机的视频线及电源线连接到相应端子上。

⑤ 固定:按天花板厚度调整上罩边沿上的弹性卡片,然后将上罩向上推入天花板上的洞中,直至弹性卡片分别卡在天花板上,然后旋紧螺钉,将上罩紧固在天花板上。

⑥ 机芯安装:同悬挂式安装方法。

（三）质量控制要点

1. 各类摄像机的安装应牢靠、紧固。

2. 摄像机安装在监视目标附近不易受外界损伤的地方,视场不应受遮挡。

3. 摄像机镜头应避免强光直射,无法避免时,系统应有逆光控制措施。

4. 摄像机在安装时每个进线孔采用专业的防水胶或热熔胶做好防水、防水蒸气等流入措施,以免对摄像机电路造成损坏。

5. 从摄像机引出的电缆应留有余量,不得影响云台的转动。余留缆应用卡子固定。摄像机的电缆和电源线应固定,不用插头承受电缆的自重。线缆外露部分需用软管加以防护。

（四）质量监督要点

1. 摄像机安装在监视目标附近不易受外界损伤的地方,检查视场是否受其他设备遮挡。

2. 检查室外摄像机防雷保护措施。

3. 检查室外摄像机防水措施。

4. 录像保存时间应符合设计要求。

5. 图像应清晰,应有防逆光和眩光的措施。

6. 闭路电视监视系统图像质量、系统传输性能和系统功能检验应委托有资质的机构进行抽检,具体要求见表 7.3.4。

表 7.3.4　闭路电视监视系统监督测试要求

项	序号	检查项目	允许偏差或允许值	检查方法
主控项目	1	系统图像水平清晰度	≥400 线	现场检测
	2	系统图像灰度	≥8 级	现场检测
	3	系统信噪比	≥37 dB,正常照度; ≥25 dB,低照度	现场检测
	4	系统网管功能	符合设计要求	现场观察

六、广播系统

(一) 概述

轨道交通系统中广播的主要作用有两个方面,一是对乘客进行广播,通知列车到站和离站的信息;或者播放音乐以改善候车环境;或在发生意外情况时疏导乘客。对乘客广播的播音范围主要是站台层和站厅层。广播的另一个作用是对工作人员进行广播,其播音范围为办公区域、站台、站厅、隧道及车辆段范围内,以便发布有关的通知信息,使有关工作人员协同配合工作。

(二) 主要施工环节及工序

1. 吸顶式扬声器及噪声传感器安装

(1) 吊顶开孔:将吊顶板拆下,在中心标记处划出一个圆(比吸顶式扬声器外壳大 1 cm),在吊顶上划出的圆内侧开孔,用锉刀将孔周围的毛刺锉平,再将吊顶板装到吊顶上。

(2) 箱壳安装:将吸顶式扬声器箱壳与扬声器喇叭分开,然后将扬声器箱两边的固定箱壳的卡片调到箱内,再将箱壳放入已开好的吊顶孔内,把箱壳内再调到箱壳外,用螺丝刀调节箱壳底部螺丝,使固定卡片收紧后牢固地卡在吊顶材料上。

(3) 金属软管与扬声器连接:分别将广播电缆经箱壳上余留孔穿入到扬声器箱壳内,再将软管上的软管接头牢固地固定在扬声器箱壳上。

2. 吊挂式扬声器及噪声传感器安装

(1) 支架制作:现场测量扬声器和噪声传感器吊顶上部分的加工尺寸,确定安装位置,加工配套支架和固定件。

(2) 支架安装:按设计位置和现场调查确定最佳安装位置,将支架固定在天花板上。

(3) 设备安装:将扬声器和噪感器与固定件牢固连接。

3. 壁挂式音箱安装

(1) 墙壁钻孔:用冲击钻在扬声器安装位置正上方墙壁打出直径为 9 mm,深度为 3.5 cm 的安装孔,安装孔的高度应保证音箱距地面 2.2~2.5 m。

(2) 安装:敲入 φ6 塑料膨胀管和螺钉,把箱式扬声器直接挂在螺钉上调平。

4. 号筒式扬声器安装

(1) 制作支架:根据设计要求及现场调查情况,加工制作"U"形卡及配套支架和固定件。

(2) 支架安装:将"U"形卡固定在钢网架或立柱上。

(3) 设备安装:将扬声器的出线接至线间变压器(如果有)的次级,然后将喇叭与固定件牢固连接。

5. 扬声器接线

(1) 穿线:分别将广播电缆经箱壳上余留孔穿入到扬声器箱壳内,再将软管上的软管接头牢固地固定在扬声器箱壳上。

(2) 开剥电缆:先开剥广播电缆外皮,带绝缘的芯线保留 15 cm。再开剥绝缘层,用剥线钳调整到 1.5 mm 线径,剥出 1 cm 长度裸线。

(3) 接线:将裸露出来的芯线卡到扬声器接线端子孔内,再用适当的力度拉电缆芯线检查芯线连接是否可靠。

(三) 质量控制要点

1. 安装扬声器严禁超出设备限界,不得影响与行车有关的信号和标志。

2. 扬声器支撑架安装应牢固,扬声器单元或零部件应安装紧密。每只扬声器直线上偏差小于 5 mm。

3. 扬声器线缆连接时应有余留,并应正确选用抽头。余留电缆均应固定,不得用插头承受自重。

4. 车辆段、停车场号筒式扬声器如果有线间变压器,要将扬声器的出线接到变压器的次级,变压器的初级接到定压功放的输出端。

5. 设备安装完成后要做好孔洞封堵及成品防护工作。

（四）质量监督要点

1. 安装扬声器严禁超出设备限界。

2. 设备安装完成后要做好孔洞封堵及成品防护工作。

3. 广播系统扬声器声音清晰,系统与火灾系统联动功能应符合设计要求。

4. 广播系统指标检测和功能检验应委托有资质的机构进行抽检,具体要求见表 7.3.5。

表 7.3.5　广播系统监督测试要求

项	序号	检查项目	允许偏差或允许值	检查方法
主控项目	1	系统最大声压级	符合设计要求	现场检测
	2	声场不均匀度	符合设计要求	现场检测
	3	车站广播设备、广播系统功能	符合设计要求	现场观察

七、乘客信息显示系统

（一）概述

乘客信息显示系统主要功能是通过控制中心和车站的控制,在指定的时间,将指定的信息显示给指定的人群。在正常情况下,提供列车运行时间信息、政府公告、出行参考等实时多媒体资讯信息方便乘客和工作人员,并兼顾商务信息发布;在火灾及阻塞情况下,提供紧急疏散指示,提高运营安全性。

（二）主要施工环节及工序

1. 壁挂式显示器安装

（1）确定安装位置:根据施工图纸与现场实际情况,确定合适的安装位置。

（2）确定挂件个数,并做好标示:测量显示屏的长度和宽度,根据测试数据计算出挂件之间的距离。

（3）固定显示屏挂件:首先固定两端的显示屏挂件。并用水平管测量,以确定两个挂件在同一平面上。固定好两端的挂件以后,以这两个挂件平面为标准安装好其他挂件。

（4）安装显示屏:把显示屏挂在所安装的挂件上以后,用螺丝把显示屏边框和挂件连接牢固。

（5）线缆连接:测试确认电源线、视频线、广播线正确无误后制作视频头、电源插头、控制线头,完成后接入显示器。

2. 吊挂式显示器安装

（1）确定安装位置:根据施工图纸与现场实际情况,确定合适的安装位置。

（2）支架制作:现场测显示器吊顶以上部分支架的加工尺寸,根据测试数及标准支架的尺寸制作吊顶以上部分支架。

（3）支架安装:按现场确定的安装位置,将上部支架用锚卡螺栓固定在顶墙上,配合装修施工单位对吊顶面进行开孔处理,再将下部吊杆同上部支架牢固连接。然后调整伸出吊顶面下方的吊杆,使得安装显示屏在适宜的高度。

（4）显示器安装:把显示屏挂在吊装挂件上,用螺丝把 LED 显示屏边框和吊装挂件连接牢固。

（5）线缆连接:测试确认电源线、视频线、广播线正确无误后制作视频头、电源插头、控制线头,完成后接入显示器。

3. 区间 AP 箱安装

（1）测量定位

依据施工图纸,以线路里程坐标为准,对每个 AP 点位置进行测量定位,调查具体设备安装位置、高度及安装方式。定测时先找到线路里程标,现场目测隧道距离,确保两个相邻天线在目视范围内,如有弯道遮挡时需调整天线安装位置。用油漆在隧道壁上记录下定测点,标记上 AP 点的编号。使用百米尺测量相邻 AP 点的距离,作为光电缆配盘的依据。使用卷尺测量天线至 AP 机箱的距离,用于定作馈线的长度。

（2）AP箱安装

根据测量定位确定的安装位置及高度，将AP箱放置在隧道壁上，使AP箱后面板中心点定测点重合，用油漆笔在AP箱两侧挂耳的安装孔处标记，确定膨胀螺栓安装位置。

（3）钻孔，安装膨胀螺栓：在标记的位置用冲击钻钻孔，将膨胀螺栓敲入安装孔。

（4）AP箱固定：将AP箱两侧挂耳的安装孔套入膨胀螺栓，加入垫片，用螺帽旋紧。

（5）AP箱天线安装

① 确定安装位置：依据设计图纸审核及定测的安装位置，根据线路里程标，在隧道壁标出准确的天线安装位置，用线坠测量出天线的安装位置中心点。

② 天线组装：用镀锌不锈钢螺栓将天线和天线安装底座组装在一起。组装完毕后，螺栓先不要紧固，因该螺栓的底部接触面是锯齿形的，紧固后影响天线的安装角度调整。

③ 天线安装：将天线底座放在隧道壁上，用记号笔标出安装孔的位置，钻孔敲入膨胀螺栓，将天线底座的安装孔套入膨胀螺栓，加入垫片，用螺帽旋紧。

④ 调整：调整天线安装角度，使AP天线上向上的箭头朝上，水平方向指向隧道的两端。调整完毕后将天线与底座之间的螺栓进行紧固。

⑤ 射频电缆布放：根据定测的AP箱及天线安装位置，确定射频电缆长度（需考虑余留长度）。截取后沿隧道壁从天线至AP箱布放，每20~40 cm用扎带绑扎，电缆余留用扎带绑扎。

⑥ 线缆连接：将光缆、电源电缆、射频电缆、接地线经AP箱电缆引入孔穿入箱体，缆线成端，接入相应端子。

⑦ 设备加电：在设备供货商现场督导人员指导下，加电观察设备运行状态。检查前期施工中光缆、电缆接续是否正确。

（三）质量控制要点

1. 各显示屏型号规格、安装位置应符合设计要求。保证站台、站厅、出入口显示器的安装与建筑装修工程接口相协调，避免与其他设施，如导向指示牌、摄像机等相互遮挡问题。

2. 各显示屏支撑杆的安装应牢靠、稳固，从显示屏引出的线缆要有适当的预留。

3. 区间AP机箱和AP天线的安装按定测的安装位置固定牢固、端正、美观。AP天线安装要严格按照设计和督导文件的技术要求安装，安装高度和角度要严格控制，保证信号在车顶的场强最大和连续性。

4. 设备接地端子、电缆金属护层与扁钢地线使用不小于16 mm²的铜缆连接。

5. 引入AP机箱多余的光缆要做好盘留，电缆除进行弧度预留外不能进行绕圈盘留。

6. 光、电缆引入AP点设备箱时，无论采用何种方式引入，光、电缆不能交叉。

（四）质量监督要点

1. 显示屏不应有和其他设施，如导向指示牌、摄像机等相互遮挡问题。

2. 各显示屏支撑杆的安装应牢靠、稳固。

3. 乘客信息显示系统指标检测和功能检验应委托有资质的机构进行抽检，具体要求见表7.3.6。

表7.3.6　乘客信息显示系统监督测试要求

项	序号	检查项目	允许偏差或允许值	检查方法
主控项目	1	系统光学性能	符合设计要求	现场检测
	2	图像分辨率	不小于704×576	现场检测
	3	字幕叠加性能	色彩不小于1 670万色，具有256级半透明效果	现场检测
	4	系统功能	符合设计要求	现场观察

八、时钟系统

(一) 概述

地铁时钟系统是轨道交通系统的重要组成部分之一,其主要作用是为控制中心调度员、车站值班员、各部门工作人员及乘客提供统一的标准时间信息,为地铁通信系统及其他系统(信号、AFC、ISCS、ACS系统等)提供统一的时间信号。

时钟系统的设置对保证地铁运行计时准确、提高运营服务质量起到了重要的作用。

(二) 主要施工环节及工序

1. 单面子钟安装

单面数显式子钟的安装方式为壁挂式,作业程序如下:

(1) 确定安装位置:根据设计图纸及施工现场实际情况,如在原设计位置安装存在障碍,与设计、监理、建设单位及相关施工单位协商调整安装位置。在确定好的安装位置做标记。

(2) 钻孔、安装胀管:在安装位置标记处墙面上钻孔,钉入塑料胀管(或膨胀螺栓)。

(3) 子钟安装:将子钟后挂板上的安装孔对准塑料胀管(或膨胀螺栓),拧入螺钉(螺帽)将子钟固定在墙面上。

2. 双面时钟安装

(1) 确定安装位置:根据设计图纸及施工现场实际情况,如在原设计位置安装存在障碍,与设计、监理、建设单位及相关施工单位协商调整安装位置。在确定好的安装位置做标记。

(2) 吊顶上部支架制作:根据确定好的安装位置,现场测量子钟吊顶上部分支架的加工尺寸。顶上支架采用 200 mm×200 mm×6 mm 钢板同 450 mm 钢管焊接,并做镀锌处理。

(3) 支架安装:在顶墙上钻孔,植入膨胀螺栓,将安装支架钢板上的安装孔套入膨胀螺栓,加入垫片,用螺帽旋紧,并将下部支架同上部支架连接起来。

(4) 设备安装:将子钟安装孔与下部支架安装孔对齐,穿入螺栓,加入垫片,用螺帽旋紧。

3. 线缆连接:测试确认时钟信号线、电源线缆指标合格后,按照设备接线图接入子钟相应端子。

(三) 质量控制要点

1. 子钟的安装位置、安装高度及安装方式应符合设计规定,安装应牢固可靠,钟面端正,无划痕。

2. 数字显示子钟的安装,从吊架安装到子钟的固定,水平、垂直调整必须统一。指针式子钟的安装高度统一。

3. 标准信号接收单元的接收天线头应安装在室外,周围无明显遮挡物。

(四) 质量监督要点

1. 检查时钟系统与信号、AFC 等系统同步。

2. 数字显示子钟的安装水平、垂直调整必须统一,指针式子钟的安装高度应统一。

3. 时钟系统指标检测和功能检验应委托有资质的机构进行抽检,具体要求见表 7.3.7。

表 7.3.7 时钟系统监督测试要求

项	序号	检查项目	允许偏差或允许值	检查方法
主控项目	1	校时精度	符合设计要求	现场检测
	2	系统功能	符合设计要求	现场观察

九、电(光)缆线路

(一) 概述

近年来,随着城市轨道交通的快速发展,轨道交通通信系统正发展成为一个高度数字化的大型通信网络。通信网络主要以有线网络和无线网络组成。有线网络主要由光电缆组成,承担了行车调度指挥、信息传送、售检票、应急通信等越来越多的通信业务。做好光、电缆线路的规划和施工对确保城市轨道交通的有序进行,具有极高的安全效益和社会效益。

(二) 主要施工环节及工序

1. 管道电(光)缆敷设

(1) 子管穿放

① 在已试通完的孔位内,根据设计要求穿放塑料子管。

② 考虑到热胀冷缩,子管需露出管孔 100～150 mm。

③ 子管穿放完毕封堵子管管口,防止异物进入。

(2) 缆线穿放

① 对需要穿放电缆的管孔进行疏通检查,清除管道内的杂物或积水,检查管道连接处是否平滑。

② 将试通棒穿入子管孔位,带上钢丝绳在另一头拉出试通棒,牵引钢丝绳即已穿放到位。

③ 将穿放光电缆头绑在牵引钢丝绳上,另一头用人工均匀拉出钢丝绳,光电缆即被放入第 1 井距内,以此类推,直至光电缆被穿放到全程管道里。

④ 缆线整理

穿放后的光电缆在人井里贴壁排放在托板上,不得直线腾空,并用尼龙扎带绑扎,挂上光、缆标牌。

2. 区间光电缆敷设

(1) 准备工作

① 引入口定位及引入长度测量:确认由区间引上站厅机房的引入口位置,用皮尺准确测量出区间引入孔引至机房机架位置的准确长度,并做好记录。

② 经过单盘测试光、电缆确定以下项目是否符合设计和产品出厂技术文件,测试完成后端头要密封严密。

➢ 确定光缆 A、B 端别,并标注清楚。

➢ 芯线不得断线、混线和错对。

➢ 绝缘电阻值。

➢ 芯线的环线电阻值。

➢ 四线组的电容耦合系数 K 和对地不平衡电容 e_1、e_2。

➢ A、B 端的近端串音衰减值。

➢ 远端串音防卫度。

➢ 光缆损耗。

③ 根据单条光/电缆两端引入长度及区间长度数据进行配盘。

④ 根据配盘资料和轨道占用计划及使用方向,确定放盘顺序,根据放盘顺序吊装线盘,计划先将放线盘放置平板车后端。

⑤ 每次线盘放置数量应考虑平板空间,并预留现场放线时操作空间。

(2) 缆线展放

① 车组运行至敷设现场后,进行人员分工,明确指令。

② 用 ϕ4.0 mm 的铁线双绞拉线形成在平板车固定线盘支架。

③ 确认线盘,并推至支架位置,支起线盘,调整水平。

④ 人工展放 30 m,在车站区间引入位置,人工展放引入长度所需的数量。

⑤ 车组在指挥的口令下以不大于 5 km 的速度徐徐启动前行。

⑥ 敷设过程中,4 人负责线盘随轨道由曲线变化调整线盘、水平高度,防止线盘左右平移而造成与支架摩擦卡盘,同时转动线盘。

⑦ 车上另外 3 人负责拉线缆沿平板车后沿施放,防止线缆所受张力过大。

⑧ 车下 2 人随车行进将车上施放于下轨道中心的线缆于轨道线路电缆支架一侧。

⑨ 线缆放完后,空盘推至平板车上的空余位置或推至附近车站站台上,待其他线盘放完后再一起回收。

⑩ 多余电缆锯断后，盘上和已施放的电缆端头，要用防水塑料带(或热缩帽)包封，防止线缆进潮。

(3) 线缆上架

① 再次确认引入长度(或接头处预留长度)。

② 电缆端头固定在隧道内支架侧的固定物上，防止电缆脱落进入轨道上。

③ 采用梯子由引入口处(或预留处)逐步将电缆送上指定的支架层。

④ 将电缆上支架后出现的少量的累积富余长度向前逐步送展至末端。

⑤ 用尼龙扎带将线缆固定在支架上。

⑥ 在线缆起始端及拐角处挂好线缆的标志牌，区间每隔 100 m 挂线缆标志牌。

3. 电缆接续

(1) 施工准备

熟悉电缆的使用及芯线分配情况，接头位置及区间设备的设计里程、接续方式、电缆接续预留要求，有相应的质量和安全控制措施等。

作业前人员分三组，一组接续人员在两条电缆中间的接头位置，其余两组测试人员分别在电缆的两头。接续人员到达现场应清理环境，搭设操作台，清洁电缆。两端测试人员检查测试电缆端头的密封质量。

(2) 电缆开剥

接续人员对接续处电缆进行开剥，尺寸符合接头盒要求，开剥后电缆芯不得散开。测试人员开剥约 100 mm 即可。

(3) 接续前测试

接续人员分别与两组测试人员配合对两条电缆进行常规检测，确认端别、检查电缆有无混线及断线等故障，绝缘电阻是否符合要求，所有芯线有无断、混线及接地障碍，绝缘是否良好。

(4) 电缆接续

用接线子接续时，把芯线一一对应卡接，要求各芯接续长度一致，保持芯线原有扭矩，芯线接续扭绞长度符合要求。

用模块接续时，两个方向芯线放入模块压接凹槽，使金属导线和模块上的金属体压接成一个整体，沟通两个方向芯线。

(5) 接续后复测

接续完成后，两组检测人员配合对接续电缆进行测试，检查接续后电缆有无混线及断线等故障，绝缘电阻是否符合要求，所有芯线有无断、混线及接地障碍，绝缘是否良好。

(6) 接头封装

严格按照电缆接头盒封装说明对接续头封装入盒，按照设计要求固定在隧道壁或者人(手)孔井内。

(7) 标志、记录

固定好接头盒后按照相关要求对接头位置固定处进行喷漆等标示，说明电缆型号、用途、接头编号等，并在电缆两端挂上标志牌，做好施工记录。

结合以上电缆接续流程先分别说明区间电缆分歧接续芯线绕接加焊和模块压接直通接续的作业要点。

① 区间电缆分歧接续(芯线绕接加焊)

A. 将区间电话电缆的接续位置中剖开剥(不中断电缆芯线，只将电缆的外护套、屏蔽网开剥)，长度约 200 mm。开剥时将外皮去除后，将屏蔽层去除后留一部分铜丝编成小辫待用。

B. 把芯线外皮绝缘层中剖开剥，长度约 30 mm。开剥的位置错开 50 mm，与电缆外皮的开剥两侧距离约 50 mm。

C. 区间电话的尾缆引上后根据所距电缆的长度，作一定的预留后在尾缆的端部开剥约 50 mm。

D. 将两根一定规格的热缩管预先分别套在尾缆芯线上备用，并将尾缆芯线紧密、有序地绕接在区间电话电缆中剖芯线上(缠绕 6 圈)。

E. 用电子小型喷枪或大功率电烙铁分别在已绕接好的接点上焊锡,上焊锡要均匀饱满,防止假焊或虚焊。

F. 用热熔胶带分别缠绕在已焊接的接点上,利用电缆的预留将电缆的芯线顺势折弯,与区间电话尾缆方向保持一致,方便热缩管的套送。热熔胶厚度根据热缩管的大小缠绕,长度要超出接点20 mm左右,热缩管热缩时,要求热熔胶带随热缩管的热缩温度均匀融化。其时间以热熔胶的溢出为准,以防止进潮。热缩过头或热缩不够均会影响密封效果。

G. 将屏蔽层铜丝编成的小辫用铜导线连接,连接方式与尾缆连接方式相同,采用焊接、热缩等工艺。

H. 用防水胶带将开剥接续点进行缠绕,要求紧密均匀,缠绕长度约为300 mm(必须超出电缆开剥处50 mm),在高架或地面采用防紫外线防水胶带。在区间电缆与区间电话尾缆接点两侧做相应的固定。

② 区间电缆直通接续(模块压接)

模块压接接续时,根据电缆结构,电缆芯线每25对或每20对为一组压接在一个模块以代替接线子或接头芯线套管,每一根来自A方向或B方向的芯线在压接过程中,分别进入模块压接凹槽,凹槽入口槽壁上带有突出的金属尖刺,在芯线压接过程中,自动剥除芯线的绝缘层而不损伤金属导线,金属导线和模块上的金属体压接成一个整体,沟通AB两个方向芯线,凹槽外侧装有固定的小刀片,芯线的多余部分在芯线压接同时被切掉。

主要作业要点如下:

A. 芯线在接续前,先复核电缆的程式、端别,接续器材均应符合设计要求。

B. 根据电缆厂家芯线制式,选择压接模块的制式。

C. 电缆开剥尺寸为430 mm,施作时,在电缆接头位置留够预留长度,多余电缆全部开剥,开剥长度不得小于430 mm。

D. 电缆开剥后,护套切口处保留150 mm长的缆芯塑料包带,以防损伤芯线绝缘层。

E. 将电缆芯线由里到外逐层编号。每100对芯线编为一大把,每一大把又分四小把,分别编号,并写在白布条上,白布条缠在芯线把上。

F. 接续从里层里的1#大把的第1小把开始,按顺序逐号进行。

G. 安装接续机,接续机的支架(钢管)两端用支架用皮带固定在两侧的电缆护套上,两侧电缆切口处之间的距离固定为430 mm,在接续机支架上安装模块托架,模块托架上同时可以安放2块,2个人可以同时进行2小把芯线的接续(1个负责1小把)。

H. 接续:把模块底面安放在模块托架上,下层接局方线对(A方向),上层接用户线对(B方向),把A方向芯线按色谱顺序逐次安装在模块底面的接线槽内里,用接续机自带的芯线校对芯线是否安装正确,确认A方向芯线安放无误后,放置压接模块主体,即把模块主体扣在模块底面上,把B方向芯线按色谱安放在模块主体的接线槽内里,芯线校对正确无误后,把上盖扣在模块主体。

I. 压接:把压接器卡在模块托架上,用接续机自带的液压器加压,待感觉到手上有明显的阻力时即可停止,然后拉掉被切除的芯线多余部分。在模块盖面上标明芯线序号,并排列整齐。

J. 全部模块按两组排列,形成两圆柱形状,用塑料带扎紧。

K. 全部芯线接续完毕后,用塑料带三层紧包严,作为临时防护。待全程测试完毕确认接续无误后,再作正式防护。

L. 查找障碍(如混线、断线、错线等)采用压接自配的测试夹,不必打开模块,将夹嘴伸进行模块的探孔,即可进行测试。待判断出哪根芯线出问题时,再打开该芯线所在的模块进行更正,重新压接。

M. 全程测试完毕后,对各接头进行正式防护,用电吹风机对接续部分的芯线进行烘干处理,烘干后,用聚乙烯带把接续部分的芯线包缠三层,用屏蔽连线连接A、B两方向电缆的屏蔽层,套上热可缩套管,烘烤加热,冷却30 min后试气,若漏气再进行烘烤。

(三) 质量控制要点、质量监督要点

1. 管道电(光)缆敷设

(1) 直通入孔中光电缆不得在入孔中间直接穿过,应沿入孔壁入孔电缆托架上。

（2）光电缆穿越多段入孔布放时,应在每个入孔内留足余量,布放位置正确,并用扎带绑在托板上。

（3）接头所在的入孔应留有余长,设计要求作特殊预留的光、电缆按规定位置妥善处理。

2. 区间光电缆敷设

（1）端头井处适量预留时,其弯曲半径不得小于规定尺寸。

（2）电缆上架过程要平缓电缆弧度,不得出现硬折和 V 形。

（3）光缆线路在一个区间（中继段）内,每根光纤的背向散射曲线应平滑,无阶跃反射峰。

（4）光缆线路区间（中继段）光纤线路衰减测试值应小于设计计算值。

3. 电缆接续

（1）电缆接续前后必须对电缆进行测试,保证电缆所有芯线无混线、无断线、绝缘电阻符合要求。

（2）按照设计要求,接头需设置地线时,应在接头处引出地线连接线,并与区间接地端子做可靠连通。

（3）芯线接续必须按设计规定色谱依次进行,接续完毕后应达到标称对数,遇有障碍线对时用备用线对替换并标记,备用线对用接线子接通。

（4）电缆接续人员必须持证上岗。

（5）光、电缆线路特性检测应委托有资质的机构进行抽检,具体要求见表 7.3.8。

表 7.3.8 光、电缆线路监督测试要求

项	序号	检查项目	允许偏差或允许值	检查方法
主控项目	1	光缆接续损耗	单模≤0.08 dB 多模≤0.2 dB	使用 OTDR 现场检测
	2	光缆线路最小回波损耗	≥20 dB, STM-1, 1 550 nm; ≥20 dB, STM-4, 1 310 nm; ≥24 dB, STM-4, 1 550 nm; ≥24 dB, STM-16, 1 310 nm;	使用回波损耗测试仪现场检测

十、电源及接地系统

（一）概述

为了保证地铁各通信系统正常工作,一个安全可靠的通信电源及接地系统是必不可少的。通信电源系统应安全、可靠地向各通信设备不间断地供电。接地系统是通信电源系统的重要组成部分,它不仅直接影响通信电源系统和通信设备的正常运行,而且还起到保护人身安全和设备安全的作用。

（二）主要施工环节及工序

1. 测试接地母排对地电阻是否达到标准。

2. 压环布线并连接基地母排。

该系统的接地,一般采用星形接地,根据设计要求的接地电缆线径进行布线。

（1）一般的接地布置

信号机房安装接地箱,箱内安装汇流铜板,接地汇流铜板与各机架间采用星形连接。然后接地铜板与站内综合接地连接。

信号设备接地:室内外信号连接电缆为铠装/屏蔽电缆,接地时,电缆室外铠装和屏蔽层连接并接到室外设备箱盒上,室内端应接到接地回流铜板上。

（2）室内机架接地

在室内机架上电以前,必须将室内机架的接地端子与接地母排连接。

室内机架接地采用星形连接,每个机架都有一条单独的地线与接地铜板连接。接地连线在走线架上敷设时应用 PVC 管防护。

3. 测量每个设备接地是否达到标准。

4. 测量配电箱内电源是否达到标准。

5. 布线并将电源屏与防雷配电箱连接。

（1）电源防雷器是电源系统保护器，是并联连接在电源上的，在安装电源防雷器前，首先按照设计图纸确定电源防雷箱的安装位置。

（2）根据设计要求，将电源防雷箱固定好。

（3）防雷箱内的电缆引入：根据设计图纸中的电缆规格，先引入防雷箱至 UPS 机柜或电源电缆以及相应线径的防雷接地线。

（4）进行电源防雷器的二次配线，配线时注意引入电源的相序，二次配线的相序要与设计图纸的输入相序相一致。

（5）在正式引入一次三相五线制电源前，首先要确认防雷接地线的连接，确认连线时接地电阻小于 $1\ \Omega$，确保零地电压不超过 60 V。否则会影响安装人员的安全。

（6）经确认电源电压在所要安装的防雷器的正常工作范围内；配线端头连接牢固；端子无松动；电源防雷器的安装应牢固可靠。

（7）引入一次电源，进行防雷配电箱电气特性检测。

6. 测量电源屏内Ⅰ、Ⅱ（非 ECC 站无Ⅱ路电源）路电源供电是否达到标准。

（三）质量控制要点

1. 人工接地体本身及引下线之间的连接应采用焊接。防雷接地施工必须采用搭接焊，长度必须为扁钢宽度的 2.5 倍，或圆钢直径的 6 倍以上，至少应有 3 个方向进行焊接。

2. 屋面避雷带用 φ10 mm 镀锌圆钢水平敷设时，其支持卡子的间距不应大于 1 m，转弯处为 0.5 m。

3. 引下线距地面的 1.8 m 处设连接卡（连接端子）在易受机械损伤的地方，地上 1.7 m 至地下 0.3 m 的一段引下线应加保护措施。

4. 电源设备配线用电源线应采用整段线料，中间禁止有接头。

5. 直流电源线必须以线色区别正、负极，交流电源线必须以线色区别相序、地线，严禁错接、短路，接触必须牢固。

（四）质量监督要点

1. 人工接地体本身及引下线之间的连接应采用焊接。防雷接地施工必须采用搭接焊。

2. 引下线距地面的 1.8 m 处设连接卡（连接端子）在易受机械损伤的地方，地上 1.7 m 至地下 0.3 m 的一段引下线应加保护措施。

3. 直流电源线必须以线色区别正、负极，交流电源线必须以线色区别相序、地线，严禁错接、短路，接触必须牢固。

十一、办公自动化系统

（一）概述

应用计算机技术、通信技术、系统科学和行为科学等先进技术，将人们的办公业务借助于办公设备，并由这些办公设备与办公人员构成服务于特定办公目标的人机信息系统。提供集文字、声音、图像于一体的图文式办公手段，为各种行政、经营的管理、决策提供统计、规划、预测支持，实现信息资源共享和高效的处理业务。

办公自动化系统（OA）包含计算机网络系统、信息平台及办公自动化应用软件和网络安全系统。

（二）主要施工环节及工序

1. 机房验收，符合《数据中心基础设施施工及验收规范》（GB 50462—2015）。

2. 计算机网络系统施工。机柜安装、网络设备安装、网管软件安装测试、网络配置调试。

3. 应用软件施工。上电检查、软件安装检查、网络连通性检查、软件安装、软件测试。

4. 网络安全系统施工。设备安装、防火墙设置、系统设置、信息安全测试、应用系统安全测试、操作系统安全测试。

（三）质量控制要点

1. 网络设备应安装整齐、固定牢固，设备的信息模块和相关部件安装正确，空余槽位应安装空板；设备上的标签应标明设备的名称和网络地址，跳线连接应稳固，走向应清楚、明确，线缆上应有标签；设备安装机柜应张贴设备系统连线示意图。

2. 网管软件安装测试。网管软件应具备如下管理功能：

（1）网管系统应能够搜索到整个网络系统的拓扑结构图和网络设备连接图。

（2）网络系统应具备自诊断功能，对故障应能够及时报警和定位故障点。

（3）应能够对网络设备进行远程配置，检测网络的性能，提供网络节点的流量、广播率和错误率等参数。

3. 网络配置调试应符合下列规定：

（1）划分各个网段与路由应符合网络规划和配置方案。

（2）不宜由网管软件直接自动搜寻并建立地址。

4. 应用软件安装应符合下列规定：

（1）应按设计文件为设备安装相应的软件系统，系统安装应完整。

（2）应提供正版软件技术手册（安装手册、使用手册等）。

（3）服务器不应安装与本系统无关的软件。

（4）操作系统、防病毒软件应设置为自动更新方式。

（5）必须在网络安全检验后，服务器才可以在安全系统的保护下与互联网相连，并对操作系统、防病毒软件升级及更新相应的补丁程序。

5. 软件测试应符合下列规定：

（1）采用渐增测试方法，测试应用软件各模块间的接口和各子系统之间的接口是否正确，查阅集成测试报告。

（2）设置故障点及异常条件，测试应用软件的容错性和可靠性，查阅相应的测试报告。

（3）按应用软件设计说明书的规定，逐条执行可维护性和可管理性测试，查阅相应的测试报告。

（4）对应用软件的操作界面风格、布局、常用操作、屏幕切换的使用，进行可操作性测试，查阅相应的测试报告。

6. 网络安全系统应符合下列规定：

（1）办公网络应能抵御来自防火墙以外的攻击。

（2）办公网络能够根据需求控制内部终端机的连接请求和内容。

（3）办公网络与控制网络必须实施安全隔离，内外网络必须实施安全隔离。

（4）必须在身份认证的基础上根据用户及资源对象实施访问控制，用户能正确访问其获得授权的对象资源，同时不能访问未获得授权的资源。系统能确保数据完整性、保密性。

（5）服务器只提供必需的服务，其他无关的服务应关闭。

（四）质量监督要点

1. 网络设备上的标签应标明设备的名称和网络地址，线缆上应有标签，设备安装机柜应张贴设备系统连线示意图。

2. 网络系统应具备自诊断功能，应能够对网络设备进行远程配置，能检测网络的性能。

3. 检查各在网设备的地址，应符合规划和配置方案。

4. 必须在网络安全检验后，服务器才可以在安全系统的保护下与互联网相连。

5. 应用软件需按照合同或软件说明书进行功能测试，查阅相应的测试报告。

6. 查运行记录，OA系统试运行后的正常连续投运时间应符合合同规定。

十二、常见质量问题及预防

（一）机柜的接地联结不规范

1. 存在的问题及现象描述

机柜的接地只做了一根等电位联接,有的接地采用串接方式,有的甚至机柜接地都没做。不按标准规范要求做,易产生干扰信号。

2. 原因分析

为了降低成本或简化施工,不按 GB 50174—2008 第 8.4.5 条要求施工。

3. 预防措施

严格按 GB 50174—2008 第 8.4.5 条"每台电子信息设备(机柜)应采用两根不同长度的等电位联结导体就近与等电位联结网格连接"的要求施工。

(二)站台层 PIS 显示屏与其他显示屏列车时刻显示不一致

1. 存在的问题及现象描述

站台层 PIS 显示屏与其他显示屏列车时刻显示不一致,引起乘客误解。

2. 原因分析

设计时没有使用同一时钟信号,或因为网络原因(时延过大、丢包率过大)造成输出时间与标准时间偏差过大。

3. 预防措施

设计时应使用同一时钟信号,应加强系统的自检和第三方测试,确保指标达到设计要求。

第四节 信 号 工 程

一、概述

城市轨道交通信号系统是保证列车运行安全,实现行车指挥和列车运行现代化,提高运输效率的关键系统设备。按各系统设备所处地域可分为:控制中心子系统、车站及轨旁子系统、车载设备子系统、车辆段子系统。

城市轨道交通信号系统通常由列车自动控制系统(Automatic Train Control,简称 ATC)组成,ATC系统就是对列车运行全过程或一部分作业时限自动控制的系统。其特征为:列车通过获取的地面信息和命令,控制列车运行,并调整与前行列车之间必须保持的距离。ATC 系统包括三个子系统:

(1) 列车自动监控系统(Automatic Train Supervision,简称 ATS);

(2) 列车自动防护子系统(Automatic Train Protection,简称 ATP);

(3) 列车自动运行系统(Automatic Train Operation,简称 ATO)。

三个子系统通过信息交换网络构成闭环系统,实现地面控制与车上控制结合、现地控制与中央控制结合,构成一个以安全设备为基础,集行车指挥、运行调整以及列车驾驶自动化等功能为一体的列车自动控制系统。

主要规范依据(主要规范标准):

(1) 经施工审查合格的施工图设计文件;

(2)《地下铁道设计规范》(GB 50157—2013);

(3)《建筑工程施工质量验收统一标准》(GB 50300—2013);

(4)《地下铁道工程施工及验收规范(2003 版)》(GB 50299—1999);

(5)《城市轨道交通信号工程施工质量验收规范》(GB 50578—2010);

(6)《城市轨道交通通信工程施工质量验收规范》(GB 50382—2016);

(7)《电子信息系统机房设计规范》(GB 50174—2008);

(8)《建筑物电子信息系统防雷技术规范》(GB 50343—2012);

(9)《铁路信号设计规范》(TB 10007—2017);

(10)《铁路信号施工规范》(TB 10206—99);

(11)《铁路信号工程施工质量验收标准》(TB 10419—2003)。

术语:

(1)列车自动控制(ATC)

为自动实现列车监控、列车安全防护和列车运行控制技术的功能所需成套系统和设备组成的构成体。

(2)列车自动防护(ATP)

为自动实现列车运行间隔、超速防护、进路安全和车门开闭等监控技术的功能所需成套设备组成的构成体。

(3)列车自动运行(ATO)

为自动实现列车运行速度、停车和车门开闭等监控技术的功能所需成套设备组成的构成体。

(4)列车自动监控(ATS)

为自动实现列车按运行时刻表设定的进路运行、指挥行车、实施运行管理等监控技术的功能所需成套设备组成的构成体。

(5)车载信号

由车载设备向列车提供的运行控制命令和监控信息。

(6)基于通信的列车控制(CBTC)

利用无线移动通信技术,实时或在一定周期内实现列车信息与地面信息的双向、高速通信,并在此基础上构成列车运行控制的技术。

二、主要施工环节及工序

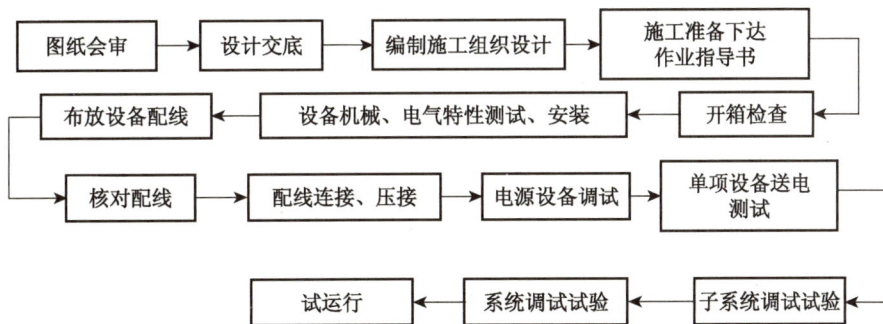

图 7.4.1 信号工程施工工序

三、施工质量控制要点

(一)设备安装控制要点

1. 电(光)缆敷设

(1)电(光)缆直埋时应选择两设备间最短或通过障碍物最少径路;不得在道岔尖端、辙岔心及钢轨接头处穿越股道;土质地带埋深不得小于 700 mm,石质地带埋深不得小于 500 mm。

(2)电(光)缆敷设的弯曲半径:①全塑电缆不得小于电缆外径的 10 倍;②铠装电缆不得小于电缆外径的 15 倍;③光缆敷设时的弯曲半径不得小于光缆外径的 15 倍。

(3)电(光)缆敷设余量应符合下列要求:①引至室内的电(光)缆余量不应小于 5 m,当电(光)缆敷设长度小于 20 m,余量不应小于 1 m;②室外设备端的电(光)缆余量不应小于 2 m,当电(光)缆敷设长度小于 20 m,余量不应小于 1 m;③电(光)缆接续时,接续点两端的余留量不应小于 1 m;④电缆敷设前和敷设后必须进行电气特性测试,并做好电缆单盘测试记录和敷设后电缆测试记录;⑤光缆敷设前和敷设后必须进行光纤测试,并做好光缆单盘测试记录和敷设后光缆测试记录。

2. 电(光)缆接续

(1)综合扭绞信号电缆接续应 A 端与 B 端相接,相同芯组内颜色相同的芯线应相接。

（2）电缆接续应符合相应的工艺技术要求；地下接头应水平放置，接头两端各 300 mm 内不得弯曲；屏蔽连接线及电缆芯线焊接时，不得使用腐蚀性焊剂，焊接应牢靠。

3. 箱、盒安装

电缆引入箱、盒：①电缆外护套和引入孔应做密封处理；②电缆的钢带、铝护套、内屏蔽护套应连通；③金属芯线根部不得有损伤，对外露金属芯线、端子和根部以下的护层应绝缘保护；④电缆成端后应保持电缆芯线的自然排序，每根芯线应留有做 2～3 次线环的余量，备用芯线的长度应保证与最远端子进行配线连接；⑤采用端子上线时，芯线线环应按顺时针绕制，线环间及线环与螺母间应垫垫圈；⑥采用插接型配线时应一孔一线，并连接牢固。

4. 固定信号机、发车指示器及按钮装置

（1）高柱信号机及其附属设施进场应进行检查，型号、规格、质量应符合设计要求。

（2）高柱信号机安装位置、安装高度、显示方向及灯光配列应符合设计要求。

（3）高柱信号机应采用环形预应力混凝土机柱。机柱质量应符合以下规定：①横向裂缝宽度应小于 0.2 mm，长度应小于周长的 1/2，裂缝条数不应超过 5 条，间距应在 200 mm 以上；②纵向裂缝不应超过 1 条，裂缝宽度应在 0.2 mm，长度应小于 1 000 mm，混凝土表面无剥落现象。

（4）高柱信号机安装应符合设计要求；在距离钢轨顶 4 500 mm 高处，倾斜量不应大于 36 mm。

（5）高柱信号机光源应符合下列要求：①当采用灯泡为光源时，其灯座应调整灵活，以满足显示距离的要求，并应使用主、副灯丝的专用灯泡；②当采用 LED 为光源时，其电气特性应符合产品技术标准和设计要求。

（6）矮型信号机及其附属设施进场应进行检查，型号、规格、质量应符合设计要求。

（7）矮型信号机安装位置、安装高度、显示方向及灯光配列应符合设计要求。

（8）矮型信号机金属支架与隧道体或桥梁体有接地要求时，应保证接地良好；有绝缘要求时，支架与隧道体或桥梁体间的绝缘电阻应符合设计要求。

（9）非标信号机及发车指示器机柱与地面应垂直安装，管柱应无锈蚀，安装稳固。

（10）信号机构的色灯玻璃及透视镜应无影响显示的斑点和裂纹，机构盖关闭应严密，无渗漏水现象。

（11）信号机接线盒引入口处防护设施完好，机构内部配线绑扎整齐，绝缘软线无中间接头，无破损、老化现象，机柱顶端及电线引入管入口封堵应严密。

（12）各种按钮装置应操作灵活，并应安装稳固，外壳完好、无损。

5. 转辙设备

（1）安装装置进场时应进行检查，型号、规格、质量应符合设计要求及相关产品标准；安装装置的安装位置、安装方式应符合设计要求和相关产品技术规定。

（2）采用侧式安装方式时，应符合下列要求：①固定长基础角钢的角形座铁应与钢轨密贴（轨腰除外）；②长基础角钢与单开道岔直股基本轨或对称形道岔中心线垂直，其偏移量不得大于 20 mm；③固定道岔转换设备的短基础角钢应与长基础角钢垂直连接；④密贴调整杆、表示杆或锁闭杆、尖端杆、第一连接杆与长基础角钢之间应平行，其前后偏差各不应大于 20 mm；⑤各部绝缘及铁配件安装应正确，无遗漏，无破损。

（3）采用轨枕式安装应符合下列要求：①预留机坑容积应满足转辙机安装控件，并有防渗水措施；②基础角钢与钢轨垂直安装，角形座铁应与钢轨密贴；③杆件应动作灵活，与基坑边缘应无卡阻、碰擦现象。

（4）固定尖轨接头铁的螺栓头部与基本轨不得相碰。

（5）密贴调整杆动作时，其空动距离不得小于 5 mm。

（6）安装装置应经热镀锌、涂漆等防腐处理，或者涂刷防锈漆，无脱皮、反锈、鼓泡现象。

（7）各连接杆调整丝扣余量不应小于 10 mm。

（8）各零部件安装应正确和齐全；螺栓应紧固、无松动；开口销应齐全，其双臂对称劈开角度应为 60°～90°。

（9）外锁闭装置进场时应进行检查，型号、规格、质量应符合设计要求及相关产品标准；外锁闭装置的安装位置、安装方式应符合设计要求和相关产品技术规定。

（10）外锁闭装置的安装应符合下列要求：①锁闭框、尖轨连接铁、锁钩和锁闭杆等部件的安装应正确，并连接牢固；②可动部分在转换过程中动作应平稳、灵活，无磨卡现象；③外锁闭两侧（定位、反位）的锁闭量应符合设计相关技术要求；④锁闭框下部量测的限位螺钉应有效插入锁闭杆导向槽内，不得松脱。

（11）转辙机动作杆与密贴调整杆应在一条直线上，与表示杆、道岔第一连接杆平行。

（12）液压转辙机的液压站应固定牢固，油管两端应连接紧密。

（13）转辙设备各组成部件应安装完好、齐全。

（14）转辙机内部配线应无绝缘破损，无中间接头，绑扎应整齐、均匀。

（15）转辙设备配线引入口防护设施应完好。

（16）转辙设备应运转正常、动作灵活，无机械磨卡现象。

6．列车检测与车地通信设备

（1）有绝缘轨道电路限流装置的调整应满足轨道电路性能要求，严禁拆除变阻器的止挡。

（2）有绝缘轨道电路设备配线应符合下列要求：①配线型号及规格应符合设计和相关技术要求；②配线不得有破损、老化和中间接头现象。

（3）钢轨绝缘安装应符合下列要求：①轨道电路的两钢轨绝缘应并列安装，不能并列安装时，错开的距离应满足设计要求；②设于警冲标外方的钢轨绝缘，除渡线及其他侵限界绝缘外，绝缘安装位置与警冲标计算位置的最小距离应符合设计要求；③钢轨绝缘夹板螺栓应相对应安装，轨端绝缘的顶部与轨面应平齐。

（4）各类钢轨连接线的安装应符合下列要求：①无牵引电流通过的钢轨引接线截面积不应小于 15 mm²，有牵引电流通过的钢轨引接线截面积应符合设计要求；钢轨引接线穿越股道时，应采用绝缘橡胶管防护；固定引接线的卡钉、卡具不得与钢轨铁垫板、防爬器接触；钢轨引接线连接螺栓的绝缘管、垫圈等部件应安装正确、齐全；螺栓紧固、无松动；②续线连接采用胀钉或焊接方式，接续线为多股铜线，其截面积符合设计要求；钢轨接续线未安装在钢轨外侧。在道岔辙岔根部或其他安装困难处，塞钉式或胀钉式接续线可安装在钢轨内侧；塞钉式钢轨接续线没有紧贴钢轨鱼尾夹板上部安装平直，无弯曲；胀钉式钢轨接续线沿钢轨底边敷设安装；焊接式钢轨接续线应在钢轨鱼尾夹板的两侧焊接牢固；③无牵引电流通过的道岔跳线截面不应小于 15 mm²；道岔跳线穿越钢轨时，距轨底的距离应大于或等于 30 mm。

（5）回流线的安装应符合下列要求：①伸缩轨牵引回流线应采用镀锌钢管防护；伸缩轨两端回流线的伸缩量应符合设计规定；②回流线应采用焊接方式或胀钉方式与钢轨连接，连接紧固、无松动。

（6）有绝缘轨道电路设备采用支架安装时应平稳牢固，支架应热镀锌、涂漆等防腐处理。

（7）调谐单元安装应符合下列要求：①单元盒内部元器件安装牢固，无损伤；②单元盒密封装置应完整，防潮性能良好；③单元盒体接地状态应良好。

（8）塞钉式连接棒安装时应符合下列要求：①采用塞钉方式与钢轨连接时，钢轨打眼和塞钉安装应使用专用工具操作。塞钉不得打弯，打入深度应为 1～4 mm，塞钉头与钢轨的接缝处应涂漆封闭；②采用拉杆塞钉方式与钢轨连接时，应使用专用工具冷压线环，线环应紧贴轨腰，安装螺栓应紧固。

（9）焊接式连接棒安装时，焊接接头外观应光滑饱满，牢固，导线无损伤，不存在漏焊、假焊；焊料应充满接头，不得有凹陷和高出钢轨踏面现象，焊接后应涂防锈涂料。

（10）阻抗连接器应安装端正、牢固；阻抗连接器连线与钢轨的焊接无漏焊、假焊。

（11）线缆敷设应平直；中间无接头；卡具间隔应均匀、固定牢固。

（12）波导管支架安装顺直、牢固；波导管、轨旁无线电子盒、耦合器接地良好；波导管防护膜应保护完好。

（13）泄漏同轴电缆应在现场进行单盘测试，其内外导体的直流电阻、绝缘介电强度、绝缘电阻等直流电气指标应符合产品技术要求；其特性阻抗、电压驻波比、标称耦合损耗、传输衰减等交流电气指标，应符合设计要求；吊挂应间距均匀、高度基本一致；泄漏同轴电缆下垂幅度应一致。

（14）应答器安装端正、牢固，符合设计和相关技术要求；有源应答器连接电缆应防护完好，固定牢靠。

（15）计轴装置的安装位置、安装方法应符合设计和相关技术要求，应安装端正、牢固；磁头应安装在同一根钢轨上，磁头安装必须用绝缘材料与钢轨隔离，磁头在钢轨上的安装孔中心距轨底高度、孔径、孔与孔的间距应符合相关技术要求,相邻两磁头的安装间距应符合设计要求;计轴电子箱密封装置应完整,内部配线应完整,密封装置应完整,接地状态良好。

7. 车载设备

车载设备的安装不得超出车辆限界。

8. 室内设备

(1) 机柜(架)安装

机柜(架)安装应符合设计要求。底座与地面固定应平稳、牢固,机房内铺设防静电地板时,底座与防静电地板等高;机柜(架)安装应横平竖直、端正稳固,处于同一平面、直线;除有特定的绝缘隔离、散热、电磁干扰等要求外,机柜(架)应相互紧密靠拢,或用螺栓连接;机柜(架)间需要绝缘隔离时,各种绝缘装置应安装齐全、无损伤;机柜(架)有抗震设计时,抗震加固措施应符合设计要求。

(2) 走线架(槽)安装

各类走线架(槽)进场时,型号、规格、质量应符合设计相关要求;安装位置、安装方法应符合设计要求;走线架(槽)安装应符合下列要求:走线架(槽)与机柜(架)间需绝缘隔离时,各种绝缘管垫应安装齐全、无损伤;走线架(槽)底部应敷设底板,引入口处采用保护措施,防止线缆磨损。

(3) 电(光)缆引入及安装

①引至信号设备室的电缆引入孔应用防火材料封堵严密;②引入室内的每条电缆应有明确的上下行去向标识,标识内容应正确、清晰;③从引入口到分线盘(柜)的电缆应有相应防护措施。

(4) 电源设备安装

各屏排列顺序符合设计规定,安装应符合相关规范要求;信号两路电源应经专用防雷箱后再引至信号电源屏。引入电源相序与电源屏的相序,屏与屏间的相序应一致;电源屏各种按钮应动作灵活,开关应通/断可靠;限流装置容量应符合设计要求;各种模块应安装端正、牢固;电源屏接地装置安装牢靠;各种指示灯安装正确,指示灯显示应清晰、亮度均匀;报警装置安装齐全、完好。

(5) 配线

配线连接应符合下列要求:①配线采用接线端子方式连接时,每个端子上的配线不宜超过3个线头,连接时,各线间应采用金属垫片隔开。②配线采用焊接方式连接时,严禁使用带腐蚀性的焊剂。焊接应牢固,焊点应饱满光滑、无毛刺,配线应无脱焊、断股现象。③配线采用压接时,应使用与芯线界面相适应的压线工具。压接时接点片与导线压接应牢固,配线无脱股、断股现象。④插接时,应一孔一线,严禁一孔多线,多股铜芯线插接时,应压接接线帽。⑤屏蔽线的屏蔽层应与规定的屏蔽端子连接良好。

9. 防雷及接地

(1) 一般规定

①信号设备机房应单独设置电源防雷箱;②信号系统设备的接地应接入综合接地系统。当采用分设接地方式时,应符合设计要求。

(2) 接地装置安装

①信号设备室内信号接地箱与综合接地箱之间接线应可靠连接;②分设接地体的埋深不得小于700 mm,距其他设备和建筑物不得小于1 500 mm;③信号机房防静电地板应设置等电位网格,网格四周应设置等电位联结带。等电位联结带应采用截面不小于25 mm² 的铜带或裸铜线,并应在防静电活动地板下构成边长为0.6~3 m的矩形网格。采用截面或者压接连接至综合接地体。

(二) 功能性试验

1. 电源设备试验应符合下列要求

(1) 各种电源输出电压值测试应符合设计和相关技术要求,无接地、混电现象。

(2) 主、副电源应切换(包括自动和手动)可靠,切换时间和电压稳定度应符合设计和相关技术要求。

(3) 不间断电源的输出电压、频率、满负荷放电时间及超载性能应符合设计和相关技术要求。

(4) 电源设备对地绝缘电阻值应符合设计要求。

（5）电源故障报警功能应试验正常。

2. 车站联锁试验应符合下列要求

（1）进路连锁表所列的每条列车/调车进路的建立与取消、信号机开放与关闭、进路锁闭与解锁等项目的试验，应保证联锁关系正确并符合设计要求。

（2）进路不应建立敌对进路，敌对信号不得开放；建立进路时，与该进路无关的设备不得误动作，列车防护进路应正确和完整。

（3）站内联锁设备与区间、站（场）间的联锁关系应符合设计要求。

3. 车站联锁设备故障报警信号应及时、准确、可靠。

4. 信号机试验应符合下列要求：

（1）信号机光源的额定电压应符合相关技术要求；灯光色显应正确，调整显示距离应符合设计要求。

（2）色灯信号机正常点灯，应点亮主灯丝。设有灯丝转换装置的信号机，主、副灯丝转换应可靠，并能及时接通报警电路。

（3）LED 信号机正常工作时全部灯管应点亮。当 LED 灯管故障数至报警门限值以下时，正常 LED 灯管应继续点亮，并能及时接通报警电路。

5. 轨道电路检查试验应符合下列要求：

（1）调整状态下，轨道电路接收端接收到的信号强度（电压或电流）大于接收设备要求的最低输入工作值。

（2）在轨道电路区段内任何地点用标准分路灵敏电阻分路导线对钢轨进行分路时，轨道电路接收到的信号强度（电压或电流）低于接收设备要求的最大可靠落下（释放）值。标准分路灵敏度电阻应符合该类型轨道电路和设计规定值。

（3）轨道电路测试盘所测试区段与室外实际区段一致，测试结果与仪表在设备上的测试结果相同。

（4）轨道电路极性交叉正确。

6. 道岔转辙设备试验应符合下列要求：

（1）道岔在定位或反位状态时，尖轨与基本轨密贴应良好，道岔正常转换时，电机不应空转。

（2）道岔尖轨因故不能转换或转换过程中途受阻时，电动转辙机应使电机克服摩擦连接力空转；电液转辙机应打开溢流阀排油。

（3）转辙设备可动部分在转动过程中应动作平稳、灵活、无卡阻现象。

（4）道岔的转换过程、外锁闭量以及转换时间、动作电流与故障电流等主要性能指标应符合设计和相关技术要求。

（5）定反位密贴良好，松紧适度，无反弹。

（6）定反位转换时间不大于规定时间。

（7）在道岔第一牵引点闭锁杆中心处的尖轨与基本轨间有 4 mm 及以上间隙时，道岔不得闭锁；其他牵引点处的不锁闭间隙应符合设计要求。

（8）转辙机开启机盖或插入手摇把时，其安全接点应可靠断开，非经人工恢复不得接通启动电路；关闭机盖时安全接点应接触良好。

7. 隧道内转辙机安装基坑内不允许有积水，否则会使得转辙机电机因受潮导致绝缘电阻降低。

8. 车载 ATP/ATO 设备试验应符合下列要求：

（1）应按照车载静态、动态调试步骤对车载设备进行调试，并符合设计文件规定。

（2）地面设备调试完毕后，应通过列车对各个地面设备进行车地通信测试，以确保通信通道畅通。

（3）对车载设备进行功能测试，应包括以下内容：超速防护、紧急制动停车、安全门控、停车精度、临时限速、监督退行、零速检测、驾驶模式及其转换。提供目标速度显示，指示列车实际速度。

9. 计轴设备调试按相应的调试手册进行：用模拟轮调试车轮传感器，调整模拟轮和传感器位置，测量传感器接收电压，保证无轮时接收电压与有轮时接收电压极性相反，绝对值相同或相近。

10. 联锁综合试验应符合下列要求：

（1）应确保进路上符合道岔、信号机和区段的联锁，联锁条件不符时，严禁进路开通；敌对进路必须相互照查,不得同时开通。

(2)装设引导信号的信号机因故不能开放时,应通过引导信号实现列车的引导作业。

(3)室内、室外设备一致性检验应符合下列要求:①控制台(显示器)上复示信号显示与室外对应信号机的信号显示含义应一致,灯丝断丝报警功能符合设计要求;②室外轨道电路位置与控制台(显示器)上的轨道区段表示应一致;③室外道岔实际定/反位位置与控制台(显示器)上的道岔位置标示相符;操作道岔时,室外道岔转换设备动作状态与室内有关设备动作状态应一致;④室外其他设备状态与控制台(显示器)上的相关表示应一致。

11. 微机监测设备显示功能应符合设计和相关技术要求。微机监测显示功能应验证监测信息与现场设备状态。

12. 微机监测设备报警功能应符合设计和相关技术要求。微机监测报警功能应验证下列内容:

(1)报警及时性;

(2)报警准确性;

(3)实时记录。

13. 微机监测设备性能应符合设计和相关技术要求。微机监测性能应验证下列内容:

(1)监测数据分析;

(2)监测精度校验。

14. 正线与车辆基地间的接口测试及功能检验应符合设计要求。

15. 列车单车车载设备静态/动态调试已完成,有相关测试报告。

16. 列车限界检查,并出具相关限界检查报告。

17. 列车自动防护

(1)驾驶模式监控功能应符合设计要求。驾驶模式监控功能应验证下列内容:①限制人工模式;②非限制人工模式;③列车自动保护人工模式;④列车自动运行模式;⑤列车自动折返模式。

(2)列车速度控制功能应符合设计要求。列车速度控制功能应验证下列内容:①检测列车位置,列车安全运行间隔控制和进路的正确排列;②监督列车运行速度,列车超速防护控制;③列车倒车安全防护控制,防止列车误退行等非预期的移动;④为列车车门、站台门等的开闭提供安全监控信息。

(3)列车紧急停车功能应符合设计要求。按下车站紧急停车按钮时,应能立即切断相应范围的速度命令及有关信号机的开放电路,并使列车立即紧急停车。

(4)列车车门安全控制功能应符合设计要求。列车车门安全控制功能应验证下列内容:①当列车已正确停站且车速为零时,输出允许站台侧车门开启的命令;②一旦启动开门操作,列车即保持制动;③在列车车门全部处于关闭状态下,列车方可启动和运行。

(5)站台屏蔽门自动控制功能应符合设计要求。站台屏蔽门自动控制功能应验证下列内容:①列车在规定的停站位置停稳后,当ATP开启或关闭列车车门时,能给出开启或关闭屏蔽门的命令;②在全部屏蔽门关闭后方可允许列车启动、发车。

(6)列车折返功能应具有完整的ATP功能。

(7)故障报警功能应符合设计要求。故障报警功能应验证下列内容:①系统自诊断;②故障报警;③实时记录功能。

(8)车地通信功能应验证地面设备与车载设备信息交换的及时与正确性。

18. 列车自动监控

(1)操作模式功能应符合设计要求。操作模式功能应验证下列内容:①有时刻表的自动控制模式;②无时刻表的自动控制模式和人工控制模式。

(2)列车运行自动和人工调整功能应符合设计要求。列车运行调整功能应验证下列内容:①区间运行时分调整;②车站停站时分调整;③列车增减调整。

(3)信号控制功能应符合设计要求,并应验证下列内容:①进路控制;②信号机控制;③道岔控制;④终端模式设置。

（4）自动进路控制功能应符合设计要求。自动进路控制功能应验证下列内容：①连续通过进路；②车次号触发进路；③接近触发进路。

（5）根据不同类别和登记的职权范围，对不同用户提供可登录管理功能。不同类别和等级的用户应包括主任调度员、调度员、超级用户、ATS 系统车站分机操作员、维护员和计划员等。

（6）中央/车站控制权转换功能：①在正常情况下，车站控制权和中央控制权之间的转换需经过完整的授权、受权操作手续；②在紧急情况下，车站可不经中心同意立即获得紧急站控制权。

（7）系统模拟培训功能的检验应符合设计要求。

19. 列车自动运行

（1）ATO 系统在车载 ATP 主机或备机运行时均应正常使用。

（2）列车速度控制功能应符合设计要求。列车速度控制功能应验证下列内容：①在规定允许的范围内自动调节列车运行速度；②规定的停车点停车并满足停车精度的要求；③通过车站的速度不超过允许速度。

（3）列车自动折返功能应验证停车精度能满足停站、折返和存车作业的要求。

（4）车门/屏蔽门自动控制功能应符合设计要求。车门/屏蔽门自动控制功能应验证下列内容：①根据车载 ATP 接收到的信息能以手动或自动方式控制车门；②列车车门开启前自动确认车速为零；③列车停车位置及开门方位准确。

（5）列车自动运行正点率的统计测试指标应符合设计要求。

（6）故障报警功能应验证：①系统自诊断；②故障报警；③实时记录。

20. 列车自动控制

（1）ATC 系统应进行下列项目的综合检验，并应符合设计和相关技术要求：①ATP、ATO 和 ATS 系统的接口性能测试；②正线进路的行车试验；③系统运营能力检验；④系统可靠性、可用性指标检测应满足 144 h 系统无故障运行要求。

（2）ATC 系统降级运行模式应符合设计要求，在系统自身出现故障，或通信、供电等相关系统设备故障的情况下，为了安全行车，由自动控制降级为人工控制，由遥控变为局控，从实现全部功能至仅完成部分功能。

四、质量监督要点

（一）设备安装监督要点

1. 箱、盒安装

电缆引入箱、盒：电缆外护套和引入孔应做密封处理。

2. 信号机安装

（1）信号机接线盒引入口处防护设施完好，机构内部配线绑扎整齐，绝缘软线无中间接头，无破损、老化现象，机柱顶端及电线引入管入口封堵应严密。

（2）各种按钮装置应操作灵活，并应安装稳固，外壳完好、无损。

3. 转辙设备

（1）转辙机内部配线应无绝缘破损，无中间接头，绑扎应整齐、均匀。

（2）转辙设备配线引入口防护设施应完好；转辙设备应运转正常、动作灵活，无机械磨卡现象。

（3）隧道内转辙机安装基坑内不允许有水，使得转辙机电机因受潮导致绝缘电阻降低。

4. 室内走线架（槽）安装、电（光）缆引入及安装

（1）走线架（槽）底部应敷设底板，引入口处采用保护措施，防止线缆磨损。

（2）引至信号设备室的电缆引入孔应用防火材料封堵严密。

（3）引入室内的每条电缆应有明确的上下行去向标识，标识内容应正确、清晰。

5. 防雷及接地

（1）信号系统设备的接地应接入综合接地系统，当采用分设接地方式时，应符合设计要求。

（2）信号设备室内信号接地箱与综合接地箱之间接线应可靠连接。

（3）信号机房防静电地板应设置等电位网格,网格四周应设置等电位联结带。等电位联结带应采用不小于 25 mm² 的铜带或裸铜线,并应在防静电活动地板下构成边长为 0.6～3 m 的矩形网格。采用搪锡或者压接连接至综合接地体。

（二）功能性试验

1. 道岔转辙设备试验应符合下列要求:

（1）在道岔第一牵引点闭锁杆中心处的尖轨与基本轨间有 4 mm 及以上间隙时,道岔不得闭锁;其他牵引点处的不锁闭间隙应符合设计要求。（4 mm 锁闭试验,强条,可在车辆段试验相关功能）

（2）转辙机开启机盖或插入手摇把时,其安全接点应可靠断开,非经人工恢复不得接通启动电路;关闭机盖时安全接点应接触良好。

2. 联锁综合试验应符合下列要求:

（1）室外道岔实际定/反位位置与控制台（显示器）上的道岔位置标示相符;操作道岔时,室外道岔转换设备动作状态与室内有关设备动作状态应一致。

（2）室外其他设备状态与控制台（显示器）上的相关标识应一致。

（三）列车自动防护

1. 驾驶模式监控功能应符合设计要求。驾驶模式监控功能应验证下列内容:

（1）限制人工模式;

（2）非限制人工模式;

（3）列车自动保护人工模式;

（4）列车自动运行模式;

（5）列车自动折返模式。

2. 列车速度控制功能应符合设计要求。列车速度控制功能应验证下列内容:

（1）检测列车位置,列车安全运行间隔控制和进路的正确排列;

（2）监督列车运行速度,列车超速防护控制;

（3）列车倒车安全防护控制,防止列车误退行等非预期的移动;

（4）为列车车门、站台门等的开闭提供安全监控信息。

3. 列车紧急停车功能应符合设计要求。按下车站紧急停车按钮时,应能立即切断相应范围的速度命令及有关信号机的开放电路,并使列车立即紧急停车。

4. 列车车门安全控制功能应符合设计要求。列车车门安全控制功能应验证下列内容:

（1）当列车已正确停站且车速为零时,输出允许站台侧车门开启的命令;

（2）一旦启动开门操作,列车即保持制动;

（3）在列车车门全部处于关闭状态下,列车方可启动和运行。

5. 站台屏蔽门自动控制功能应符合设计要求。站台屏蔽门自动控制功能应验证下列内容:

（1）列车在规定的停站位置停稳后,当 ATP 开启或关闭列车车门时,能给出开启或关闭屏蔽门的命令;

（2）在全部屏蔽门关闭后方可允许列车启动、发车。

（四）列车自动运行

1. 列车速度控制功能应符合设计要求。列车速度控制功能应验证下列内容:

（1）在规定允许的范围内自动调节列车运行速度;

（2）在规定的停车点停车并满足停车精度的要求;

（3）通过车站的速度不超过允许速度。

2. 车门/屏蔽门自动控制功能应符合设计要求。车门/屏蔽门自动控制功能应验证下列内容:

（1）根据车载 ATP 接收到的信息能以手动或自动方式控制车门;

（2）列车车门开启前自动确认车速为零;

（3）列车停车位置及开门方位准确。

（五）列车自动控制

ATC 系统降级运行模式应符合设计要求，在系统自身出现故障，或通信、供电等相关系统设备故障的情况下，为了安全行车，由自动控制降级为人工控制，由遥控变为局控，从实现全部功能至仅完成部分功能。

（六）认证报告

在试运营前需取得第三方认证报告，由系统供货商提供，经有关权威机构认证和建设方认可。

五、常见质量问题及预防

1. 隧道内转辙机安装基坑内有水，导致电机绝缘性能受影响。

预防措施：严格按照图纸施工安装基坑坡度，努力将积水顺利外排。

2. 信号机房防静电地板下等电位联结带设置不规范；接入综合接地体不规范。

预防措施：采用不小于 25 mm² 的铜带或裸铜线，在防静电活动地板下构成边长为 0.6～3 m 的矩形网格。采用搪锡或者压接连接至综合接地体。

第五节　火灾报警及联动系统

一、概述

消防系统是轨道交通工程救灾体系的重要部分，由于火灾发生具有偶然性和不可预知性，除采取预防火灾的措施外，及早发现火灾，尽快排尽烟气，及时有效灭火成为地铁消防的安全重点。地铁消防系统主要由火灾自动报警系统、气体自动灭火系统、消防给水系统、防排烟系统、消防联动系统组成。本节主要介绍火灾报警及联动系统，很多实际应用中综合监控采用了深度集成，消防联动由火灾报警系统集成到综合监控系统实施。中央级控制中心是全线的消防控制中心，监视和控制全线的火灾自动报警系统设备。

车站级火灾报警及联动系统监视各工作范围内的消防设备的运行情况（包括气体灭火、防火阀、防火卷帘等设备），接收现场火灾报警信号，并显示报警部位，优先接收中央级控制中心发出的消防指令。火灾发生时，火灾自动报警控制器根据设定的程序向机电设备发出火灾模式指令，监视防火阀的动作状态，控制相应消防设备的启动，并经车控室将车站广播转入事故广播状态组织疏散乘客，同时按照火灾模式启动排烟等消防联动设备进行救灾。

细水雾灭火系统也是消防系统的组成部分，其灭火机理是依靠水雾化成细小的雾滴，充满整个防护空间或包裹并充满保护对象的空隙，通过冷却、窒息等方式进行灭火。和传统的自动喷水灭火系统相比，细水雾灭火系统用水量少、水渍损失小、传递到火焰区域以外的热量少，可用于扑救带电设备火灾和可燃液体火灾。和气体灭火系统相比，细水雾对人体无害、对环境无影响，有很好的冷却、隔热作用和烟气洗涤作用，其水源更容易获取，灭火的可持续能力强，还可以在一定的开口条件下使用。这些优点使得细水雾灭火系统有着广泛的适用范围，能够用于扑救可燃固体、可燃液体及电气火灾。现在，我国的细水雾灭火系统正处于国外产品进入、国内产品跟进的发展阶段，还有很大的提升和进一步完善的空间，本节不作详细介绍。

主要规范依据：

（1）《地下铁道工程施工及验收规范（2003 年版）》（GB 50299—1999）；

（2）《火灾自动报警系统设计规范》（GB 50116—2013）；

（3）《火灾自动报警系统施工及验收规范》（GB 50166—2007）；

（4）《气体灭火系统设计规范》（GB 50370—2005）；

（5）《气体灭火系统施工及验收规范》（GB 50263—2007）；

（6）《电气装置安装工程电缆线路施工及验收规范》（GB 50168—2006）；

（7）《电气装置安装工程接地装置施工及验收规范》（GB 50169—2016）；

(8)《建筑电气工程施工质量验收规范》(GB 50303—2015);

(9)《电气安装工程电气设备交接试验标准》(GB 50150—2016)。

二、火灾报警系统

(一)主要施工环节及工序

轨道交通火灾报警及联动系统施工包含设备、管线的安装,以及车站级与中央控制级的系统调试两大部分。火灾自动报警系统设备包含火灾报警控制器(盘)、空气采样器、探测器、手动报警按钮、输入输出模块、消防电话、消防广播、感温电缆、应急电源等,见图7.5.1施工工艺流程图。

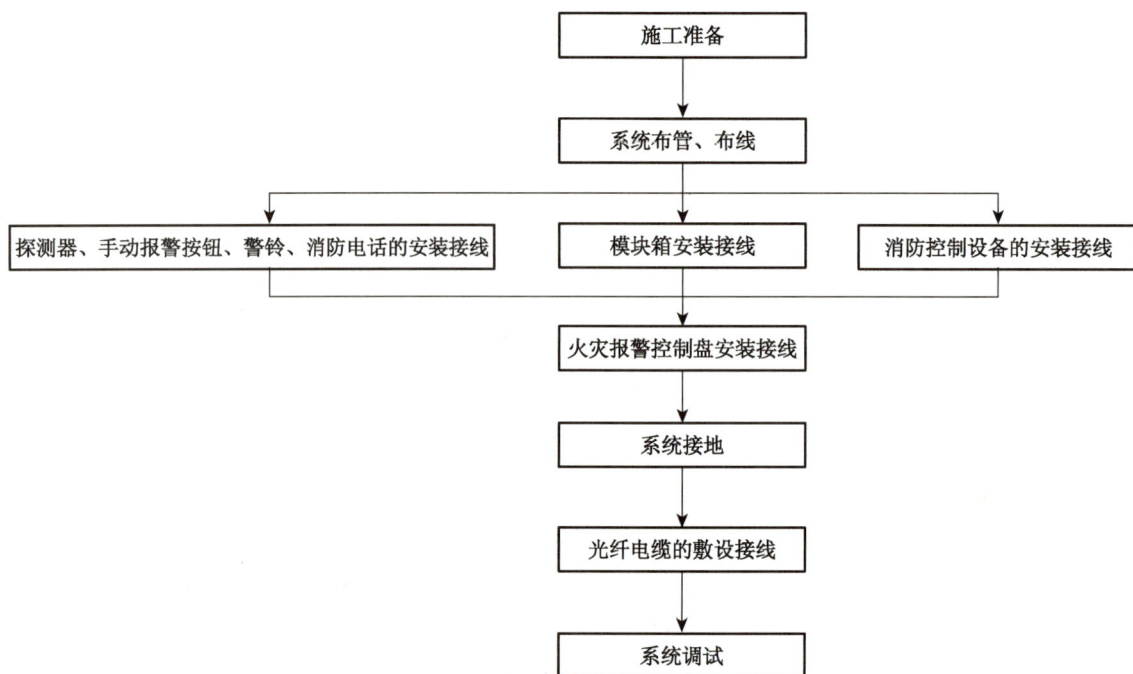

图 7.5.1 施工工艺流程图

(二)施工质量控制要点

1. 火灾报警控制器安装

(1)火灾报警控制器、可燃气体报警控制器、区域显示器、消防联动控制器等控制器类设备(以下称控制器)在墙上安装时,其底边距地(楼)面高度宜为1.3~1.5 m,其靠近门轴的侧面距墙不应小于0.5 m,正面操作距离不应小于1.2 m;落地安装时,其底边宜高出地(楼)面0.1~0.2 m。

(2)控制器应安装牢固,不应倾斜;安装在轻质墙上时,应采取加固措施。

(3)引入控制器的电缆或导线,应符合下列要求:

① 配线应整齐,不宜交叉,并应固定牢靠。

② 电缆芯线和所配导线的端部,均应标明编号,并与图纸一致,字迹应清晰且不易褪色。

③ 端子板的每个接线端,接线不得超过2根。

④ 电缆芯和导线,应留有不小于200 mm的余量。

⑤ 导线应绑扎成束;导线穿管、线槽后,应将管口、槽口封堵。

⑥ 控制器的主电源应有明显的永久性标志,并应直接与消防电源连接,严禁使用电源插头。控制器与其外接备用电源之间应直接连接。

⑦ 控制器的接地应牢固,并有明显的永久性标志。

2. 火灾报警探测器安装

这里指的是被动型的火灾报警探测器,响应由火灾产生的特征物理量,如温度、烟雾、气体和辐射光等转化为电信号,向控制器发出报警信号,常见的有感烟、感温和复合型探测器。

(1) 探测器安装时,应根据施工图设计的位置,结合施工实际情况现场定位画线。在吊顶上安装时,要注意纵横成排对称,内部接线要紧密,固定美观牢固。

(2) 探测器至墙壁、梁边的水平距离,不应小于 0.5 m。

(3) 探测器周围水平距离 0.5 m 内,不应有遮挡物。

(4) 探测器至空调送风口最近边的水平距离,不应小于 1.5 m;至多孔送风顶棚孔口的水平距离,不应小于 0.5 m。

(5) 探测器宜水平安装,当确需倾斜安装时,倾斜角不应大于 45°。底座应牢固安装,其导线连接必须可靠压接或焊接,焊接的助焊剂不得带腐蚀性。

(6) 探测器上的信号确认灯应对向门口或容易被人察觉的方向。

(7) 当受环境湿度或其他工序施工影响时应注意成品保护。

3. 空气采样烟雾报警探测器安装

这里指的是通过抽气泵主动将空气样品由采样管道抽入激光探测进行高灵敏度探测,并由微电脑分析判断,从而早期判断是否有潜在火灾存在的一种烟雾探测报警系统。由于空气采样烟雾探测系统具有灵敏度高、灵敏度范围广、安装方式灵活、维护简便,同时又能应用于其他传统烟雾探测系统无法有效保护的一些特殊空间,因此在烟雾探测领域将得到越来越广泛的应用。

(1) 空气采样高灵敏度烟雾报警系统施工前,应具备采样管网平面图、系统图,计算机模拟的系统性能图以及其他必要的技术文件。

(2) 系统的施工安装应按照设计图纸进行,并按技术要求和实际情况做适当调整。

(3) 探测报警器只能安装在环境条件不会导致管道及探测器本身损坏的环境里。探测报警器应安装牢固,不得倾斜。安装在轻质墙上时,应采取加固措施。

(4) 采样管材的选用与施工应符合下列要求:采样管道应该选择不漏气的、能承受一定压力的外径为 25 mm 的刚性管道,弯头、直接、堵头等管件应与管路配合紧密,密封良好。弯头弧度大于 90°,曲率半径应在 40～200 mm 之间。采样管经过建筑物的变形缝(包括沉降缝、伸缩缝、抗震缝等)处,应采取补偿措施,采样管跨越变形缝的两侧应固定,中间安装软管接头,并留有适当余量。在毒性、腐蚀性等特殊区域布置采样管时,所选管材不应影响到采样管在该区域的探测。

(5) 在吊顶内敷设采样管时,宜采用专用的卡具吊装或支撑物固定;采样管的直线段应每隔 1.5～2 m 设置吊点或支点;吊装采样管的吊杆直径,不应小于 10 mm。

4. 手动报警按钮安装

(1) 应安装在明显和便于操作的部位。当安装在墙上时,其底边距地(楼)面高度宜为 1.3～1.5 m。

(2) 手动报警按钮应安装牢固,不应倾斜。

(3) 手动报警按钮的连接导线应留有不小于 150 mm 的余量,且在其端部应有明显标志。

5. 模块安装

(1) 模块工作电压通常为 24 V,不应与其他电压的设备混装,所以严禁将模块设置在配电(控制)柜(箱)内。

(2) 为避免本报警区域发生火灾后影响其他区域受控设备的动作,规范要求本区域模块只能控制本区域的消防设备,不应控制其他报警区域的消防设备。

(3) 同一报警区域内的模块宜集中安装在金属箱内。金属箱体不仅是模块,同时也是支线的交接点,箱体内管线采用端子板接线,连接导线留有不小于 150 mm 的余量,进入箱体的导线必须由导线管导入。金属箱要求安装完模块后有充足的空间布线和接线。箱体应用金属膨胀螺栓固定,外观整洁,本体完整,密封严密,安装牢固,标识明显,正确接地,并采取防潮防腐等措施。

(4) 模块安装时先校验测试,安装时对应系统做好各箱体编号,模块地址编号。接线做到整洁有序,所有线、缆连接牢固;引入线、缆挂牌清晰、正确;端子接线线号清晰、正确。

(5) 完成后应现场保留端子号与对应回路功能的对照明细,便于检修维护。未集中设置的模块附近应有尺寸不小于 100 mm×100 mm 的标识。

（6）应对每回路的绝缘电阻进行检测，绝缘电阻不应小于 20 MΩ。

6. 应急广播安装

（1）一般纸盆扬声器装于室内并应带有助声木箱，室外应装设号筒式高音扬声器。扬声器安装位置由设计平面图确定，综合考虑灯盘、风口、喷淋头、感烟探测器的情况，确定开孔安装位置，以达到美观要求。在敷设传输线路的管线时应同时安装扬声器接线盒，嵌入式扬声器在土建施工吊顶棚时配合装修单位做好吊顶嵌入孔。

（2）扬声器安装在走道和公共场所，每个扬声器的额定功率不小于 3 W，数量应能保证从一个防火分区的任何部位到最近一个扬声器的距离不大于 25 m。疏散通道内最后一个扬声器至通道末端的距离不应大于 12.5 m。

（3）布线时应注意，因其采用交流电流，故要与报警、电话等其他线路分开，不能穿同一管内或同一线槽的槽孔，以免干扰其他系统。从接线盒、线槽引出到扬声器的线路要加金属软管保护，不得有导线外露。

（4）广播室内设备应考虑方便值班人员接近和操作。设备应进行可靠接地，设备接地端子与地线端子的连线应采用不小于 16 mm² 的软铜芯电缆作为连线。

7. 消防电话安装

（1）消防专用电话网络应为独立的消防通信系统，消防控制室应设置消防专用电话总机且宜选择共电式电话总机或对讲通信电话设备。

（2）下列部位应设置消防专用电话分机：在各车站，OCC 大楼的控制室、值班室、消防水泵房、气体灭火气瓶间、高低压配电室、通信设备室、信号设备室、环控电控室、屏蔽门设备室和通风空调机房、电梯机房等重要设备间和消防值班室、总调度室设置消防直达通话分机。

（3）设有手动火灾报警按钮、消火栓按钮等处宜设置电话插孔，电话插孔在墙上安装时，其底边距地面高度宜为 1.3～1.5 m。

（4）隧道内适当位置应设置一定数量的电话插孔。

8. 应急电源安装

（1）消防设备应急电源的电池应安装在通风良好地方，当安装在密封环境中时应有通风装置。

（2）酸性电池不得安装在带有碱性介质的场所，碱性电池不得安装在带酸性介质的场所。

（3）消防设备应急电源不应安装在靠近带有可燃气体的管道、仓库、操作间等场所。

（4）单相供电额定功率大于 30 kW、三相供电额定功率大于 120 kW 的消防设备应安装独立的消防应急电源。

（5）交流供电和 36 V 以上直流供电的消防用电设备的金属外壳应有接地保护，接地线应与电气保护接地干线（PE）相连接。接地装置施工完毕后，应按规定测量接地电阻，并做记录。

9. 火灾报警系统功能调试检查

（1）系统线路的检查，对于错线、开路、虚焊、短路、绝缘电阻小于 20 MΩ 等问题，采取相应处理措施。

（2）区域显示器应正确显示总线回路上各探测器的状态，火灾报警控制器与探测器之间的连线断路或短路时应在 100 s 内发出故障信号。

（3）点型烟感、温感火灾探测器应全数检查，在模拟状态下能发出报警信号。图像型火灾探测器应全数检查，在监视区域的最不利处应能正确响应。

（4）对可恢复的手动火灾报警按钮，施加适当的推力使报警按钮动作，应能发出报警信号，并在控制器上正确显示；对不可恢复的手动火灾报警按钮，且没有备用启动零件时，可以采用模拟动作的方法验证是否发出警报信号。

（5）消防控制室与所有消防电话、电话插孔之间的相互呼叫与通话清晰，群呼与录音功能正常，能正确显示各分机或插孔的位置。

（6）消防广播能按设定的逻辑输出、手动模式下在消防控制室可以对所有广播分区进行选区，可以对所有共用扬声器进行强行切换。

（7）消防应急电源应实现联动控制，5 s内完成应急转换。

（8）消防图形控制中心应完整显示各区域、主要部位、各消防设备的名称和物理位置，界面应为中文界面，能在3 s内准确接收与显示相应信号的物理位置。

（9）将所有经调试合格的各项设备、系统按设计连接组成完整的火灾自动报警系统，按《火灾自动报警系统设计规范》（GB 50116—2013）和设计的联动逻辑关系检查系统的各项功能。

（三）质量监督要点

1. 火灾报警控制器及探测器需通过3C认证。

2. 检查管线施工验收记录文件。管道及系统布线应符合现行有关规范的规定。所有盘、柜、箱在安装完毕后，必须用防火泥将进出线口进行可靠封堵。交流供电和36 V以上直流供电的消防用电设备的金属外壳应有接地保护，接地线应与电气保护接地干线（PE）相连接。接地装置施工完毕后，应按规定测量接地电阻，并做记录。

3. 将所有经调试合格的各项设备、系统按设计连接组成完整的火灾自动报警系统，按规范和设计要求继续联动逻辑关系检查。要求连续运行120 h无故障并按规定填写调试记录。

4. 进行功能抽查验证，必要时可抽取设备区及公共区各一个模式，验证火灾自动报警系统内部及外部各专业的火灾报警及疏散的相关功能，BAS系统应通过通信接口获得FAS火灾模式指令联动控制消防设备，确认系统联动功能达到消防规范要求。

（1）对可恢复的手动火灾报警按钮，施加适当的推力使报警按钮动作，应能发出报警信号，并在控制器上正确显示；对不可恢复的手动火灾报警按钮，且没有备用启动零件时，可以采用模拟动作的方法验证是否发出警报信号。

（2）模拟火灾报警信号，广播能够强制转入火灾应急广播功能，应急广播以最大功率输出，背景音乐及其他广播必须完全静止。

（3）消防分机一经提起或者便携电话一经插入插孔，主机上应有声光信号显示及分机地址/位置显示。

三、气体灭火系统

（一）主要施工环节及工序（图7.5.2）

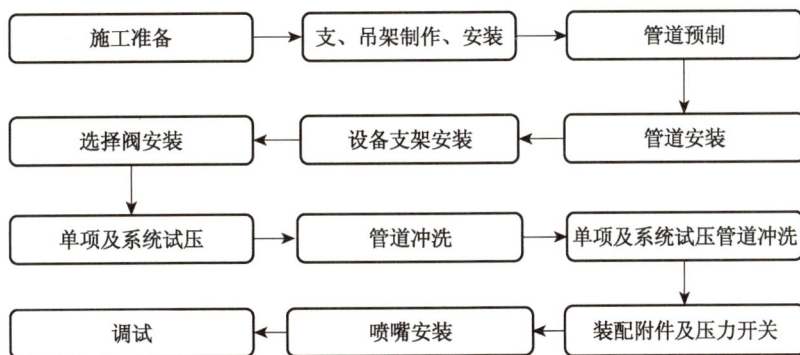

图7.5.2　气体灭火系统施工工艺流程图

（二）施工质量控制要点

1. 设备区走道、设备机房气灭输送管道安装质量

（1）采用螺纹连接时，管材宜采用机械切割；螺纹不得有缺纹、断纹等现象；螺纹连接的密封材料应均匀附着在管道的螺纹部分，拧紧螺纹时，不得将填料挤入管道内；安装后的螺纹根部应有2～3条外露螺纹；连接后，应将连接处外部清理干净并做防腐处理。

（2）采用法兰连接时，衬垫不得凸入管内，其外边缘宜接近螺栓，不得放双垫或偏垫。连接法兰的螺栓，直径和长度应符合标准，拧紧后，凸出螺母的长度不应大于螺杆直径的1/2且保有不少于2条外露螺纹。

（3）已做防腐处理的无缝钢管不宜采用焊接连接，与选择阀等个别连接部位需采用法兰焊接连接时，应对被焊接损坏的防腐层进行二次防腐处理。

（4）管道穿过墙壁、楼板处应安装套管。套管公称直径比管道公称直径至少应大2级，穿墙套管长度应与墙厚相等，穿楼板套管长度应高出地板50 mm。管道与套管间的空隙应采用防火封堵材料填塞密实。当管道穿越建筑物的变形缝时，应设置柔性管段。

（5）管道应固定牢靠，管道支、吊架的最大间距应符合规范规定。

（6）管道末端应采用防晃支架固定，支架与末端喷嘴间的距离不应大于500 mm。

（7）公称直径大于或等于50 mm的主干管道，垂直方向和水平方向至少应各安装1个防晃支架，当穿过建筑物楼层时，每层应设1个防晃支架。当水平管道改变方向时，应增设防晃支架。

（8）灭火剂输送管道的外表面宜涂红色油漆。在吊顶内、活动地板下等隐蔽场所内的管道，可涂红色油漆色环，色环宽度不应小于50 mm。每个防护区或保护对象的色环宽度应一致，间距应均匀。

2. 设备机房喷头安装质量

（1）喷头安装时应按设计要求逐个核对其型号、规格及喷孔方向。

（2）安装在吊顶下的不带装饰罩的喷嘴，其连接管管端螺纹不应露出吊顶；安装在吊顶下的带装饰罩的喷嘴，其装饰罩应紧贴吊顶。

3. 钢瓶间内气灭组件安装质量

（1）选择阀上应设置标明防护区或保护对象名称或编号的永久性标志牌，并应便于观察。

（2）电磁驱动装置驱动器的电气连接线应沿固定灭火剂储存容器的支、框架或墙面固定。

4. 钢瓶间内气灭储存装置安装质量

（1）储存容器的支、框架应固定牢靠，并应做防腐处理。

（2）储存容器宜涂红色油漆，正面应标明设计规定的灭火剂名称和储存容器的编号。

（3）集流管应固定在支、框架上。支、框架应固定牢靠，并做防腐处理。

（三）质量监督要点

1. 火灾报警控制器及探测器需通过3C认证。

2. 检查管线施工验收记录文件。管道及系统布线应符合现行有关规范的规定。所有盘、柜、箱在安装完毕后，必须用防火泥将进出线口进行可靠封堵。交流供电和36 V以上直流供电的消防用电设备的金属外壳应有接地保护，接地线应与电气保护接地干线（PE）相连接。接地装置施工完毕后，应按规定测量接地电阻，并做记录。

3. 气体灭火系统功能调试与检查，调试项目包含模拟启动试验，模拟喷气试验和模拟切换操作试验。

（1）手动、自动模拟启动，观察相关动作信号及联动设备动作是否正常（如发出声、光报警，启动输出端的负载响应，关闭通风空调、防火阀等）。观察延迟时间与设定时间是否相符，响应时间是否满足要求，有关声、光报警信号是否正确，联动设备动作是否正确，驱动装置动作是否可靠。

（2）模拟喷气试验，观察延迟时间与设定时间是否相符，响应时间是否满足要求，声、光报警信号是否正确，有关控制阀门工作是否正常。信号反馈装置动作后，气体防护区门外的气体喷放指示灯应工作正常，储存容器间内的设备和对应防护区或保护对象的灭火剂输送管道应无明显晃动和机械性损坏，试验气体能喷入被试防护区内或保护对象上，且应能从每个喷嘴喷出。

模拟喷气试验的条件应符合下列规定：

① IG 541混合气体灭火系统及高压二氧化碳灭火系统应采用其充装的灭火剂进行模拟喷气试验，试验采用的储存容器数应为选定试验的防护区或保护对象设计用量所需容器总数的5%，且不得少于1个。

② 低压二氧化碳应采用二氧化碳灭火剂进行模拟喷气试验。试验应选定输送管道最长的防护区或保护对象进行，喷放量应不小于设计用量的10%。

③ 卤代烷灭火系统模拟喷气试验不应采用卤代烷灭火剂，宜采用氮气进行。氮气或压缩空气储存容器与被试验的防护区或保护对象用的灭火剂储存容器的结构、型号、规格应相同，连接与控制方式应一

致,氮气或压缩空气的充装压力按设计要求执行。氮气或压缩空气储存容器数不应少于灭火剂储存容器数的 20%,且不得少于 1 个。

④ 模拟喷气试验宜采用自动启动方式。

(3)模拟切换试验,按使用说明书的操作方法,将系统使用状态从主用量灭火剂储存容器切换为备用量灭火剂储存容器的使用状态。

四、常见质量问题及预防

(一)消防用电设备没有经专用消防供电回路

现象描述:由于排烟风机和正压送风风机分布分散,实际设计与施工中为了省事,将一些就近的非消防的设备接进消防供电回路中来。比如消防电梯和普通电梯共用电源、消防水泵和生活水泵共用电源、防排烟系统与空调系统共用电源等,给回路的安全性带来隐患。

原因分析:未严格执行标准规范的要求,消防控制室的消防报警装置和联动设备、消防泵、排烟风机、应急照明等应采用双电源供电,并在末端进行互投。

预防措施:明确采用专用的供电回路,不允许接上其他非消防的负荷。

(二)电线、电缆的连接端子未处理好

1. 现象描述

(1) 2.5 mm^2 及以下的多股铜芯导线未搪锡或未接接续端子;截面积大于 2.5 mm^2 的多股铜芯线与插接式端子连接,端部未拧紧搪锡。

(2)电线、电缆的连接金具规格与芯线不适配,使用开口的端子,多股导线剪芯;接线处缺平垫圈和防松垫圈,端子压接不牢。

(3)每个设备和器具的端子接线多于 2 根电线。

2. 原因分析

(1)施工人员不熟悉规范要求,贪图方便,无搪锡工具,不按照操作规程施工,减少施工程序,以减少人工和辅材,达到降低成本的目的。

(2)定购电缆的连接金具与电缆的芯线规格不配套,购买开口的端子。多股芯线剪芯,往往是由于接线端子小或设备自带插接式端子小,芯线无法插入,剪去多股导线的部分芯线来适配连接端子。

操作人员未按工艺程序认真操作,工作马虎,粗心大意,未使用配套的端子和附件,接线端子连接处漏加平垫圈和防松垫圈,接线端子未压接牢固。

(3)导线的数量多,接线端子或汇流排的接线座(孔)少,操作人员责任心不强,把多根导线接于同一座(孔)。

3. 防治措施

(1)多股铜芯导线应搪锡或压接端子,才能与设备、器具的端子连接,应符合规范要求。

(2)应使用与电线、电缆相适配的连接金具,应使用闭口的端子;导线与端子的连接不能出现剪芯线现象。

(3)电线、电缆的接头应在箱(盒)内连接,接线端子的平垫圈和防松垫圈应齐全,连接处应拧紧固;垫圈下螺丝两侧压的导线截面积相同;导线盘圈方向顺着螺丝拧紧方向。

(4)每个设备和器具的端子接线应不多于 2 根电线;如果出现特殊情况,可使用汇流排过渡。

第六节　自动售检票系统

一、主要规范依据

(1)《城市轨道交通自动售检票系统技术条件》(GB/T 20907—2007);

(2)《城市轨道交通自动售检票系统工程质量验收规范》(GB 50381—2010);

(3)《地下铁道工程施工及验收规范(2003 年版)》(GB 50299—1999);

(4)《地铁设计规范》(GB 50157—2013)。

二、概述

自动售检票系统(Automatic Fare Collection,简称 AFC),是基于计算机、通信、网络、自动控制等技术,实现轨道交通售票、检票、计费、收费、统计、清分、管理等全过程的自动化系统。目前,AFC 是一种广泛应用于世界地铁的票务管理模式,其组成基本相同,均由中央计算机系统、车站计算机系统、车站 AFC 终端设备、票卡构成。

三、主要施工环节及工序

本工程划分为以下相对独立的 4 阶段,即管槽安装阶段、缆线敷设阶段、设备安装阶段设备、调试阶段。

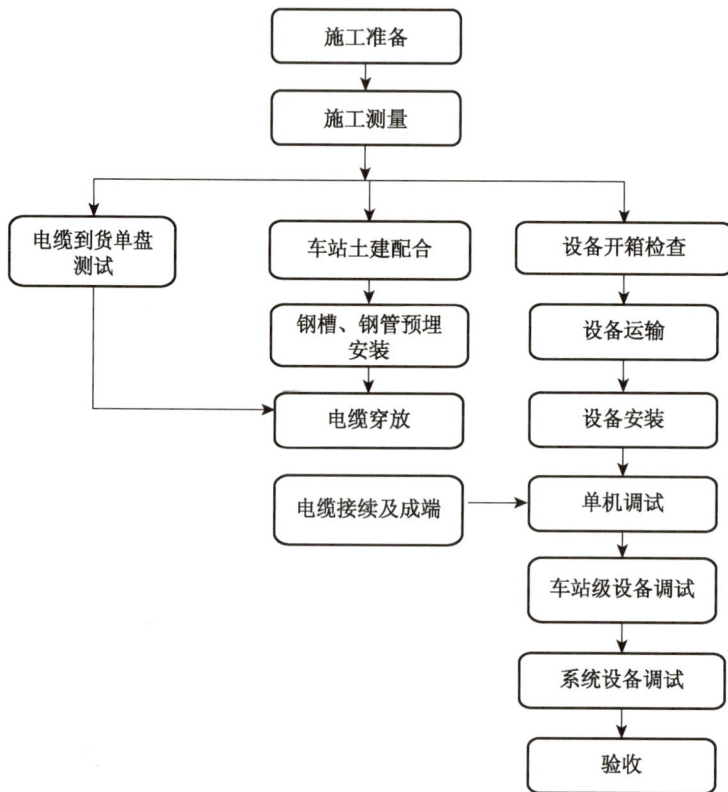

图 7.6.1　自动售检票系统施工工艺流程图

四、施工质量控制要点

1. 线槽安装

(1)线槽和分线盒、出线盒规格必须符合设计要求,线槽固定连接牢固,接口处严密整齐,端头密封,做防水防尘处理,槽内无杂物。线槽口平滑、无毛刺。

(2)线槽水平或垂直敷设直线部分的每米平直度和垂直度允许偏差不应大于 2 mm。

(3)地面线槽的安装需和地面钢管安装、墙内线槽配电箱安装同步进行,预先留出预埋管线的位置。

(4)线槽之间、箱盒之间必须电气连接,且必须可靠接地。

(5)线槽的保护层应达到 15～20 mm 以上,严禁地面线槽、分线盒、出线盒超出地面。

(6)线槽经过建筑物伸缩缝、沉降缝时,工艺上应采取保护措施。

（7）埋设于地下的线槽应采用密封线槽,线槽与设备的连接处应进行密封防水、防尘处理,与设备连接处的线槽高出地面 2～3 cm,防止积水倒灌到线槽内部,防止地面水流入线槽。

（8）强弱电线缆应分槽敷设,如强弱电缆共用一个线槽,内部需用金属隔板将强弱电分开。线缆出入口处,应做密封处理并满足防火要求。

2. 线缆敷设

（1）电缆从单盘测试至成端阶段必须对端头密封处理。

（2）电缆终端头的制作安装应符合规范规定,绝缘电阻合格,电缆终端头固定牢固,芯线与线鼻压接牢固,线鼻与设备螺栓连接紧密,相序正确,绝缘包扎严密。

（3）电缆终端头的支架安装应符合规范规定。支架的安装应平整、牢固,成排安装的支架高度应一致,偏差不应大于 5 mm,间距均匀、排列整齐。

（4）防止电缆芯线与线鼻子压接不紧固。线鼻子与芯线截面必须配套,压接时模具规格与芯线规格一致,压接数量不得小于两道。

3. 设备安装阶段

（1）终端设备安装调整:①终端设备构件连接应紧密、牢固,安装用的紧固件应有防锈保护层,与膨胀螺栓应固定牢固,垫片螺帽齐全,不得松脱。②终端设备就位时要"小心轻放";设备安装与地面垂直、平稳,倾斜偏差小于设备高度的 1‰。③终端设备底部与地板间要求密封防水。④终端设备外壳、机柜可靠的接地连接到配电箱 PE 线。⑤终端设备外形完整、表面完好,无划痕和破损。设备外形尺寸、设备内的部件和端口的型号、规格符合设计要求。

（2）室内设备安装:①设备底座制作中表面镀锌不小于 50 μm,底座面各种尺寸偏差不大于 2 mm。②设备安装完成后单个设备每平方水平偏差不大于 2 mm,垂直偏差不大于其高度的 1‰,各柜体间隙不大于 1 mm。③各种缆线在敷设时注意弯曲半径,电源及地线大于其外径 7.5 倍,网线大于其外径 15 倍。④各种缆线的线间和线对地绝缘应大于 10 MΩ。⑤各种缆线在地板下钢槽内敷设应绑扎整齐,不得扭绞和交叉,固定距离小于 2 m。网线必须分开钢槽敷设,在机柜内分开绑扎。⑥所有线缆穿放到机柜,配线完成后应挂清晰、正确、不褪色的电缆标牌,并用防火堵料封堵每个机柜的进线口。⑦确认交流电源电压偏差不超过±10%,接地牢固可靠后方可通电。⑧所有机柜安装完成后应用彩条布进行防尘密封,在各控制室、终端设备室内的设备应用塑料布防尘密封,并能防止其他无关人员误操作。

（3）防雷与接地:①防雷、工作(联合)接地、保护地线与设备连接应符合设计规定。②接地安装应符合下列规定:(a)接地方式、设备接地端子排列、地线接入及连接应符合设计要求。(b)接地铜排和螺栓、地线盘端子与室内接地连接导线连接牢固、接触良好。(c)接地装置的各种连接处,应镀锡过渡,焊接不得有假焊或虚焊现象,焊点应做防腐处理。(d)屏蔽接地要求数据电缆屏蔽层必须单点接地。(e)接地连接绝缘铜芯导线截面不宜小于 16 mm^2。(f)金属线槽及其支架和引入或引出的金属导管应可靠接地。(g)接地隐蔽工程部分应有检查验收合格记录。(h)配电箱接地保护应可靠且有标识。③接地连接导线布放不得有接头。④系统的雷电防护等级、防雷设施的设置位置、方式及数量应符合设计要求。⑤设备的接地线与工作(或联合)地线及保护地线的连接应良好牢固。

4. 调试阶段

单机调试及联调方案要编制调试计划,报监理审批。特别是联调各子系统接口的技术指标、功能等要校核正确无误。做好仪表测试后的现场原始测试数据(包括功能测试技术参数)填写测试记录表,作为归档资料保存。

（1）终端设备检测

① 自动检票机

A. 自动检票机与车站计算机间双向通信应正常。

B. 自动检票机通过率应符合设计要求。

C. 读写器与 IC 卡(储值卡及单程票)的感应距离应符合设计要求。

D. 自动检票机正常模式应符合下列要求:(a)检票机的出口和入口方向应显示允许通行和禁止通行

标志。(b)在回收车票时,如有多个票箱,票箱之间应能自动倒换。当机内票箱渐满达到系统设置值时,检票机应能向车站计算机告警。(c)检票机的乘客显示器和方向指示应能实时反映车票信息、通行指示和设备状态信息。(d)在处理特种车票时,应能以声光表示车票的票种。(e)当双向自动检票机在一端使用时,另一端暂停使用,且乘客显示屏和方向指示器显示相应提示。

E. 使用正常车票时,自动检票机应自动完成进站和出站通行,进出站人数应与相应的车票使用次数相一致。

F. 使用非正常车票,自动检票机的乘客显示器应能显示提示信息,并应有声光报警,自动检票机的处理方式应符合设计要求。

G. 紧急模式下,启动计算机系统上的紧急模式或紧急按钮,所有检票机闸锁应全部解锁处于常开状态,乘客不使用车票应可以通过检票机出站,所有检票机都应显示禁止进站标志和允许出站标志。

H. 当检票机正在交易时,电源中断,进站和出站检票机应能完成最后一笔交易并应保证交易记录不丢失。自动检票机闸锁应立即解锁,乘客不使用车票可通过自动检票机出站。

I. 当无票强行进站和出站时,自动检票机应能在保证安全的情况下,阻止进出站,并应有声光报警。

J. 安装于自动检票机上方的出入导向显示装置应与自动检票机显示同步。当自动检票机同时检测到多张车票待处理时,应按设计要求的流程处理。

K. 自动检票机的乘客显示器所显示的内容和信息,应符合设计要求。

L. 在与线路中央计算机系统及车站计算机系统通信中断时,应支持离线模式运行,保存数据的时间应符合设计要求,当通信恢复后,应能自动上传数据。

M. 自动检票机的所有金属外壳或机体应可靠接地,当乘客通过自动检票机时,应确保安全。当乘客携带符合规定的行李通过门式自动检票机时,应确保安全通过。

② 半自动售票机

A. 半自动售票机与车站计算机间双向通信应正常。

B. 半自动售票机应符合下列要求:(a)具有权限登录功能,记录所有人员的登录及退出数据,当操作员班次结束时,自动生成班次报告。(b)具备相应的安全措施。(c)打印有关车票及现金处理单据。(d)对车票进行处理时,操作显示器应显示车票处理及分析信息,并应显示下一步操作的指示信息。在进行现金处理时,应显示相关现金处理信息。操作显示器应显示系统及设备状态信息。(e)乘客显示器应显示相关的车票分析、处理结果、现金信息。在未登录前或半自动售票机发生故障时,乘客显示器应显示暂停服务的信息;在登录后,乘客显示器应显示正常服务的信息。(f)在与线路中央计算机系统及车站计算机系统通信中断时,应支持离线模式运行,保存数据的时间应符合设计要求,当通信恢复后,应能自动上传数据。

C. 半自动售票机应对车票做以下内容的检查:

(a)密钥安全性检查。(b)黑名单检查。(c)票种合法性检查。(d)未初始化、已初始化、正常使用、已退款、已回收、已注销、已列入黑名单等状态检查。(e)使用地点检查。(f)余值/乘次检查。(g)有效期检查。(h)进出次序检查。(i)更新信息检查。(j)超程、超站、超时检查。

D. 车票发售时应显示下列内容:

(a)赋值前,操作显示器应显示将发售车票的类型、金额等相关信息,乘客显示器应显示将发售车票的金额等相关信息。(b)赋值后,操作显示器及乘客显示器显示将发售车票赋值后的金额。

E. 单张车票的处理时间应符合现行国家标准《城市轨道交通自动售检票系统技术条件》(GB/T 20907—2007)中的有关规定。有自动出票功能时,车票处理时间应符合设计要求。

F. 车票加值时应显示下列内容:

(a) 加值前,操作显示器及乘客显示器显示车票的余值。

(b) 加值后,操作显示器及乘客显示器显示车票的新余值。

(c) 加值失败,操作显示器显示失败信息并发出声音提示。

G. 车票更新应符合下列规定:

（a）若车票同时存在两种或以上需同时更新的项目，则对每项更新处理进行确认。（b）进行更新处理时，半自动售票机应更新车票的进出站状态、时间及车费更新标志等编码信息。（c）更新时，应有车票记录日期。（d）对于超过更新次数上限的车票，不予更新。（e）黑名单或未初始化的无效车票不可更新。（f）操作显示器应显示车票的分析结果、历史交易数据及车票状态。（g）乘客显示器应显示车票的分析结果、余值。

H. 在收款处理时，相应信息应在操作显示器及乘客显示器显示。

I. 半自动售票机所有金属外壳或机体应可靠接地。

③ 自动售票机

A. 自动售票机与车站计算机间双向通信应正常。

B. 自动售票机可通过参数设置设为多种模式，模式类型应符合设计要求。

C. 自动售票机的基本功能应正常。（a）发售有效车票。（b）密钥安全性检查。（c）具有向车站计算机上传车票处理交易、设备运行状态等数据，接收车站计算机或线路中央计算机下传的命令、票价表、黑名单及其他参数等数据，并应对版本控制参数执行自动生效处理。（d）具备自动接收硬币、纸币、储值票和信用卡等一种或数种支付方式，并具备硬币找零或硬币、纸币找零的功能。（e）在与线路中央计算机及车站计算机通信中断时，应能在离线模式下工作，并保存一段周期的数据。在通信恢复后，应能自动上传未传送的数据。

D. 自动售票机的找零功能应符合设计要求。

E. 售票操作功能应正常：（a）选择票种、张数以后，乘客显示器应显示相应的收费金额。（b）乘客显示器以递增形式实时显示乘客投币金额。当投币金额大于或等于所需车费时，应开始发售车票并找零。（c）有效和无效操作应提供不同声响，同时乘客显示器上应有明确的有效操作提示。（d）出票口、退币口及找零口有车票、硬币或纸币时，应有明显的声音提示或指示灯指示。

F. 车票发售功能应正常：（a）车票处理模式应能一次性发售单张或多张车票。（b）发售的车票数等于乘客的购票数时，车票及找零的硬币分别同时进入出票/找零箱，并用声光提示乘客取走。（c）单站车票的发售时间应符合现行国家标准《城市轨道交通自动售检票系统技术条件》(GB/T 20907—2007)中的有关规定。

G. 硬币处理模块功能应正常：（a）硬币处理模块可接受硬币种类的参数设置。（b）可接受硬币种类的数量应符合设计要求。（c）真币的接受率和假币的拒绝率，符合设计要求，无法识别的硬币应给予退币处理。（d）找零硬币的种类及每种硬币的存币量应符合设计要求。（e）硬币暂存器、硬币找零器的容量符合设计要求；（f）暂停服务或关闭时，投币口应关闭。

H. 纸币处理模块功能应正常：（a）纸币处理模块可接受纸币种类的参数设置。（b）可接受纸币种类的数量符合设计要求。（c）纸币真币的接受率和假币的拒绝率，符合设计要求，无法识别的硬币应给予退币处理。（d）找零纸币的种类及每种纸币的存币量符合设计要求。（e）纸币暂存器的容量符合设计要求。（f）自动售票机暂停接收纸币、暂停服务或关闭时，投币口应关闭。

I. 钱箱功能应正常：（a）钱箱的钱币存放容量符合设计要求。（b）监测钱箱内钱箱"将满"及"满"的状态。（c）当钱币的状态信息发生变化时，将立即上传至车站计算机。（d）钱箱具有电子身份识别功能。（e）钱箱带有安全锁装置，从自动售票机取走钱箱时，设备将暂停服务。

J. 自动售票机开门时，应进行安全识别检测，应有身份识别码和操作密码的时间限制，并有超时报警，上传至车站计算机。

K. 系统断电应能完成最后一次交易处理并应保证交易记录不丢失。

L. 非正常操作时，系统应能自动提示，提示内容应符合设计要求。

M. 自动售票机所有金属外壳或机体应可靠接地。

④ 自动加值验票机

A. 自动加值验票机与车站计算机间双向通信应正常。

B. 自动加值验票机应能进行完整的加值操作。

C. 自动加值验票机应能通过乘客显示器显示所验车票的车票号、票内余额、有效期、卡状态以及最近几次消费交易等信息。

D. 无效卡进行加值时,应有必要的提示并拒绝验票和加值。

E. 纸币处理模块功能应正常:(a)纸币处理模块可接受纸币种类的参数设置。(b)可接受纸币种类的数量符合设计要求。(c)纸币真币检测准确率和假币拒绝率,符合设计要求,无法识别的纸币应给予退币处理。(d)纸币暂存器的容量符合设计要求。(e)暂停接收纸币、暂停服务或关闭时,投币口应关闭。

F. 在验票或加值操作时,当出现不按规定操作的动作,设备应有相应的提示,提示内容应符合设计要求。

G. 自动加值验票机开门时应进行安全识别检测,有输入身份识别码和操作密码的时间限制,并有超时报警,同时上传至车站计算机。

H. 装卸钱箱时应通过身份密码指令验证,记录相应信息,并上传至车站计算机。

I. 便携式验票机应能通过显示器显示车票的车票号、票内余额、有效期、卡状态等信息。

J. 自动加值机、自动验票机所有金属的外壳或机体应可靠接地。

(2) 车站计算机系统检测

① 车站计算机与中央计算机间应双向通信正常。

② 车站计算机与本车站所有终端设备间应双向通信正常。

③ 设备状态显示和监视功能应正常。

④ 车站计算机下达运行控制命令的功能应正常。

⑤ 运营模式设置功能、参数管理功能、设备软件管理功能应正常。

⑥ 实时客流统计的实时性,应满足最近 5 min 以前的客流数据能固定地反映在统计图表上,最近 5 min 以内的客流数据能动态地反映在统计图表上,并可输出,满足设计要求。

⑦ 日终处理和运营报表功能、系统后台处理功能应符合设计及规范要求。

⑧ 在与线路中央计算机通信中断时,应能在离线模式下工作,并保存一段周期的数据。在通信恢复后,应能自动上传未传送的数据。

⑨ 系统时钟同步功能应正常:(a)车站计算机系统的时钟应能与中央计算机系统的时钟同步。(b)车站计算机应能在规定时间间隔或启动时与中央计算机进行时钟同步。(c)车站计算机应能在规定时间间隔或启动时向车站设备下发时钟同步指令。(d)超过 2 min 的差异需记录,并将上传至中央计算机。

(3) 紧急按钮检测

① 紧急按钮按下时,应能向车站设备发出紧急放行命令,并应在车站计算机和中央计算机上显示。

② 紧急按钮恢复后,所有车站设备应能自动恢复正常运行,车站计算机和中央计算机记录该状态。

(4) 线路中央计算机系统检测

① 车站系统运行模式监视和设置功能正常,车票管理功能和参数管理功能正常。

② 用户及权限管理功能、实时客流统计的实时性应符合设计要求。

③ 设备软件管理功能、日终处理、运营报表和交易数据查询功能、应急票的发售和缴销功能、系统后台统计功能正常并符合设计及相关规范要求。

④ 线路中央计算机系统应具有与票务清分系统的时间同步功能,满足设计要求。

⑤ 维修管理功能、线路中央编码分拣机系统的功能正常并符合设计及相关规范要求。

(5) 票务清分中心系统检测

① 清分规则功能检测、安全管理功能、车票管理功能、消息报文传输和转接功能、交易清分功能、应用业务管理功能应符合相关规范要求。

② 清分系统应具有与其他相关清算系统的数据交换能力和清分功能,并应符合设计要求。

③ 基本性能应符合规范要求。

④ 票务清分系统应具有与标准时间源的时间同步功能,并应符合设计要求。

⑤ 票务清分中心编码分拣机系统的功能正常,并符合相关规范要求。

(6) 容灾备份功能检测

① 容灾计算机系统与票务清分系统通信正常,容灾系统计算机局域网应保证连通性。

② 容灾功能正常,并应符合下列规定:(a)具有清分系统主要功能,与清分系统保持同步。(b)票务清

分系统发生故障下,能切换到容灾系统,可承担清分系统的主要职能。(c)当清分系统的数据失效时,能启动容灾系统的备用数据。

③ 数据备份和恢复功能正常,并符合相关规范规定。

(7) 网络化运营验收检测

① 票务清分系统应与各线路中心计算机系统、各车站计算机系统等所有网络各终端设备通信正常,连通。

② 网络化运营检测应符合相关规范规定。

(8) 电源接地的检测

① 电源设备测试应符合下列规定:(a)电源设备带电部分与金属外壳间的绝缘电阻应大于 5 MΩ。(b)首次充、放电的各项指标均应符合设计要求。

② 电源设备的电性能测试应符合下列规定:(a)人工或自动转换时,供电不得中断。(b)故障报警应准确、可靠。(c)蓄电池组容量应符合设计要求。(d)输出电压和输出电流超限时,保护电路动作应准确。(e)输入电源故障时,应自动转换蓄电池组供电。(f)UPS 的输入、输出各级保护系统和技术性能指标应符合设计要求。

③ 电源监控应能检测主电源及后备电源的供电情况。

④ 电源线缆的芯线间和芯线对地的绝缘电阻应大于 0.5 MΩ。

⑤ 防雷设施测试应符合设计要求。

⑥ 防雷接地与交流工频接地、直流工作接地、安全保护接地共用综合接地体,接地装置的接地电阻值必须按接入设备中要求的最小值确定,其接地电阻测试值不得大于 1 Ω。

五、质量监督要点

1. 线槽安装

线槽和分线盒、出线盒规格、平直度和垂直度、接地、线槽的保护层、防水防尘密封。

2. 线缆敷设

端头密封、缆终端头、支架安装、电缆芯线与线鼻子压接。

3. 设备安装

(1) 终端设备:外观、尺寸、接地、防锈。

(2) AFC 机房设备:防静电接地、机柜插接件。

(3) 紧急按钮安装:位置、标识、屏蔽保护。

(4) 设备布线:规格、型号、弯曲半径、布线绑扎。

(5) 电源设备安装及布线:型号、规格及容量、插接、布线、接地、电源端子标识。

4. 系统及设备检测调试

(1) 终端设备检测:自动检票机、半自动售票机、自动售票机、自动加值验票机、验票机。

(2) 车站计算机系统检测。

(3) 紧急按钮检测。

(4) 线路中央计算机系统检测。

(5) 票务清分中心系统检测。

(6) 容灾备份功能检测。

(7) 网络化运营验收检测。

(8) 电源接地的检测:电源设备带电部分与金属外壳间的绝缘电阻,首次充、放电的各项指标,电性能测试,防雷接地。

5. 车票

(1) 车票:物理尺寸、封装材料和工艺应符合设计要求,其他特性(卡片型车票动态弯曲应力、卡片型车票动态扭曲应力、卡片型车票弯曲韧性、可燃性、有毒性、耐化学性、温湿度条件下的卡片型车票的尺寸稳定性和翘曲、卡片型车票的层间玻璃强度、抗热度、紫外线及 X 射线测试、静电及静磁场、交变磁场、交变电场、筹码性车票的外壳防护等级等)宜提交第三方进行检测。

(2)使用车票读写机具应对车票电气特性进行测试:车票数据格式接口、车票的读写功能、兼容性、安全性、车票与机具的读写感应距离。

六、常见质量问题及预防

常见问题一:预埋线槽进水。

原因分析:预埋线槽作业时,端部未采取防护措施,线槽安装完毕后检修盖板口未及时采取防水措施,地面积水倒流至槽内。

预防措施:安装线槽时,及时清理施工场地内积水,并做好端部及检修盖板的防水措施。

常见问题二:自动售票机售票找零错误。

原因分析:自动售票机系统软件未调试完成或硬币处理单元有卡币现象。

预防措施:检查确认硬币处理单位的完好,售票软件调试完毕准确。

第七节　环境与设备监控系统

一、概述

轨道交通工程中,我们把环境与设备监控系统简称为 BAS(Building Automation System)或 EMCS (Equipment Monitoring Control System)。主、从控制器通过现场总线与环控电控室智能低压接口模块、变频器、UPS 等相连接,并通过局域网及软件联合组成中央、车站、现场三级控制系统,实现对车站、区间隧道、集中冷站、控制中心等建筑的通风空调设备、给排水设备、配电与照明、电梯与扶梯、屏蔽门等机电设备进行全面有效的监控和管理,既保证舒适安全的乘车环境,同时又达到环保、节能的管理要求,当发生火灾、列车阻塞、列车事故的情况下配合相关系统协调控制进入救火模式,保证人员与设备的安全。

(一)监控对象

根据设计方案与施工合同的差别,设备监控的对象与功能略有不同。一般设备监控的对象有:

1. 地铁车站环境温度、湿度。

2. 地铁车站的隧道通风系统、防排烟系统、通风空调系统。

3. 公共区照明、出入口照明、广告照明、屏蔽门光带、导向照明等回路。

4. 应急照明电源的工作状态。

5. 给水排水。

6. 电梯。

(二)运行模式

1. 在正常运行模式下,设备监控系统对以上设备进行自动化监控,并按温度(季节)、时间(早晚)进行节能管理。

2. 车站级 PLC 同时采用双向通信接口连接 FAS 控制器,当车站发生火灾时 BAS 响应火灾报警系统的联动控制信号,转入火灾运行模式,自动执行相应的控制程序,并优先执行火灾报警系统的控制指令,同时将设备运行状态信息反馈给火灾报警系统。

当火灾发生在区间隧道里时,BAS 系统根据信号系统提供的列车位置和司机报告的人工信息,控制中心启动 IBP 盘相应区间火灾模式,通过中央控制中心下达相关指令给相邻车站 PLC,保证乘客的安全疏散。

有的线路设计上 BAS 和 FAS 相互独立,通过通信接口传输;有的在车站级和中央级进行了综合,实现了资源共享和协调管理。

(三)主要功能

常见车站级监控系统的功能包含:

1. 数据采集与处理,主要通过各级传感器采集传输。

2. 安全监视,通过动态显示并记录保存。

3. 控制与调节,通过数字量输出控制继电器接点的闭和与断开来实现设备的启停,还有一种方式是模拟量输出实现对电动二通阀、电动风阀、照明程序的控制。

4. 报警处理,火灾发生与 FAS 联动。

5. 通信功能,将地铁车站被控设备的运行状态、报警信号、已经测试点的数据即使传送到运营子系统,并接受中央级下达的各类监控指令。

(四)主要规范依据

1.《自动化仪表工程施工及质量验收规范》(GB 50093—2013);

2.《电子信息系统机房设计规范》(GB 50174—2008);

3.《电气装置安装工程　接地装置施工及验收规范》(GB 50169—2016);

4.《电气装置安装工程　盘、柜及二次回路接线施工及验收规范》(GB 50171—2012);

5.《电气装置安装工程　电气设备交接试验标准》(GB 50150—2016)。

二、主要施工环节及工序

环境与设备监控施工的主要内容包括设备安装与系统调试。

(一)安装工程的主要内容

1. BAS 系统自用金属线槽和线管的安装

2. 电线、电缆敷设及接配线

3. 控制柜、箱及变频器接线安装

4. 传感器、执行器的安装

5. 控制网络(现场总线)安装

6. 区内通信网络安装

7. 照明控制系统安装

8. 接入子系统接口安装

(二)系统调试的主要内容

1. 传感器、变频器、执行器测试

2. BAS 系统的现场级、车站级、中央级设备单体调试

3. 网络测试及网络设备调试

4. 与综合监控集成联合调试

(三)安装工程的接口界面说明

1. 与常规安装工程承包方的施工界面

空调冷水机组使用的电动二通调节阀阀体由车站常规安装单位负责,BAS 配合,电动二通调节阀执行机构由 BAS 单位负责安装。

2. 系统总包方的施工界面

BAS 系统的系统结构设计、系统设备的调试、网络配置、软件组态、软件功能调试、接口调试由系统总承包方完成,与 BAS 的物理界面在 PLC 箱柜端子排。

3. 与 35 kV 安装承包方的施工界面

BAS 负责控制信号盘接线端子至车站综合控制室的连接。

4. 与其他专业的接口

BAS 在 OCC 控制中心和各车站与各系统以硬线接口或通信接口的方式接口,常见的有 RS485、RS232,接口之间的连接由安装承包商负责。

三、施工质量控制要点

(一)安装前期材料控制

1. 电动阀的型号,材质必须符合设计要求。

2. 电动阀的驱动器输入电压、输出信号和接线方式应符合设计要求和说明书的要求。

3. 电动阀门的驱动器行程、压力和最大关闭力应符合设计和说明书的要求，必要时应由第三方机构进行检测。

4. 温度、压力、流量、电量等器具仪表应校验合格后使用。

（二）控制中心质量控制

1. 控制台安装位置符合设计要求，安装平稳牢固，便于操作维护。

2. 控制台内机架、配线、接地应符合设计要求。

3. 服务器、工作站、打印机等设备齐全完整。

4. 控制中心设备的电源线缆、通信线缆及控制线缆的连接应符合设计要求，并理线整齐，避免交叉，标识清晰。

（三）各级控制器质量控制

1. 与工作站的控制器网通信正常。

2. 正确计算并执行工作站发出的环控模式命令。

3. 不受工作站故障影响，正确执行环控模式。

4. 正确接受手动操作的命令，控制相应环控设备。

5. 输入与输出 LED 指示灯能正确显示现场设备的状态。

6. 正确接收输入/输出的各种信号。

（四）设备数据接口质量控制

1. 安装位置与机电设备系统施工图一致，管线布线整齐牢固。

2. 与通信模块正确通信。

3. 不受工作站故障的影响，正确接收防灾报警系统的报警信号或冷水机组、电梯、屏蔽门等设备的运行数据。

4. 相关设备的通信 LED 指示灯正确显示与通信模块通信的状态。

（五）IBP 综合后备盘质量控制

1. 对 IBP 综合后备盘进行相应的灯测试、钥匙按钮测试。

2. IBP 综合后备盘上显示设备状态应与实际一致。

（六）传感器的安装质量控制

1. 要求传感器安装与顶棚施工配合进行，以保证整体美观，如果实际位置需要偏离应由设计单位进行确认。

2. 房间、站台、站厅温湿度传感器位置应远离门窗冷热源和风管送风口。距离送风口大于 600 mm，距离照明灯具大于 500 mm。尽量安装于所检测部位里的敏感点，同时充分考虑检修和更换方便。

3. 装于公共区吊顶处传感器的导线需由钢管引下，并用 45 mm×45 mm×4 mm 角钢支架固定，软管长度不得超过 1 m。温度传感器与工艺管道垂直安装时，其轴线应与工艺管道轴线垂直相交，温度传感器安装在易受冲击的地方时，应采取防护措施。

4. 温湿度传感器的信号线在高电磁干扰区域采用屏蔽线，与 AC 220 V 电源线之间至少保持 15 cm 的距离。

（七）二通阀的安装质量控制

1. 二通阀安装应合理，操作方便，阀芯升降灵活自如，工作可靠，指示正确。

2. 阀体上的箭头指向应与水流方向一致。

3. 电动阀口径与管道通径不一致时，应采用渐缩管件；同时电动阀口径一般不应低于管道口径两个等级并满足设计要求。

4. 电动阀执行机构应固定牢固，手动操作机构应处于便于操作的位置。

5. 电动阀应垂直安装于水平管道上，尤其是大口径电动阀不能倾斜。

6. 有阀门位置指示的电动阀，阀门位置指示装置应面向便于观察的位置。

7. 电动阀在安装前应进行模拟动作和试压试验。

8. 电动阀安装时应避免带来附加压力,当安装在管道较长的地方时,应安装支架和采取避振措施。

(八) 电动风门驱动器的安装质量控制

1. 安装前应进行模拟动作试验,输出力矩与动作匹配。

2. 风阀控制器上的开闭箭头的指向应与风门开闭方向一致。

3. 风阀控制器与风阀门轴的连接应牢固,垂直安装角度不小于85°。

4. 风阀的机械机构开闭应灵活,无松动或卡涩现象。

5. 风阀控制器安装后,应面向便于观察的位置,开闭指示位置应与实际位置一致。

6. 风阀控制器不能直接与风门的挡板轴连接时,可以通过附件传递,但必须保证风阀控制器旋转角度的调整范围。

(九) 压力传感器的安装质量控制

1. 应在风管保温层施工完成后安装。

2. 压力传感器的型号规格、安装位置应符合设计要求,同时考虑检修、调试与更换方便。

3. 压力传感器在同一管段上时,应安装在温度传感器的上游侧。

4. 当采用引压管方式安装时,以方便维修人员操作为准,引压管尽量短,弯曲半径不小于 3 倍管外径,且弯管段无凹陷。

(十) 系统调试

BAS 系统现场控制器控制设备的物理形式为继电器接点的断开与闭合,输出点以数字量输出(DO),作用是控制风机、空调机、水泵等设备的启动和停止,控制电动风阀、卷帘门的开启和闭合。另一种模拟量输出(AO)作用是对冷水二通阀、电动风阀的位置进行调节控制,对照明设备程式进行控制。现场控制器接收反馈信号以数字量输入(DI)、数字量报警输入(DA)、模拟量输入(AI)3 种形式接收。数字量输入(DI)主要是监视风机、空调机、水泵等设备的运行状态;数字量报警输入(DA)主要是监视重要设备的故障状态,水池的超高水位报警;模拟量输入(AI)主要是接收温度湿度传感器的数值输入,对所监控设备电压、电流进行监控。物理形式都是电流与电压的大小。

系统的调试应按照单设备、单系统、单车站、OCC 顺序进行。

1. 设备调试的工作内容

① 计算机、交换机、服务器、光电转换设备上电后,工作状态是否正常。

② 计算机、交换机、服务器配置是否正确,软件程序是否正常。

③ BAS 控制箱上电后,各模块是否有相应的状态指示。

④ BAS 现场总线或控制网络连接是否正常。

2. 系统调试的工作内容

① 点对点测试,接口双方进行以数据库对性为主的正确性测试,确保各测点信号接线无误。

② 端到端测试,接口双方进行的人机界面 HMI 经接入系统到现场设备的数据传送正确性测试,保证逻辑运算与通信协议。

③ 综合联调,针对单系统独立运行、系统间联动工作、OCC 全线协调工作的功能性验证。

3. 功能验证的工作内容

① 现场设备采集数据的一致性,控制设备的有效性、正确性和稳定性。核查包括电动风阀、水阀和变频器等在零开度、50%和80%的行程处与控制指令的一致性及响应速度。

② 验证与子系统(设备)间的数据通信接口检测数据传输的准确性。在工作站监测到的运行参数与实际状态核实;在工作站设置控制命令,检查子系统的动作情况。

③ 检查系统响应的实时性。在现场模拟设备报警、启停、修改控制参数来检查系统的响应速度、响应时间和报警信号的响应速度。

④ 检查系统运行的可靠性。系统不因启动和停止而产生数据错误或干扰;电源切换到 UPS 供电时系统工作正常。

四、质量监督要点

1. 系统调试记录。系统调试包含单体设备的调试、BAS站级与中央级设备联调联动、相关系统联调等几个阶段,根据BAS系统收集的环境信息,能进入相应模式,正确驱动相关设备,运行符合环控要求。

2. 现场检查开关型的执行器控制指令的随动性、实时性和稳定性。

3. 模拟火灾联动模式下与FAS系统的指令传输,实现把车站级被控设备的状态、报警信号与测试点数据实时送至OCC,并可以自行编辑、保存、汇总报表。

五、常见质量问题及预防

(一)电动两通阀开启状态指示与车控室控制台上的控制及显示状态不符

由于电动二通阀到就地控制箱的接线由机电单位施工,BAS由系统单位施工,存在现场接线时专业上技术沟通及交底不够,导致接线错误。

预防措施:在电动二通阀就地接线前由BAS系统施工单位对机电施工单位进行技术交底,并在BAS系统调试时检查接线情况。

(二)各类风阀安装位置不便于操作和检修

规范要求:风管部件安装必须符合下列规定:

1. 各类风管部件及操作机构的安装,应能保证其正常的使用功能,并便于操作。

2. 斜插板风阀的安装,阀板必须为向上拉启;水平安装时,阀板还应为顺气流方向插入。

3. 止回风阀、自动排气活门的安装方向应正确。

4. 各类风阀应安装在便于操作及检修的部位,安装后的手动或电动操作装置应灵活、可靠,阀板关闭应保持严密。

预防措施:安装在便于操作及检修的部位,吊顶或井道内设置检修口。

第八节　站台屏蔽门系统

一、主要规范依据

1. 经施工审查合格的施工图设计文件和合同文件;

2. 《城市轨道交通站台屏蔽门》(CJ/T 236—2006);

3. 《城市轨道交通站台屏蔽门系统技术规范》(CJJ 183—2012)。

二、概述

站台屏蔽门是设置在站台边缘,将乘客候车区与列车运行区相互隔离,并与列车门相对应,可多级控制开启与关闭滑动门的连续屏障,有全高、半高、密闭和非密闭之分,简称屏蔽门。鉴于地铁运营条件和环境的特殊性,所配置的屏蔽门均为技术先进的成熟产品,性能安全可靠、整机质量经久耐用、结构部件设计及配置合理;设备具有足够的强度和刚度,以及一定的规范性和互换性,易于调整、保养、维修。城市轨道交通站台屏蔽门系统作为地铁、轻轨等系统重要的设备,其总装配是在施工现场完成,屏蔽门安装质量对提高工程的整体质量水平至关重要。

三、主要施工环节、工序

图7.8.1　站台屏蔽门系统施工工艺流程图

四、施工质量控制要点

(一) 安装条件及安装基准

1. 安装条件

洞通、轨通、电通。

2. 安装基准

(1) 纵向:站台有效中心。

(2) 横向:轨道中心。

(3) 高度方向:锁定的轨(长轨)顶面。

(二) 安装进场前的测量

屏蔽门安装进场前必须对轨道和土建等一些与屏蔽门安装相关的数据进行测量,做好施工前期的准备工作,以确保后期的屏蔽门部件设计和安装。

1. 测量前准备

(1) 测量者需要提供相关资格证书、测量所用的工具清单等书面资料。

(2) 土建单位需要提供土建专业完工确认书、土建结构强度证明书、设计参数以及原始测量基准点等书面资料。

(3) 轨道建设单位需要提供轨道完工确认书和轨道中心线、轨道间距、轨顶高度的参考值以及调整范围等书面资料。

2. 参考资料的复检

(1) 对土建提供的结构强度、设计参数以及原始测量基准点进行复检,查看土建外观是否对有屏蔽门安装有影响的结构缺陷,并以图文形式记录。

(2) 对轨道专业所提供的轨道中心线、轨道间距、轨顶高度等参考值进行复检。

(3) 若复检有疑问,通过各方协商再定参考点(参考值)。

3. 安装数据测量

(1) 确认轨道中心线,画出安装站台屏蔽门所需参考点,用钉子做好标记。由测量人员对参照点进行复测、要求在单侧屏蔽门范围内至少标出 7 或 9 个参照点(1、3、5、7、9 点用钢钉做上永久标记)。每一点提供对应于轨道中心线的位置尺寸,并测量轨道的轨距,设计轨距和设计轨距的偏差,在轨道上做上相应的记号。

(2) 根据安装需要,标出站台中心线,在每个屏蔽门底部支撑的水平 X 向标出安装参考线,并在站台板和站台边缘做上明显记号。在每个屏蔽门底部支撑的位置测量出内轨顶到站台台阶上表面的垂直距离。

(3) 测量站台边缘平面(每个屏蔽门单元的安装位置)至轨道中心线的距离以及站台边缘台阶的尺寸。

(4) 在每根伸缩件的位置标出安装参考线,并在风管内侧墙做上明显记号,测量内轨顶面至天花板的高度。

(5) 测量预埋件的尺寸。

(6) 测量顶部预埋件的位置,测量预埋件至轨道中心线的距离和预埋件的间距。

(7) 测量并标出端头门的位置,并做上记号,测量端头门墙体至轨道中心线的尺寸以及站台到天花板的距离。

(8) 在站台边缘位置标出 Z 向的高度基准点,基准点不少于三点(建议采用车头、展台中心、车尾三点)。

(9) 全部测量数据记录在册,并做资料长期保存。

4. 测量的精度和标记要求

(1) 测量数据以 mm 为单位。

(2) 轨道中心线参考点的误差控制在 ±2 mm 以内,除 1、3、5、7、9 点用钢钉做永久性记号外,其余各点用红油漆做好标记。

(3) 确认站台中心线误差控制在 ±15 mm 以内,并在站台边缘做上记号。

（4）轨顶至天花板的高度测量精确误差应控制在±5 mm以内，伸缩件的高度设计来源于它的测量数据。

（5）每个底部支撑位置在站台板和站台边缘用红油漆标记，每个支撑间隔误差不超过±2 mm。

5. 补充说明

如果在测量位置上有障碍物，需详细记录障碍物的位置尺寸（X、Y、Z），并在图样上进行补充说明。

（三）安装准备阶段的质量控制

1. 严格控制安装施工组织设计和施工方案

屏蔽门安装施工组织设计和安装施工方案是安装单位施工准备和施工全过程的指导性文件，体现了安装单位的质量目标、组织结构和人员培训、采购、过程质量控制的手段和方法，应结合工程特点具体而灵活地加以运用。施工组织设计文件审查的重点是：是否符合国家的技术政策，是否充分考虑承包合同规定的条件、施工现场条件及法规条件的要求，是否突出"质量保证、安全第一"的原则，其施工组织设计的针对性、可操作性，安装施工方案的先进性，其质量管理和技术管理体系及质量保证措施是否健全并切实可行，其安全、环保、消防和文明施工措施是否切实可行并符合相关规定。

2. 检查作业条件

包括运输道路、水、电、照明及消防设施；主要材料、机具及劳动力是否落实，土建施工是否已满足设备安装要求。

3. 检查测量仪器

屏蔽门安装中采用的各种计量和检测设备、仪器、仪表和设备是否符合计量规定（准确度等级不得低于被检对象的准确度等级）。如：激光经纬仪、游标卡尺、塞尺、钢卷尺、数字式万用表、绝缘电阻表、接地电阻测试仪、网络测试仪等。

（四）安装过程的质量控制

1. 质量控制要点

首先是安装过程中的隐蔽工程，隐蔽前必须进行检查与验收，合格后方可进入下道工序。其次，屏蔽门安装中要坚持施工人员自检，下道工序的互检，安装单位专职质检人员的专检及监理工程师的复检（和抽检）并对每道工序进行检查和记录。安装过程中所使用的材料，如紧固件、门体钢材料、门体玻璃材料、门体表面装饰材料、绝缘材料等必须符合设计和产品标准的规定，有出场合格证明及安装单位自检结果。由于屏蔽门在站台边形成了一道屏障，因此必须承受列车行驶对屏蔽门产生的疲劳应力、隧道通风系统和车站通风系统产生的风压、乘客拥挤对屏蔽门产生的挤压力、乘客的冲击力、地震和振动等荷载，门体材料的质量直接关系到门体结构荷载能否满足设计要求。

2. 预留预埋工程的质量控制

屏蔽门在安装前，安装单位应对屏蔽门基础进行检验，在其检验合格后提请监理工程师进行检查。一般是测量、校验屏蔽门安装施工单位报送的屏蔽门预埋件、站台边土建预留顶梁的复测数据，确保相应土建尺寸符合屏蔽门的安装需求。应重点检查所有预埋件的数量及安装位置和尺寸准确性。

3. 在站台边安装位置的质量控制

正确定位屏蔽门安装的基准线，然后根据基准线将屏蔽门安装到正确位置上。"位置"就是指平面的纵、横向位置和标高。由于屏蔽门是站台上离运行列车最近的设施，其安装位置将直接影响到地铁列车进、出站及过站的安全。屏蔽门安装工程中基准线应确保屏蔽门的安装不侵入列车动态包络图。

屏蔽门设备进场施工后，应根据安装工序，逐步进行安装和质量检查。首先检查屏蔽门主体结构安装质量，其中包括屏蔽门上支架、下支架、立柱、横梁、门机梁的安装质量。主要检查项目是标准单元相邻柱中心距离，非标准单元相邻立柱中心距离，从站台中心线向两端安装的累积长度误差等；屏蔽门在轨道侧的外轮廓（在列车高度范围内）至轨道中心线安装距离；各紧固件按设计要求有防锈措施。其次检查地坎及立柱装饰安装质量，主要检查项目是：相邻地坎间高度差；前后地坎的间隙；地坎与周边的间隙；地坎导轨侧到轨道中心线的水平距离。

4. 调平找正的质量控制

屏蔽门找正调平时需要有相应的基准面和测量点。安装单位所选择的测量点应具有足够的代表性；

选择的测量点数应保证安装的最小误差。监理工程师应对安装单位选择的测量点进行检查及确认,对屏蔽门调平找正使用工具、量具的精度进行审核,以保证精度满足质量要求。进行设备初评、精评的方法进行审核或复验(如安装水平度的检测,垂直度的检测,平面度的检测,平行度的检测等),以保证屏蔽门调平找正达到规范的要求。

5. 电气系统安装的质量控制

电缆线路、柜(盘)的材料及安装质量,按照《建筑电气工程施工质量验收规范》(GB 50303—2015)的相关条款进行抽查和检查。重点在于接地和绝缘性能测试,主要检查项目是:整列门的绝缘电阻,在绝缘电阻表 DC 500 V 条件下测试应大于 0.5 MΩ;中央接口盘、配电盘及控制器地盘与车站接地电阻小于 1 Ω,站台门头、变压器星型联结中性点与轨道地电阻小于 1 Ω。

(五) 系统调试

1. 屏蔽门单体调试通电前检查

(1) 门头部分:①检查门头线槽连接是否符合要求。②检查门头上电缆连接是否正确。③检查门头内所有接地是否连接。④检查门头灯电位电缆与轨道是否连接。

(2) 公共区域部分:①检查公共区域线槽连接是否符合要求。②检查各接口房间电缆连接是否正确。

(3) 设备房部分:①检查设备房线槽是否符合要求。②检查柜体是否按详图要求安装。③检查各个柜体内接线是否正确。④检查设备房内所有接地是否连接。

2. 屏蔽门单体调试通电后功能测试

(1) 测试 UPS 柜功能是否正常。

(2) 确认蓄电池柜功能是否正常。

(3) 测试 PDP 柜功能是否正常。

(4) PEDC、DCU 软件上传。

(5) 测试 PSA 功能是否正常。

(6) 测试单挡(滑动门、应急门、端门和边门)各种功能是否正常。

3. 屏蔽门系统调试

(1) 测试 PSL 功能是否正常。

(2) 测试激光装置功能是否正常。

(3) 测试 PSAP 功能是否正常。

(4) 每站 5 000 次测试。

4. 连续通电 144 h 试验

连续通电 144 h(或 5 000 次),无系统故障。

5. 联调试验

(1) 测试与所有其他接口系统功能正确:测试 IBP 功能是否正常;测试 ISCS 功能是否正常。

(2) 综合联调:信号专业联合调试。

(六) 试运行的质量控制

屏蔽门安装经检验合格后,还必须进行试运行,这是确保设备正常运转的重要环节。屏蔽门试运行的条件。

1. 屏蔽门所有端门安装完毕并已全部正常闭合且端门钥匙已移交。

2. 站台绝缘已完成验收。

五、质量监督要点

1. 滑动门、应急门和端门必须能可靠关闭并锁紧,在站台侧必须能使用专用钥匙开启,在非站台侧必须能手动开启(CJJ 183—2012 中强制条文 4.1.6)。

2. 屏蔽门系统必须按一级负荷供电,必须设置备用电源(CJJ 183—2012 中强制条文 4.4.1)。

3. 屏蔽门预埋件的数量,安装尺寸是否符合要求。

4. 门体的安装质量:标准单元相邻柱中心距离,非标准单元相邻立柱中心距离,从站台中心线向两端安装的累积长度误差等;屏蔽门在轨道侧的外轮廓(在列车高度范围内)至轨道中心线安装距离;各紧固件按设计要求有防锈措施。检查门体安装的平整度、垂直度。其次检查地坎及立柱装饰安装质量,主要检查项目是:相邻地坎间高度差;前后地坎的间隙;地坎与周边的间隙;地坎导轨侧到轨道中心线的水平距离。

5. 电气系统的安装质量:重点在于接地和绝缘性能测试,主要检查项目是:整列门的绝缘电阻;中央接口盘、配电盘及控制器地盘与车站接地电阻,站台门头、变压器星形联结中性点与轨道地电阻。

6. 系统调试和试运行的相关记录。检查连续通电 144 h(或 5 000 次)的测试报告,电气测试、障碍物探测、关门力检测、滑动门开关测试和等电位测试的报告。

六、常见质量问题及预防

1. 屏蔽门整体绝缘不达标

问题分析:施工时漏水;铺装地面时没有对屏蔽门绝缘进行防护,破坏绝缘;动车调试及试运营中金属粉末渗漏到绝缘件间隙中等是造成屏蔽门整体绝缘不达标的原因。

预防措施:通过对立柱包板贴膜,解决绝缘不达标问题。

2. 屏蔽门入侵界限

问题分析:安装过程中后盖板安装支架制作误差,且调整余地较小以及后盖板的安装螺杆端头突出等会导致后盖板侵界;门槛至轨顶的距离安装时采用上偏差。

预防措施:制作后盖板支架时降低误差,采用螺杆固定避免螺杆底突出部分侵限。门槛至轨顶的距离在安装时取上偏差,避免下偏差。

3. 滑动门与立柱之间过大或过小

问题分析:滑动门与立柱之间的缝隙过小会导致胶条与门摩擦;缝隙过大会有一定的安全隐患。分析原因:立柱的包板个别区域不平整;屏蔽门门体变形;门单元组件安装存在偏差,偏差累计会导致缝隙过大或过小。

预防措施:立柱的包板与立柱贴合时提高贴合紧密度;安装滑动门单元组件时,提高安装精度。

4. 成品保护

问题分析:屏蔽门安装完毕各施工单位轨行区的安装工作还没有全部完成,要通过屏蔽门携带物料、机具进入轨行区作业,不可避免的对屏蔽门造成一定破坏。

预防措施:通过设置距屏蔽门 1.5 m 警戒线和粘贴警戒标识禁止作业人员进入;端门的进出人员较多,建议端门玻璃安装尽量晚一些,安装后处于常开状态,并贴警示标志。在安装后,每侧站台在两端各打开一套滑动门,并用标识牌标示物料运输通道,同时将木板固定在门槛上防止对门槛破坏。

第九节 综合监控系统

一、概述

综合监控系统是对城市轨道交通线路中所有电力和机电设备进行监控的分层分布式计算机集成系统。包含了内部的集成子系统并与其他自动化专业系统互联,实现信息共享,促进城市轨道交通高效运营。

主要规范依据:

(1)《城市轨道交通综合监控系统工程施工与质量验收规范》(GB/T 50732—2011);

(2)《城市轨道交通信工程施工质量验收规范》(GB 50382—2016);

(3)《城市轨道交通信号工程施工质量验收规范》(GB 50578—2010);

(4)《城市轨道交通自动售检票系统工程施工质量验收规范》(GB 50381—2010);

(5)《城市轨道交通站台屏蔽门系统技术规范》(CJJ 183—2012);

(6)《建筑工程施工质量验收统一标准》(GB 50300—2013);

(7)《建筑电气工程施工质量验收规范》(GB 50303—2015);

(8)《火灾报警系统施工及验收规范》(GB 50166—2007);

(9)《气体灭火系统施工及验收规范》(GB 50263—2007)。

二、施工质量控制要点

(一) 单机调试

1. 送电后,设备各工作指示灯状态正常,电源侧监控无报警,电源的质量、设备的质量、设备的安装质量能够满足正常运行的要求。

2. 设备的硬件装配齐全,预置参数、网络地址的设置符合设计,能够满足操作要求。

3. 设备的应用程序等相关软件应安装到位,登录正常,界面友好,切换迅捷,能够满足功能要求。

(二) 集成子系统的调试

1. 接口调试:包括集成子系统与现场监控对象的接口调试和集成子系统与综合监控系统软件平台的接口调试。

(1)保证接口之间线路传输正常。

(2)保证首尾两端接口连接牢固,对数据传输无实质性影响。

2. 网络调试:包括硬件设施、软件功能及网络连接等。

(1)硬件配置齐全,连接可靠。

(2)应用软件能够满足功能需求。

(3)车站局域网、骨干网和中央局域网的调试,网络功能应正常。

3. 功能测试:包括集成子系统监控现场设备的功能测试和集成子系统专业功能测试。

(1)对现场设备应能实现遥控、遥测功能。

(2)集成子系统专业功能应符合设计要求的功能需求。

(三) 综合联调

综合联调是综合监控系统与其他互联系统之间的调试,应在各互联系统调试完成之后进行。前提条件是各系统之间的接口采用标准接口,各系统提供开放的通信协议。

1. 进行点对点的调试:验证综合监控系统数据库与各互联系统数据库之间的对应关系及各类接口对数据传输的影响。

2. 进行端对端的调试:验证综合监控系统人机界面与现场设备之间的数据传输的正确性及通信系统为综合监控系统提供的传输通道的带宽是否满足传输要求。

3. 综合监控系统的功能性调试:综合监控系统功能性调试应在综合监控系统点对点、端对端的调试结束,各互联系统都调试完成的情况下进行。

(1)综合监控系统车站级和中央级的基本功能调试:①应具有文件和报表管理、生成和打印功能;②应具有对各类操作记录、事件、报警、日志、历史数据和文件进行记录、保存、分析处理和归档功能;③应通过应用配置组态工具修改组态,实现用户所需功能,组态应在线或离线工作;④应实现全线与车站的操作权限管理功能;⑤对可控设备应具有操作功能;⑥宜具有设备维护管理的功能,能够提供设备运行及设备维护、维修等管理信息;⑦应具有培训功能。

(2)综合监控系统车站级(车辆基地)功能调试:①监控本站范围内的供电设备、环境与机电设备、防灾设备及车站主要设施的运行情况;②能够对各集成子系统、互联系统监控画面进行选择和分屏显示,显示画面应能够显示相应系统的详细信息;③能够显示车站的综合画面;④本车站主要设备、监控网络出现故障时,能够实现报警功能。

(3)综合监控系统中央级功能调试:①总控室人机界面应能够显示全线监控对象的运行状态、技术参数及网络运行状况;②应能实现中央级的遥控、顺控功能;③应具有中央级的网络管理功能;④应具有系统备份和回复功能。

(4) 综合监控系统与电力监控系统的功能调试:①综合监控系统应能够显示供电系统图、变电所主接线图、牵引网供电分段示意图、程序控制图及变电所盘面图,并在综合显示屏指定位置进行任意切换;②车站级综合监控应能对本车站管辖范围内变电所设备、牵引网络设备的运行状态和技术参数进行适时监视,并能实现权限范围内遥控、遥信、遥测和遥调功能,同时具备设备故障监视和电能质量管理功能;③中央级综合监控应能实现对全线供电系统的运行状态和技术参数进行适时监视,对设备进行遥控,对故障进行报警,多站并发时能够进行顺控;④不论中央级还是车站级,对于电力监控系统的同一设备在同一时刻只能有一个控制者,应严格区分故障跳闸和维修分闸,坚持"谁分闸,谁合闸"的原则,确保安全。

(5) 综合监控系统与环境与设备监控系统的功能调试:①车站级综合监控应实现车站综合显示画面,环境与设备监控系统设备分类画面,环境与设备监控系统模式的显示;应对本车站及所辖区间、车站隧道通风系统、车站通风空调系统、给排水系统、自动扶梯系统、照明系统、车站事故照明电源、集中冷站等设备进行监视和控制,并对故障进行报警;应监视和记录车站典型区域测试点的温度、湿度、压力等环境参数;应监视车站公共区通风空调系统、水系统的参数和状态,实现对车站公共区通风空调系统的控制;应对所有监控设备实现手动和自动模式控制;应实现将车站被控设备运行状态、报警信号及监测点数据送至控制中心,并接受中央级的各种运行模式指令;应接受火灾报警系统发出的模式指令,并监视环境与设备监控系统执行防灾模式的情况。②中央级综合监控应具有综合监控系统总貌画面和设备运行工况画面,包括全线任一车站的综合画面、机电设备分类画面、环境与设备监控系统模式控制画面、环境与设备驾控系统模式列表;应监视全线各车站的通风与空调系统、给排水系统、空调系统、电梯、自动扶梯、动力照明系统、导向系统及集中冷站等设备的运行状态;应监视和记录各车站站厅、站台和管理设备用房的温度、湿度等环境参数;应实现设备点控和模式可控功能;应实现隧道火灾的模式控制功能;应实现模式和时间表的编辑和下载功能;应在综合显示屏指定区域显示全隧道通风系统的工作状态、区间水位状态等运行情况。

(6) 综合监控系统与火灾自动报警系统的功能调试:①车站级综合监控应具有管理车站火灾报警及报警确认功能;应监视本站火灾报警设备的主要运行状态,接收车站火灾报警并显示报警具体位置;火灾发生时,应根据火灾模式联动广播系统进行防灾广播,控制地铁专用消防救灾设备的启停,并显示运行状态;应具有分类存储车站火灾报警系统设备的运行、故障、报警数据的功能。②中央级综合监控应显示全线火灾报警信号,自动切换相应画面,显示报警部位,提供报警确认,启动联动功能;应按车站分类接收显示并存储全线火灾报警设备探头、模块、控制盘和电源四类设备的主要运行状态;应适时检测与火灾报警系统通信链路的状态。

(7) 综合监控系统与广播系统的功能性调试:①能够选择车站内或隧道内任意一个和多个广播分区;②能够选择一个或多个广播源;③能够监视广播设备的状态和报警信息;④能实现列车进站自动广播的联动功能;⑤能实现自动时间表广播;⑥火灾发生时,能够自动切换到消防广播。

(8) 综合监控系统与闭路电视监控系统的功能性调试:①应能够实现闭路电视监控系统自动或手动操控功能;②应显示任意选择的管辖范围内闭路电视监控视频图像;③在中央控制室综合显示屏上应显示闭路电视监控视频图像。

(9) 综合监控系统与门禁系统的功能性调试:①应实现接收、储存门禁系统的故障信息、状态信息及通信状态信息的功能;②应实现接收门禁系统设备报警并显示报警的功能;③应实现门禁系统火灾联动控制功能。

(10) 综合监控系统与乘客信息系统的功能性调试:①中央级应具备乘客信息系统的信息编辑功能,信息应包括列车到发信息、时间、实时通告等;②车站级应具备编辑适时文字通告信息功能;③应实现乘客信息系统状态监视、乘客信息系统报警监视、显示范围选择、预定义信息播发等功能。

(11) 综合监控系统与信号系统的功能性调试:①综合监控系统应接入列车信息、阻塞信息、设备报警、通道检测信息并显示;②根据信号系统提供的实际运行图信息,实现自动广播、乘客信息显示以及与列车运行有关的联动。

（12）综合监控系统与自动售检票系统的功能性调试：①应具备监视客流信息及自动售检票系统主要设备报警信息功能；②应具备控制车站闸机功能。

（13）综合监控系统与时钟系统的功能调试：①中央级综合监控系统应接受时钟系统提供的毫秒级时钟信号，使中央级综合监控系统设备的时间同步；②下传时钟信号给车站级综合监控系统，使车站级综合监控系统设备的时钟同步；③在综合监控系统工作站的人机界面、控制中心综合显示屏及后备盘上显示时钟信息。

（14）综合监控系统与不间断电源的功能调试：①监视不间断电源的工作状态、各种电量参数、报警信息及电池状态等；②有操作权限的运营人员能够对 UPS 进行远程控制。

（15）综合监控系统与综合后备盘的功能调试：①应具备灾害报警以及信号、环境与设备监控系统、电力监控系统、火灾自动报警系统、自动售检票、屏蔽门、自动扶梯等系统的后备应急操作；②在系统故障或发生灾害等紧急事件情况下，应具备隧道火灾模式、车站火灾模式、隧道阻塞模式、屏蔽门应急开启、列车自动监控系统的紧急停车、扣车和放行、自动售检票系统闸机释放、门禁系统电锁释放、牵引网紧急断电以及和各个紧急情况相关的联动控制功能；③综合后备盘上应设有列车自动监控系统的紧急停车、扣车和放行开关；④综合后备盘上指示灯状态显示应与现场设备状态一致，按钮、开关控制及联锁功能、试灯功能应正常。

4. 综合监控系统性能调试：主要测试综合监控系统自身的反应时间和主要设备负荷率是否满足要求。

（1）综合监控系统响应性调试：①遥控命令在综合监控系统中的传送时间应小于 2 s；②设备状态变化信息在综合监控控系统中的传送时间应小于 2 s；③实时数据画面在操作员工作站屏幕上整幅调出响应时间应小于 1 s；④冗余服务器切换时间不应大于 2 s；⑤冗余网络切换时间不应大于 0.5 s；⑥冗余通信前置机切换时间不应大于 1 s。

（2）综合监控系统设备负载调试：①服务器中央处理器平均负荷率应小于 30%；②工作站中央处理器平均负荷率应小于 30%；③前置机中央处理器平均负荷率应小于 20%；④局域网的平均负荷率应小于 20%；⑤服务器、工作站平均动态内存占用率应小于或等于 30%。

（四）不间断试运行测试

1. 综合监控系统综合联调结束后，应进行不间断试运行，时间不得小于 144 h，以此验证综合监控系统功能和性能是否正常。

2. 综合监控系统因自身系统故障导致全部或部分系统功能丧失超过 5 min 时，应重新开始不间断试运行。

三、质量监督要点

（一）安装质量

设备安装质量；桥架、电管安装质量；电线、电缆、光纤的敷设；各类线缆与设备的连接等。

（二）功能性测试

点对点、端对端测试；功能性调试；性能测试；综合联调。

（三）工程资料

设备的质保资料；设备的安装验收记录；设备单机调试记录；点对点调试记录；端对端调试记录；功能性调试记录；性能（响应性能和负载性能）调试记录；不间断试运行记录。

四、常见质量问题及预防

（一）在 OCC 综合监控系统无法看到互联系统上传的信息

1. 现象

中央级综合监控系统收不到来自互联系统的信息，甚至收不到车站级综合监控系统的上传信息。

2. 原因分析

（1）中央级集成子系统出了问题，上传信息已经传到，中央级综合监控系统无法显示。

（2）通信系统出了问题,各个互联系统上传的信息没有到达中央级综合监控系统。

（3）各个互联系统还没有调试完成,无法上传。

（4）个别互联系统不提供开放的通信协议。

3. 防治措施

可以通过车站级综合监控和中央级综合监控的互调来查找原因,如果车站级综合监控与中央级综合监控系统能够进行正常的数据传输,则说明综合监控系统和通信系统没有问题,问题出在互联系统;如果车站级综合监控无法与中央级综合监控系统进行数据传输,则说明问题出在了综合监控系统本身或者是传输环节通信系统。如果查清是综合监控系统自身原因后,可以从以下几个方面检查:

（1）线路:主要检查传输线路是否出了问题,是否有断线情况;是否有传输线路过长,衰减过大情况;光纤在线路中是否有熔接,熔接质量是否合格等。

（2）接口:检查各接口接线是否正确,连接是否牢固,是否都采用了统一的标准接口,接口形式是否影响数据传输等。

（3）设备:检查交换机、服务器、电脑等设备是否出现问题。

（4）软件:检查系统集成软件是否存在问题。

（二）中央级综合监控系统查询困难

1. 现象

中央级综合监控系统没有对各互联系统上传的数据进行集成,致使大量数据信息存在于综合监控系统的一个界面之上,信息量大,查询困难。

2. 原因分析

综合监控系统没有对各互联系统上传的数据进行集成,没有对数据进行梳理、分类、归档,并建立查询路径,各互联系统上传的数据始终是杂乱无章地存在于综合监控系统中,查询起来比较困难。

3. 防治措施

（1）综合监控系统应能实现按系统集成,例如进入 BAS 系统界面后,可以方便调出任意一个站的 BAS 系统监控界面,实施监控。

（2）综合监控系统应能实现按站集成,例如进入某一个车站的界面后,可以方便调出本站任意一个互联系统的监控界面,并实施监控。

（3）综合监控系统应能够实现按时间段查询各互联系统工作记录的功能。

（4）综合监控系统不管按哪种方式集成,操作员在工作站屏幕上整幅调出实时数据画面响应时间应小于 1 s。

第十节 联 调 联 试

一、概述

轨道交通工程联调联试是指在各单系统调试成功的基础上,进行全系统整合调试,验证各系统的运行及相互之间的联动、联锁关系,各系统之间的匹配程度及稳定性,充分发挥各系统之间的联动功能,实现人、列车、设备的最佳匹配,达到设计要求,满足运营需要,保证运营安全。

目前,不同城市的轨道交通工程对“联调联试”的称呼并不统一,有的城市称“联调联试”,譬如南京,有的城市称“综合联调”,譬如无锡,有的城市称“大联调”,譬如广州,有的城市称“总联调”,譬如深圳,甚至于同一城市的不同线路称呼也不一致,国外也是如此,名字不统一,调试的内容也有一些差别。随着科技的不断进步,轨道交通系统安装工程对新材料、新技术、新工艺、新设备的应用也越来越多,因此联调联试也变得越来越复杂。但目的都是寻求设备间的最佳匹配,验证各系统的联动、联锁功能,保证列车运营安全,提高列车运行效率。

二、施工质量控制要点

（一）联调联试的组织保障

1. 建立联调联试组织机构

因为联调联试涉及的系统广、单位多、人员复杂，像供电系统、信号系统等又与安全密切相关，有着各自独特的规章制度和操作流程，所以协调起来难度非常大。这就要求成立的联调联试组织机构要有一定的权威性，对重大问题要有一定的协调能力，一般多按决策层、协调层和执行层的架构进行组建，决策层一般由各单位的主要领导组成。

2. 明确各联调联试小组的职责

轨道交通联调联试的组织机构一般都是临时性的，少则几个月，多则一两年，人员也比较复杂，是轨道交通的各参建单位共同派出人员组成的，结构相对比较松散，如果没有一个好的组织制度和各组织的明确职责，很难发挥联调联试组织机构的作用，这将关系着联调联试的成败，至关重要。

3. 明确的人员分工

组织机构要求人员分工明确，责任清晰，各司其职。

（二）联调联试的技术保障

1. 参加调试人员的技术力量

参加调试的各系统的施工单位的技术负责人一定要纳入到联调联试组织机构的决策层中来，任务是根据各自系统的特点审定调试联试方案，确保方案正确可行；各系统的相关技术人员要纳入联调联试组织机构的执行层中，任务是相互配合，具体操作执行联调联试方案中涉及本系统的相关调试工作，保证从联调联试方案的制订、审定到执行都是由具有相应能力的相关技术人员来完成。

2. 具体参加调试人员的培训

目前，业界没有对参加联调联试的人员资格进行准确认定。有规范提及要求具有专业资格，但是具体要求哪个专业的资格没有明确，这种专业资格如何取得，也没有明确。另外，联调联试至少涉及两个系统，不是具备某个专业水准的一个人就能够完成的，需要各系统的相关专业人员共同协助，一起完成。这样，对具体参加调试的调试人员的培训就至关重要，他们的知识水平、对专业的认知程度往往能够决定调试的成败，因此说调试前的培训是必不可少的。培训应该具有很强的针对性，不同系统之间调试的内容不同，培训的内容应与调试内容相一致，避免千篇一律，程序化、形式化。

（三）联调联试的安全保障

联调联试组织机构应设置安全领导小组，完善各种安全规章制度，确保联调联试期间的人、机、设备安全。

（四）联调联试的内容、调试方法、标准及调试结果

联调联试涉及的系统较多，内容很复杂，因此联调联试应有专项的调试方案，方案中应该明确各系统之间、各系统与列车之间、综合监控系统与互联子系统之间的调试内容、调试方法和合格标准。本书以屏蔽门与列车的联动为例，以列表的方式进行介绍（表7.10.1）。

表 7.10.1　屏蔽门与列车联调联试测试记录

测试名称：屏蔽门与列车联动　　　　　　测试车辆：×××
测试车站：×××　　　　　　　　　　　测试线路：上行（下行）

项目	测试内容	步骤	测试方法	标准	结果	备注
一	打开单个 PSD，列车不能进站	1 ⇓ 3	屏蔽门全部关闭情况下，列车在站前 100 m 启动，以 ATO 方式运行，车站工作人员手动打开单个 PSD	列车在进站前停车，ATS 工作进路不受影响，列车无速度码，控制中心、车控室显示器图标显示被打开的 PSD 处于开启状态		

续表 7.10.1

项目	测试内容	步骤	测试方法	标准	结果	备注
二	屏蔽门全部关闭,列车可以进站	4 ⇓	车站工作人员手动关闭被打开的 PSD	列车恢复速度码,可以进站		
三	列车门、屏蔽门自动模式开启	5 ⇓	列车以 ATO 模式进站停靠	列车门与屏蔽门同时打开(与设计模式有关,符合设计为标准),列车显示盘显示列车门、屏蔽门处于开启状态,控制中心、车控室显示器显示屏蔽门处于开启状态		
四	列车门与屏蔽门的对应关系	6 ⇓	列车门与屏蔽开启后测量两门中心线的偏差	当屏蔽门的尺寸大于列车门尺寸 600 mm 时,偏差以不大于 300 mm 为合格。原则:滑动门的净开度不应小于客室门的净开度		
五	列车门、屏蔽门手动关闭	7 ⇓	手动按下关门按钮,观察列车门与屏蔽门的关闭情况	列车门与屏蔽门同时关闭(或符合设计模式),列车显示盘显示列车门、屏蔽门处于关闭状态,控制中心、车控室显示器显示屏蔽门处于关闭状态		
六	屏蔽门障碍物探测	8 ⇓ 11	按下开启按钮,列车门与屏蔽门全部打开,测试人员用一根 5 mm(厚度)×40 mm(宽度)的钢板作为障碍物在任选的一屏蔽门上、中、下处做障碍物试验	按下关门按钮后,列车门关闭,屏蔽门第一次遇到障碍物时自动开启后又自动关闭,第二次遇到障碍物后,自动开启后再次自动关闭,当第三次遇到障碍物时自动开启,不再自动关闭(或者符合设计模式),控制中心、车控室显示器显示屏蔽门处于开启(故障)状态,此时列车进路不受影响,但没有速度码,无法出站		
七	屏蔽门解锁	12 ⇓	测试人员在车站 PSD 控制盒上用钥匙解除屏蔽门与列车互锁	控制中心显示屏显示屏蔽门与列车互锁处于解除状态,列车恢复速度码,此时列车可以启动		
八	屏蔽门全部关闭,列车启动	13 ⇓ 16	测试人员旋转钥匙,恢复互锁状态,同时去除障碍物,关闭全部屏蔽门,列车启动	屏蔽门恢复互锁状态,列车失去速度码,全部屏蔽门关闭后,列车恢复速度码,启动出站,控制中心、车控室显示器显示系统正常,列车处于运行状态		
九	屏蔽门应急门	17	列车启动后错位停车,手动开启列车门,测试人员从列车内部测试屏蔽门的应急门功能	测试人员应该能够从列车内部推动应急门的推杆锁开启应急门,应急门开启到 90°时应能够定位		此项可选做,不必每辆列车都做

测试单位:××× 测试单位:×××	测试人员:××× 测试人员:××× 记录人员:××× ××××年××月××日	(签字) (签字) (签字)

联调联试是在单系统调试合格的情况下进行的,是一个繁琐的过程,也是一个不断重复的过程。比如说每个站的屏蔽门都要测试,要分上行和下行,也就是说每个站至少测试两次,每辆车都要测试,加起来需要重复测试的次数就会更多。测试人员一定要有足够的耐心和细心,要善于在联调联试过程中发现问题,整理后交相关施工单位去解决问题,从而保证联调联试顺利完成。在联调联试过程中,在某一个测试内容发现了问题解决后,应对该测试内容进行重新测试,如果该内容对其他的测试内容产生影响,则应

对全部测试内容进行重新测试,每项联调联试完成后应及时填写测试记录,测试记录应真实。

(五) 参与联调联试的系统及联调联试示意图

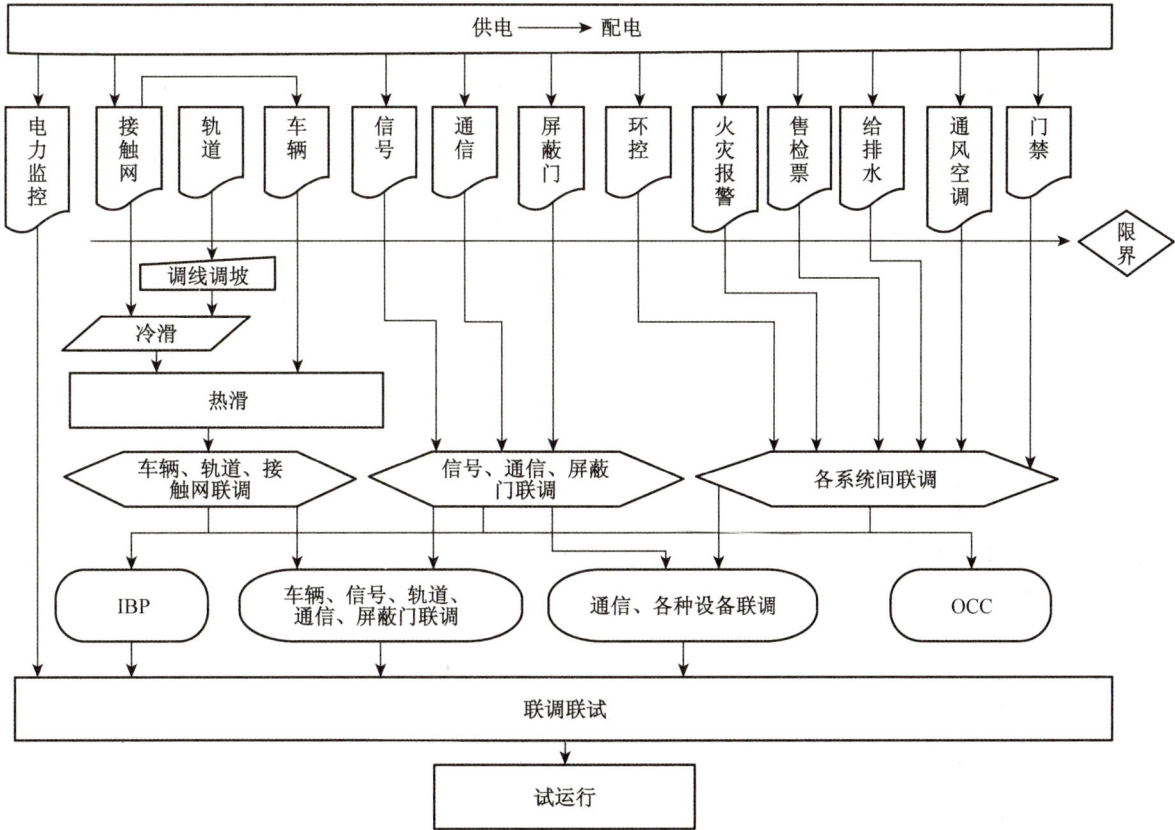

图 7.10.1　参与联调联试的系统及联调联试示意图

三、质量监督要点

各系统在联调联试过程中的功能性测试及相应的联动、联锁关系。

监督方法:现场抽测和查看相关的测试记录。

第八章　工程质量问题及违法违规行为处理

第一节　概　　述

2000年1月30日,《建设工程质量管理条例》的颁布实施标志着工程质量监督工作进入了一个崭新的时期。《建设工程质量管理条例》规定了工程建设各方责任主体的质量责任和各级行政主管部门的管理职责,确立了一系列工程质量管理制度,这些制度的确立,对于遏制工程质量事故的发生,促进工程质量水平的提高,发挥了极其重要的作用。其中工程质量监督制度的实行,建设工程质量监督机构的设立及其有效运行对保证建设工程质量意义重大,是政府质量监管不可或缺的有效手段。所谓工程质量监督管理,是指住房和城乡建设主管部门及其委托所属的工程质量监督机构依据有关法律法规和工程建设强制性标准,对工程实体质量和工程建设、勘察、设计、施工、监理单位和质量检测等单位的工程质量行为实施监督,属于行政执法行为。监督的依据即为有关法律、法规和强制性标准,监督的内容包括对实体质量的监督和参建单位、有关机构质量行为的监督。工程实体质量监督是指监督机构对涉及工程主体结构安全、主要使用功能的工程实体质量情况实施监督,即重点抽查工程实体质量是否符合工程建设强制性标准。工程质量行为监督是指监督机构对工程质量责任主体和质量检测等单位履行法定质量责任和义务的情况实施监督,即抽查责任主体和有关机构执行有关法律规范的情况。

《建设工程质量管理条例》明确了国务院建设行政主管部门,国务院铁路、交通、水利等有关部门,县级以上地方人民政府建设行政主管部门,县级以上地方人民政府交通、水利等有关部门的各自的职责和监督管理范围。同时也明确了建设工程质量监督管理,可以由建设行政主管部门或者其他有关部门委托的建设工程质量监督机构具体实施。建设工程质量监督机构只能以委托的行政机关的名义实施行政管理的活动,其后果由委托的行政机关承担。

在工程建设过程中,绝大部分工程质量责任主体和有关机构能很好执行工程建设相关法律法规和工程建设强制性标准,工程质量符合设计和规范要求,但是极少部分工程质量责任主体和有关机构还存在一些违法违规现象。例如违反工程建设基本建设程序,不执行法律法规中所规定的质量责任和义务,工程实体质量未达到设计文件及规范要求;工程出现质量问题、质量事故后隐瞒不报,整改措施不落实或处理不到位、不彻底,给工程留下质量隐患等情况。质量责任主体和质量检测等单位质量行为的不规范,在实体质量上一般表现为质量缺陷或质量问题;而实体质量存在质量缺陷或质量问题,质量责任主体必然存在质量行为上的不规范。这些违法违规行为以及造成的实体质量问题,从违反规范条文的级别上看,可分为违反强制性标准和违反一般性标准;从违反法律法规的程度来看,可分为轻微情节和依法应实施处罚的情节;从质量问题的严重性来看,可分为质量缺陷、质量问题以及质量事故。

对质量监督检查中发现的质量问题和违法违规行为的处理,质量监督机构依据的法律法规主要有:

1.《建筑法》(主席令第91号)

2.《行政处罚法》(主席令第63号)

3.《建设工程质量管理条例》(国务院令第279号)

4.《江苏省工程建设管理条例》(江苏省第十届人大常委会公告第77号)

5.《实施工程建设强制性标准监督规定》(建设部令第81号)

6.《房屋建筑和市政基础设施工程质量监督管理规定》(建设部令第 5 号)

7.《城市轨道交通建设工程验收管理暂行办法》(建质〔2014〕42 号)

8.《关于做好房屋建筑与市政基础设施施工工程质量事故报告和调查处理工作的通知》(建质〔2010〕111 号)

9.《江苏省房屋建筑和市政基础设施工程质量监督管理办法》(江苏省人民政府令第 89 号)

10.《关于印发〈江苏省房屋建筑和市政基础设施监督工作实施细则〉的通知》(苏建规字〔2011〕2 号)

依据上述法律法规,对质量监督检查中发现的质量问题和违法违规行为的处理质量监督机构有下列权限:

(1) 对工程质量检查情况进行通报,对发现的工程质量问题责令整改或局部停止施工。

(2) 受建设行政主管部门委托,组织或者参与工程质量事故的调查处理。

(3) 发现工程质量责任主体和质量检测等单位有违法违规行为时,要求其采取措施改正违法违规行为,并及时向建设行政主管部门报告。

(4) 受建设行政主管部门委托,对工程质量责任主体和质量检测机构不执行工程建设强制性标准和违规行为进行行政处罚。

建设行政主管部门及其委托的质量监督机构通过以上行政执法措施对质量问题和违法违规行为进行处理,目的是强化参建单位质量意识,规范质量行为,从而确保工程实体质量符合设计和规范要求。同时为了进一步加强对建筑市场各方主体的监管,住建部等还出台一系列办法、措施,来规范建筑市场秩序,健全建筑市场诚信体系,营造诚实守信的市场环境。

第二节 工程质量违反强制性条文问题处理

一、工程建设强制性条文的法律地位

在本书第二章阐述了工程建设标准及工程建设强制性条文。本节着重讲解工程建设强制性条文的法律地位以及违反的法律后果。

在工程建设中,经常会有一些不能符合工程建设标准的现象,针对所违反的工程建设标准层级不同,责任单位受到的处理也有所不同,其中,针对违反工程建设强制性条文的行为,就要进行相应的行政处罚。

国务院 279 号令《建设工程质量管理条例》(以下简称《条例》)强调了建设行政主管部门及其委托的质量监督机构应当加强对有关建设工程质量的法律、法规和强制性标准执行情况的监督检查,并对各责任主体违反强制性标准的行为作出了处罚规定。《条例》将强制性标准与法律、法规并列起来,使得强制性标准在效力上与法律法规等同,也就是说强制性标准本身虽然不是法规,但条例赋予了其法律效力,违反国家强制性技术标准就是违法,就要受到相应的处罚。

应当注意的是,此处所指的"强制性标准"不同于通常提及的与"推荐性标准"相对应的"强制性标准",而是在现行强制性标准规范中单独设立的"工程建设强制性条文"这一独立标准层次,即在工程建设标准规范中采用黑体字单独标出,起着技术法规的作用的"工程建设强制性条文"。建设部 81 号令《实施工程建设强制性标准监督规定》规定:工程建设强制性标准是指直接涉及工程质量、安全、卫生及环境保护等方面的工程建设标准强制性条文,国家工程建设标准强制性条文由国务院建设行政主管部门会同国务院有关行政主管部门确定。工程质量监督机构应当对工程建设施工、监理、验收等阶段执行强制性标准的情况实施监督,工程质量监督机构的人员必须熟悉、掌握工程建设强制性标准。

在实际监督工作过程中,部分质量监督人员对有关概念不甚清晰,不能正确区分违反一般强制性标准和违反工程建设强制性条文的区别。仅仅违反一般强制性标准的行为,如果没有出现严重后果,只需责令整改使其满足规范标准即可,不必进行行政处罚。但是一旦违反了工程建设强制性条文,不论是否造成质量事故或经济损失,均构成违法行为,不仅要迅速整改,还要承担有关法律责任。

工程质量监督机构在工程建设过程中,实施监督检查或验收监督中,对现场执行强制性标准的情况实施监督,发现有关责任主体违反工程建设强制性条文,应立即签发《工程质量监督整改通知书》或《工程质量监督局部暂停通知书》等,责令改正或要求整改后重新验收;质量监督人员对责任主体和有关机构违法、违规行为进行调查取证和核实,并向委托机关提出处罚建议或按委托权限实施行政处罚。

二、责任主体违反工程建设标准强制性条文行为的法律责任

根据国务院 279 号令《建设工程质量管理条例》、建设部 81 号令《实施工程建设强制性标准监督规定》对参与建设活动的各方责任主体违反强制性标准的处罚作出了具体规定。

1. 建设单位有下列行为之一的,责令改正,并处以 20 万元以上 50 万元以下的罚款:

(1) 明示或者暗示施工单位使用不合格的建筑材料、建筑构配件和设备的;

(2) 明示或者暗示设计单位或者施工单位违反工程建设强制性标准,降低工程质量的。

2. 勘察、设计单位违反工程建设强制性标准进行勘察、设计的,责令改正,并处以 10 万元以上 30 万元以下的罚款。有前款行为,造成工程质量事故的,责令停业整顿,降低资质等级;情节严重的,吊销资质证书;造成损失的,依法承担赔偿责任。

3. 施工单位违反工程建设强制性标准的,责令改正,处工程合同价款 2% 以上 4% 以下的罚款;造成建设工程质量不符合规定的质量标准的,负责返工、修理,并赔偿因此造成的损失;情节严重的,责令停业整顿,降低资质等级或者吊销资质证书。

4. 工程监理单位违反强制性标准规定,将不合格的建设工程以及建筑材料、建筑构配件和设备按照合格签字的,责令改正,处 50 万元以上 100 万元以下的罚款,降低资质等级或者吊销资质证书;有违法所得的,予以没收;造成损失的,承担连带赔偿责任。

《实施工程建设强制性标准监督规定》进一步规定,违反工程建设强制性标准造成工程质量、安全隐患或者工程事故的,按照《建设工程质量管理条例》有关规定,对事故责任单位和责任人进行处罚。

第三节　工程质量问题和质量事故的处理

一、概念

建设工程质量缺陷,是指在工程建设过程中,建设工程因勘察、设计存在问题或建筑材料和制品质量低劣或施工工艺不良或施工组织管理不善或使用不当等原因,造成建筑物倒塌、开裂、错位、变形、渗漏、楼地面与装饰工程毁坏以及其他各种影响建筑物正常使用功能的缺陷。

工程质量问题,是指在工程建设过程中,由于建设、勘察、设计、施工、监理等单位违反工程质量有关法律法规和工程建设标准规定,造成工程质量不能满足工程建设合同、设计图纸,以及工程建设标准、技术规范要求的工程质量缺陷。

工程质量事故,是指由于建设、勘察、设计、施工、监理等单位违反工程质量有关法律法规和工程建设标准,使工程产生结构安全、重要使用功能等方面的质量缺陷,造成人身伤亡或者重大经济损失的事故。

工程因存在质量问题而发生质量事故后,事故发生单位要及时向当地建设行政主管部门和工程质量监督机构报告,工程质量监督机构参与或组织工程质量问题(事故)的调查处理,并对有关质量问题(事故)的整改活动、参建各方的质量行为进行监督。

二、工程质量问题的分类

1. 一般质量问题,不影响建筑物的正常使用,也不影响建筑物结构的承载力、刚度及完整性,但却影响美观或耐久性。

2. 较严重质量问题,不影响建筑物结构的承载力,却影响建筑物的使用功能或使结构的使用功能下降,有时还会使人有不舒适和不安全感。

3. 严重质量问题,影响建筑物结构的承载力、使用安全或严重的使用功能缺陷。

三、工程质量事故分级

根据工程质量事故造成的人员伤亡或者直接经济损失,工程质量事故分为 4 个等级:

1. 特别重大事故,是指造成 30 人以上死亡,或者 100 人以上重伤,或者 1 亿元以上直接经济损失的事故。

2. 重大事故,是指造成 10 人以上 30 人以下死亡,或者 50 人以上 100 人以下重伤,或者 5 000 万元以上 1 亿元以下直接经济损失的事故。

3. 较大事故,是指造成 3 人以上 10 人以下死亡,或者 10 人以上 50 人以下重伤,或者 1 000 万元以上 5 000 万元以下直接经济损失的事故。

4. 一般事故,是指造成 3 人以下死亡,或者 10 人以下重伤,或者 100 万元以上 1 000 万元以下直接经济损失的事故。

本等级划分所称的"以上"包括本数,所称的"以下"不包括本数。

四、工程质量问题(事故)的处理

《建设工程质量管理条例》规定,任何单位和个人对建设工程的质量事故、质量缺陷都有权检举、控告、投诉。

工程质量事故的处理应遵循"四不放过"的原则:事故原因未查明不放过、责任人未处理不放过、整改措施未落实不放过、有关人员未受到教育不放过。

严格落实各方责任主体的质量责任。建设单位对工程质量负全面责任,勘察、设计、施工、监理等单位和质量检测、施工图审查等有关机构按照法律规定和合同约定对工程质量承担相应责任。

严格落实工程质量终身责任制。工程项目在设计合理使用年限内,工程各参建单位的法定代表人、项目负责人、技术负责人和注册执业人员,按各自职责对工程质量负终身责任。如果出现质量问题,无论其在什么岗位、担任什么职务,都要依法追究相应责任。

在工程建设期间及保修期限内,工程出现质量问题(事故),施工单位应当负责返修,施工技术方案应经建设(监理)单位审核同意,根据其对结构性能和使用功能影响的严重程度,重大技术方案应经勘察、设计单位审核同意。工程勘察、设计单位应当参与建设工程质量事故分析,并对因勘察、设计原因造成的质量事故,提出相应的技术处理方案。涉及工程局部变更或需要进行加固设计的,设计文件应经施工图审查机构审查批准。

当工程质量遇到下述情况时,应委托有资质的专业检测机构进行技术鉴定:①工程外形遭到严重破坏,但对其结构内在质量难以判断;②工程建设过程中有关结构主体的建筑材料及配件、半成品、设备、构件质量保证资料严重缺乏,无法证明结构的安全可靠;③有各类线索等反映工程基础和施工过程有偷工减料行为;④对工程结构质量是否达到合格有争议;⑤建设参与各方对工程质量问题有争议;⑥依据有关标准,应当进行检测鉴定。

五、工程质量问题(事故)处理的质量监督

在工程质量监督检查、质量投诉(举报)处理过程中以及各责任主体质量问题(事故)上报等途径发现的工程质量问题(事故),根据具体情况及有关规定及时向住房和城乡建设主管部门报告。

建设工程质量监督机构在发现工程质量问题时,有权采取责令改正、局部暂停施工等强制性措施,直至问题得到改正。

工程质量问题由工程参建各方按各自的职责处理,有关责任主体在处理工程质量问题时,应依法履行职责,工程质量监督机构依据有关工程建设法律、法规和强制性标准,对工程质量问题处理过程进行监

督,对勘察、设计单位参加有关工程质量问题的处理情况、施工单位的质量问题的整改和质量事故的处理情况、监理单位的质量问题通知单签发及质量问题整改结果的复查情况进行监督。

在处理工程质量问题时,工程质量监督机构对参建各方和有关单位的违反法律法规和工程建设强制性标准的行为,按有关程序进行调查取证,并依法进行行政处罚,及时将质量问题处理的相关资料收集整理并归入监督档案。

工程质量问题的整改和质量事故处理情况应列入《工程质量监督报告》,工程质量监督档案应包括施工中发生质量问题的整改和质量事故处理的有关资料。

六、工程质量事故报告和调查处理程序

根据《生产安全事故报告和调查处理条例》和《建设工程质量管理条例》,住房和城乡建设部下发了《关于做好房屋建筑和市政基础设施工程质量事故报告和调查处理工作的通知》(建质〔2010〕111号),具体规定了房屋建筑和市政基础设施工程质量事故报告与调查处理工作程序。没有造成人员伤亡,直接经济损失没有达到100万元,但是社会影响恶劣的工程质量问题,也应参照该规定执行。

(一)事故报告

工程质量事故发生后,事故现场有关人员应当立即向工程建设单位负责人报告;工程建设单位负责人接到报告后,应于1h内向事故发生地县级以上人民政府住房和城乡建设主管部门及有关部门报告。情况紧急时,事故现场有关人员可直接向事故发生地县级以上人民政府住房和城乡建设主管部门报告。

住房和城乡建设主管部门接到事故报告后,应当依照下列规定上报事故情况,并同时通知公安、监察机关等有关部门:

1. 较大、重大及特别重大事故逐级上报至国务院住房和城乡建设主管部门,一般事故逐级上报至省级人民政府住房和城乡建设主管部门,必要时可以越级上报事故情况。

2. 住房和城乡建设主管部门上报事故情况,应当同时报告本级人民政府;国务院住房和城乡建设主管部门接到重大和特别重大事故的报告后,应当立即报告国务院。

3. 住房和城乡建设主管部门逐级上报事故情况时,每级上报时间不得超过2h。

事故发生地住房和城乡建设主管部门接到事故报告后,其负责人应立即赶赴事故现场,组织事故救援。发生一般及以上事故,或者领导有批示要求的,设区的市级住房和城乡建设主管部门应派员赶赴现场了解事故有关情况。发生较大及以上事故,或者领导有批示要求的,省级住房和城乡建设主管部门应派员赶赴现场了解事故有关情况。发生重大及以上事故,或者领导有批示要求的,国务院住房和城乡建设主管部门应根据相关规定派员赶赴现场了解事故有关情况。

事故报告应包括下列内容:

(1)事故发生的时间、地点、工程项目名称、工程各参建单位名称;

(2)事故发生的简要经过、伤亡人数(包括下落不明的人数)和初步估计的直接经济损失;

(3)事故的初步原因;

(4)事故发生后采取的措施及事故控制情况;

(5)事故报告单位、联系人及联系方式;

(6)其他应当报告的情况。

事故报告后出现新情况,以及事故发生之日起30日内伤亡人数发生变化的,应当及时补报。

(二)事故调查

住房和城乡建设主管部门应当按照有关人民政府的授权或委托,组织或参与事故调查组对事故进行调查,并履行下列职责:

1. 核实事故基本情况,包括事故发生的经过、人员伤亡情况及直接经济损失。

2. 核查事故项目基本情况,包括项目履行法定建设程序情况、工程各参建单位履行职责的情况。

3. 依据国家有关法律法规和工程建设标准分析事故的直接原因和间接原因,必要时组织对事故项目进行检测鉴定和专家技术论证。

4. 认定事故的性质和事故责任。

5. 依照国家有关法律法规提出对事故责任单位和责任人员的处理建议。

6. 总结事故教训,提出防范和整改措施。

7. 提交事故调查报告。

事故调查报告应当包括下列内容:

(1) 事故项目及各参建单位概况;

(2) 事故发生经过和事故救援情况;

(3) 事故造成的人员伤亡和直接经济损失;

(4) 事故项目有关质量检测报告和技术分析报告;

(5) 事故发生的原因和事故性质;

(6) 事故责任的认定和事故责任者的处理建议;

(7) 事故防范和整改措施。

事故调查报告应当附具有关证据材料。事故调查组成员应当在事故调查报告上签名。

《实施工程建设强制性标准监督规定》(建设部令第 81 号)中规定:建设行政主管部门或者有关行政主管部门在处理重大工程事故时,应当有工程建设标准方面的专家参加;工程质量事故报告应当包括是否符合工程建设强制性标准的意见。

(三) 事故处理

住房和城乡建设主管部门应当依据有关人民政府对事故调查报告的批复和有关法律法规的规定,对事故相关责任者实施行政处罚。处罚权限不属本级住房和城乡建设主管部门的,应当在收到事故调查报告批复后 15 个工作日内,将事故调查报告(附具有关证据材料)、结案批复、本级住房和城乡建设主管部门对有关责任者的处理建议等转送有权限的住房和城乡建设主管部门。

住房和城乡建设主管部门应当依据有关法律法规的规定,对事故负有责任的建设、勘察、设计、施工、监理等单位和施工图审查、质量检测等有关单位分别给予罚款、停业整顿、降低资质等级、吊销资质证书其中一项或多项处罚,对事故负有责任的注册执业人员分别给予罚款、停止执业、吊销执业资格证书、终身不予注册其中一项或多项处罚。

(四) 工程质量监督机构在工程质量事故调查处理中的职责

根据住房和城乡建设部《房屋建筑和市政基础设施工程质量监督管理规定》(住建部令第 5 号)规定,"组织或者参与工程质量事故的调查处理"是工程质量监督管理的一项重要内容。

受县级以上地方人民政府建设主管部门委托,工程质量监督机构参与(或组织)工程质量事故的调查处理。工程质量事故的调查处理结束后,工程的质量整改措施由参建各方按各自的职责依据法律法规和工程建设强制性标准实施,工程质量监督机构严格监督。事故处理的相关资料应纳入监督档案。

第四节　工程质量违法违规问题的处理

一、工程质量违法违规行为的法律责任

违反法律法规的行为,应当依法承担法律责任,违反工程质量法律法规所应承担的法律责任有民事责任、行政责任、刑事责任。

(一) 民事责任

一般说来,涉及建设工程质量的民事责任比较常见的是赔偿责任等。

1. 赔偿责任

建筑设计单位不按照建筑工程质量、安全标准进行设计造成损失的,承担赔偿责任。

建筑施工企业在施工中偷工减料的,使用不合格的建筑材料、建筑构配件和设备的,或者有其他不按照工程设计图纸或者施工技术标准施工行为的,造成建筑工程质量不符合规定的质量标准的,负责返工、修理,并赔偿因此造成的损失。

建筑施工企业对在保修期内因屋顶、墙面渗漏、开裂等质量缺陷造成的损失,承担赔偿责任。

检测机构违反法律、法规和工程建设强制性标准,给他人造成损失的,应当依法承担相应的赔偿责任。

2. 连带赔偿责任

建筑工程实行总承包的,工程质量由工程总承包单位负责;总承包单位将建筑工程分包给其他单位的,应当对分包工程的质量与分包单位承担连带责任。

建筑施工企业转让、出借资质证书或者以其他方式允许他人以本企业的名义承揽工程的,对因该项承揽工程不符合规定的质量标准造成的损失,建筑施工企业与使用本企业名义的单位或者个人承担连带赔偿责任。

承包单位将承包的工程转包的,或者违法进行分包的,对因转包工程或者违法分包的工程不符合规定的质量标准造成的损失,与接受转包或者分包的单位承担连带赔偿责任。

工程监理单位与建设单位或者建筑施工企业串通,弄虚作假、降低工程质量的,将不合格的建设工程、建筑材料、建筑构配件和设备按照合格签字的,造成损失的,承担连带赔偿责任。

(二) 行政责任

承担工程质量行政责任的方式有行政处分、行政处罚。

行政处分即由国家机关、企事业单位对其工作人员违反行政法规或政纪的行为所实施的制裁,国家机关工作人员在建设工程质量监督管理工作中玩忽职守、滥用职权、徇私舞弊,尚不构成犯罪的,依法给予行政处分。

行政处罚,是国家行政机关对构成行政违法的公民、法人或者其他组织实施的行政法的制裁。涉及建设工程质量的行政处罚种类包括:

(1) 警告;

(2) 罚款;

(3) 没收违法所得,没收违法建筑物、构筑物和其他设施;

(4) 责令停业整顿、责令停止执业业务;

(5) 降低资质等级、吊销资质证书、吊销执业资格证书和其他许可证、执照。

其中,责令停业整顿,降低资质等级和吊销资质证书的行政处罚,由颁发资质证书的机关决定;其他行政处罚,由建设行政主管部门或者其他有关部门依照法定职权决定。依照规定被吊销资质证书的,由工商行政管理部门吊销其营业执照。

给予单位罚款处罚的,实行"双罚制"。给予单位罚款处罚的,对单位直接负责的主管人员和其他直接责任人员处单位罚款数额百分之五以上百分之十以下的罚款。

(三) 刑事责任

建设单位、设计单位、施工单位、工程监理单位违反国家规定,降低工程质量标准,造成重大安全事故,构成犯罪的,对直接责任人员依法追究刑事责任。

国家机关工作人员在建设工程质量监督管理工作中玩忽职守、滥用职权、徇私舞弊,构成犯罪的,依法追究刑事责任。

二、质量监督机构对工程质量违法违规问题的处理

在工程质量监督中发现有关责任主体违反工程建设质量相关法律法规,应根据建设行政部门授权委托签发《工程质量监督整改通知书》《工程质量监督局部暂停通知书》,责令改正;质量监督人员对责任主体和有关机构违法、违规行为进行调查取证和核实、提出处罚建议或按委托权限实施行政处罚。

三、工程质量法律法规中的行政处罚

根据处罚法定原则，只有法律明文规定应予行政处罚的才受处罚。《中华人民共和国行政处罚法》第九条至第十三条分别规定了法律、行政法规、地方性法规、国务院部门规章、地方政府规章对行政处罚设定权限，并且规定其他规范性文件不得设定行政处罚。

工程质量违法行为的处罚依据主要有：《建筑法》《建设工程质量管理条例》《建设工程勘察设计管理条例》《民用建筑节能条例》《房屋建筑工程和市政基础设施工程竣工验收备案管理办法》《房屋建筑和市政基础设施工程施工图设计文件审查管理办法》《建筑工程施工许可证管理办法》《建设工程质量检测管理办法》《民用建筑节能管理规定》《建筑业企业资质管理规定》《建设工程勘察设计企业资质管理规定》等。

现将工程质量监督管理中常见的违法违规行为及其处罚依据、处罚内容及额度，按照不同责任主体列表如下（表8.4.1～表8.4.9）。

表8.4.1　常见的建设单位违法违规行为及其行政处罚

违法违规行为	法律法规依据	处罚依据	处罚内容及额度
建设项目必须实行工程监理而未实行工程监理	《建设工程质量管理条例》第十二条	《建设工程质量管理条例》第五十六条	处20万元以上50万元以下的罚款
未按照国家规定办理工程质量监督手续	《建设工程质量管理条例》第十三条	《建设工程质量管理条例》第五十六条	处20万元以上50万元以下的罚款
施工图设计文件未经审查或者审查不合格，擅自施工	《建设工程质量管理条例》第十一条	《建设工程质量管理条例》第五十六条	处20万元以上50万元以下的罚款
未取得施工许可证或者开工报告未经批准或者为规避办理施工许可证将工程项目分解后，擅自施工	《建筑法》第七条；《建筑工程施工许可证管理办法》第二条、第三条	《建筑法》第六十四条；《建设工程质量管理条例》第五十七条	责令停止施工，限期改正，处工程合同价款1％以上2％以下的罚款
采用虚假证明文件申请施工许可证的；伪造、涂改施工许可证	《建筑工程施工许可管理办法》第十条、第十一条	《建筑工程施工许可管理办法》第十三条、第十四条	处1万元以上3万元以下罚款
在工程竣工验收合格之日起15日内未办理工程竣工验收备案	《建设工程质量管理条例》第四十九条	《建设工程质量管理条例》第五十六条；《房屋建筑工程和市政基础设施工程竣工验收备案管理办法》第九条	备案机关责令限期改正，处20万元以上50万元以下罚款
采用虚假证明文件办理工程竣工验收备案	《建设工程质量管理条例》第四十九条	《房屋建筑工程和市政基础设施工程竣工验收备案管理办法》第十一条	工程竣工验收无效，备案机关责令停止使用，重新组织竣工验收，处20万元以上50万元以下罚款
建设工程竣工验收后，建设单位未按规定移交建设项目档案	《建设工程质量管理条例》第十七条	《建设工程质量管理条例》第五十九条	处1万元以上10万元以下的罚款
建设单位未组织竣工验收，擅自交付使用的；验收不合格，擅自交付使用的；对不合格的建设工程按照合格工程验收；将备案机关决定重新组织竣工验收的工程，在重新组织竣工验收前，擅自使用	《建设工程质量管理条例》第十六条	《建设工程质量管理条例》第五十八条；《房屋建筑工程和市政基础设施工程竣工验收备案管理办法》第十条	处工程合同价款2％以上4％以下的罚款

续表 8.4.1

违法违规行为	法律法规依据	处罚依据	处罚内容及额度
工程竣工验收合格后,建设单位未在建筑物明显部位设置永久性标牌	《江苏省房屋建筑和市政基础设施工程质量监督管理办法》第十七条	《江苏省房屋建筑和市政基础设施工程质量监督管理办法》第二十三条	可处 1 万元罚款
将工程发包给不具有相应资质等级的勘察、设计、施工单位或者委托给不具有相应资质等级的工程监理单位	《建设工程质量管理条例》第七条、第十二条	《建设工程质量管理条例》第五十四条	处 50 万元以上 100 万元以下的罚款
委托未取得相应资质的检测机构进行检测	《建设工程质量检测管理办法》第十二条	《建设工程质量检测管理办法》第三十一条	处 1 万元以上 3 万元以下的罚款
将建设工程肢解发包	《建设工程质量管理条例》第七条	《建设工程质量管理条例》第五十五条	处工程合同价款 0.5% 以上 1% 以下的罚款;对全部或者部分使用国有资金的项目,可以暂停项目执行或者暂停资金拨付
明示或暗示设计单位或施工单位违反工程强制性标准,降低建设工程质量	《建设工程质量管理条例》第十条	《建设工程质量管理条例》第五十六条	处 20 万元以上 50 万元以下的罚款
明示或暗示施工单位使用不合格的建筑材料、建筑构配件和设备	《建设工程质量管理条例》第十四条	《建设工程质量管理条例》第五十六条	处 20 万元以上 50 万元以下的罚款
未按照建筑节能强制性标准委托设计,擅自修改节能设计文件	《民用建筑节能管理规定》第十七条	《民用建筑节能管理规定》第二十五条	处 20 万元以上 50 万元以下的罚款
采购不符合施工图设计文件要求的墙体材料、保温材料、门窗、采暖制冷系统和照明设备	《民用建筑节能条例》第十四条	《民用建筑节能条例》第三十七条	处 20 万元以上 50 万元以下的罚款
使用列入禁止使用目录的技术、工艺、材料和设备	《民用建筑节能条例》第十一条	《民用建筑节能条例》第三十七条	处 20 万元以上 50 万元以下的罚款
对不符合民用建筑节能强制性标准的民用建筑项目出具竣工验收合格报告	《民用建筑节能条例》第十七条	《民用建筑节能条例》第三十七条	处民用建筑项目合同价款 2% 以上 4% 以下的罚款
未按照规定对进入施工现场的节能材料和产品开展见证取样检测	《江苏省建筑节能管理办法》第十六条	《江苏省建筑节能管理办法》第三十九条	责令改正,拒不改正的,处 2 000 元以上 1 万元以下罚款
未在施工现场公示建筑节能相关信息	《江苏省建筑节能管理办法》第十六条	《江苏省建筑节能管理办法》第三十九条	责令改正,拒不改正的,处 2 000 元以上 1 万元以下罚款
涉及建筑主体或者承重结构变动的装修工程,没有设计方案,擅自同意施工	《建筑法》第四十九条;《建设工程质量管理条例》第十五条	《建筑法》第七十条;《建设工程质量管理条例》第六十九条	处 50 万元以上 100 万元以下的罚款
明示或暗示检测机构出具虚假检测报告,篡改或伪造检测报告的;弄虚作假送检试样	《建设工程质量检测办法》第十三条、第十五条	《建设工程质量检测办法》第三十一条	处 1 万元以上 3 万元以下的罚款

表 8.4.2 常见的勘察单位违法违规行为及其行政处罚

违法违规行为	法律法规依据	处罚依据	处罚内容及额度
未取得资质证书承揽工程的,或超越本单位资质等级承揽业务	《建筑法》第十三条、第二十六条;《建设工程勘察设计管理条例》第八、第二十一条;《建设工程质量管理条例》第十八条	《建筑法》第六十五条;《建设工程质量管理条例》第六十条;《建设工程勘察设计管理条例》第三十五条	处合同约定的勘察费1倍以上2倍以下的罚款;有违法所得的,予以没收;超越本单位资质等级承揽工程的,责令停止违法行为,可以责令停业整顿,降低资质等级;情节严重的,吊销资质证书;未取得资质证书承揽工程的,予以取缔
将承揽的业务转包或者违法分包	《建筑法》第二十八条;《建设工程质量管理条例》第十八条;《建设工程勘察设计管理条例》第二十条	《建筑法》第六十七条;《建设工程勘察设计管理条例》第三十九条;《建设工程质量管理条例》第六十二条	没收违法所得,处合同约定的勘察费25%以上50%以下的罚款;可以责令停业整顿,降低资质等级;情节严重的,吊销资质证书
未按照工程建设强制性标准进行勘察	《建设工程勘察设计管理条例》第二十五条;《建设工程质量管理条例》第十九条;《建设工程安全生产管理条例》第十二条	《建设工程勘察设计管理条例》第四十条;《建设工程质量管理条例》第六十三条;《建设工程安全生产管理条例》第五十六条	处10万元以上30万元以下的罚款;造成工程质量事故的,责令停业整顿,降低资质等级;情节严重的,吊销资质证书
弄虚作假、提供虚假成果、资料	《建设工程质量管理条例》第二十条;《建设工程勘察设计管理条例》第二十六条;《建设工程勘察质量管理办法》第十四条	《建设工程勘察质量管理办法》第二十四条	处10万元以上30万元以下的罚款;造成工程质量事故的,责令停业整顿,降低资质等级;情节严重的,吊销资质证书
勘察文件没有责任人签字或者签字不全	《建设工程勘察质量管理办法》第十三条	《建设工程勘察质量管理办法》第二十五条	处1万元以上3万元以下的罚款
不参加施工验槽	《建设工程勘察质量管理办法》第九条	《建设工程勘察质量管理办法》第二十五条	处1万元以上3万元以下的罚款
未按照规定参加工程有关验收并出具工程质量验收意见	《江苏省房屋建筑和市政基础设施工程质量监督管理办法》第十八条	《江苏省房屋建筑和市政基础设施工程质量监督管理办法》第二十四条	可处1万元以上3万元以下罚款

表 8.4.3 常见的设计单位违法违规行为及其行政处罚

违法违规行为	法律法规依据	处罚依据	处罚内容及额度
未取得资质证书承揽工程的,或超越本单位资质等级承揽业务	《建筑法》第十三条、第二十六条;《建设工程勘察设计管理条例》第八、第二十一条;《建设工程质量管理条例》第十八条	《建筑法》第六十五条;《建设工程质量管理条例》第六十条;《建设工程勘察设计管理条例》第三十五条	处合同约定的设计费1倍以上2倍以下的罚款;有违法所得的,予以没收;超越本单位资质等级承揽工程的,责令停止违法行为,可以责令停业整顿,降低资质等级;情节严重的,吊销资质证书;未取得资质证书承揽工程的,予以取缔
将承揽的业务转包或者违法分包	《建筑法》第二十八条;《建设工程质量管理条例》第十八条;《建设工程勘察设计管理条例》第二十条	《建筑法》第六十七条;《建设工程勘察设计管理条例》第三十九条;《建设工程质量管理条例》第六十二条	没收违法所得,处合同约定的设计费25%以上50%以下的罚款;可以责令停业整顿,降低资质等级;情节严重的,吊销资质证书
未按照工程建设强制性标准进行设计	《建设工程勘察设计管理条例》第二十五条;《建设工程质量管理条例》第十九条;《建设工程安全生产管理条例》第十二条	《建设工程勘察设计管理条例》第四十条;《建设工程质量管理条例》第六十三条;《建设工程安全生产管理条例》第五十六条	处10万元以上30万元以下的罚款;造成工程质量事故的,责令停业整顿,降低资质等级;情节严重的,吊销资质证书

续表 8.4.3

违法违规行为	法律法规依据	处罚依据	处罚内容及额度
未根据勘察成果文件进行工程设计	《建设工程勘察设计管理条例》第四十条;《建设工程质量管理条例》第二十一条	《建设工程质量管理条例》第六十三条	处10万元以上30万元以下的罚款;造成工程质量事故的,责令停业整顿,降低资质等级;情节严重的,吊销资质证书
指定建筑材料、建筑构配件的生产厂、供应商	《建筑法》第五十七条;《建设工程勘察设计管理条例》第二十七条;《建设工程质量管理条例》第二十二条	《建设工程勘察设计管理条例》第四十条;《建设工程质量管理条例》六十三条	处10万元以上30万元以下的罚款;造成工程质量事故的,责令停业整顿,降低资质等级;情节严重的,吊销资质证书
未按照民用建筑节能强制性标准进行设计	《民用建筑节能条例》第十五条	《民用建筑节能条例》第三十九条;《民用建筑节能管理规定》第二十六条	处10万元以上30万元以下罚款;情节严重的,由颁发资质证书的部门责令停业整顿,降低资质等级或者吊销资质证书; 2年内,累计3项工程未按照建筑节能强制性标准设计的,责令停业整顿,降低资质等级或者吊销资质证书
使用列入禁止施工目录的技术、工艺、材料和设备的	《民用建筑节能条例》第十一条	《民用建筑节能条例》第三十九条	处10万元以上30万元以下的罚款;情节严重的,由颁发资质证书的部门责令停业整顿,降低资质等级或者吊销资质证书
设计单位未按照建筑节能编制深度规定要求编制设计文件	《江苏省建筑节能管理办法》第十七条	《江苏省建筑节能管理办法》第三十九条	责令改正,并处2 000元以上3万元以下的罚款
未按照规定参加工程相关验收并出具工程质量验收意见	《江苏省房屋建筑与市政基础设施工程质量监督管理办法》第十八条	《江苏省房屋建筑与市政基础设施工程质量监督管理办法》第二十四条	可处1万元以上3万元以下罚款

表 8.4.4 常见的施工单位违法违规行为及其行政处罚

违法违规行为	法律法规依据	处罚依据	处罚内容及额度
未取得资质证书承揽工程的,或超越本单位资质等级承揽工程	《建筑法》第十三条、第二十六条;《建设工程质量管理条例》第二十五条	《建筑法》第六十五条;《建设工程质量管理条例》第六十条	责令停止违法行为;处工程合同价款2%以上4%以下的罚款;可以责令停业整顿,降低资质等级;情节严重的,吊销资质证书;有违法所得的,予以没收。未取得资质证书承揽工程的,予以取缔
允许其他单位或个人以本单位名义承揽工程	《建筑法》第二十六条;《建设工程质量管理条例》第二十五条	《建设工程质量管理条例》第六十一条	没收违法所得;处工程合同价款2%以上4%以下的罚款;可以责令停业整顿,降低资质等级;情节严重的,吊销资质证书
将承包的工程转包或者违法分包	《建筑法》第二十八条;《建设工程质量管理条例》第二十五条	《建筑法》第六十七条;《建设工程质量管理条例》第六十二条	没收违法所得,处工程合同价款0.5%以上1%以下的罚款;可以责令停业整顿,降低资质等级;情节严重的,吊销资质证书
未取得施工许可证或者开工报告未经批准,擅自施工的,伪造、涂改施工许可证	《建筑法》第七条;《建筑工程施工许可管理办法》第三条	《建筑法》第六十四条;《建筑工程施工许可管理办法》第十条、第十二条、第十三条	有违法所得的处5 000元以上3万元以下的罚款,没有违法所得的处5 000元以上1万元以下的罚款

续表 8.4.4

违法违规行为	法律法规依据	处罚依据	处罚内容及额度
未按照规定配备相应的工程项目管理人员	《江苏省房屋建筑与市政基础设施工程质量监督管理办法》第十九条	《江苏省房屋建筑与市政基础设施工程质量监督管理办法》第二十五条	可处 5 000 元以上 3 万元以下罚款
项目经理擅自变更或者离岗	《江苏省房屋建筑与市政基础设施工程质量监督管理办法》第十九条	《江苏省房屋建筑与市政基础设施工程质量监督管理办法》第二十五条	可处 5 000 元以上 3 万元以下罚款
按照国家法律、法规和标准规定需要持证上岗的技术工种的作业人员未取得证书上岗，情节严重	《建设工程质量管理条例》第三十三条；《建筑业企业资质管理规定》第二十一条	《建筑业企业资质管理规定》第三十四条	给予警告，责令改正，并处 1 万元以上 3 万元以下的罚款
使用列入禁止施工目录的技术、工艺、材料和设备的	《民用建筑节能条例》第十一条	《民用建筑节能条例》第四十一条	处 10 万元以上 20 万元以下的罚款；情节严重的，由颁发资质证书的部门责令停业整顿，降低资质等级或者吊销资质证书
在施工中偷工减料的，使用不合格的建筑材料、建筑构配件和设备的，或者不按照工程设计图示或者施工技术标准施工的其他行为	《建筑法》第五十八条、第五十九条；《建设工程质量管理条例》第二十八条	《建筑法》第七十四条；《建设工程质量管理条例》第六十四条	处工程合同价款 2% 以上 4% 以下的罚款；造成建设工程质量不符合规定的质量标准的，负责返工、修理；情节重的，责令停业整顿，降低资质等级或者吊销资质证书
未按照节能设计进行施工	《民用建筑节能管理规定》第二十条	《民用建筑节能管理规定》第二十七条	责令改正，整改所发生的工程费用，由施工单位负责；可以给予警告，情节严重的，处工程合同价款 2% 以上 4% 以下的罚款；两年内，累计三项工程未按照符合节能标准要求的设计进行施工的，责令停业整顿，降低资质等级或者吊销资质证书
未对建筑材料、建筑构配件、设备和商品混凝土进行检验，或者未对涉及结构安全的试块、试件以及有关材料取样检测	《建筑法》第五十九条；《建设工程质量管理条例》第二十九条、第三十一条	《建筑法》第七十四条；《建设工程质量管理条例》第六十五条	处 10 万元以上 20 万元以下的罚款；情节严重的，责令停业整顿，降低资质等级或者吊销资质证书
未对进入施工现场的墙体材料、保温材料、门窗、采暖制冷系统和照明设备进行查验的	《民用建筑节能条例》第十六条	《民用建筑节能条例》第四十一条	处 10 万元以上 20 万元以下的罚款；情节严重的，由颁发资质证书的部门责令停业整顿，降低资质等级或者吊销资质证书
施工单位未按照规定编制建筑节能专项施工方案	《江苏省建筑节能管理办法》十九条	《江苏省建筑节能管理办法》三十九条	责令改正，并处 2 000 元以上 1 万元以下罚款
关键部位、关键工序隐蔽验收合格后，未及时填写验收记录并由专人签字	《江苏省房屋建筑和市政基础设施工程质量监督管理办法》第十九条	《江苏省房屋建筑和市政基础设施工程质量监督管理办法》第二十五条	可处 5 000 元以上 3 万元以下罚款

续表 8.4.4

违法违规行为	法律法规依据	处罚依据	处罚内容及额度
未及时、同步按照规定收集整理施工质量控制资料，或弄虚作假	《江苏省房屋建筑和市政基础设施工程质量监督管理办法》第十九条	《江苏省房屋建筑和市政基础设施工程质量监督管理办法》第二十五条	可处5 000元以上3万元以下罚款
工程竣工验收后，不向建设单位出具质量保修书的，或质量保修的内容、期限违反规定	《建设工程质量管理条例》第三十九条、第四十条	《房屋建筑工程质量保修办法》第十八条	处1万元以上3万元以下的罚款
不履行保修义务或者拖延履行保修义务	《建设工程质量管理条例》第四十一条	《建设工程质量管理条例》第六十六条	处10万元以上20万元以下的罚款

表 8.4.5　常见的监理单位违法违规行为及其行政处罚

违法违规行为	法律法规依据	处罚依据	处罚内容及额度
未取得资质证书承揽工程的，或超越本单位资质等级承揽业务	《建筑法》第十三条；《建设工程质量管理条例》第三十四条	《建设工程质量管理条例》第六十条	处合同约定的监理酬金1倍以上2倍以下的罚款；超越本企业资质等级承揽监理业务的，可以责令停业整顿，降低资质等级；情节严重的，吊销资质证书；未取得资质证书承揽工程的，予以取缔，有违法所得的，予以没收
允许其他单位或个人以本单位名义承揽工程	《建设工程质量管理条例》第三十四条	《建设工程质量管理条例》第六十一条	没收违法所得；对工程监理单位处合同约定的监理酬金1倍以上2倍以下的罚款；可以责令停业整顿，降低资质等级；情节严重的，吊销资质证书
与建设单位或者施工单位串通、弄虚作假、降低工程质量	《建筑法》第三十四条；三十五条，《建设工程质量管理条例》第三十六条	《建设工程质量管理条例》第六十七条	处50万元以上100万元以下的罚款；降低资质等级或者吊销资质证书；有违法所得的，予以没收
将不合格的建设工程、建筑材料、建筑构配件和设备按照合格签字	《建筑法》第三十四条；三十五条，《建设工程质量管理条例》第三十六条	《建设工程质量管理条例》第六十七条	处50万元以上100万元以下的罚款；降低资质等级或者吊销资质证书；有违法所得的，予以没收
与被监理工程的施工承包单位以及建筑材料、建筑构配件和设备供应单位有隶属关系或者其他利害关系承担该项建设工程的监理业务	《建设工程质量管理条例》第三十五条	《建设工程质量管理条例》第六十八条	处5万元以上10万元以下的罚款；降低资质等级或者吊销资质证书；有违法所得的，予以没收
未按照民用建筑节能强制性标准实施监理	《民用建筑节能条例》第十六条	《民用建筑节能条例》第四十二条	处10万元以上30万元以下的罚款；情节严重的，由颁发资质证书的部门责令停业整顿，降低资质等级或者吊销资质证书
墙体、屋面的保温工程施工时，未采取旁站、巡视和平行检验等形式实施监理	《民用建筑节能条例》第十六条	《民用建筑节能条例》第四十二条	处10万元以上30万元以下的罚款；情节严重的，由颁发资质证书的部门责令停业整顿，降低资质等级或者吊销资质证书
未按照规定编制建筑节能专项监理实施细则	《江苏省建筑节能管理办法》第二十条	《江苏省建筑节能管理办法》第三十九条	责令改正，并处2 000元以上1万元以下罚款

续表 8.4.5

违法违规行为	法律法规依据	处罚依据	处罚内容及额度
未对施工单位的违法违规行为予以书面制止，或者整个验收未闭合以及制止无效时未及时报告建立单位处理	《江苏省房屋建筑与市政基础设施工程质量监督管理办法》第二十条	《江苏省房屋建筑与市政基础设施工程质量监督管理办法》第二十六条	可处 1 万元以上 3 万元以下的罚款
未按照规定对涉及结构安全的试块、试件以及有关材料进行见证取样和送检	《江苏省房屋建筑与市政基础设施工程质量监督管理办法》第二十条	《江苏省房屋建筑与市政基础设施工程质量监督管理办法》第二十六条	可处 1 万元以上 3 万元以下的罚款
未按照规定签署工程验收意见，或者出具虚假验收意见	《江苏省房屋建筑与市政基础设施工程质量监督管理办法》第二十条	《江苏省房屋建筑与市政基础设施工程质量监督管理办法》第二十六条	可处 1 万元以上 3 万元以下的罚款

表 8.4.6　常见的检测机构违法违规行为及其行政处罚

违法违规行为	法律法规依据	处罚依据	处罚内容及额度
未取得相应的资质，擅自承担《建设工程质量检测管理办法》规定的检测业务	《建设工程质量检测管理办法》第四条	《建设工程质量检测管理办法》第二十六条	处 1 万元以上 3 万元以下的罚款
超出资质范围从事检测活动	《建设工程质量检测管理办法》第四条、第八条	《建设工程质量检测管理办法》第二十九条	处 1 万元以上 3 万元以下的罚款
涂改、倒卖、出租、出借、转让资质证书	《建设工程质量检测管理办法》第十条	《建设工程质量检测管理办法》第二十九条	处 1 万元以上 3 万元以下的罚款
转包检测业务	《建设工程质量检测管理办法》第十七条	《建设工程质量检测管理办法》第二十九条	处 1 万元以上 3 万元以下的罚款
使用不符合条件的检测人员	《建设工程质量检测管理办法》第五条、第十六条	《建设工程质量检测管理办法》第二十九条	处 1 万元以上 3 万元以下的罚款
未按规定在检测报告上签字盖章	《建设工程质量检测管理办法》第十四条	《建设工程质量检测管理办法》第二十九条	处 1 万元以上 3 万元以下的罚款
未按规定上报发现的违法违规行为和检测不合格事项；不合格检测报告未在 24 h 内报送当地工程质量监督机构。	《建设工程质量检测管理办法》第十九条；《江苏省房屋建筑与市政基础设施工程质量监督管理办法》第二十一条	《建设工程质量检测管理办法》第二十九条；《江苏省房屋建筑与市政基础设施工程质量监督管理办法》第二十七条	处 1 万元以上 3 万元以下的罚款
未按照国家有关工程建设强制性标准进行检测	《建设工程质量检测管理办法》第二条、第八条	《建设工程质量检测管理办法》第二十九条	处 1 万元以上 3 万元以下的罚款
档案资料管理混乱，造成检测数据无法追溯	《建设工程质量检测管理办法》第二十条	《建设工程质量检测管理办法》第二十九条	处 1 万元以上 3 万元以下的罚款
伪造检测数据，出具虚假检测报告或鉴定结论	《建设工程质量检测管理办法》第十八条	《建设工程质量检测管理办法》第三十条	给予警告，并处 3 万元罚款
未按照有关工程建设标准和规范进行检测，或者检测数据未按照规定实时上传	《江苏省房屋建筑与市政基础设施工程质量监督管理办法》第二十一条	《江苏省房屋建筑与市政基础设施工程质量监督管理办法》第二十七条	可处 1 万元以上 3 万元以下的罚款

表 8.4.7 常见的注册建造师违法违规行为及其行政处罚

违法违规行为	法律法规依据	处罚依据	处罚内容及额度
因过错造成质量事故	《建设工程质量管理条例》第二十六条	《建设工程质量管理条例》第七十二条	责令停止执业1年；造成重大质量事故的，吊销执业资格证书，5年以内不予注册；情节特别恶劣的，终身不予注册
签署有虚假记载等不合格文件	《注册建造师管理规定》第二十六条		给予警告，责令改正，没有违法所得的，处以1万元以下的罚款；有违法所得的，处以违法所得3倍以下且不超过3万元的罚款
超出执业范围和聘用单位业务范围内从事执业活动	《建筑法》第十四条《注册建造师管理规定》第二十六条	《注册建造师管理规定》第三十七条	
允许他人以自己的名义从事执业活动	《注册建造师管理规定》第二十六条		
未办理变更注册而继续执业	《注册建造师管理规定》第十三条	《注册建造师管理规定》第三十六条	责令限期改正；逾期不改正的，可处以5 000元以下的罚款
未取得注册证书和执业印章，担任中大型建设工程项目施工单位项目负责人，或者以建造师的明示从事相关活动	《建筑法》第十四条《注册建造师管理规定》第三条	《注册建造师管理规定》第三十五条	警告，责令停止违法活动，并可处以1万元以上3万元以下的罚款

表 8.4.8 常见的注册监理工程师违法违规行为及其行政处罚

违法违规行为	法律法规依据	处罚依据	处罚内容及额度
因过错造成质量事故	《建设工程质量管理条例》第三十六条、第三十七条、第三十八条	《建设工程质量管理条例》第七十二条	因过错造成质量事故的，责令停止执业1年；造成重大质量事故的，吊销执业资格证书，5年以内不予注册；情节特别恶劣的，终身不予注册
弄虚作假提供执业活动成果	《注册监理工程师管理规定》第二十六条		给予警告，责令其改正，没有违法所得的，处以1万元以下的罚款；有违法所得的，处以违法所得3倍以下且不超过3万元的罚款
超出执业范围和聘用单位业务范围内从事执业活动	《建筑法》第十四条《注册监理工程师管理规定》第十八条、二十六条	《注册监理工程师管理规定》第三十一条	
未办理变更注册而继续执业	《注册监理工程师管理规定》第十四条	《注册监理工程师管理规定》第三十条	警告，责令限期改正；逾期不改的，可处以5 000元以下的罚款

表 8.4.9 常见的注册建筑师、勘察设计注册工程师违法违规行为及其行政处罚

违法违规行为	法律法规依据	处罚依据	处罚内容及额度
未根据勘察成果文件进行工程设计，造成质量事故	《建设工程质量管理条例》第二十一条		责令停止执业1年；造成重大质量事故的，吊销执业资格证书，5年内不予注册；情节特别恶劣的，终身不予注册
指定建筑材料、建筑构配件等的生产厂、供应商，造成质量事故	《建设工程质量管理条例》第二十二条	《建设工程质量管理条例》第七十二条	
因设计原因造成重大责任事故	《建设工程质量管理条例》第十九条		

第五节 行 政 处 罚

一、行政处罚的基础知识

(一) 行政处罚应遵循的原则

1. 公正、公开的原则。

2. 处罚法定原则:①只有法律明文规定应予行政处罚的才受处罚。②行政处罚设定权只能由法律规定的国家机关在法定职权内行使。③行政处罚的适用,必须严格依照有关行政违法构成的实体法和适用行政处罚的程序法进行,否则,行政处罚无效。

3. 处罚与教育相结合原则。

4. 保障当事人程序权利原则。

(二) 行政处罚的实施机关

1. 行政机关:行政处罚由具有行政处罚权的行政机关在法定职权范围内实施。

2. 法律、法规授权的组织:法律、法规授权的具有管理公共事务职能的组织可以在法定授权范围内实施行政处罚。特征:以自己的名义实施行政处罚;以自己的名义参加行政复议或行政诉讼,并承担相应的法律后果。

3. 行政机关委托的组织:行政机关依照法律、法规或者规章的规定,可以在其法定权限内委托符合规定条件的组织实施行政处罚。特征:委托行政机关对受委托的组织实施行政处罚的行为应当负责监督,并对该行为的后果承担法律责任。受委托组织在委托范围内,以委托行政机关名义实施行政处罚。

工程质量监督机构可受建设行政主管部门委托在委托范围内,以建设行政主管部门名义实施行政处罚。建设行政主管部门对工程质量监督机构实施行政处罚的行为应当负责监督,并对该行为的后果承担法律责任。

(三) 行政处罚的适用

1. 行政机关实施行政处罚时,应当责令当事人改正或者限期改正违法行为。

2. 对当事人的同一个违法行为,不得给予两次以上罚款的行政处罚。

3. 裁量情节。行政处罚机关决定是否给予、给予轻或重以及免除处罚所依据的各种情况。

4. 处罚折抵。一个行为同时构成行政违法和刑事犯罪,受到行政处罚与刑事处罚双重处罚,可适用折抵。

5. 追究时效。违法行为在 2 年内未被发现的,不再给予行政处罚。法律另有规定的除外。前款规定的期限,从违法行为发生之日起计算;违法行为有连续或者继续状态的,从行为终了之日起计算。

二、行政处罚程序

(一) 行政处罚程序的一般要求

公民、法人或者其他组织违反行政管理秩序的行为,依法应当给予行政处罚的,行政机关必须查明事实;违法事实不清的,不得给予行政处罚。

保障当事人程序权利。行政机关在作出行政处罚决定之前,应当告知当事人作出行政处罚决定的事实、理由及依据,并告知当事人依法享有的权利。当事人有权进行陈述和申辩。行政机关必须充分听取当事人的意见,对当事人提出的事实、理由和证据,应当进行复核;当事人提出的事实、理由或者证据成立的,行政机关应当采纳。行政机关不得因当事人申辩而加重处罚。

(二) 一般程序

1. 立案

执法机关依据职权,或者依据当事人的申诉、控告等途径发现违法行为。执法机关对于发现的违法行为,认为应当给予行政处罚的,应当立案,但适用简易程序的除外。立案应填写立案审批表,附上相关材料,报主管领导批准。

2. 调查

立案后,执法人员应当及时进行调查,搜集证据;必要时可依法进行检查。执法人员调查案件,不得少于2人,并应当出示执法身份证件。执法人员对案件进行调查,应当收集以下证据:书证、物证、证人证言、视听资料、当事人陈述、鉴定结论、勘验笔录和现场笔录。只有查证属实的证据,才能作为处罚的依据。

执法人员询问当事人及证明人,应当个别进行。询问应当制作笔录,笔录经被询问人核对无误后,由被询问人逐页在笔录上签名或盖章。如有差错、遗漏,应当允许补正。

执法人员应当收集、调取与案件有关的原始凭证作为书证。调取原始凭证有困难的,可以复制,但复制件应当标明"经核对与原件无误",并由出具书证人签名或盖章。

调查取证应当有当事人在场,对所提取的物证要开具物品清单,由执法人员和当事人签名或者盖章,各执一份。对违法嫌疑物品进行检查时,应当制作现场笔录,并有当事人在场。当事人拒绝到场的,应当在现场笔录中注明。

执法机关查处违法行为过程中,在证据可能灭失或者难以取得的情况下,可以对证据先行登记保存。先行登记保存证据,必须当场清点,开具清单,清单由执法人员和当事人签名或盖章,各执一份。

案件调查终结,执法人员应当出具书面案件调查终结报告。调查终结报告的内容包括:当事人的基本情况、违法事实、处罚依据、处罚建议等。调查终结报告连同案件材料,由执法人员提交执法机关的法制工作机构,由法制工作机构会同有关单位进行书面核审。

3. 案件核审

执法机关的法制工作机构接到执法人员提交的审核材料后,应当登记,并指定具体人员负责核审。

执法机关的法制工作机构对案件核审后,应提出书面意见。对执法机关法制工作机构提出的意见,执法人员应当采纳。执法机关法制工作机构与执法人员就有关问题达不成一致意见时,给予较轻处罚的,报请本机关分管负责人决定;给予较重处罚的,报请本机关负责人集体讨论决定或者本机关分管负责人召集的办公会议讨论决定。

4. 告知

对当事人拟作出行政处罚决定的,执法人员应制作行政处罚事先告知书送达当事人,应当告知当事人拟作出行政处罚决定的事实、理由与依据,并告知当事人应当享有的权利。

5. 听取当事人陈述与申辩

当事人有权在法定期限内进行陈述和申辩的权利。当事人依法陈述和申辩的,行政主体必须充分听取当事人的意见,制作陈述、申辩笔录。对其提出的事实、理由和证据,应当进行复核;复核成立的,行政机关应当采纳,经原审批机关同意,可减轻或撤销拟作出的行政处罚决定。行政机关不得因当事人申辩而加重处罚。陈述、申辩笔录应作为行政处罚裁决的根据之一,并在裁决后入档归案,以备今后在行政复议和行政诉讼时作举证之用。

6. 行政处罚决定

执法人员根据调查取证的结果和陈述申辩或听证的情况提出处罚建议,行政机关负责人应当对有关材料进行审查,根据不同情况,分别作出如下决定:

(1)确有应受行政处罚的违法行为的,根据情节轻重及具体情况,作出行政处罚决定;

(2)违法行为轻微,依法可以不予行政处罚的,不予行政处罚;

(3)违法事实不能成立的,不得给予行政处罚;

(4)违法行为已构成犯罪的,移送司法机关。

对情节复杂或者重大违法行为给予较重的行政处罚,行政机关的负责人应当集体讨论决定。

7. 行政处罚决定书

执法机关对当事人作出行政处罚,必须制作行政处罚决定书。行政处罚决定书的内容包括:

（1）当事人的名称或者姓名、地址；

（2）违法的事实和证据；

（3）行政处罚的种类和依据；

（4）行政处罚的履行方式和期限；

（5）不服行政处罚决定，申请行政复议或提起行政诉讼的途径和期限；

（6）作出处罚决定的机关和日期。

行政处罚决定书必须盖有作出处罚机关的印章。

行政处罚决定生效后，任何人不得擅自变更或解除。处罚决定确有错误需要变更或者修改的，应当由原执法机关撤销原处罚决定，重新作出处罚决定。

行政处罚决定书应当在宣告后当场交付当事人；当事人不在场的，行政机关应当在七日内依照民事诉讼法的有关规定，将行政处罚决定书送达当事人。

8. 行政处罚的执行

行政处罚决定依法作出后，当事人应当在行政处罚决定的期限内，予以履行。当事人对行政处罚决定不服申请行政复议或者提起行政诉讼的，行政处罚不停止执行，法律另有规定的除外。

罚款的收缴。作出罚款决定的行政机关应当与收缴罚款的机构分离。

行政处罚决定一经作出即发生法律效力，当事人应当自觉履行；当事人不履行处罚决定，执法机关可以依法强制执行或申请人民法院强制执行。

当事人不服执法机关作出的行政处罚决定，可以依法向同级人民政府或上一级建设行政主管部门申请行政复议；也可以依法直接向人民法院提起行政诉讼。行政复议和行政诉讼期间，行政处罚决定不停止执行，但法律、行政法规另有规定的除外。

9. 结案与归档

行政处罚终结后，执法人员应当及时将立案登记表、案件处理批件、证据材料、行政处罚决定书和执行情况记录等材料立卷归档。上级交办的行政处罚案件办理终结后，承办单位应当及时将案件的处理结果向交办单位报告。

（三）听证程序

行政机关作出责令停产停业、吊销许可证或者执照、较大数额罚款等行政处罚决定之前，应当告知当事人有要求举行听证的权利；当事人要求听证的，行政机关应当组织听证。当事人不承担行政机关组织听证的费用。较大数额罚款的幅度，由省、自治区、直辖市人民政府确定。省、自治区、直辖市人大常委会或者人民政府对听证范围有特殊规定的，从其规定。

当事人要求听证的，应当自接到听证通知之日起三日内以书面或者口头方式向执法机关提出。执法机关应当组织听证。自听证通知送达之日起三日内，当事人不要求举行听证的，视为放弃要求举行听证的权利。执法机关应当在听证的七日前，通知当事人举行听证的日期、地点；听证一般由执法机关的法制工作机构人员或者执法机关指定的非本案调查人员主持。

（四）简易程序

违法事实清楚、证据确凿，对公民处以 50 元以下、对法人或者其他组织处以 1 000 元以下罚款或者警告的行政处罚，可以当场作出处罚决定。

当场作出处罚决定，执法人员应当向当事人出示执法证件，填写处罚决定书并交付当事人。当场作出的行政处罚决定书应当载明当事人的违法行为、处罚依据、罚款数额、时间、地点、执法机关名称，并由执法人员签名或盖章。

第六节　建筑市场诚信体系建设

一、建筑市场诚信行为信息管理

建设部以建市〔2007〕9 号文件下发《建筑市场诚信行为信息管理办法》及附件《全国建筑市场各方主体不良行为记录认定标准》,要求各级建设行政主管部门尽快建立本地区的建筑市场综合监管信息系统和诚信信息平台,推动建筑市场信用体系建设的全面实施。

为加快江苏建设市场诚信体系建设,切实加大从源头上预防和治理腐败力度,遏制建设领域违法违规行为和职务犯罪活动,江苏省住建厅会同省高级人民法院、省人民检察院、省监察厅以苏建稽〔2009〕92号文件下发了《关于印发〈江苏省建设市场不良行为及商业贿赂行为记录与公布办法〉的通知》,对全省行政区域内对建设市场各类主体不良行为和商业贿赂行为进行记录与公布。

住建部以建市〔2014〕108 号文件下发《关于印发〈全国建筑市场监管与诚信信息系统基础数据库数据标准(试行)〉和〈全国建筑市场监管与诚信信息系统基础数据库管理办法(试行)〉的通知》,要求建立全国建筑市场监管和诚信信息系统基础数据库,全面实施诚信体系建设。基础数据库包括建筑市场企业数据库、注册人员数据库、工程项目数据库、诚信信息数据库。

《建筑市场诚信行为信息管理办法》(建市〔2007〕9 号)中所称诚信信息平台中的诚信行为信息既包括不良行为记录也包括良好行为记录。良好行为记录是指建筑市场各方主体在工程建设过程中严格遵守有关工程建设的法律、法规、规章或强制性标准,行为规范,诚信经营,自觉维护建筑市场秩序,受到各级建设行政主管部门和相关专业部门的奖励和表彰,所形成的良好行为记录。不良行为记录是指建筑市场各方主体在工程建设过程中违反有关工程建设的法律、法规、规章或强制性标准和执业行为规范,经县级以上建设行政主管部门或其委托的执法监督机构查实和行政处罚,形成的不良行为记录。

各省、自治区和直辖市建设行政主管部门负责本地区建筑市场各方主体的信用管理工作,采集、审核、汇总和发布所属各市、县建设行政主管部门报送的各方主体的诚信行为记录,并将符合《全国建筑市场各方主体不良行为记录认定标准》的不良行为记录及时报送建设部。

《全国建筑市场各方主体不良行为记录认定标准》中责任主体质量类不良行为主要有:

(一) 建设单位

1. 明示或暗示设计单位或施工单位违反工程强制性标准,降低建设工程质量的;

2. 明示或暗示施工单位使用不合格的建筑材料、建筑构配件和设备的;

3. 未按照建筑节能强制性标准委托设计,擅自修改节能设计文件,明示或暗示设计单位、施工单位违反建筑节能设计强制性标准,降低工程建设质量的;

4. 涉及建筑主体或者承重结构变动的装修工程,没有设计方案,擅自同意施工的;

5. 明示或暗示检测机构出具虚假检测报告,篡改或伪造检测报告的;弄虚作假送检试样的;

6. 建设单位未组织竣工验收,擅自交付使用的;验收不合格,擅自交付使用的;对不合格的建设工程按照合格工程验收的。

(二) 勘察单位

1. 未按照工程建设强制性标准进行勘察的;

2. 弄虚作假、提供虚假成果资料的;

3. 原始记录不按照规定记录或者记录不完整的;

4. 勘察文件没有责任人签字或者签字不全的;

5. 不参加施工验槽的;

6. 项目完成后,勘察文件不归档保存的。

（三）设计单位

1. 未按照工程建设强制性标准进行设计的；

2. 未根据勘察成果文件进行工程设计的；

3. 指定建筑材料、建筑构配件的生产厂、供应商的。

（四）施工单位

1. 在施工中偷工减料的，使用不合格的建筑材料、建筑构配件和设备的，或者不按照工程设计图示或者施工技术标准施工的其他行为的；

2. 未按照节能设计进行施工的；

3. 未对建筑材料、建筑构配件、设备和商品混凝土进行检验，或者未对涉及结构安全的试块、试件以及有关材料取样检测的；

4. 工程竣工验收后，不向建设单位出具质量保修书的，或质量保修的内容、期限违反规定的；

5. 不履行保修义务或者拖延履行保修义务的。

（五）监理单位

1. 与建设单位或者施工单位串通、弄虚作假、降低工程质量的；

2. 将不合格的建设工程、建筑材料、建筑构配件和设备按照合格签字的；

3. 与被监理工程的施工承包单位以及建筑材料、建筑构配件和设备供应单位有隶属关系或者其他利害关系承担该项建设工程的监理业务的；

4. 施工单位拒不整改或者不停止施工，未及时向有关主管部门报告的；

5. 未依照法律、法规和工程建设强制性标准实施监理的。

二、建筑业企业信用综合评价

江苏省住建厅以苏建建管〔2013〕662号下发了《江苏省建筑业企业信用综合评价办法（试行）》、以苏建建管〔2016〕82号下发了《关于实施〈江苏省建筑业企业信用综合评价办法（试行）〉的补充通知》，在我省范围内全面推进建筑市场信用体系建设，进一步规范建筑业企业信用考核工作。

建筑业企业信用综合评价是指对建筑业企业信用情况实行量化计分，即在考核时段内，依据国家法律、法规、规范标准对企业建筑市场行为（承接工程量、社会和行业惩戒、投标活动、合同履约、工程造价管理、工程档案管理等）、施工现场行为（包括质量行为、安全行为、实体质量、安全生产标准化、农民工管理等）进行量化考核后，建筑业企业获得的信用分。建筑业企业信用评分采用百分制，综合评价分由基本信用、日常考核、综合考核三部分组成。

建筑业企业基本信用考核涉及的基本信息、奖惩情况由企业负责自行录入，并及时更新，同时向建设主管部门提供有关证明材料进复核。建筑业企业的各类受惩信息，由工程所在地建设主管部门负责录入。

各市建设主管部门依据企业基本信用信息、日常信用信息和综合考核信息计算出本考核时段的建筑业企业信用综合评分，并在各市建设主管部门网站向社会公布。

使用国有资金投资、国有资金投资占控股或主导地位的建设工程项目实行招标发包的，应当将建筑业企业信用评价结果纳入招投标环节，其他类型的建设项目招标可参照执行。建筑业企业信用记录作为建设主管部门对其资质审批、动态核查的考核内容及差别化管理的依据；建筑市场信用数据库中的建设工程项目信息，作为建筑业企业资质申报、审批和动态核查时工程业绩依据。

根据《江苏省建设业企业基本信用考核内容及评分办法》的规定，质量类的加分项有获得国家级、省部级、厅级或省直辖市等表彰的。质量类的扣分项主要有：（1）因质量问题收到各级政府或建筑主管部门通报批评及行政处罚的；（2）发生质量事故的；（3）工程质量监督管理考核中发现存在质量问题或违法违规行为的。

参 考 文 献

［1］曹启滨.城市轨道交通列车控制系统与屏蔽门接口常见问题［J］.铁道通信信号,2012,48(11):47-48.

［2］陈明.屏蔽门绝缘问题的分析与绝缘结构的优化设计［J］.机电产品开发与创新,2014,27(6):65.

［3］陈新艳.屏蔽门系统与土建接口的若干问题［J］.铁道工程学报,2010(2):28-29.

［4］宫全美.铁路路基工程［M］.北京:中国铁道出版社,2011.

［5］上海申通地铁集团有限公司.城市轨道交通线路技术［M］.北京:中国铁道出版社,2011.

［6］上海申通地铁集团有限公司轨道交通培训中心.城市轨道交通车站机电设备［M］.北京:中国铁道出版社,2013.

［7］深圳地铁集团有限公司,英泰克工程顾问(上海)有限公司.BT 模式下深圳地铁 5 号线机电设备及安装装修工程管理实践［M］.北京:机械工业出版社,2013.

［8］苏钢.地铁工程屏蔽门施工中出现的问题和防治措施［J］.建筑工人,2014,35(9):11-12.

［9］徐猛勇.钢结构施工技术［M］.郑州:黄河水利出版社,2013.

［10］郑国华.地铁车站安装调试技术［M］.北京:中国建筑工业出版社,2010.

［11］朱庆新,刘见见.轨道施工技术［M］.北京:人民交通出版社,2013.

［12］北京交通大学.地铁工程监测测量管理与技术［M］.北京:中国建筑工业出版社,2013.

［13］毛保华.城市轨道交通［M］.北京:科学出版社,2001.

［14］吕刚.城市轨道交通车辆概论［M］.北京:北京交通大学出版社,2011.

［15］秦国栋,苗彦英,张素燕.有轨电车的发展历程与思考［J］.城市交通,2013,11(4):6-12.